執《しゆう》持《じ》鈔《しよう》

本書は、題号に示されるように阿弥陀仏の名号《みょうごう》を信受し、かたく執持《しゅうじ》（とりたもつ）する他力信心の要義を説示された書である。本文は五箇条の法語より構成され、前四条は親鸞聖人《しんらんしょうにん》の法語により、後一条は第三代宗主覚如上人《かくにょしょうにん》みずからのお心を述べられ、信心を正しくたもつことを勧められている。

まず第一条は、平生業成《へいぜいごうじょう》の宗義について論じられている。臨終来迎《らいこう》は臨終業成を説く諸行往生の行者においていうところであり、第十九《じゅうく》願のこころである。これに対して、第十八願の他力信心の行者は、摂取《せっしゅ》不捨《ふしゃ》の利益《りやく》にあずかって、この世で正定聚《しょうじょうじゅ》に住するから、臨終の来迎を期待しない旨が示されている。

第二条は、往生浄土のためには信心が根本であって、ただひとすじに阿弥陀仏にまかせまいらせるべきであるといい、師教に随順すべきことを法然《ほうねん》・親鸞両聖人の関係の上より論じられている。

第三条は、阿弥陀仏の浄土への往生は、凡夫《ぼんぶ》のはからいによるのではなく、阿弥陀仏の大願業力《だいがんごうりき》のすぐれた因縁《いんねん》による旨を善導大師《ぜんどうだいし》の釈文により説明されている。

第四条は、光明《こうみょう》（縁）名号《みょうごう》（因）の因縁を信ずるという他力摂生《せっしょう》の旨趣が述べられている。

第五条は、信一念往生・平生業成という真宗教義の要義についての覚如上人の自督《じとく》が説示されている。

乗専《じょうせん》の『最須敬重絵《さいしゅきょうじゅうえ》詞《し》』に、「平生業成《へいぜいごうじょう》の玄旨《げんし》これにあり、他力往生《たりきおうじょう》の深要《じんよう》たふとむべし」と本書の旨趣について評しているゆえんである。

執《しゅう》持《じ》鈔《しょう》

(一)

一　本願寺聖人《ほんがんじしょうにん》(親鸞)の仰《おお》せにのたまはく、*来迎《らいこう》は諸行往生《しょぎょうおうじょう》にあり、自力《じりき》の行者《ぎょうじゃ》なるがゆゑに。臨終《りんじゅう》まつこと来迎《らいこう》たのむことは、諸行往生《しょぎょうおうじょう》のひとにいふべし。真実信心《しんじつしんじん》の行人《ぎょうにん》は、摂取不捨《せっしゅふしゃ》のゆゑに正定聚《しょうじょうじゅ》に住《じゅう》す。正定聚《しょうじょうじゅ》に住《じゅう》するがゆゑに、かならず滅度《めつど》に至《いた》る。かるがゆゑに臨終《りんじゅう》まつことなし、来迎《らいこう》たのむことなし。これすなはち第十八《だいじゅうはち》の願《がん》のこころなり。臨終《りんじゅう》をまち来迎《らいこう》をたのむことは、諸行往生《しょぎょうおうじょう》を誓《ちか》ひまします第《だい》十九《じゅうく》の願《がん》のこころなり。

(二)

一　またのたまはく、

「是非《ぜひ》しらず邪正《じゃしょう》も*わかぬ　この身《み》*にて　小慈小悲《しょうじしょうひ》もなけれども　*名利《みょうり》に人師《にんし》をこのむなり」(正像末和讃・一一六)。往生浄土《おうじょうじょうど》のためにはただ信心《しんじん》をさき

来迎は…　『御消息』(一)の内容に関連する。

わかぬ　みわけがつかない。

にて　現行の『正像末和讃』には「なり」とある。

名利　名聞利養《みょうもんりよう》。名誉や利益。

とす、そのほかをばかへりみざるなり。往生《おうじょう》ほどの一大事《いちだいじ》、凡夫《ぼんぶ》のはからふべきことにあらず、ひとすぢに如来《にょらい》にまかせたてまつるべし。すべて凡夫《ぼんぶ》にかぎらず、補処《ふしょ》の弥勒菩薩《みろくぼさつ》をはじめとして仏智《ぶっち》の不思議《ふしぎ》をはからふべきにあらず、まして凡夫《ぼんぶ》の浅智《せんち》をや。

4 *かへすがへす如来《にょらい》の御《おん》ちかひにまかせたてまつるべきなり。これを他力《たりき》に帰《き》したる信心発得《しんじんほっとく》の行者《ぎょうじゃ》といふなり。されば*われとして浄土《じょうど》へまゐるべしとも、また地獄《じごく》へゆくべしとも、定《さだ》むべからず。故聖人《こしょうにん》 黒谷源空聖人《くろだにげんくうしょうにん》の御《おん》ことばなり の仰《おお》せに、「*源空《げんくう》があらんところへゆかんとおもはるべし」と、たしかにうけたまはりしうへは、たとひ地獄《じごく》なりとも、故《こ》聖人《しょうにん》の*わたらせたまふところへまゐるべしとおもふなり。このたびもし善知識《ぜんぢしき》にあひたてまつらずは、われら凡夫《ぼんぶ》かならず地獄《じごく》におつべし。しかるにいま聖人《しょうにん》（源空）の御化導《ごけどう》にあづかりて、弥陀《みだ》の本願《ほんがん》をきき、摂取不捨《せっしゅふしゃ》のことわりをむねにをさめ、生死《しょうじ》のはなれがたきをはなれ、浄土《じょうど》の生《うま》れがたきを*一定《いちじょう》と期《ご》すること、*さらにわたくしのちからにあらず。たとひ弥陀《みだ》の仏智《ぶっち》に帰《き》して念仏《ねんぶつ》するが地獄《じごく》の業《ごう》たるを、いつはりて*往生浄土《おうじょうじょうど》の業因《ごういん》ぞと聖人《しょうにん》授《さず》けたまふに*すかされまゐらせて、われ地獄《じごく》におつといふとも、さらにくやしむおもひあ

かへすがへす　くれぐれも。よくよく。

われとして　自分の方から。

源空があらんところへ…　『恵信尼消息』（一）、『歎異抄』（二）の内容に関連する。

わたらせたまふところ　いらっしゃるところ。

一定と期すること　（浄土に生れることが）たしかであると心に待ちもうけること。

さらに　決して。少しも。全く。

往生浄土の業因　浄土へ往き生れるための因。

すかされ　だまされ。

るべからず。そのゆゑは、*明師《めいし》にあひたてまつらでや*みなましかば、*決定悪《けつじょうあく》道《どう》へゆくべかりつる身《み》なるがゆゑにとなり。しかるに善知識《ぜんぢしき》にすかされたてまつりて悪道《あくどう》へゆかば、ひとりゆくべからず、師《し》とともにおつべし。さればただ地獄《じごく》なりといふとも、故聖人《こしょうにん》のわたらせたまふところへまゐらんとおもひかためたれば、*善悪《ぜんあく》の生所《しょうじょ》、わたくしの定《さだ》むるところにあらずといふなりと。これ自力《じりき》をすてて他力《たりき》に帰《き》するすがたなり。

5

(三)

一　またのたまはく、

光明寺《こうみょうじ》の和尚《かしょう》　善導《ぜんどう》の御《おん》こと　の『大無量寿経《だいむりょうじゅきょう》』の第十八《だいじゅうはち》の念仏往生《ねんぶつおうじょう》の願《がん》のこころを釈《しゃく》したまふに、「*善悪凡夫得生者《ぜんあくぼんぶとくしょうしゃ》　莫不皆乗阿弥陀仏《まくふかいじょうあみだぶつ》　大願業《だいがんごう》力《りき》　為増上縁《いぞうじょうえん》」（玄義分　三〇一）といへり。このこころは、善人《ぜんにん》なればとて、おのれがなすところの善《ぜん》をもつて、かの阿弥陀仏《あみだぶつ》の報土《ほうど》へ生《うま》るること、*かなふべからずとなり。悪人《あくにん》またい*ふにや及《およ》ぶ。おのれが悪業《あくごう》のちから、*三悪《さんまく》・四趣《ししゅ》の生《しょう》をひくよりほか、あに報土《ほうど》の生因《しょういん》たらんや。しかれば、善業《ぜんごう》も要《よう》にたたず、悪業《あくごう》もさまたげとならず。善人《ぜんにん》の往生《おうじょう》するも、弥陀如来《みだにょらい》の*別願《べつがん》、超世《ちょうせ》の

明師　智慧《ちえ》のすぐれた師。

やみなましかば　一生を終えてしまったなら。

決定　間違いなく。きっと。

善悪の生所　生れるさきのよしあし。

善悪凡夫得生者…　「善悪の凡夫、生ずることを得るは、みな阿弥陀仏の大願業力に乗じて増上縁とせざるはなし」（行巻訓）

かなふべからず　思いどおりにならない。不可能である。

いふにや及ぶ　いうまでもない。

三悪四趣　三悪は地獄・餓《が》鬼《き》・畜生《ちくしょう》の三悪趣、四趣はこれに阿修羅《あしゅら》を加えた四悪趣のこと。→悪趣《あくしゅ》

別願　他力不思議をもって凡夫《ぼんぶ》を報土《ほうど》に往生させようと誓った特別の誓願《せいがん》（第十八願）。→本願《ほんがん》

大慈大悲《だいじだいひ》にあらずはかなひがたし。*悪人《あくにん》の往生《おうじょう》、またかけてもおもひよるべき報仏《ほうぶつ》・報土《ほうど》にあらざれども、仏智《ぶっち》の不可思議《ふかしぎ》なる奇特《きどく》をあらはさんがためなれば、五劫《ごこう》があひだこれを思惟《しゆい》し、永劫《ようごう》があひだこれを行《ぎょう》じて、かかるあさましきものが、六趣《ろくしゅ》・四生《ししょう》よりほかはすみかもなく、*うかむべき期《ご》なきがために、*とりわきむねとおこされたれば、悪業《あくごう》に卑下《ひげ》すべからずとすすめたまふむねなり。さればおのれをわすれて仰《あお》ぎて仏智《ぶっち》に帰《き》するまことなくは、おのれがもつところの悪業《あくごう》、なんぞ浄土《じょうど》の生因《しょういん》たらん。すみやかにかの十悪《じゅうあく》・五逆《ごぎゃく》・四重《しじゅう》・謗法《ほうぼう》の悪因《あくいん》にひかれて三途《さんず》・八難《はちなん》にこそしづむべけれ、なにの要《よう》にかたたん。しかれば、善《ぜん》も極楽《ごくらく》に生《うま》るるたねにならざれば、往生《おうじょう》のためにはその要《よう》なし。悪《あく》もまたさきのごとし。しかれば、ただ機《き》〔の〕*生得《しょうとく》の善悪《ぜんあく》なり。かの土《ど》ののぞみ、他力《たりき》に帰《き》せずは*おもひたえたり。これによりて「善悪凡夫《ぜんあくぼんぶ》の生《うま》るるは大願業力《だいがんごうりき》ぞ」と釈《しゃく》したまふなり。「増上縁《ぞうじょうえん》とせざるはなし」といふ
6 は、弥陀《みだ》のちかひのすぐれたまへるにまされるものなしとなり。

（四）

一　またのたまはく、

六

悪人の…あらざれども　また悪人の報土《ほうど》往生ということは、いささかも思いよらないことがらではあるけれども。「かけても」はいささかも、かりそめにもという意。

うかむべき期　（六趣・四生から）離れ出る機会。

とりわきむねと…　（悪人の往生を）特別に目当てとして（本願を）おこされたのであるから。

生得の善悪　持って生れた善悪。

おもひたえたり　念願はたたれてしまっている。あきらめてしまうしかない。

*光明《こうみょう》・名号《みょうごう》の因縁《いんねん》といふことあり。弥陀如来《みだにょらい》四十八願《しじゅうはちがん》のなかに第十二《だいじゅうに》の願《がん》は、「わがひかりきはなからん」と誓《ちか》ひたまへり。これすなはち念仏《ねんぶつ》の衆生《しゅじょう》を摂取《せっしゅ》のためなり。かの願《がん》すでに成就《じょうじゅ》して、あまねく無碍《むげ》のひかりをもつて十《じっ》方《ぽう》*微塵世界《みじんせかい》を照《て》らしたまひて、衆生《しゅじょう》の煩悩悪業《ぼんのうあくごう》を長時《じょうじ》に照《て》らしまします。さればこのひかりの縁《えん》にあふ衆生《しゅじょう》、*やうやく無明《むみょう》の*昏闇《こんあん》うすくなりて宿善《しゅくぜん》のたねきざすとき、まさしく報土《ほうど》に生《うま》るべき第十八《だいじゅうはち》の念仏往生《ねんぶつおうじょう》の*願因《がんいん》の名号《みょうごう》をきくなり。しかれば、名号《みょうごう》執持《しゅうじ》すること、さらに自力《じりき》にあらず、ひとへに光明《こうみょう》にもよほさるるによりてなり。これによりて、光明《こうみょう》の縁《えん》にきざされて名号《みょうごう》の因《いん》をうといふなり。かるがゆゑに宗師《しゅうし》善導大師《ぜんどうだいし》の御《おん》ことなり「*以光明名号《いこうみょうみょうごう》　*摂化十方《せっけじっぽう》　但使信心求念《たんししんじんぐねん》」（礼讃　六五九）とのたまへり。「但使信心求念《たんししんじんぐねん》」といふは、光明《こうみょう》と名号《みょうごう》と、父母《ぶも》のごとくにて、子《こ》をそだてはぐくむべしといへども、子《こ》となりて出《い》でくべきたねなきには、父《ちち》・母《はは》となづくべきものなし。子《こ》のあるとき、それがために父《ちち》といひ母《はは》といふ号《な》あり。それがごとくに、光明《こうみょう》を母《はは》にたとへ、名号《みょうごう》を父《ちち》にたとへて、光明《こうみょう》の母《はは》・名号《みょうごう》の父《ちち》といふことも、報土《ほうど》にまさしく生《うま》るべき信心《しんじん》のたねなくはあるべからず。しかれば、信心《しんじん》をおこし

光明名号の因縁　阿弥陀仏が摂取《せっしゅ》の光明を縁とし、名号を因として、一切衆生《しゅじょう》を救うこと。「行巻」【七三】の釈にもとづく。

微塵世界　数限りない世界。

やうやく　次第に。段々。

昏闇　くらやみ。

願因の名号　本願によって往生の因と選び定められた名号。

以光明名…　「光明・名号をもつて十方を摂化したまふ、ただ信心をして求念せしむ」（行巻訓）

摂化　摂取化益《けやく》。衆生を救いとって、教化し利益《りやく》を与えること。

て往生《おうじょう》を求願《ぐがん》するとき、名号《みょうごう》もとなへられ、光明《こうみょう》もこれを摂取《せっしゅ》するなり。さ
7 れば名号《みょうごう》につきて信心《しんじん》をおこす行者《ぎょうじゃ》なくは、弥陀如来摂取不捨《みだにょらいせっしゅふしゃ》のちかひ成《じょう》ず
べからず。弥陀如来《みだにょらい》の摂取不捨《せっしゅふしゃ》の御《おん》ちかひなくは、また行者《ぎょうじゃ》の往生浄土《おうじょうじょうど》のね
がひ、なにによりてか成《じょう》ぜん。されば*本願《ほんがん》や名号《みょうごう》、名号《みょうごう》や本願《ほんがん》、本願《ほんがん》や行《ぎょう》
者《じゃ》、行者《ぎょうじゃ》や本願《ほんがん》といふ、このいはれなり。本願寺《ほんがんじ》の聖人《しょうにん》（親鸞）の御釈《おんしゃく》
『教行信証《きょうぎょうしんしょう》』（行巻）にのたまはく、「徳号《とくごう》の慈父《じぶ》ましまさずは*能生《のうしょう》の因闕《いんか》け
なん。光明《こうみょう》の悲母《ひも》ましまさずは*所生《しょしょう》の縁乖《えんそむ》きなん。光明《こうみょう》・名号《みょうごう》の父母《ぶも》、これ
すなはち外縁《げえん》とす。真実信《しんじつしん》の*業識《ごっしき》、これすなはち内因《ないいん》とす。内外因縁和合《ないげいんねんわごう》して
報土《ほうど》の真身《しんしん》を得証《とくしょう》す」とみえたり。これをたとふるに、日輪《にちりん》、須弥《しゅみ》の半《なか》ばに
めぐりて*他州《たしゅう》を照《て》らすとき、このさかひ闇冥《あんみょう》たり。他州《たしゅう》よりこの*南州《なんしゅう》にちか
づくとき、夜《よ》すでに明《あ》くるがごとし。しかれば、日輪《にちりん》の出《い》づるによりて夜《よ》は明《あ》
くるものなり。世《よ》のひとつねにおもへらく、夜《よ》の明《あ》けて日輪出《にちりんい》づと。いまいふ
ところはしからざるなり。弥陀仏日《みだぶつにち》の照触《しょうそく》によりて無明長夜《むみょうじょうや》の闇《やみ》すでにはれ
て、安養往生《あんにょうおうじょう》の業因《ごういん》たる名号《みょうごう》の宝珠《ほうしゅ》をばうるなりとしるべし。

本願や名号…　『西方指南抄《さいほうしなんしょう》』中末の「四箇条問答」には「本願や行者、行者や本願、本願や名号、名号や本願」とある。

能生の因・所生の縁　父母を能生と所生に分けたのは、父は生ませる側（子種を下す下種）、母は生ませられる側（子種をたもち育てる持種）であるという俗説によっている。また因と縁に分けたのは、名号は正定《しょうじょう》の業因《ごういん》となり、光明《こうみょう》は摂取《せっしゅ》の外縁となるからである。ただし光明と名号は別なものではなく、しばらく因と縁に配当しただけである。

業識　父母の和合によって母胎に宿る個人（子）の主体である識別作用。ここでは信心を業識に喩える。

他州　須弥山の四方にある四大洲の中、南贍部洲《なんせんぶしゅう》以

8

（五）

一　わたくしにいはく、
根機《こんき》＊つたなしとて卑下《ひげ》すべからず。仏《ぶつ》に＊下根《げこん》をすくふ大悲《だいひ》あり。行業《ぎょうごう》おろそかなりとて疑《うたが》ふべからず。『経《きょう》』（大経・下）に「乃至一念《ないしいちねん》」の文《もん》あり。仏語《ぶつご》に虚妄《こもう》なし、本願《ほんがん》あにあやまりあらんや。名号《みょうごう》を正定業《しょうじょうごう》となづくることは、仏《ぶつ》の不思議力《ふしぎりき》をたもてば往生《おうじょう》の業《ごう》まさしく定《さだ》まるゆゑなり。もし弥陀《みだ》の＊名願力《みょうがんりき》を称念《しょうねん》すとも、往生《おうじょう》なほ不定《ふじょう》ならば正定業《しょうじょうごう》とはなづくべからず。われすでに本願《ほんがん》の名号《みょうごう》を＊持念《じねん》す。往生《おうじょう》の業《ごう》すでに＊成弁《じょうべん》することをよろこぶべし。かるがゆゑに臨終《りんじゅう》にふたたび名号《みょうごう》をとなへずとも、往生《おうじょう》をとぐべきこと勿論《もちろん》なり。一切衆生《いっさいしゅじょう》のありさま、過去《かこ》の業因《ごういん》まちまちなり。また死《し》の縁無量《えんむりょう》なり。病《やまい》にをかされて死《し》するものあり、剣《つるぎ》にあたりて死《し》するものあり、水《みず》におぼれて死《し》するものあり、火《ひ》に焼《や》けて死《し》するものあり、乃至《ないし》、寝死《ねじに》するものあり、酒《しゅ》狂《きょう》して死《し》するたぐひあり。これみな＊先世《せんぜ》の業因《ごういん》なり、さらにのがるべきにあらず。かくのごときの＊死期《しご》にいたりて、＊一旦《いったん》の妄心《もうじん》をおこさんほか、いかでか凡夫《ぼんぶ》のならひ、名号称念《みょうごうしょうねん》の正念《しょうねん》もおこり、往生浄土《おうじょうじょうど》の願心《がんしん》もあらんや。平生《へいぜい》のとき期《ご》するところの約束《やくそく》、もしたがはば、往生《おうじょう》ののぞみむなしかるべし。

外の他の三洲（東勝身洲《とうしょうしんしゅう》・西牛貨洲《さいごけしゅう》・北倶盧洲《ほっくるしゅう》）をいう。→須弥山《しゅみせん》

南洲　須弥山の南にある南《なん》贍部洲《せんぶしゅう》のこと。人間の住む世界をいう。→須弥山《しゅみせん》

つたなし　劣っている。

下根　根は根機の意。仏道を修める能力の劣った者。→根機《こんき》

名願力　名号《みょうごう》のこと。名号には衆生《しゅじょう》救済の本願力がこもっているから名願力という。

持念　執持《しゅうじ》に同じ。名号を信受して、かたくとりたもつこと。

成弁　成就すること。完成すること。

先世の業因　→補註5

死期　死にぎわ。臨終。

一旦　一時。しばし。

しかれば、平生《へいぜい》の一念《いちねん》によりて往生《おうじょう》の得否《とくふ》は定《さだ》まれるものなり。平生《へいぜい》のとき不定《ふじょう》のおもひに住《じゅう》せば、かなふべからず。平生《へいぜい》のとき善知識《ぜんぢしき》のことばのしたに帰命《きみょう》の一念《いちねん》を発得《ほっとく》せば、そのときをもつて娑婆《しゃば》のをはり、*臨終《りんじゅう》とおもふべし。そもそも、南無《なも》は帰命《きみょう》、帰命《きみょう》のこころは往生《おうじょう》のためなれば、またこれ発願《ほつがん》なり。このこころあまねく万行万善《まんぎょうまんぜん》をして浄土《じょうど》の業因《ごういん》となせば、また回向《えこう》の義《ぎ》あり。この*能帰《のうき》の心《しん》、*所帰《しょき》の仏智《ぶっち》に相応《そうおう》するとき、かの仏《ぶつ》の因位《いんに》の万行《まんぎょう》・果《か》地《じ》の万徳《まんどく》、ことごとくに名号《みょうごう》のなかに摂在《しょうざい》して、十方衆生《じっぽうしゅじょう》の*往生《おうじょう》の行体《ぎょうたい》となれば、「*阿弥陀仏即是其行《あみだぶつそくぜごぎょう》」（玄義分 三二五）と釈《しゃく》したまへり。また殺生罪《せっしょうざい》をつくるとき、地獄《じごく》の定業《じょうごう》を結《むす》†ぶも、臨終《りんじゅう》にかさねてつくらざれども、平生《へいぜい》の業《ごう》にひかれて地獄《じごく》にかならずおつべし。念仏《ねんぶつ》もまたかくのごとし。本願《ほんがん》を信《しん》じ名号《みょうごう》をとなふれば、その時分《じぶん》にあたりてかならず往生《おうじょう》は定《さだ》まるなりとしる
9 べし。

*本《ほん》にいはく

*嘉暦元歳丙寅九月五日《かりゃくがんさいひのえとらくがついつか》、老眼《ろうがん》を拭《ぬぐ》ひ禿筆《とくひつ》を染《そ》む。これひとへに衆生《しゅじょう》を利益《りやく》せんがた

臨終　心の命終のこと。覚《かく》如《にょ》上人は『最要鈔《さいようしょう》』において、身心の二に命終の道理があるとし、信一念の時を心（迷情の自力心）の命終とする。

能帰の心　仏智に帰順する衆生《しゅじょう》の信心。

所帰の仏智　衆生に帰順される仏智。

往生の行体　すべての徳をそなえた名号《みょうごう》そのものが浄土に往き生れるための行であるので、このようにいう。

阿弥陀仏…　「阿弥陀仏といふは、すなはちこれその行なり」（行巻訓）

本にいはく　「本」とは書写原本のこと。原本にあった奥書をそのまま転写したことを示す。

嘉暦元歳　一三二六年。

めなり。

釈《しゃく》宗昭《そうしょう》五十七《ごじゅうしち》

先年《せんねん》、かくのごとく、予《よ》、筆《ふで》を染《そ》めて飛驒《ひだ》の*願智坊《がんちぼう》に与《あた》へをはりぬ。しかして、今年《こんねん》*暦応《りゃくおう》三歳《さんさい》庚辰《かのえたつ》十月《じゅうがつ》十五日《じゅうごにち》、この書《しょ》を随身《ずいしん》して上洛《じょうらく》。なかの一日《ひとひ》逗留《とうりゅう》、十七日《じゅうしちにち》下国《げこく》。よって灯下《とうか》において老筆《ろうひつ》を馳《は》せてこれを留《とど》む。利益《りやく》のためなり。

宗昭《そうしょう》七十一《しちじゅういち》

願智坊　願智房永承《えいしょう》（一二七五—一三五三）。飛驒《ひだ》吉田の常蓮寺四世といい、長男覚照《かくしょう》は越中八尾《えっちゅうやつお》（現在の富山県婦負《ねい》郡八尾町）に聞名寺《もんみょうじ》を開いたと伝えられる。

暦応三歳　一三四〇年。

口《く》伝《でん》鈔《しょう》

本書題号の「口伝《くでん》」とは、口づてに伝えるという意味で、口授伝持《くじゅでんじ》・面授口決《めんじゅくけつ》などというのと同じである。冒頭に「本願寺《ほんがんじ》の鸞聖人《らんしょうにん》、如信上人《にょしんしょうにん》に対《たい》しましまして、をりをりの御物語《おんものがたり》の条々《じょうじょう》」とあり、また第三代宗主覚如上人《かくにょしょうにん》自筆本の識語《しきご》には「先師上人《せんししょうにん》（釈如信《しゃくにょしん》）面授口決《めんじゅくけつ》の専心《せんしん》・専修《せんじゅ》・別発《べっぽつ》の願《がん》を談話《だんかい》するのついでに、伝持《でんじ》したてまつるところの祖師聖人《そししょうにん》の御己証《ごこしょう》、相承《そうじょう》したてまつるところの他力真宗《たりきしんしゅう》の肝要《かんよう》、予《よ》が口《く》筆《ひっ》をもつてこれを記《しる》さしむ」と記されている。これによれば、本書は、親鸞聖人《しんらんしょうにん》が第二代宗主如信上人に物語られた他力真宗の肝要を、如信上人が覚如上人に伝えられ、その面授口決の祖師聖人の己証の法門を二十一箇条に分けて筆録し、聖人の教えを顕彰しようとしたものであるといわれるのである。覚如上人が五年前に編述された『執持鈔《しゅうじしょう》』には、如信相承は説かれていない。本書にいたってはじめて法然《ほうねん》―親鸞―如信という三代伝持《さんだいでんじ》の血脈《けちみゃく》を主張し、法然聖人の正しい教義の伝承は親鸞聖人においてなされ、さらにそれが如信上人をとおして覚如上人に伝授されてあることを主張し、師資相承《ししそうじょう》を明確にしようとされたのである。すなわち、一には法然聖人門下の浄土異流の中心である鎮西《ちんぜい》・西山《せいざん》派に対し、その派祖の弁長《べんちょう》・証空《しょうくう》を本書のなかで批判し、親鸞聖人の一流が正しく法然聖人を伝統するものであることを示し、二には親鸞聖人の直弟を中心とする門弟系の教団に対し、覚如上人を中心とする大谷本願寺が一宗の根本であることを顕示し、三には真宗教義の中核が、信心正因、称名《しょうみょう》報恩《ほうおん》義であることをあらわそうとされたのである。

口《く》伝《でん》鈔《しょう》

本願寺《ほんがんじ》の鸞聖人《らんしょうにん》（親鸞）、如信上人《にょしんしょうにん》に対《たい》しましまして、をりをりの御物語《おんものがたり》の条々《じょうじょう》。

（一）

一　あるときの仰《おお》せにのたまはく、黒谷聖人《くろだにのしょうにん》　源空《げんくう》　浄土真宗御興行《じょうどしんしゅうごこうぎょう》さかりなりしとき、*上一人《かみいちじん》よりはじめて*偏執《へんじゅう》のやから*一天《いってん》にみてり。これによりて、かの立宗《りっしゅう》の義《ぎ》を破《は》せられんがために、*禁中《きんちゅう》　時代不審《じだいふしん》、もし*土御門院《つちみかどのいん》の*御宇《ぎょう》かにして七日《しちにち》の御《おん》*逆修《ぎゃくしゅ》をはじめおこなはるるついでに、*安居院《あんごいん》の法印聖覚《ほういんせいかく》を*唱導《しょうどう》として、聖道《しょうどう》の諸宗《しょしゅう》のほかに別《べつ》して浄土宗《じょうどしゅう》あるべからざるよし、これを*申《もう》しみだらるべきよし、勅請《ちょくしょう》あり。しかりといへども、勅喚《ちょくかん》に応《おう》じながら、師範空聖人《しはんくうしょうにん》（源空）の本懐《ほんがい》*さえぎりて*覚悟《かくご》のあひだ、申《もう》しみだらるるにおよばず、あまつさへ聖道《しょうどう》のほかに浄土《じょうど》の一宗興《いっしゅうこう》じて、*凡夫直入《ぼんぶじきにゅう》の大益《だいやく》あるべき

上一人　天皇。

偏執　（法然《ほうねん》聖人の教えに対する）偏見。

一天　世の中。世間全体。

禁中　宮中。

土御門院　土御門天皇（一一九五―一二三一。在位一一九八―一二一〇）。

御宇　御治世。在位期間。

逆修　死後に行われるような死者のための仏事を、生前にあらかじめ修めること。

安居院　「あぐい」ともいう。比叡《ひえい》山東塔竹林院の里坊で山城愛宕郡《やましろあたご》（現在の京都市寺之内）にあったが、応仁の乱により焼失した。現在は西法寺といい、京都市上京区新ン町にある。

唱導　説法教化すること。ここでは説教師。

申しみだらる　いいやぶり申し上げる。論破し申し上げる。

よしを、ついでをもつてことに申《もう》したてられけり。

ここに*公廷《くてい》にしてその沙汰《さた》あるよし、聖人《しょうにん》　源空《げんくう》　*きこしめすについて、もしこのとき申《もう》しやぶられなば、浄土《じょうど》の宗義《しゅうぎ》なんぞ立《りゅう》せんや。よりて安居院《あんごいん》の坊《ぼう》へ*仰《おお》せつかはされんとす。たれびとたるべきぞやのよし、その仁《じん》を内々《ないない》えらばる。ときに善信御房《ぜんしんのおんぼう》（親鸞）その仁《じん》たるべきよし、聖人《しょうにん》さしまうさる。同《どう》
4 朋《ぼう》のなかに、またもつともしかるべきよし、*同心《どうしん》に挙《きょ》しまうされけり。そのとき上人《しょうにん》　善信《ぜんしん》　かたく御辞退《ごじたい》、再三《さいさん》におよぶ。しかれども、*貴命《きめい》のがれがたきによりて、使節《しせつ》として上人《しょうにん》　善信《ぜんしん》　安居院《あんごいん》の房《ぼう》へむかはしめたまはんとす。ときに綷《こと》もつとも重事《ちょうじ》なり、すべからく人《ひと》をあひそへらるべきよし、申《もう》さしめたまふ。もつとももしかるべしとて、*西意善綽御房《さいいぜんしゃくのおんぼう》をさしそへらる。

両人《りょうにん》、安居院《あんごいん》の房《ぼう》にいたりて案内《あんない》せらる。をりふし沐浴《もくよく》と云々《うんぬん》。「御使《おんつか》ひ、たれびとぞや」と問《と》はる。「善信御房入来《ぜんしんのおんぼうじゅらい》あり」と云々《うんぬん》。そのときおほきに驚《おどろ》きて、「この人《ひと》の御使《おんつか》ひたること*邂逅《かいこう》なり。*おぼろげのことにあらじ」とて、いそぎ*温室《うんしつ》より出《い》でて対面《たいめん》、かみくだんの子細《しさい》をつぶさに聖人《しょうにん》　源空《げんくう》　の仰《おお》せとて演説《えんぜつ》。法印《ほういん》（聖覚）申《もう》されていはく、「*このこと年来《ねんらい》の御宿念《ごしゅくでん》たり。聖《せい》

さえぎりて　先立って。前もって。かねて。

覚悟　承知。

凡夫直入　凡夫のままで真実報土《ほうど》に往生せしめられること。

公廷　朝廷。

きこしめす　お聞きになる。

仰せつかはされんとす　使者を立てようとなさった。

同心に　心を同じくして。同意して。

貴命　御命令。

西意善綽御房　法然《ほうねん》聖人の門弟。承元《じょうげん》の法難（一二〇七）で死罪となる。

邂逅なり　邂逅はおもいがけない出会いのことで、ここでは珍しいことだというほどの意。

おぼろげ　並たいてい。

温室　浴室。湯殿。

このこと…　浄土宗の独立

覚《かく》いかでか*疎簡《そかん》を存《ぞん》ぜん。たとひ勅定《ちょくじょう》たりといふとも、師範《しはん》の命《めい》をやぶるべからず。よりて仰《おお》せをかうぶらざるさきに、聖道《しょうどう》・浄土《じょうど》の二門《にもん》を混乱《こんらん》せず、あまつさへ、浄土《じょうど》の宗義《しゅうぎ》を申《もう》したてはんべりき。これしかし*ながら、王命《おうめい》よりも*師孝《しきょう》をおもくするがゆゑなり。御《おん》*こころやすかるべきよし、申《もう》さしめたまふべし」と云々《うんぬん》。このあひだの一座《いちざ》の*委曲《いきょく》、つぶさにするにいとまあらず。

すなはち上人《しょうにん》 善信《ぜんしん》 御帰参《ごきさん》ありて、公廷《くてい》一座《いちざ》の唱導《しょうどう》として、法印重説《ほういんじゅうせつ》のむねを聖人《しょうにん》 源空《げんくう》 の御前《ごぜん》にて一言《いちげん》もおとしましまさず、分明《ぶんみょう》にまた一座《いちざ》宣説《せんぜつ》しまうさる。そのときさしそへらるる善綽御房《ぜんしゃくのおんぼう》に対《たい》して、「もし*紕繆《ひびゅう》ありや」と、聖人《しょうにん》 源空《げんくう》 仰《おお》せらるるところに、善綽御房《ぜんしゃくのおんぼう》申《もう》されていはく、「西意《さいい》、二座《にざ》の説法聴聞仕《せっぽうちょうもんつこ》うまつりをはりぬ、言語《ごんご》のおよぶところにあらず」と云々《うんぬん》。三百八十余人《さんびゃくはちじゅうよにん》の御*門侶《ごもんりょ》のなかに、その*上足《じょうそく》といひ、その*器用《きよう》といひ、すでに清選《せいせん》にあたりて使節《しせつ》をつとめましますところに、西意《さいい》また証明《しょうみょう》の発言《はつげん》におよぶ。おそらくは*多宝証明《たほうしょうみょう》の往事《おうじ》にあひおなじきものをや。このこと、大師聖人《だいししょうにん》（源空）の御時《おんとき》、随分《ずいぶん》の面目《めんぼく》たりき。

*説導《せつどう》も*涯分《がいぶん》いにしへにはづべからずといへども、*人師《にんし》・*戒師《かいし》停止《ちょうじ》すべきよ

は法然《ほうねん》聖人の前々からの御念願であったという意。

疎簡 疎かにすること。

しかしながら 全く。

師孝 「師のをしへ」（左訓）

こころやすかる 安心する。

委曲 詳しく細かなこと。また、そのさま。

紕繆 間違い。誤り。

門侶 門弟の人々。

上足 上席の門弟。高弟。

器用 才能。

多宝証明の往事 釈尊が『法華経《ほけきょう》』を説いた時、宝塔が地中よりあらわれ、塔中の多宝如来が釈尊の説法が真実であることを証明したという故事。同経「見宝塔品」の説。

説導 唱導に同じ。法を説いて人を導くこと。

涯分 器量。才能。

し、聖人《しょうにん》の御前《ごぜん》にして誓言発願《せいごんほつがん》をはりき。これによりて*檀越《だんおつ》をへつらはず、その請《しょう》に赴《おもむ》かずと云々《うんぬん》。そのころ七条《しちじょう》の源三中務丞《げんぞうなかつかさのじょう》が遺孫《いそん》、*次郎入道浄《じろうにゅうどうじょう》信《しん》、土木《どぼく》の大功《たいこう》をへて一宇《いちう》の伽藍《がらん》を造立《ぞうりゅう》して、供養《くよう》のために唱導《しょうどう》に赴《おもむ》きましますべきよしを*屈請《くっしょう》しまうすといへども、上人《しょうにん》善信《ぜんしん》つひにもつて固辞《こじ》しおほせられて、かみくだんのおもむきをかたりおほせらる。そのとき上人《しょうにん》善信《ぜんしん》*権者《ごんじゃ》にましますといへども、濁乱《じょくらん》の凡夫《ぼんぶ》に同《どう》じて、*不浄説法《ふじょうせっぽう》のとがおもきことを示《しめ》しましますものなり。

(三)

一　光明《こうみょう》・名号《みょうごう》の因縁《いんねん》といふ事《こと》。

十方衆生《じっぽうしゅじょう》のなかに、浄土教《じょうどきょう》を信受《しんじゅ》する機《き》あり、信受《しんじゅ》せざる機《き》あり。いかんとならば、『大経《だいきょう》』のなかに説《と》くがごとく、過去《かこ》の宿善《しゅくぜん》あつきものは、今生《こんじょう》にこの教《きょう》にあうて、まさに信楽《しんぎょう》す。*宿福《しゅくふく》なきものは、この教《きょう》にあふといへども、念持《ねんじ》せざればまたあはざるがごとし。「*欲知過去因《よくちかこいん》」の文《もん》のごとく、今生《こんじょう》のありさまにて宿善《しゅくぜん》の有無《うむ》あきらかにしりぬべし。

しかるに宿善開発《しゅくぜんかいほつ》する機《き》のしるしには、善知識《ぜんぢしき》にあうて*開悟《かいご》せらるるとき、

人師　人を教え導く師。

戒師　戒を授ける師。

檀越　梵語ダーナ・パティ(dāna-pati)の音写。恵みを与える人の意。施主のこと。

次郎入道浄信　伝未詳。入道は在俗生活のまま剃髪して仏門に入った男性をいう。

屈請　(尊い人を)請い招くこと。

権者　仏・菩薩が衆生《しゅじょう》を救うためにこの世にあらわれた仮の姿のこと。

不浄説法　自己の名誉や利益のために教法を説くこと。

宿福　宿善に同じ。→宿《しゅく》善《ぜん》

欲知過去因　「過去の因を知らんと欲すれば」『法苑《ほうおん》珠林《じゅりん》』に「経にのたまはく、過去の因を知らんと欲すれば、まさに現在の果を観る

*一念《いちねん》〔も〕疑惑《ぎわく》を生《しょう》ぜざるなり。その疑惑《ぎわく》を生《しょう》ぜざることは、光明《こうみょう》の縁《えん》にあ
6 ふゆゑなり。もし光明《こうみょう》の縁《えん》もよほさずは、報土《ほうど》往生《おうじょう》の真因《しんいん》たる名号《みょうごう》の因《いん》をうべからず。

いふこころは、十方《じっぽう》世界《せかい》を照曜《しょうよう》する無礙光遍照《むげこうへんじょう》の明朗《みょうろう》なるに照《て》らされて、無明《むみょう》沈没《ちんもつ》の*煩惑《ぼんわく》*漸々《ぜんぜん》に*とらけて、涅槃《ねはん》の真因《しんいん》たる信心《しんじん》の根芽《こんげ》わづかにきざすとき、報土《ほうど》得生《とくしょう》の*定聚《じょうじゅ》の位《くらい》に住《じゅう》す。すなはちこの位《くらい》を、「*光明遍照《こうみょうへんじょう》　十方世《じっぽうせ》界《かい》　念仏衆生《ねんぶつしゅじょう》　摂取不捨《せっしゅふしゃ》」（観経）と等説《らと》けり。また光明寺《こうみょうじ》（善導）の御釈《おんしゃく》（礼讃　六五九）には、「*以光明《いこうみょう》　名号《みょうごう》　摂化十方《せっけじっぽう》　但使信心求念《たんししんじんぐねん》」とものたまへり。

しかれば、往生《おうじょう》の信心《しんじん》の定《さだ》まることはわれらが*智分《ちぶん》にあらず、光明《こうみょう》の縁《えん》にもよほし育《そだ》てられて名号信知《みょうごうしんち》の報土《ほうど》の因《いん》をうと、しるべしとなり。これを他《た》力《りき》といふなり。

（三）

一　無礙《むげ》の光曜《こうよう》によりて無明《むみょう》の闇夜《あんや》はるる事《こと》。

本願寺《ほんがんじ》の上人《しょうにん》　親鸞《しんらん》　あるとき門弟《もんてい》に示《しめ》してのたまはく、「つねに人《ひと》のしるところ、夜明《よあ》けて日輪《にちりん》は出《い》づや、日輪《にちりん》や出《い》でて夜明《よあ》くや、*両篇《りょうへん》、*なんだちい

べし。未来の果を知らんと欲すれば、まさに現在の因を観るべし」の文があるが、経名は不明。

開悟　さとりを開くこと。ここでは疑いを除かれ往生決定《けつじょう》の思いに住すること。

一念　少しの思い。

煩惑　煩悩のこと。→煩悩《ぼんのう》

漸々に　次第に。

とらけて　とけて。

定聚　正定聚のこと。→正定聚《しょうじょうじゅ》

光明遍照…　「光明は、あまねく十方世界を照らし、念仏の衆生を摂取して捨てたまはず」

以光明名…　「光明・名号をもつて十方を摂化したまふ。ただ信心をして求念せしむ」（行巻訓）

智分　智慧《ちえ》の分斉《ぶんざい》。智慧の力。

かんがしる」と云々《うんぬん》。*うちまかせて人《ひと》みなおもへらく、「夜明《よあ》けてのち日出《ひい》づ」と答《こた》へまうす。上人《しょうにん》のたまはく、「しからざるなり」と。「日出《ひい》でてまさに夜《よ》明《あ》くるものなり。そのゆゑは、日輪《にちりん》まさに*須弥《しゅみ》の半腹《はんぷく》を*行度《ぎょうど》するとき、他州《たしゅう》のひかりちかづくについて、この*南州《なんしゅう》あきらかになれば、日出《ひい》でて夜《よ》は明《あ》くといふなり。これはこれ、たとへなり。無碍光《むげこう》の日輪照触《にちりんしょうそく》せざるときは、永々《ようよう》昏闇《こんあん》の無明《むみょう》の夜明《よあ》けず。しかるにいま宿善《しゅくぜん》ときいたりて、*不断《ふだん》・難思《なんじ》の日輪《にちりん》、*貪瞋《とんじん》の半腹《はんぷく》に行度《ぎょうど》するとき、無明《むみょう》やうやく闇《やみ》はれて、信心《しんじん》たちまちにあきらか

7
なり。しかりといへども、貪瞋《とんじん》の雲《くも》・霧《きり》かりに覆《おお》ふによりて、*炎王《えんのう》・清浄《しょうじょう》等《とう》の日光《にっこう》あらはれず。これによりて、〈*煩悩障眼雖不能見《ぼんのうしょうげんすいふのうけん》〉（往生要集・中　九五六）とも釈《しゃく》し、〈*已能雖破無明闇《いのうすいはむみょうあん》〉（正信偈）と等《ら》のたまへり。日輪《にちりん》の他力《たりき》いたらざるほどは、われと無明《むみょう》を破《は》すといふことあるべからず。無明《むみょう》を破《は》せずは、また*出離《しゅつり》その期《ご》あるべからず。他力《たりき》をもつて無明《むみょう》を破《は》するがゆゑに、日出《ひい》でてのち夜明《よあ》くといふなり」。これさきの光明《こうみょう》・名号《みょうごう》の義《ぎ》にこころおなじといへど†も、自力《じりき》・他力《たりき》を分別《ふんべつ》せられんために、*法譬《ほっぴ》を合《がっ》して仰《おお》せごとありきと云々《うんぬん》。

八

両篇　両辺。二つの事柄。
なんだち　おまえたち。

うちまかせて　普通一般の考えに従って。
須弥の半腹　須弥山の中腹。↓須弥山《しゅみせん》
行度　めぐること。
南州　須弥山の南にある南《なん》瞻部洲《せんぶしゅう》のこと。人間の住む世界をいう。↓須弥山《しゅみせん》
不断難思　不断光・難思光のこと。↓十二光《じゅうにこう》
貪瞋　貪欲と瞋恚。↓貪欲《とんよく》、瞋恚《しんに》
炎王清浄　炎王光・清浄光のこと。↓十二光《じゅうにこう》
煩悩障眼…　「煩悩、眼を障へて、見たてまつることあたはずといへども」
已能雖破…　「すでによく無明の闇を破すといへども」（行巻訓）
出離　迷いの世界を離れ出

(四)

一　善悪《ぜんあく》二業《にごう》の事《こと》。

上人《しょうにん》親鸞《しんらん》仰《おお》せにのたまはく、「*某《それがし》はまつたく善《ぜん》もほしからず、また悪《あく》もおそれなし。善《ぜん》のほしからざるゆゑは、弥陀《みだ》の本願《ほんがん》を信受《しんじゅ》するに†まされる善《ぜん》なきがゆゑに。悪《あく》のおそれなきといふは、弥陀《みだ》の本願《ほんがん》をさまたぐる悪《あく》なきがゆゑに。しかるに世《よ》の人《ひと》みなおもへらく、善根《ぜんごん》を具足《ぐそく》せずんば、たとひ念仏《ねんぶつ》すといふとも往生《おうじょう》すべからずと。またたとひ念仏《ねんぶつ》すといふとも、悪業深重《あくごうじんじゅう》ならば往生《おうじょう》すべからずと。このおもひ、ともにはなはだしかるべからず。もし悪業《あくごう》を*こころにまかせてとどめ、善根《ぜんごん》をおもひのままにそなへて、生死《しょうじ》を出離《しゅつり》し浄土《じょうど》に往生《おうじょう》すべくは、*あながちに本願《ほんがん》を信知《しんち》せずとも、なにの不足《ふそく》かあらん。そのこといづれもこころにまかせざるによりて、悪業《あくごう》をばおそれながらすなはちおこし、善根《ぜんごん》をば*あらませどもうる†ことあたはざる凡夫《ぼんぶ》なり。かかるあさましき三毒具足《さんどくぐそく》の悪機《あくき》として、われと出離《しゅつり》にみちたえたる機《き》を*摂取《せっしゅ》したまはんための
8 *五劫思惟《ごこうしゆい》の本願《ほんがん》なるがゆゑに、ただ仰《あお》ぎて仏智《ぶっち》を信受《しんじゅ》するにしかず。しかるに善機《ぜんき》の念仏《ねんぶつ》するをば決定往生《けつじょうおうじょう》とおもひ、悪人《あくにん》の念仏《ねんぶつ》するをば往生不定《おうじょうふじょう》と疑《うたが》ふ。本願《ほんがん》の*規模《きぼ》ここに失《しっ》し、自身《じしん》の悪機《あくき》たることをしらざるになる。おほよそ

ること。

法譬　「みのりとたとへとなり」（左訓）

某は…　『歎異抄』（一）の「しかれば、本願を信ぜんには…」以下の内容に関連する。

こころにまかせて　心のままにという意。

あながちに　必ずしも。

あらませども　あってほしいと思ってもという意。

摂取　「摂《おさ》めとる」（左訓）

五劫思惟の本願　阿弥陀仏が因位《いんに》の法蔵《ほうぞう》菩薩の時、一切衆生《しゅじょう》を平等に救うために、五劫という長い間思惟をめぐらし立てた誓願《せいがん》。

規模　要《かなめ》となるもの。規範。

凡夫《ぼんぶ》*引接《いんじょう》の*無縁《むえん》の慈悲《じひ》をもつて、*修因感果《しゅいんかんか》したまへる*別願所成《べつがんしょじょう》の報仏報土《ほうぶつほうど》へ五乗《ごじょう》ひとしく入《い》ることは、諸仏《しょぶつ》いまだおこさざる超世不思議《ちょうせふしぎ》の願《がん》なれば、たとひ*読誦大乗《どくじゅだいじょう》・*解第一義《げだいいちぎ》の善機《ぜんき》たりといふとも、おのれが*生得《しょうとく》の善《ぜん》ばかりをもつてその土《ど》に往生《おうじょう》することかなふべからず。また悪業《あくごう》はもとよりもろもろの仏法《ぶっぽう》にすてらるるところなれば、悪機《あくき》また悪《あく》を*つのりとしてその土《ど》へのぞむべきにあらず。

しかれば、機《き》に生《うま》れつきたる善悪《ぜんあく》のふたつ、報土往生《ほうどおうじょう》の得《とく》ともならず失《しつ》ともならざる条《じょう》勿論《もちろん》なり。さればこの善悪《ぜんあく》の機《き》のうへにたもつところの弥陀《みだ》の仏智《ぶっち》をつのりとせんより†ほかは、凡夫《ぼんぶ》いかでか往生《おうじょう》の*得分《とくぶん》あるべきや。さればこそ、悪《あく》もおそろしからずとも†いひ、善《ぜん》もほしからずとはいへ」。

ここをもつて光明寺《こうみょうじ》の大師《だいし》（善導）、「言弘願者《ごんぐがんしゃ》　如大経説《にょだいきょうせつ》　一切善悪《いっさいぜんあく》　凡夫得生者《ぼんぶとくしょうしゃ》　莫不皆乗《まくふかいじょう》　阿弥陀仏《あみだぶつ》　大願業力《だいがんごうりき》　為増上縁也《いぞうじょうえんや》」（玄義分　三〇一）とのたまへり。文《もん》のこころは、「弘願《ぐがん》といふは『大経《だいきょう》』の説《せつ》のごとし。一切善《いっさいぜん》悪凡夫《あくぼんぶ》の生《うま》るることを得《う》るは、みな阿弥陀仏《あみだぶつ》の大願業力《だいがんごうりき》に乗《の》りて増上縁《ぞうじょうえん》とせざるはなし」となり。されば宿善《しゅくぜん》あつきひとは、今生《こんじょう》に善《ぜん》をこのみ悪《あく》をおそ

引接　浄土へ導き入れること。

無縁の慈悲　平等にして無差別な仏の大慈悲。→三縁《さんえん》

[2]

修因感果　因となる行を修めて、それにふさわしい果を得ること。

別願　他力不思議をもって凡夫《ぼんぶ》を報土《ほうど》に往生させようと誓った特別の誓願《せいがん》（第十八願）。→本願《ほんがん》

読誦大乗　大乗経典を読誦すること。→読誦《どくじゅ》

解第一義　第一義諦をさとること。→第一義諦《だいいちぎたい》

生得の善　生れつきの能力によって獲得した善の力。

つのり　ここではたよりというほどの意。

得分　利益《りやく》。

る、*宿悪《しゆくあく》おもきものは、今生《こんじよう》に悪《あく》をこのみ善《ぜん》にうとし。ただ善悪《ぜんあく》のふたつをば過去《かこ》の因《いん》にまかせ、往生《おうじよう》の大益《だいやく》をば如来《によらい》の他力《たりき》にまかせて、*かつて機《き》のよきあしきに目《め》をかけて往生《おうじよう》の*得否《とくふ》を定《さだ》むべからずとなり。

9 *これによりて、あるときの仰《おお》せにのたまはく、「なんだち、念仏《ねんぶつ》するよりなほ往生《おうじよう》にたやすきみちあり、これを授《さず》くべし」と。「人《ひと》を千人殺害《せんにんせつがい》したらばやすく往生《おうじよう》すべし、おのおのこのをしへにしたがへ、いかん」と。ときにある一《いち》人申《にんもう》していはく、「某《それがし》においては千人《せんにん》まではおもひよらず、一人《いちにん》たりといふとも殺害《せつがい》しつべき心《こころ》ちせず」と云々《うんぬん》。上人《しようにん》かさねてのたまはく、「なんぢわがをしへを日《ひ》ごろそむかざるうへは、いまをしふるところにおいてさだめて疑《うたがい》をなさざるか。しかるに一人《いちにん》なりとも殺害《せつがい》しつべき心《こころ》ちせずといふは、*過去《かこ》にそのたねなきによりてなり。もし過去《かこ》にそのたねあらば、たとひ殺生罪《せつしようざい》を犯《おか》すべからず、犯《おか》さばすなはち往生《おうじよう》をとぐべからずといましむといふとも、たねにもよほされてかならず殺罪《せつざい》をつくるべきなり。善悪《ぜんあく》のふたつ、宿因《しゆくいん》のはからひとして*現果《げんか》を感《かん》ずるところなり。しかればまつたく、往生《おうじよう》においては善《ぜん》もたすけとならず、悪《あく》もさはりとならずといふこと、これをもつて*准知《じゆんち》すべし」。

宿悪 過去世での悪い行い。

かつて 決して。断じて。

得否 「うるやいなや」（左訓）

これによりて… 『歎異抄』（一三）の内容に関連する。

過去にそのたね… →補註

現果を感ずる 現世に結果としてあらわれる。

准知 「なずらへ知る」（左訓）

（五）

一　自力《じりき》の修善《しゆぜん》はたくはへがたく、他力《たりき》の仏智《ぶつち》は護念《ごねん》の益《やく》をもつてたくはへらるる事《こと》。

たとひ万行諸善《まんぎようしよぜん》の法財《ほうざい》を修《しゆ》したくはふといふとも、*進道《しんどう》の資糧《しりよう》となるべからず。ゆゑは*六賊知聞《ろくぞくちもん》して*侵奪《しんだつ》するがゆゑに。念仏《ねんぶつ》においては、「*すでに行者《ぎようじや》の善《ぜん》にあらず、行者《ぎようじや》の行《ぎよう》にあらず」と等釈《らしやく》せらるれば、凡夫自力《ぼんぶじりき》の善《ぜん》にあらず。*まつたう弥陀《みだ》の仏智《ぶつち》なるがゆゑに、諸仏護念《しよぶつごねん》の益《やく》によりて六賊《ろくぞく》これををかすにあたはざるがゆゑに、出離《しゆつり》の資糧《しりよう》となり、報土《ほうど》の*正因《しよういん》となるなり、しるべし。

（六）

一　弟子《でし》・同行《どうぎよう》をあらそひ、本尊《ほんぞん》・聖教《しようぎよう》を奪《うば》ひとること、しかるべからざるよしの事《こと》。

*常陸国新堤《ひたちのくににいづつみ》の*信楽坊《しんぎようぼう》、聖人《しようにん》親鸞《しんらん》の御前《ごぜん》にて、法文《ほうもん》の義理《ぎり》ゆゑに、仰《おお》せをもちゐまうさざるによりて、*突鼻《とつび》にあづかりて本国《ほんごく》に下向《げこう》のきざみ、御弟子《おんでし》蓮位房《れんいぼう》申《もう》されていはく、「信楽房《しんぎようぼう》の、御門弟《ごもんてい》の儀《ぎ》をはなれて下国《げこく》のうへは、あづけわたさるるところの本尊《ほんぞん》・†聖教《しようぎよう》をめしかへさるべくや候《そうろ》ふらん」と。「な

進道の資糧　仏道を進むためのもとで。

六賊　眼《げん》・耳《に》・鼻《び》・舌《ぜつ》・身《しん》・意《い》の六根《ろつこん》（六の感覚器官）を賊に喩えたもの。六根は色《しき》・声《しよう》・香《こう》・味《み》・触《そく》・法《ほう》の外賊をいざない、貪《とん》・瞋《しん》・痴《ち》の煩悩《ぼんのう》の内賊をはたらかせる媒介となるところからいう。

侵奪　「をかしうばふ」（左訓）

すでに行者の…　『御消息』（四二）、『歎異抄』（八）の内容に関連するか。

まつたう　全く。

正因　真実の報土《ほうど》に生れるための正当な因種（たね）。

常陸国　現在の茨城県。

信楽坊　伝未詳。「交名牒《きようみようちよう》」（門弟の連名簿）によると、下総《しもうさ》新堤の住。

突鼻にあづかりて　とがめを受けるという意。

かんづくに、釈親鸞《しゃくのしんらん》と*外題《げだい》のしたにあそばされたる*聖教《しょうぎょう》おほし。御門下《ごもんか》をはなれたてまつるうへは、さだめて*仰崇《ぎょうそう》の儀《ぎ》なからんか」と云々《うんぬん》。聖人《しょうにん》の仰《おお》せにいはく、「本尊《ほんぞん》・聖教《しょうぎょう》をとりかへすこと、はなはだしかるべからざることなり。そのゆゑは*親鸞《しんらん》は弟子《でし》一人《いちにん》ももたず、なにごとををしへて弟子《でし》といふべきぞや。みな如来《にょらい》の御弟子《おんでし》なれば、みなともに同行《どうぎょう》なり。念仏往生《ねんぶつおうじょう》の信心《しんじん》をうることは、釈迦《しゃか》・弥陀《みだ》二尊《にそん》の御方便《ごほうべん》として発起《ほっき》すとみえたれば、まったく親鸞《しんらん》が授《さず》けたるにあらず。当世《とうせい》たがひに*違逆《いぎゃく》のとき、本尊《ほんぞん》・聖教《しょうぎょう》をとりかへし、つくるところの*房号《ぼうごう》をとりかへし、信心《しんじん》をとりかへすなんどいふこと、国中《こくちゅう》に繁昌《はんじょう》と云々《うんぬん》。かへすがへすしかるべからず。本尊《ほんぞん》・聖教《しょうぎょう》は衆生利益《しゅじょうりやく》の方便《ほうべん》なれば、親鸞《しんらん》がむつび*をすてて他《た》の門室《もんしつ》に入《い》るといふとも、わたくしに*自専《じせん》すべからず。如来《にょらい》の教法《きょうぼう》は総《そう》じて*流通物《るずうもつ》なればなり。しかるに親鸞《しんらん》が名字《みょうじ》ののりたるを、〈法師《ほうし》にくければ袈裟《けさ》さへ〉の風情《ふぜい》に*いとひおもふによりて、たとひ
11
かの聖教《しょうぎょう》を山野《さんや》にすつといふとも、そのところの*有情群類《うじょうぐんるい》、かの聖教《しょうぎょう》にすくはれてことごとくその益《やく》をうべし。しからば衆生利益《しゅじょうりやく》の本懐《ほんがい》、そのとき満《まん》足《ぞく》すべし。凡夫《ぼんぶ》の執《しゅう》するところの財宝《ざいほう》のごとくに、とりかへすといふ義《ぎ》あるべ

外題　書物の表紙に書かれた表題。
あそばされたる　ここではお書きになっているという意。
仰崇　崇め尊ぶこと。敬い尊ぶこと。
親鸞は弟子一人ももたず…『歎異抄』（六）の内容に関連する。
違逆　ここでは意見を異にすることという意。
房号　得度《とくど》後、実名（諱《いみな》）とは別につけた仮名《けみょう》。呼び名として用いる。
むつび　交わり。
自専　独占すること。ひとりじめにすること。自分のものとして扱うこと。
流通物　世の中に広く伝わってゆくもの。
いとひおもふ　疎ましく思う。厭わしく思う。
有情群類　さまざまな生き

からざるなり。よくよくこころうべし」と仰《おお》せありき。

(七)

一　凡夫往生《ぼんぶおうじょう》の事《こと》。

おほよそ*凡夫《ぼんぶ》の報土《ほうど》に入《い》ることをば、諸宗《しょしゅう》ゆるさざるところなり。しかるに浄土真宗《じょうどしんしゅう》において善導家《ぜんどうけ》の御《おん》こころ、*安養浄土《あんにょうじょうど》をば報仏報土《ほうぶつほうど》と定《さだ》め、入《い》るところの機《き》をばさかりに凡夫《ぼんぶ》と談《だん》ず。

このこと*性相《しょうぞう》の耳《みみ》を驚《おどろ》かすことなり。さればかの性相《しょうぞう》に*封《ふう》ぜられて、ひとのこころおほく迷《まよ》ひて、この*義勢《ぎせい》におきて疑《うたがい》をいだく。その疑《うたがい》のきざすところは、かならずしも弥陀超世《みだちょうせ》の悲願《ひがん》を、さることあらじと疑《うたが》ひたてまつるまではなけれども、わが身《み》の分《ぶん》を卑下《ひげ》して、そのことわりをわきまへしりて、聖道《しょうどう》門《もん》よりは凡夫報土《ぼんぶほうど》に入《い》るべからざる道理《どうり》をうかべて、その*比量《ひりょう》をもつていまの真宗《しんしゅう》を疑《うたが》ふまでの人《ひと》はまれなれども、聖道《しょうどう》の性相《しょうぞう》世《よ》に流布《るふ》するを、なにとなく耳《みみ》にふれならひたるゆゑか、おほくこれにふせがれて真宗《しんしゅう》*別途《べつず》の他力《たりき》を疑《うたが》ふこと、かつは無明《むみょう》に*痴惑《ちわく》せられたるゆゑなり、かつは*明師《めいし》にあはざるがいたすところなり。

もの。

凡夫の報土に…　報土に入ることができるのは無漏智《むろち》(煩悩《ぼんのう》のない智慧《ちえ》)を得た初地《しょじ》以上の菩薩であるとするのが通説であった。

安養浄土をば…　「玄義分」の文(註釈版聖典七祖篇三二六頁六行以下)参照。

性相　↓性相《しょうぞう》②

封ぜられて　とらわれて。

義勢　「おもむきといふこころなり」(異本左訓)

比量　対比して知ること。思いくらべること。

別途　通途《つうず》に対する語。浄土真宗独自の特別な教え。

痴惑　「おろかにまどはさるといふなり」(異本左訓)

明師　智慧のすぐれた師。

12

そのゆゑは、「*浄土宗《じょうどしゅう》のこころ、もと凡夫《ぼんぶ》のためにして聖人《しょうにん》のためにあらず」と云々《うんぬん》。しかれば、貪欲《とんよく》もふかく、瞋恚《しんに》もたけく、愚痴《ぐち》もさかりならんにつけても、今度《こんど》の*順次《じゅんじ》の往生《おうじょう》は、仏語《ぶつご》に*虚妄《こもう》なければいよいよ*必定《ひつじょう》とおもふべし。あやまつてわがこころの三毒《さんどく》もいたく興盛《こうじょう》ならず、善心《ぜんしん》しきりにおこらば、往生不定《おうじょうふじょう》のおもひもあるべし。そのゆゑは、凡夫《ぼんぶ》のための願《がん》と仏説分《ぶっせつぶん》明《みょう》なり。しかるにわがこころ凡夫《ぼんぶ》げもなくは、さてはわれ凡夫《ぼんぶ》にあらねばこの願《がん》にもれやせんとおもふべきによりてなり。しかるに、われらが心《こころ》すでに貪瞋《とんじん》痴《ち》の三毒《さんどく》みなおなじく具足《ぐそく》す。これがためとておこさるる願《がん》なれば、往生《おうじょう》その機《き》として必定《ひつじょう》なるべしとなり。かくこころえつれば、こころのわろきにつけても、機《き》の卑劣《ひれつ》なるにつけても、往生《おうじょう》せずはあるべからざる道理《どうり》・*文証《もんしょう》勿論《もちろん》なり。いづかたよりか凡夫《ぼんぶ》の往生《おうじょう》もれてむなしからんや。しかればすなはち、「*五劫《ごこう》の思惟《しゆい》も*兆載《ちょうさい》の修行《しゅぎょう》も、ただ親鸞一人《しんらんいちにん》がためなり」と仰《おお》せごとありき。

わたくしにいはく、これをもつてかれを案《あん》ずるに、この条《じょう》、祖師聖人《そししょうにん》（親鸞）の御《おん》ことにかぎるべからず。末世《まっせ》のわれら、みな凡夫《ぼんぶ》たらんうへは、またもつて往生《おうじょう》おなじかるべしとしるべし。

浄土宗のこころ…　「玄義分」の「この観経は、仏、凡のために説きたまへり、聖のためにせず」（註釈版聖典七祖篇三一六頁五行）、「世尊さだめて凡夫のためにして聖人のためにせず」（同三一九頁四行）、「ただ常没の衆生《しゅじょう》のためにして、大小の聖のためにせず」（同三二一頁五行）、および『選択集《せんじゃくしゅう》』所引の『遊心《ゆうしん》安楽道《あんらくどう》』の文（同一一八五頁一四行以下）などによるものであろう。

順次の往生　現世の命が終って、次にただちに浄土に生れること。

虚妄　うそ。いつわり。

必定　一定に同じ。確かに定まっていること。

文証　経論の文によって示される証拠。

五劫の思惟も…　『歎異抄』

（八）

一　*一切経御校合《いっさいきょうごきょうごう》の事《こと》。

*最明寺《さいみょうじ》の禅門《ぜんもん》の*父修理亮時氏《ちちしゅりのすけときうじ》、政徳《せいとく》をもつぱらにせしころ、一切経《いっさいきょう》を書写《しょしゃ》せられき。これを校合《きょうごう》のために智者《ちしゃ》・*学生《がくしょう》たらん僧《そう》を屈請《くっしょう》あるべしとて、*武《む》藤左衛門入道《とうさえもんにゅうどう》　実名《じつみょう》を知《し》らず　ならびに*屋戸《やど》やの入道《にゅうどう》　実名《じつみょう》を知《し》らず　両大《りょうだい》名《みょう》に仰《おお》せつけてたづね*あなぐられけるとき、ことの縁《えん》ありて聖人《しょうにん》（親鸞）をたづねいだしたてまつりき。もし*常陸国笠間郡稲田郷《ひたちのくにかさまのこおりいなだのごう》に御経回《ごけいかい》のころか　聖人《しょうにん》その請《しょう》に応《おう》じましまして、一切経御校合《いっさいきょうごきょうごう》ありき。その最中《さいちゅう》、*副将軍《ふくしょうぐん》、連々《れんれん》*昵《じつ》近《きん》したてまつるに、あるとき盃酌《はいしゃく》のみぎりにして種々《しゅじゅ》の珍物《ちんぶつ》をととのへて、諸大名面々《しょだいみょうめんめん》、数献《すこん》の沙汰《さた》におよぶ。聖人別《しょうにんべつ》して勇猛精進《ゆうみょうしょうじん》の僧《そう》の威儀《いぎ》をただしくしましますことなければ、ただ世俗《せぞく》の入道《にゅうどう》・俗人等《ぞくじんとう》におなじき御振舞《おんふるまい》なり。よつて魚鳥《ぎょちょう》の肉味等《にくみとう》をもきこしめさるること、御《おん》はばかりなし。ときに鱠《なます》を御前《ごぜん》に進《しん》ず、これをきこしめさるること、つねのごとし。袈裟《けさ》を御着用《ごちゃくよう》ありながらまゐるとき、最明寺《さいみょうじ》の禅門《ぜんもん》、ときに開寿殿《かいじゅどの》とて九歳《くさい》、さしよりて聖人《しょうにん》の御耳《おんみみ》に密談《みつだん》せられていはく、「あの入道《にゅうどう》ども面々魚食《めんめんぎょしょく》のときは袈裟《けさ》を脱《ぬ》ぎてこれを食《じき》す。善信御房《ぜんしんのおんぼう》（親鸞）、いかなれば袈裟《けさ》を御着用《ごちゃくよう》ありながら食《しょく》

後序の「聖人のつねの仰せ…」（八五三頁二行以下）に関連する。

兆載の修行　兆載永劫《ようごう》の修行。兆・載はきわめて大きい数の単位。阿弥陀仏が因《いん》位《に》の法蔵《ほうぞう》菩薩の時、本願を成就するために、はかりしれない長い間、修めた無量の行。

一切経御校合　一切経は仏教聖典の総称で、経・律・論の三蔵とその註釈書などを集大成したもの。大蔵経ともいう。校合は本文の異同を他の本と照らし合せて正すこと。鎌倉幕府の執権北条泰時《ほうじょうやすとき》は北条政子《まさこ》十三回忌供養《くよう》のための一切経書写を行っており、一説ではこの時の校合事業に親鸞聖人が参加していたという。

最明寺の禅門　「最明寺」

14

しましますぞや、これ不審《ふしん》」と云々《うんぬん》。聖人仰《しょうにんおお》せられていはく、「あの入道達《にゅうどうたち》はつねにこれをもちゐるについて、これを食《しょく》するときは袈裟《けさ》を脱《ぬ》ぐべきことと＊覚《かく》悟《ご》のあひだ、脱《ぬ》ぎてこれを食《しょく》するか。善信《ぜんしん》はかくのごときの食物《しょくぶつ》＊邂逅《かいこう》なれば、＊おほけていそぎ食《た》べんとするにつきて忘却《ぼうきゃく》してこれを脱《ぬ》がず」と云々《うんぬん》。開寿殿《かいじゅどの》、また申《もう》されていはく、「この御答《ごとう》、御偽言《ごぎごん》なり。さだめてふかき御所《ごしょ》存《ぞん》あるか。開寿《かいじゅ》、幼稚《ようち》なればとて御《ご》＊蔑如《べつじょ》にこそ」とて退《の》きぬ。

またあるとき、さきのごとくに袈裟《けさ》を御着服《ごちゃくぶく》ありながら御魚食《ごぎょしょく》あり。また開寿殿《かいじゅどの》、さきのごとくにたづねまうさる。聖人《しょうにん》また御忘却《ごぼうきゃく》と答《こた》へまします。そのとき開寿殿《かいじゅどの》、「さのみ御《ご》＊廃忘《はいもう》あるべからず。これしかしながら、幼少《ようしょう》の愚《ぐ》意《い》、深義《じんぎ》をわきまへしるべからざるによりて、御所存《ごしょぞん》をのべられざるものなり。まげてただ実義《じつぎ》を述成《じゅつじょう》あるべし」と、再三《さいさん》こざかしくのぞみまうされけり。そのとき聖人《しょうにん》のがれがたくして、幼童《ようどう》に対《たい》して示《しめ》しましましていはく、「まれに人身《にんじん》をうけて生命《しょうみょう》をほろぼし肉味《にくみ》を貪《とん》ずること、はなはだしかるべからざることなり。されば如来《にょらい》の＊制戒《せいかい》にもこのことことにさかんなり。しかれども、末法《まっぽう》＊濁世《じょくせ》の今《いま》の時《とき》の衆生《しゅじょう》、＊無戒《むかい》のときなれば、たもつものもなく破《は》する

は底本には「西明寺」とある。北条時頼《ほうじょうときより》（一二二七—一二六三）のこと。

父修理亮時氏　「祖父武蔵守泰時《やすとき》世をとりて」とする異本がある。時氏（一二〇三—一二三〇）は北条泰時の子。後続の本文には「政徳をもっぱらに…」とあるが、時氏が実際に政権をとったことはなく、史実に合わない。異本の記述は史実に適合する。

学生　すぐれた学者。

武藤左衛門入道・屋戸やの入道　前者は武藤景頼、後者は宿屋左衛門尉光則、ともに実在の人物で幕府の御家人である。

あなぐられ　「あなぐる」はさがし求めるの意。

常陸国笠間郡稲田郷　現在の茨城県笠間市稲田町。

副将軍　北条泰時（一一八

ものもなし。これによりて剃髪染衣《たいほつぜんえ》のそのすがた、ただ世俗《せぞく》の群類《ぐんるい》にこころおなじきがゆゑに、これらを食《しょく》す。*とても食《しょく》するほどならば、かの生類《しょうるい》をして解脱《げだつ》せしむるやうにこそありたく候《そうら》へ。しかるにわれ名字《みょうじ》を*釈氏《しゃくし》にかるといへども、こころ俗塵《ぞくじん》に染《そ》みて智《ち》もなく徳《とく》もなし。なにによりてかかの有情《うじょう》をすくふべきや。これによりて袈裟《けさ》はこれ、三世《さんぜ》の諸仏《しょぶつ》〔の〕*解脱幢相《げだつどうそう》の霊服《れいぶく》なり。これを着用《ちゃくよう》しながらかれを食《しょく》せば、袈裟《けさ》の*徳用《とくゆう》をもつて*済生利物《さいしょうりもつ》の願念《がんねん》をやはたすと存《ぞん》じて、これを着《ちゃく》しながらかれを食《しょく》するものなり。*冥衆《みょうしゅ》の照覧《しょうらん》を仰《あお》ぎて*人倫《じんりん》の所見《しょけん》をはばからざること、かつは*無慚無愧《むざんむぎ》のはなはだしきに似《に》たり。しかれども、所存《しょぞん》かくのごとし」と云々《うんぬん》。このとき開寿殿《かいじゅどの》、幼少《ようしょう》の身《み》として感気《かんき》おもてにあらはれ、随喜《ずいき》もつともふかし。「*一天四海《いってんしかい》を治《おさ》むべき棟《とう》梁《りょう》、その器用《きよう》はをさなきより、†*やうあるものなり」と仰《おお》せごとありき。

*康永三歳《こうえいさんさい》甲申《きのえさる》*孟夏《もうか》上旬《じょうじゅん》七日《なぬか》、この巻《かん》これを書写《しょしゃ》しをはりぬ。

桑門宗昭《そうもんそうしょう》七十五《しちじゅうご》

一八

三―一二四二）のこと。

昵近　なれ親しむこと。

覚悟のあひだ　心がまえがあるので。あらかじめ知っているので。

邂逅　たまにしかめぐりあわないこと。

おほけて　度を失って。

蔑如　軽んじること。あなどること。

廃忘　わすれること。

制戒　いましめ。戒律。

濁世　五濁悪世の意。→五《ご》濁《じょく》

無戒　戒律がないこと。

とても食するほどならば　どうせ食べるぐらいなら。

釈氏　出家した者は、在家の姓を捨てて、釈尊によって姓を立てるので釈氏という。

解脱幢相の霊服　袈裟《けさ》の異

（九）

一　あるとき鸞上人《らんしょうにん》（親鸞）、黒谷《くろだに》の聖人《しょうにん》（源空）の禅房《ぜんぼう》へ御参《ごさん》ありけるに、修行者一人《しゅぎょうじゃいちにん》、御《おん》ともの*下部《しもべ》に*案内《あんない》していはく、「京中《きょうちゅう》に*八宗兼学《はっしゅうけんがく》の名誉《めいよ》まします智慧第一《ちえだいいち》の聖人《しょうにん》の貴坊《きぼう》やしらせたまへる」といふ。このやうを御《おん》ともの下部《しもべ》、御車《おんくるま》のうちへ申《もう》す。鸞上人《らんしょうにん》のたまはく、「智慧第一《ちえだいいち》の聖人《しょうにん》の御房《おんぼう》とたづぬるは、もし源空聖人《げんくうしょうにん》の御《おん》ことか、しからばわれこそただいまかの御坊《おんぼう》へ参《さん》ずる身《み》にてはんべれ、いかん」。修行者申《しゅぎょうじゃもう》していはく、「そのことに候《そうろ》ふ。源空聖人《げんくうしょうにん》の御《おん》ことをたづねまうすなり」と。鸞上人《らんしょうにん》のたまはく、「さらば*先《せん》達《だつ》すべし。この車《くるま》に乗《の》らるべし」と。修行者《しゅぎょうじゃ》おほきに辞《じ》しまうして、「*そのおそれあり。*かなふべからず」と云々《うんぬん》。鸞上人《らんしょうにん》のたまはく、「求法《ぐほう》のためならば、*あながちに隔心《きゃくしん》あるべからず。*釈門《しゃくもん》のむつび、なにかくるしかるべき。ただ乗《の》らるべし」と。再三辞退申《さいさんじたいもう》すといへども、御《おん》ともののものに、「*修行者《しゅぎょうじゃ》かくるところのかご*負《おい》をかくべし」と御下知《ごげち》ありて、御車《おんくるま》にひき乗《の》せらる。しかうして、かの御坊《おんぼう》に御参《ごさん》ありて空聖人《くうしょうにん》（源空）の御前《ごぜん》にて、鸞上人《らんしょうにん》、「*鎮西《ちんぜい》のものと申《もう》して修行者一人《しゅぎょうじゃいちにん》、求法《ぐほう》のためとて御房《おんぼう》をたづねまうしてはんべりつるを、*路次《ろし》よりあひともなひてまゐりて候《そうろ》ふ。召《め》さるべきをや」と

名。袈裟は解脱の世界に至る標識であるという意味からいう。幢相とは仏塔に揚げる幢《はたぼこ》に似ているところからいったもの。

徳用　徳のはたらき。すぐれたはたらき。

済生利物　生ある者を救済し利益《りやく》すること。

冥衆　諸仏菩薩や諸天善神。

人倫　人々。人間。

無慚無愧　罪を恥じる心（慚愧）がないこと。→慚《ざん》愧《ぎ》

一天四海　一天下と四海。全世界。

やうあるものなり　そのきざしがあらわれているものである。

康永三歳　一三四四年。

孟夏　陰暦四月の別称。

下部　召使。

案内して　（場所を）尋ね

云々《うんぬん》。空聖人《くうしょうにん》、「こなたへ*招請《ちょうじょう》あるべし」と仰《おお》せあり。よりて鸞上人《らんしょうにん》、かの修行者《しゅぎょうじゃ》を御引導《ごいんどう》ありて御前《ごぜん》へ召《め》さる。そのとき空聖人《くうしょうにん》、かの修行者《しゅぎょうじゃ》をにらみましますに、修行者《しゅぎょうじゃ》また聖人《しょうにん》（源空）をにらみかへしたてまつる。かくてややひさしくたがひに言説《ごんせつ》なし。しばらくありて空聖人《くうしょうにん》仰《おお》せられてのたまはく、「御坊《おんぼう》はいづこのひとぞ、またなにの用《よう》ありて来《きた》れるぞや」と。修行者申《しゅぎょうじゃもう》

16 していはく、「われはこれ鎮西《ちんぜい》のものなり。求法《ぐほう》のために*花洛《からく》にのぼる。よつて*推参《すいさん》つかまつるものなり」と。そのとき聖人《しょうにん》、「求法《ぐほう》とはいづれの法《ほう》を求《もと》むるぞや」と。修行者申《しゅぎょうじゃもう》していはく、「念仏《ねんぶつ》の法《ほう》を求《もと》む」と。聖人《しょうにん》のたまはく、「念仏《ねんぶつ》は唐土《とうど》（中国）の念仏《ねんぶつ》か、日本《にっぽん》の念仏《ねんぶつ》か」と。修行者《しゅぎょうじゃ》しばらく停滞《ていてい》す。しかれども、きと案《あん》じて、「唐土《とうど》の念仏《ねんぶつ》を求《もと》むるなり」と云々《うんぬん》。聖人《しょうにん》のたまはく、「さては善導和尚《ぜんどうかしょう》の御弟子《おんでし》にこそあるなれ」と。そのとき修行者《しゅぎょうじゃ》、ふところよりつま*硯《すずり》をとり出《いだ》して*二字《にじ》を書《か》きてささぐ。鎮西《ちんぜい》の聖光坊《しょうこうぼう》これなり。

この聖光《しょうこう》ひじり、鎮西《ちんぜい》にしておもへらく、「みやこに世《よ》もつて智慧第一《ちえだいいち》と称《しょう》する聖人《しょうにん》おはすなり。*なにごとかははんべるべき。われすみやかに上洛《じょうらく》してかの聖人《しょうにん》と問答《もんどう》すべし。そのとき、もし智慧《ちえ》すぐれて*われにかさまば、われ

て。

八宗兼学　三論《さんろん》・成実《じょうじつ》・法相《ほっそう》・倶舎《くしゃ》・華厳《けごん》・律《りつ》・天台《てんだい》・真言《しんごん》の八宗の教義を体得していること。

先達すべし　ご案内しましょう。

そのおそれあり　恐れおおいことです。

かなふべからず　お受けすることはできません。

あながちに隔心…　無理に遠慮する必要はありません。

釈門のむつび　仏弟子同士の親しい交わり。

かくる　背負う。

かご負　負いかご。

鎮西　九州の異称。

路次より　道中。道すがら。

招請　招くこと。

花洛　花の都。京都のこと。

推参　相手の意向を確かめず、一方的に訪ねて行くこ

まさに弟子《でし》となるべし。また問答《もんどう》に勝《か》たば、かれを弟子《でし》とすべし」と。しかるにこの慢心《まんしん》を空聖人《くうしょうにん》、権者《ごんじゃ》として御覧《ごらん》ぜられければ、いまのごとくに御問答《ごもんどう》ありけるにや。かのひじりわが弟子《でし》とすべきこと、*橋《はし》たててもおよびがたかりけりと、*慢幢《まんどう》たちまちにくだけければ、*師資《しし》の礼《れい》をなして、たちどころに二字《にじ》をささげけり。

17

*両三年《りょうさんねん》ののち、あるときかご負《おい》かきおいて聖光坊《しょうこうぼう》、聖人《しょうにん》の御前《ごぜん》へまゐりて、「本国恋慕《ほんごくれんぼ》のこころざしあるによりて鎮西下向《ちんぜいげこう》つかまつるべし。いとまたまはるべし」と申《もう》す。すなはち御前《ごぜん》をまかりたちて出門《しゅつもん》す。聖人《しょうにん》のたまはく、「あたら修学者《しゅがくしゃ》が*髻《もとどり》をきらでゆくはとよ」と。その御声《おんこえ》はるかに耳《みみ》に入《い》りけるにや、たちかへりて申《もう》していはく、「聖光《しょうこう》は出家得度《しゅっけとくど》してとしひさし、しかるに髻《もとどり》をきらぬよし仰《おお》せをかうぶる、もつとも不審《ふしん》。この仰《おお》せ、耳《みみ》にとまるによりてみちをゆくにあたはず。ことの次第《しだい》うけたまはりわきまへんがためにかへりまゐれり」と云々《うんぬん》。

そのとき聖人《しょうにん》のたまはく、「法師《ほうし》には三《み》つの髻《もとどり》あり。いはゆる*勝他《しょうた》・*利養《りよう》・*名聞《みょうもん》これなり。この三箇年《さんかねん》のあひだ源空《げんくう》がのぶるところの法文《ほうもん》をしるし集《あつ》め

と。

つま硯　携帯用の硯。

二字をささぐ　二字は実名（諱《いみな》）のこと。名を捧げ、弟子となること。

なにごとかははんべるべき　どれほどのことがありましょうか。

われにかさまば　わたしに勝《まさ》るのなら。

橋たてても…　梯子を立てても届きがたい。ここではどうしてもできないという意。

慢幢　慢心のはたぼこ。

師資　師弟の間柄。また、師としてたのむこと。

両三年　二、三年。

髻　髪の毛を束ねた所。たぶさ。

勝他　他人に勝《まさ》ろうとする思い。

利養　自己の利益を追い求

て*随身《ずいしん》す。本国《ほんごく》にくだりて人《ひと》を*しへたげんとす、これ勝他《しょうた》にあらずや。それにつけてよき学生《がくしょう》といはれんとおもふ、これ名聞《みょうもん》をねがふところなり。これによりて檀越《だんおつ》をのぞむこと、詮《せん》ずるところ利養《りよう》のためなり。この三《み》つの髻《もとどり》を剃《そ》りすてずは、法師《ほうし》といひがたし。よつて、さ申《もう》しつるなり」と云々《うんぬん》。

そのとき聖光房《しょうこうぼう》、*改悔《がいけ》の色《いろ》をあらはして、*負《おい》の底《そこ》よりをさむるところの*抄《しょう》物《もつ》どもをとり出《い》でて、みなやき*すてて、またいとまを申《もう》して出《い》でぬ。しかれども、その余残《よざん》ありけるにや、つひに仰《おお》せをさしおきて、*口伝《くでん》をそむきたる諸《しょ》行往生《ぎょうおうじょう》の*自義《じぎ》を*骨張《こっちょう》して*自障障他《じしょうしょうた》すること、祖師《そし》（源空）の遺訓《ゆいくん》をわすれ、諸天《しょてん》の*冥慮《みょうりょ》をはばからざるにやとおぼゆ。かなしむべし、おそるべし。しかれば、かの聖光坊《しょうこうぼう》は、最初《さいしょ》に鸞上人《らんしょうにん》の御引導《ごいんどう》によりて、黒谷《くろだに》の門下《もんか》にのぞめる人《ひと》なり。*末学《まつがく》これをしるべし。

（一〇）

一　十八《じゅうはち》の願《がん》につきたる御釈《おんしゃく》の事《こと》。

「*彼仏今現在成仏《ひぶつこんげんざいじょうぶつ》」（礼讃　七一一）等《とう》。この御釈《おんしゃく》に*世流布《せるふ》の本《ほん》には「在世《ざいせ》」とあり。しかるに黒谷《くろだに》（源空）・本願寺《ほんがんじ》（親鸞）両師《りょうし》ともに、この「世《せ》」の字《じ》を

める心。

名聞　みずからの名声を求める心。名誉欲。

随身す　身に携える。

しへたげんとす　ここでは屈服させようとする、従わせようとするという意。

改悔　あやまちを悔い改めること。

負　負いかご。

抄物　抜き書き。また、字義・文意などの註釈。

やきすてて　「やりすてて」（破りすてて）とする異本がある。

口伝　口伝えに受けた教え。じきじきの教え。

自義　自分勝手な解釈。

骨張　強く言い張ること。

自障障他　みずからさまたげ、他人をもさまたげること。

冥慮　（諸天善神の）おぼ

略《りゃく》して引《ひ》†かれたり。

　わたくしにそのゆゑを案《あん》ずるに、略《りゃく》せらるる条《じょう》、*もつともそのゆゑあるか。まづ『大乗同性経《だいじょうどうしょうきょう》』（意）にいはく、「*浄土中成仏《じょうどちゅうじょうぶつ》 悉是報身《しつぜほうじん》 穢土中成《えどちゅうじょう》
18 仏《ぶつ》 悉是化身《しつぜけしん》」文《もん》。この文《もん》を*依憑《えひょう》として、大師《だいし》（善導）、報身《ほうじん》・報土《ほうど》の義《ぎ》を成《じょう》ぜらるるに、この「世《せ》」の字《じ》をおきてはすこぶる義理浅近《ぎりせんごん》なるべしとおぼしめさるるか。そのゆゑは浄土中成仏《じょうどちゅうじょうぶつ》の弥陀如来《みだにょらい》につきて、「いま世《よ》にましまして」とこの文《もん》を訓《くん》ぜば、いますこし義理《ぎり》いはれざるか。極楽世界《ごくらくせかい》とも釈《しゃく》せらるるうへは、「世《せ》」の字《じ》いかでか報身《ほうじん》・報土《ほうど》の義《ぎ》にのくべきとおぼゆる篇《へん》もあれども、さればそれも自宗《じしゅう》におきて浅近《せんごん》のかたを釈《しゃく》せらるるときの*一往《いちおう》の義《ぎ》なり。

　おほよそ諸宗《しょしゅう》におきて、おほくはこの字《じ》を浅近《せんごん》のときもちゐつけたり。まづ『倶舎論《くしゃろん》』の*性相《しょうぞう》「世間品《せけんぼん》」に「*安立《あんりゅう》 *器世間《きせけん》 *風輪最居下《ふりんさいこげ》」と等《ら》判《はん》ぜり。器世間《きせけん》を建立《こんりゅう》するときこの字《じ》をもちゐる条《じょう》、分明《ぶんみょう》なり。世親菩薩《せしんぼさつ》（天親）の所《しょ》造《ぞう》もつともゆゑあるべきをや勿論《もちろん》なり。しかるにわが真宗《しんしゅう》にいたりては善導《ぜんどう》和尚《かしょう》の御《おん》こころによるに、すでに報身《ほうじん》・報土《ほうど》の*廃立《はいりゅう》をもつて規模《きぼ》とす。しかれば、「*観彼世界相《かんぴせかいそう》 勝過三界道《しょうがさんがいどう》」（浄土論 二九）の論文《ろんもん》をもつておもふに、三界《さんがい》

しめし。

末学　後進の学生。

彼仏今現…　「かの仏いま現在して成仏したまへり」

世流布の本　一般に流布している本。通行本。

もつとも　本当に。全く。

浄土中成仏…　「浄土のなかに成仏するは、ことごとくこれ報身、穢土のなかに成仏するは、ことごとくこれ化身」

依憑　よりどころ。

一往の義　ひととおりみた意味。

性相　↓性相《しょうぞう》[2]

安立器世間…　「器世間を安立して風輪もつとも下に居す」

器世間　↓器《き》

風輪　大地の下にある空気の層。須弥山《しゅみせん》世界の大地の下にあって、全世界を支え

の道《どう》に勝過《しょうが》せる報土《ほうど》にして正覚《しょうがく》を成《じょう》ずる弥陀如来《みだにょらい》のことをいふとき、世間浅《せけんせん》近《ごん》の事《じ》にもちゐならひたる「世《せ》」の字《じ》をもつて、いかでか義《ぎ》を成《じょう》ぜらるべきや。

この道理《どうり》によりて、いまの一字《いちじ》を略《りゃく》せらるるかとみえたり。されば「彼仏今《ひぶつこん》現在成仏《げんざいじょうぶつ》」とつづけてこれを訓《くん》ずるに、「かの仏《ぶつ》いま現在《げんざい》して成仏《じょうぶつ》したまへり」と訓《くん》ずれば、はるかにききよきなり。*義理《ぎり》といひ、*文点《もんてん》といひ、この一字《いちじ》もつともあまれるか。

この道理《どうり》をもつて、*両祖《りょうそ》の御相伝《ごそうでん》を推験《すいげん》して、八宗兼学《はっしゅうけんがく》の*了然上人《りょうねんしょうにん》　ことに三論宗《さんろんしゅう》　にいまの*料簡《りょうけん》を談話《だんかい》せしに、「浄土真宗《じょうどしんしゅう》におきてこの一義相伝《いちぎそうでん》なしといへども、この料簡《りょうけん》もつとも同《どう》ずべし」と云々《うんぬん》。

19

（二）

一　*助業《じょごう》をなほかたはらにしましますこと事《こと》。

鸞聖人《らんしょうにん》（親鸞）東国《とうごく》に御経回《ごけいかい》のとき、御*風気《ごふうき》とて三日三夜《さんにちさんや》*ひきかづきて水*《すい》漿不通《しょうふつう》しましますことありき。つねのときのごとく御腰膝《おんこしひざ》をうたせらるることもなし。御*煎物《おんせんじもの》などいふこともなし。御看病《ごかんびょう》の人《ひと》をちかくよせらるることもなし。三箇日《さんがにち》と申《もう》すとき、「ああ、いまはさてあらん」と仰《おお》せごとありて、

ているという三輪の一。最下に風輪、その上に水輪、その上に金輪があるという。

廃立　二者の難易、勝劣などを判別して、一方を廃し、一方を真実として立てること。ここでは阿弥陀仏の身土を応身応土とする説を廃して、報身報土《ほうじんほうど》とする説を立てること。

観彼世界相…　「かの世界の相を観ずるに、三界の道に勝過せり」（真仏土巻訓）

義理　意味。

文点　文章の構成。

両祖　法然《ほうねん》聖人と親鸞聖人。

了然上人　『最須敬重絵詞《さいしゅきょうじゅうえし》』巻六によれば、光明寺の自性房了然。京極中納言定家の嫡子光家の子。

料簡　理解の仕方。

助業を…　第十一条は『恵信尼消息』（三）の内容に

御起居御《ごききょご》*平復《へいふく》もとのごとし。

そのとき恵信御房《えしんのおんぼう》　男女六人《なんにょろくにん》の君達《きんだち》の御母儀《ごぼぎ》　たづねまうされていはく、「御風気《ごふうき》とて両三日御寝《りょうさんにちぎょしん》のところに、〈いまはさてあらん〉と仰《おお》せごとあること、なにごとぞや」と。聖人示《しょうにんしめ》しましましてのたまはく、「われこの三箇年《さんかねん》のあひだ、*浄土《じょうど》の三部経《さんぶきょう》をよむことおこたらず。おなじくは千部《せんぶ》よまばやとおもひてこれをはじむるところに、またおもふやう、〈*自信教人信《じしんきょうにんしん》　難中転更難《なんちゅうてんきょうなん》〉（礼讃　六七六）とみえたれば、みづからも信《しん》じ、人《ひと》を教《おし》へても信《しん》ぜしむるほかはなにのつとめかあらんに、この三部経《さんぶきょう》の部数《ぶしゅ》をつむこと、われながらこころえられずとおもひなりて、このことをよくよく案《あん》じさだめん料《りょう》に、そのあひだはひきかづきて臥《ふ》しぬ。つねの病《やまい》にあらざるほどに、〈いまはさてあらん〉といひつるなり」と仰《おお》せごとありき。

わたくしにいはく、つらつらこのことを案《あん》ずるに、ひとの夢想《むそう》の告《つ》げのごとく、観音《かんのん》の垂迹《すいしゃく》として一向専念《いっこうせんねん》の一義《いちぎ》を御弘通《ごぐずう》あること*掲焉《けちえん》なり。

（一三）
一　*聖人《しょうにん》（親鸞）本地観音《ほんじかんのん》の事《こと》。

関連する。

風気　風邪。

ひきかづきて　「ひきかづく」は衣服・夜具などを頭からかぶるの意。ここでは床に臥《ふ》すという意。

水漿不通　湯水ものどに通らないこと。

煎物　煎じ薬。

平復　回復すること。

浄土の三部経　『大経』『観経』『小経』のこと。

自信教人信…　「みづから信じ、人を教へて信ぜしむること、難きがなかにうたたまた難し」（信巻訓）

掲焉　顕著なこと。明らかであること。

聖人本地…　第十二条は『恵信尼消息』（一）の内容に関連する。

20

*下野国《しもつけのくに》さぬきといふところにて、恵信御房《えしんのおんぼう》の御夢想《ごむそう》にいはく、「堂供養《どうくよう》するとおぼしきところあり。*試楽《しがく》ゆゆしく厳重《げんちょう》にとりおこなへるみぎりなり。ここに虚空《こくう》に神社《じんじゃ》の鳥居《とりい》のやうなるすがたにて木《き》をよこたへたり。それに絵像《えぞう》の本尊《ほんぞん》*二鋪《にふく》かかりたり。一鋪《いっぷく》は*形体《ぎょうたい》ましまさず、ただ金色《こんじき》の光明《こうみょう》のみなり。いま一鋪《いっぷく》はただしくその*尊形《そんぎょう》あらはれまします。その形体《ぎょうたい》ましまさざる本尊《ほんぞん》を、人《ひと》ありてまた人《ひと》に、〈あれはなに仏《ぶつ》にてましますぞや〉と問《と》ふ。人答《ひとこた》へていはく、〈あれこそ大勢至菩薩《だいせいしぼさつ》にてましませ、すなはち源空聖人《げんくうしょうにん》の御《おん》ことなり〉と云々《うんぬん》。また問《と》うていはく、〈いま一鋪《いっぷく》の尊形《そんぎょう》あらはれたまふを、あれはまたなに仏《ぶつ》ぞや〉と。人答《ひとこた》へていはく、〈あれは大悲観世音菩薩《だいひかんぜおんぼさつ》にてましますなり。あれこそ善信御房《ぜんしんのおんぼう》（親鸞）にて*わたらせたまへ〉と申《もう》すとおぼえて、夢《ゆめ》さめをはりぬ」と云々《うんぬん》。

　このことを聖人《しょうにん》にかたりまうさるるところに、「そのことなり。大勢至菩薩《だいせいしぼさつ》は智慧《ちえ》をつかさどりまします菩薩《ぼさつ》なり。すなはち智慧《ちえ》は光明《こうみょう》とあらはるるによりて、ひかりばかりにてその形体《ぎょうたい》はましまさざるなり。先師源空聖人《せんしげんくうしょうにん》、勢《せい》至菩薩《しぼさつ》の化身《けしん》にましますといふこと、*世《よ》もつて人《ひと》の口《くち》にあり」と仰《おお》せごとあり

下野国さぬき　下野国は現在の栃木県。「堂供養…」の夢想があったのは『恵信尼消息』（一）では常陸《ひたち》下《しも》妻《つま》のさかいの郷（現在の茨城県下妻市坂井）であったとする。

試楽　舞楽の予行演習のこと。転じて宵祭りのことか。

二鋪　二幅に同じ。

形体　すがたかたち。

尊形　尊いすがた。

わたらせたまへ　おありになる。いらっしゃる。

世もつて人の口にあり　世間の人々の評判になっている。

き。鸞上人《らんしょうにん》（親鸞）の御本地《ごほんじ》のやうは、御《おん》*ぬしに申《もう》さんこと、わが身《み》としては、はばかりあれば申《もう》しいだすにおよばず。かの夢想《むそう》ののちは、心中《しんちゅう》に*渇仰《かつごう》のおもひふかくして年月《としつき》を送《おく》るばかりなり。すでに御帰京《ごききょう》ありて、御入滅《ごにゅうめつ》のよしうけたまはるについて、「わが父《ちち》はかかる権者《ごんじゃ》にてましましけると、しりたてまつられんがためにしるしまうすなり」とて、*越後《えちご》の国府《こう》よりとどめおきまうさるる*恵信御房《えしんのおんぼう》の御文《おんふみ》、*弘長三年春《こうちょうさんねんはる》のころ、御《おん》むすめ覚信御房《かくしんのおんぼう》へ進《しん》ぜらる。

わたくしにいはく、源空聖人《げんくうしょうにん》、勢至菩薩《せいしぼさつ》の化現《けげん》として*本師弥陀《ほんしみだ》の教文《きょうもん》を*和《わ》国《こく》に弘興《ぐこう》しましますす。親鸞上人《しんらんしょうにん》、観世音菩薩《かんぜおんぼさつ》の垂迹《すいしゃく》として、ともにおなじく無礙光如来《むげこうにょらい》の*智炬《ちこ》を*本朝《ほんちょう》にかがやかさんために、師弟《してい》となりて*口決相承《くけつそうじょう》しましますこと、あきらかなり。仰《あお》ぐべし、たふとむべし。

（一三）

一　*蓮位房《れんいぼう》　聖人《しょうにん》（親鸞）常随《じょうずい》の御門弟《ごもんてい》、真宗《しんしゅう》*稽古《けいこ》の学者《がくしゃ》、俗姓《ぞくしょう》源三位《げんさんみ》頼政《よりまさの》卿《きょう》順孫《じゅんそん》　夢想《むそう》の記《き》。

*建長八歳《けんちょうはちさい》　丙辰《ひのえたつ》　二月九日《にがつここぬか》の夜《よ》*寅時《とらのとき》、釈蓮位《しゃくのれんい》、夢《ゆめ》に聖徳太子《しょうとくたいし》の勅命《ちょくめい》をかうぶる。皇太子《こうたいし》の尊容《そんよう》を示現《じげん》して、釈親鸞法師《しゃくのしんらんほっし》にむかはしめましまして、

ぬし　夫。親鸞聖人を指す。

渇仰　のどの渇いた者が水を切望するように、仰ぎ尊ぶこと。

越後の国府　現在の新潟県上越市付近。「こう（こふ）」は「こくふ」の転。

恵信御房の御文　弘長二年十一月二十八日の親鸞聖人の示寂《じじゃく》を、娘の覚信尼公《かくしんにこう》が恵信尼公《えしんにこう》に通知した消息に対する返信（弘長三年二月十日付）。

弘長三年　一二六三年。

本師　根本の導師。

和国　日本。

智炬　智慧《ちえ》の灯火。

本朝　わが国。

口決相承　口伝《くでん》によって教えを受け継ぐこと。

蓮位房…　蓮位の夢想は『御伝鈔』【四】にも記されている。

稽古　学問をすること。

文《もん》を誦《じゅ》して親鸞聖人《しんらんしょうにん》を敬礼《きょうらい》しまします。その告命《ごうみょう》の文《もん》にのたまはく、「*敬礼《きょうらい》大慈阿弥陀仏《だいじあみだぶつ》　為妙《いみょう》　教流通来生者《きょうるずうらいしょうじゃ》　五濁悪時悪世界中《ごじょくあくじあくせかいちゅう》　決定即得《けつじょうそくとく》*無上覚《むじょうかく》也《や》」文《もん》。この文《もん》のこころは、「大慈阿弥陀仏《だいじあみだぶつ》を敬《うやま》ひ礼《らい》したてまつるなり。妙《たえ》なる教流通《のりるずう》のために来生《らいしょう》せるものなり。五濁悪時《ごじょくあくじ》・悪世界《あくせかい》のなかにして、決定《けつじょう》してすなはち無上覚《うえなきさとり》を得《え》†しめたるなり」といへり。蓮位《れんい》、ことに皇太子《こうたいし》を恭《く》敬《ぎょう》し尊重《そんじゅう》したてまつるとおぼえて、夢《ゆめ》さめてすなはちこの文《もん》を書《か》きをはりぬ。

わたくしにいはく、この夢想《むそう》の記《き》をひらくに、祖師聖人《そししょうにん》（親鸞）、あるいは観音《かんのん》の垂迹《すいしゃく》とあらはれ、あるいは本師弥陀《ほんしみだ》の来現《らいげん》と示《しめ》しましますこと、あきらかなり。弥陀《みだ》・観音《かんのん》*一体異名《いったいいみょう》、ともに相違《そうい》あるべからず。しかれば、かの御相承《ごそうじょう》、その述義《じゅつぎ》を口決《くけつ》の末流《ばつりゅう》、他《た》にことなるべき条《じょう》、*傍若無人《ぼうじゃくぶじん》といひつべし。しるべし。

（一四）

一　*体失《たいしつ》・不体失《ふたいしつ》の往生《おうじょう》の事《こと》。

上人《しょうにん》　親鸞《しんらん》　のたまはく、先師聖人《せんししょうにん》　源空《げんくう》　の御時《おんとき》、*はかりなき法文諍論《ほうもんじょうろん》のことありき。善信《ぜんしん》（親鸞）は、「念仏往生《ねんぶつおうじょう》の機《き》は体失《たいしつ》せずして往生《おうじょう》をとぐ」

建長八歳　一二五六年。

寅時　午前四時頃。

敬礼大慈…　「敬礼」「大慈」「妙教流通」の語句は聖徳太子の銘文（『銘文』六五九頁一五行以下）と共通する。

無上覚　この上ない仏のさとり。

一体異名　名が異なるだけで一体のものであること。

傍若無人　他に類がないこと。

体失不体失の往生の事　体失往生、つまり、身体が滅びて初めて往生する（臨終業成《ごうじょう》）のか、不体失往生、つまり、身体が滅ばなくても信心獲得《ぎゃくとく》の時、浄土に生れることが確定する（平《へい》生《ぜい》業成）のか、という問題についての論議。

はかりなき法文諍論　思い

といふ。小坂《こさか》の善恵房《ぜんえぼう》　証空《しょうくう》　は、「体失《たいしつ》してこそ往生《おうじょう》はとぐれ」と云々《うんぬん》。この相論《そうろん》なり。

ここに同朋《どうぼう》のなかに勝劣《しょうれつ》を分別《ふんべつ》せんがために、あまた大師《だいし》聖人《しょうにん》　源空《げんくう》　の御前《ごぜん》に参《さん》じて申《もう》されていはく、「善信御房《ぜんしんのおんぼう》と善恵御房《ぜんえのおんぼう》と法文諍論《ほうもんじょうろん》のことはんべり」とて、かみくだんのおもむきを一々《いちいち》にのべまうさるるところに、大師《だいし》聖人《しょうにん》　源空《げんくう》　の仰《おお》せにのたまはく、善信房《ぜんしんぼう》の体失《たいしつ》せずして往生《おうじょう》すとたてらる条《じょう》は、*やがて「さぞ」と御《ご》*証判《しょうはん》あり。善恵房《ぜんえぼう》の体失《たいしつ》してこそ往生《おうじょう》はとぐれとたてらるるも、またやがて「さぞ」と仰《おお》せあり。

これによりて両方《りょうほう》の是非《ぜひ》わきまへがたき*あひだ、そのむねを衆中《しゅちゅう》よりかさねてたづねまうすところに、仰《おお》せにのたまはく、「善恵房《ぜんえぼう》の体失《たいしつ》して往生《おうじょう》するよしのぶるは、諸行往生《しょぎょうおうじょう》の機《き》なればなり。善信房《ぜんしんぼう》の体失《たいしつ》せずして往生《おうじょう》するよし申《もう》さるるは、念仏往生《ねんぶつおうじょう》の機《き》なればなり。*〈如来教法元無二《にょらいきょうぼうがんむに》〉（法事讃・下　五四九）なれども、*〈正為衆生機不同《しょういしゅじょうきふどう》〉（同・下）なれば、わが根機《こんき》にまかせて領《りょう》解《げ》する条《じょう》、宿善《しゅくぜん》の厚薄《こうはく》によるなり。念仏往生《ねんぶつおうじょう》は仏《ぶつ》の本願《ほんがん》なり、諸行往生《しょぎょうおうじょう》は本願《ほんがん》にあらず。念仏往生《ねんぶつおうじょう》には臨終《りんじゅう》の善悪《ぜんあく》を沙汰《さた》せず。至心信楽《ししんしんぎょう》の帰命《きみょう》の一《いつ》

もよらない教義上の論争。

やがて　ただちに。

証判　判定すること。

あひだ　…ので。

如来教法…　「如来の教法は元無二なり」

正為衆生…　「まさしく衆生の機不同なるがために」

心《しん》、他力《たりき》より定《さだ》まるとき、*即得往生住不退転《そくとくおうじょうじゅうふたいてん》の道理《どうり》を、善知識《ぜんぢしき》にあうて*聞持《もんじ》する平生《へいぜい》のきざみに治定《じじょう》するあひだ、この穢体亡失《えたいもうしつ》せずといへども、業事成《ごうじじょう》弁《べん》すれば体失《たいしつ》せずして往生《おうじょう》すといはるるか。本願《ほんがん》の文《もん》あきらかなり、かれをみるべし。つぎに諸行往生《しょぎょうおうじょう》の機《き》は臨終《りんじゅう》を*期《ご》し、来迎《らいこう》をまちえずしては胎生《たいしょう》辺地《へんじ》までも生《うま》るべからず。このゆゑにこの穢体亡失《えたいもうしつ》するときならでは、その期《ご》するところなきによりて、そのむねをのぶるか。第十九《だいじゅうく》の願《がん》にみえたり。勝《しょう》劣《れつ》の一段《いちだん》においては、念仏往生《ねんぶつおうじょう》は本願《ほんがん》なるについて、あまねく十方衆生《じっぽうしゅじょう》にわたる。諸行往生《しょぎょうおうじょう》は非本願《ひほんがん》なるによりて、定散《じょうさん》の機《き》にかぎる。本願念仏《ほんがんねんぶつ》の機《き》の不体失往生《ふたいしつおうじょう》と、非本願諸行往生《ひほんがんしょぎょうおうじょう》の機《き》の体失往生《たいしつおうじょう》と、*殿最懸隔《でんさいけんかく》にあらずや。いづれも文釈《もんしゃく》*ことばにさきだちて歴然《れきぜん》なり」。

（一五）

一　真宗所立《しんしゅうしょりゅう》の報身如来《ほうじんにょらい》、諸宗《しょしゅう》*通途《つうず》の三身《さんしん》を開出《かいしゅつ》する事《こと》。

弥陀如来《みだにょらい》を報身如来《ほうじんにょらい》と定《さだ》むること、自他宗《じたしゅう》をいはず、古来《こらい》の義勢《ぎせい》*ことふりんたり。されば*荊渓《けいけい》は、「*諸教所讃多在弥陀《しょきょうしょさんたざいみだ》」（止観輔行伝弘決）とものべ、檀那《だんな》院《いん》の*覚運和尚《かくうんかしょう》は、また「*久遠実成弥陀仏《くおんじつじょうみだぶつ》　永異諸経之所説《よういしょきょうししょせつ》」（念仏宝号）と釈《しゃく》

即得往生住不退転　「すなはち往生を得、不退転に住せん」（信巻訓）

聞持　本願を疑いなく聞き、心にたもつこと。信ずること。

期し　期待して。

殿最懸隔　すぐれた功績を最、それほどでもない功績を殿、また、先頭を最、しんがりを殿ということから、殿最は優劣の意。懸隔はへだたりがはなはだしいこと。

ことばにさきだちて　解説するまでもなく。

通途　通常。一般。

ことふりんたり　言いふるされている。

荊渓　（七一一―七八二）唐《とう》代の僧。中国天台宗《てんだいしゅう》第六祖。名は湛然《たんねん》。妙楽大師《みょうらくだいし》と号す。

諸教所讃…　「諸教の讃ずるところ多く弥陀にあり」

せらる。しかのみならず、わが朝《ちよう》の先哲《せんてつ》はしばらくさしおく、宗師《しゆうし》異朝《いちよう》（中国）の善導大師《ぜんどうだいし》の御釈《おんしやく》（法事讃・上 五〇七）にのたまはく、「上従《かみ》*海徳初《かいとくしよさい》際如来《にょらいより》 乃至今時釈迦諸仏《ないしこんじのしやかしよぶつ》 皆乗弘誓《みなぐぜいにのりて》 悲智双行《ひちならべぎようず》」と等釈《らしやく》せらる。しかれば、海徳仏《かいとくぶつ》より本師釈尊《ほんししやくそん》にいたるまで*番々《ばんばん》出世《しゆつせ》の諸仏《しよぶつ》、弥陀《みだ》の弘誓《ぐぜい》に乗《じよう》じて自利利他《じりりた》したまへるむね顕然《けんぜん》なり。覚運和尚《かくうんかしよう》の釈義《しやくぎ》、「釈尊《しやくそん》も*久遠正覚《くおんしようがく》の弥陀《みだ》ぞ」とあらはさるるうへは、いまの和尚《かしよう》（善導）の御釈《おんしやく》にえあはすれば、最初海徳以来《さいしよかいとくよりこのかた》の仏々《ぶつぶつ》もみな久遠正覚《くおんしようがく》の弥陀《みだ》の化身《けしん》たる条《じよう》、道理《どうり》・文証《もんしよう》必然《ひつぜん》なり。「一字一言《いちじいちごん》加減《かげん》すべからず。ひとつ経法《きようぼう》のごとくすべし」（散善義・意 五〇四）とのべまします光明寺《こうみようじ》（善導）のいまの御釈《おんしやく》は、もつぱら仏経《ぶつきよう》に准《じゆん》ずるうへは、自宗《じしゆう》の*正依経《しようえきよう》たるべし。傍依《ぼうえ》の経《きよう》に、またあまたの証説《しようせつ》あり。『楞伽経《りようがきよう》』にのたまはく、「*十方諸刹土《じつぽうしよせつど》 衆生菩薩中《しゆじようぼさつちゆう》 所有法報身《しようほつぽうしん》 化身及《けしんぎゆう》変化《へんげ》 皆従無量寿《かいじゆむりようじゆ》 極楽界中出《ごくらくかいちゆうしゆつ》」文《もん》と説《と》けり。また『*般舟経《はんじゆきよう》』（意）にのたまはく、「*三世諸仏《さんぜしよぶつ》 念弥陀三昧《ねんみだざんまい》 成等正覚《じようとうしようがく》」とも説《と》けり。

諸仏《しよぶつ》〔の〕自利利他《じりりた》の願行《がんぎよう》、弥陀《みだ》をもつて主《あるじ》として、*分身遣化《ぶんしんけんけ》の*利生方便《りしようほうべん》をめぐらすこと掲焉《いちじる》し。これによりて久遠実成《くおんじつじよう》の弥陀《みだ》をもつて報身如来《ほうじんにょらい》の本《ほん》

覚運（九五三―一〇〇七）比叡山《ひえいざん》東塔檀那院に住し、その教学は檀那流といわれ源信和尚《げんしんかしよう》の恵心流と共に日本天台《てんだい》教学の二大学派と称される。

久遠実成…「久遠実成の弥陀仏、永く諸経の所説に異なる」

海徳 東方善徳仏をはじめとする十方十仏の師仏。

番々 順を追って。

久遠正覚の弥陀 久遠の過去にすでに成仏した本仏としての阿弥陀仏。十劫《じつこう》正覚の弥陀に対する。↓久遠実《くおんじつ》成《じよう》

正依経 正《まさ》しくよるべき経典。宗義の直接のよりどころとなる経典。

十方諸刹…「十方諸刹土の衆生・菩薩中、所有の法・報身、化身および変化、

体《たい》と定《さだ》めて、これより*応迹《おうしゃく》をたるる諸仏《しょぶつ》*通総《つうそう》の法報応等《ほっぽうおうとう》の三身《さんしん》は、みな弥陀《みだ》の*化用《けゆう》たりといふことをしるべきものなり。しかれば、報身《ほうじん》といふ名言《みょうごん》は、久遠実成《くおんじつじょう》の弥陀《みだ》に属《ぞく》して*常住法身《じょうじゅうほっしん》の体《たい》たるべし。通総《つうそう》の三身《さんしん》は、かれよりひらき出《いだ》すところの浅近《せんごん》の機《き》におもむくところの作用《さゆう》なり。されば聖道難行《しょうどうなんぎょう》にたへざる機《き》を、如来出世《にょらいしゅっせ》の本意《ほんい》にあらざれども、易行易修《いぎょういしゅ》なるところをとりどころとして、いまの浄土教《じょうどきょう》の念仏三昧《ねんぶつざんまい》をば衆機《しゅき》にわたしてすすむるぞと、みなひとおもへるか。いまの黒谷《くろだに》の大勢至菩薩《だいせいしぼさつ》化現《けげん》の聖人《しょうにん》（源空）より代々《だいだい》*血脈相承《けちみゃくそうじょう》の正義《しょうぎ》におきては、しかんはあらず。海徳仏《かいとくぶつ》よりこのかた釈尊《しゃくそん》までの説教《せっきょう》、出世《しゅっせ》の本意《ほんい》、久遠実成《くおんじつじょう》†の弥陀《みだ》の*たちどより*法蔵正覚《ほうぞうしょうがく》の浄土教《じょうどきょう》のおこるをはじめとして、衆生済度《しゅじょうさいど》の方軌《ほうき》と定《さだ》めて、この浄土《じょうど》の機法《きほう》とのほらざるほど、しばらく*在世《ざいせ》の権機《ごんき》に対《たい》して、方便《ほうべん》の教《きょう》として五時《ごじ》の教《きょう》を説《と》きたまへりと、しるべし。たとへば月待《つきま》つほどの手《て》すさみの風情《ふぜい》なり。

いはゆる三経《さんぎょう》の説時《せつじ》をいふに、『大無量寿経《だいむりょうじゅきょう》』は、法《ほう》の真実《しんじつ》なるところを説《と》きあらはして、*対機《たいき》はみな*権機《ごんき》なり。『観無量寿経《かんむりょうじゅきょう》』は、*機《き》の真実《しんじつ》なるところをあらはせり。これすなはち実機《じっき》なり。いはゆる*五障《ごしょう》の女人韋提《にょにんいだい》をもつて対《たい》

みな無量寿極楽界のなかより出づ」

般舟経　『般舟三昧経《はんじゅざんまいきょう》』のこと。→般舟三昧経

三世諸仏…　「三世の諸仏、念弥陀三昧によりて、等正覚を成ず」

分身遣化　身を分けて化身《けしん》を遣わすという意。

利生方便　衆生《しゅじょう》を利益《りやく》するてだて。

応迹　本仏が相手に応じて身をあらわすこと。

通総　通常。一般。

化用　底本に「けしん」と振り仮名があるのを改めた。

常住法身の体　永遠の存在である法身の本体。

血脈相承　師資相承《ししそうじょう》。師から弟子へ教えが代々伝えられることを、身体の血管が切れ目なく続いていることに喩えたもの。

機《き》として、とほく末世《まつせ》の女人《によにん》・悪人《あくにん》にひとしむるなり。『小阿弥陀経《しょうあみだきょう》』は、さきの機法《きほう》の真実《しんじつ》をあらはす二経《にきょう》を合説《がっせつ》して、「*不可以少善根《ふかいしょうぜんごん》福徳因縁《ふくとくいんねん》得《とく》生彼国《しょうひこく》」と等説《らと》ける。*無上大利《むじょうだいり》の*名願《みょうがん》を、一日七日《いちにちしちにち》の執持名号《しゅうじみょうごう》に結《むす》びとどめて、ここを*証誠《しょうじょう》する諸仏《しょぶつ》の実語《じつご》を顕説《けんぜつ》せり。これによりて「*世尊説法時将《せそんせっぽうじしょう》
25
了《りょう》」（法事讃・下 五七六）と等釈《らしゃく》 光明寺《こうみょうじ》（善導）しまします。一代《いちだい》の説教《せっきょう》、*むしろをまきし肝要《かんよう》、いまの弥陀《みだ》の名願《みょうがん》をもつて附属流通《ふぞくるずう》の本意《ほんい》とする条《じょう》、文《もん》にありてみつべし。いまの三経《さんぎょう》をもつて末世造悪《まつせぞうあく》の凡機《ぼんき》に説《と》ききかせ†、聖《しょう》道《どう》の諸教《しょきょう》をもつてはその序分《じょぶん》とすること、光明寺《こうみょうじ》の処々《しょしょ》の御釈《おんしゃく》に歴然《れきぜん》たり。ここをもつて諸仏出世《しょぶつしゅっせ》の本意《ほんい》とし、*衆生得脱《しゅじょうとくだつ》の本源《ほんげん》とする条《じょう》、あきらかなり。いかにいはんや諸宗出世《しょしゅうしゅっせ》の本懐《ほんがい》とゆるす『法華《ほっけ》』において、いまの浄土《じょうど》教《きょう》は*同味《どうみ》の教《きょう》なり。『*法華《ほっけ》』の説時八箇年中《せつじはっかねんちゅう》に、*王宮《おうぐ》に五逆発現《ごぎゃくほつげん》のあひだ、このときにあたりて*霊鷲山《りょうじゅせん》の会座《えざ》を没《もつ》して王宮《おうぐ》に降臨《ごうりん》して、他力《たりき》を説《と》かれしゆゑなり。これらみな海徳以来乃至釈迦一代《かいとくいらいないししゃかいちだい》の出世《しゅっせ》の元意《がんい》、弥陀《みだ》の一教《いっきょう》をもつて本《ほん》とせらるる*大都《たいと》なり。

たちど 立ちどころ。立場。

法蔵正覚 法蔵菩薩が仏のさとりをひらいたこと。

在世の権機 釈尊在世の当時にあって、方便の教えを受けた権化《ごんけ》の人々。

対機 説法の相手。

権機 『大経』の会衆《えしゅ》がすべて浄土から来現した還相《げんそう》の菩薩であることをいう。

機の真実 衆生《しゅじょう》の本来のすがた。

五障 →補註14

不可以少… 「少善根福徳の因縁をもつてかの国に生ずることを得べからず」

無上大利 この上ない大きな利益《りやく》。

名願 本願名号《みょうごう》。

証誠 真実であることを証明すること。

世尊説法… 「世尊法を説きたまふこと、時まさに了《おわ》

（一六）

一　信《しん》のうへの称名《しょうみょう》の事《こと》。

聖人《しょうにん》親鸞《しんらん》の御弟子《おんでし》に、高田《たかだ》の*覚信房《かくしんぼう》太郎入道《たろうにゅうどう》と号《ごう》すといふひとありき。重病《じゅうびょう》をうけて御坊中《おんぼうちゅう》にして*獲麟《かくりん》にのぞむとき、聖人《しょうにん》親鸞《しんらん》入御《じゅぎょ》ありて危急《ききゅう》の体《てい》を御覧《ごらん》ぜらるるところに、呼吸《こきゅう》の息《いき》あらくしてすでに*絶《た》えなんとするに、称名《しょうみょう》おこたらずひまなし。そのとき聖人《しょうにん》たづねおほせられてのたまはく、「そのくるしげさに念仏強盛《ねんぶつごうじょう》の条《じょう》、*まづ神妙《しんびょう》たり。ただし*所存不審《しょぞんふしん》、いかん」と。覚信房答《かくしんぼうこた》へまうされていはく、「よろこびすでに近《ちか》づけり。存《ぞん》ぜんこと一瞬《いっしゅん》に迫《せま》る。刹那《せつな》のあひだたりといふとも、息《いき》のかよはんほどは往生《おうじょう》の大《だい》益《やく》を得《え》たる仏恩《ぶっとん》を報謝《ほうしゃ》せずんばあるべからずと存《ぞん》ずるについて、かくのごとく報謝《ほうしゃ》のために称名《しょうみょう》つかまつるものなり」と云々《うんぬん》。このとき上人《しょうにん》（親鸞）、「年《ねん》
26 来常随給仕《らいじょうずいきゅうじ》のあひだの*提撕《ていぜい》、そのしるしありけり」と、*御感《ぎょかん》のあまり随喜《ずいき》の御落涙千行万行《ごらくるいせんこうまんこう》なり。

　しかれば、わたくしにこれをもつてこれを案《あん》ずるに、真宗《しんしゅう》の肝要《かんよう》、安心《あんじん》の*要須《ようす》、これにあるものか。自力《じりき》の称名《しょうみょう》をはげみて、臨終《りんじゅう》のときはじめて*蓮台《れんだい》にあなうらを結《むす》ばんと期《ご》するともがら、*前世《ぜんせ》の業因《ごういん》しりがたければ、いかなる

りなんとして」

むしろをまきし肝要　むしろを巻いたように、一代仏教をたたみこんだこと。

衆生得脱　衆生が解脱《げだつ》を得ること。

同味の教　『法華経《ほけきょう》』と同時に説かれた『観経』は、同じ醍醐味《だいごみ》である一乗円教《えんぎょう》が説かれているのでこのようにいう。

法華の説時八箇年　『法華経』は釈尊七十二歳の時から八箇年にわたって説かれたという伝承がある。

王宮に五逆発現のあひだ　王舎城《おうしゃじょう》において阿闍世王《あじゃせおう》が五逆の罪を犯すという事件が生じた時。『観経』に説かれる。

霊鷲山　耆闍崛山《ぎしゃくっせん》のこと。→耆闍崛山

大都　あらまし。大筋。

死《し》の縁《えん》かあらん。火《ひ》にやけ、水《みず》におぼれ、刀剣《とうけん》にあたり、乃至《ないし》寝死《ねじに》までも、みなこれ過去《かこ》の宿因《しゅくいん》にあらずといふことなし。もしかくのごとくの死《し》の縁《えん》、身《み》にそなへたらば、*さらにのがるることあるべからず。もし怨敵《おんてき》のために害《がい》せられば、その一刹那《いっせつな》に、凡夫《ぼんぶ》としておもふところ、*怨結《おんけつ》のほかなんぞ他念《たねん》あらん。また寝死《ねじに》においては、本心《ほんしん》、息《いき》の絶《た》ゆるきはをしらざるうへは、臨終《りんじゅう》を期《ご》する*先途《せんと》、すでにむなしくなりぬべし。いかんしてか念仏《ねんぶつ》せん。またさきの殺害《せつがい》の機《き》、怨念《おんねん》のほか、他《た》あるべからざるうへは、念仏《ねんぶつ》するにいとまあるべからず。終焉《しゅうえん》を期《ご》する前途《ぜんと》、またこれもむなし。*仮令《けりょう》かくのごときらの死《し》の縁《えん》にあはん機《き》、日《ひ》ごろの所存《しょぞん》に違《い》せば、往生《おうじょう》すべからずとみなおもへり。たとひ本願《ほんがん》の正機《しょうき》たりといふとも、これらの失《しつ》、*難治不可得《なんちふかとく》なり。いはんやもとより自力《じりき》の称名《しょうみょう》は、臨終《りんじゅう》の所期《しょご》おもひのごとくならん定《じょう》、辺地《へんじ》の往生《おうじょう》なり。いかにいはんや過去《かこ》の*業縁《ごうえん》のがれがたきによりて、これらの障難《しょうなん》にあはん機《き》、*涯分《がいぶん》の所存《しょぞん》も達《たっ》せんことかたきがなかにかたし。そのうへは、また懈慢辺地《けまんへんじ》の往生《おうじょう》だにもかなふべからず。これみな本願《ほんがん》にそむくがゆゑなり。

ここをもつて御釈《おんしゃく》『浄土文類《じょうどもんるい》』（教行信証）にのたまはく、「*憶念弥陀仏本《おくねんみだぶつほん》

覚信房　「交名牒《きょうみょうちょう》」によると、下野高田《しもつけたかだ》（現在の栃木県芳賀郡）の住。『御消息』（一三）の蓮位添状《れんいそえじょう》によると、病をおして上洛し親鸞聖人のもとで往生したという。

獲麟　麒麟《きりん》を捕獲すること。『春秋《しゅんじゅう》』が「獲麟」の句で終っているところから、絶筆、物事の終り、臨終などの意に用いられる。

すでに　今まさに。

まづ神妙たり　何はともあれ殊勝なことだ。

所存不審　どういう思いで念仏しているのかという意。

提撕　教え導くこと。

御感　感激。感動。

要須　最も重要なことがら。

蓮台にあなうらを…　あなうらは足の裏。浄土の蓮華《れんげ》の台座に坐ろう（浄土に往生しようの意）と期待する

27

願《がん》　自然即時入必定《じねんそくじにゅうひつじょう》　唯能常称如来号《ゆいのうじょうしょうにょらいごう》　応報大悲弘誓恩《おうほうだいひぐぜいおん》」（正信偈）とみえたり。「ただよく如来《にょらい》の号《みな》を称《しょう》して、大悲弘誓《だいひぐぜい》の恩《おん》を報《むく》ひたてまつるべし」と。平生《へいぜい》に善知識《ぜんぢしき》のをしへをうけて信心開発《しんじんかいほつ》するきざみ、正定聚《しょうじょうじゅ》の位《くらい》に住《じゅう》すとたのみなん機《き》は、ふたたび臨終《りんじゅう》の時分《じぶん》に*往益《おうやく》をまつべきにあらず。そののちの称名《しょうみょう》は、仏恩報謝《ぶっとんほうしゃ》の他力催促《たりきさいそく》の大行《だいぎょう》たるべき条《じょう》、文《もん》にありて顕然《けんぜん》なり。これによりて、かの御弟子《おんでし》最後《さいご》のきざみ、御相承《ごそうじょう》の眼目相違《げんもくそうい》なきについて、*御感《ごかん》涙《るい》を流《なが》さるるものなり、知《し》るべし。

(一七)

一　凡夫《ぼんぶ》として毎事勇猛《まいじゆうみょう》のふるまひ、みな*虚仮《こけ》たる事《こと》。

*愛別離苦《あいべつりく》にあうて、父母《ぶも》・妻子《さいし》の別離《べつり》をかなしむとき、「仏法《ぶっぽう》をたもち念仏《ねんぶつ》する機《き》、いふ甲斐《かい》なくなげきかなしむこと、しかるべからず」とて、かれをはぢしめ*いさむること、多分《たぶん》*先達《せんだつ》めきたるともがら、みなかくのごとし。この条《じょう》、聖道《しょうどう》の諸宗《しょしゅう》を*行学《ぎょうがく》する機《き》のおもひならはしにて、浄土真宗《じょうどしんしゅう》の機教《ききょう》をしらざるものなり。

まづ凡夫《ぼんぶ》は、ことにおいてつたなく愚《おろ》かなり。その*奸詐《かんさ》なる性《しょう》の実《じつ》なるをう*

人たち。

前世の業因　→補註5

さらに　決して。少しも。全く。

怨結　怨みをいだく心。

先途　目的。最も重要な課題。次々行の「前途」も同意。

仮令　「たとひ」（異本左訓）

難治不可得　免れることができない。

業縁　業の因縁《いんねん》のことで、善悪の行為が苦楽の果を招く因縁となること。

涯分　分相応。

憶念弥陀…　「弥陀仏の本願を憶念すれば、自然に即の時必定に入る。ただよくつねに如来の号《みな》を称して、大悲弘誓の恩を報ずべし」（行巻訓）

づみて賢善《けんぜん》なるよしをもてなすは、みな不実虚仮《ふじっこけ》なり。たとひ未来《みらい》の生処《しょうじょ》を弥陀《みだ》の報土《ほうど》とおもひさだめ、ともに浄土《じょうど》の再会《さいかい》を疑《うたがい》なしと期《ご》すとも、*おくれさきだつ*一旦《いったん》のかなしみ、まどへる凡夫《ぼんぶ》として、なんぞこれなからん。なかんづくに、曠劫流転《こうごうるてん》の世々生々《せせしょうじょう》の*芳契《ほうけい》、今生《こんじょう》をもつて*輪転《りんでん》の結句《けっく》とし、愛執愛《あいしゅうあい》着《じゃく》のかりのやど、この人界《にんがい》の火宅《かたく》、出離《しゅつり》の*旧里《きゅうり》たるべきあひだ、依正二報《えしょうにほう》ともに、いかでかなごりをしからざらん。これをおもはずんば、*凡衆《ぼんしゅ》の摂《しょう》にあらざるべし。*けなりげならんこそ、あやまつて自力聖道《じりきしょうどう》の機《き》たるか、いまの浄土《じょうど》他力《たりき》の機《き》にあらざるかとも疑《うたが》ひつべけれ。愚《おろ》かにつたなげにしてなげきかなしまんこと、他力往生《たりきおうじょう》の機《き》に相応《そうおう》たるべし。*うちまかせての凡夫《ぼんぶ》のありさまにかはりめあるべからず。

28

往生《おうじょう》の一大事《いちだいじ》をば如来《にょらい》にまかせたてまつり、今生《こんじょう》の身《み》のふるまひ、心《こころ》のむけやう、口《くち》にいふこと、貪瞋痴《とんじんち》の三毒《さんどく》を根《ね》として、殺生等《せっしょうとう》の十悪《じゅうあく》、穢身《えしん》のあらんほどはたちがたく伏《ぶく》しがたきによりて、これをはなるることあるべからざれば、なかなか愚《おろ》かにつたなげなる煩悩成就《ぼんのうじょうじゅ》の凡夫《ぼんぶ》にて、*ただありにかざるところなきすがたにてはんべらんこそ、浄土真宗《じょうどしんしゅう》の本願《ほんがん》の正機《しょうき》たるべけれと、

往益 浄土に往き生れるという利益《りやく》。

御感涙 「うれしさに涙を流します」(左訓)

虚仮 うそ。いつわり。

愛別離苦 八苦の一。→八《はっ》苦《く》

いさむる いさめる。制止する。

先達めきたるともがら 先輩ぶった人たち。指導者ぶった人たち。

行学 修行し学問すること。

奸詐 奸はよこしまなこと、詐はいつわり、人をあざむくこと。

うづみて おおい隠して。

おくれさきだつ 親しい人に死に遅れたり、先立って死んだりすること。

一旦 一時。しばし。

芳契 ちぎり。むすびつき。

輪転の結句 生死輪廻《しょうじりんね》の終

まさしく仰《おお》せありき。

　さればつねのひとは、妻子《さいし》*眷属《けんぞく》の愛執《あいしゅう》ふかきをば、臨終《りんじゅう》のきはにはちかづけじ、みせじとひきさくるならひなり。それといふは、*着想《じゃくそう》にひかれて悪道《あくどう》に堕《だ》せしめざらんがためなり。この条《じょう》、自力聖道《じりきしょうどう》のつねのこころなり。他力《たりき》真宗《しんしゅう》にはこの義《ぎ》あるべからず。そのゆゑは、いかに境界《きょうがい》を絶離《ぜつり》すといふとも、たもつところの他力《たりき》の仏法《ぶっぽう》なくは、なにをもつてか生死《しょうじ》を出離《しゅつり》せん。たとひ妄《もう》愛《あい》の迷心《めいしん》深重《じんじゅう》なりといふとも、もとよりかかる機《き》をむねと*摂持《しょうじ》せんといでたちて、これがためにまうけられたる本願《ほんがん》なるによりて、至極大罪《しごくだいざい》の五逆《ごぎゃく》・謗法《ほうぼう》等《とう》の*無間《むけん》の業因《ごういん》をおもしとしましまさざれば、まして愛別離苦《あいべつりく》にたへざる悲嘆《ひたん》に*さへらるべからず。浄土往生《じょうどおうじょう》の信心成就《しんじんじょうじゅ》したらんにつけても、このたびが輪廻生死《りんねしょうじ》のはてなれば、なげきもかなしみももつともふかかるべきについて、*後枕《あとまくら》にならびゐて悲歎嗚咽《ひたんおえつ》し、左右《ひだりみぎ》に*群集《くんじゅう》して恋慕涕泣《れんぼていきゅう》すとも、さらに*それによるべからず。さなからんこそ凡夫《ぼんぶ》げもなくて、ほとんど他力往生《たりきおうじょう》の機《き》に
29
は不相応《ふそうおう》なるかやともきらはれつべけれ。されば*みたからん境界《きょうがい》をもはばかるべからず、なげきかなしまんをもいさむべからずと云々《うんぬん》。

り。

旧里　「ふるさと」（左訓）

凡衆の摂　凡夫《ぼんぶ》の仲間。

けなりげ　しっかりとして強いさま。勇ましいさま。

うちまかせての　普通の。ありふれた。

ただありに　全く。

眷属　→眷属《けんぞく》①

着想　愛着のこころ。

摂持　救い摂《おさ》めとること。

無間の業因　無間地獄（阿鼻地獄）に堕《お》ちる因となる行いで、五逆罪をいう。→五逆《ごぎゃく》

さへらるべからず　さまたげられるはずがない。悲嘆などが往生のさまたげにならないという意。

後枕　足もとや枕もと。

群集　「むらがりあつまる」（左訓）

それによるべからず　（往

（一八）

一　別離《べつり》等《とう》の苦《く》にあうて悲歎《ひたん》せんやからをば、仏法《ぶっぽう》の薬《くすり》をすすめて、そのおもひを*教誘《きょうゆ》すべき事《こと》。

人間《にんげん》の八苦《はっく》のなかに、さきにいふところの愛別離苦《あいべつりく》、これもつとも切《せつ》なり。まづ生死界《しょうじかい》の*すみはつべからざることわりをのべて、つぎに安養界《あんにょうかい》の常住《じょうじゅう》なるありさまを説《と》きて、うれへなげくばかりにて、うれへなげかぬ浄土《じょうど》をねがはずんば、未来《みらい》もまたかかる悲歎《ひたん》にあふべし。*しかじ、「*唯聞愁歎声《ゆいもんしゅうたんしょう》」（定善義　四〇六）の六道《ろくどう》にわかれて、「*入彼涅槃城《にゅうひねはんじょう》」（同）の弥陀《みだ》の浄土《じょうど》にまうでんにはと、*こしらへおもむけば、*闇冥《あんみょう》の悲歎《ひたん》やうやくにはれて、摂取《せっしゅ》の光益《こうやく》になどか帰《き》せざらん。つぎにかかるやからには、かなしみにかなしみを添《そ》ふるやうには、ゆめゆめ*とぶらふべからず。もししからば、とぶらひたるにはあらで、いよいよ*わびしめたるにてあるべし。酒《さけ》はこれ*忘憂《ぼうゆう》の名《な》あり。これをすすめて笑《わら》ふほどになぐさめて去《さ》るべし。さてこそとぶらひたるにてあれと仰《おお》せありき。しるべし。

（一九）

一　如来《にょらい》の本願《ほんがん》は、もと凡夫《ぼんぶ》のためにして、*聖人《しょうにん》のためにあらざる事《こと》。

本願寺《ほんがんじ》の聖人《しょうにん》（親鸞）、黒谷《くろだに》の先徳《せんどく》（源空）より御相承《ごそうじょう》とて、如信上人《にょしんしょうにん》仰《おお》せ

生が）そのことに左右されることはない。

みたからん境界　逢いたいと思う妻子等のこと。

教誘　「教へこしらふ」（左訓）

すみはつ　（いつまでも）住みつづける。

しかじ…　「…弥陀の浄土にまうでんにはしかじ」を倒置したもの。「しかじ」は「…するにこしたことはないだろう」という意。

唯聞愁歎声　「ただ愁歎の声を聞く」

入彼涅槃城　「かの涅槃の城に入る」涅槃の城はさとりの世界である阿弥陀仏の浄土のこと。

こしらへ　「こしらふ」は誘い導く、勧め導くの意。

闇冥　「やみにまよひたる也」（左訓）

られていはく、*世《よ》のひとつねにおもへらく、「悪人《あくにん》なほもつて往生《おうじょう》す。いはんや善人《ぜんにん》をや」と。この事《こと》とほくは弥陀《みだ》の本願《ほんがん》にそむき、ちかくは釈尊出世《しゃくそんしゅっせ》の*金言《きんげん》に違《い》せり。そのゆゑは五劫思惟《ごこうしゆい》の劬労《くろう》、六度万行《ろくどまんぎょう》の堪忍《かんにん》、*しかしながら凡夫《ぼんぶ》*出要《しゅつよう》のためなり、まつたく聖人《しょうにん》のためにあらず。しかれば凡夫《ぼんぶ》、本願《ほんがん》に乗《じょう》じて報土《ほうど》に往生《おうじょう》すべき*正機《しょうき》なり。凡夫《ぼんぶ》もし往生《おうじょう》かたかるべくは、願《がん》*虚設《こせつ》なるべし、力《りき》*徒然《とぜん》なるべし。しかるに願力《がんりき》あひ加《か》して、†十方衆生《じっぽうしゅじょう》のために*大《だい》饒益《にょうやく》を成《じょう》ず。これによりて正覚《しょうがく》をとなへて*いまに十劫《じっこう》なり。これを証《しょう》する恒《ごう》沙諸仏《じゃしょぶつ》の証誠《しょうじょう》、あに無虚妄《むこもう》の説《せつ》にあらずや。しかれば、御釈《おんしゃく》（玄義分　三〇一）にも、「*一切善悪凡夫得生者《いっさいぜんあくぼんぶとくしょうしゃ》」と等《ら》のたまへり。これも悪凡夫《あくぼんぶ》を本《ほん》として、善凡夫《ぜんぼんぶ》をかたはらにかねたり。かるがゆゑに傍機《ぼうき》たる善凡夫《ぜんぼんぶ》、なほ往生《おうじょう》せば、もつぱら正機《しょうき》たる悪凡夫《あくぼんぶ》、いかでか往生《おうじょう》せざらん。しかれば、善人《ぜんにん》なほもつて往生《おうじょう》す。いかにいはんや悪人《あくにん》をやといふべしと仰《おお》せごとありき。

（二〇）

一　罪《つみ》は五逆《ごぎゃく》・謗法《ほうぼう》生《うま》るとしりて、しかも小罪《しょうざい》もつくるべからずといふ事《こと》。

おなじき聖人《しょうにん》（親鸞）の仰《おお》せとて、先師信上人《せんししんしょうにん》（如信）の仰《おお》せにいはく、

とぶらふ　なぐさめる。

わびしめたる　悲しませた。

忘憂　憂いを忘れること。酒の異称。

聖人　さとりをひらいた聖《しょう》者《じゃ》。

世のひとつねに…　『歎異抄』（三）の内容に関連する。

金言　仏の口から出た言葉。まことの言葉。

しかしながら　すべて。ことごとく。

出要　生死《しょうじ》を出離《しゅつり》すること。また、生死を出離するためのかなめの道。さとりへの道。

正機…　→補註3

虚設　むなしくもうけること。空転すること。

徒然　いたずらであること。むだであること。

大饒益　大いなる利益《りやく》。大

31

世《よ》の人《ひと》つねにおもへらく、「小罪《しょうざい》なりとも罪《つみ》をおそれおもひて、とどめばやとおもはば、こころにまかせてとどめられ、善根《ぜんごん》は修《しゅ》し行《ぎょう》ぜんとおもはば、たくはへられて、これをもつて大益《だいやく》をも得《え》、出離《しゅつり》の方法《ほうほう》ともなりぬべし」と。この条《じょう》、真宗《しんしゅう》の肝要《かんよう》にそむき、*先哲《せんてつ》の口授《くじゅ》に違《い》せり。まづ逆罪等《ぎゃくざいとう》をつくること、まつたく諸宗《しょしゅう》の掟《おきて》、仏法《ぶっぽう》の本意《ほんい》にあらず。しかれども、悪業《あくごう》の凡夫《ぼんぶ》、過去《かこ》の業因《ごういん》にひかれてこれらの重罪《じゅうざい》を犯《おか》す。これとどめがたく伏《ぶく》しがたし。また小《しょう》罪《ざい》なりとも犯《おか》すべからずといへば、凡夫《ぼんぶ》こころにまかせて、罪《つみ》をばとどめえつべしときこゆ。しかれども、もとより罪体《ざいたい》の凡夫《ぼんぶ》、大小《だいしょう》を論《ろん》ぜず、三業《さんごう》みな罪《つみ》にあらずといふことなし。しかるに小罪《しょうざい》も犯《おか》すべからずといへば、あやまつても犯《おか》さば往生《おうじょう》すべからざるなりと*落居《らっきょ》するか。この条《じょう》、もつとも*思択《しちゃく》すべし。これも*し抑止門《おくしもん》のこころか。*抑止《おくし》は釈尊《しゃくそん》の方便《ほうべん》なり。真宗《しんしゅう》の落居《らっきょ》は弥《み》陀《だ》の本願《ほんがん》にきはまる。しかれば、小罪《しょうざい》も大罪《だいざい》も、罪《つみ》の沙汰《さた》をしたたば、とどめてこその*詮《せん》はあれ、とどめえつべくもなき*凡慮《ぼんりょ》をもちながら、かくのごとくいへば、弥陀《みだ》の本願《ほんがん》に*帰託《きたく》する機《き》、いかでかあらん。謗法罪《ほうぼうざい》はまた仏法《ぶっぽう》を信《しん》ずるこころのなきよりおこるものなれば、もとよりそのうつはものにあらず。

いなるめぐみ。

いまに　今までに。

一切善悪…　「一切善悪の凡夫、生ずることを得るは」（行巻訓）

先哲の口授　歴代の祖師たちが口伝えに説いてきた教え。

落居　領解《りょうげ》すること。

思択　深く思いをめぐらすこと。十分に考えること。

もし　あるいは。

抑止は釈尊の方便なり　『大経』の第十八願とその成就文に、五逆・謗法を抑《おさ》え止《と》めて「ただ五逆と誹謗正法を除く」とあるのは、釈尊が道徳的配慮から誡めた方便説であると、覚如《かくにょ》上人はみている。

詮はあれ　意味がある。かいがある。

凡慮　凡夫の考え。愚か者

もし改悔《がいけ》せば、生《うま》るべきものなり。しかれば、「*謗法闡提回心皆往《ほうぼうせんだいえしんかいおう》」（法事讃・上　五一八）と釈《しゃく》せらるる、このゆゑなり。

（三）

一　一念《いちねん》にて*たりぬとしりて、多念《たねん》をはげむべしといふ事《こと》。

このこと、*多念《たねん》も一念《いちねん》もともに本願《ほんがん》の文《もん》なり。いはゆる、「*上尽一形下至一念《じょうじんいちぎょうげしいちねん》」（礼讃・意　六五九）と等釈《らしゃく》せらる、これその文《もん》なり。しかれども、「下至一念《げしいちねん》」は本願《ほんがん》をたもつ往生決定《おうじょうけつじょう》の*時剋《じこく》なり、「上尽一形《じょうじんいちぎょう》」は*往生即得《おうじょうそくとく》のうへの仏恩報謝《ぶっとんほうしゃ》のつとめなり。そのこころ、経釈《きょうしゃく》顕然《けんぜん》なるを、一念《いちねん》も多念《たねん》もともに往生《おうじょう》のための正因《しょういん》たるやうにこころえみだす条《じょう》、すこぶる経釈《きょうしゃく》に違《い》せるものか。さればいくたびも*先達《せんだつ》よりうけたまはり伝《つた》へしがごとくに、他力《たりき》の信《しん》をば一念《いちねん》に即得往生《そくとくおうじょう》ととりさだめて、そのときいのちをはらざらん機《き》は、いのちあらんほどは念仏《ねんぶつ》すべし。これすなはち「上尽一形《じょうじんいちぎょう》」の釈《しゃく》にかなへり。

しかるに世《よ》の人《ひと》つねにおもへらく、上尽一形《じょうじんいちぎょう》の多念《たねん》も宗《しゅう》の本意《ほんい》とおもひて、それにかなはざらん機《き》の*すてがてらの一念《いちねん》とこころうるか。これすでに弥陀《みだ》の本願《ほんがん》に違《い》し、釈尊《しゃくそん》の言説《ごんせつ》にそむけり。そのゆゑは如来《にょらい》の大悲《だいひ》、短命《たんみょう》の根機《こんき》を

の考え。

帰託　帰依《きえ》し、身を託すこと。

謗法闡提…　「謗法・闡提、回心すればみな往く」（信巻訓）「法をそしる仏のたねをやくものも、そのこころをひるがへして本願をたのめば、みな往生するなり」（左訓）

たりぬ　十分である。

多念も一念も…　ここでは一念を信、多念を称名行とし、信一行多の立場で釈している。

上尽一形…　「上一形を尽し、下一念に至るまで」一形は一生涯の意。

時剋　とき。

往生即得　即得往生のこと。→即得往生《そくとくおうじょう》

先達　その道の先輩。法然《ほうねん》聖人、親鸞聖人、如信《にょしん》上人

*本《ほん》としたまへり。もし多念《たねん》をもつて本願《ほんがん》とせば、いのち一刹那《いっせつな》につづまる*無《む》常迅速《じょうじんそく》の機《き》、いかでか本願《ほんがん》に乗《じょう》ずべきや。されば真宗《しんしゅう》の肝要《かんよう》、一念往生《いちねんおうじょう》をもつて*淵源《えんげん》とす。

そのゆゑは願《がん》（第十八願）成就《じょうじゅ》の文《もん》（大経・下）には、「*聞其名号《もんごみょうごう》　信心歓喜《しんじんかんぎ》　乃至一念《ないしいちねん》　願生彼国《がんしょうひこく》　即得往生《そくとくおうじょう》　住不退転《じゅうふたいてん》」と説《と》き、おなじき『経《きょう》』の流通《るずう》（同・下）には、「*其有得聞《ごうとくもん》　彼仏名号《ひぶつみょうごう》　歓喜踊躍《かんぎゆやく》　乃至一念《ないしいちねん》　当知此人《とうちしにん》　為得大利《いとくだいり》　即是具足《そくぜぐそく》　無上功徳《むじょうくどく》」とも、弥勒《みろく》に付属《ふぞく》したまへり。しかのみならず、光明寺《こうみょうじ》（善導）の御釈《おんしゃく》（礼讃　六七六）には、「*爾時聞一念皆当得生彼《にじもんいちねんかいとうとくしょうひ》」と等《ら》みえたり。これらの文証《もんしょう》みな無常《むじょう》の根機《こんき》を本《ほん》とするゆゑに、一念《いちねん》をもつて往生治定《おうじょうじじょう》の時剋《じこく》と定《さだ》めて、いのちのぶれば、自然《じねん》と*多念《たねん》におよぶ道理《どうり》をあかせり。されば平生《へいぜい》のとき、一念往生治定《いちねんおうじょうじじょう》のうへの仏恩報謝《ぶっとんほうしゃ》の多念《たねん》の称名《しょうみょう》と*ならふところ、文証《もんしょう》・道理顕然《どうりけんぜん》なり。

もし多念《たねん》をもつて本願《ほんがん》としたまはば、多念《たねん》のきはまり、いづれのときと定《さだ》むべきぞや。いのちをはるときなるべくんば、凡夫《ぼんぶ》に死《し》の縁《えん》まちまちなり。火《ひ》に焼《や》けても死《し》し、水《みず》にながれても死《し》し、乃至《ないし》、刀剣《とうけん》にあたりても死《し》し、*ねぶりの

を指す。

すてがてらの　ここではついでに説かれたというほどの意。

本　主たる対象。目的。または本意。

無常迅速の機　ここでは死を目前にした人。

淵源　みなもと。根源。

聞其名号…　ここの引用では、「至心回向」の句が略されている。「その名号を聞きて信心歓喜せんこと、乃至一念せん。（至心に回向せしめたまへり。）かの国に生ぜんと願ぜば、すなはち往生を得、不退転に住せん」（信巻訓）

其有得聞…　「それかの仏の名号を聞くことを得て、歓喜踊躍して乃至一念せんことあらん。まさに知るべし、この人は大利を得とす。

うちにも死《し》せん。これみな*先業《せんごう》の所感《しょかん》、さらにのがるべからず。しかるにもしかかる業《ごう》ありてをはらん機《き》、多念《たねん》のをはりぞと期《ご》するところ、たぢろかずして、そのときかさねて十念《じゅうねん》を成《じょう》じ来迎引接《らいこういんじょう》にあづからんこと、機《き》として、たとひ*かねてあらますといふとも、願《がん》としてかならず*迎接《こうしょう》あらんことおほきに不定《ふじょう》なり。

されば第十九《だいじゅうく》の願文《がんもん》にも、*「現其人前者《げんごにんぜんしゃ》」（大経・上）のうへに「仮令不与《けりょうふよ》」と等《ら》おかれたり。「仮令《けりょう》」の二字《にじ》をばたとひとよむべきなり。たとひといふは、*あらましなり。非本願《ひほんがん》たる諸行《しょぎょう》を修《しゅ》して往生《おうじょう》を*係求《けぐ》する行人《ぎょうにん》をも、仏《ぶつ》の大慈大悲御覧《だいひごらん》じはなたずして、修諸功徳《しゅしょくどく》のなかの称名《しょうみょう》をよ〔り〕どころとして現《げん》じつべくは、その人《ひと》のまへに現《げん》ぜんとなり。不定《ふじょう》のあひだ、「仮令《けりょう》」の二字《にじ》をおかる。もしさもありぬべくはといへるこころなり。まづ不定《ふじょう》の失《しつ》のなかに、*大《だい》段自力《だんじりき》のくはだて、本願《ほんがん》にそむき仏智《ぶっち》に違《い》すべし。自力《じりき》のくはだてといふは、われとはからふところをきらふなり。つぎにはまた、さきにいふところのあまたの業因身《ごういんみ》にそなへんこと、かたかるべからず。他力《たりき》の仏智《ぶっち》をこそ*「諸邪業繋《しょじゃごうけ》無能礙者《むのうげしゃ》」（定善義　四三七）とみえたれば、さまたぐるものもなけれ。われと

すなはちこれ無上の功徳を具足するなり」（行巻訓）

爾時聞一…　「その時聞きて一念せん。みなまさにかしこに生ずることを得べし」（行巻訓）

多念　信心決定《けつじょう》以後の念々相続の念仏のこと。

ならふ　相承《そうじょう》する。うけたまわる。

ねぶり　ねむり。

先業の所感　前世の業因《ごういん》による報い。前世の行為にひかれたもの。→補註5

かねてあらます　かねてから期待している。

迎接　来迎引接《らいこういんじょう》。迎えとって浄土に導き入れること。

現其人前者のうへに…　第十九《じゅうく》願には「仮令不与大衆囲繞現其人前者不取正覚（たとひ大衆《だいしゅ》と囲繞してその人の前に現ぜずは、正覚

はからふ往生《おうじょう》をば、凡夫《ぼんぶ》自力《じりき》の迷心《めいしん》なれば、過去《かこ》の業因《ごういん》身《み》にそなへたらば、あに自力《じりき》の往生《おうじょう》を障礙《しょうげ》せざらんや。

されば多念《たねん》の功《こう》をもつて、臨終《りんじゅう》を期《ご》し来迎《らいこう》をたのむ自力往生《じりきおうじょう》のくはだてには、かやうの*不可《ふか》の難《なん》どもおほきなり。されば紀典《きてん》(白氏文集)のことばにも、「千里《せんり》は足《あし》の下《した》よりおこり、高山《こうせん》は微塵《みじん》にはじまる」といへり。一念《いちねん》は多《た》念《ねん》のはじめたり、多念《たねん》は一念《いちねん》のつもりたり。ともにもつてあひはなれずといへども、おもてとしうらとなるところを、人《ひと》みな*まぎらかすものか。いまのこころは、一念無上《いちねんむじょう》の仏智《ぶっち》をもつて凡夫往生《ぼんぶおうじょう》の*極促《ごくそく》とし、一形憶念《いちぎょうおくねん》の名願《みょうがん》をもつて仏恩報尽《ぶっとんほうじん》の*経営《けいえい》とすべしと伝《つた》ふるものなり。

*元弘第一《げんこうだいいち》の暦《れき》 辛未《かのとのひつじ》 仲冬下旬《ちゅうとうげじゅん》の候《こう》、祖師聖人《そししょうにん》 本願寺親鸞《ほんがんじしんらん》 報恩謝徳《ほうおんしゃとく》の七日七夜《しちにちしちや》の勤行中《ごんぎょうちゅう》にあひ当《あた》りて、先師上人《せんししょうにん》 釈如信《しゃくにょしん》 *面授口決《めんじゅくけつ》の専心《せんしん》・専修《せんじゅ》・別発《べっぽつ》の願《がん》を談話《だんかい》するのついでに、伝持《でんじ》したてまつるところの祖師聖人《そししょうにん》の御《ご》*己証《こしょう》、相承《そうじょう》したてまつるところの他力真宗《たりきしんしゅう》の肝要《かんよう》、予《よ》が口筆《くひつ》をもつてこれを記《しる》さしむ。これ往生浄土《おうじょうじょうど》の*券契《けんけい》、濁世末代《じょくせまつだい》の*目足《もくそく》なり。ゆゑに広《ひろ》く*後昆《こうこん》を湿《しつ》し、遠《とお》く衆類《しゅるい》を利《り》せんがためなり。しかりといへども、この書《しょ》においては機《き》を守《まも》りてこれを許《ゆる》すべく、左右《さう》なく披閲《ひえつ》せしむべからざるものなり。宿《しゅく》

口伝鈔　二一

四五

九一三

を取らじ)」とある。

あらまし　こうありたいという願い。心づもり。

係求　「こころにかけもとむ」(左訓)願いもとめること。

大段　おおよそ。

諸邪業繋…　「諸邪業繋もよく礙《さ》ふるものなし」

不可の難　まぬがれることのできない誤り。

まぎらかす　ごまかす。

極促　「きわまりつづむるなり」(左訓)「時剋の極促」(時刻の最初の意)のこと。聞信の一念に往生浄土の因が定まることをいう。

経営　力を尽していとなむこと。

元弘第一の暦　一三三一年。

面授口決　(親鸞聖人から)直接教えを授けられること。

己証　自証ともいう。伝

善開発《ぜんかいほっ》の器《き》にあらずんば、痴鈍《ちどん》の輩《やから》、さだめて誹謗《ひぼう》の唇《しん》を翻《ひるがえ》さんか。しからばおそらく*生《しょう》死海《じかい》に沈没《ちんもつ》せしむべきのゆゑなり。深《ふか》く箱底《そうてい》に納《おさ》めてたやすく*閫《しきみ》を出《いだ》すことなからんのみ。

釈宗昭《しゃくそうしょう》

先年《せんねん》かくのごとくこれを註記《ちゅうき》しをはり、慮外《りょがい》にいまに存命《ぞんめい》す。よつて老筆《ろうひつ》を染《そ》めてこれを写《うつ》すところなり。姓《しょう》いよいよ朦朧《もうろう》、身《しん》また*羸劣《るいれつ》、右筆《ゆうひつ》に堪《た》へずといへどもこの書《しょ》を*遺《ゆい》跡《しゃく》に残留《ざんりゅう》するは、もし披見《ひけん》するの人《ひと》、往生浄土《おうじょうじょうど》の信心開発《しんじんかいほつ》するかのあひだ、*窮屈《きゅうくつ》を顧《かえり》みず灯下《とうか》において筆《ふで》を馳《は》せをはりぬ。

*康永三歳甲申九月十二日《こうえいさんさいきのえさるくがつじゅうににち》、*亡父《ぼうふ》の尊霊御月忌《そんれいおんがっき》にあひ当《あた》るがゆゑに、写功《しゃこう》を終《お》へをはりぬ。

釈宗昭七十五《しゃくそうしょうしちじゅうご》

同年十月二十六日夜《どうねんじゅうがつにじゅうろくにちのよ》、灯下《とうか》において仮名《かな》を付《ふ》しをはりぬ。

統・伝承を基盤とし、さらにそれをのり越えた独特の発揮。己証を表現した法語を意味することもある。

券契　契約の証書。証文。

目足　大切なもの、肝要なものの意。

後昆　後々の人。

生死海　生死輪廻《りんね》が窮まりなく続く迷いの世界を辺際のない大海に喩えていう。

閫　門のしきい。

羸劣　疲れ衰えること。

遺跡　大谷本願寺。

窮屈　自由がきかず苦しいこと。

康永三歳　一三四四年。

亡父　覚恵法師《かくえほっし》（—一三〇七）のこと。

改<ruby>邪<rt>じゃ</rt></ruby>

邪

鈔

改<ruby>改<rt>がい</rt></ruby>
邪<ruby>邪<rt>じゃ</rt></ruby>
鈔<ruby>鈔<rt>しょう</rt></ruby>

本書は、奥書に『改邪鈔《がいじゃしょう》』と名づけられた由来が述べられているように、親鸞聖人《しんらんしょうにん》の門弟のなかに、師伝でない異義を主張し、聖人の教えをみだす者があらわれたため、邪義を破し、正義を顕すために、述作されたものである。第三代宗主覚如上人《かくにょしょうにん》は三代伝持《さんだいでんじ》の血脈《けちみゃく》（法然《ほうねん》―親鸞―如信《にょしん》）を主張し、自分がその血脈の正統を受け継ぐものであることを示し、当時の教団内の邪義二十箇条を挙げて批判し、もって大谷本願寺を中心として真宗教団を統一しようとされたのである。二十箇条の異義は大別すると大体三点に分けられる。その一は、寺院観である。第二十条には大谷本願寺を無視する門弟達の傾向を誡《いまし》め、大谷本願寺に教団全体を統一しようとする覚如上人の意図が示されている。その二は、門徒の行儀《ぎょうぎ》についての批判である。ことさら遁世《とんせい》のかたちを装い、裳無衣《もなしごろも》や黒袈裟《くろげさ》を用いる時宗の風儀をまねる者、わざとなまった声で念仏する者など、門徒の風儀・言動について批判している。さらには同行《どうぎょう》の与奪《よだつ》等の行為の禁止を説示し、対同行の態度について述べられている。その三は、安心《あんじん》論上の問題であって、仏光寺《ぶっこうじ》系の名帳《みょうちょう》・絵系図《えけいず》を異義とし、知識帰命《ちしききみょう》の異義を破斥し、安心と起行《きぎょう》についての分別をなし、起行を正因とすることを否定して、信心正因の立場を主張されているのである。本書は当時の真宗教団における異義を是正した書であって、『口伝鈔《くでんしょう》』とともに覚如上人の代表的著作の一つに数えられる。

改《がい》邪《じゃ》鈔《しょう》

(一)

一 *今案《こんあん》の自義《じぎ》をもつて名帳《みょうちょう》と称《しょう》して、祖師《そし》の一流《いちりゅう》をみだる事《こと》。

曾祖師《そうそし》黒谷《くろだに》の聖人《しょうにん》の御製作《ごせいさく》『選択集《せんじゃくしゅう》』(意 一一九〇)にのべらるるがごとく、「*大小乗《だいしょうじょう》の*顕密《けんみつ》の諸宗《しょしゅう》におのおの*師資相承《ししそうじょう》の血脈《けちみゃく》あるがごとく、いままた浄土《じょうど》の一宗《いっしゅう》において、おなじく師資相承《ししそうじょう》の血脈《けちみゃく》あるべし」と云々《うんぬん》。しかれば、血脈《けちみゃく》をたつる肝要《かんよう》は、往生浄土《おうじょうじょうど》の他力《たりき》の心行《しんぎょう》を獲得《ぎゃくとく》する時節《じせつ》を治定《じじょう》せしめて、†かつは師資《しし》の礼《れい》をしらしめ、かつは仏恩《ぶっとん》を報尽《ほうじん》せんがためなり。かの心行《しんぎょう》を獲得《ぎゃくとく》せんこと、念仏往生《ねんぶつおうじょう》の願《がん》(第十八願)成就《じょうじゅ》の「*信心歓喜乃至一念《しんじんかんぎないしいちねん》」(大経・下)と等《ら》の文《もん》をもつて*依憑《えひょう》とす。このほかいまだきかず。「曾祖師《そうそし》源空《げんくう》祖師《そし》親鸞《しんらん》両師《りょうし》御相伝《ごそうでん》の*当教《とうきょう》において、名帳《みょうちょう》と号《ごう》してその人数《にんじゅ》をしるすをもつて往生浄土《おうじょうじょうど》の指南《しなん》とし、仏法伝持《ぶっぽうでんじ》の支証《ししょう》とす」といふことは、これおそらくは祖師《そし》一流《いちりゅう》の魔障《ましょう》たるをや。ゆめゆめかの邪義《じゃぎ》をもつて法流《ほうりゅう》の正義《しょうぎ》とす

今案の自義 自分勝手な説。

大小乗 大乗と小乗のこと。→大乗《だいじょう》、小乗《しょうじょう》

顕密 顕教と密教のこと。→顕教《けんぎょう》、密教《みっきょう》

師資相承の血脈 師から弟子(資)へ教えが代々伝えられることを、身体の血管が切れ目なく続いていることに喩えたもの。

信心歓喜… 「信心歓喜せんこと、乃至一念せん」(信巻訓)

依憑 よりどころ。

当教 浄土真宗を指す。

べからざるものなり。もし「*即得往生住不退転《そくとくおうじょうじゅうふたいてん》」（大経・下）等《とう》の経文《きょうもん》をもって平生業成《へいぜいごうじょう》の他力《たりき》の心行獲得《しんぎょうぎゃくとく》の時剋《じこく》をききたがへて、「名帳《みょうちょう》*勘録《かんろく》の時分《じぶん》にあたりて往生浄土《おうじょうじょうど》の正業《しょうごう》治定《じじょう》する」なんど*ばし、ききあやまれるにやあらん。ただ別《べつ》の要《よう》ありて人数《にんじゅ》をしるさば*そのかぎりあり。しからずして、念仏修行《ねんぶつしゅぎょう》

4 する行者《ぎょうじゃ》の名字《みょうじ》を*しるさんからに、このとき往生浄土《おうじょうじょうど》の位《くらい》、あに治定《じじょう》すべけんや。この条《じょう》、号《ごう》するところ、「黒谷《くろだに》（源空）・本願寺《ほんがんじ》（親鸞）両師《りょうし》御相承《ごそうじょう》の一流《いちりゅう》なり」と云々《うんぬん》。*展転《てんでん》の説《せつ》なれば、もしひとのききあやまれるをや。ほぼ信用《しんよう》するにたらずといへども、こと実《じつ》ならば*付仏法《ふぶっぽう》の外道《げどう》か。祖師《そし》の御《ご》*悪名《あくみょう》といひつべし。もっとも驚《おどろ》きおもひたまふところなり。いかに行者《ぎょうじゃ》†の名字《みょうじ》をしるしつけたりといふとも、願力不思議《がんりきふしぎ》の仏智《ぶっち》を授《さず》くる善知識《ぜんぢしき》の実語《じつご》を領解《りょうげ》せずんば往生不《おうじょうふ》可《か》なり。たとひ名字《みょうじ》をしるさずといふとも、宿善開発《しゅくぜんかいほつ》の機《き》として他力往生《たりきおうじょう》の師《し》説領納《せつりょうのう》せば、平生《へいぜい》をいはず臨終《りんじゅう》を論《ろん》ぜず、*定聚《じょうじゅ》の位《くらい》に住《じゅう》し滅度《めつど》に至《いた》るべき条《じょう》、経釈分明《きょうしゃくぶんみょう》なり。このうへになにによりてか経釈《きょうしゃく》をはなれて*自由《じゆ》の妄説《もうせつ》をさきとして*わたくしの自義《じぎ》を*骨張《こっちょう》せんや。おほよそ本願寺《ほんがんじ》の聖人御門弟《しょうにんごもんてい》のうちにおいて二十余輩《にじゅうよはい》の流々《りゅうりゅう》の学者達《がくしゃたち》、祖師《そし》の御口伝《ごくでん》にあらざるところを禁制《きんぜい》し、

即得往生…　「すなはち往生を得、不退転に住せん」（信巻訓）

勘録　（名前を）記入すること。

ばし　…でも。

そのかぎりあり　（浄土真宗の信心にかかわるほどの）大きな問題ではない。

しるさんからに　記すからといって。

展転の説　人伝えに聞いた説。

付仏法の外道　仏法を自称しながら、実は外道であるような邪説。

悪名　名をけがすこと。

定聚　正定聚のこと。→正定聚《しょうじょうじゅ》

自由の妄説　勝手気ままな誤った説。

わたくしの自義　自分勝手な考え。

骨張　強く言い張ること。

*自由《じゆ》の妄義《もうぎ》を停廃《ちょうはい》あるべきものをや。なかんづくに、かの名帳《みょうちょう》と号《ごう》する書《しょ》においての序題《じょだい》を書《か》き、*あまつさへ意解《いげ》をのぶと云々《うんぬん》。かの作者《さくしゃ》においてたれのともがらぞや。おほよそ師伝《しでん》にあらざる謬説《びゅうせつ》をもつて祖師一流《そしいちりゅう》の説《せつ》と称《しょう》する条《じょう》、*冥衆《みょうしゅ》の照覧《しょうらん》に違《い》し、智者《ちしゃ》の謗難《ぼうなん》を招《まね》くものか。おそるべし、あやぶむべし。

(三)

一 絵系図《えけいず》と号《ごう》して、おなじく自義《じぎ》†をたつる条《じょう》、謂《いい》なき事《こと》。

それ聖道《しょうどう》・浄土《じょうど》の二門《にもん》について生死出過《しょうじしゅつか》の要旨《ようし》をたくはふること、経論章疏《きょうろんしょうしょ》の明証《みょうしょう》ありといへども、自見《じけん》すればかならずあやまるところあるによりて、*師伝口業《しでんくごう》をもつて最《さい》とす。これによりて*意業《いごう》にをさめて*出要《しゅつよう》をあきらむること、諸宗《しょしゅう》のならひ勿論《もちろん》なり。いまの真宗《しんしゅう》においては、もつぱら自力《じりき》をすてて他力《たりき》に帰《き》するをもつて宗《しゅう》の極致《ごくち》とするうへに、三業《さんごう》のなかには口業《くごう》をもつて他《た》力《りき》のむねをのぶるとき、意業《いごう》の憶念帰命《おくねんきみょう》の一念《いちねん》おこれば、身業礼拝《しんごうらいはい》のために、*渇仰《かつごう》のあまり*瞻仰《せんごう》のために、絵像《えぞう》・木像《もくぞう》の本尊《ほんぞん》をあるいは彫刻《ちょうこく》しあるいは画《が》図《と》す。しかのみならず、仏法《ぶっぽう》*示誨《じけ》の恩徳《おんどく》を恋慕《れんぼ》し仰崇《ぎょうそう》せんがために、*三国伝《さんごくでん》来《らい》の祖師《そし》・先徳《せんどく》の尊像《そんぞう》を図絵《ずえ》し安置《あんち》すること、これまたつねのことなり。その

自由の妄義 勝手気ままな誤った説。

あまつさへ その上に。そればかりか。

冥衆 諸仏菩薩や諸天善神。

師伝口業 師の口から直接教えを伝授されること。

意業にをさめて (教えを)心に受け入れて。

出要 生死《しょうじ》を出離《しゅつり》すること。また、生死を出離するためのかなめの道。さとりへの道。

渇仰 のどの渇いた者が水を切望するように、仰ぎ尊ぶこと。

瞻仰 敬い仰ぎみること。

示誨 教え示すこと。

三国 インド・中国・日本。

ほかは祖師聖人《そししょうにん》（親鸞）の御遺訓《ごゆいくん》として、たとひ念仏修行《ねんぶつしゅぎょう》の号《ごう》ありといふとも、「道俗男女《どうぞくなんにょ》の形体《ぎょうたい》を面々各々図絵《めんめんかくかくずえ》して所持《しょじ》せよ」といふ御掟《おんおきて》、いまだきかざるところなり。しかるにいま祖師《そし》・先徳《せんどく》のをしへにあらざる自義《じぎ》をもつて諸《しょ》人《にん》の形体《ぎょうたい》を安置《あんち》の条《じょう》、これ渇仰《かつごう》のためか、これ恋慕《れんぼ》のためか、不審《ふしん》なきにあらざるものなり。本尊《ほんぞん》なほもつて『観経《かんぎょう》』所説《しょせつ》の十三定善《じゅうさんじょうぜん》の第八《だいはち》の*像観《ぞうかん》より出《い》でたる*丈六八尺《じょうろくはっしゃく》随機現《ずいきげん》の形像《ぎょうぞう》をば、祖師《そし》あながち御《ご》*庶幾《しょき》御《ご》依用《えよう》にあらず。天親論主《てんじんろんじゅ》の*礼拝門《らいはいもん》の論文《ろんもん》、すなはち「帰命尽十方無碍光如来《きみょうじんじっぽうむげこうにょらい》」をもつて真宗《しんしゅう》の御本尊《ごほんぞん》とあがめましましき。いはんやその余《よ》の*人形《にんぎょう》において、あにかきあがめましますべしや。末学自己《まつがくじこ》の義《ぎ》すみやかにこれを停止《ちょうじ》すべし。

（三）

一　遁世《とんせい》のかたちをこととし、異形《いぎょう》をこのみ、*裳無衣《もなしごろも》を着《ちゃく》し、黒袈裟《くろげさ》をもちゐる、しかるべからざる事《こと》。

それ出世《しゅっせ》の法《ほう》においては五戒《ごかい》と称《しょう》し、世法《せほう》にありては五常《ごじょう》となづくる仁《じん》・義《ぎ》・礼《れい》・智《ち》・信《しん》をまもりて、内心《ないしん》には他力《たりき》の不思議《ふしぎ》をたもつべきよし、師資相承《ししそうじょう》し
6 たてまつるところなり。しかるにいま風聞《ふうぶん》するところの*異様《いよう》の儀《ぎ》においては、

像観　阿弥陀仏の真身を観想するためのてだてとして仏像を観ずること。『観経』九九頁一五行以下参照。

丈六八尺　丈六は一丈六尺。八尺はその半分。

庶幾　こいねがうこと。

礼拝門の論文　『浄土論』の「帰命尽十方無碍光如来」の語を、『論註』では帰命は礼拝門、尽十方無碍光如来は讃嘆門《さんだんもん》と解釈する。

人形　人の姿を絵にかいたもの。

裳無衣…　裳無衣（したばかまのついてない衣）や黒袈裟《くろげさ》は、一遍《いっぺん》以来時衆（時宗）が多く用いたものであった。

異様の儀　変ったみなり。異様な風体。

「世間法《せけんほう》をばわすれて仏法《ぶっぽう》の義《ぎ》ばかりをさきとすべし」と云々《うんぬん》。これによりて*世法《せほう》を放呵《ほうか》するすがたとおぼしくて、裳無衣《もなしごろも》を着《ちゃく》し黒袈裟《くろげさ》をもちゐるか、はなはだしかるべからず。『末法灯明記《まっぽうとうみょうき》』（意）伝教大師《でんぎょうだいし》諱《いみな》最澄《さいちょう》製作《せいさく》　には、「末法《まっぽう》には袈裟《けさ》変《へん》じて白《しろ》くなるべし」とみえたり。しかれば、*末世相応《まっせそうおう》の袈裟《けさ》は白色《びゃくしき》なるべし、黒袈裟《くろげさ》においてはおほきにこれにそむけり。当世《とうせい》*都鄙《とひ》に流布《るふ》して遁世《とんせい》者《しゃ》と号《ごう》するは、多分《たぶん》、一遍房《いっぺんぼう》・*他阿弥陀仏《たあみだぶつ》等《とう》の門人《もんにん》をいふか。かのともがらは、*むねと*後世者《ごせしゃ》気色《きしょく》をさきとし、仏法者《ぶっぽうしゃ》とみえて威儀《いぎ》を*ひとすがたあらはさんと定《さだ》め、振舞《ふるま》ふか。わが大師聖人《だいししょうにん》（親鸞）の御意《ぎょい》は、かれに*うしろあはせなり。つねの御持言《ごじごん》には、「われはこれ賀古《かこ》の教信沙弥《きょうしんしゃみ》　この沙弥《しゃみ》のやう、禅林《ぜんりん》の永観《ようかん》の『十因《じゅういん》』にみえたり　の定《じょう》なり」と云々《うんぬん》。しかれば、縡《こと》を*専修念仏停廃《せんじゅねんぶつちょうはい》のときの*左遷《させん》の勅宣《ちょくせん》によせましまして、御*位署《ごいしょ》には愚禿《ぐとく》の字《じ》をのせらる。これすなはち僧《そう》にあらず俗《ぞく》にあらざる儀《ぎ》を表《ひょう》して、教信沙弥《きょうしんしゃみ》のごとくなるべしと云々《うんぬん》。これによりて、「たとひ*牛盗人《うしぬすびと》とはいはるとも、もしは善人《ぜんにん》、もしは後世者《ごせしゃ》、もしは仏法者《ぶっぽうしゃ》とみゆるやうに振舞《ふるま》ふべからず」と仰《おお》せあり。この条《じょう》、かの裳無衣《もなしごろも》・黒袈裟《くろげさ》をまなぶともがらの*意巧《いぎょう》に*雲泥懸隔《うんでいけんかく》なるものをや。顕密《けんみつ》の諸宗《しょしゅう》・大小《だいしょう》

世法を放呵する　世間の法（五常《ごじょう》）を放棄して守らない。

末世相応の袈裟は…　『末《まっ》法灯明記《ぽうとうみょうき》』の文は、末法時の僧侶が出家者本来の染衣を着用せず、在俗者と同じ白衣を着るようになると述べたもの。覚如《かくにょ》上人は、末法時にふさわしい袈裟は白色であるという意に解している。

都鄙　都会と田舎。または国中。

他阿弥陀仏　（一二三七―一三一九）時宗の一遍の門弟、真教《しんきょう》のこと。時宗の第二祖。

むねと　もっぱら。

後世者　世間のことがらに執着せず、ひたすら後生浄土を願い求めて念仏・読《ど》経《きょう》等をもっぱら修する者。

ひとすがた　外見。見た目。

乗《じょう》の教《きょう》法《ぼう》になほ超過《ちょうか》せる弥陀他力《みだたりき》の宗旨《しゅうし》を心底《しんてい》にたくはへて、外相《げそう》にはその徳《とく》をかくしましします。大聖権化《だいしょうごんけ》の*救世《くせ》観音《かんのん》の再誕《さいたん》、本願寺《ほんがんじ》　親鸞《しんらん》　の御門弟《ごもんてい》と号《ごう》しながら、うしろあはせに振舞《ふるま》ひかへたる後世者《ごせしゃ》気色《きしょく》の威儀《いぎ》をまなぶ条《じょう》、いかでか祖師《そし》（親鸞）の*冥慮《みょうりょ》にあひかなはんや。かへすがへす停止《ちょうじ》すべきものなり。

（四）

7 一　弟子《でし》と称《しょう》して、同行等侶《どうぎょうとうりょ》を*自専《じせん》のあまり、放言《ほうごん》・悪口《あっこう》すること、いはれなき事《こと》。

光明寺《こうみょうじ》の大師《だいし》（善導）の御釈《おんしゃく》（散善義・意　四九九）には、「もし念仏《ねんぶつ》するひとは、人中《にんちゅう》の好人《こうにん》なり、妙好人《みょうこうにん》なり、*最勝人《さいしょうにん》なり、上人《じょうにん》なり、*上上人《じょうじょうにん》なり」とのたまへり。しかれば、そのむねにまかせて、祖師《そし》（親鸞）の仰《おお》せにも、「*それがしはまつたく弟子《でし》一人《いちにん》ももたず。そのゆゑは、弥陀《みだ》の本願《ほんがん》をたもたしむるほかはなにごとををしへてか弟子《でし》と号《ごう》せん。弥陀《みだ》の本願《ほんがん》は仏智他力《ぶっちたりき》の授《さず》けたまふところなり。しかれば、みなともの同行《どうぎょう》なり。わたくしの弟子《でし》にあらず」と云々《うんぬん》。これによりてたがひに*仰崇《ぎょうそう》の礼儀《れいぎ》をただしくし、*昵近《じっきん》の芳《ほう》好《こう》をなすべしとなり。その義《ぎ》なくして、あまつさへ悪口《あっこう》をはく条《じょう》、ことごとく

うしろあはせ　相反すること。正反対であること。

専修念仏停廃　承元《じょうげん》の法難（一二〇七）を指す。

左遷　越後《えちご》（現在の新潟県）へ流罪になったことをいう。

位署　官位、姓名を公文書に記すこと。また、その書式。

牛盗人　人を罵る語。『雑《ぞう》宝蔵経《ほうぞうきょう》』巻二の離越《りおつ》尊者の因縁《いんねん》（牛盗人の冤罪をこうむる話）に基づく語とする説、比叡山《ひえいざん》で外道《げどう》を指す称として用いられていたとする説などがある。

意巧　考え。

雲泥懸隔　非常にかけ離れていること。

救世観音　観世音菩薩は世の人々の苦を救うのでこの名がある。

祖師《そし》・先徳《せんどく》の御遺訓《ごゆいくん》をそむくにあらずや、しるべし。

(五)

一　同行《どうぎょう》*勘発《かんぽつ》のとき、あるいは寒天《かんてん》に冷水《れいすい》を汲《く》みかけ、あるいは*炎旱《えんかん》に*艾《がい》灸《きゅう》をくはふるらのいはれなき事《こと》。

むかし*役《えん》の優婆塞《うばそく》の修験《しゅげん》の道《みち》をもつぱらにせし*山林斗藪《さんりんとそう》の苦行《くぎょう》、樹下石上《じゅげせきじょう》の坐臥《ざが》、これみな*一機一縁《いちきいちえん》の方便《ほうべん》、*権者権門《ごんじゃごんもん》の難行《なんぎょう》なり。身《み》をこの門《もん》に入《い》るるともがらこそ、かくのごときの苦行《くぎょう》をばもちゐげにはんべれ。*さらに*†出離《しゅつり》の要路《ようろ》にあらず、ひとへに魔界有縁《まかいうえん》の*僻見《びゃくけん》なり。浄土《じょうど》の真宗《しんしゅう》においては、超世《ちょうせ》希有《けう》の正法《しょうぼう》、諸仏《しょぶつ》*証誠《しょうじょう》の秘懐《ひかい》、他力即得《たりきそくとく》の直道《じきどう》、凡愚横入《ぼんぐおうにゅう》の易行《いぎょう》なり。しかるに末世不相応《まっせふそうおう》の難行《なんぎょう》をまじへて、当今相応《とうこんそうおう》の他力執持《たりきしゅうじ》の易行《いぎょう》をけがさんこと、*総《そう》じては三世諸仏《さんぜしょぶつ》の冥応《みょうおう》にそむき、*別《べつ》しては釈迦《しゃか》・弥陀二尊《みだにそん》の*矜哀《こうあい》をわすれたるに似《に》たり。おそるべし、恥《は》づべしならくのみ。

8 (六)

一　*談議《だんぎ》かくるとなづけて、同行《どうぎょう》、知識《ちしき》に矛盾《むじゅん》のとき、あがむるところの*本《ほん》尊《ぞん》・聖教《しょうぎょう》を奪《うば》ひ取《と》りたてまつる、いはれなき事《こと》。

冥慮　おぼしめし。

自専のあまり　自分のほしいままに扱ったあげく。

最勝人　この上なくすぐれた功徳《くどく》をそなえた人。

上上人　この上ない人。

それがしは…　『歎異抄』(六)の内容に関連する。

仰崇　崇め尊ぶこと。敬い尊ぶこと。

昵近の芳好をなす　親しく交際する。

勘発　落度を責めとがめること。

炎旱　炎天。炎暑。

艾灸をくはふる　灸をすえる。

役の優婆塞　役小角《えんのおづぬ》(生没年不詳)。修験道の祖とされる。

山林斗藪　斗藪は梵語ドゥータ(dhūta)の音写。山などにこもって修行すること。

右《みぎ》、祖師《そし》親鸞《しんらん》聖人《しょうにん》御在世《ございせ》のむかし、*ある御直弟《ごじきてい》御示誨《ごじけ》のむねを領解《りょうげ》したてまつらざるあまり、*忿結《ふんけつ》して貴前《きぜん》をしりぞきてすなはち*東関《とうかん》に下国《げこく》のとき、*ある常随《じょうずい》の一人《いちにん》の御門弟《ごもんてい》、「この仁《じん》に授《さず》けらるるところの聖教《しょうぎょう》の*外題《げだい》に聖人《しょうにん》の御名《ごみょう》をのせられたるあり、すみやかにめしかへさるべきをや」と云々《うんぬん》。ときに祖師《そし》の仰《おお》せにいはく、「本尊《ほんぞん》・聖教《しょうぎょう》は衆生利益《しゅじょうりやく》の方便《ほうべん》なり、わたくしに凡夫自専《ぼんぶじせん》すべきにあらず。いかでかたやすく世間《せけん》の財宝《ざいほう》なんどのやうにせめかへしたてまつるべきや。釈親鸞《しゃくしんらん》といふ自名《じみょう》のりたるを、〈法師《ほうし》にくければ袈《け》裟《さ》さへ〉の風情《ふぜい》に、いかなる山野《さんや》にも*すぐさぬ聖教《しょうぎょう》をすてたてまつるべきにや。たとひしかりといふとも親鸞《しんらん》まつたくいたむところにあらず、すべからくよろこぶべきにたれり。そのゆゑはかの聖教《しょうぎょう》†をすてたてまつるところの*有情《うじょう》蠢々《しゅんしゅん》の類《たぐい》にいたるまで、かれにすくはれたてまつりて苦海《くかい》の沈没《ちんもつ》をまぬかるべし。ゆめゆめこの義《ぎ》あるべからざることなり」と仰《おお》せごとありけり。そのうへは、末学《まつがく》としていかでか新義《しんぎ》を骨張《こっちょう》せんや。よろしく停止《ちょうじ》すべし。

（七）

一　本尊《ほんぞん》ならびに聖教《しょうぎょう》の外題《げだい》のしたに、*願主《がんしゅ》の名字《みょうじ》をさしおきて、知識《ちしき》と号《ごう》

一機一縁の方便　特定の限られた人のための、特定の限られた手段、方法。

権者権門　権者は仏・菩薩が衆生《しゅじょう》を救うためにこの世に仮に現した姿、権門は仮に説かれた法門。

さらに　決して。少しも。全く。

出離の要路　迷いの世界を離れ出るためのかなめの道。

僻見　偏見。かたよった見解。

証誠　真実であることを証明すること。

総じては　広くは。全体的には。

別しては　ことに。

矜哀　深くあわれむこと。

談議かくる　師弟間で起請文のようなものなどを書いて、話し合って決めたこと（談議奏約）に背くこと。また、意見に背くこととも

するやからの名字《みようじ》をのせおく、しかるべからざる事《こと》。

この条《じよう》、おなじく前段《ぜんだん》の*篇目《へんもく》にあひおなじきものか。大師聖人《だいししようにん》（親鸞）の御《ご》

9 自筆《じひつ》をもつて諸人《しよにん》に書《か》き与《あた》へわたしましまする聖教《しようぎよう》をみたてまつるに、みな願《がん》主《しゆ》の名《な》を*あそばされたり。いまの新義《しんぎ》†のごとくならば、*もつとも聖人《しようにん》の御名《ごみよう》をのせらるべきか。しかるにその義《ぎ》なきうへは、これまた非義《ひぎ》たるべし。これを案《あん》ずるに、知識《ちしき》の所存《しよぞん》に同行《どうぎよう》あひそむかんとき、「わが名字《みようじ》をのせたれば」とて、せめかへさん*料《りよう》のはかりごとか。世間《せけん》の財宝《ざいほう》を沙汰《さた》するに似《に》たり。もつとも停止《ちようじ》すべし。

（八）

一　わが同行《どうぎよう》ひとの同行《どうぎよう》と*簡別《けんべつ》して、これを*相論《そうろん》する、いはれなき事《こと》。

曾祖師《そうそし》　源空《げんくう》　聖人《しようにん》の「七箇条《しちかじよう》の御起請文《ごきしようもん》」にいはく、「*諍論《じようろん》のところにはもろもろの煩悩《ぼんのう》おこる。智者《ちしや》これを遠離《おんり》すること百由旬《ひやくゆじゆん》、いはんや一向念仏《いつこうねんぶつ》の行人《ぎようにん》においてをや」と云々《うんぬん》。しかれば、ただ是非《ぜひ》を糺明《きゆうめい》し邪正《じやしよう》を問答《もんどう》する、なほもつてかくのごとく厳制《げんせい》におよぶ。いはんや*人倫《じんりん》をもつて、もし*世財《せざい》に類《るい》する所存《しよぞん》ありて相論《そうろん》せしむるか。いまだそのこころをえず。祖師聖人《そししようにん》

解される。

本尊聖教を…　門弟を破門にする時、与えていた本尊や聖教を取り上げること（「悔い返し」という）は、当時の聖《ひじり》たちの社会では普通に行われていた。

ある御直弟　『口伝鈔』（六）に出る信楽房《しんぎようぼう》を指すか。

忿結　腹を立てること。

東関　関東地方。

ある常随の一人の御門弟　『口伝鈔』（六）に出る蓮位《れんい》房《ぼう》を指すか。

外題　書物の表紙に書かれた表題。

すぐさぬ　「すぐさず」か。すぐさまの意。

有情蠢々の類…　地にはう虫けらのたぐいに至るまで。

願主　（聖教の授与を）願い出た人。

（親鸞）御在世《ございせ》に、ある御直弟《ごじきてい》のなかにつねにこの沙汰《さた》ありけり。そのとき仰《おお》せにいはく、「世間《せけん》の妻子眷属《さいしけんぞく》もあひしたがふべき宿縁《しゅくえん》あるほどは、別離《べつり》せんとすれども捨離《しゃり》するにあたはず。宿縁尽《しゅくえんつ》きぬるときは*したひむつれんとすれどもかなはず。いはんや出世《しゅつせ》の同行等侶《どうぎょうとうりょ》においては、凡夫《ぼんぶ》の力《ちから》をもつて親《した》しむべきにもあらず、はなるべきにもあらず。あひともなへといふとも、縁尽《えんつ》きぬれば疎遠《そえん》になる。親《した》しまじとすれども、縁尽《えんつ》きざるほどはあひともなふにたれり。これみな過去《かこ》の因縁《いんねん》によることなれば、今生一世《こんじょういっせ》のことにあらず。かつはまた宿善《しゅくぜん》のある機《き》は正法《しょうぼう》をのぶる善知識《ぜんぢしき》に親《した》しむべきによりて、まねかざれどもひとを迷《まよ》はすまじき*法灯《ほうとう》にはかならずむつぶべきいはれなり。宿善《しゅくぜん》なき機《き》は、まねかざれどもおのづから悪知識《あくちしき》にちかづきて善知識《ぜんぢしき》にはとほざかるべきいはれなれば、むつびらるるもとほざかるも、かつは知識《ちしき》の*瑕瑾《かきん》もあらはれしられぬべし。*所化《しょけ》の運否《うんぷ》、宿善《しゅくぜん》の有無《うむ》も、もつとも*能《のう》・所《しょ》ともに恥《は》づべきものをや」。しかるにこのことわりにくらきがいたすゆゑか、*一旦《いったん》の我執《がしゅう》をさきとして宿縁《しゅくえん》の有無《うむ》をわすれ、わが同行《どうぎょう》ひとの同行《どうぎょう》と相論《そうろん》すること、愚鈍《ぐどん》のいたり、仏祖《ぶっそ》の照覧《しょうらん》をはばからざる条《じょう》、至極《しごく》つたなきものか、いかん、しるべし。

篇目　一つ一つの箇条。項目。題目。

あそばされたり　ここではお書きになっているという意。

もつとも　本当に。全く。

料　ため。

簡別　えらびわけること。区別すること。

相論　言い争うこと。

諍論　論争すること。

人倫　人々。人間。

世財　世間の財産。

したひむつれん　慕い睦まじくしよう。

法灯　仏法を世の闇を照らす灯明に喩えていう。

瑕瑾　欠点。恥。

所化の運否　教えを受ける弟子の運、不運。

能所　能は能化で、教え導く師、所は所化で、教えを受ける弟子。

（九）

一　念仏《ねんぶつ》する同行《どうぎょう》、知識《ちしき》にあひしたがはずんば、その罰《ばつ》をかうぶるべきよしの起請文《きしょうもん》を書《か》かしめて、数箇条《すかじょう》の篇目《へんもく》をたてて連署《れんしょ》と号《ごう》する、いはれなき事《こと》。

まづ数箇条《すかじょう》のうち、知識《ちしき》をはなるべからざるよしの事《こと》。祖師聖人《そししょうにん》（親鸞）御《ご》在世《ざいせ》のむかし、*よりよりかくのごときの義《ぎ》をいたすひとありけり。御制《ごせい》のかぎりにあらざる条《じょう》、過去《かこ》の宿縁《しゅくえん》にまかせられてその御沙汰《ごさた》なきよし、先段《せんだん》にのせをはりぬ。また子細《しさい》、かの段《だん》に違《い》すべからず。

つぎに、本尊《ほんぞん》・聖教《しょうぎょう》を奪《うば》ひ取《と》りたてまつらんとき、惜《お》しみたてまつるべからざるよしの事《こと》。またもつて同前《どうぜん》、さきに違《い》すべからず。

つぎに、堂《どう》を造《つく》らんとき、義《ぎ》をいふべからざるよしの事《こと》。おほよそ*造像起塔《ぞうぞうきとう》等《とう》は、弥陀《みだ》の本願《ほんがん》にあらざる所行《しょぎょう》なり。これによりて一向専修《いっこうせんじゅ》の行人《ぎょうにん》、これを企《くわだ》つべきにあらず。されば祖師聖人《そししょうにん》御在世《ございせ》のむかし、ねんごろに*一流《いちりゅう》を*面《めん》授口決《じゅくけつ》したてまつる御門弟達《ごもんていたち》、堂舎《どうしゃ》を営作《えいさく》するひとなかりき。ただ道場《どうじょう》をば
11 すこし*人屋《にんおく》†に差別《しゃべつ》あらせて、小棟《こむね》をあげて造《つく》るべきよしまで御《ご》*諷諫《ふうかん》ありけり。中古《ちゅうこ》よりこのかた、御遺訓《ごゆいくん》にとほざかるひとびとの世《よ》となりて造寺土木《ぞうじどぼく》の企《くわだ》てにおよぶ条《じょう》、仰《おお》せに違《い》するいたり、なげきおもふところなり。しかれば、造《ぞう》

一旦　一時。しばし。

よりより　おりおり。その時々。

造像起塔等は…　造像起塔は仏像を造り、塔を建てること。『選択集《せんじゃくしゅう》』本願章に「弥陀如来、法蔵比丘《ほうぞうびく》の昔平等の慈悲に催されて、あまねく一切を摂せんがために、造像起塔等の諸行をもつて往生の本願となしたまはず」（註釈版聖典七祖篇一二〇九頁一五行以下）とある。

一流　ここでは浄土真宗を指す。

面授口決　（親鸞聖人から）直接教えを授けられること。

人屋に差別あらせて　一般の民家と区別をつけて。

諷諫　それとなく遠まわしにさとすこと。

寺《じ》のとき、義《ぎ》をいふべからざるよしの*怠状《たいじょう》、もとよりあるべからざる題目《だいもく》たるうへは、これにちなんだる誓文《せいもん》、ともにもつてしかるべからず。

すべてこと数箇条《すかじょう》におよぶといへども、違変《いへん》すべからざる儀《ぎ》において厳重《げんちょう》の起請文《きしょうもん》を同行《どうぎょう》に書《か》かしむること、かつは祖師《そし》（親鸞）の遺訓《ゆいくん》にそむき、かつは宿縁《しゅくえん》の有無《うむ》をしらず、無法《むほう》の沙汰《さた》に似《に》たり。詮《せん》ずるところ、聖人《しょうにん》（親鸞）御相伝《ごそうでん》の正義《しょうぎ》を存《ぞん》ぜんともがら、これらの今案《こんあん》に混《こん》じてみだりに邪義《じゃぎ》に迷《まよ》ふべからず。つつしむべし、おそるべし。

（一〇）

一　優婆塞《うばそく》・優婆夷《うばい》の形体《ぎょうたい》たりながら出家《しゅっけ》のごとく、しひて法名《ほうみょう》をもちゐる、いはれなき事《こと》。

本願《ほんがん》の文《もん》に、すでに「十方衆生《じっぽうしゅじょう》」のことばあり。宗家《しゅうけ》（善導）の御釈《おんしゃく》（玄義分 二九七）に、また「道俗時衆《どうぞくじしゅ》」と等《ら》あり。釈尊《しゃくそん》*四部《しぶ》の遺弟《ゆいてい》に、道《どう》の二種《にしゅ》は比丘《びく》・比丘尼《びくに》、俗《ぞく》の二種《にしゅ》は優婆塞《うばそく》・優婆夷《うばい》なれば、俗《ぞく》の二種《にしゅ》も仏弟子《ぶつでし》のがはに入《い》れる条《じょう》、勿論《もちろん》なり。*なかんづくに、不思議《ふしぎ》の仏智《ぶっち》をたもつ道俗《どうぞく》の四種《ししゅ》、*通途《つうず》の凡体《ぼんたい》においては、しばらくさしおく。仏願力《ぶつがんりき》の不思議《ふしぎ》をもつて無善造悪《むぜんぞうあく》の

怠状　異議を言い立てないという取り決めの書き付けのこと。または謝罪状。

四部　四衆のこと。→四衆《ししゅ》

なかんづくに　とくに。

通途の凡体　普通一般の愚かな人。

12

凡夫《ぼんぶ》を摂取不捨《せっしゅふしゃ》したまふときは、道《どう》の二種《にしゅ》†はいみじく、俗《ぞく》の二種《にしゅ》が往生《おうじょう》の位《くらい》不足《ふそく》なるべきにあらず。その*進道《しんどう》の階次《かいじ》をいふとき、ただおなじ座席《ざせき》なり。しかるうへは、かならずしも俗《ぞく》の二種《にしゅ》をしりぞけて、道《どう》の二種《にしゅ》をすすましむべきにあらざるところに、女形《にょぎょう》・俗形《ぞくぎょう》たりながら法名《ほうみょう》をもちゐる条《じょう》、*本形《ほんぎょう》としては*往生浄土《おうじょうじょうど》の器《うつわ》ものにきらはれたるに似《に》たり。ただ男女《なんにょ》・善悪《ぜんあく》の凡夫《ぼんぶ》を*はたらかさぬ本形《ほんぎょう》にて、本願《ほんがん》の不思議《ふしぎ》をもつて生《うま》るべからざるものを生《うま》れさせたればこそ、超世《ちょうせ》の願《がん》ともなづけ、*横超《おうちょう》の直道《じきどう》ともきこえはんべれ。この一段《いちだん》、ことに曾祖師《そうそし》　源空《げんくう》†　ならびに祖師《そし》　親鸞《しんらん》†　以来《いらい》、伝授相承《でんじゅそうじょう》の眼目《げんもく》たり。あへて*聊爾《りょうじ》に処《しょ》すべからざるものなり。

（一二）

一　*二季《にき》の彼岸《ひがん》をもつて念仏修行《ねんぶつしゅぎょう》の時節《じせつ》と定《さだ》むる、いはれなき事《こと》。

それ浄土《じょうど》の一門《いちもん》について、光明寺《こうみょうじ》の和尚《かしょう》（善導）の御釈《おんしゃく》（礼讃）をうかがふに、安心《あんじん》・起行《きぎょう》・作業《さごう》の三《み》つありとみえたり。そのうち起行《きぎょう》・作業《さごう》の篇《へん》をば、なほ方便《ほうべん》の方《かた》とさしおいて、往生浄土《おうじょうじょうど》の正因《しょういん》は安心《あんじん》をもつて定得《じょうとく》すべきよしを釈成《しゃくじょう》せらるる条《じょう》、顕然《けんぜん》なり。しかるにわが大師聖人《だいしししょうにん》（親鸞）、このゆゑを

進道の階次　ここでは浄土に生れる階位次第。

本形　底本に「本経」とあるのを改めた。本形は本来の姿という意。

往生浄土の器ものに…　浄土に生れる器ではないと嫌われているかのようであるという意。

はたらかさぬ本形　本来の姿のまま。

横超の直道　よこさまに迷いを超えて、ただちにさとりに至る本願他力の道。

聊爾　軽々しいこと。いいかげんなこと。ぶしつけなこと。

二季の彼岸　春秋の彼岸会のこと。彼岸中日の前後七日間に行われる仏事。

もつて他力《たりき》の安心《あんじん》をさきとしましまします。それについて三経《さんぎょう》の安心《あんじん》あり。そのなかに『大経《だいきょう》』をもつて真実《しんじつ》とせらる。『大経《だいきょう》』のなかには第十八《だいじゅうはち》の願《がん》をもつて本《ほん》とす。十八《じゅうはち》の願《がん》にとりては、また願成就《がんじょうじゅ》をもつて至極《しごく》とす。「*信心歓喜乃至《しんじんかんぎないし》一念《いちねん》」（大経・下）をもつて他力《たりき》の安心《あんじん》とおぼしめさるるゆゑなり。この一念《いちねん》を他力《たりき》より発得《ほっとく》しぬるのちは、生死《しょうじ》の苦海《くかい》をうしろになして涅槃《ねはん》の彼岸《ひがん》にいたりぬる条《じょう》、勿論《もちろん》なり。この機《き》のうへは、他力《たりき》の安心《あんじん》よりもよほされて仏恩報謝《ぶっとんほうしゃ》の起行《ききょう》・作業《さごう》はせらるべきによりて、行住坐臥《ぎょうじゅうざが》を論《ろん》ぜず、長時不退《じょうじふたい》に到彼岸《とうひがん》の謂《いい》あり。このうへは、あながち*中陽院《ちゅうよういん》の衆聖《しゅしょう》、衆生《しゅじょう》の善悪《ぜんあく》を決断《けつだん》する到彼岸《とうひがん》の時節《じせつ》をかぎりて、安心《あんじん》・起行等《ききょうとう》の正業《しょうごう》をはげますべきにあらざるか。かの中陽院《ちゅうよういん》の断悪修善《だんあくしゅぜん》の決断《けつだん》は、仏法疎遠《ぶっぽうそえん》の衆生《しゅじょう》を済度《さいど》せしめんがための集会《しゅうえ》な
13 り。いまの他力《たりき》の行者《ぎょうじゃ》においては、あとを娑婆《しゃば》にとほざかり、心《しん》を浄域《じょういき》にすましむるうへは、なにによりてかこの*決判《けっぱん》におよぶべきや。しかるに*二季《にき》の時《じ》正《しょう》をえりすぐりてその念仏往生《ねんぶつおうじょう》の時分《じぶん》と定《さだ》めて起行《ききょう》をはげますともがら、祖《そ》師《し》（親鸞）の御一流《ごいちりゅう》にそむけり。いかでか当教《とうきょう》の*門葉《もんよう》と号《ごう》せんや、しるべし。

信心歓喜…　「信心歓喜せんこと、乃至一念せん」（信巻訓）

中陽院の衆聖…　兜率天《とそつてん》の側に中陽院という所があり、春秋の彼岸会の時、神々が集まって善人・悪人の名を記録するという。

決判　「定むる」（左訓）

二季の時正　春秋の彼岸会七日間のこと。

門葉　門弟。門下の人々。

（三）

一　道場《どうじょう》と号《ごう》して*簷《のき》をならべ*牆《かき》をへだてたるところにて、各別各別《かくべつかくべつ》に会場《えじょう》をしむる事《こと》。

おほよそ真宗《しんしゅう》の本尊《ほんぞん》は、尽十方無碍光如来《じんじっぽうむげこうにょらい》なり。かの本尊所居《ほんぞんしょご》の浄土《じょうど》は、*究《く》竟如虚空《きょうにょこくう》の土《ど》なり。ここをもつて祖師《そし》（親鸞）の*『教行証《きょうぎょうしょう》』には、「仏《ぶつ》はこれ不可思議光仏《ふかしぎこうぶつ》、土《ど》はまた無量光明土《むりょうこうみょうど》なり」（真仏土巻）とのたまへる、これなり。されば天親論主《てんじんろんじゅ》は、*「勝過三界道《しょうがさんがいどう》」（浄土論　二九）と判《はん》じたまへり。しかれども聖道門《しょうどうもん》の此土《しど》の得道《とくどう》といふ教相《きょうそう》に*かはらんために、他土《たど》の往生《おうじょう》といふ*廃《はい》立《りゅう》をしばらく定《さだ》むるばかりなり。和会《わえ》するときは、*此土《しど》・他土《たど》一異《いちい》に*凡聖不二《ぼんしょうふに》なるべし。これによりて念仏修行《ねんぶつしゅぎょう》の道場《どうじょう》とて、あながち*局分《きょくぶん》すべきにあらざるか。しかれども、廃立《はいりゅう》の初門《しょもん》にかへりて、いくたびも*為凡《いぼん》をさきとして、道《どう》場《じょう》となづけてこれをかまへ、本尊《ほんぞん》を安置《あんち》したてまつるにてこそあれ、これは行《ぎょう》者集会《じゃしゅうえ》のためなり。一道場《いちどうじょう》に来集《らいじゅう》せんたぐひ、遠近《えんきん》ことなれば、*来臨《らいりん》の便宜《びんぎ》不同《ふどう》ならんとき、一所《いっしょ》をしめてもことのわづらひありぬべからんには、あまたところにも道場《どうじょう》をかまふべし。しからざらんにおいては、町《ちょう》のうち、さかひのあひだに、面々各々《めんめんかくかく》にこれをかまへてなんの要《よう》かあらん。あやまつてことしげ

簷　ひさし。

牆　かきね。

究竟如虚空　「究竟して虚空のごとし」（真仏土巻訓）

教行証　『教行信証』のこと。

勝過三界道　「三界の道に勝過せり」（真仏土巻訓）

かはらんために　異なることを示すために。

廃立　二者の難易、勝劣などを判別して、一方を廃し、一方を真実として立てること。ここでは聖道門《しょうどうもん》を廃して、浄土門を立てること。

此土他土一異　仏の絶対的なさとりからすれば、この世界とかの浄土の区別はなく一如《いちにょ》平等であるが、凡夫《ぼんぶ》の相対的な認識からすれば異である。

凡聖不二　凡夫と聖者《しょうじゃ》が一つであること。

局分　分を局《かぎ》る。分別・区

くなりなば、その失《しつ》ありぬべきものか。そのゆゑは、「*同一念仏無別道故《どういつねんぶつむべつどうこ》」（論註・下 一二〇）なれば、同行《どうぎょう》はたがひに*四海《しかい》のうちみな兄弟《きょうだい》のむつびをなすべきに、かくのごとく*簡別隔略《けんべつきゃくりゃく》せば、おのおの確執《かくしゅう》のもとゐ、†*我慢《がまん》の先相《せんそう》たるべきをや。この段《だん》、祖師《そし》の御門弟《ごもんてい》と号《ごう》するともがらのなかに、*当時《とうじ》さかんなりと云々《うんぬん》。祖師聖人《そししょうにん》御在世《ございせ》のむかし、かつてかくのごとくはなはだしき御《ご》沙《さ》汰《た》なしと、まのあたり承《うけたまわ》りしことなり。ただ、ことにより便宜《びんぎ》にしたがひてわづらひなきを、本《ほん》とすべし。いま*謳歌《おうか》の説《せつ》においては、もつとも停止《ちょうじ》すべし。

（三）

一　祖師聖人《そししょうにん》（親鸞）の御門弟《ごもんてい》と号《ごう》するともがらのなかに、世《せ》・出世《しゅつせ》の二法《にほう》について「*得分《とくぶん》せよ」といふ名目《みょうもく》を行《ぎょう》住坐臥《じゅうざが》につかふ、こころえがたき事《こと》。

それ「得分《とくぶん》」といふ*畳字《じょうじ》は、世俗《せぞく》よりおこれり。出世《しゅつせ》の法《ほう》のなかに経論《きょうろん》章疏《しょ》をみるに、いまだこれなし。しかれども、をりにより時《とき》にしたがひてものをいはんときは、このことば出来《しゅつらい》せざるべきにあらず。謳歌《おうか》のごとくんば、「*造次顚沛《ぞうじてんぱい》、このことばをもつて*規模《きぼ》とす」と云々《うんぬん》。「七箇条《しちかじょう》の御起請文《ごきしょうもん》」（意）には、「*念仏修行《ねんぶつしゅぎょう》の道俗男女《どうぞくなんにょ》、卑劣《ひれつ》のことばをもつて*なまじひに法門《ほうもん》をのべ

別して一方にとらわれること。

為凡　凡夫《ぼんぶ》を救いのめあてとする旨。『選択集《せんじゃくしゅう》』に元暁《がんぎょう》の『遊心安楽道《ゆうしんあんらくどう》』を引いて「浄土宗の意、本凡夫のためなり、兼ねては聖人のためなり」とある。

来臨の便宜不同　集会に便、不便があること。

同一念仏…　「同一に念仏して別の道なきがゆゑに」（行巻訓）

四海　須弥山《しゅみせん》をとりまく四方の海。全世界をいう。転じて世界の人々を指す。

簡別隔略　別々に分け隔てること。

我慢　みずからをたのむ慢心。

当時　いま。現在。

謳歌の説　世間で噂されていること。

一八

ば、智者《ちしゃ》にわらはれ、愚人《ぐにん》を迷《まよ》はすべし」と云々《うんぬん》。かの先言《せんげん》をもつていまを案《あん》ずるに、すこぶるこのたぐひか。もつとも智者《ちしゃ》にわらはれぬべし。かくのごときのことば、もつとも*頑魯《がんろ》なり。*荒涼《こうりょう》に義《ぎ》にもあたらぬ畳字《じょうじ》をつかふべからず。すべからくこれを停止《ちょうじ》すべし。

(一四)

一　なまらざる音声《おんじょう》をもつて、わざと*片国《へんごく》のなまれる声《こえ》をまなんで念仏《ねんぶつ》する、いはれなき事《こと》。

それ*五音七声《ごいんしちせい》は、人々生得《にんにんしょうとく》のひびきなり。弥陀浄国《みだじょうこく》の水《すい》・鳥《ちょう》・樹林《じゅりん》のさえずる音《おと》、みな宮《きゅう》・商《しょう》・角《かく》・徴《ち》・羽《う》にかたどれり。これによりて曾祖師聖人《そうそししょうにん》(源空)のわが朝《ちょう》に*応《おう》†を垂《た》れましまして、真宗《しんしゅう》を弘興《ぐこう》のはじめ、声《こえ》、仏事《ぶつじ》をなすいはれあればとて、かの浄土《じょうど》の*依報《えほう》のしらべをまなんで、*迦陵頻伽《かりょうびんが》のごとくなる*能声《のうしょう》をえらんで念仏《ねんぶつ》を修《しゅ》せしめて、万人《ばんじん》の*ききをよろこばしめ、随喜《ずいき》せしめたまひけり。それよりこのかた、わが朝《ちょう》に一念多念《いちねんたねん》の*声明《しょうみょう》あひわかれて、いまにかたのごとく*余塵《よじん》をのこさる。祖師聖人《そししょうにん》(親鸞)の御時《おんとき》は、さかりに多念《たねん》声明《しょうみょう》の法灯《ほうとう》、*倶阿弥陀仏《くあみだぶつ》の余流充満《よりゅうじゅうまん》のころにて、御坊中《ごぼうちゅう》の*禅襟達《ぜんきんだち》も少々《しょうしょう》

得分　本来は「もうけ」「利益」の意であるが、特殊な用い方をする門徒集団があったのであろう。

畳字　熟語。

造次顚沛　ちょっとした間にも。いつも。

規模　要《かなめ》となるもの。規範。

念仏修行の…　「七箇条起請文《しちかじょうきしょうもん》」の第五条にあたるか。

なまじひに　なまじっか。無理に。

頑魯　かたくなで愚かなこと。

荒涼に　さしひかえることなく尊大に。遠慮なく横柄に。

片国　辺国。都から遠く離れた地。

五音七声　ここでは人の声調・声色の意。→五音七声《ごいんしちせい》

応を垂れ　仏が人間の姿を

これをもてあそばれけり。祖師《そし》の御意巧《ごいぎょう》としては、まつたく*念仏《ねんぶつ》のこわびき、いかやうに*節《ふし》はかせを定《さだ》むべしといふ仰《おお》せなし。ただ弥陀願力《みだがんりき》の不思議《ふしぎ》、凡夫《ぼんぶ》往生《おうじょう》の他力《たりき》の一途《いちず》ばかりを、*自行化他《じぎょうけた》の御《おん》つとめとしましましき。音声《おんじょう》の御《ご》沙汰《さた》さらにこれなし。しかれども、*とき世《よ》の風儀《ふうぎ》、多念《たねん》の声明《しょうみょう》をもつて、ひとおほくこれをもてあそぶについて、御坊中《ごぼうちゅう》のひとびと、御同宿達《おんどうしゅくたち》もかの声《しょう》明《みょう》にこころを寄《よ》するについて、いささかこれを稽古《けいこ》せらるるひとびとありけり。そのとき東国《とうごく》より上洛《じょうらく》の道俗等《どうぞくとう》、御坊中逗留《ごぼうちゅうとうりゅう》のほど、耳《みみ》にふれけるか。まつたく聖人《しょうにん》の仰《おお》せとして、音曲《おんぎょく》を定《さだ》めて称名《しょうみょう》せよといふ御沙汰《おんさた》なし。さればば節《ふし》はかせの御沙汰《ごさた》なきうへは、なまれるをまねび、なまらざるをもまなぶべき御沙汰《おんさた》におよばざるものなり。しかるにいま生得《しょうとく》になまらざる声《こえ》をもつて、生得《しょうとく》になまれる*坂東声《ばんどうごえ》をわざとまねびて字声《じしょう》をゆがむる条《じょう》、音曲《おんぎょく》をもつて往《おう》
16 生《じょう》の得否《とくふ》を定《さだ》められたるに似《に》たり。詮《せん》ずるところ、ただおのれが声《こえ》の生得《しょうとく》なるにまかせて、田舎《でんしゃ》の声《こえ》は力《ちから》なくなまりて念仏《ねんぶつ》し、*王城《おうじょう》の声《こえ》はなまらざるおのれなりの声《こえ》をもつて念仏《ねんぶつ》すべきなり。声《こえ》、仏事《ぶつじ》をなすいはれもかくのごとくの*結縁分《けちえんぶん》なり。音曲《おんぎょく》さらに報土往生《ほうどおうじょう》の真因《しんいん》にあらず。ただ他力《たりき》の一心《いっしん》をもつて

あらわすことをいう。

依報　依正二報のこと。→依正二報《えしょうにほう》

迦陵頻伽　梵語カラヴィンカ（kalavinka）の音写。好声・妙声・美声・妙音鳥などと漢訳する。殻の中にいる時、すでによく鳴き、きわめて美しい声を出すという。

能声　声の美しい者。

きき　聞いた感じ。

声明　ここでは仏教の儀式音楽の意。

余塵　先人の遺風、ならわし。

倶阿弥陀仏　空阿《くうあ》（一一五六—一二二八）のことか。

禅襟　禅僧の自称であるが、ここでは親鸞聖人の門弟のこと。

念仏のこわびき　念仏する時の声ののばし方。

往生《おうじょう》の時節《じせつ》を定《さだ》めまします条《じょう》、口伝《くでん》といひ御釈《おんしゃく》といひ顕然《けんぜん》なり、しるべし。

（一五）

一　一向専修《いっこうせんじゅ》の名言《みょうごん》をさきとして、仏智《ぶっち》の不思議《ふしぎ》をもつて報土往生《ほうどおうじょう》を遂《と》ぐるいはれをば、その沙汰《さた》におよばざる、いはれなき事《こと》。

それ本願《ほんがん》の三信心《さんしんじん》といふは、至心《ししん》・信楽《しんぎょう》・欲生《よくしょう》これなり。まさしく願成就《がんじょうじゅ》したまふには、「*聞其名号《もんごみょうごう》　信心歓喜《しんじんかんぎ》　乃至一念《ないしいちねん》」（大経・下）と等《ら》説《と》けり。この文《もん》について、凡夫往生《ぼんぶおうじょう》の得否《とくふ》は乃至一念発起《ないしいちねんぼっき》の時分《じぶん》なり。このとき願力《がんりき》をもつて往生決得《おうじょうけっとく》すといふは、すなはち摂取不捨《せっしゅふしゃ》のときなり。もし『観経義《かんぎょうぎ》』（散善義・意）によらば「安心定得《あんじんじょうとく》」といへる御釈《おんしゃく》、これなり。また『小経《しょうきょう》』によらば「一心不乱《いっしんふらん》」と説《と》ける、これなり。しかれば、祖師聖人《そししょうにん》（親鸞）御相《ごそう》承弘通《じょうぐずう》の一流《いちりゅう》の肝要《かんよう》、これにあり。ここをしらざるをもつて他門《たもん》とし、これをしれるをもつて御門弟《ごもんてい》のしるしとす。そのほか、かならずしも外相《げそう》においての、一向専修行者《いっこうせんじゅぎょうじゃ》のしるしをあらはすべきゆゑなし。しかるをいま風聞《ふうぶん》の説《せつ》のごとくんば、「*三経一論《さんぎょういちろん》」について文証《もんしょう》をたづねあきらむるにおよばず、ただ自由《じゆ》の妄義《もうぎ》をたてて信心《しんじん》の沙汰《さた》をさしおきて、起行《きぎょう》の篇《へん》をもつて、〈まづ雑《ぞう》

節はかせ　声の長短や高低の定め。

自行化他　みずから仏教を信じて実践し、他の人を教化して仏道に入らしめること。

とき世　時代の風潮。時勢。

坂東声　関東方言の音声、アクセント。

王城　都。京都。

結縁分　仏縁を結ぶ程度。仏道に縁を結ぶ程度。

聞其名号…　「その名号を聞きて信心歓喜せんこと、乃至一念せん」（信巻訓）

三経一論　『大経』『観経』『小経』の浄土三部経と天《てん》親《じん》菩薩の『浄土論』のこと。

17
行《ぎよう》をさしおきて正 行《しようぎよう》を修《しゆ》すべし〉とすすむ」と云々《うんぬん》。これをもつて一流《いちりゆう》の至《し》要《よう》とするにや。この条《じよう》、総《そう》じては真宗《しんしゆう》の廃立《はいりゆう》にそむき、別《べつ》しては祖師《そし》の御遺《ごゆい》訓《くん》に違《い》せり。正 行五種《しようぎようごしゆ》のうちに、第四《だいし》の称 名《しようみよう》をもつて正 定業《しようじようごう》とすぐりとり、余《よ》の四種《ししゆ》をば助業《じよごう》といへり。正 定業《しようじようごう》たる称 名念仏《しようみようねんぶつ》をもつて往生 浄土《おうじようじようど》の正因《しよういん》とは*はからひつのるすら、なほもつて凡夫自力《ぼんぶじりき》の企《くわだ》てなれば、報土往生《ほうどおうじよう》かなふべからずと云々《うんぬん》。そのゆゑは願力《がんりき》の不思議《ふしぎ》をしらざるによりてなり。当《とう》教《きよう》の肝要《かんよう》、凡夫《ぼんぶ》のはからひをやめて、ただ摂取不捨《せつしゆふしや》の大益《だいやく》を仰《あお》ぐものなり。起《き》行《ぎよう》をもつて一向専修《いつこうせんじゆ》の名言《みようごん》をたつといふとも、他力《たりき》の安心決得《あんじんけつとく》せずんば、祖《そ》師《し》の御*己証《ごこしよう》を相続《そうぞく》するにあらざるべし。宿善《しゆくぜん》もし開発《かいほつ》の機《き》ならば、いかなる卑劣《ひれつ》のともがらも願力《がんりき》の信心《しんじん》をたくはへつべし、しるべし。

(一六)

一　*当流《とうりゆう》の門人《もんにん》と号《ごう》するともがら、祖師《そし》（親鸞）・先徳《せんどく》〔の〕報恩謝徳《ほうおんしやとく》の集会《しゆうえ》のみぎりにありて、往生 浄土《おうじようじようど》の信心《しんじん》においてはその沙汰《さた》におよばず、没後葬《もつごそう》礼《れい》をもつて本《ほん》とすべきやうに衆議評 定《しゆうぎひようじよう》する、いはれなき事《こと》。

右《みぎ》、聖道門《しようどうもん》について密教所談《みつきようしよだん》の「*父母所生身速証大覚位《ぶもしよしようしんそくしようだいかくい》」（菩提心論）と等《ら》

二二

はからひつのるすら　わがはからいをもって思いこむことさえ。

己証　自証ともいう。伝統・伝承を基盤とし、さらにそれをのり越えた独特の発揮。己証を表現した法語を意味することもある。

当流　浄土真宗を指す。

父母所生…　「父母所生の身にすみやかに大覚位を証す」

いへるほかは、*浄刹《じょうせつ》に往詣《おうげい》するも苦域《くいき》に堕在《だざい》するも、心《しん》の一法《いっぽう》なり。まつたく五蘊所成《ごうんしょじょう》の肉身《にくしん》をもつて、凡夫速疾《ぼんぶそくしつ》に浄刹《じょうせつ》の台《うてな》にのぼるとは談《だん》ぜず。他宗《たしゅう》の*性相《しょうぞう》に異《い》する自宗《じしゅう》の廃立《はいりゅう》、これをもつて*規《き》とす。しかるに往生《おうじょう》の信心《しんじん》の沙汰《さた》をば手《て》がけもせずして、没後葬礼《もつごそうれい》の助成扶持《じょじょうふじ》の一段《いちだん》を当流《とうりゅう》の肝要《かんよう》とするやうに談合《だんごう》するによりて、祖師《そし》の御己証《ごこしょう》もあらはれず、道俗男女《どうぞくなんにょ》、往生浄土《おうじょうじょうど》のみちをもしらず、ただ世間浅近《せけんせんごん》の*無常講《むじょうこう》とかやのやうに諸人《しょにん》おもひなすこと、こころうきことなり。かつは本師聖人《ほんししょうにん》（親鸞）の仰《おお》せにいはく、「某《それがし》†親鸞《しんらん》閉《へい》
18 眼《がん》せば、賀茂河《かもがわ》にいれて魚《うお》にあたふべし」と云々《うんぬん》。これすなはちこの肉身《にくしん》を軽《かろ》んじて仏法《ぶっぽう》の信心《しんじん》を本《ほん》とすべきよしをあらはしましますゆゑなり。これをもつておもふに、いよいよ*喪葬《そうそう》を一大事《いちだいじ》とすべきにあらず。もつとも停止《ちょうじ》すべし。

（一七）

一　おなじく祖師《そし》（親鸞）の御門流《ごもんりゅう》と号《ごう》するやから、*因果撥無《いんがはつむ》といふことを持《じ》言《ごん》とすること、いはれなき事《こと》。

　それ三経《さんぎょう》のなかにこの名言《みょうごん》をもとむるに、『観経《かんぎょう》』に「*深信因果《じんしんいんが》」の文《もん》あり、もしこれをおもへるか。おほよそ祖師聖人御相承《そししょうにんごそうじょう》の一義《いちぎ》は、三経《さんぎょう》ともに差別《しゃべつ》

浄刹　浄土のこと。刹は梵語クシェートラ（kṣetra）の音写。国土・世界の意。

性相　→性相《しょうぞう》②

規　規範。のり。おきて。

無常講　平安時代以降営まれた講会の一種。人の死など人生の無常を縁として浄土往生を願って行う仏事のこと。

喪葬　死者を葬りとむらうこと。葬儀。

因果撥無　因果の道理を否定すること。

深信因果　「深く因果を信ず」

なしといへども、『観無量寿経《かんむりょうじゅきょう》』は*機《き》の真実《しんじつ》をあらはして、所説《しょせつ》の法《ほう》は定散《じょうさん》をおもてとせり。機《き》の真実《しんじつ》といふは、*五障《ごしょう》の女人《にょにん》・悪人《あくにん》を本《ほん》として、韋提《いだい》を対機《たいき》としたまへり。『大無量寿経《だいむりょうじゅきょう》』は深位《じんい》の*権機《ごんき》をもつて*同聞衆《どうもんしゅ》として、所説《しょせつ》の法《ほう》は凡夫出要《ぼんぶしゅつよう》の不思議《ふしぎ》をあらはせり。大師聖人《だいししょうにん》（親鸞）の御相承《ごそうじょう》はもつぱら『大《だい》経《きょう》』にあり。『観経《かんぎょう》』所説《しょせつ》の「深信因果《じんしんいんが》」のことばをとらんこと、あながち*甘《かん》心《しん》すべからず。たとひかの『経《きょう》』（観経）の名目《みょうもく》をとるといふとも、義理《ぎり》*参差《しんし》せばいよいよいはれなかるべし。そのゆゑは、かの『経《きょう》』（同）の「深信因果《じんしんいんが》」は、三福業《さんぷくごう》の*随一《ずいいち》なり。かの三福《さんぷく》の業《ごう》はまた*人天有漏《にんでんうろ》の業《ごう》なり。なかんづくに、深《じん》信因果《しんいんが》の道理《どうり》によらば、あに凡夫往生《ぼんぶおうじょう》の望《のぞ》みをとげんや。まづ十悪《じゅうあく》において、*「上品《じょうぼん》に犯《ぼん》するものは地獄道《じごくどう》に堕《だ》し、中品《ちゅうぼん》に犯《ぼん》するものは餓鬼道《がきどう》に堕《だ》し、下品《げぼん》に犯《ぼん》するものは畜生道《ちくしょうどう》におもむく」といへり。これ大乗《だいじょう》の性相《しょうぞう》の定《さだ》むるところなり。もしいまの凡夫所犯《ぼんぶしょぼん》の現因《げんいん》によりて*当来《とうらい》の果《か》を感《かん》ずべくんば、三悪道《さんまくどう》に堕在《だざい》すべし。人中《にんちゅう》・天上《てんじょう》の果報《かほう》なほもつて五戒《ごかい》・十善《じゅうぜん》*まつたからずは、い
19
かでか望《のぞ》みをかけんや。いかにいはんや、出過三界《しゅつかさんがい》の無漏無生《むろむしょう》の報国《ほうこく》・報土《ほうど》に生《うま》るる道理《どうり》あるべからず。しかりといへども、弥陀超世《みだちょうせ》の大願《だいがん》、十悪《じゅうあく》・五逆《ごぎゃく》・

機の真実　衆生《しゅじょう》の本来のすがた。

五障の女人　→補註14

権機　仏が仮に菩薩・声聞《しょうもん》等の姿を現したもの。

同聞衆　説法の会座《えざ》に連なる聴衆。

甘心　納得すること。

参差　入りまじっていること。くいちがっていること。矛盾していること。

随一　複数ある中の一つ。

人天有漏の業　人間界や天上界に生れる煩悩《ぼんのう》に束縛された行い。

上品に犯する…　『大乗阿《だいじょうあ》毘達磨雑集論《びだつまぞうじゅうろん》』等の説。

当来　来世。来生。

まつたからずは　完全でなかったなら。

四重《しじゅう》・謗法《ほうぼう》の機《き》のためなれば、かの願力《がんりき》の強盛《ごうじょう》なるに、よこさまに超截《ちょうぜつ》せられたてまつりて、三途《さんず》の苦因《くいん》をながくたちて猛火洞燃《みょうかどうねん》の業果《ごうか》をとどめられたてまつること、おほきに因果《いんが》の道理《どうり》にそむけり。もし深信因果《じんしんいんが》の機《き》たるべくんば、植《う》うるところの悪因《あくいん》のひかんところは悪果《あくか》なるべければ、たとひ弥陀《みだ》の本願《ほんがん》を信《しん》ずといふとも、その願力《がんりき》は*いたづらごとにて、念仏《ねんぶつ》の衆生《しゅじょう》、三途《さんず》に堕在《だざい》すべきをや。もししかりといはば、弥陀《みだ》*五劫思惟《ごこうしゆい》の本願《ほんがん》も、釈尊無虚妄《しゃくそんむこもう》の*金言《きんげん》も、諸仏誠諦《しょぶつじょうたい》の証誠《しょうじょう》も、いたづらごとなるべきにや。おほよそ他力《たりき》の一門《いちもん》においては、釈尊一代《しゃくそんいちだい》の説教《せっきょう》にいまだその例《れい》なき*通途《つうず》の性相《しょうぞう》をはなれたる*言語道断《ごんごどうだん》の不思議《ふしぎ》なりといふは、凡夫《ぼんぶ》の報土《ほうど》に生《うま》るるといふをもつてなり。もし因果相順《いんがそうじゅん》の理《り》にまかせば、釈迦《しゃか》・弥陀《みだ》・諸仏《しょぶつ》の御《おん》ほねをりたる他力《たりき》の*別途《べつず》むなしくなりぬべし。そのゆゑは、たすけましまさんとする十方衆生《じっぽうしゅじょう》たる凡夫《ぼんぶ》、因果相順《いんがそうじゅん》の理《り》に封《ふう》ぜられて、*別願所成《べつがんしょじょう》の報土《ほうど》に凡夫《ぼんぶ》生《うま》るべからざるゆゑなり。いま報土《ほうど》得生《とくしょう》の機《き》にあたへまします仏智《ぶっち》の一念《いちねん》は、すなはち仏因《ぶついん》なり。かの仏因《ぶついん》にひかれてうるところの定聚《じょうじゅ》の位《くらい》、滅度《めつど》に至《いた》るといふは、すなはち仏果《ぶっか》なり。この仏因仏果《ぶついんぶつか》においては、他力《たりき》より成《じょう》ずれば、さらに凡夫《ぼんぶ》のちからにてみだすべきに

いたづらごと　無意味なこと。むだなこと。無益なこと。

五劫思惟の本願　阿弥陀仏が因位《いんに》の法蔵《ほうぞう》菩薩の時、一切衆生《しゅじょう》を平等に救うために、五劫という長い間思惟をめぐらし立てた誓願《せいがん》。

金言　仏の口から出た言葉。まことの言葉。

通途　別途《べつず》に対する語。仏教一般の通説。

言語道断　言葉でいいあらわせないこと。古語としてはきわめてすぐれている意味にも、きわめて悪い意味にも用いる。

別途　通途《つうず》に対する語。浄土真宗独自の特別な教え。

別願　他力不思議をもって凡夫《ぼんぶ》を報土《ほうど》に往生させようと誓った特別の誓願（第十八願）。→本願《ほんがん》

あらず、また撥無《はつむ》すべきにあらず。しかれば、なにによりてか「因果撥無《いんがはつむ》の機《き》あるべし」といふことをいはんや。もつともこの名言《みようごん》、他力《たりき》の宗旨《しゆうし》をもつぱらにせらるる当流《とうりゆう》にそむけり。かつてうかがひしらざるゆゑか。はやく停止《ちようじ》すべし。

（一八）

一　本願寺《ほんがんじ》の聖人《しようにん》（親鸞）の御門弟《ごもんてい》と号《ごう》するひとびとのなかに、知識《ちしき》をあがむるをもつて弥陀如来《みだによらい》に擬《ぎ》し、*知識所居《ちしきしよご》の当体《とうたい》をもつて別願真実《べつがんしんじつ》の報土《ほうど》とすといふ、いはれなき事《こと》。

それ自宗《じしゆう》の*正依経《しようえきよう》たる三経《さんぎよう》所説《しよせつ》の廃立《はいりゆう》においては、*ことしげきによりてしばらくさしおく。*八宗《はつしゆう》の高祖《こうそ》とあがめたてまつる龍樹菩薩《りゆうじゆぼさつ》の所造《しよぞう》『*十住毘婆《じゆうじゆうびば》沙論《しやろん》』のごときんば、「菩薩《ぼさつ》、阿毘跋致《あびばつち》を求《もと》むるに、二種《にしゆ》の道《どう》あり。一《ひと》つには難《なん》行道《ぎようどう》、二《ふた》つには易行道《いぎようどう》。その難行《なんぎよう》といふは多途《たず》あり。ほぼ*五三《ごさん》をあげて義《ぎ》のこころを示《しめ》さん」といへり。「易行道《いぎようどう》といふは、ただ*信仏《しんぶつ》の因縁《いんねん》をもつて浄土《じようど》に生《うま》れんと願《がん》ずれば、仏力住持《ぶつりきじゆうじ》してすなはち大乗正定《だいじようしようじよう》の聚《じゆ》に入《い》れたまふ」といへり。曾祖師黒谷《そうそしくろだに》の先徳《せんどく》（源空）、これをうけて「難行道《なんぎようどう》といふは聖道門《しようどうもん》なり、易行道《いぎようどう》といふは浄土門《じようどもん》なり」（選択集　一一八九）とのたまへり。これすなはち聖《しよう》

知識所居の当体　善知識《ぜんぢしき》の住むところ。
正依経たる三経　正《まさ》しきよりどころとなる三部の経典。浄土三部経のこと。
ことしげき　煩雑である。
八宗の高祖　龍樹《りゆうじゆ》菩薩の教学は広く諸宗の基盤となっているので、このようにいう。
十住毘婆沙論の…　引用は『論註』（上）所引の『十住毘婆沙論』取意の文（註釈版聖典七祖篇四七頁四行以下）。
五三　少しばかりの意。
信仏の因縁　仏を信じるという因縁、あるいは仏の因縁を信じること。

道《どう》・浄土《じょうど》の二門《にもん》を混乱《こんらん》せずして、浄土《じょうど》の一門《いちもん》を立《りゅう》せんがためなり。しかるに聖《しょう》道門《どうもん》のなかに大小乗《だいしょうじょう》・*権実《ごんじつ》の不同《ふどう》ありといへども、大乗所談《だいじょうしょだん》の極理《ごくり》とおぼしきには*己身《こしん》の弥陀《みだ》・唯心《ゆいしん》の浄土《じょうど》と談《だん》ずるか。この所談《しょだん》においては、*聖《しょう》のためにして*凡《ぼん》のためにあらず。かるがゆゑに浄土《じょうど》の教門《きょうもん》はもつぱら凡夫引入《ぼんぶいんにゅう》のためなるがゆゑに、己身《こしん》の観法《かんぼう》もおよばず唯心《ゆいしん》†の自説《じせつ》もかなはず、ただ隣《となり》の宝《たから》をかぞふるに似《に》たり。これによりて、すでに別《べつ》して浄土《じょうど》の一門《いちもん》を立《た》てて、凡夫引入《ぼんぶいんにゅう》のみちを立《りゅう》せり。龍樹菩薩《りゅうじゅぼさつ》の所判《しょはん》あにあやまりあるべけんや。真宗《しんしゅう》の門《もん》においてはいくたびも廃立《はいりゅう》をさきとせり。「廃《はい》」といふは、捨《しゃ》なりと釈《しゃく》す。聖道門《しょうどうもん》の此土《しど》の*入聖得果《にっしょうとくか》・己身《こしん》の弥陀《みだ》・唯心《ゆいしん》の浄土《じょうど》等《とう》の凡夫《ぼんぶ》*不堪《ふかん》の自力《じりき》の修道《しゅどう》を捨《す》てよとなり。「立《りゅう》」といふは、すなはち、弥陀他力《みだたりき》の信《しん》をもつて凡夫《ぼんぶ》の信《しん》とし、弥陀他力《みだたりき》の行《ぎょう》をもつて凡夫《ぼんぶ》の行《ぎょう》とし、弥陀他力《みだたりき》の作業《さごう》をもつて凡夫報土《ぼんぶほうど》に往生《おうじょう》する正《しょう》業《ごう》として、この穢界《えかい》を捨《す》ててかの浄刹《じょうせつ》に往生《おうじょう》せよと*しつらひたまふをもつて真《しん》宗《しゅう》とす。しかるに風聞《ふうぶん》の邪義《じゃぎ》のごとくんば、廃立《はいりゅう》の一途《いちず》をすてて、此土《しど》・他《た》土《ど》をわけず浄《じょう》・穢《え》を分別《ふんべつ》せず、此土《しど》をもつて浄土《じょうど》と称《しょう》し、凡形《ぼんぎょう》の知識《ちしき》をもつてかたじけなく三十二相《さんじゅうにそう》の仏体《ぶったい》と定《さだ》むらんこと、浄土《じょうど》の一門《いちもん》においてかかる所談《しょだん》

権実　権教と実教のこと。→権教《ごんきょう》、実教《じっきょう》

己身の弥陀唯心の浄土　阿弥陀仏も極楽浄土も共に、自己の身心のうちに本具する性徳《しょうとく》であるという意で、華厳《けごん》・天台《てんだい》・禅宗等の聖道門《しょうどうもん》の説。

聖・凡　聖者《しょうじゃ》と凡夫のこと。→凡夫《ぼんぶ》

入聖得果　聖者の位に入って証果（さとり）を得ること。

不堪　（修することが）できない。

しつらひ　ここでの「しつらふ」は定めるというほどの意。

あるべしともおぼえず。*下根《げこん》・愚鈍《ぐどん》の短慮《たんりょ》おほよそ迷惑《めいわく》するところなり。己身《こしん》の弥陀《みだ》・唯心《ゆいしん》の浄土《じょうど》と談《だん》ずる聖道《しょうどう》の宗義《しゅうぎ》に差別《しゃべつ》せるところいづくぞや、もつとも荒涼《こうりょう》といひつべし。ほのかにきく、かくのごとくの所談《しょだん》の言語《ごんご》をまじふるを*夜中《よなか》の法門《ほうもん》と号《ごう》すと云々《うんぬん》。またきく、祖師《そし》（親鸞）の御解釈《ごげしゃく》『教行証《きょうぎょうしょう》』にのせらるるところの顕彰隠密《けんしょうおんみつ》の義《ぎ》といふも、隠密《おんみつ》の名言《みょうごん》はすなはちこの一途《いちず》を顕露《けんろ》にすべからざるを隠密《おんみつ》と釈《しゃく》したまへりと云々《うんぬん》。これもつてのほかの*僻韻《へきいん》か。かの顕彰隠密《けんしょうおんみつ》の名言《みょうごん》は、わたくしなき御釈《おんしゃく》なり。それはかくのごとく*こばみたる邪《じゃ》義《ぎ》にあらず。子細《しさい》多重《たじゅう》あり。ことしげきによりて、いまの*要須《ようす》にあらざるあひだ、これを略《りゃく》す。善知識《ぜんぢしき》において、本尊《ほんぞん》のおもひをなすべき条《じょう》、渇仰《かつごう》のいたりにおいてはその理《り》しかるべしといへども、それは仏智《ぶっち》を次第相承《しだいそうじょう》しまします願力《がんりき》の信心《しんじん》、仏智《ぶっち》よりもよほされて仏智《ぶっち》に帰属《きぞく》するところの一味《いちみ》なるを仰崇《ぎょうそう》の分《ぶん》にてこそあれ、仏身《ぶっしん》・仏智《ぶっち》を本体《ほんたい》とおかずして、ただちに凡形《ぼんぎょう》の知識《ちしき》をおさへて、如来《にょらい》の色相《しきそう》と眼見《げんけん》せよとすすむらんこと、聖教《しょうぎょう》の*施設《しせつ》をはなれ祖師《そし》の口伝《くでん》にそむけり。本尊《ほんぞん》†をはなれていづくのほどより知識《ちしき》は出現《しゅつげん》せるぞや。*荒涼《こうりょう》なり髣《ほう》髴《ひ》なり。ただ実語《じつご》を伝《つた》へて口授《くじゅ》し、仏智《ぶっち》をあらはして決得《けっとく》せしむる恩徳《おんどく》は、

下根　根は根機の意。仏道を修める能力の劣った者。↓根機《こんき》

夜中の法門　夜中に密かに奥義を授けるという教え。後に盛んになった秘事法門《ひじぼうもん》の先駆とみられる。

僻韻　僻案と同意か。かたよった考え。誤った考え。

こばみたる　背いた。たがえた。

要須　最も重要なことがら。

施設　教えの立て方。論じ方。

荒涼なり髣髴なり　荒涼はいいかげんなこと、でたらめなこと。髣髴はまぎらわしいこと。

生身《しょうじん》の如来《にょらい》にもあひかはらず。木像《もくぞう》ものいはず経典口《きょうてんくち》なければ、伝《つた》へきかしむるところの恩徳《おんどく》を耳《みみ》にたくはへん行者《ぎょうじゃ》は、謝徳《しゃとく》のおもひをもつぱらにして、*如来《にょらい》の代官《だいかん》と仰《あお》いであがむべきにてこそあれ、その知識《ちしき》のほかは別《べつ》の仏《ぶつ》なしといふこと、智者《ちしゃ》にわらはれ愚者《ぐしゃ》を迷《まよ》はすべき謂《いい》これにあり。あさましあさまし。

（一九）

一　凡夫自力《ぼんぶじりき》の心行《しんぎょう》をおさへて仏智証得《ぶっちしょうとく》の行体《ぎょうたい》といふ、いはれなき事《こと》。

三経《さんぎょう》のなかに、『観経《かんぎょう》』の至誠《しじょう》・深心等《じんしんとう》の三心《さんしん》をば、凡夫《ぼんぶ》のおこすところの自力《じりき》の三心《さんしん》ぞと定《さだ》め、『大経《だいきょう》』所説《しょせつ》の至心《ししん》・信楽《しんぎょう》・欲生等《よくしょうとう》の三信《さんしん》をば、他力《たりき》よりさづけらるるところの仏智《ぶっち》とわけられたり。しかるに、「方便《ほうべん》より真実《しんじつ》へ伝《つた》ひ、凡夫発起《ぼんぶほっき》の三心《さんしん》より如来利他《にょらいりた》の信心《しんじん》に通入《つうにゅう》するぞ」とをしへおきます祖師《そし》親鸞《しんらん》†聖人《しょうにん》の御釈《おんしゃく》を拝見《はいけん》せざるにや。ちかごろこのむねをそむいて自《じ》由《ゆ》の妄説《もうせつ》をなして、しかも祖師《そし》の御末弟《ごまってい》と称《しょう》する、この条《じょう》ことにもつて驚《おどろ》きおぼゆるところなり。まづ*能化《のうけ》・所化《しょけ》をたて、自力《じりき》・他力《たりき》を対判《たいはん》して、自力《じりき》をすてて他力《たりき》に帰《き》し、能化《のうけ》の説《せつ》をうけて所化《しょけ》は信心《しんじん》を定得《じょうとく》するこそ、今師《こんし》（親鸞）御相承《ごそうじょう》の口伝《くでん》にはあひかなひはんべれ。いまきこゆる邪義《じゃぎ》のごとくは、「煩悩《ぼんのう》

如来の代官　如来に代って教えを伝える者。

能化所化　能化は教え導く師、所化は教えを受ける弟子。

23

成就《じょうじゅ》の凡夫《ぼんぶ》の妄心《もうじん》をおさへて金剛心《こんごうしん》といひ、行者《ぎょうじゃ》の三業所修《さんごうしょしゅ》の念仏《ねんぶつ》をもつて一向一心《いっこういっしん》の行者《ぎょうじゃ》とす」と云々《うんぬん》。この条《じょう》、*つやつや自力《じりき》・他力《たりき》のさかひをしらずして、ひとをも迷《まよ》はし、われも迷《まよ》ふものか。そのゆゑはまづ、「金剛心成《こんごうしんじょう》就《じゅ》」といふ、金剛《こんごう》はこれたとへなり、凡夫《ぼんぶ》の迷心《めいしん》において金剛《こんごう》に類同《るいどう》すべき謂《いい》なし。凡情《ぼんじょう》はきはめて不成《ふじょう》なり。されば大師《だいし》（善導）の御釈《おんしゃく》（序分義　三四〇）には、「たとひ清心《しょうしん》を発《おこ》すといへども、水《みず》に画《え》せるがごとし」と云々《うんぬん》。不成《ふじょう》の義《ぎ》、これをもつてしるべし。しかれば、凡夫不成《ぼんぶふじょう》の迷情《めいじょう》に*令諸衆生《りょうしょしゅじょう》の仏智《ぶっち》満《まん》入《にゅう》して不成《ふじょう》の迷心《めいしん》を他力《たりき》より成就《じょうじゅ》して、*願入弥陀界《がんにゅうみだかい》の往生《おうじょう》の正業《しょうごう》成《じょう》ずるときを、「*能発一念喜愛心《のうほついちねんきあいしん》」（正信偈）とも、「*不断煩悩得涅槃《ふだんぼんのうとくねはん》」（同）とも、「*入正定聚之数《にゅうしょうじょうじゅしじゅ》」とも、「*住不退転《じゅふたいてん》」とも、聖人《しょうにん》釈《しゃく》しましませり。これすなはち「即得往生《そくとくおうじょう》」の時分《じぶん》なり。この娑婆生死《しゃばしょうじ》の五蘊所成《ごうんしょじょう》の肉身《にくしん》いまだやぶれずといへども、生死流転《しょうじるてん》の本源《ほんげん》をつなぐ自力《じりき》の迷情《めいじょう》、*共発金剛心《ぐほつこんごうしん》の一念《いちねん》にやぶれて、知識伝持《ちしきでんじ》の仏語《ぶつご》に帰属《きぞく》するをこそ、「自力《じりき》をすてて他力《たりき》に帰《き》する」ともなづけ、また「即得往生《そくとくおうじょう》」ともならひはんべれ。まつたくわが我執《がしゅう》をもつて*随分《ずいぶん》に是《ぜ》非《ひ》をおもひかたむるを他力《たりき》に帰《き》すとはならはず。これを金剛心《こんごうしん》ともいはざると

つやつや　少しも。全く。

令諸衆生の仏智　衆生に功《く》徳《どく》を成就させようという仏の智慧《ちえ》。「令諸衆生」は『大経』（上）の「もろもろの衆生をして功徳を成就せしむ」という言葉にもとづく。

願入弥陀界　阿弥陀仏の浄土に往生したいと願うこと。「玄義分」冒頭の「帰三宝偈」の言葉。

能発一念喜愛心　「よく一念喜愛の心を発す」「一念喜愛心」は一念の信心の内容をあらわす。すなわち阿弥陀仏の救済を喜び愛《め》でる心。

不断煩悩…　「煩悩を断ぜずして涅槃を得るなり」

入正定聚…　「正定聚の数に入る」『論註』（上）の言葉にもとづく。

住不退転　「不退転に住す」

ころなり。三経一論《さんぎょういちろん》、*五祖《ごそ》の釈《しゃく》以下《いげ》、当流《とうりゅう》親鸞《しんらん》†聖人《しょうにん》自証《じしょう》をあらはしましまず御製作《ごせいさく》『教行信証《きょうぎょうしんしょう》』等《とう》にみえざるところなり。しかれば、なにをもつてかほしいままに自由《じゆ》の妄説《もうせつ》をのべて、みだりに祖師《そし》一流《いちりゅう》の口伝《くでん》と称《しょう》するや。自失誤他《じしつごた》のとが、仏祖《ぶつそ》の知見《ちけん》にそむくものか。おそるべし、あやぶむべし。

(三〇)

一　至極末弟《しごくまってい》の建立《こんりゅう》の草堂《そうどう》を称《しょう》して本所《ほんじょ》とし、諸国《しょこく》こぞりて崇敬《そうきょう》の聖人《しょうにん》(親鸞)の御本廟本願寺《ごほんびょうほんがんじ》をば参詣《さんけい》すべからずと諸人《しょにん》に障礙《しょうげ》せしむる、*冥加《みょうが》なき企《くわだ》ての事《こと》。

それ*慢心《まんしん》は聖道《しょうどう》の諸教《しょきょう》にきらはれ、「仏道《ぶつどう》をさまたぐる魔《ま》」と、これをのべたり。わが真宗《しんしゅう》の高祖《こうそ》光明寺《こうみょうじ》の大師《だいし》(善導)釈《しゃく》してのたまはく(礼讃 六七五)、「憍慢《きょうまん》*弊懈怠難以信此法《へいけだいなんいしんしほう》」とて、「憍慢《きょうまん》と弊《へい》と懈怠《けだい》とは、もつてこの法《ほう》を信《しん》ずることかたし」とみえたれば、憍慢《きょうまん》の自心《じしん》をもつて仏智《ぶっち》を*はからんと擬《ぎ》する不覚鈍機《ふかくどんき》の器《き》としては、さらに仏智無上《ぶっちむじょう》の他力《たりき》を*きき得《う》べからざれば、祖師《そし》(親鸞)の御本所《ごほんじょ》をば*蔑如《べつじょ》し、自建立《じこんりゅう》のわたくしの在所《ざいしょ》をば本所《ほんじょ》と自称《じしょう》するほどの冥加《みょうが》を存《ぞん》ぜず、利益《りやく》をおもはざるやから、大憍慢《だいきょうまん》の*妄情《もうじょう》をもつて

『大経』第十八願成就文に出る言葉。

共発金剛心　ともに金剛心を発すこと。「玄義分」冒頭の「帰三宝偈」の言葉にもとづく。

随分に　大いに。よく。分相応に。あるいは、気ままにという意か。

五祖　曇鸞大師《どんらんだいし》・道綽禅師《どうしゃくぜんじ》・善導大師《ぜんどう》・源信和尚《げんしんかしょう》・法然聖人《ほうねん》を指す。

冥加なき企て　仏祖の加護を無視したたくらみ。

慢心　思いあがりの心。

弊　邪見のこと。

はからんと　はかり知ろうと。

きき得べからざれば　聞き信じることができないので。

蔑如　軽んじること。あなどること。

妄情　誤った心のもち方。

は、まことにいかでか仏智《ぶっち》無上《むじょう》の他力《たりき》を受持《じゅじ》せんや。「難以信斯法《なんいしんしほう》」の御釈《おんしゃく》、いよいよおもひあはせられて厳重《げんじゅう》なるものか、しるべし。

*本《ほん》にいはく

右《みぎ》この抄《しょう》は、祖師本願寺聖人《そしほんがんじしょうにん》親鸞《しんらん》、先師大網如信法師《せんしおおあみにょしんほっし》に面授口決《めんじゅくけつ》せるの正旨《しょうし》、報土《ほうど》得生《とくしょう》の最要《さいよう》なり。余《よ》、壮年《そうねん》の往日《おうじつ》、かたじけなくも三代《さんだい》 黒谷《くろだに》・本願寺《ほんがんじ》・大網《おおあみ》 伝持《でんじ》の血脈《けちみゃく》を従《したが》ひ受《う》けて以降《いこう》、とこしなへに蓄《たくわ》ふるところの二尊興説《にそんこうせつ》の*目足《もくそく》なり。遠《とお》く*宿生《しゅくじょう》の値遇《ちぐう》を測《はか》り、つらつら当来《とうらい》の開悟《かいご》を憶《おも》ふに、仏恩《ぶっとん》の高大《こうだい》なることあたかも*迷盧《めいろ》八万《はちまん》の巓《いただき》に超《こ》え、師徳《しとく》の深広《じんこう》なることほとんど*蒼溟三千《そうめいさんぜん》の底《そこ》に過《す》ぎたり。ここに近《ちか》くかつて祖師御門葉《そしごもんよう》の輩《ともがら》と号《ごう》するなかに、師伝《しでん》にあらざるの今案《こんあん》の自義《じぎ》を構《かま》へ、謬《あやま》りて権化《ごんけ》の清流《せいりゅう》を黷《けが》し、ほしいままに当教《とうきょう》と称《しょう》してみづから失《しっ》し他《た》を誤《あやま》らすと云々《うんぬん》。はなはだしかるべからず。*禁遏《きんあつ》せざるべからず。これによりて、かの*邪幢《じゃどう》を砕《くだ》きてその正灯《しょうとう》を挑《かか》げんがためにこれを録《ろく》す。名《な》づけて『改邪鈔《がいじゃしょう》』といふのみ。

*建武丁丑第四《けんむひのとのうしだいし》の暦《れき》、*季商下旬二十五日《きしょうげじゅんにじゅうごにち》、*翰《かん》を染《そ》めをはりぬ。図《はか》らざるに曾祖聖人《そうそしょうにん》(源空) 遷化《せんげ》の聖日《せいじつ》にあひ当《あた》れり。ここに知《し》りぬ、師資相承《ししそうじょう》の直語《じきご》に違《たが》はざることを。尊《とうと》むべし、喜《よろこ》ぶべし。

釈宗昭六十八《しゃくそうしょうろくじゅうはち》

本にいはく　「本」とは書写原本のこと。原本にあった奥書をそのまま転写したことを示す。
目足　大切なもの、肝要なものの意。
宿生　前の世。過去世。
迷盧八万の巓　迷盧は須弥山のこと。八万由旬《ゆじゅん》ある須弥山の頂上。→須弥山《しゅみせん》
蒼溟三千の底　蒼溟はあお黒い大海のこと。三千里ある大海の底。
禁遏　おしとどめること。禁止すること。
邪幢　よこしまな説をはたぼこに喩えていう。
建武丁丑第四の暦　一三三七年。
季商　陰暦九月の別称。
翰　筆。

教《きょう》行《ぎょう》信《しん》証《しょう》大《たい》意《い》

本書は、『教行信証大意《きょうぎょうしんしょうたいい》』の題号のほかに、『教行信証名義《きょうぎょうしんしょうみょうぎ》』『教行信証文類意記《きょうぎょうしんしょうもんるいいき》』『文類聚鈔《もんるいじゅしょう》大意《たいい》』『教行証御文《きょうぎょうしょうおふみ》』『広略指南《こうりゃくしなん》』『真宗大綱御消息《しんしゅうたいこうごしょうそく》』などと称される。撰者については覚如上人《かくにょしょうにん》説、存覚《ぞんかく》上人説など諸説があり、今日なお定説を見ない。

本書は、『教行信証』一部六巻の大綱を述べあらわした書である。初めに親鸞聖人《しんらんしょうにん》が、『教行信証』を撰述し、浄土真宗の教相をあらわされた意趣を明らかにし、次いで教・行・信・証・真仏土・化身土《けしんど》の内容について述べられている。第一に、真実の教とは、阿弥陀仏の因果の功徳《くどく》を説き浄土の荘厳《しょうごん》を説いた『大経《だいきょう》』であると説示される。第二に、真実の行とは、真実の教に明かすところの浄土の行である南無阿弥陀仏であると説示している。この行は、第十七諸仏咨嗟《しょぶつししゃ》の願に誓われてあり、名号《みょうごう》を信行《しんぎょう》すれば無上《むじょう》の証果《しょうか》を得ることができると説明している。第三に、真実の信とは、南無阿弥陀仏の妙行《みょうぎょう》を真実浄土の真因なりと信ずる心であり、第十八至心信楽《ししんしんぎょう》の願の所誓であると説示している。第四に、真実の証とは、上述の行信により得るところの果であり、第十一必至滅度《ひっしめつど》の願に誓われてある旨が明かされている。第五に、真仏土とは、第十二光明無量《こうみょうむりょう》の願・第十三寿命無量《じゅみょうむりょう》の願に誓われている真実の報仏報土《ほうぶつほうど》であると説いている。第六に、化身土とは化身化土のことで、仏は『観経《かんぎょう》』の真身観《しんしんかん》に説く化身であり、土は『大経』に説く疑城胎宮《ぎじょうたいぐ》である旨を説示している。このように本書は、『教行信証』にあらわされた浄土真宗の教義の綱格を簡潔に解説されている。

教《きょう》行《ぎょう》信《しん》証《しょう》大《たい》意《い》

【一】 そもそも、高祖聖人《こうそしょうにん》（親鸞）の真実相承《しんじつそうじょう》の勧化《かんけ》をきき、その流《ながれ》をくまんとおもはんともがらは、*あひかまへてこの一流《いちりゅう》の正義《しょうぎ》を心肝《しんかん》にいれて、これをうかがふべし。しかるに*近代《きんだい》はもつてのほか、法義《ほうぎ》にも沙汰《さた》せざるところのをかしき名言《みょうごん》をつかひ、*あまつさへ*法流《ほうりゅう》の実語《じつご》と号《ごう》して*一流《いちりゅう》をけがすあひだ、言語道断《ごんごどうだん》の次第《しだい》にあらずや。よくよくこれをつつしむべし。しかれば、当《とう》流《りゅう》聖人《しょうにん》（親鸞）の一義《いちぎ》には、教《きょう》・行《ぎょう》・信《しん》・証《しょう》といへる一段《いちだん》の名目《みょうもく》をたてて一《いっ》宗《しゅう》の*規模《きぼ》として、この宗《しゅう》をば開《ひら》かれたるところなり。このゆゑに親鸞聖人《しんらんしょうにん》、一部六巻《いちぶろつかん》の書《しょ》をつくりて『教行信証文類《きょうぎょうしんしょうもんるい》』と号《ごう》して、くはしくこの一流《いちりゅう》の教相《きょうそう》をあらはしたまへり。しかれども、この書《しょ》あまりに*広博《こうはく》なるあひだ、末《まつ》代愚鈍《だいぐどん》の*下機《げき》においてその義趣《ぎしゅ》をわきまへがたきによりて、一部六巻《いちぶろつかん》の書《しょ》をつづめ肝要《かんよう》をぬきいでて一巻《いっかん》にこれをつくりて、すなはち『浄土文類聚鈔《じょうどもんるいじゅしょう》』と

あひかまへて　必ず。
近代　近ごろ。
あまつさへ　その上に。そればかりか。
法流の実語　浄土真宗の真実の言葉。
一流をけがすあひだ　浄土真宗の教えをけがしているのは。
規模　ここでは教相（教義体系）の意。
広博なるあひだ　（内容が）ひろいので。
下機　仏道を修める能力の劣った者。↓根機《こんき》

4

なづけられたり。この書《しょ》をつねに*まなこにさへて、一流《いちりゅう》の大綱《たいこう》を分別《ふんべつ》せしむべきものなり。その教《きょう》・行《ぎょう》・信《しん》・証《しょう》・真仏土《しんぶつど》・化身土《けしんど》といふは、
第一巻《だいいっかん》には真実《しんじつ》の教《きょう》をあらはし、
第二巻《だいにかん》には真実《しんじつ》の行《ぎょう》をあらはし、
第三巻《だいさんかん》には真実《しんじつ》の信《しん》をあらはし、
第四巻《だいしかん》には真実《しんじつ》の証《しょう》をあかし、
第五巻《だいごかん》には真仏土《しんぶつど》をあかし、
第六巻《だいろっかん》には化身土《けしんど》をあかされたり。

【二】 第一《だいいち》に*真実《しんじつ》の教《きょう》といふは、弥陀如来《みだにょらい》の因位《いんに》・果位《かい》の功徳《くどく》を説《と》き、安養《あんにょう》浄土《じょうど》〔の〕*依報《えほう》・正報《しょうぼう》の荘厳《しょうごん》をしへたる教《きょう》なり。すなはち『大無量寿経《だいむりょうじゅきょう》』これなり。総《そう》じては*三経《さんぎょう》にわたるべしといへども、別《べつ》しては『大経《だいきょう》』をもつて本《ほん》とす。これすなはち弥陀《みだ》の四十八願《しじゅうはちがん》を説《と》きて、そのなかに第十八《だいじゅうはち》の願《がん》をもつて衆生《しゅじょう》生因《しょういん》の願《がん》とし、如来甚深《にょらいじんじん》の智慧海《ちえかい》をあかして、*唯仏独明了《ゆいぶつどくみょうりょう》の仏《ぶつ》智《ち》を説《と》きのべたまへるがゆゑなり。

【三】 第二《だいに》に*真実《しんじつ》の行《ぎょう》といふは、さきの教《きょう》にあかすところの浄土《じょうど》の行《ぎょう》なり。こ

まなこにさへて　拝見し、心にとどめて。

真実の教　→補註8

依報正報　依正二報のこと。→依正二報《えしょうにほう》

三経　『大経』『観経』『小経』の浄土三部経。

唯仏独明了　「ただ仏のみ独りあきらかにさとりたまへり」『大経』（下）に出る言葉。

真実の行　→補註10

れすなはち南無阿弥陀仏《なもあみだぶつ》なり。第十七《だいじゅうしち》の諸仏《しょぶつ》*咨嗟《ししゃ》の願《がん》にあらはれたり。名号《みょうごう》はもろもろの善法《ぜんぼう》を摂《せっ》し、もろもろの徳本《とくほん》を具《ぐ》せり。衆行《しゅぎょう》の根本《こんぽん》、万善《まんぜん》の総《そう》体《たい》なり。これを行《ぎょう》ずれば西方《さいほう》の往生《おうじょう》を得《え》、これを信《しん》ずれば*無上《むじょう》の極証《ごくしょう》をうるものなり。

5

【四】 第三《だいさん》に*真実《しんじつ》の信《しん》といふは、上《かみ》にあぐるところの南無阿弥陀仏《なもあみだぶつ》の妙行《みょうぎょう》を真《しん》実報土《じっぽうど》の真因《しんいん》なりと信《しん》ずる真実《しんじつ》の心《しん》なり。第十八《だいじゅうはち》の至心信楽《ししんしんぎょう》の願《がん》のこころなり。これを選択回向《せんじゃくえこう》の直心《じきしん》ともいひ、*利他《りた》深広《じんこう》の信楽《しんぎょう》ともなづけ、光明摂《こうみょうしょう》護《ご》の一心《いっしん》とも釈《しゃく》し、*証大涅槃《しょうだいねはん》の真因《しんいん》とも判《はん》ぜられたり。これすなはち*まめやかに真実《しんじつ》の報土《ほうど》にいたることは、この一心《いっしん》によるとしるべし。

【五】 第四《だいし》に*真実《しんじつ》の証《しょう》といふは、さきの行信《ぎょうしん》によりてうるところの果《か》、ひらくところのさとりなり。これすなはち第十一《だいじゅういち》の必至滅度《ひっしめつど》の願《がん》にこたへてうるところの妙悟《みょうご》なり。これを常楽《じょうらく》ともいひ、†寂滅《じゃくめつ》ともいひ、涅槃《ねはん》ともいひ、法身《ほっしん》ともいひ、実相《じっそう》ともいひ、法性《ほっしょう》ともいひ、真如《しんにょ》ともいひ、一如《いちにょ》ともいへる、みなこのさとりをうる名《な》なり。もろもろの聖道門《しょうどうもん》の諸教《しょきょう》のこころは、この*父《ぶ》母《も》所生《しょしょう》の身《しん》をもつて、かのふかきさとりをここにてひらかんとねがふなり。

咨嗟 讃嘆の意で、ほめたたえること。

無上の極証 この上ない仏の証果（さとり）。

真実の信 →補註11

利他 →利他《りた》[2]

証大涅槃の真因 この上ないさとりを開く真実の因種（たね）。

まめやかに 本当に。真に。

真実の証 →補註2

父母所生の身… 『発菩提心論《ほつぼだいしんろん》』の「父母所生の身にすみやかに大覚位を証す」という言葉をうけたもの。

いま浄土門《じょうどもん》のこころは、弥陀《みだ》の仏智《ぶっち》に乗《じょう》じて法性《ほっしょう》の土《ど》にいたりぬれば、自然《じねん》にこのさとりにかなふといふなり。此土《しど》の得道《とくどう》と他土《たど》の得生《とくしょう》と異《こと》なりといへども、うるところのさとりはただひとつなりとしるべし。されば往生《おうじょう》といへるも、実《じつ》には*無生《むしょう》なり。この無生《むしょう》のことわりをば、安養《あんにょう》にいたりてさとるべし。その位《くらい》をさして真実《しんじつ》の証《しょう》といふなり。

【六】第五《だいご》に真仏土《しんぶつど》といふは、まことの身土《しんど》なり。すなはち報仏《ほうぶつ》・報土《ほうど》なり。仏《ぶつ》といふは不可思議光如来《ふかしぎこうにょらい》、*土《ど》といふは無量光明土《むりょうこうみょうど》なりといへり。これすなはち第十二《だいじゅうに》・第十三《だいじゅうさん》の光明《こうみょう》・寿命《じゅみょう》の願《がん》にこたへてうるところの身土《しんど》なり。諸《しょ》仏《ぶつ》の*本師《ほんし》はこれこの仏《ぶつ》なり。真実《しんじつ》の報身《ほうじん》はすなはちこの体《たい》なり。

【七】第六《だいろく》に化身土《けしんど》といふは、化身《けしん》・化土《けど》なり。仏《ぶつ》といふは、『観経《かんぎょう》』の*真身《しんしん》観《かん》に説《と》くところの身《しん》なり。土《ど》といふは、『菩薩処胎経《ぼさつしょたいきょう》』に説《と》くところの懈慢《けまん》界《がい》、また『大経《だいきょう》』に説《と》ける疑城胎宮《ぎじょうたいぐ》なりとみえたり。これすなはち第十九《だいじゅうく》の
6 修諸功徳《しゅしょくどく》の願《がん》より出《い》でたり。ただし*うちまかせたる教義《きょうぎ》には、『観経《かんぎょう》』の真身《しんしん》観《かん》の仏《ぶつ》をもつて真実《しんじつ》の報身《ほうじん》とす。和尚《かしょう》（善導）の釈《しゃく》（定善義）、すなはちこのこころをあかせり。真身観《しんしんかん》といへる名《な》あきらかなり。しかるにこれをもつて化《け》

無生　→無生《むしょう》[1]

土といふは…　→補註2

本師　根本の導師。

真身観　『観経』に説く定《じょう》善《ぜん》十三観の第九観。阿弥陀仏の身相と光明《こうみょう》を観ずる法。

うちまかせたる教義　ありふれた一般の教義。ここでは親鸞聖人の一流以外の一般的な浄土教を指す。

身《しん》と判《はん》ぜられたる、*常途《じょうず》の教相《きょうそう》にあらず。これをこころうるに、『観経《かんぎょう》』の十《じゅう》三観《さんがん》は定散《じょうさん》二《に》善《ぜん》のなかの定善《じょうぜん》なり。かの定善《じょうぜん》のなかに説《と》くところの真身観《しんしんかん》なるがゆゑに、かれは観門《かんもん》の所見《しょけん》につきてあかすところの身《しん》なるがゆゑに、弘願《ぐがん》に乗《じょう》じ、仏智《ぶっち》を信《しん》ずる機《き》の感見《かんけん》すべき身《しん》に対《たい》するとき、かの身《しん》はなほ方便《ほうべん》の身《しん》なるべし。すなはち*六十万億《ろくじゅうまんおく》の身量《しんりょう》をさして分限《ぶんげん》をあかせる真実《しんじつ》の身《しん》にあらざる義《ぎ》をあらはせり。これによりて聖人《しょうにん》（親鸞）、この身《しん》をもつて化身《けしん》と判《はん》じたまへるなり。土《ど》は懈慢界《けまんがい》といひ、また疑城《ぎじょう》胎宮《たいぐ》といへる、そのこころを得《え》やすし。ふかく*罪福《ざいふく》を信《しん》じ、善本《ぜんぽん》を修習《しゅじゅう》して、不《ふ》思《し》議《ぎ》の仏智《ぶっち》を*決了《けつりょう》せず、疑《うたがい》をいだける行者《ぎょうじゃ》の生《うま》るるところなるがゆゑに、真実《しんじつ》の報土《ほうど》にはあらず。これをもつて化土《けど》となづけたるなり。これわが聖人《しょうにん》のひとりあかしたまへる教相《きょうそう》なり。たやすく口外《こうがい》に出《いだ》すべからず。くはしくかの一《いち》部《ぶ》の文相《もんそう》にむかひて、一《いち》流《りゅう》の深義《じんぎ》をうべきなり。

【八】　さればこの教《きょう》・行《ぎょう》・信《しん》・証《しょう》・真仏土《しんぶつど》・化身土《けしんど》の教相《きょうそう》は、聖人《しょうにん》の*己証《こしょう》、当《とう》流《りゅう》の肝要《かんよう》なり。他人《たにん》に対《たい》して、たやすくこれを談《だん》ずべからざるものなり。あなかしこ、あなかしこ。

常途の教相　親鸞聖人の一流以外の一般的な浄土教の教義。

六十万億の身量　『観経』真身観には「仏身《ぶっしん》の高さ六十万億那由他恒河沙由旬《なゆたごうがしゃゆじゅん》なり」とある。

罪福を信じ…　自業自得の因果のみを信じて、善悪を超えた阿弥陀仏の本願力の救いを信じないことをいう。

決了　決定的にはっきりと信知すること。

己証　自証ともいう。伝統・伝承を基盤とし、さらにそれをのり越えた独特の発揮。己証を表現した法語を意味することもある。

7

*文明《ぶんめい》九年《くねん》丁酉《ひのとのとり》十月《じゅうがつ》二十七日《にじゅうしちにち》巳剋《みのこく》に至《いた》りてこれを清書《せいしょ》せしめをはりぬ。

六十三歳《ろくじゅうさんさい》　在御判

みなひとのまことののりをしらぬゆゑ　ふでとこころをつくしこそすれ

*本《ほん》にいはく

つつしんで『教行証文類《きょうぎょうしょうもんるい》』の意《こころ》によりてこれを記《しる》す。けだし*願主《がんしゅ》の所望《しょもう》によるなり。時《とき》に*嘉暦《かりゃく》三歳《さんさい》戊辰《つちのえたつ》十一月《じゅういちがつ》二十八日《にじゅうはちにち》、今日《こんにち》は高祖聖人《こうそしょうにん》（親鸞）の御遷化《ごせんげ》の*忌辰《きしん》なり。短慮《たんりょ》するに、これをもつて報恩《ほうおん》の勤《つと》めに擬《ぎ》せしむ。賢才《けんざい》、これを抜《ひら》きて誹謗《ひほう》の詞《ことば》を加《くわ》ふることなかれ。あなかしこ、あなかしこ。

外見《がいけん》に及《およ》ぶべからざるものなり。かつは*稟教《ほんぎょう》の趣《おもむき》、わが流《ながれ》において秘《ひ》せんがため、かつは破法《はほう》の罪《つみ》、他人《たにん》において恐《おそ》れんがためなり。

釈蓮如《しゃくれんにょ》

文明九年　一四七七年。

本にいはく　「本」とは書写原本のこと。原本にあった奥書をそのまま転写したことを示す。

願主　（聖教の授与を）願い出た人。

嘉暦三歳　一三二八年。

忌辰　忌日に同じ。命日のこと。

稟教　教えを受け継ぐこと。

浄《じよう》土《ど》真《しん》要《よう》鈔《しよう》

本書は、建武《けんむ》五年書写本の奥書によれば、『浄土文類集《じょうどもんるいしゅう》』（著者不明）なる書をもとにして述作されている。同書には安心《あんじん》上の問題点が種々あり、存覚上人《ぞんかくしょうにん》は、この書の疑義のある点を修正し、浄土真宗の正統な立場より論を展開し、一宗の要義を詳論されている。

本書は本末二巻に分れている。本巻の冒頭の総論にあたる部分において、まず一向専修《いっこうせんじゅ》の念仏を決定往《けつじょうおう》生《じょう》の肝心といい、その旨趣を善導大師《ぜんどうだいし》・法然聖人《ほうねんしょうにん》・親鸞《しんらん》聖人の伝統の上に論じられている。以下巻末にいたるまで十四問答を展開して、親鸞聖人の浄土真宗の一流は、平生業成《へいぜいごうじょう》、不来迎《ふらいこう》を肝要《かんよう》とする旨を主として説示されている。まず第一問答においては平生業成、不来迎の宗義について明らかにし、第二問答において、その理由として第十八願、第十八願成就文《じょうじゅもん》について論じられている。末巻に至って、まず第三問答においては現生不退《げんしょうふたい》について論証し、第四問答では、『観経《かんぎょう》』下下品《げげぼん》の一生造悪の者が臨終に善知識《ぜんぢしき》にあい、往生をとげるのは、平生業成の義と矛盾しないことの釈明がなされている。第五・六問答においては第十八願の十念と成就文の一念について釈し、平生業成と一念往生について詳論されている。第七・八・九問答において臨終来迎は念仏の利益《りやく》か諸行の利益かについて論じ、第十問答は念仏と諸行の利益の相違について明らかにしている。第十一・十二・十三問答においては、胎生《たいしょう》と化生《けしょう》、報土《ほうど》と化土《けど》について分別し、最後の第十四問答においては、善知識について論及されている。

浄《じょう》土《ど》真《しん》要《よう》鈔《しょう》　本《ほん》

【一】 それ一向専修《いっこうせんじゅ》の念仏《ねんぶつ》は、決定往生《けつじょうおうじょう》の*肝心《かんじん》なり。これすなはち『大経《だいきょう》』（上）のなかに弥陀如来《みだにょらい》の四十八願《しじゅうはちがん》を説《と》くなかに、第十八《だいじゅうはち》の願《がん》に念仏《ねんぶつ》の信心《しんじん》をすすめて諸行《しょぎょう》を説《と》かず、「乃至十念《ないしじゅうねん》の行者《ぎょうじゃ》かならず往生《おうじょう》を得《う》べし」と説《と》けるゆゑなり。しかのみならず、おなじき『経《きょう》』（下）の三輩往生《さんぱいおうじょう》の文《もん》に、みな通《つう》じて「一向専念無量寿仏《いっこうせんねんむりょうじゅぶつ》」と説《と》きて、「一向《いっこう》にもつぱら無量寿仏《むりょうじゅぶつ》を念《ねん》ぜよ」といへり。「一向《いっこう》」といふはひとつにむかふといふ、ただ念仏《ねんぶつ》の一行《いちぎょう》にむかへとなり。「専念《せんねん》」といふはもつぱら念《ねん》ぜよといふ、ひとへに弥陀一仏《みだいちぶつ》を念《ねん》じたてまつるほかに二《ふた》つをならぶることなかれとなり。これによりて、唐土《とうど》（中国）の高祖善導和尚《こうそぜんどうかしょう》は、正行《しょうぎょう》と雑行《ぞうぎょう》とをたてて、雑行《ぞうぎょう》をすてて正行《しょうぎょう》に帰《き》すべきことわりをあかし、*正業《しょうごう》と助業《じょごう》とをわかちて、助業《じょごう》をさしおきて正業《しょうごう》をもつぱらにすべき義《ぎ》を判《はん》ぜり。ここにわが朝《ちょう》の善知識黒谷《ぜんぢしきくろだに》の源空聖人《げんくうしょうにん》、*かた

肝心　要《かなめ》となるもの。最も大切なことがら。

正業　→正業《しょうごう》[2]

かたじけなく　ありがたくも。恐れ多くも。

じけなく如来《にょらい》のつかひとして末代《まつだい》*片州《へんしゅう》の衆生《しゅじょう》を教化《きょうけ》したまふ。そののぶるところ釈尊《しゃくそん》の*誠説《じょうせつ》にまかせ、そのひろむるところもつぱら高祖《こうそ》（善導）の解釈《げしゃく》をまもる。かの聖人《しょうにん》（源空）のつくりたまへる『選択集《せんじゃくしゅう》』（一二八五）にいは
4 く、「*速欲離生死《そくよくりしょうじ》　二種勝法中《にしゅしょうぼうちゅう》　且閣聖道門《しゃかくしょうどうもん》　選入浄土門《せんにゅうじょうどもん》　欲入浄土門《よくにゅうじょうどもん》　正雑二行中《しょうぞうにぎょうちゅう》　且抛諸雑行《しゃほうしょぞうぎょう》　選応帰正行《せんおうきしょうぎょう》　欲修於正行《よくしゅおしょうぎょう》　正助二業中《しょうじょにごうちゅう》　猶傍《ゆぼう》於助業《おじょごう》　選応専正定《せんおうせんしょうじょう》　正定之業者《しょうじょうしごうしゃ》　即是称仏名《そくぜしょうぶつみょう》　称名必得生《しょうみょうひっとくしょう》　依仏本願《えぶつほんがん》故《こ》」といへり。この文《もん》のこころは、「すみやかに生死《しょうじ》をはなれんと欲《おも》はば、二《に》種《しゅ》の勝法《しょうぼう》のなかに、しばらく聖道門《しょうどうもん》を閣《さしお》きて、選《えら》んで浄土門《じょうどもん》に入《い》れ。浄土門《じょうどもん》に入《い》らんと欲《おも》はば、正雑二行《しょうぞうにぎょう》のなかに、しばらくもろもろの雑行《ぞうぎょう》を抛《なげす》てて、選《えら》んで正行《しょうぎょう》に帰《き》すべし。正行《しょうぎょう》を修《しゅ》せんと欲《おも》はば、正助二業《しょうじょにごう》のなかに、なほ助業《じょごう》をかたはらにして、選《えら》んで正定《しょうじょう》をもつぱらにすべし。正定《しょうじょう》の業《ごう》といふはすなはちこれ仏名《ぶつみょう》を称《しょう》するなり。名《みな》を称《しょう》すればかならず生《うま》るることを得《う》。仏《ぶつ》の本願《ほんがん》によるがゆゑに」となり。すでに南無阿弥陀仏《なもあみだぶつ》をもつて正定《しょうじょう》の業《ごう》と名《な》づく。「正定《しょうじょう》の業《ごう》」といふは、まさしく定《さだ》まるたねといふこころなり。これすなはち往生《おうじょう》のまさしく定《さだ》まるたねは念仏《ねんぶつ》の一行《いちぎょう》なりとなり。自余《じょ》の一切《いっさい》の

片州　日本のこと。

誠説　まことの説法。真実の教説。

速欲離生死…　『選択集《せんじゃくしゅう》』十六章の内容を要約した文。「三選の文」また「略選択」などと呼ばれる。なお、三選とは、浄土門を選びとる第一選、正行を選びとる第二選、正定業《しょうじょうごう》を選びとる第三選を指していう。

5

行《ぎょう》は往生《おうじょう》のために定《さだ》まれるたねにあらずときこえたり。しかれば、決定往《けつじょうおう》生《じょう》のこころざしあらんひとは、念仏《ねんぶつ》の一行《いちぎょう》をもつぱらにして、専修専念《せんじゅせんねん》・一《いっ》向一心《こういっしん》なるべきこと、*祖師《そし》の解釈《げしゃく》はなはだあきらかなるものをや。しかるにこのごろ浄土《じょうど》の一宗《いっしゅう》において、面々《めんめん》に義《ぎ》をたて行《ぎょう》を論《ろん》ずる*家々《いえいえ》、みなかの黒谷《くろだに》(源空)の流《ながれ》にあらずといふことなし。しかれども、*解行《げぎょう》みなおなじからず。おのおの真仮《しんけ》をあらそひ、たがひに邪正《じゃしょう》を論《ろん》ず。まことに是非《ぜひ》をわきまへがたしといへども、*つらつらその正意《しょうい》をうかがふに、もろもろの雑行《ぞうぎょう》をゆるし諸行《しょぎょう》の往生《おうじょう》を談《だん》ずる義《ぎ》、とほくは善導和尚《ぜんどうかしょう》の解釈《げしゃく》にそむき、ちかくは源空聖《げんくうしょう》人《にん》の本意《ほんい》にかなひがたきものをや。しかるにわが親鸞聖人《しんらんしょうにん》の一義《いちぎ》は、凡夫《ぼんぶ》の*まめやかに生死《しょうじ》をはなるべきをしへ、衆生《しゅじょう》のすみやかに往生《おうじょう》をとぐべきすすめなり。そのゆゑは、ひとへにもろもろの雑行《ぞうぎょう》を抛《なげす》てて、もつぱら一向専修《いっこうせんじゅ》の一行《いちぎょう》をつとむるゆゑなり。これすなはち余《よ》の一切《いっさい》の行《ぎょう》はみなとりどりに*めでたけれども、弥陀《みだ》の本願《ほんがん》にあらず、*釈尊付属《しゃくそんふぞく》の教《きょう》にあらず、*諸仏証誠《しょぶつしょうじょう》の法《ほう》にあらず。念仏《ねんぶつ》の一行《いちぎょう》はこれ弥陀選択《みだせんじゃく》の本願《ほんがん》なり、釈尊付属《しゃくそんふぞく》の行《ぎょう》なり、諸仏《しょぶつ》証誠《しょうじょう》の法《ほう》なればなり。釈迦《しゃか》・弥陀《みだ》および十方《じっぽう》の諸仏《しょぶつ》の御《おん》こころにしたがひて

祖師の解釈　善導大師《ぜんどうだいし》および法然《ほうねん》聖人の解釈を指す。
家々　親鸞聖人の一流以外の浄土他流を指していう。
解行　知解と修行。宗義を領解《りょうげ》し行を実践すること。
つらつら　よくよく。
まめやかに　本当に。真に。
めでたけれど　すばらしいけれども。
釈尊付属　『観経』の流通《るずう》分《ぶん》において、釈尊が阿難《あなん》に称名念仏を一経の結論として、授け与えたことを指す。
諸仏証誠　『小経』において、六方の諸仏が念仏の法の真実であることを証明したことを指す。

念仏《ねんぶつ》を信《しん》ぜんひと、かならず往生《おうじょう》の大益《だいやく》を得《う》べしといふこと、疑《うたがい》あるべからず。かくのごとく一向《いっこう》に行《ぎょう》じ、一心《いっしん》に修《しゅ》すること、わが流《りゅう》のごとくなるはなし。さればこの流《りゅう》に帰《き》して修行《しゅぎょう》せんひと、ことごとく決定《けつじょう》往生《おうじょう》の行者《ぎょうじゃ》なるべし。しかるにわれらさいはひにその流《ながれ》をくみて、もつぱらかのをしへをまもる。*宿因《しゅくいん》のもよほすところ、よろこぶべし、たふとむべし。まことに恒沙《ごうじゃ》の身命《しんみょう》をすてても、かの恩徳《おんどく》を報《ほう》ずべきものなり。釈尊《しゃくそん》・善導《ぜんどう》この法《ほう》を説《と》きあらはしたまふとも、源空《げんくう》・親鸞《しんらん》出世《しゅっせ》したまはずは、われらいかでか浄土《じょうど》をねがはん。たとひまた源空《げんくう》・親鸞《しんらん》世《よ》に出《い》でたまふとも、次第相承《しだいそうじょう》の善知識《ぜんぢしき》ましまさずは、真実《しんじつ》の信心《しんじん》をつたへがたし。善導和尚《ぜんどうかしょう》の『般舟讃《はんじゅさん》』（七四四）にいはく、「若非《にゃくひ》本師《ほんし》知識勧《ちしきかん》　弥陀《みだ》浄土《じょうど》云《うん》何入《がにゅう》」といへり。文《もん》のこころは、「もし本師知識《ほんしちしき》のすすめにあらずは、弥陀《みだ》の浄土《じょうど》†にいかんしてか入《い》らん」となり。知《ち》
6
識《しき》のすすめなくしては、浄土《じょうど》に生《うま》るべからずとみえたり。また法照禅師《ほっしょうぜんじ》の『五会法事讃《ごえほうじさん》』にいはく、「*曠劫《こうごう》以来《いらい》流浪久《るろうく》　随縁《ずいえん》六道《ろくどう》受輪廻《じゅりんね》　不遇《ふぐ》往生《おうじょう》善知《ぜんぢ》識《しき》　誰能相勧得回帰《すいのうそうかんとくえき》」といへり。この文《もん》のこころは、「曠劫《こうごう》よりこのかた流浪《るろう》せしこと久《ひさ》し、六道《ろくどう》生死《しょうじ》にめぐりてさまざまの輪廻《りんね》の苦《くる》しみを受《う》けき。往生《おうじょう》の

宿因　「むかしのたね」（左訓）

曠劫以来流浪久…　「曠劫以来、流浪せしこと久し。縁に随ひ六道に輪廻を受く。往生の善知識に遇はずは、たれかよくあひ勧めて回帰することを得ん」

善知識《ぜんぢしき》に遇《あ》はずは、たれかよくあひすすめて弥陀《みだ》の浄土《じょうど》に生《うま》るることを得《え》ん」となり。しかれば、かつは仏恩《ぶっとん》を報《ほう》ぜんがため、かつは師徳《しとく》を謝《しゃ》せんがために、この法《ほう》を十方《じっぽう》にひろめて、一切衆生《いっさいしゅじょう》をして西方《さいほう》の一土《いちど》にすすめ入《い》れしむべきなり。『往生礼讃《おうじょうらいさん》』（六七六）にいはく、「*自信教人信《じしんきょうにんしん》　難中転更難《なんちゅうてんきょうなん》　大悲伝《だいひでん》普化《ぶけ》　真成報仏恩《しんじょうほうぶっとん》」といへり。こころは、「みづからもこの法《ほう》を信《しん》じ、ひとをしても信《しん》ぜしむること、難《かた》きがなかにうたた*さらに難《かた》し。弥陀《みだ》の大悲《だいひ》を伝《つた》へてあまねく衆生《しゅじょう》を化《け》する、これまことに仏恩《ぶっとん》を報《ほう》ずるつとめなり」といふなり。

【三】問《と》うていはく、*諸流《しょりゅう》の異義《いぎ》まちまちなるなかに、往生《おうじょう》の一道《いちどう》において、あるいは平生業成《へいぜいごうじょう》の義《ぎ》を談《だん》じ、あるいは臨終往生《りんじゅうおうじょう》ののぞみをかけ、あるいは来迎《らいこう》の義《ぎ》を執《しゅう》し、あるいは不来迎《ふらいこう》のむねを成《じょう》ず。いまわが流《りゅう》に談《だん》ずるところ、これらの義《ぎ》のなかにはいづれの義《ぎ》ぞや。

答《こた》へていはく、親鸞聖人《しんらんしょうにん》の一流《いちりゅう》においては、平生業成《へいぜいごうじょう》の義《ぎ》にして臨終往《りんじゅうおう》生《じょう》ののぞみを本《ほん》とせず、不来迎《ふらいこう》の談《だん》にして来迎《らいこう》の義《ぎ》を執《しゅう》せず。ただし平生業《へいぜいごう》成《じょう》といふは、平生《へいぜい》に仏法《ぶっぽう》にあふ機《き》にとりてのことなり。もし臨終《りんじゅう》に法《ほう》にあは
7 ば、その機《き》は臨終《りんじゅう》に往生《おうじょう》すべし。平生《へいぜい》をいはず、臨終《りんじゅう》をいはず、ただ信心《しんじん》を

自信教人信…　「みづから信じ、人を教へて信ぜしむること、難きがなかにうたたさらに難し。大悲を伝へてあまねく化する、まことに仏恩を報ずるになる」

うたた　いよいよ。ますます。

諸流　親鸞聖人の一流以外の浄土他流を指していう。

うるとき往生《おうじょう》すなはち定《さだ》まるとなり。これを即得往生《そくとくおうじょう》といふ。これによりて、わが聖人《しょうにん》（親鸞）のあつめたまへる『教行証《きょうぎょうしょう》の文類《もんるい》』の第二《だいに》（行巻）、「正信偈《しょうしんげ》」の文《もん》にいはく、「*能発一念喜愛心《のうほついちねんきあいしん》　不断煩悩得涅槃《ふだんぼんのうとくねはん》　凡聖逆謗斉回入《ぼんしょうぎゃくほうさいえにゅう》　如衆水入海一味《にょしゅすいにゅうかいいちみ》」といへり。この文《もん》のこころは、「よく*一念歓喜《いちねんかんぎ》の信心《しんじん》を発《おこ》せば、煩悩《ぼんのう》を断《だん》ぜざる具縛《ぐばく》の凡夫《ぼんぶ》ながらすなはち*涅槃《ねはん》の分《ぶん》を得《う》。凡夫《ぼんぶ》も聖人《しょうにん》も五逆《ごぎゃく》も謗法《ほうぼう》もひとしく生《うま》る。たとへばもろもろの水《みず》の海《うみ》に入《い》りぬれば、ひとつ潮《うしお》の味《あじ》はひとなるがごとく、善悪《ぜんあく》さらにへだてなし」といふこころなり。ただ一念《いちねん》の信心定《しんじんさだ》まるとき、竪《しゅ》に*貪《とん》・瞋《しん》・痴《ち》・*慢《まん》の煩悩《ぼんのう》を断《だん》ぜずといへども、横《おう》に三界六道輪廻《さんがいろくどうりんね》の果報《かほう》をとづる義《ぎ》あり。しかりといへども、いまだ凡身《ぼんしん》をすてず、なほ†具縛《ぐばく》の穢体《えたい》なるほどは、摂取《せっしゅ》の光明《こうみょう》のわが身《み》を照《て》らしたまふをもしらず、化仏《けぶつ》・菩薩《ぼさつ》のまなこのまへにましますをもみたてまつらず。しかるに一《いち》期《ご》のいのちすでに尽《つ》きて、息《いき》たえ、まなことづるとき、かねて証得《しょうとく》しつる往《おう》生《じょう》のことわりここにあらはれて、仏《ぶつ》・菩薩《ぼさつ》の相好《そうごう》をも拝《はい》し、浄土《じょうど》の荘厳《しょうごん》をもみるなり。これさらに臨終《りんじゅう》のときはじめて得《う》る往生《おうじょう》にはあらず。されば至心《ししん》信楽《しんぎょう》の信心《しんじん》をえながら、なほ往生《おうじょう》をほかにおきて、臨終《りんじゅう》のときはじめて得《え》ん

能発一念喜愛心…　「よく一念喜愛の心を発すれば、煩悩を断ぜずして涅槃を得るなり。凡聖・逆謗斉《ひと》しく回入すれば、衆水海に入りて一味なるがごとし」（行巻訓）

一念歓喜の信心　本願を聞いて二心《ふたごころ》なくよろこぶ信心のこと。親鸞聖人は、一念とは信心を得る時のきわまり、歓は身を、喜は心をよろこばせることであるという。

涅槃の分　涅槃に至るべき因分。すなわち涅槃に至ることに定まった位。正定聚のこと。また涅槃の分斉《ぶんざい》。涅槃のさとりそのものとみる場合もある。↓正定聚《しょうじょうじゅ》

貪瞋痴　貪欲と瞋恚と愚痴。↓貪欲《とんよく》、瞋恚《しんに》、愚痴《ぐち》

慢　慢心（おもいあがる心）。

とはおもふべからず。したがひて*信心開発《しんじんかいほつ》のとき、摂取《せっしゅ》の光益《こうやく》のなかにありて往生《おうじょう》を証得《しょうとく》しつるうへには、いのちをはるとき、ただそのさとりのあらはるるばかりなり。ことあたらしくはじめて*聖衆《しょうじゅ》の来迎《らいこう》にあづからんことを期《ご》す
8 べからずとなり。さればおなじき次下《つぎしも》の解釈《げしゃく》(正信偈)にいはく、「*摂取心光《せっしゅしんこう》常照護《じょうしょうご》　已能雖破無明闇《いのうすいはむみょうあん》　貪愛瞋憎之雲霧《とんないしんぞうしうんむ》　常覆真実信心天《じょうふしんじつしんじんてん》　譬如日光覆雲《ひにょにっこうふうん》霧《む》　雲霧之下明無闇《うんむしげみょうむあん》」といへり。この文《もん》のこころは、「阿弥陀如来《あみだにょらい》の摂取《せっしゅ》の心《しん》光《こう》はつねに行者《ぎょうじゃ》を照《て》らし護《まも》りて、すでによく無明《むみょう》の闇《やみ》を破《は》すといへども、貪《とん》欲《よく》・瞋恚《しんに》等《とう》の悪業《あくごう》、雲《くも》・霧《きり》のごとくして真実信心《しんじつしんじん》の天《てん》を覆《おお》へり。たとへば日《ひ》の光《ひかり》の雲《くも》・霧《きり》に覆《おお》はれたれども、そのしたはあきらかにしてくらきことなきがごとし」となり。されば信心《しんじん》をうるとき摂取《せっしゅ》の益《やく》にあづかる。摂取《せっしゅ》の益《やく》にあづかるがゆゑに正定聚《しょうじょうじゅ》に住《じゅう》す。しかれば、三毒《さんどく》の煩悩《ぼんのう》はしばしばおこれども、まことの信心《しんじん》はかれにも*さへられず。顛倒《てんどう》の妄念《もうねん》はつねにたえざれども、さらに未来《みらい》の悪報《あくほう》をばまねかず。かるがゆゑに、もしは平生《へいぜい》、もしは臨終《りんじゅう》、ただ信《しん》心《じん》のおこるとき往生《おうじょう》は定《さだ》まるぞとなり。これを「正定聚《しょうじょうじゅ》に住《じゅう》す」ともいひ、「不退《ふたい》の位《くらい》に入《い》る」ともなづくるなり。このゆゑに聖人《しょうにん》(親鸞)またのたまは

信心開発　他力回向《えこう》の信心が衆生《しゅじょう》の心中にはじめてひらきおこること。

聖衆の来迎に…　聖衆の来迎をまちもうけ、たのみにしてはならない。

摂取心光常照護…　「摂取の心光、つねに照護したまふ。すでによく無明の闇を破すといへども、貪愛・瞋憎の雲霧、つねに真実信心の天に覆へり。たとへば日光の雲霧に覆はるれども、雲霧の下あきらかにして闇なきがごとし」(行巻訓)

さへられず　さまたげられない。

く、「来迎《らいこう》は諸行往生《しょぎょうおうじょう》にあり、自力《じりき》の行者《ぎょうじゃ》なるがゆゑに。臨終《りんじゅう》まつことと来迎《らいこう》たのむことは、諸行往生《しょぎょうおうじょう》のひとにいふべし。真実信心《しんじつしんじん》の行人《ぎょうにん》は、摂取不捨《せっしゅふしゃ》のゆゑに正定聚《しょうじょうじゅ》に住《じゅう》す。正定聚《しょうじょうじゅ》に住《じゅう》するがゆゑにかならず滅度《めつど》に至《いた》る。滅度《めつど》に至《いた》るがゆゑに大涅槃《だいねはん》を証《しょう》するなり。かるがゆゑに臨終《りんじゅう》まつことなし、来迎《らいこう》たのむことなし」（御消息・一意）といへり。これらの釈《しゃく》にまかせば、真実信心《しんじつしんじん》のひと、一向専念《いっこうせんねん》のともがら、臨終《りんじゅう》をまつべからず、来迎《らいこう》を期《ご》すべからずといふこと、そのむねあきらかなるものなり。

9
【三】 問《と》うていはく、聖人《しょうにん》（親鸞）の*料簡《りょうけん》はまことにたくみなり。仰《あお》いで信《しん》ず†べし。ただし経文《きょうもん》にかへりて理《り》をうかがふとき、いづれの文《もん》によりてか、来迎《らいこう》を期《ご》せず臨終《りんじゅう》をまつまじき義《ぎ》をこころうべきや。たしかなる文義《もんぎ》をききて、いよいよ堅固《けんご》の信心《しんじん》をとらんとおもふ。

答《こた》へていはく、凡夫《ぼんぶ》、智《ち》あさし。いまだ経釈《きょうしゃく》のおもむきをわきまへず。*聖教万差《しょうぎょうまんじゃ》なれば、方便《ほうべん》の説《せつ》あり、真実《しんじつ》の説《せつ》あり。機《き》に対《たい》すれば、いづれもその益《やく》あり。一偏《いっぺん》に義《ぎ》をとりがたし。ただ祖師《そし》（親鸞）のをしへをききて、わが信心《しんじん》をたくはふるばかりなり。しかるに世《よ》のなかにひろまれる諸流《しょりゅう》、みな臨終《りんじゅう》

料簡　ここでは教義的解釈のことをいう。

聖教万差　さまざまな聖教にさまざまな法義が説かれていること。

をいのり来迎《らいこう》を期《ご》す。これを期《ご》せざるは、ひとりわが*家《いえ》なり。*しかるあひだ、これをきくものは*ほとほと耳《みみ》をおどろかし、これをそねむものははなはだあざけりをなす。しかれば、たやすくこの義《ぎ》を談《だん》ずべからず。他人謗法《たにんほうぼう》の罪《つみ》をまねかざらんがためなり。それ親鸞聖人《しんらんしょうにん》は、深智《じんち》*博覧《はくらん》にして*内典《ないてん》・外典《げてん》にわたり、*慧解高遠《えげこうおん》にして聖道《しょうどう》・浄土《じょうど》をかねたり。ことに浄土門《じょうどもん》に入《い》りたまひしのちは、もつぱら一宗《いっしゅう》のふかきみなもとをきはめ、あくまで明師《めいし》（源空）のねんごろなるをしへをうけたまへり。あるいはそのゆるされをかうぶりて*製作《せいさく》をあひ伝《つた》へ、あるいはかのあはれみにあづかりて真影《しんねい》をうつしたまはらしむ。としをわたり日《ひ》をわたりて、そのをしへをうくるひと千万《せんばん》なりといへども、したしきといひ、うときといひ、製作《せいさく》をたまはり真影《しんねい》をうつすひとはその数《かず》おほからず。したがひて、*この門流《もんりゅう》のひろまれること自宗《じしゅう》・他宗《たしゅう》にならびなく、その利益《りやく》のさかりなること田舎《でんしゃ》・辺鄙《へんぴ》におよべり。化導《けどう》のとほくあまねきは、智慧《ちえ》のひろきがいたすところなり。しかれば、相承《そうじょう》の義《ぎ》さだめて仏意《ぶつい》にそむくべからず。流《ながれ》をくむやから、ただ仰《あお》いで信《しん》をとるべし。無智《むち》の末学《まつがく》*なまじひに経《きょう》釈《しゃく》について義《ぎ》を論《ろん》ぜば、そのあやまりをのがれがたきか。よくよくつつしむべ

わが家　親鸞聖人の一流を指す。

しかるあひだ　それゆえ。

ほとほと　あらかた。ほとんど。

博覧　広く書物を読んで物事に通じているさま。

内典外典　内典は仏教の典籍、外典は仏教以外の儒教などの典籍。

慧解高遠　智慧《ちえ》をもって事理を領解《りょうげ》することがすぐれていること。

製作　著作。『選択集《せんじゃくしゅう》』を指す。

この門流　親鸞聖人の一流を指す。

なまじひに　なまじっか。無理に。

し。ただし、一分《いちぶん》なりとも信受《しんじゅ》するところの義《ぎ》、一味同行《いちみどうぎょう》のなかにおいてこれをはばかるべきにあらず。いまこころみに*料簡《りょうけん》するに、まづ浄土《じょうど》の一門《いちもん》をたつることは*三部妙典《さんぶみょうでん》の説《せつ》に出《い》でたり。そのなかに弥陀如来《みだにょらい》、因位《いんに》の本願《ほんがん》を説《と》きて凡夫《ぼんぶ》の往生《おうじょう》を決《けつ》すること、『大経《だいきょう》』の説《せつ》これなり。その説《せつ》といふは四《し》十八願《じゅうはちがん》なり。四十八願《しじゅうはちがん》のなかに、念仏往生《ねんぶつおうじょう》の一益《いちやく》を説《と》くことは第十八《だいじゅうはち》の願《がん》にあり。しかるに第十八《だいじゅうはち》の願《がん》のなかに、臨終《りんじゅう》・平生《へいぜい》の沙汰《さた》なし、*聖衆来現《しょうじゅらいげん》の儀《ぎ》をあかさず。かるがゆゑに、十八《じゅうはち》の願《がん》に帰《き》して念仏《ねんぶつ》を修《しゅ》し往生《おうじょう》をねがふとき、臨終《りんじゅう》をまたず来迎《らいこう》を期《ご》すべからずとなり。すなはち第十八《だいじゅうはち》の願《がん》にいはく、「設我得仏《せつがとくぶつ》　十方衆生《じっぽうしゅじょう》　至心信楽《ししんしんぎょう》　欲生我国《よくしょうがこく》　乃至十念《ないしじゅうねん》　若不生者《にゃくふしょうじゃ》　不《ふ》取正覚《しゅしょうがく》」（大経・上）といへり。この願《がん》のこころは、「たとひわれ仏《ぶつ》を得《え》たらんに、十方《じっぽう》の衆生《しゅじょう》、心《しん》を至《いた》し信楽《しんぎょう》してわが国《くに》に生《うま》れんと欲《おも》うて、乃至十念《ないしじゅうねん》せん。もし生《うま》れずは、正覚《しょうがく》を取《と》らじ」となり。この願文《がんもん》のなかに、まつたく臨《りん》終《じゅう》と説《と》かず平生《へいぜい》といはず、ただ至心信楽《ししんしんぎょう》の機《き》において十念《じゅうねん》の往生《おうじょう》をあかせり。しかれば、臨終《りんじゅう》に信楽《しんぎょう》せば臨終《りんじゅう》に往生治定《おうじょうじじょう》すべし、平生《へいぜい》に至心《ししん》せば平生《へいぜい》に往生決得《おうじょうけつとく》すべし。さらに平生《へいぜい》と臨終《りんじゅう》とによるべからず、ただ仏法《ぶっぽう》にあふ時《じ》

料簡する　考察検討する。道理を考えて判断する。

三部妙典　『大経』『観経』『小経』の浄土三部経のこと。

聖衆来現　聖衆来迎に同じ。→来迎《らいこう》

11
節《せつ》の*分斉《ぶんざい》にあるべし。しかるにわれらはすでに平生《へいぜい》に*聞名欲往生《もんみょうよくおうじょう》の義《ぎ》あり。ここにしりぬ、臨終《りんじゅう》の機《き》にあらず平生《へいぜい》の機《き》なりといふことを。かるがゆゑにふたたび臨終《りんじゅう》にこころをかくべからずとなり。しかのみならず、おなじき第《だい》十八《じゅうはち》の願成就《がんじょうじゅ》の文《もん》（大経・下）にいはく、「諸有衆生《しょうしゅじょう》　聞其名号《もんごみょうごう》　信心歓喜《しんじんかんぎ》　乃至一念《ないしいちねん》　至心回向《ししんえこう》　願生彼国《がんしょうひこく》　即得往生《そくとくおうじょう》　住不退転《じゅうふたいてん》」といへり。この文《もん》のこころは、「あらゆる衆生《しゅじょう》、その名号《みょうごう》を聞《き》きて信心歓喜《しんじんかんぎ》し、乃至一念《ないしいちねん》せん。至《し》心《しん》に回向《えこう》したまへり。かの国《くに》に生《うま》れんと願《がん》ずれば、すなはち往生《おうじょう》を得《え》、不退《ふたい》転《てん》に住《じゅう》す」となり。こころは、「一切《いっさい》の衆生《しゅじょう》、無礙光如来《むげこうにょらい》の名《みな》をきき得《え》て、生《しょう》死出離《じしゅつり》の強縁《ごうえん》ひとへに念仏往生《ねんぶつおうじょう》の一道《いちどう》にあるべしと、よろこびおもふこころの一念《いちねん》おこるとき往生《おうじょう》は定《さだ》まるなり。これすなはち弥陀如来《みだにょらい》、*因位《いんに》のむかし、至心《ししん》に回向《えこう》したまへりしゆゑなり」となり。この一念《いちねん》について*隠顕《おんけん》の義《ぎ》あり。*顕《けん》には、十念《じゅうねん》に対《たい》するとき一念《いちねん》といふは称名《しょうみょう》の一念《いちねん》なり。*隠《おん》には、真因《しんいん》を決《けつ》了《りょう》する安心《あんじん》の一念《いちねん》なり。これすなはち相好《そうごう》・光明等《こうみょうとう》の功徳《くどく》を観想《かんそう》する念《ねん》にあらず、ただかの如来《にょらい》の名号《みょうごう》をきき得《え》て、*機教《ききょう》の分限《ぶんげん》をおもひ定《さだ》むる位《くらい》をさすなり。されば親鸞聖人《しんらんしょうにん》はこの一念《いちねん》を釈《しゃく》すとして、「*一念《いちねん》といふは信心《しんじん》を獲得《ぎゃくとく》

分斉　もののけじめ。くぎり。

聞名欲往生の義　名号《みょうごう》を聞信し、浄土往生をまちもうけるという意趣。「聞名欲往生」は『大経』（下）の「往覲偈《おうごんげ》」に出る言葉。

因位のむかし　法蔵《ほうぞう》菩薩であった時のこと。

隠顕の義　経の文の表にあらわれた意（顕）と文の下にかくれた意（隠）。この場合の隠顕はともに真実の説意で、「化身土巻」でいうような真仮（真実・方便）の義を分別する意味ではない。

顕　「うへにあらはしては」（左訓）

隠　「したにかくしては」（左訓）

機教の分限を…　ここでは機法二種の深信（真実信心）が定まる時をいう。

する時節《じせつ》の極促《ごくそく》を顕《あらわ》す」（信巻・意）と判《はん》じたまへり。しかればすなはち、いまいふところの往生《おうじょう》といふは、あながちに命終《みょうじゅう》のときにあらず。無始以来《むしいらい》、*輪転六道《りんでんろくどう》の*妄業《もうごう》、一念南無阿弥陀仏《いちねんなもあみだぶつ》と帰命《きみょう》する*仏智無生《ぶっちむしょう》の名願力《みょうがんりき》にほろぼされて、*涅槃畢竟《ねはんひっきょう》の真因《しんいん》はじめてきざすところをさすなり。すなはちこれを
12 「即得往生住不退転《そくとくおうじょうじゅうふたいてん》」と説《と》きあらはさるるなり。「即得《そくとく》」といふは、すなはちうとなり。すなはちといふは、ときをへだてず日《ひ》をへだてず念《ねん》をへだてざる義《ぎ》なり。されば一念帰命《いちねんきみょう》の解了《げりょう》たつとき、往生《おうじょう》*やがて定《さだ》まるとなり。うるといふは定《さだ》まるこころなり。この一念帰命《いちねんきみょう》の信心《しんじん》は、凡夫自力《ぼんぶじりき》の迷心《めいしん》にあらず、如来清浄本願《にょらいしょうじょうほんがん》の智心《ちしん》なり。しかれば、二河《にが》の譬喩《ひゆ》のなかにも、中間《ちゅうげん》の白道《びゃくどう》をもつて、一処《いっしょ》には如来《にょらい》の願力《がんりき》にたとへ、一処《いっしょ》には行者《ぎょうじゃ》の信心《しんじん》にたとへたり。「如来《にょらい》の願力《がんりき》にたとふ」といふは、「*念々無遺乗彼願力之道《ねんねんむゆいじょうひがんりきしどう》」（散善義　四六九）といへるこれなり。こころは、「*貪瞋《とんじん》の煩悩《ぼんのう》にかかはらず、弥陀如来《みだにょらい》の願力《がんりき》の白道《びゃくどう》に乗《じょう》ぜよ」となり。「行者《ぎょうじゃ》の信心《しんじん》にたとふ」といふは、「衆生貪瞋煩悩《しゅじょうとんじんぼんのう》中《ちゅ》　能生清浄願往生心《のうしょうしょうじょうがんおうじょうしん》」（同　四六八）といへるこれなり。こころは、「貪《とん》瞋煩悩《じんぼんのう》のなかによく清浄願往生《しょうじょうがんおうじょう》の心《しん》を生《しょう》ず」となり。されば、「水火《すいか》の二河《にが》」

一念…　信心が開けおこる最初の時をあらわす。ただし「信巻」には「一念とはこれ信楽開発の時剋の極促を顕し…」とある。→補註7

輪転　生死《しょうじ》を繰り返すこと。輪廻《りんね》に同じ。

妄業　迷う原因となるいつわりの行い。

仏智無生の名願力　さとるための智慧《ちえ》をそなえた名号《みょう》願力。

涅槃畢竟の真因　この上ないさとりを得るまことの因種（たね）。

やがて　ただちに。

念々無遺…　「念々に遺《わす》るることなく、かの願力の道に乗じて」

貪瞋　貪欲と瞋恚。→貪欲《とんよく》、瞋恚《しんに》

は衆生《しゅじょう》の貪瞋《とんじん》なり。これ不清浄《ふしょうじょう》の心《しん》なり。「中間《ちゅうげん》の白道《びゃくどう》」は、あるときは行者《ぎょうじゃ》の信心《しんじん》といはれ、あるときは如来《にょらい》の願力《がんりき》の道《どう》と釈《しゃく》せらる。これすなはち行者《ぎょうじゃ》のおこすところの信心《しんじん》と、如来《にょらい》の願心《がんしん》とひとつなることをあらはすなり。したがひて、清浄《しょうじょう》の心《しん》といへるも如来《にょらい》の智心《ちしん》なりとあらはすこころなり。もし凡夫《ぼんぶ》我執《がしゅう》の心《しん》ならば、清浄《しょうじょう》の心《しん》とは釈《しゃく》すべからず。このゆゑに『経《きょう》』（大経・上）には、「令諸衆生功徳成就《りょうしょしゅじょうくどくじょうじゅ》」といへり。こころは、「弥陀如来《みだにょらい》、因位《いんに》の*むかし、もろもろの衆生《しゅじょう》をして功徳成就《くどくじょうじゅ》せしめたまふ」となり。それ*阿弥陀《あみだ》如来《にょらい》は三世《さんぜ》の諸仏《しょぶつ》に念《ねん》ぜられたまふ*覚体《かくたい》なれば、久遠実成《くおんじつじょう》の古仏《こぶつ》なれども、十劫《じっこう》以来《いらい》の成道《じょうどう》をとなへたまひしは*果後《かご》の方便《ほうべん》なり。これすなはち「衆生往生《しゅじょうおうじょう》すべくはわれも正覚《しょうがく》を取《と》らん」と誓《ちか》ひて、衆生《しゅじょう》の往生《おうじょう》を決定《けつじょう》せんがためなり。しかるに衆生《しゅじょう》の往生定《おうじょうさだ》まりしかば、仏《ぶつ》の正覚《しょうがく》も成《な》りたまひき。その正覚《しょうがく》いまだ成《な》りたまはざりしいにしへ、法蔵比丘《ほうぞうびく》として難行苦行《なんぎょうくぎょう》・積功累徳《しゃっくるいとく》したまひしとき、未来《みらい》の衆生《しゅじょう》の浄土《じょうど》に往生《おうじょう》すべきたねをばことごとく成就《じょうじゅ》したまひき。そのことわりをききて、一念解了《いちねんげりょう》の心《しん》おこれば、仏心《ぶっしん》と凡心《ぼんしん》とまつたくひとつになるなり。この位《くらい》に無碍光如来《むげこうにょらい》の光明《こうみょう》、かの帰命《きみょう》の信心《しんじん》を摂取《せっしゅ》し

むかし　「ちかひ」とする異本がある。

阿弥陀如来は…　『般舟三昧経《はんじゅざんまいきょう》』取意の文によっていう。『口伝鈔』八九九頁一三行以下、『持名鈔』一〇〇五頁一〇行以下参照。

覚体　正覚を成就した仏体。

果後の方便　久遠《くおん》の昔に成仏した阿弥陀仏が、衆生《しゅじょう》を救うためのてだてとして、法蔵菩薩《ほうぞうぼさつ》の発願《ほつがん》修行、十劫《じっこう》の昔の成道《じょうどう》の相を示したことをいう。

て捨《す》てたまはざるなり。これを『観無量寿経《かんむりょうじゅきょう》』には、「*光明遍照《こうみょうへんじょう》　十方世界《じっぽうせかい》念仏衆生《ねんぶつしゅじょう》　摂取不捨《せっしゅふしゃ》」と説《と》き、『阿弥陀経《あみだきょう》』には、「*皆得不退転《かいとくふたいてん》　於阿耨多羅《おあのくたら》三藐三菩提《さんみゃくさんぼだい》」と説《と》けるなり。「摂取不捨《せっしゅふしゃ》」といふは、弥陀如来《みだにょらい》の光明《こうみょう》のなかに念仏《ねんぶつ》の衆生《しゅじょう》を摂《おさ》め取《と》りて捨《す》てたまはずとなり。これすなはちかならず浄土《じょうど》に生《しょう》ずべきことわりなり。「不退転《ふたいてん》を得《う》」といふは、ながく三界六道《さんがいろくどう》にかへらずして、かならず*無上菩提《むじょうぼだい》を得《う》べき位《くらい》に定《さだ》まるなり。

光明遍照…　「光明は、あまねく十方世界を照らし、念仏の衆生を摂取して捨てたまはず」

皆得不退転…　通常は「みな阿耨多羅三藐三菩提を退転せざることを得ん」と読むが、本書末巻では「みな不退転を阿耨多羅三藐三菩提に得」と読んでいる。

無上菩提　この上ない仏のさとり。

浄《じょう》土《ど》真《しん》要《よう》鈔《しょう》 末《まつ》

【四】 問《と》うていはく、念仏《ねんぶつ》の行者《ぎょうじゃ》、一念《いちねん》の信心《しんじん》定《さだ》まるとき、あるいは「正 定聚《しょうじょうじゅ》に住《じゅう》す」といひ、あるいは「不退転《ふたいてん》を得《う》」といふこと、はなはだおもひがたし。そのゆゑは、正 定聚《しょうじょうじゅ》といふは、かならず*無上《むじょう》の仏果《ぶっか》にいたるべき位《くらい》に定《さだ》まるなり。不退転《ふたいてん》といふは、ながく生死《しょうじ》にかへらざる義《ぎ》をあらはすことばなり。そのことばことなりといへども、そのこころおなじかるべし。これみな浄《じょう》土《ど》に生《うま》れて得《う》る位《くらい》なり。しかれば、「*即得往生住不退転《そくとくおうじょうじゅうふたいてん》」（大経・下）といへるも、浄土《じょうど》にして得《う》べき益《やく》なりとみえたり。いかでか穢土《えど》にしてたやすくこの位《くらい》に住《じゅう》すといふべきや。

答《こた》へていはく、土《ど》につき機《き》につきて退《たい》・不退《ふたい》を論《ろん》ぜんときは、まことに穢土《えど》の凡夫《ぼんぶ》、不退《ふたい》にかなふといふことあるべからず。浄土《じょうど》は不退《ふたい》なり、穢土《えど》は有退《うたい》なり。菩薩《ぼさつ》の位《くらい》において不退《ふたい》を論《ろん》ず、凡夫《ぼんぶ》はみな退位《たいい》なり。しかるに*薄地底下《はくじていげ》

無上の仏果　この上ない仏のさとり。

即得往生…　「すなはち往生を得、不退転に住せん」（信巻訓）

薄地底下の凡夫　聖者《しょうじゃ》の域に達しない下劣な者。凡夫を三種に分け、三賢《さんげん》（十住《じっじゅう》・十行・十回向《えこう》）を内凡《ないぼん》、十信を外凡《げぼん》、それ以下を薄地とする。

の凡夫《ぼんぶ》なれども、弥陀《みだ》の名号《みょうごう》をたもちて金剛《こんごう》の信心《しんじん》をおこせば、よこさまに三界流転《さんがいるてん》の報《ほう》をはなるるゆゑに、その義《ぎ》、不退《ふたい》を得《う》るにあたれるなり。これすなはち菩薩《ぼさつ》の位《くらい》において論《ろん》ずるところの*位行念《いぎょうねん》の三不退《さんふたい》等《とう》にはあらず。いまいふところの不退《ふたい》といふは、これ*心不退《しんふたい》なり。されば善導和尚《ぜんどうかしょう》の『往生礼讃《おうじょうらいさん》†』（七〇一）には、「*蒙光触者心不退《むこうそくしゃしんふたい》」と釈《しゃく》せり。こころは、「弥陀如来《みだにょらい》の摂取《せっしゅ》の光益《こうやく》にあづかりぬれば、心不退《しんふたい》を得《う》」となり。まさしくかの『阿弥陀経《あみだきょう》』の文《もん》には、「*欲生阿弥陀仏国者《よくしょうあみだぶつこくしゃ》　是諸人等《ぜしょにんとう》　皆得不退転《かいとくふたいてん》　於阿耨多羅三藐三菩提《おあのくたらさんみゃくさんぼだい》」といへり。「願《がん》をおこして阿弥陀仏《あみだぶつ》の国《くに》に生《うま》れんとおもへば、このもろもろのひとらみな不退転《ふたいてん》を得《う》」といへる、現生《げんしょう》において願生《がんしょう》の信心《しんじん》をおこせば、すなはち不退《ふたい》にかなふといふこと、その文《もん》はなはだあきらかなり。またおなじき『経《きょう》』の次上《つぎかみ》の文《もん》に、念仏《ねんぶつ》の行者《ぎょうじゃ》の得《う》るところの益《やく》を説《と》くとして、「是諸善男《ぜしょぜんなん》子《し》　善女人《ぜんにょにん》　皆為一切諸仏《かいいいっさいしょぶつ》　共所護念《ぐしょごねん》　皆得不退転《かいとくふたいてん》　於阿耨多羅三藐三菩提《おあのくたらさんみゃくさんぼだい》」といへり。文《もん》†のこころは、「このもろもろの善男子《ぜんなんし》・善女人《ぜんにょにん》、みな一切諸仏《いっさいしょぶつ》のためにともに護念《ごねん》せられて、みな*不退転《ふたいてん》を阿耨多羅三藐三菩提《あのくたらさんみゃくさんぼだい》†に得《う》」となり。しかれば、阿弥陀仏《あみだぶつ》の国《くに》に生《うま》れんとおもふまことなる信心《しんじん》のおこるとき、弥陀《みだ》

位行念の三不退　すでに修得した仏道の位を退失しない位不退、修めたところの行法を退失しない行不退、正しい心のおもいを退失しない念不退のこと。いずれも聖道門《しょうどうもん》でいう仏道の階梯《かいてい》。

心不退　信心が退転しないことで、現生不退のこと。正定聚《しょうじょうじゅ》の位に定まることをいう。

蒙光触者心不退　「光触を蒙るものは心退せず」

欲生阿弥陀仏国者…　「阿弥陀仏国に生ぜんと欲《おも》はんものは、このもろもろの人等、みな阿耨多羅三藐三菩提を退転せざることを得」

不退転を…　通常は「阿耨多羅三藐三菩提を退転せざることを得ん」と読む。本文での読みは、不退転という位の名を明示しようとす

16

如来《にょらい》は遍照《へんじょう》の光明《こうみょう》をもつてこれを摂《おさ》め取り、諸仏《しょぶつ》はこころをひとつにしてこの信心《しんじん》を護念《ごねん》したまふがゆゑに、一切《いっさい》の悪業煩悩《あくごうぼんのう》に*さへられず、この心《しん》すなはち不退《ふたい》にしてかならず往生《おうじょう》を得《う》るなり。これを「即得往生住不退転《そくとくおうじょうじゅうふたいてん》」（大経・下）と説《と》くなり。「すなはち往生《おうじょう》を得《う》」といへるは、*やがて往生《おうじょう》を*得《う》といふなり。ただし、「即得往生住不退転《そくとくおうじょうじゅうふたいてん》」といへるは、†浄土《じょうど》に往生《おうじょう》して不退《ふたい》を得《う》べき義《ぎ》を遮《しゃ》せんとにはあらず。まさしく往生《おうじょう》ののち三不退《さんふたい》をも得《え》、*処不退《しょふたい》にもかなはんことはしかなり。処々《しょしょ》の*経釈《きょうしゃく》、そのこころなきにあらず、*与奪《よだつ》のこころあるべきなり。しかりといへども、いま「即得往生住不退転《そくとくおうじょうじゅうふたいてん》」といへる本意《ほんい》には、証得往生現生不退《しょうとくおうじょうげんしょうふたい》の*密益《みつやく》を説《と》きあらはすなり。これをもつて*わが流《りゅう》の極致《ごくち》とするなり。かるがゆゑに聖人《しょうにん》（親鸞）、『教行証《きょうぎょうしょう》の文類《もんるい》』のなかに、処々《しょしょ》にこの義《ぎ》をのべたまへり。かの『文類《もんるい》』の第二《だいに》（行巻）にいはく、「憶念弥陀仏本願《おくねんみだぶつほんがん》　自然即時入必定《じねんそくじにゅうひつじょう》　唯能常称如来号《ゆいのうじょうしょうにょらいごう》　応報大悲弘誓恩《おうほうだいひぐぜいおん》」（正信偈）といへり。こころは、「弥陀仏《みだぶつ》の本願《ほんがん》を憶念《おくねん》すれば、自然《じねん》にすなはちのとき必定《ひつじょう》に入《い》る。ただよくつねに如来《にょらい》の号《みな》を称《しょう》して、大悲弘誓《だいひぐぜい》の恩《おん》を報《ほう》ずべし」となり。「すなはちのとき」といふは、信心《しんじん》をうるときをさすなり。「必《ひっ》

るもの。

さへられず　さまたげられない。

やがて　ただちに。

得　ここでは定まるという意。九六八頁七行以下参照。

処不退　浄土に生れて、そこから退転しないこと。

経釈　経典とその註釈書。

与奪　他の教義をいったん承認した上で、それを超える自宗の教義を打ちだし、他の教義の本質的意義を奪いとること。

密益　行者の表面に明らかにあらわれない利益《りやく》。信心の徳としての利益をいう。顕益に対する語。

わが流　親鸞聖人の一流を指す。

定《じょう》に入《い》る」といふは、正定聚《しょうじょうじゅ》に住《じゅう》し不退《ふたい》にかなふといふこころなり。この凡夫《ぼんぶ》の身《み》ながら、かかるめでたき益《やく》を得《う》ることは、*しかしながら弥陀如来《みだにょらい》の大悲《だいひ》願力《がんりき》のゆゑなれば、「つねにその名号《みょうごう》をとなへてかの恩徳《おんどく》を報《ほう》ずべし」とすすめたまへり。またいはく、「十方群生海《じっぽうぐんじょうかい》、この行信《ぎょうしん》に帰命《きみょう》するものを摂取《せっしゅ》して捨《す》てず。かるがゆゑに阿弥陀仏《あみだぶつ》と名《な》づけたてまつる。これを他力《たりき》といふ。ここをもつて龍樹大士《りゅうじゅだいじ》は〈即時入必定《そくじにゅうひつじょう》〉といひ、曇鸞大師《どんらんだいし》は〈入正定之聚《にゅうしょうじょうしじゅ》〉といへり。仰《あお》いでこれを憑《たの》むべし。もつぱらこれを行《ぎょう》ずべし」（行巻）といへり。「龍樹大士《りゅうじゅだいじ》は即時入必定《そくじにゅうひつじょう》といふ」といふは、『十住毘婆沙論《じゅうじゅうびばしゃろん》』（易行品 一六）に「人能念是仏《にんのうねんぜぶつ》　無量力功徳《むりょうりきくどく》　即時入必定《そくじにゅうひつじょう》　是故我常念《ぜこがじょうねん》」といへる文《もん》これなり。この文《もん》のこころは、「ひとよくこの仏《ぶつ》の無量力功徳《むりょうりきくどく》を念《ねん》ずれば、すなはちのとき必定《ひつじょう》に入《い》る。このゆゑにわれつねに念《ねん》ず」となり。「この仏《ぶつ》」といへるは阿弥陀仏《あみだぶつ》なり。「われ」といへるは龍樹菩薩《りゅうじゅぼさつ》なり。さきに出《いだ》すところの「憶念弥陀仏本願力《おくねんみだぶつほんがんりき》」の釈《しゃく》も、これ龍樹《りゅうじゅ》の論判《ろんぱん》によりてのべたまへるなり。「曇鸞大師《どんらんだいし》は入正定之聚《にゅうしょうじょうしじゅ》といへり」といふは、『註論《ちゅうろん》』（論註 四七）の上巻《じょうかん》
17 に「但以信仏因縁《たんいしんぶついんねん》　願生浄土《がんしょうじょうど》　乗仏願力《じょうぶつがんりき》　便得往生《べんとくおうじょう》　彼清浄土《ひしょうじょうど》　仏力住持《ぶつりきじゅうじ》

しかしながら　全く。

即入大乗正定之聚《そくにゅうだいじょうしょうじょうしじゅ》」といへる文《もん》これなり。文《もん》のこころは、「ただ仏《ぶつ》を信《しん》ずる因縁《いんねん》をもつて浄土《じょうど》に生《うま》れんと願《ねが》へば、仏《ぶつ》の願力《がんりき》に乗《じょう》じて、すなはちかの清《しょう》浄《じょう》の土《ど》に往生《おうじょう》することを得《う》。仏力住持《ぶつりきじゅうじ》してすなはち大乗正定《だいじょうしょうじょう》の聚《じゅ》に入《い》る」となり。これも文《もん》の顕説《けんぜつ》は、浄土《じょうど》に生《うま》れてのち正定聚《しょうじょうじゅ》に住《じゅう》する義《ぎ》を説《と》くに似《に》たりといへども、そこには願生《がんしょう》の信《しん》を生《しょう》ずるとき不退《ふたい》にかなふことをあらはすなり。なにをもつてかしるとならば、この『註論《ちゅうろん》』（論註）の釈《しゃく》は、かの『十住毘婆沙論《じゅうじゅうびばしゃろん》』のこころをもつて釈《しゃく》するがゆゑに、本論《ほんろん》のこころ現身《げんしん》の益《やく》なりとみゆるうへは、いまの釈《しゃく》もかれにたがふべからず。聖人《しょうにん》（親鸞）ふかくこのこころを得《え》たまひて、信心《しんじん》をうるとき正定《しょうじょう》の位《くらい》に住《じゅう》する義《ぎ》を引《ひ》き釈《しゃく》したまへり。「すなはち」といへるは、ときをうつさず、念《ねん》をへだてざる義《ぎ》なり。またおなじき第三《だいさん》（信巻）に、領解《りょうげ》の心中《しんちゅう》をのべたまふとして、「*愛欲《あいよく》の広海《こうかい》に沈没《ちんもつ》し、*名利《みょうり》の太山《たいせん》に迷惑《めいわく》して、定聚《じょうじゅ》の数《かず》に入《い》ることを喜《よろこ》ばず、真証《しんしょう》の証《しょう》にちかづくことを快《たの》しまず」といへり。これすなはち定聚《じょうじゅ》の数《かず》に入《い》ることをば現生《げんしょう》の益《やく》なりと得《え》て、これをよろこばずと、わがこころをはぢしめ、真証《しんしょう》のさとりをば生後《しょうご》の果《か》なりと得《え》て、これにちかづくことをたのしまずと、かな

愛欲の広海　愛執・恩愛が深いことを海に喩えていう。
名利の太山　名誉心や、物質的欲望が大きいことを山に喩えていう。

しみたまふなり。「定聚《じょうじゅ》」といへるはすなはち不退《ふたい》の位《くらい》、また必定《ひつじょう》の義《ぎ》なり。
「真証《しんしょう》のさとり」といへるはこれ滅度《めつど》なり。また*常楽《じょうらく》ともいふ、法性《ほっしょう》ともい
ふなり。またおなじき第四《だいし》（証巻）に、第十一《だいじゅういち》の願《がん》によりて真実《しんじつ》の証《しょう》をあら
はすに、「*煩悩成就《ぼんのうじょうじゅ》の凡夫《ぼんぶ》、生死罪濁《しょうじざいじょく》の群萌《ぐんもう》、*往相回向《おうそうえこう》の心行《しんぎょう》を獲《う》れば、す
18 なはちのときに大乗正定聚《だいじょうしょうじょうじゅ》の数《かず》に入《い》る。正定聚《しょうじょうじゅ》に住《じゅう》するがゆゑに、かな
らず滅度《めつど》に至《いた》る。かならず滅度《めつど》に至《いた》るはすなはちこれ常楽《じょうらく》なり。常楽《じょうらく》はすな
はちこれ*畢竟寂滅《ひっきょうじゃくめつ》なり。寂滅《じゃくめつ》はすなはちこれ無上涅槃《むじょうねはん》なり。無上涅槃《むじょうねはん》はす
なはちこれ無為法身《むいほっしん》なり。無為法身《むいほっしん》はすなはちこれ実相《じっそう》なり。実相《じっそう》はすなはち
これ†法性《ほっしょう》なり。法性《ほっしょう》はすなはちこれ真如《しんにょ》なり。真如《しんにょ》はすなはちこれ一如《いちにょ》なり」
といへる、すなはちこのこころなり。聖人《しょうにん》（親鸞）の解了《げりょう》、*常途《じょうず》の所談《しょだん》におな
じからず。甚深《じんじん》の教義《きょうぎ》、よくこれをおもふべし。

【五】問《と》うていはく、『観経《かんぎょう》』の*下輩《げはい》の機《き》をいふに、みな臨終《りんじゅう》の一念《いちねん》・十念《じゅうねん》に
よりて往生《おうじょう》を得《う》とみえたり。まつたく平生往生《へいぜいおうじょう》の義《ぎ》を説《と》かず、いかん。

答《こた》へていはく、『観経《かんぎょう》』の下輩《げはい》は、みなこれ一生造悪《いっしょうぞうあく》の機《き》なるがゆゑに、
生《うま》れてよりこのかた仏法《ぶっぽう》の名字《みょうじ》をきかず、ただ悪業《あくごう》を造《つく》ることをのみしれり。

常楽　常楽我浄のこと。常住《じょうじゅう》にして移り変りなく、安らかで楽しみが充ち足り、自在で他に縛られず、煩悩《ぼんのう》のけがれがないこと。涅槃《ねはん》にそなわる四種の徳。→四徳《しとく》

煩悩成就　あらゆる煩悩を欠くことなくそなえていること。

往相回向の心行　仏より回向された信心と称名のこと。

畢竟寂滅　煩悩を滅した究極的なさとりの境地。

常途　親鸞聖人の一流以外の一般的な浄土教の教義。

下輩　九品のうちの下三品のこと。→九品《くぼん》

しかるに臨終《りんじゅう》のときはじめて善知識《ぜんぢしき》にあひて一念《いちねん》・十念《じゅうねん》の往生《おうじょう》をとぐといへり。これすなはち罪《つみ》ふかく悪《あく》おもき機《き》、行業《ぎょうごう》*いたりてすくなけれども、願力《がんりき》の不思議《ふしぎ》によりて刹那《せつな》に往生《おうじょう》をとぐ。これ*あながちに臨終《りんじゅう》を賞《しょう》せんとにはあらず、法《ほう》の不思議《ふしぎ》をあらはすなり。もしそれ平生《へいぜい》に仏法《ぶっぽう》にあはば、平生《へいぜい》の念《ねん》仏《ぶつ》、そのちからむなしからずして往生《おうじょう》をとぐべきなり。

【六】問《と》うていはく、十八《じゅうはち》の願《がん》について、因位《いんに》の願《がん》には「十念《じゅうねん》」と願《がん》じ、願《がん》成就《じょうじゅ》の文《もん》には「一念《いちねん》」と説《と》けり。二文《にもん》の相違《そうい》いかんが†こころうべきや。

答《こた》へていはく、因位《いんに》†の願《がん》のなかに「十念《じゅうねん》」といへるは、まづ三福等《さんぷくとう》の諸善《しょぜん》に対《たい》して十念《じゅうねん》の往生《おうじょう》を説《と》けり。これ易行《いぎょう》をあらはすことばなり。しかるに成《じょう》就《じゅ》の文《もん》に「一念《いちねん》」といへるは、易行《いぎょう》のなかになほ易行《いぎょう》をえらびとるこころなり。そのゆゑは『観経義《かんぎょうぎ》』の第二《だいに》（序分義　三八一）に、十三定善《じゅうさんじょうぜん》のほかに三《さん》福《ぷく》の諸善《しょぜん》を説《と》くことを釈《しゃく》すとして、「若依定行《にゃくえじょうぎょう》　即摂生不尽《そくせつしょうふじん》　是以如来方便《ぜいにょらいほうべん》　顕開三福《けんかいさんぷく》　以応散動根機《いおうさんどうこんき》」といへり。文《もん》のこころは、「もし*定行《じょうぎょう》によれば、すなはち*生《しょう》を摂《せっ》するに尽《つ》きず。ここをもつて如来《にょらい》、方便《ほうべん》して三福《さんぷく》を顕開《けんかい》して散動《さんどう》の根機《こんき》に応《おう》ず」となり。いふこころは、『観経《かんぎょう》』のなかに定善《じょうぜん》ばかりを説《と》か

いたりて　きわめて。いたって。

あながちに　必ずしも。

定行　定善の行。→定善《じょうぜん》

生を摂するに尽きず　すべての衆生《しゅじょう》をおさめとることはできない。

ば、定機《じょうき》ばかりを摂《せっ》すべきゆゑに、散機《さんき》の往生《おうじょう》をすすめんがために散善《さんぜん》を説《と》く」となり。これに*なずらへてこころうるに、散機《さんき》のなかに二種《にしゅ》の品《しな》あり。ひとつには善人《ぜんにん》、ふたつには悪人《あくにん》なり。その善人《ぜんにん》は三福《さんぷく》を行《ぎょう》ずべし。悪人《あくにん》はこれを行《ぎょう》ずべからざるがゆゑに、それがために十念《じゅうねん》の往生《おうじょう》を説《と》くとこころえられたり。しかるにこの悪人《あくにん》のなかにまた長命《じょうみょう》・短命《たんみょう》の二類《にるい》あるべし。長命《じょうみょう》のためには十念《じゅうねん》をあたふ。至極短命《しごくたんみょう》の機《き》のためには一念《いちねん》の*利生《りしょう》を成就《じょうじゅ》すとなり。これ他力《たりき》のなかの他力《たりき》、易行《いぎょう》のなかの易行《いぎょう》をあらはすなり。一念《いちねん》の信心定《しんじんさだ》まるとき往生《おうじょう》を証得《しょうとく》せんこと、これその証《しょう》なり。

【七】問《と》うていはく、因願《いんがん》には「十念《じゅうねん》」と説《と》き、成就《じょうじゅ》の文《もん》には「一念《いちねん》」と説《と》くといへども、処々《しょしょ》の解釈《げしゃく》おほく十念《じゅうねん》をもつて本《ほん》とす。いはゆる『法事讃《ほうじさん》』(下 五七五)には「*上尽一形至十念《じょうじんいちぎょうしじゅうねん》」といひ、『礼讃《らいさん》』(七一一)には「*称我《しょうが》名号下至十声《みょうごうげしじっしょう》」といへる釈等《しゃくとう》これなり。したがひて、世《よ》の常《つね》の念仏《ねんぶつ》の行者《ぎょうじゃ》をみるに、みな十念《じゅうねん》をもつて行要《ぎょうよう》とせり。しかるに一念《いちねん》をもつてなほ「易行《いぎょう》のなかの易行《いぎょう》なり」といふこと*おぼつかなし、いかん。

答《こた》へていはく、処々《しょしょ》の解釈《げしゃく》、「十念《じゅうねん》」と釈《しゃく》すること、あるいは因願《いんがん》のなかに

なずらへて　準じて。比べて。

利生　衆生《しゅじょう》を利益《りやく》すること。

上尽一形至十念　「上一形を尽し、十念に至るまで」

称我名号下至十声　「わが名号を称すること下十声に至るまで」

おぼつかなし　不審である。

「十念《じゅうねん》」と説《と》きたれば、その文《もん》によるところえぬれば相違《そうい》なし。世《よ》の常《つね》の行《ぎょう》者《じゃ》のもちゐるところ、またこの義《ぎ》なるべし。「一念《いちねん》」といへるもまた経《きょう》釈《しゃく》の明《めい》文《もん》なり。いはゆる経《きょう》には『大経《だいきょう》』（下）の成就《じょうじゅ》の文《もん》、おなじき下輩《げはい》の文《もん》、おなじき流通《るずう》の文等《もんとう》これなり。成就《じょうじゅ》の文《もん》はさきに出《いだ》すがごとし。下輩《げはい》の文《もん》といふは、「*乃至一念念於彼仏《ないしいちねんねんおひぶつ》」といへる文《もん》これなり。流通《るずう》の文《もん》といふは、「其有得聞《ごうとくもん》　彼《ひ》仏名号《ぶつみょうごう》　歓喜踊躍《かんぎゆやく》　乃至一念《ないしいちねん》　当知此人《とうちしにん》　為得大利《いとくだいり》　即是具足《そくぜぐそく》　無上功徳《むじょうくどく》」といへる文《もん》これなり。この文《もん》のこころは、「それかの仏《ぶつ》の名号《みょうごう》をきくことを得《え》て、歓喜踊躍《かんぎゆやく》して乃至一念《ないしいちねん》することあらん。まさに知《し》るべし、このひとは*大利《だいり》を得《う》とす。すなはちこれ無上《むじょう》の功徳《くどく》を具足《ぐそく》するなり」となり。釈《しゃく》には、『礼讃《らいさん》』のなかに、あるいは「*弥陀本弘誓願《みだほんぐぜいがん》　及称名号《ぎゅうしょうみょうごう》　下至十声一声等《げしじっしょういっしょうとう》　定得《じょうとく》往生《おうじょう》　乃至一念《ないしいちねん》　無有疑心《むうぎしん》」（六五四）といひ、あるいは「*歓喜至一念皆当得生《かんぎしいちねんかいとうとくしょう》彼《ひ》」（六七五）といへる釈等《しゃくとう》これなり。おほよそ「乃至《ないし》」のことばをおけるゆゑに、十念《じゅうねん》といへるも十念《じゅうねん》にかぎるべからず、一念《いちねん》といへるも一念《いちねん》にとどまるべからず。一念《いちねん》のつもれるは十念《じゅうねん》、十念《じゅうねん》のつもれるは一形《いちぎょう》、一形《いちぎょう》をつづむれば十念《じゅうねん》、十念《じゅうねん》をつづむれば一念《いちねん》なれば、ただこれ修行《しゅぎょう》の長短《ちょうたん》なり。かならず

乃至一念…　「乃至一念、かの仏を念じたてまつりて」

大利　大きな利益《りやく》、すなわち無上涅槃《ねはん》（仏のさとり）に至ること。

弥陀本弘誓願…　「弥陀の本弘誓願は、名号を称すること下十声・一声等に至るに及ぶまで、さだめて往生を得。すなはち一念に至るまで疑心あることなし」

歓喜至一念…　「歓喜して一念に至るまで、みなまさにかしこに生ずることを得べし」

21

しも十念《じゅうねん》にかぎるべからず。しかれば、『選択集《せんじゃくしゅう》』（一二一四）に諸師《しょし》と善導和尚《ぜんどうかしょう》と、第十八《だいじゅうはち》の願《がん》において名《な》をたてたることのかはりたる様《よう》を釈《しゃく》するとき、このこころあきらかなり。そのことばにいはく、「諸師《しょし》の別《べつ》して十念往生《じゅうねんおうじょう》の願《がん》といへるは、そのこころすなはちあまねからず。しかるゆゑは、上一形《かみいちぎょう》を捨《す》て下《しも》一念《いちねん》を捨《す》つるがゆゑなり。善導《ぜんどう》の総《そう》じて念仏往生《ねんぶつおうじょう》の願《がん》といへるは、†そのこころすなはちあまねし。しかるゆゑは、上一形《かみいちぎょう》を取《と》り下一念《しもいちねん》を取《と》るがゆゑなり」となり。しかのみならず、『教行証文類《きょうぎょうしょうもんるい》』の第二《だいに》（行巻）に『安楽集《あんらくしゅう》』（上　二二五）を引《ひ》きていはく、「十念相続《じゅうねんそうぞく》といふは、これ*聖者《しょうじゃ》のひとつの数《かず》†の名《な》ならくのみ。すなはちよく念《ねん》を積《つ》み、思《おもい》を凝《こ》らして他事《たじ》を縁《えん》ぜざれば、*業道成弁《ごうどうじょうべん》せしめてすなはち罷《や》みぬ。また*いたはしくこれを*頭数《ずしゅ》を記《しる》さじ」といへり。「十念《じゅうねん》」といへるは、臨終《りんじゅう》に仏法《ぶっぽう》にあへる機《き》についていへることばなり。されば経文《きょうもん》のあらはなるについて、ひとおほくこれをもちゐる。これすなはち臨終《りんじゅう》をさきとするゆゑとみえたり。平生《へいぜい》に法《ほう》をききて*畢命《ひつみょう》を期《ご》とせんひと、あながちに十念《じゅうねん》をこととすべからず。さればとて十念《じゅうねん》を非《ひ》するにはあらず。ただおほくもすくなくも、ちからの堪《た》へんにしたがひて行《ぎょう》ずべし。かならずしも数《かず》を定《さだ》むべきに

聖者　仏のこと。
業道成弁　業事成弁に同じ。
→業事成弁《ごうじじょうべん》
いたはしく　わずらわしく。
頭数　称名の回数の意。
畢命　命が終ること。

あらずとなり。いはんや聖人《しょうにん》（親鸞）の釈義《しゃくぎ》のごとくは、一念《いちねん》といへるについて、行《ぎょう》の一念《いちねん》と信《しん》の一念《いちねん》とをわけられたり。いはゆる行《ぎょう》の一念《いちねん》をば真実行《しんじつぎょう》のなかにあらはして、「行《ぎょう》の一念《いちねん》といふは、いはく、称名《しょうみょう》の遍数《へんじゅ》について選択易行《せんじゃくいぎょう》の至極《しごく》を顕開《けんかい》す」（行巻）といひ、信《しん》の一念《いちねん》をば真実信《しんじつしん》のなかにあらはして、「信《しん》楽《ぎょう》に一念《いちねん》あり。一念《いちねん》といふはこれ*信楽開発《しんぎょうかいほつ》の時剋《じこく》の極促《ごくそく》を顕《あらわ》し、*広大難思《こうだいなんじ》の慶心《きょうしん》を彰《あらわ》す」（信巻）といへり。上《かみ》にいふところの十念《じゅうねん》・一念《いちねん》は、みな行《ぎょう》について論《ろん》ずるところなり。信心《しんじん》についていはんときは、ただ一念開発《いちねんかいほつ》の信心《しんじん》をはじめとして、一念《いちねん》の疑心《ぎしん》をまじへず、念々相続《ねんねんそうぞく》してかの願力《がんりき》の道《どう》に乗《じょう》ずるがゆゑに、名号《みょうごう》をもつてまつたくわが行体《ぎょうたい》と定《さだ》むべからざれば、十念《じゅうねん》とも一念《いちねん》ともいふべからず、ただ他力《たりき》の不思議《ふしぎ》を仰《あお》ぎ、*法爾往生《ほうにおうじょう》の道理《どうり》にまかすべきなり。

【八】問《と》うていはく、来迎《らいこう》は念仏《ねんぶつ》の益《やく》なるべきこと、経釈《きょうしゃく》ともに*歴然《れきぜん》なり。したがひて、諸流《しょりゅう》みなこの義《ぎ》を存《そん》せり。しかるに来迎《らいこう》をもつて諸行《しょぎょう》の益《やく》とせんこと、すこぶる浄土宗《じょうどしゅう》の本意《ほんい》にあらざるをや。

答《こた》へていはく、あにさきにいはずや、この義《ぎ》はこれわが一流《いちりゅう》の所談《しょだん》なりとは。他流《たりゅう》の義《ぎ》をもつて*当流《とうりゅう》の義《ぎ》を難《なん》ずべからず。それ経釈《きょうしゃく》の文《もん》においては自《じ》

信楽開発の時剋の極促　信心が開けおこる最初の時。

広大難思の慶心　広大で思いはかることのできない法をいただいたよろこびの心。

法爾往生　阿弥陀仏の願力にはからわれ往生すること。

歴然　はっきりしているさま。

当流　浄土真宗を指す。

23

他《た》ともに依用《えよう》す。ただ*料簡《りようけん》のまちまちなるなり。まづ来迎《らいこう》を説《と》くことは、第《だい》十九《じゆうく》の願《がん》にあり。かの願文《がんもん》を*あきらめてこころうべし。その願《がん》にいはく、「設《せつ》我得仏《がとくぶつ》　十方衆生《じつぽうしゆじよう》　発菩提心《ほつぼだいしん》　修諸功徳《しゆしよくどく》　至心発願《ししんほつがん》　欲生我国《よくしようがこく》　臨寿終時《りんじゆじゆじ》　仮令不与《けりようふよ》　大衆囲繞《だいしゆいによう》　現其人前者《げんごにんぜんしや》　不取正覚《ふしゆしようがく》」（大経・上）といへり。この願《がん》のこころは、「たとひわれ仏《ぶつ》を得《え》たらんに、十方《じつぽう》の衆生《しゆじよう》、菩提心《ぼだいしん》を発《おこ》し、もろもろの功徳《くどく》を修《しゆ》して、心《しん》を至《いた》し願《がん》を発《おこ》してわが国《くに》に生《うま》れんと欲《おも》はん。寿終《いのちおわ》るときに臨《のぞ》みて、たとひ大衆《だいしゆ》と*囲繞《いによう》してその人《ひと》の前《まえ》に現《げん》ぜずは、正覚《しようがく》を取《と》らじ」となり。「修諸功徳《しゆしよくどく》」といふは諸行《しよぎよう》なり。「現其人前《げんごにんぜん》」といふは来迎《らいこう》なり。諸《しよ》行《ぎよう》の修因《しゆいん》にこたへて来迎《らいこう》にあづかるべしといふこと、その義《ぎ》あきらかなり。されば得生《とくしよう》は十八《じゆうはち》の願《がん》の益《やく》、来迎《らいこう》は十九《じゆうく》の願《がん》の益《やく》なり。この両願《りようがん》のこころを得《え》なば、経文《きようもん》にも解釈《げしやく》にも来迎《らいこう》をあかせるは、みな十九《じゆうく》の願《がん》の益《やく》なりとこころうべきなり。ただし念仏《ねんぶつ》の益《やく》に来迎《らいこう》あるべきやうにみえたる文証《もんしよう》、ひとすぢにこれなきにはあらず。しかれども、聖教《しようぎよう》において、方便《ほうべん》の説《せつ》あり真実《しんじつ》の説《せつ》あり、*一往《いちおう》の義《ぎ》あり*再往《さいおう》の義《ぎ》あり。念仏《ねんぶつ》において来迎《らいこう》あるべしとみえたるは、みな*浅機《せんき》を引《いん》せんがための一往方便《いちおうほうべん》の説《せつ》なり。深理《じんり》をあらはすときの再往真実《さいおうしんじつ》

料簡　ここでは教義的解釈のことをいう。

あきらめて　明らめて。はっきり判別して。

囲繞　とりかこむこと。

一往の義　ひととおりみた意味。

再往の義　再び深く考えてみた意味。

浅機　仏道を修める素質能力が劣っている者。

の義《ぎ》にあらずとこころうべし。当流《とうりゅう》の料簡《りょうけん》かくのごとし。善導和尚《ぜんどうかしょう》の解釈《げしゃく》にいはく、「*道里雖遥去時一念即到《どうりすいようこじいちねんそくとう》†」（序分義 三八〇）といへり。こころは、「浄《じょう》土《ど》と穢土《えど》と、そのさかひはるかなるに似《に》たりといへども、まさしく去《さ》るときは、一念《いちねん》にすなはち到《いた》る」といふこころなり。往生《おうじょう》の時分一念《じぶんいちねん》なれば、そのあひだにはさらに来迎《らいこう》の儀式《ぎしき》もあるべからず。まどひをひるがへしてさとりをひらかんこと、ただ*たなごころをかへすへだてなるべし。かくのごときの義《ぎ》、もろもろの有智《うち》のひと、そのこころを得《え》つべし。

【九】問《と》うていはく、経文《きょうもん》について、十八《じゅうはち》・十九《じゅうく》の両願《りょうがん》をもつて得生《とくしょう》と来迎《らいこう》とに*わかちあつる義《ぎ》、一流《いちりゅう》の所談《しょだん》ほぼきこえをはりぬ。ただし解釈《げしゃく》についてなほ不審《ふしん》あり。諸師《しょし》の釈《しゃく》はしばらくこれをさしおく。まづ善導一師《ぜんどういっし》の釈《しゃく》において処々《しょしょ》に来迎《らいこう》を釈《しゃく》せられたり。これみな念仏《ねんぶつ》の益《やく》なりとみえたり。いかがこころうべきや。

答《こた》へていはく、和尚《かしょう》（善導）の解釈《げしゃく》に来迎《らいこう》を釈《しゃく》することはしかなり。ただし一往《いちおう》は念仏《ねんぶつ》の益《やく》に似《に》たれども、これみな方便《ほうべん》なり。実《じつ》には諸行《しょぎょう》の益《やく》なるべし。そのゆゑは、さきにのぶるがごとく念仏往生《ねんぶつおうじょう》のみちを説《と》くことは第十八《だいじゅうはち》の願《がん》

道里雖遥… 「道里はるかなりといへども、去《ゆ》く時一念にすなはち到る」

たなごころをかへすへだて 手のひらをひっくりかえすほどのわずかな時間。

わかちあつる わりあてる。配当する。

なり。しかるに和尚《かしょう》（善導）、処々《しょしょ》に十八《じゅうはち》の願《がん》を引《ひ》き釈《しゃく》せらるるに、まったく来迎《らいこう》の義《ぎ》を釈《しゃく》せられず。十九《じゅうく》の願《がん》に説《と》くところの来迎《らいこう》、もし十八《じゅうはち》の願《がん》の念仏《ねんぶつ》の益《やく》なるべきならば、*もっとも十八《じゅうはち》の願《がん》を引《ひ》くところに来迎《らいこう》を釈《しゃく》せらるべし。しかるにその文《もん》なし。あきらかにしりぬ、来迎《らいこう》は念仏《ねんぶつ》の益《やく》にあらずといふことを。よくよくこれをおもふべし。

【一〇】問《と》うていはく、第十八《だいじゅうはち》の願《がん》を引《ひ》き釈《しゃく》せらるる処々《しょしょ》の解釈《げしゃく》といふは、いづれぞや。

答《こた》へていはく、まづ『観経義《かんぎょうぎ》』の「玄義分《げんぎぶん》」に二処《にしょ》あり。いはゆる序題《じょだい》門《もん》・二乗門《にじょうもん》の釈《しゃく》これなり。まづ序題門《じょだいもん》の釈《しゃく》には（三〇一）、「言弘願者《ごんぐがんしゃ》　如大《にょだい》経説《きょうせつ》　一切善悪《いっさいぜんあく》　凡夫得生者《ぼんぶとくしょうしゃ》　莫不皆乗《まくふかいじょう》　阿弥陀仏《あみだぶつ》　大願業力《だいがんごうりき》　為増上縁《いぞうじょうえん》也《や》†」といへり。こころは、「弘願《ぐがん》といふは『大経《だいきょう》』に説《と》くがごとし。一切善悪《いっさいぜんあく》の凡夫《ぼんぶ》、生《うま》るることを得《う》るものは、みな阿弥陀仏《あみだぶつ》の大願業力《だいがんごうりき》に乗《じょう》じて増上縁《ぞうじょうえん》とせずといふことなし」となり。これ十八《じゅうはち》の願《がん》のこころなり。つぎに二乗門《にじょうもん》の釈《しゃく》には（三二六）、「*若我得仏《にゃくがとくぶつ》　十方衆生《じっぽうしゅじょう》　称我名号《しょうがみょうごう》　願生我国《がんしょうがこく》　下至十念《げしじゅうねん》　若不生者《にゃくふしょうじゃ》　不取正覚《ふしゅしょうがく》」といへり。また『往生礼讃《おうじょうらいさん》』（七一一）には、「*若我《にゃくが》

もっとも　当然。

若我得仏…　「もしわれ仏を得たらんに、十方の衆生、わが名号を称して、わが国に生ぜんと願ぜん。下十念に至るまで、もし生ぜずは、正覚を取らじ」（真仏土巻訓）

若我成仏…　「もしわれ成仏せんに、十方の衆生、わが名号を称せん。下十声に至るまで、もし生れずは、正覚を取らじ」（行巻訓）

成仏《じょうぶつ》　十方衆生《じっぽうしゅじょう》　称我名号《しょうがみょうごう》　下至十声《げしじっしょう》　若不生者《にゃくふしょうじゃ》　不取正覚《ふしゅしょうがく》」といひ、『観念法門《かんねんぼうもん》』（六三〇）には、「若我成仏《にゃくがじょうぶつ》　十方衆生《じっぽうしゅじょう》　願生我国《がんしょうがこく》　称我名字《しょうがみょうじ》　下《げ》至十声《しじっしょう》　乗我願力《じょうががんりき》　若不生者《にゃくふしょうじゃ》　不取正覚《ふしゅしょうがく》」といへり。これらの文《もん》、そのことばすこしき加減《かげん》ありといへども、そのこころおほきにおなじ。文《もん》のこころは、「もしわれ成仏《じょうぶつ》せんに、十方《じっぽう》の衆生《しゅじょう》、わが国《くに》に生《しょう》ぜんと願《がん》じて、わが名字《みょうじ》を称《しょう》すること、下十声《しもじっしょう》に至《いた》らん、わが願力《がんりき》に乗《じょう》じて、もし生《うま》れずは、正覚《しょうがく》を取《と》ら
25
じ」となり。あるいは「称我名号《しょうがみょうごう》」といひ、あるいは「乗我願力《じょうががんりき》」といへる、これらのことばは本経《ほんぎょう》（大経）になけれども、義《ぎ》としてあるべきがゆゑに、和尚《かしょう》（善導）この句《く》をくはへられたり。しかれば、来迎《らいこう》の益《やく》も、もしまことに念仏《ねんぶつ》の益《やく》にしてこの願《がん》のなかにあるべきならば、もつともこれらの引文《いんもん》のなかにこれをのせらるべし。しかるにその文《もん》なきがゆゑに、来迎《らいこう》は念仏《ねんぶつ》の益《やく》にあらずとしらるるなり。処々《しょしょ》の解釈《げしゃく》においては、来迎《らいこう》を釈《しゃく》すといふとも、十《じゅう》八《はち》の願《がん》の益《やく》と釈《しゃく》せられずは、その義相違《ぎそうい》あるべからず。

【二】問《と》うていはく、念仏《ねんぶつ》の行者《ぎょうじゃ》は十八《じゅうはち》の願《がん》に帰《き》して往生《おうじょう》を得《え》、諸行《しょぎょう》の行《ぎょう》人《にん》は十九《じゅうく》の願《がん》をたのみて来迎《らいこう》にあづかるといひて、*各別《かくべつ》にこころうることしか

各別に　別々に。

るべからず。そのゆゑは、念仏《ねんぶつ》の行者《ぎょうじゃ》の往生《おうじょう》を得《う》†るといふは、往生《おうじょう》よりさきには来迎《らいこう》にあづかるべし。諸行《しょぎょう》の行人《ぎょうにん》の来迎《らいこう》にあづかるといふは、来迎《らいこう》ののちには往生《おうじょう》を得《う》べし。なんぞ各別《かくべつ》にこころうべきや。

答《こた》へていはく、親鸞聖人《しんらんしょうにん》の御意《ぎょい》をうかがふに、念仏《ねんぶつ》の行者《ぎょうじゃ》の往生《おうじょう》を得《う》るといふは、化仏《けぶつ》の来迎《らいこう》にあづからず。もしあづかるといふは、報仏《ほうぶつ》の来迎《らいこう》なり。これ摂取不捨《せっしゅふしゃ》の益《やく》なり。諸行《しょぎょう》の行人《ぎょうにん》の来迎《らいこう》にあづかるといふは、真実《しんじつ》の往生《おうじょう》をとげず。もしとぐるといふも、これ胎生辺地《たいしょうへんじ》の往生《おうじょう》なり。念仏《ねんぶつ》と諸行《しょぎょう》とひとつにあらざれば、往生《おうじょう》と来迎《らいこう》とまたおなじかるべからず。しかれば、他力《たりき》真実《しんじつ》の行人《ぎょうにん》は、第十八《だいじゅうはち》の願《がん》の信心《しんじん》をえて、第十一《だいじゅういち》の必至滅度《ひっしめつど》の願《がん》の果《か》を得《う》るなり。これを念仏往生《ねんぶつおうじょう》といふ。これ真実報土《しんじつほうど》の往生《おうじょう》なり。この往生《おうじょう》は一念《いちねん》
26 帰命《きみょう》のとき、さだまりてかならず滅度《めつど》に至《いた》るべき位《くらい》を得《う》るなり。このゆゑに聖《しょう》人《にん》（親鸞）の『浄土文類聚鈔《じょうどもんるいじゅしょう》』にいはく、「必至無上浄信暁《ひっしむじょうじょうしんぎょう》　三有生死之雲《さんぬしょうじしうん》晴《じょう》　清浄無礙光耀朗《しょうじょうむげこうようろう》　一如法界真身顕《いちにょほうかいしんしんけん》」といへり。†この文《もん》のこころは、「かならず無上浄信《むじょうじょうしん》の暁《あかつき》に至《いた》れば、三有生死《さんぬしょうじ》の雲晴《くもは》る。清浄無礙《しょうじょうむげ》の光耀《こうよう》朗《ほが》らかにして、一如法界《いちにょほうかい》の真身《しんしん》顕《あらわ》る」となり。「三有生死《さんぬしょうじ》の雲晴《くもは》る」といふは、三界流《さんがいる》

27

転《てん》の業用《ごうゆう》よこさまにたえぬとなり。「一如法界《いちにょほうかい》の真身《しんしん》顕《あらわ》る」といふは、*寂滅《じゃくめつ》無《む》為《い》の一理《いちり》を*ひそかに証《しょう》すとなり。しかれども煩悩《ぼんのう》におほはれ*業縛《ごうばく》にさへられて、いまだその理《り》をあらはさず。しかるにこの†一身《いっしん》をすつるとき、このことわり†のあらはるるところをさして、和尚《かしょう》（善導）は、「この穢身《えしん》を捨《す》ててかの法《ほっ》性《しょう》の常楽《じょうらく》を証《しょう》す」（玄義分 三〇二）と釈《しゃく》したまへるなり。されば往生《おうじょう》といへるも、生即無生《しょうそくむしょう》のゆゑに、実《じつ》には不生不滅《ふしょうふめつ》の義《ぎ》なり。これすなはち弥陀如来《みだにょらい》清《しょう》浄本願《じょうほんがん》の無生《むしょう》の生《しょう》なるがゆゑに、法性清浄畢竟無生《ほっしょうしょうじょうひっきょうむしょう》なり。されば とて、この無生《むしょう》の道理《どうり》をここにして、あながちにさとらんとはげめとにはあらず。無《む》智《ち》の凡夫《ぼんぶ》は法性無生《ほっしょうむしょう》のことわりをしらずといへども、ただ仏《ぶつ》の名号《みょうごう》をたもち往生《おうじょう》をねがひて浄土《じょうど》に生《うま》れぬれば、かの土《ど》はこれ無生《むしょう》のさかひなるがゆゑに、見生《けんしょう》のまどひ、自然《じねん》に滅《めつ》して無生《むしょう》のさとりにかなふなり。この義《ぎ》くはしくは曇鸞和尚《どんらんかしょう》の『註論《ちゅうろん》』（論註）にみえたり。しかれば、ひとたび安養《あんにょう》にいたりぬれば、ながく*生滅去来《しょうめつこらい》等《とう》のまどひをはなる。そのまどひをひるがへしてさとりをひらかん一念《いちねん》の*きざみには、実《じつ》には来迎《らいこう》もあるべからずとなり。来迎《らいこう》あるべしといへるは方便《ほうべん》の説《せつ》なり。このゆゑに高祖善導和尚《こうそぜんどうかしょう》の解釈《げしゃく》にも、「弥陀如《みだにょ》

寂滅無為の一理　煩悩《ぼんのう》が消滅したところにあらわれる生滅《しょうめつ》を超えた一如《いちにょ》の理。

ひそかに証す　名号《みょうごう》の徳として与えられていることをいう。

業縛　迷いの世界にしばりつける業のはたらき。

生滅去来等のまどひ　生滅去来は、『中論』に説かれる八不の中の不生・不滅・不去・不来に対する言葉。縁起《えんぎ》を否定し、現象を分別によって捉えようとする迷い。

きざみ　とき。

来《らい》は娑婆《しゃば》に来《きた》りたまふ」とみえたるところもあり、また「浄土《じょうど》をうごきたまはず」とみえたる釈《しゃく》もあり。しかれども当流《とうりゅう》のこころにては、「来《きた》る」といへるはみな方便《ほうべん》なりとこころうべし。『法事讃《ほうじさん》』（下　五六〇）にいはく、「一坐無《いちざむ》移亦不動《いやくふどう》　徹窮後際放身光《てつぐごさいほうしんこう》　霊儀相好真金色《れいぎそうごうしんこんじき》　巍々独坐度衆生《ぎぎどくざどしゅじょう》」といへり。†文《もん》のこころは、「ひとたび坐《ざ》して移《うつ》ることなく、また動《うご》きたまはず。*後際《ごさい》を徹《てつ》窮《ぐ》して身光《しんこう》を放《はな》つ。*霊儀《れいぎ》の相好真金色《そうごうしんこんじき》なり。*巍々《ぎぎ》として独《ひと》り坐《ざ》して衆生《しゅじょう》を度《ど》したまふ」となり。この文《もん》のごとくならば、ひとたび正覚《しょうがく》を成《な》りたまひしよりこのかた、まことの報身《ほうじん》は動《うご》きたまふことなし。ただ浄土《じょうど》に坐《ざ》してひかりを十方《じっぽう》に放《はな》ちて摂取《せっしゅ》の益《やく》をおこしたまふとみえたり。おほよそしりぞいて他宗《たしゅう》のこころをうかがふにも、まことに来《きた》ると執《しゅう》するならば、大乗甚深《だいじょうじんじん》の義《ぎ》にはかなひがたきをや。されば真言《しんごん》の祖師善無畏三蔵《そしぜんむいさんぞう》の解釈《げしゃく》にも、「弥陀《みだ》の真身《しんしん》の相《そう》を釈《しゃく》す」として、「*理智不二《りちふに》　名弥陀身《みょうみだしん》　不従他方《ふじゅたほう》　来迎引接《らいこういんじょう》」といへり。こころは「法身《ほっしん》の*理性《りしょう》と報身《ほうじん》の*智品《ちぼん》と、このふたつきはまりてひとつなるところを弥陀仏《みだぶつ》と名《な》づく。他方《たほう》より来迎引接《らいこういんじょう》せず」となり。真実報身《しんじつほうじん》の体《たい》は来迎《らいこう》の義《ぎ》なしとみえたり。自力不真実《じりきふしんじつ》の行人《ぎょうにん》は、第十九《だいじゅうく》の願《がん》に誓《ちか》ひましますところ

後際を徹窮して　未来際を尽して。未来永劫に。

霊儀の相好　（阿弥陀仏の）尊く威厳のあるすがた。

巍々　気高くすぐれているさま。

理智不二…　「理智不二なるを弥陀身と名づく、他方より来迎引接せず」

理性　真如法性《しんにょほっしょう》の理。

智品　真如法性をさとる智《ち》慧《え》。

の「修諸功徳《しゅしょくどく》　乃至《ないし》　現其人前《げんごにんぜん》」（大経・上）の文《もん》をたのみて、のぞみを極楽《ごくらく》に*かく。しかれどももとより諸善《しょぜん》は本願《ほんがん》にあらず、浄土《じょうど》の生因《しょういん》にあらざるがゆゑに、報土《ほうど》の往生《おうじょう》をとげず。もしとぐるも、これ胎生《たいしょう》辺地《へんじ》の往生《おうじょう》なり。この機《き》のためには臨終《りんじゅう》を期《ご》し来迎《らいこう》をたのむべしとみえたり。これみな方便《ほうべん》なり。されば願文《がんもん》の「*仮令《けりょう》」の句《く》は、*現其人前《げんごにんぜん》も*一定《いちじょう》の益《やく》にあらざることを説《と》きあらはすことばなり。この機《き》は聖衆《しょうじゅ》の来迎《らいこう》にあづからず。臨終正念《りんじゅうしょうねん》ならずしては辺地胎生《へんじたいしょう》の往生《おうじょう》もなほ不定《ふじょう》なるべし。しかれば、本願《ほんがん》にあらざる不定《ふじょう》の辺地《へんじ》の往生《おうじょう》を執《しゅう》せんよりは、仏《ぶつ》の本願《ほんがん》に順《じゅん》じて臨終《りんじゅう》を期《ご》せず来迎《らいこう》をたのまずとも、一念《いちねん》の信心定《しんじんさだ》まれば平生《へいぜい》に決定往生《けつじょうおうじょう》の業《ごう》を成就《じょうじゅ》する念仏往生《ねんぶつおうじょう》の願《がん》に帰《き》して、如来《にょらい》の他力《たりき》をたのみ、かならず真実報土《しんじつほうど》の往生《おうじょう》をとぐべきなり。

【二】　問《と》うていはく、諸行《しょぎょう》の往生《おうじょう》をもつて辺地《へんじ》の往生《おうじょう》といふこと、いづれの文証《もんしょう》によりてこころうべきぞや。

答《こた》へていはく、『大経《だいきょう》』（下）のなかに胎生《たいしょう》・化生《けしょう》の二種《にしゅ》の往生《おうじょう》を説《と》くとき、「あきらかに仏智《ぶっち》を信《しん》ずるものは化生《けしょう》し、仏智《ぶっち》を疑惑《ぎわく》して善本《ぜんぽん》を修習《しゅじゅう》するものは胎生《たいしょう》する」義《ぎ》を説《と》けり。しかれば、「あきらかに仏智《ぶっち》を信《しん》ずるもの」と

かく　懸ける。托す。

仮令　「たとひ」と訓読する。

現其人前　臨終にその人の前に仏が現れる。来迎《らいこう》の意。

一定の益　たしかな利益《りやく》。

いふは第十八《だいじゅうはち》の願《がん》の機《き》、これ至心信楽《ししんしんぎょう》の行者《ぎょうじゃ》なり。その「化生《けしょう》」といふはすなはち報土《ほうど》の往生《おうじょう》なり。つぎに「仏智《ぶっち》を疑惑《ぎわく》して善本《ぜんぽん》を修習《しゅじゅう》するもの」といふは、第十九《だいじゅうく》の願《がん》の機《き》、修諸功徳《しゅしょくどく》の行人《ぎょうにん》なり。その「胎生《たいしょう》」といへるはすなはち辺地《へんじ》なり。この文《もん》によりてこころうるに、諸行《しょぎょう》の往生《おうじょう》は胎生《たいしょう》なるべしとみえたり。されば十八《じゅうはち》の願《がん》に帰《き》して念仏《ねんぶつ》を行《ぎょう》じ仏智《ぶっち》を信《しん》ずるものは、得生《とくしょう》の益《やく》にあづかりて報土《ほうど》に化生《けしょう》し、十九《じゅうく》の願《がん》をたのみて諸行《しょぎょう》を修《しゅ》するひとは、来《らい》迎《こう》の益《やく》を得《え》て化土《けど》に胎生《たいしょう》すべし。「化土《けど》」といふはすなはち辺地《へんじ》なり。

【三】問《と》うていはく、いかなるをか「胎生《たいしょう》」といひ、いかなるをか「化生《けしょう》」となづくるや。

29

答《こた》へていはく、おなじき『経《きょう》』(大経・下)に、まづ胎生《たいしょう》の相《そう》を説《と》くとしては、「生彼宮殿《しょうひくでん》　寿五百歳《じゅごひゃくさい》　常不見仏《じょうふけんぶつ》　不聞経法《ふもんきょうぼう》　不見菩薩《ふけんぼさつ》　声聞聖衆《しょうもんしょうじゅ》　是故於《ぜこお》彼国土《ひこくど》　謂之胎生《いしたいしょう》」といへり。†文《もん》のこころは、「かの極楽《ごくらく》の宮殿《くでん》に生《うま》れて寿五百《いのちごひゃく》歳《さい》のあひだ、つねに仏《ぶつ》を見《み》たてまつらず、経法《きょうぼう》を聞《き》かず、菩薩《ぼさつ》・声聞聖衆《しょうもんしょうじゅ》を見《み》ず。このゆゑに、かの国土《こくど》においてこれを胎生《たいしょう》といふ」†となり。これ疑惑《ぎわく》のものの生《しょう》ずるところなり。つぎに化生《けしょう》の相《そう》を説《と》くとしては、「於七宝華中《おしっぽうけちゅう》　自《じ》

然《ねん》化生《けしょう》　跏趺《かふ》而坐《にざ》　須臾《しゅゆ》之頃《しきょう》　身相《しんそう》光明《こうみょう》　智慧《ちえ》功徳《くどく》　如諸菩薩《にょしょぼさつ》　具足成就《ぐそくじょうじゅ》」といへり。†文《もん》のこころは、「七宝《しっぽう》の華《はな》のなかにおいて自然《じねん》に化生《けしょう》し、*跏趺《かふ》してしかも坐《ざ》す。須臾《しゅゆ》のあひだに†身相《しんそう》・光明《こうみょう》・智慧《ちえ》・功徳《くどく》、もろもろの菩薩《ぼさつ》のごとく†にして具足《ぐそく》し成就《じょうじゅ》す」となり。これ仏智《ぶっち》を信《しん》ずるものの生《しょう》ずるところなり。

【一四】問《と》うていはく、なにによりてかいまいふところの胎生《たいしょう》をもつてすなはち辺地《へんじ》とこころうべきや。

答《こた》へていはく、「胎生《たいしょう》」といひ「辺地《へんじ》」といへる、そのことばことなれども別《べつ》にあらず。『略論《りゃくろん》』（略論安楽浄土義）のなかに、いま引《ひ》くところの『大経《だいきょう》』の文《もん》を出《いだ》して、これを結《けつ》するに「謂之辺地亦曰胎生《いしへんじやくわったいしょう》」といへり。「かくのごとく宮殿《くでん》のなかに処《しょ》するをもつて、これを辺地《へんじ》ともいひ、または胎生《たいしょう》ともなづく」となり。またおなじき釈《しゃく》のなかに「辺言其難胎言其闇《へんごんごなんたいごんごあん》」といへり。こころは、「辺《へん》はその難《なん》をいひ、胎《たい》はその闇《あん》をいふ」となり。これすなはち報土《ほうど》のうちにあらずして、その*かたはらなる義《ぎ》をもつては辺地《へんじ》といふ。これその難《なん》をあらはすことばなり。また仏《ぶつ》をみたてまつらず法《ほう》をきかざる義《ぎ》については胎生《たいしょう》といふ。これそのくらきことをいへる名《な》なりといふなり。されば辺地《へんじ》に生《うま》るる

跏趺してしかも坐す　結跏《けっか》趺坐《ふざ》のこと。足の甲を左右のももの上に置く坐法。

かたはらなる義　かたすみにあるという意味。

ものは、五百歳《ごひゃくさい》のあひだ、仏《ぶつ》をもみたてまつらず、法《ほう》をもきかず、諸仏《しょぶつ》にも*歴事《りゃくじ》†供養《くよう》せず。報土《ほうど》に生《うま》るるものは、一念須臾《いちねんしゅゆ》のあひだにもろもろの功徳《くどく》をそなへて如来《にょらい》の相好《そうごう》をみたてまつり、甚深《じんじん》の法門《ほうもん》をきき、一切《いっさい》の諸仏《しょぶつ》に歴事《りゃくじ》供養《くよう》して、こころのごとく自在《じざい》を得《う》るなり。諸行《しょぎょう》と念仏《ねんぶつ》と、その因《いん》おなじからざれば、胎生《たいしょう》と化生《けしょう》と勝劣《しょうれつ》はるかにことなるべし。しかればすなはち、その行因《ぎょういん》をいへば、諸行《しょぎょう》は難行《なんぎょう》なり、念仏《ねんぶつ》は易行《いぎょう》なり。はやく難行《なんぎょう》をすてて易行《いぎょう》に帰《き》すべし。その益《やく》を論《ろん》ずれば、来迎《らいこう》は方便《ほうべん》なり、得生《とくしょう》は真実《しんじつ》なり。もつとも方便《ほうべん》にとどまらずして真実《しんじつ》をもとむべし。いかにいはんや来迎《らいこう》は*不定《ふじょう》の益《やく》なり、「*仮令不与大衆囲繞《けりょうふよだいしゅいにょう》」（大経・上）と説《と》くがゆゑに。得生《とくしょう》は*決定《けつじょう》の益《やく》なり、「*若不生者不取正覚《にゃくふしょうじゃふしゅしょうがく》」（同・上）といふがゆゑに。その*果処《かしょ》をいへば、胎生《たいしょう》は化土《けど》の往生《おうじょう》なり、化生《けしょう》は報土《ほうど》の往生《おうじょう》なり。もつぱら化土《けど》の往生《おうじょう》を期《ご》せずして、直《じき》に報土《ほうど》の無生《むしょう》を得《う》べきものなり。されば真実報土《しんじつほうど》の往生《おうじょう》をとげんとおもはば、ひとへに弥陀如来《みだにょらい》の不思議《ふしぎ》の仏智《ぶっち》を信《しん》じて、もろもろの雑行《ぞうぎょう》をさしおきて、専修専念《せんじゅせんねん》・一向一心《いっこういっしん》なるべし。第十八《だいじゅうはち》の願《がん》には諸行《しょぎょう》をまじへず、ひとへに念仏往生《ねんぶつおうじょう》の一道《いちどう》を説《と》けるゆゑなり。

歴事供養　あまねく十方に至りて諸仏につかえ、供養すること。

不定の益　ふたしかな利益《りやく》。

仮令不与…　下に「現其人前者不取正覚」の句が続き、「たとひ大衆と囲繞してその人の前に現ぜずは、正覚を取らじ」と読む。

決定の益　たしかに定まった利益。

若不生者不取正覚　「もし生れずは、正覚を取らじ」

果処　往生する場所。

31

【三五】 問《と》うていはく、一流《いちりゅう》の義《ぎ》きこえをはりぬ。それにつきて、信心《しんじん》をおこし往生《おうじょう》を得《え》んことは、善知識《ぜんぢしき》のをしへによるべしといふこと、上《かみ》にきこえき。しからば善知識《ぜんぢしき》といへる体《たい》をばいかがこころうべきや。

答《こた》へていはく、総《そう》じていふときは、真《しん》の善知識《ぜんぢしき》といふは諸仏《しょぶつ》・菩薩《ぼさつ》なり。別《べつ》していふときは、われら†に法《ほう》をあたへたまへるひとなり。いはゆる『涅槃経《ねはんぎょう》』（徳王品）にいはく、「諸仏菩薩《しょぶつぼさつ》 名知識《みょうちしき》 善男子譬如船師《ぜんなんしひにょせんし》 善度人故《ぜんどにんこ》 名†大船師《みょうだいせんし》 諸仏菩薩《しょぶつぼさつ》 亦復如是《やくぶにょぜ》 度諸衆生《どしょしゅじょう》 生死大海《しょうじだいかい》 以是義故《いぜぎこ》 名善知識《みょうぜんぢしき》」といへり。この文《もん》のこころは、「もろもろの仏《ぶつ》・菩薩《ぼさつ》を善知識《ぜんぢしき》と名《な》づく。善男子《ぜんなんし》、たとへば船師《せんし》のよく人《ひと》を度《わた》すがごとし。かるがゆゑに大船師《だいせんし》と名《な》づく。もろもろの仏《ぶつ》・菩薩《ぼさつ》もまたまたかくのごとし。もろもろの衆生《しゅじょう》をして生死《しょうじ》の大海《だいかい》を度《ど》す。この義《ぎ》をもつてのゆゑに善知識《ぜんぢしき》と名《な》づく」となり。されば真実《しんじつ》の善知識《ぜんぢしき》は仏《ぶつ》・菩薩《ぼさつ》なるべしとみえたり。しからば仏《ぶつ》・菩薩《ぼさつ》のほかには善知識《ぜんぢしき》はあるまじきかとおぼゆるに、それにはかぎるべからず。すなはち『大経《だいきょう》』の下巻《げかん》に、仏法《ぶっぽう》のあひがたきことを説《と》くとして、「如来興世《にょらいこうせ》 難値難見《なんちなんけん》 諸仏経道《しょぶつきょうどう》 難得難聞《なんとくなんもん》 菩薩勝法《ぼさつしょうぼう》 諸波羅蜜《しょはらみつ》 得聞亦難《とくもんやくなん》 遇善知識《ぐぜんぢしき》 聞法能行《もんぽうのうぎょう》 此亦為難《しやくいなん》」といへり。†この文《もん》のこころは、「如来《にょらい》の*興世《こうせ》、値《あ》ひがたく、見《み》たてまつりがたし。諸仏《しょぶつ》の経道《きょうどう》、得《え》がたく聞《き》きがたし。菩薩《ぼさつ》の勝法《しょうぼう》、諸波羅蜜《しょはらみつ》、聞《き》くことを得《う》ることまた難《かた》し。善知識《ぜんぢしき》に遇《あ》ひて、法《ほう》を聞《き》き、よく行《ぎょう》ずること、これまた難《かた》しとす」となり。されば「如来《にょらい》にも値《あ》ひたてまつりがたし」といひ、「菩薩《ぼさつ》の勝法《しょうぼう》も聞《き》きがたし」といひて、「そのほかに善知識《ぜんぢしき》に遇《あ》ひ法《ほう》を聞《き》くことも難《かた》し」といへるは、仏《ぶつ》・菩薩《ぼさつ》のほかにも衆生《しゅじょう》のために法《ほう》をきかしめんひとをば、善知《ぜんぢ》識《しき》といふべしときこえたり。またまさしくみづから法《ほう》を説《と》きてきかするひとならねども、法《ほう》をきかする縁《えん》となるひとをも善知識《ぜんぢしき》となづく。いはゆる「*妙荘《みょうしょう》厳王《ごんおう》の雲雷音王仏《うんらいおんのうぶつ》にあひたてまつり、邪見《じゃけん》をひるがへし仏道《ぶつどう》をなり、二子夫人《にしぶにん》の*引導《いんどう》によりしをば、かの三人《さんにん》をさして善知識《ぜんぢしき》と説《と》けり」（法華経・意）。また*法華三昧《ほっけざんまい》の行人《ぎょうにん》の*五縁具足《ごえんぐそく》のなかに得善知識《とくぜんぢしき》といへるも、行者《ぎょうじゃ》のために*依怙《えこ》となるひとをさすとみえたり。されば善知識《ぜんぢしき》は諸仏《しょぶつ》・菩薩《ぼさつ》なり。諸仏《しょぶつ》・菩薩《ぼさつ》の総体《そうたい》は阿弥陀如来《あみだにょらい》なり。その智慧《ちえ》をつたへ、その法《ほう》をうけて、直《じき》にもあたへ、またしられんひとにみちびきて法《ほう》をきかしめんは、みな善知識《ぜんぢしき》なるべし。しかれば、仏法《ぶっぽう》をききて生死《しょうじ》をはなるべきみなもとは、ただ善知識《ぜんぢしき》なり。このゆゑ

興世　世に現れること。

妙荘厳王　『法華経《ほけきょう》』「妙荘厳王本事品」に出る国王。婆羅門の教えを信受していたが、浄蔵《じょうぞう》・浄眼《じょうげん》の二子、浄徳《じょうとく》夫人の導きによって仏道に帰依《きえ》し、雲雷音宿王華智仏のもとを訪ねて出家したという。

引導　教え導いて仏道に引き入れること。

法華三昧　天台《てんだい》法華宗で説く止観《しかん》の行法を指す。

五縁具足　止観の行法を修める行者がととのえるべき五種の条件。持戒清浄《じかいしょうじょう》、衣食具足、閑居静処（静かな場所に閑居すること）、息諸縁務（雑務をしないこと）、得善知識（善い師友に近づくこと）の五をいう。

依怙　たより。よりどころ。

に『教行証文類《きょうぎょうしょうもんるい》』の第六《だいろく》（化身土巻）に諸経《しょきょう》の文《もん》を引《ひ》きて善知識《ぜんぢしき》の徳《とく》をあげられたり。いはゆる『涅槃経《ねはんぎょう》』（迦葉品）には、「一切《いっさい》*梵行《ぼんぎょう》の因《いん》は善知識《ぜんぢしき》なり。一切梵行《いっさいぼんぎょう》の因無量《いんむりょう》なりといへども、善知識《ぜんぢしき》を説《と》けば、すなはちすでに*摂《しょう》在《ざい》しぬ」といひ、『華厳経《けごんぎょう》』（入法界品）には、「なんぢ善知識《ぜんぢしき》を念《ねん》ぜよ。われを生《しょう》ずること父母《ぶも》のごとし、われをやしなふこと乳母《にゅうも》のごとし、*菩提分《ぼだいぶん》†を増《ぞう》長《じょう》す」といへり。このゆゑに、ひとたびそのひとにしたがひて仏法《ぶっぽう》を行《ぎょう》ぜんひとは、ながくそのひとをまもりてかのをしへを信《しん》ずべきなり。

浄土真要鈔《じょうどしんようしょう》 広末《こうのまつ》

*永享十年《えいきょうじゅうねん》戊午《つちのえうま》八月十五日《はちがつじゅうごにち》これを書写《しょしゃ》したてまつりをはりぬ。

*右筆蓮如《ゆうひつれんにょ》

大谷本願寺上人《おおたにほんがんじしょうにん》（親鸞）の御流《ごりゅう》の聖教《しょうぎょう》なり。

本願寺《ほんがんじ》 *住持《じゅうじ》 *存如《ぞんにょ》（花押）

〔*註記〕*元亨四歳《げんこうしさい》甲子《きのえね》正月六日《しょうがつむゆか》これを書《か》きしるして釈了源《しゃくりょうげん》に授与《じゅよ》しをはりぬ。そもそも、このふみをしるすおこりは、日《ひ》ごろ*『浄土文類集《じょうどもんるいしゅう》』といふ書《しょ》あり。これ当流《とうりゅう》の先達《せんだつ》

浄土真要鈔　末

梵行　梵は清浄《しょうじょう》の意。清浄な行。

摂在　『涅槃経《ねはんぎょう》』の原文には「摂尽」とある。摂尽はおさめ尽すこと。

菩提分　菩提（さとり）にかかわるすべての功徳《くどく》。

永享十年　一四三八年。蓮如上人二十四歳。

右筆　父、存如《ぞんにょ》上人に代わって書写したものであることを示す。

住持　住職のこと。

存如　（一三九六―一四五七）本願寺第七代宗主。諱《いみな》は円兼《えんけん》。巧如《ぎょうにょ》上人の長子で、永享八年（一四三六）、譲状《ゆずりじょう》を得て寺務を継ぐ。北陸地方への教化を進め、後の礎を築いた。

註記　以下は、『真宗法要』所収本の校異の跋文。

元亨四歳　一三二四年。

浄土文類集　一説によれば、

の書《か》きのべられたるものなり。平生業成《へいぜいごうじょう》の義《ぎ》・不来迎《ふらいこう》のおもむき、ほぼかの書《しょ》にみえたり。しかるにそのことば、くはしからざるあひだ、初心《しょしん》のともがら、こころをえがたきによりて、なほ要文《ようもん》を添《そ》へ、かさねて料簡《りようけん》をくはへて、しるしあたふべきよし、了源所望《りようげんしょもう》のあひだ、浅才《せんさい》の身《み》、しきりに固辞《こじ》をいたすといへども、連々懇望《れんれんこんもう》のむね、黙《もだ》しがたきによりて、いささか領解《りようげ》するおもむきをしるしをはりぬ。かの書《しょ》を*地体《じたい》として、文言《もんごん》をくはふるものなり。またその名《な》をあらたむるゆゑは、聖人《しょうにん》（親鸞）の御作《ごさく》のなかに『浄土文《じょうどもん》類聚鈔《るいじゅしょう》』といへるふみあり。その題目《だいもく》、あひ紛《まが》ひぬべし。これさだめて作者《さくしゃ》の題《だい》する名《な》にあらじ。他人《たにん》のちにこれを案《あん》ずる歟《か》のあひだ、わたくしに、いまこれを『浄土真要鈔《じょうどしんようしょう》』と名《な》づくるものなり。おほよそいまのぶるところの義趣《ぎしゅ》は、当流《とうりゅう》の一義《いちぎ》なり。しかれども常途《じょうず》の義勢《ぎせい》にあらざるがゆゑに、一流《いちりゅう》のなかにおいてなほこのおもむきを存《ぞん》ぜざるひとあり。いはんや他人《たにん》これに同《どう》ずべからざれば、左右《きう》なく一義《いちぎ》をのぶる条《じょう》、*荒涼《こうりょう》に似《に》たり。これをしかたがた、その憚《はばか》りありといへども、願主《がんしゅ》（了源）の命《めい》のさりがたきによりて、これをしるすものなり。文字《もんじ》にうとからん（一本《いっぽん》にくらからんに作《つく》る）人《ひと》のこころえやすからんことをさきとすべきよし、本主《ほんしゅ》（了源）ののぞみなるゆゑに、重々《じゅうじゅう》ことばをやはらげて、一々《いちいち》に訓釈《くんしゃく》をもちゐるあひだ、ただ領解《りょうげ》しやすからんをむねとして、さらに文体《ぶんたい》のいやしきをかへりみず。みんひといよいよあざけりをなすべし。かれにつけ、これにつけ、ゆめゆめ外見《がいけん》あるべからず。あなかしこ、あなかしこ。

釈存覚《しゃくぞんかく》

『取意抄出《しゅいしょうしゅつ》』ではないかと推定される。この書は㈠浄土文類集曰、㈡相伝云、㈢般舟讃《はんじゅさん》云、㈣龍樹偈《りゅうじゅげ》云、㈤涅槃経《ねはんぎょう》曰、㈥華厳経《けごんぎょう》曰という展開になっていて、主として臨終来迎《らいこう》に対して、平生業成《へいぜいごうじょう》、不来迎の義が説き示されている。

地体　基礎。おおもと。

荒涼　途方もないこと。とんでもないこと。

持《じ》名《みよう》鈔《しよう》

本書は題号に「持名《じみよう》」とあるように、南無阿弥陀仏の名《みな》を持《たも》つことで、一向専修《いっこうせんじゅ》の念仏を勧めることをその根本主張とするものである。

本書は本末二巻に分れている。本巻においては、まず生死《しようじ》を離れ仏道を求めるべきことを述べ、求道心を確立すべきことを勧め、次いで仏教に八家《はっけ》九宗《くしゅう》あるなか、聖道門《しようどうもん》の教えを捨て、念仏往生の一門に帰すべきことが説かれる。今の世は末法《まっぽう》であり、この末代相応の要法《ようぼう》、決定往生《けつじようおうじよう》の正因は専修念仏の一行であるというのである。この旨を浄土三部経や善導大師《ぜんどうだいし》の釈によって詳論し、それを法然聖人《ほうねんしようにん》、親鸞《しんらん》聖人が伝承されていることが記されている。また念仏の功徳《くどく》について、天台大師《てんだいだいし》智顗《ちぎ》や慈恩大師《じおんだいし》窺基《きき》の釈をもって説明し、念仏一行が諸行よりすぐれている点を讃仰されている。

末巻においては、三問答をあげて浄土真宗の要義を述べられている。第一問答においては、親鸞聖人の一流を汲む念仏者は神明《しんめい》につかえるべきでないことが教示されている。第二問答においては、念仏の行者が諸仏菩薩《ぼさつ》の擁護と諸天善神の加護を受けるというが、それは浄土に往生させるために、ただ行者の信心を守護したもうのみか、あるいは今生《こんじよう》の穢体をまもり、もろもろの願いをも成就させんためかと問い、仏菩薩は信心をまもることを本意とするが、さらに信心の行者もまもられ、現世《げんぜ》と後生《ごしよう》に大きな利益《りやく》を得ると論じられている。第三問答では、信心と念仏の関係について論じ、一向専修の念仏は信心を具足した他力念仏であるとして、信心具足の念仏を勧められている。

持《じ》名《みょう》鈔《しょう》 本《ほん》

【一】 ひそかにおもんみれば、*人身《にんじん》うけがたく仏教《ぶっきょう》あひがたし。しかるにいま、*片州《へんしゅう》なれども人身《にんじん》をうけ、末代《まつだい》なれども仏教《ぶっきょう》にあへり。生死《しょうじ》をはなれて*仏《ぶっ》果《か》にいたらんこと、いままさしくこれときなり。このたびつとめずして、もし三途《さんず》にかへりなば、まことに宝《たから》の山《やま》に入《い》りて、手《て》をむなしくしてかへらんがごとし。なかんづくに、無常《むじょう》のかなしみはまなこのまへにみてり、ひとりとしてもたれかのがるべき。*三悪《さんまく》の火坑《かきょう》はあしのしたにあり、仏法《ぶっぽう》を行《ぎょう》ぜずはいかでかまぬかれん。みなひとこころをおなじくして、ねんごろに仏道《ぶつどう》をもとむべし。

【二】 しかるに仏道《ぶつどう》においてさまざまの門《もん》あり。いはゆる顕教《けんぎょう》・密教《みっきょう》、大乗《だいじょう》・小乗《しょうじょう》、権教《ごんきょう》・実教《じっきょう》、*経家《きょうけ》・*論家《ろんげ》、その部《ぶ》*八宗《はっしゅう》・九宗《くしゅう》にわかれ、その義千差《ぎせんじゃ》万別《まんべつ》なり。いづれも釈迦一仏《しゃかいちぶつ》の説《せつ》なれば、利益《りやく》みな甚深《じんじん》なり。説《せつ》のごとく行《ぎょう》ぜばともに生死《しょうじ》を出《い》づべし、教《きょう》のごとく修《しゅ》せばことごとく菩提《ぼだい》を得《う》べし。ただ

人身うけがたく 人間に生れることは極めてまれなことであり。

片州 日本のこと。

仏果 仏の証果。仏のさとり。

三悪の火坑 「地獄・餓鬼・畜生の火のあな」(左訓)

経家 経宗の意。経典をよりどころとする宗。華厳《けごん》宗《しゅう》・天台宗《てんだいしゅう》など。

論家 論宗の意。論書をよりどころとする宗。三論《さんろん》宗《しゅう》・法相宗《ほっそうしゅう》など。

八宗九宗 三論・成実《じょうじつ》・法相・倶舎《くしゃ》・華厳・律《りつ》・天台・真言《しんごん》を八宗、これに禅宗を加えて九宗という。

し、時末法《ときまっぽう》におよび、機《き》*下根《げこん》になりて、かの諸行《しょぎょう》においては、その行 成就《ぎょうじょうじゅ》して仏果《ぶっか》をえんことははなはだ難《かた》し。いはゆる釈尊《しゃくそん》の滅後《めつご》において、正像末《しょうぞうまつ》の三時《さんじ》あり。そのうち正 法千年《しょうぼうせんねん》のあひだは教《きょう》・行《ぎょう》・証《しょう》の三《み》つともに具足《ぐそく》しき、
4 像法千年《ぞうぼうせんねん》のあひだは教 行《きょうぎょう》ありといへども証果《しょうか》のひとなし、末法万年《まっぽうまんねん》のあひだは教《きょう》のみありて行 証《ぎょうしょう》はなし。今《いま》の世《よ》はすなはち末法《まっぽう》のはじめなれば、ただ諸《しょ》宗《しゅう》の教 門《きょうもん》はあれども、まことに行《ぎょう》をたて証《しょう》をうるひとはまれなるべし。されば智慧《ちえ》をみがきて煩悩《ぼんのう》を断《だん》ぜんこともかなひがたく、こころをしづめて禅 定《ぜんじょう》を修《しゅ》せんこともありがたし。

【三】　ここに念仏往 生《ねんぶつおうじょう》の一門《いちもん》は末代相応《まつだいそうおう》の要法《ようぼう》、決定往生《けつじょうおうじょう》の正因《しょういん》なり。この門《もん》にとりて、また専修《せんじゅ》・雑修《ざっしゅ》の二門《にもん》あり。専修《せんじゅ》といふは、ただ弥陀《みだ》一仏《いちぶつ》の悲願《ひがん》に帰《き》し、ひとすぢに称 名念仏《しょうみょうねんぶつ》の一行《いちぎょう》をつとめて他事《たじ》をまじへざるなり。雑修《ざっしゅ》といふは、おなじく念仏《ねんぶつ》を申《もう》せども、かねて他《た》の仏《ぶつ》・菩薩《ぼさつ》をも念《ねん》じ、また余《よ》の一《いっ》切《さい》の行業《ぎょうごう》をもくはふるなり。このふたつのなかには、専修《せんじゅ》をもつて決定往 生《けつじょうおうじょう》の業《ごう》とす。そのゆゑは弥陀《みだ》の本願《ほんがん》の行《ぎょう》なるがゆゑに、*釈 尊付属《しゃくそんふぞく》の法《ほう》なるがゆゑに、*諸仏証 誠《しょぶつしょうじょう》の行《ぎょう》なるがゆゑなり。おほよそ阿弥陀如来《あみだにょらい》は三世《さんぜ》の諸仏《しょぶつ》の*本《ほん》

下根　根は根機の意。仏道を修める能力の劣った者。→根機《こんき》

釈尊付属　『観経』の流通分《るずうぶん》において、釈尊が阿難《あなん》に称名念仏を一経の結論として、授け与えたことを指す。

諸仏証誠　『小経』において、六方の諸仏が念仏の法の真実であることを証明したことを指す。

本師　根本の導師。

5

師《し》なれば、久遠実成《くおんじつじょう》の古仏《こぶつ》にてましませども、衆生《しゅじょう》の往生《おうじょう》を決定《けつじょう》せんがために、しばらく法蔵比丘《ほうぞうびく》となのりて、その正覚《しょうがく》を成《じょう》じたまへり。かの*五劫思惟《ごこうしゆい》のむかし、凡夫往生《ぼんぶおうじょう》のたねをえらび定《さだ》められしとき、布施《ふせ》・持戒《じかい》・忍辱《にんにく》・精進《しょうじん》等《とう》のもろもろのわづらはしき行《ぎょう》をばえらびすてて、称名念仏《しょうみょうねんぶつ》の一行《いちぎょう》をもつてその本願《ほんがん》としたまひき。「念仏《ねんぶつ》の行者《ぎょうじゃ》もし往生《おうじょう》せずは、われも正覚《しょうがく》を取《と》らじ」と誓《ちか》ひたまひしに、その願《がん》すでに成就《じょうじゅ》して、成仏《じょうぶつ》よりこのかたいまに十劫《じっこう》なり。如来《にょらい》の正覚《しょうがく》すでに成《じょう》じたまへり、衆生《しゅじょう》の往生《おうじょう》なんぞ疑《うたが》はんや。これによりて釈尊《しゃくそん》はこの法《ほう》をえらびて阿難《あなん》に付属《ふぞく》し、諸仏《しょぶつ》は舌《した》をのべてこれを証誠《しょうじょう》したまへり。かるがゆゑに一向《いっこう》に名号《みょうごう》を称《しょう》するひとは、二尊《にそん》の御《おん》こころにかなひ、諸《しょ》仏《ぶつ》の本意《ほんい》に順《じゅん》ずるがゆゑに往生決定《おうじょうけつじょう》なり。諸行《しょぎょう》はしからず。弥陀選択《みだせんじゃく》の本《ほん》願《がん》にあらず、釈尊付属《しゃくそんふぞく》の教《きょう》にあらず、諸仏証誠《しょぶつしょうじょう》の法《ほう》にあらざるがゆゑなり。

【四】　されば善導和尚《ぜんどうかしょう》の『往生礼讃《おうじょうらいさん》』（六五九）のなかに、くはしく二行《にぎょう》の得《とく》失《しつ》をあげられたり。まづ専修《せんじゅ》の得《とく》をほめていはく、「もしよく上《かみ》のごとく念々《ねんねん》相続《そうぞく》して、*畢命《ひつみょう》を期《ご》とするものは、十《じゅう》はすなはち十《じゅう》ながら生《うま》れ、百《ひゃく》はすなはち百《ひゃく》ながら生《うま》る。なにをもつてのゆゑに。*外《げ》の雑縁《ぞうえん》なくして正念《しょうねん》を得《う》るがゆ

五劫思惟　阿弥陀仏が因位《いんに》の法蔵菩薩《ほうぞう》の時、一切衆生《しゅじょう》を平等に救うために、五劫という長い間思惟をめぐらしたこと。

畢命を期とするものは　「命をはるをかぎりとするものは」（左訓）

外の雑縁　外からのさまざまなさまたげ。

ゑに、仏《ぶつ》の本願《ほんがん》に相応《そうおう》するがゆゑに、教《きょう》に違《い》せざるがゆゑに、仏語《ぶつご》に随順《ずいじゅん》するがゆゑに」といへり。「外《げ》の雑縁《ぞうえん》なくして正念《しょうねん》を得《う》るがゆゑに」といふは、雑行《ぞうぎょう》*雑善《ぞうぜん》をくはへざれば、そのこころ散乱《さんらん》せずして一心《いっしん》の正念《しょうねん》に住《じゅう》すとなり。「仏《ぶつ》の本願《ほんがん》と相応《そうおう》するがゆゑに」といふは、弥陀《みだ》の本願《ほんがん》にかなふといふ。「教《きょう》に違《い》せざるがゆゑに」といふは、釈尊《しゃくそん》のをしへに違《たが》はずとなり。「仏語《ぶつご》に随順《ずいじゅん》するがゆゑに」といふは、諸仏《しょぶつ》のみことにしたがふとなり。

　つぎに雑修《ざっしゅ》の失《しつ》をあげていはく、「もし専《せん》を捨《す》てて*雑業《ぞうごう》を修《しゅ》せんとするものは、百《ひゃく》のときにまれに一二《いちに》を得《え》、千《せん》のときにまれに*五三《ごさん》を得《う》。なにをもつてのゆゑに。雑縁乱動《ぞうえんらんどう》して正念《しょうねん》を失《うしな》ふによるがゆゑに、仏《ぶつ》の本願《ほんがん》と相応《そうおう》せざるによるがゆゑに、教《きょう》と相違《そうい》するがゆゑに、仏語《ぶつご》に順《じゅん》ぜざるがゆゑに、*係念相続《けねんそうぞく》せざるがゆゑに、*憶想間断《おくそうけんだん》するがゆゑに、*回願慇重《えがんいんじゅう》真実《しんじつ》ならざるがゆゑに、*貪《とん》・瞋《しん》・諸見《しょけん》の煩悩《ぼんのう》きたりて間断《けんだん》するがゆゑに、慚愧《ざんぎ》してとがをくゆることな
6 きがゆゑに、また相続《そうぞく》して仏恩《ぶっとん》を念報《ねんぽう》せざるがゆゑに、心《しん》に*軽慢《きょうまん》を生《しょう》じて*業《ごう》行《ぎょう》をなすといへども、つねに*名利《みょうり》と相応《そうおう》するがゆゑに、*人我《にんが》みづから覆《おお》ひて同《どう》行《ぎょう》・善知識《ぜんぢしき》に親近《しんごん》せざるがゆゑに、楽《ねが》ひて雑縁《ぞうえん》にちかづきて、往生《おうじょう》の正行《しょうぎょう》を

雑善　専修《せんじゅ》念仏以外の雑多な善根《ぜんごん》。雑行に同じ。→雑行《ぞうぎょう》

雑業　専修念仏以外の雑多な行業《ぎょうごう》。自力の雑行。→雑行《ぞうぎょう》

五三　少しばかりの意。

係念　浄土に思いをかけること。

憶想　阿弥陀仏を思う心。

回願　回向発願《えこうほつがん》。浄土に往生することを願うこと。

貪瞋諸見　貪欲、瞋恚、邪見のこと。→貪欲《とんよく》、瞋恚《しんに》、邪見《じゃけん》

軽慢　みずから思いあがって、他人をみくだしあなどること。

業行　仏道修行。

名利　名聞利養《みょうもんりよう》。名誉や利益。

人我　我執《がしゅう》。自己にとらわれること。

*自障障他《じしょうしょうた》するがゆゑに」といへり。雑修《ざっしゅ》のひとは弥陀《みだ》の本願《ほんがん》にそむき、釈迦《しゃか》の所説《しょせつ》にたがひ、諸仏《しょぶつ》の証誠《しょうじょう》にかなはずときこえたり。

なほかさねて二行《にぎょう》の得失《とくしつ》を判《はん》じていはく、「意《こころ》をもつぱらにしてなすものは、十《じゅう》はすなはち十《じゅう》ながら生《う》まる。雑《ぞう》を修《しゅ》して心《しん》を至《いた》さざるものは、千《せん》のなかにひとりもなし」といへり。雑修《ざっしゅ》のひとの往生《おうじょう》しがたきことをいふに、はじめには、しばらく百《ひゃく》のときに一二《いちに》をゆるし、千《せん》のときに五三《ごさん》を挙《あ》ぐといへども、のちにはつひに千人《せんにん》のなかにひとりもゆかずと定《さだ》む。*三昧発得《さんまいほっとく》の人師《にんし》、ことばを尽《つ》くして釈《しゃく》したまへり。もつともこれを仰《あお》ぐべし。

【五】おほよそ「*一向専念無量寿仏《いっこうせんねんむりょうじゅぶつ》」といへるは、『大経《だいきょう》』の誠説《じょうせつ》なり。諸《しょ》行《ぎょう》をまじふべからずとみえたり。「*一向専称弥陀仏名《いっこうせんしょうみだぶつみょう》」（散善義 五〇〇）と判《はん》ずるは、和尚《かしょう》（善導）の解釈《げしゃく》なり。念仏《ねんぶつ》をつとむべしときこえたり。このゆゑに源空聖人《げんくうしょうにん》このむねををしへ、親鸞聖人《しんらんしょうにん》そのおもむきをすすめたまふ。*一《いち》流《りゅう》の宗義《しゅうぎ》さらにわたくしなし。まことにこのたび往生《おうじょう》をとげんとおもはんひとは、かならず一向専修《いっこうせんじゅ》の念仏《ねんぶつ》を行《ぎょう》ずべきなり。

しかるに*うるはしく一向専修《いっこうせんじゅ》になるひとはきはめてまれなり。「難《かた》きがなか

自障障他　みずからさまたげ、他人をもさまたげること。

三昧発得の人師　善導大師《ぜんどうだいし》のこと。善導大師は阿弥陀仏や浄土のありさまをまのあたり感見する三昧の境地を得た人であるから、このようにいう。

一向専念…　「一向にもっぱら無量寿仏を念ず」

一向専称…　「一向にもっぱら弥陀仏の名《みな》を称す」

一流の宗義…　浄土真宗の教義はこのような伝統によっていて、私見は全く雑えていない。

うるはしく　立派に。正しく。

に難《かた》し」といへるは、『経《きょう》』（大経・下）の文《もん》なれば、まことに*ことわりなるべし。そのゆゑを案《あん》ずるに、いづれの行《ぎょう》にても、もとよりつとめきたれる行《ぎょう》をすてがたくおもひ、日《ひ》ごろ功《こう》をいれつる仏《ぶつ》・菩薩《ぼさつ》をさしおきがたくおもふなり。

7 これすなはち、念仏《ねんぶつ》を行《ぎょう》ずれば諸善《しょぜん》はそのなかにあることをしらず、弥陀《みだ》に帰《き》すれば諸仏《しょぶつ》の御《おん》こころにかなふといふことを信《しん》ぜずして、如来《にょらい》の功徳《くどく》を疑《うたが》ひ、念仏《ねんぶつ》のちからをあやぶむがゆゑなり。

おほよそ持戒《じかい》・坐禅《ざぜん》のつとめも*転経《てんぎょう》・*誦呪《じゅじゅ》の善《ぜん》も、その門《もん》に入《い》りて行《ぎょう》ぜんに、いづれも利益《りやく》むなしかるまじけれども、それはみな聖人《しょうにん》の修行《しゅぎょう》なるがゆゑに、凡夫《ぼんぶ》の身《み》には成《じょう》じがたし。われらも過去《かこ》には*三恒河沙《さんごうがしゃ》の諸仏《しょぶつ》のみもとにして、大菩提心《だいぼだいしん》を発《おこ》して仏道《ぶつどう》を修《しゅ》せしかども、自力《じりき》かなはずしていままで流転《るてん》の凡夫《ぼんぶ》となれり。いまこの身《み》にてその行《ぎょう》を修《しゅ》せば、行業《ぎょうごう》成《じょう》ぜずしてさだめて生死《しょうじ》を出《い》でがたし。されば善導和尚《ぜんどうかしょう》の釈《しゃく》（散善義 四七二）に、「わが身《しん》*無際《むさい》よりこのかた、他《た》とともに同時《どうじ》に願《がん》を発《おこ》して悪《あく》を断《だん》じ、菩薩《ぼさつ》の道《どう》を行《ぎょう》じき。他《た》はことごとく身命《しんみょう》を惜《お》しまず。道《どう》を行《ぎょう》じ位《くらい》にすすみて、因《いん》まどかに果熟《かじゅく》す。聖《しょう》を証《しょう》せるもの*大地微塵《だいじみじん》に踰《こ》えたり。しかるにわれら凡夫《ぼんぶ》、乃至今日《ないしこんにち》まで、*虚《こ》

ことわりなるべし　もっともなことである。

転経　経典を読誦《どくじゅ》すること。

誦呪　真言陀羅尼《しんごんだらに》をとなえること。

三恒河沙の諸仏の…　『安楽集』（上）所引の『涅槃経《ねはんぎょう》』の文（註釈版聖典七祖篇一八七頁一一行以下）によっていう。

無際　無始《むし》。永遠の昔。

大地微塵　三千世界の大地を砕いて微塵にした数。無数の意。

虚然として　むなしく。

然《ねん》として流浪《るろう》す」といへるはこのこころなり。しかれば、仏道修行《ぶつどうしゅぎょう》は、よくよく機《き》と教《きょう》との分限《ぶんげん》をはかりてこれを行《ぎょう》ずべきなり。すべからく末法相応《まっぽうそうおう》の易《い》行《ぎょう》に帰《き》して、決定往生《けつじょうおうじょう》ののぞみをとぐべしとなり。

8

【六】 そもそも、この念仏《ねんぶつ》はたもちやすきばかりにて功徳《くどく》は余行《よぎょう》よりも劣《れつ》ならば、おなじくつとめながらもその*いさみなかるべきに、行《ぎょう》じやすくして功徳《くどく》は諸行《しょぎょう》にすぐれ、修《しゅ》しやすくして*勝利《しょうり》は余善《よぜん》にすぐれたり。弥陀《みだ》は諸仏《しょぶつ》の本師《ほんし》、念仏《ねんぶつ》は諸教《しょきょう》の肝心《かんじん》なるがゆゑなり。これによりて、『大経《だいきょう》』には一念《いちねん》をもつて大利無上《だいりむじょう》の功徳《くどく》と説《と》き、『小経《しょうきょう》』には念仏《ねんぶつ》をもつて多善根福徳《たぜんごんふくとく》の因縁《いんねん》とするむねを説《と》き、『観経《かんぎょう》』には念仏《ねんぶつ》の行者《ぎょうじゃ》をほめて人中《にんちゅう》の分陀利華《ふんだりけ》にたとへ、『*般《はん》舟経《じゅきょう》』(意)には「三世《さんぜ》の諸仏《しょぶつ》みな*弥陀三昧《みだざんまい》によりて正覚《しょうがく》を成《な》る」と説《と》けり。このゆゑに善導和尚《ぜんどうかしょう》の釈《しゃく》(定善義 四三七)にいはく、「自余衆善《じよしゅぜん》 雖名是善《すいみょうぜぜん》 若比念仏者《にゃくひねんぶつしゃ》 全非比校也《ぜんぴひきょうや》」といへり。こころは、「自余《じよ》のもろもろの善《ぜん》も、これ善《ぜん》と名《な》づくといへども、もし念仏《ねんぶつ》にたくらぶれば、まつたくならべたくらぶべきにあらず」となり。またいはく、「*念仏三昧《ねんぶつざんまい》 功能超絶《くのうちょうぜつ》 実非雑善《じっぴぞうぜん》 得為《とくい》比類《ひるい》」(散善義 四九九)といへり。こころは、「念仏三昧《ねんぶつざんまい》の功能《くのう》、余善《よぜん》に超《こ》えす

いさみ 張りあい。はげみ。

勝利 すぐれた利益《りやく》。

般舟経 『般舟三昧経』のこと。→般舟三昧経《はんじゅざんまいきょう》

弥陀三昧 ここでは念仏三《ねんぶつざん》昧《まい》の異名。

念仏三昧… 「念仏三昧の功能超絶して、まことに雑善をして比類とすることを得るにあらず」(信巻訓)

ぐれて、まことに雑善《ぞうぜん》をもつてたぐひとすることを得《う》るにあらず」となり。
ただ浄土《じょうど》の一宗《いっしゅう》のみ念仏《ねんぶつ》の行《ぎょう》をたふとむにあらず。他宗《たしゅう》の高祖《こうそ》またおほく弥陀《みだ》をほめたり。天台大師《てんだいだいし》（智顗）の釈《しゃく》（摩訶止観）にいはく、「若《にゃく》唱弥陀《しょうみだ》即是唱十方仏《そくぜしょうじっぽうぶつ》　功徳正等《くどくしょうとう》　但専以弥陀《たんせんいみだ》　為法門主《いほうもんしゅ》」といへり。こころは、「もし弥陀《みだ》を唱《とな》ふれば、すなはちこれ十方《じっぽう》の仏《ぶつ》を唱《とな》ふると功徳《くどく》まさにひとし。ただもつぱら弥陀《みだ》をもつて法門《ほうもん》の主《あるじ》とす」となり。また慈恩大師《じおんだいし》の釈《しゃく》（西方要決）にいはく、「諸仏願行《しょぶつがんぎょう》　成此果名《じょうしかみょう》　但能念号《たんのうねんごう》　具包衆徳《ぐほうしゅとく》」といへり。こころは、「諸仏《しょぶつ》の願行《がんぎょう》、この果《か》の名《な》を成《じょう》ず。ただよく号《みな》を念《ねん》ずれば、*つぶさにもろもろの徳《とく》を包《か》ぬ」となり。おほよそ諸宗《しょしゅう》の人師《にんし》、念仏《ねんぶつ》をほめ西方《さいほう》をすすむること、挙《あ》げてかぞふべからず。しげきがゆゑにこれを略《りゃく》す。ゆめゆめ念仏《ねんぶつ》の功徳《くどく》をおとしめおもふことなかれ。

【七】しかるにひとつねにおもへらく、つたなきものの行《ぎょう》ずる法《ほう》なれば念仏《ねんぶつ》の功徳《くどく》は劣《おと》るべし、たふときひとの修《しゅ》する教《きょう》なれば諸教《しょきょう》は勝《まさ》るべしとおもへり。その義《ぎ》しからず。下根《げこん》のもののすくはるべき法《ほう》なるがゆゑに、ことに最上《さいじょう》の
9 法《ほう》とはしらるるなり。ゆゑいかんとなれば、薬《くすり》をもつて病《やまい》を治《ち》するに、かろき

つぶさに…　あらゆる徳をすべて合せ持つ。

病《やまい》をばかろき薬《くすり》をもつてつくろひ、おもき病《やまい》をばおもき薬《くすり》をもつていやす。病《やまい》をしりて薬《くすり》をほどこす、これを良医《りょうい》となづく。如来《にょらい》はすなはち良医《りょうい》のごとし。機《き》を*かがみて法《ほう》を与《あた》へたまふ。しかるに*上根《じょうこん》の機《き》には諸行《しょぎょう》を授《さず》け、下根《げこん》の機《き》には念仏《ねんぶつ》をすすむ。これすなはち、*戒行《かいぎょう》も*まつたく、智慧《ちえ》もあらんひとは、たとへば病《やまい》あさきひとのごとし。かからんひとをば諸行《しょぎょう》のちからにてもたすけつべし。智慧《ちえ》もなく悪業《あくごう》ふかき末世《まつせ》の凡夫《ぼんぶ》は、たとへば病《やまい》おもきもののごとし。これをば弥陀《みだ》の名号《みょうごう》のちからにあらずしてはすくふべきにあらず。かるがゆゑに罪悪《ざいあく》の衆生《しゅじょう》のたすかる法《ほう》ときくに、法《ほう》のちからのすぐれたるほどは、ことにしらるるなり。されば『選択集《せんじゃくしゅう》』（一二五八）のなかに、「極悪最下《ごくあくさいげ》の人《ひと》のために、しかも極善最上《ごくぜんさいじょう》の法《ほう》を説《と》く。例《れい》せば、かの*無明淵源《むみょうえんげん》の病《やまい》は*中道《ちゅうどう》府蔵《ふぞう》の薬《くすり》にあらざればすなはち治《ち》することあたはざるがごとし。いまこの五《ご》逆《ぎゃく》は重病《じゅうびょう》の淵源《えんげん》なり。またこの念仏《ねんぶつ》は*霊薬《れいやく》の府蔵《ふぞう》なり。この薬《くすり》にあらずは、なんぞこの病《やまい》を治《ち》せん」といへるは、このこころなり。

そもそも、弥陀如来《みだにょらい》の利益《りやく》のことにすぐれたまへることは、煩悩具足《ぼんのうぐそく》の凡夫《ぼんぶ》の*界外《かいげ》の報土《ほうど》に生《うま》るるがゆゑなり。善導和尚《ぜんどうかしょう》の釈《しゃく》（法事讃・下　五五二）にいは

かがみて　鑑《かんが》みて。よく考えて。

上根　根は根機の意。仏道を修める能力のすぐれた者。↓根機《こんき》

戒行　戒を持つこと。

まつたく　完全であり。欠けたところがなく。

無明淵源　無明は真如《しんにょ》に背く無知のことで、あらゆる迷いの根源であることをいう。

中道府蔵　中道真如にかなった法は仏法の最も大切なものであるから、これを人の臓腑（府蔵）に喩えていう。中道第一の意。

霊薬　「よき薬のきはまりなり」（左訓）

界外の報土　三界《さんがい》を超出した浄土、すなわち真実報土。

く、「一切仏土皆厳浄《いっさいぶつどかいごんじょう》　凡夫乱想恐難生《ぼんぶらんそうくなんしょう》　如来別指西方国《にょらいべっしさいほうこく》　従是超過十万億《じゅぜちょうかじゅうまんおく》」といへり。こころは、「一切《いっさい》の仏土《ぶつど》はみな*いつくしくきよけれども、凡夫《ぼんぶ》の乱想《らんそう》おそらくは生《うま》れがたし。如来別《にょらいべっ》して西方国《さいほうこく》をさしたまふ。これより十万億《じゅうまんおく》を超《こ》え過《す》ぎたり」となり。ことに*阿閦《あしゅく》・*宝生《ほうしょう》の浄土《じょうど》もたへにしてすぐれたり。*密《みつ》厳《ごん》・*華蔵《けぞう》の宝刹《ほうせつ》もきよくしてめでたけれども、乱想《らんそう》の凡夫《ぼんぶ》はかげをもささず、具縛《ぐばく》のわれらはのぞみをたてり。しかるに阿弥陀如来《あみだにょらい》の本願《ほんがん》は、十悪《じゅうあく》も五逆《ごぎゃく》もみな摂《せっ》して、きらはるるものもなく、すてらるるものもなし。安養《あんにょう》の浄土《じょうど》は謗《ほう》法《ぼう》も闡提《せんだい》もおなじく生《うま》れて、もるるひともなく、のこるひともなし。諸仏《しょぶつ》の浄《じょう》土《ど》にきらはれたる*五障《ごしょう》の女人《にょにん》は、かたじけなく*聞名往生《もんみょうおうじょう》の益《やく》にあづかり、*無《む》間《けん》の炎《ほのお》にまつはるべき五逆《ごぎゃく》の罪人《ざいにん》は、すでに*滅罪得生《めつざいとくしょう》の証《しょう》をあらはす。されば超世《ちょうせ》の悲願《ひがん》ともなづけ、*不共《ふぐ》の利生《りしょう》とも号《ごう》す。かかる殊勝《しゅしょう》の法《ほう》なるがゆゑに、これを行《ぎょう》ずれば諸仏《しょぶつ》・菩薩《ぼさつ》の擁護《ようご》にあづかり、これを修《しゅ》すれば諸天《しょてん》・善神《ぜんじん》の加《か》護《ご》をかうぶる。ただねがふべきは西方《さいほう》の浄土《じょうど》、行《ぎょう》ずべきは念仏《ねんぶつ》の一行《いちぎょう》なり。

持《じ》名《みょう》鈔《しょう》本《ほん》

いつくしく　おごそかで立派で。

阿閦　→阿閦鞞仏《あしゅくびぶつ》

宝生　金剛界五智如来の一。南方の月輪に住して平等性智の徳をあらわす。

密厳　密厳国。大日如来の浄土のこと。『大乗密厳経《だいじょうみつごんぎょう》』などに説く。

華蔵　蓮華蔵世界《れんげぞうせかい》。毘盧舎《びるしゃ》那仏《なぶつ》の浄土のこと。『華厳経《けごんぎょう》』などに説く。

五障　→五障三従《ごしょうさんしょう》、補註14

聞名往生の益　ただ本願の名号《みょうごう》を信じるのみで浄土に往生するという利益《りやく》。

無間　→無間地獄《むけんじごく》

滅罪得生　「罪を消して生るることを得る」(左訓)

不共の利生　諸仏の救いにもれた女人・悪人を往生させるという阿弥陀仏の本願の特異なはたらき。

持《じ》名《みょう》鈔《しょう》末《まつ》

【八】 問《と》うていはく、念仏《ねんぶつ》の行者《ぎょうじゃ》、*神明《しんめい》に事《つこ》うまつらんこと、いかがはんべるべき。

答《こた》へていはく、余流《よりゅう》の所談《しょだん》はしらず、親鸞聖人《しんらんしょうにん》の勧化《かんけ》のごときは、これをいましめられたり。いはゆる『教行証《きょうぎょうしょう》の文類《もんるい》』の六《ろく》（化身土巻）に諸経《しょきょう》の文《もん》を引《ひ》きて、仏法《ぶっぽう》に帰《き》せんものは、その余《よ》の*天神《てんじん》・地祇《じぎ》に事《つこ》うまつるべからざる旨《むね》を判《はん》ぜられたり。この義《ぎ》のごときは念仏《ねんぶつ》の行者《ぎょうじゃ》にかぎらず、総《そう》じて仏法《ぶっぽう》を行《ぎょう》じ仏弟子《ぶつでし》につらならんともがらは、これに事《つか》ふべからずとみえたり。しかれども、ひとみなしからず、さだめて存《ぞん》ずるところあるか。それを是非《ぜひ》するにはあらず。聖人《しょうにん》（親鸞）の一流《いちりゅう》においては、もつともその所判《しょはん》をまもるべきものをや。おほよそ神明《しんめい》につきて*権社《ごんしゃ》・実社《じっしゃ》の不同《ふどう》ありといへども、内証《ないしょう》はしらず、まづ*示同《じどう》のおもてはみなこれ輪廻《りんね》の果報《かほう》、なほまた九十五種《くじゅうごしゅ》の外道《げどう》のうちな

神明　天地の神々。

天神地祇　天神は梵天王《ぼんてんのう》・帝釈天《たいしゃくてん》・四天王《してんのう》など、地祇は堅牢地祇（大地の神）・八大竜王などを指す。

権社実社　当時、神祇を権社の神と実社の神に二分する説があった。前者は仏・菩薩の垂迹《すいしゃく》（仮の現れ）である神、後者は仏・菩薩の垂迹でない実類の鬼神《きじん》をいう。

示同のおもて　「凡夫《ぼんぶ》に同じたまふおもてはといふ」（左訓）

り。仏道《ぶつどう》を行《ぎょう》ぜんもの、これを事《こと》とすべからず。ただしこれに事《つか》へずとも、もつぱらかの神慮《しんりょ》にはかなふべきなり。これすなはち和光同塵《わこうどうじん》は結縁《けちえん》のはじめ、*八《はっ》相成道《そうじょうどう》は*利物《りもつ》のをはりなるゆゑに、垂迹《すいしゃく》の本意《ほんい》は、*しかしながら衆生《しゅじょう》に縁《えん》を
12 結《むす》びてつひに仏道《ぶつどう》に入《い》らしめんがためなれば、真実念仏《しんじつねんぶつ》の行者《ぎょうじゃ》になりてこのたび生死《しょうじ》をはなれば、神明《しんめい》ことによろこびをいだき、権現《ごんげん》さだめて笑《え》みを含《ふく》みたまふべし。一切《いっさい》の*神祇《じんぎ》・*冥道《みょうどう》、念仏《ねんぶつ》のひとを擁護《ようご》すといへるはこのゆゑなり。

【九】　問《と》うていはく、念仏《ねんぶつ》の行者《ぎょうじゃ》は、諸仏《しょぶつ》・菩薩《ぼさつ》の擁護《ようご》にもあづかり、諸天《しょてん》・善神《ぜんじん》の加護《かご》をもかうぶるべしといふは、浄土《じょうど》に往生《おうじょう》せしめんがためにただ信《しん》心《じん》を守護《しゅご》したまふか、また*今生《こんじょう》の穢体《えたい》をもまもりてもろもろの所願《しょがん》をも成就《じょうじゅ》せしめたまふか。あきらかにこれをきかんとおもふ。

答《こた》へていはく、かの仏《ぶつ》の*心光《しんこう》、このひとを摂護《しょうご》して捨《す》てずともいひ、六方《ろっぽう》の諸仏《しょぶつ》、信心《しんじん》を護念《ごねん》すとも釈《しゃく》すれば、信心《しんじん》をまもりたまふことは仏《ぶつ》の本意《ほんい》なれば申《もう》すにおよばず。しかれども、まことの信心《しんじん》をうるひとは、現世《げんぜ》にもその益《やく》にあづかるなり。いはゆる善導和尚《ぜんどうかしょう》の『観念法門《かんねんぼうもん》』に、『観仏三昧経《かんぶつざんまいきょう》』・『十往《じゅうおう》生経《じょうきょう》』・『浄土三昧経《じょうどさんまいきょう》』・『般舟三昧経《はんじゅざんまいきょう》』等《とう》の諸経《しょきょう》を引《ひ》きて、一心《いっしん》に弥陀《みだ》に帰《き》

八相成道　「つひに仏道をなるは」(左訓)

利物のをはり　「衆生《しゅじょう》を利《り》益《やく》するをはりなりといふ」(左訓)

しかしながら　要するに。

神祇　天地の神々。

冥道　冥界の神々。

今生の穢体　身体を指す。

心光　色光《しきこう》に対する語で智光、内光ともいう。大智大悲の仏心をもって念仏の衆生をおさめとる摂取《せっしゅ》の光《こう》明《みょう》のこと。

13

して往生《おうじよう》をねがふものには、諸仏《しよぶつ》・菩薩《ぼさつ》かげのごとくにしたがひ、諸天《しよてん》・善《ぜん》神昼夜《じんちゆうや》に守護《しゆご》して、一切《いつさい》の災障《さいしよう》おのづから*のぞこり、もろもろのねがひかならずみつべき義《ぎ》を釈《しやく》したまへり。

されば阿弥陀仏《あみだぶつ》は、現世《げんぜ》・後生《ごしよう》の利益《りやく》ともにすぐれたまへるを、*浄土《じようど》の三部《さんぶ》経《きよう》には後生《ごしよう》の利益《りやく》ばかりを説《と》けり、余経《よきよう》にはおほく現世《げんぜ》の益《やく》をもあかせり。かの『金光明経《こんこうみようきよう》』は*鎮護国家《ちんごこつか》の妙典《みようでん》なり。かるがゆゑに、この経《きよう》より説《と》きいだすところの仏《ぶつ》・菩薩《ぼさつ》をば、護国《ごこく》の仏《ぶつ》・菩薩《ぼさつ》とす。しかるに*正宗《しようしゆう》の*四品《しほん》のうち、「寿量品《じゆりようぼん》」を説《と》きたまへるは、すなはち西方《さいほう》の阿弥陀如来《あみだにょらい》なり。これによりて阿弥陀仏《あみだぶつ》をば、ことに*息災延命《そくさいえんめい》、護国《ごこく》の仏《ぶつ》とす。*かの天竺《てんじく》（印度）に*毘舎離国《びしやりこく》といふ国《くに》あり。その国《くに》に五種《ごしゆ》の疫癘《えきれい》おこりて、ひとごとにのがるるものなかりしに、月蓋長者《がつがいちようじや》、釈迦如来《しやかによらい》にまゐりて、「いかにしてかこの病《やまい》をまぬかるべき」と申《もう》ししかば、「西方極楽世界《さいほうごくらくせかい》の阿弥陀仏《あみだぶつ》を念《ねん》じたてまつれ」と仰《おお》せられけり。さて家《いえ》にかへりて、をしへのごとく念《ねん》じたてまつりければ、弥陀《みだ》・観音《かんのん》・勢至《せいし》の三尊《さんぞん》、長者《ちようじや》の家《いえ》に来《きた》りたまひしとき、五種《ごしゆ》の疫神《やくじん》まのあたりひとの目《め》にみえて、すなはち国土《こくど》を出《い》でぬ。ときにあたりて、国《くに》のうちの病《やまい》ことごとくすみや

のぞこり　除かれて。

浄土の三部経　『大経』『観経』『小経』のこと。

鎮護国家　国の災厄を除き、安泰にすること。

正宗　正宗分のこと。経典の本論となる部分。

四品　「寿量品《じゆりようぼん》」「懺悔品《さんげ》」「讃歎品《さんだん》」「空品《くう》」の四の章。

息災延命　わざわいを除き、命をひきのばすこと。

かの天竺…　以下の因縁《いんねん》は『請観音経《しようかんのんぎよう》』の説にもとづいたもの。同経の説は『安楽集』（下）に引用されている（註釈版聖典七祖篇二七六頁五行以下）。

毘舎離国　毘舎離は梵語ヴァイシャーリー（Vaiśālī）の音写。ガンジス河の支流ガンダキ河の東岸にあるベーサールがその旧址といわれる。

かにやみにき。そのとき現《げん》じたまへりし三尊《さんぞん》の形像《ぎょうぞう》を、月蓋長者《がっがいちょうじゃ》、閻浮檀金《えんぶだんごん》をもつて*鋳《い》うつしたてまつりけり。その像《ぞう》といふは、いまの*善光寺《ぜんこうじ》の如来《にょらい》これなり。*霊験《れいげん》まことに厳重《げんちょう》なり。またわが朝《ちょう》には、*嵯峨《さが》の天皇《てんのう》の御時《おんとき》、天下《てんか》に日《ひ》てり、雨《あめ》くだり、病《やまい》おこり、戦《いくさ》いできて国土《こくど》おだやかならざりしに、いづれの行《ぎょう》のちからにてかこの難《なん》はとどまるべきと、伝教大師《でんぎょうだいし》（最澄）に勅問《ちょくもん》ありしかば、「*七難消滅《しちなんしょうめつ》の法《ほう》には南無阿弥陀仏《なもあみだぶつ》にしかず」とぞ申《もう》されける。おほよそ弥陀《みだ》の*利生《りしょう》にて、わざはひをはらひ難《なん》をのぞきたるためし、異国《いこく》にも*本朝《ほんちょう》にもそのあとこれおほし。つぶさにしるすにいとまあらず。されば国《くに》の災難《さいなん》を鎮《しず》め、身《み》の*不祥《ふしょう》をはらはんとおもはんにも、名号《みょうごう》の功用《くゆう》にはしかざるなり。

ただし、これはただ念仏《ねんぶつ》の利益《りやく》の*現当《げんとう》をかねたることをあらはすなり。しか
14 りといへども、*まめやかに浄土《じょうど》をもとめ往生《おうじょう》をねがはんひとは、この念仏《ねんぶつ》をもつて現世《げんぜ》のいのりとはおもふべからず。ただひとすぢに出離生死《しゅつりしょうじ》のために念《ねん》仏《ぶつ》を行《ぎょう》ずれば、はからざるに今生《こんじょう》の祈禱《きとう》ともなるなり。これによりて『*藁幹《こうかん》喩経《ゆきょう》』といへる経《きょう》のなかに、信心《しんじん》をもつて菩提《ぼだい》をもとむれば現世《げんぜ》の*悉地《しつじ》も成《じょう》就《じゅ》すべきことをいふとして、ひとつのたとへを説《と》けることあり。「たとへばひ

鋳うつし　（三尊の姿を）そのまま鋳造するという意。

善光寺　『善光寺縁起』によると、百済《くだら》から渡来した阿弥陀三尊像（一光三尊像）を、推古《すいこ》天皇十年（六〇二）、本田善光《ほんだよしみつ》が信濃《しなの》の自宅に安置し、皇極《こうぎょく》天皇元年（六四二）、さらにこれを同国水内郡芋井郷（現在の長野市）に移し堂宇を造営したのが同寺の起源であるという。中世以降、広く民衆の信仰を集め、一大霊場となった。

霊験　不思議な霊力のあらわれ。

嵯峨の天皇　（七八六—八四二。在位八〇九—八二三）書道にすぐれわが国三筆の一人。

七難…　『七難《しちなん》消《しょう》滅《めつ》護《ご》国《こく》頌《じゅ》』に七難等の滅除に言及して「依正安穏にして念仏

とありて、種《たね》をまきて稲《いね》をもとめん。まつたく藁《わら》をのぞまざれども、稲《いね》いできぬれば、藁《わら》おのづから得《う》るがごとし」といへり。稲《いね》を得《う》るものはかならず藁《わら》を得《う》るがごとくに、後世《ごせ》をねがへば現世《げんぜ》ののぞみもかなふなり。藁《わら》を得《う》るものは稲《いね》を得《え》ざるがごとくに、現世《げんぜ》の福報《ふくほう》をいのるものはかならずしも後生《ごしよう》の善果《ぜんか》をば得《え》ずとなり。

経釈《きようしやく》ののぶるところかくのごとし。ただし、今生《こんじよう》をまもりたまふことは、もとより仏《ぶつ》の本意《ほんい》にあらず。かるがゆゑに、*前業《ぜんごう》もしつよくは、これを転《てん》ぜぬこともおのづからあるべし。後生《ごしよう》の善果《ぜんか》を得《え》しめんことは、もつぱら如来《によらい》の本懐《ほんがい》なり。かるがゆゑに、*無間《むけん》に堕《だ》すべき業《ごう》なりとも、それをばかならず転《てん》ずべし。しかれば、たとひもし今生《こんじよう》の利生《りしよう》はむなしきに似《に》たることありとも、ゆめゆめ往生《おうじよう》の大益《だいやく》をば疑《うたが》ふべからず。いはんや現世《げんぜ》にもその利益《りやく》むなしかるまじきことは聖教《しようぎよう》の説《せつ》なれば、仰《あお》いでこれを信《しん》ずべし。ただふかく信心《しんじん》をいたして一向《いつこう》に念仏《ねんぶつ》を行《ぎよう》ずべきなり。

【一〇】問《と》うていはく、真実《しんじつ》の信心《しんじん》をえてかならず往生《おうじよう》を得《う》べしといふこと、いまだそのこころをえず。南無阿弥陀仏《なもあみだぶつ》といふは、弥陀《みだ》の本願《ほんがん》なるがゆゑに決《けつ》

を修せん」とある。

利生　衆生《しゆじよう》を利益《りやく》すること。

本朝　わが国。

不祥　わざわい。災難。

現当　現世と来世。

まめやかに　心から。真剣に。

藁幹喩経　『蘇婆呼童子請問経《そばこどうじしようもんぎよう》』のこと。『藁幹喩経』という名称は同経に説かれる譬喩にもとづくもの。

悉地　梵語シッディ（siddhi）の音写。成就と漢訳する。ここでは世俗的な利益の意。

前業　前世の行為。→補註5

無間　無間地獄のこと。→無間地獄《むけんじごく》

定往生《じょうおうじょう》の業因《ごういん》ならば、これを*口《くち》にふれんもの、みな往生《おうじょう》すべし、なんぞわづらはしく信心《しんじん》を具《ぐ》すべしといふや。また信心《しんじん》といふは、いかやうなるこころをいふぞや。

答《こた》へていはく、南無阿弥陀仏《なもあみだぶつ》といへる*行体《ぎょうたい》は往生《おうじょう》の正業《しょうごう》なり。しかれども、機《き》に信《しん》ずると信《しん》ぜざるとの不同《ふどう》あるがゆゑに、往生《おうじょう》を得《う》ると得《え》ざるとの差別《しゃべつ》あり。かるがゆゑに、『大経《だいきょう》』には三信《さんしん》と説《と》き、『観経《かんぎょう》』には三心《さんしん》と示《しめ》し、『小経《しょうきょう》』には一心《いっしん》とあかせり。これみな信心《しんじん》をあらはすことばなり。このゆゑに、源空聖人《げんくうしょうにん》は、「生死《しょうじ》の家《いえ》には疑《うたがい》をもつて*所止《しょし》とし、涅槃《ねはん》のみやこには信《しん》をもつて*能入《のうにゅう》とす」（選択集 一二四八）と判《はん》じ、親鸞聖人《しんらんしょうにん》は、「よく*一念喜《いちねんき》愛《あい》の心《しん》を発《おこ》せば、煩悩《ぼんのう》を断《だん》ぜずして涅槃《ねはん》を得《う》」（正信偈）と釈《しゃく》したまへり。他《た》力《りき》の信心《しんじん》を成就《じょうじゅ》して報土《ほうど》の往生《おうじょう》を得《う》べしといふこと、すでにあきらかなり。その信心《しんじん》といふは、疑《うたがい》なきをもつて信《しん》とす。いはゆる仏語《ぶつご》に随順《ずいじゅん》してこれを疑《うたが》はず、ただ師教《しきょう》をまもりてこれに違《い》せざるなり。

おほよそ*無始《むし》よりこのかた生死《しょうじ》にめぐりて六道四生《ろくどうししょう》をすみかとせしに、いまながき輪廻《りんね》のきづなをきりて無為《むい》の浄土《じょうど》に生《しょう》ぜんこと、釈迦《しゃか》・弥陀二世尊《みだにせそん》の大《だい》

口にふれんもの　口に称《とな》える者は。

行体　行の当体。衆生《しゅじょう》往生の因となる行そのもののこと。

所止　迷いの世界に止《とど》まるところの理由（所以）。

能入　よく浄土に入ることのできる因のこと。

一念喜愛の心　一念の信心の内容をあらわす。すなわち阿弥陀仏の救済を喜び愛《め》でる心。

無始　永遠の昔。

16

悲《ひ》によらずといふことなく、代々相承《だいだいそうじょう》の祖師《そし》・先徳《せんどく》・善知識《ぜんぢしき》の恩徳《おんどく》にあらずといふことなし。そのゆゑは、われらがありさまをおもふに、地獄《じごく》・餓鬼《がき》・畜生《ちくしょう》の三悪《さんまく》をまぬかれんこと、道理《どうり》としてはあるまじきことなり。十悪《じゅうあく》・三毒《さんどく》、身《み》にまつはれて、とこしなへに輪廻生死《りんねしょうじ》の因《いん》をつみ、*五塵《ごじん》・*六欲《ろくよく》こころに染《そ》みて、ほしいままに三有流転《さんぬるてん》の業《ごう》をかさぬ。*五篇《ごひん》・七聚《しちじゅ》の戒品《かいほん》ひとつとしてこれをたもつことなく、六度《ろくど》・四摂《ししょう》の功徳《くどく》ひとつとしてこころにもかけず。朝《あさ》な夕《ゆう》なにおこすところはみな妄念《もうねん》、とにもかくにもきざすところはことごとく悪業《あくごう》なり。かかる罪障《ざいしょう》の凡夫《ぼんぶ》にては、人中《にんちゅう》・天上《てんじょう》の果報《かほう》を得《え》んこともなほかたかるべし。いかにいはんや出過三界《しゅつかさんがい》の浄土《じょうど》に生《うま》れんことは、おもひよらぬことなり。

ここに弥陀如来《みだにょらい》、*無縁《むえん》の慈悲《じひ》にもよほされ、深重《じんじゅう》の弘願《ぐがん》を発《おこ》して、ことに罪悪生死《ざいあくしょうじ》の凡夫《ぼんぶ》をたすけ、ねんごろに称名往生《しょうみょうおうじょう》の易行《いぎょう》を授《さず》けたまへり。これを行《ぎょう》じこれを信《しん》ずるものは、ながく六道生死《ろくどうしょうじ》の苦域《くいき》を出《い》でて、*あまつさへ無為無漏《むいむろ》の報土《ほうど》に生《うま》れんことは、不可思議《ふかしぎ》のさいはひなり。しかるに弥陀如来《みだにょらい》超世《ちょうせ》の本願《ほんがん》を発《おこ》したまふとも、釈迦如来《しゃかにょらい》これを説《と》きのべたまはずは、娑婆《しゃば》の衆生《しゅじょう》いかでか出離《しゅつり》のみちをしらん。されば『法事讃《ほうじさん》』（下 五八七）の釈《しゃく》に、

五塵 五根の対象となる色《しき》・声《しょう》・香《こう》・味《み》・触《そく》の五境のこと。これらは煩悩《ぼんのう》をおこす縁となり、人の心をけがすから五塵と名づける。

六欲 眼《げん》・耳《に》・鼻《び》・舌《ぜっ》・身《しん》・意《い》の六根《ろっこん》から生ずる種々の欲望。

五篇七聚 比丘《びく》・比丘尼の戒の総称。五篇は戒を罪の最も重いものから波羅夷《はらい》・僧残《そうざん》・波逸提《はいつだい》・波羅提提舎尼《はらだいだいしゃに》・突吉羅《ときら》の五種に類別する称目。これに偸蘭遮《ちゅうらんじゃ》を加え（六聚）、突吉羅を突吉羅（悪作）・悪説に分類して七聚とする。

無縁の慈悲 平等にして無差別な仏の大慈悲。↓三縁《さんえん》

[2]

あまつさへ その上に。そればかりか。

「*不因釈迦仏開悟《ふいんしゃかぶつかいご》　弥陀名願何時聞《みだみょうがんかじもん》」といへり。こころは、「釈迦仏《しゃかぶつ》のをしへにあらずは、弥陀《みだ》の*名願《みょうがん》いづれのときにかきかん」となり。たとひまた、釈《しゃく》尊西天《そんさいてん》（印度）に出《い》でて*三部《さんぶ》の妙典《みょうでん》を説《と》き、*五祖《ごそ》東漢《とうかん》（中国）に生《うま》れて西方《さいほう》の往生《おうじょう》をしへたまふとも、源空《げんくう》・親鸞《しんらん》これをひろめたまふことなく、次第相《しだいそう》承《じょう》の善知識《ぜんぢしき》これを授《さず》けたまはずは、われらいかでか生死《しょうじ》の根源《こんげん》をたたん。まことに*連劫累劫《れんごうるいこう》をふとも、その恩徳《おんどく》を報《むく》ひがたきものなり。これによりて善導和《ぜんどうか》尚《しょう》の解釈《げしゃく》（観念法門・意　六三七）をうかがふに、「身《み》を粉《こ》にし骨《ほね》を砕《くだ》きても、

17

仏法《ぶっぽう》の恩《おん》をば報《ほう》ずべし」とみえたり。これすなはち、仏法《ぶっぽう》のためには身命《しんみょう》をもすて財宝《ざいほう》をも惜《お》しむべからざるこころなり。このゆゑに『摩訶止観《まかしかん》』（意）のなかには、「一日《いちにち》にみたび恒沙《ごうじゃ》の身命《しんみょう》を捨《す》つとも、なほ一句《いっく》の力《ちから》を報《ほう》ずることあたはじ。いはんや両肩《りょうけん》に荷負《かぶ》して百千万劫《ひゃくせんまんごう》すとも、むしろ仏法《ぶっぽう》の恩《おん》を報《ほう》ぜんや」といへり。恒沙《ごうじゃ》の身命《しんみょう》を捨《す》てても、なほ一句《いっく》の法門《ほうもん》をきける報《むく》ひにはおよばず。まして*順次往生《じゅんじおうじょう》の教《きょう》をうけて、このたび生死《しょうじ》をはなるべき身《み》となりなば、一世《いっせ》の身命《しんみょう》を捨《す》てんはものの数《かず》なるべきにあらず。身命《しんみょう》なほ惜《お》しむべからず。いはんや財宝《ざいほう》をや。このゆゑに*斯琴王《しきんおう》の私訶提仏《しかだいぶつ》に仕《つか》へ、梵摩達《ぼんまだつ》

不因釈迦…　「釈迦仏の開悟によらずは、弥陀の名願いづれの時にか聞かん」（化身土巻訓）

名願　名号《みょうごう》願力。名号にこめられた本願の救済力。

三部の妙典　『大経』『観経』『小経』の浄土三部経のこと。

五祖　曇鸞大師《どんらんだいし》・道綽禅《どうしゃくぜん》師《じ》・善導《ぜんどう》大師・法照《ほっしょう》禅師・少康法師《しょうこうほっし》を指す。

連劫累劫をふとも　多数の劫を重ねても。

順次往生　現世の命が終って、次にただちに浄土に生れること。

斯琴王の…　『般舟三昧経《はんじゅざんまいきょう》』の所説による。

が珍宝比丘《ちんぼうびく》に仕《つか》へし〔に〕飲食《おんじき》・衣服《えぶく》・臥具《がぐ》・医薬《いやく》の四事《しじ》の供養《くよう》をのべき。これみな念仏三昧《ねんぶつざんまい》の法《ほう》をきかんがためなり。おほよそ仏法《ぶっぽう》にあふことは、*おぼろげの縁《えん》にてはかなはず、*おろかなるこころざしにてはとげがたきことなり。*大《だい》王《おう》の妙法《みょうほう》をもとめし給仕《きゅうじ》を千載《せんざい》にいたし、*常啼《じょうたい》の般若《はんにゃ》をききし五百由旬《ごひゃくゆじゅん》の城《じょう》にいたる。されば仏法《ぶっぽう》を行《ぎょう》ずるには、家《いえ》をもすて欲《よく》をもすてて修行《しゅぎょう》すべきに、世《よ》をもそむかず*名利《みょうり》にも*まつはれながら、*めでたき無上《むじょう》の仏法《ぶっぽう》をききて、ながく輪廻《りんね》の故郷《こきょう》をはなれんことは、ひとへにはからざるさいはひなり。まことにこれ、本師知識《ほんしちしき》の恩徳《おんどく》にあらずといふことなし。*ちからの堪《た》へんにしたがひて、いかでか報謝《ほうしゃ》のこころざしを*ぬきいでざらんや。『長阿含経《じょうあごんぎょう》』のなかに、師長《しちょう》に仕《つこ》うまつるに五《いつ》つのことあることを説《と》けり。「一《ひと》つには給仕《きゅうじ》をいたし、二《ふた》つには礼敬供養《らいきょうくよう》す、三《み》つには尊重頂戴《そんじゅうちょうだい》す、四《よ》つには師《し》、教勅《きょうちょく》あれば敬《きょう》
18 順《じゅん》してたがふことなし、五《いつ》つには師《し》にしたがひて法《ほう》をきき、よくたもちてわすれず」といへり。しかれば、きくところの法《ほう》をよくたもち、その命《めい》をすこしもそむかず、こころざしをぬきいでて給仕《きゅうじ》・供養《くよう》をいたし、まことをはげまして尊重《そんじゅう》・礼敬《らいきょう》すべきなり。

おぼろげ　並たいてい。いいかげんな。

おろかなる　疎かな。

大王の妙法を…　釈尊が過去世において国王であった時、妙法を聞くために阿私《あし》陀《だ》仙人に千年の間仕えたことをいう。『法華経《ほけきょう》』「提婆《だいば》達多品《だったぼん》」の説。

常啼の般若を…　常啼菩薩が般若波羅蜜を求めて、東方に五百由旬《ゆじゅん》の距離を旅し、衆香城《しゅこうじょう》の曇無竭《どんむかつ》菩薩から教えを受けたことをいう。『般若経《はんにゃきょう》』の説。

名利　名聞利養《みょうもんりよう》。名誉や利益。

まつはれながら　心をひかれながら。

めでたき　すぐれた。すばらしい。

ちからの堪へんに…　力の及ぶ限り。

ぬきいでざらんや　「ぬき

これすなはち、木像《もくぞう》ものいはざればみづから仏《ぶっ》教《きょう》をのべず、経典《きょうてん》くちなければて＊づから法門《ほうもん》を説《と》くことなし。このゆゑに仏法《ぶっぽう》を授《さず》くる師範《しはん》をもつて、滅《めっ》後《ご》の如来《にょらい》とたのむべきがゆゑなり。しかのみならず善導和尚《ぜんどうかしょう》は「同行《どうぎょう》・善知《ぜんぢ》識《しき》に親近《しんごん》せよ」（礼讃・意　六六〇）とすすめ、慈恩大師《じおんだいし》は「同縁《どうえん》のともを敬《うやま》へ」（西方要決）とのべられたり。そのゆゑは、善知識《ぜんぢしき》にちかづきてはつねに仏法《ぶっぽう》を聴聞《ちょうもん》し、同行《どうぎょう》にむつびては信心《しんじん》をみがくべしといふこころなり。わろからんことをばたがひにいさめ、ひがまんことをばもろともにたすけて、正路《しょうろ》におもむかしめんがためなり。かるがゆゑに、師《し》のをしへをたもつはすなはち仏《ぶっ》教《きょう》をたもつなり、師《し》の恩《おん》を報《ほう》ずるはすなはち仏恩《ぶっとん》を報《ほう》ずるなり。同行《どうぎょう》のことばをもちゐては、すなはち諸仏《しょぶつ》のみことを信《しん》ずるおもひをなすべし。他力《たりき》の大《だい》信心《しんじん》をうるひとは、その内証《ないしょう》、如来《にょらい》にひとしきいはれあるがゆゑなり。

持《じ》名《みょう》鈔《しょう》末《まつ》

いづ」は他より卓越させる、ぬきでるの意。

てづから　みずから。

正《しょう》信《しん》偈《げ》大《たい》意《い》

本書は、題号に示されるように、親鸞聖人《しんらんしょうにん》の『教行信証《きょうぎょうしんしょう》』「行巻」の末尾に置かれる「正信念仏偈《しょうしんねんぶつげ》」の文意を簡明に訳し述べられたものである。

第八代宗主蓮如上人《れんにょしょうにん》には漢文体の『正信偈註』と『正信偈註釈』との著作があるが、いずれも本書以前の撰述と推定されている。

内容は、その多くを存覚《ぞんかく》上人の『六要鈔《ろくようしょう》』の釈をうけ、それに準拠しながらも、より平易に釈されている。初めに「正信偈」一部を二段に分けて釈すべきことを述べ、前段は『大経《だいきょう》』の意、後段は七高僧の意をあらわされたものとするなど、「正信偈」の見方の基本を示されたものといえる。次いで題号を釈し、本文を追って解釈を施されるが、そのなかに随所に蓮如上人独自の釈義をうかがうことができる。

正《しょう》信《しん》偈《げ》大《たい》意《い》

【一】　そもそも、この「正信偈《しょうしんげ》」といふは、*句《く》のかず百二十《ひゃくにじゅう》、行《ぎょう》のかず六十《ろくじゅう》なり。これは*三朝高祖《さんちょうこうそ》の解釈《げしゃく》によりて、ほぼ一宗大綱《いっしゅうたいこう》の要義《ようぎ》をのべましましけり。この偈《げ》のはじめ「帰命《きみょう》」といふより「無過斯《むかし》」といふにいたるまでは、四十四句《しじゅうしく》二十二行《にじゅうにぎょう》なり。これは『大経《だいきょう》』のこころなり。「印度《いんど》」以下《いげ》の四句《しく》は、総《そう》じて三朝《さんちょう》の祖師《そし》、浄土《じょうど》の教《きょう》をあらはすこころを標《ひょう》したまへり。また「釈迦《しゃか》」といふより偈《げ》のをはるまでは、これ七高祖《しちこうそ》の讃《さん》のこころなり。

問《と》うていはく、「正信偈《しょうしんげ》」といふは、これはいづれの義《ぎ》ぞや。

答《こた》へていはく、「正《しょう》」といふは、傍《ぼう》に対《たい》し、邪《じゃ》に対《たい》し、雑《ぞう》に対《たい》することばなり。「信《しん》」といふは、疑《ぎ》に対《たい》し、また行《ぎょう》に対《たい》することばなり。

【二】　「*帰命無量寿如来《きみょうむりょうじゅにょらい》」といふは、寿命《じゅみょう》の無量《むりょう》なる体《たい》なり、また唐土《とうど》（中国）のことばなり。阿弥陀如来《あみだにょらい》に南無《なも》したてまつれといふこころなり。「*南無不可《なもふか》

句のかず百二十…　七言の偈頌《げじゅ》は二句を一行とするので、百二十句の「正信偈」は六十行となる（四言、五言の偈頌は四句を一行とする）。

三朝高祖　インド・中国・日本に現れた高僧。→七高僧《しちこうそう》

帰命無量…　「無量寿如来に帰命し」

南無不可…　「不可思議光に南無したてまつる」

思議光《しぎこう》」といふは、智慧《ちえ》の光明《こうみょう》のその徳《とく》すぐれたまへるすがたなり。「帰命無《きみょうむ》量寿如来《りょうじゅにょらい》」といふは、すなはち南無阿弥陀仏《なもあみだぶつ》の体《たい》なりとしらせ、この南無阿《なもあ》
4 弥陀仏《みだぶつ》と申《もう》すは、こころをもつてもはかるべからず、ことばをもつても説《と》きのぶべからず、この二《ふた》つの道理《どうり》きはまりたるところを南無不可思議光《なもふかしぎこう》とは申《もう》したてまつるなり。これを報身如来《ほうじんにょらい》と申《もう》すなり、これを尽十方無碍光如来《じんじっぽうむげこうにょらい》となづけたてまつるなり。*この如来《にょらい》を、方便法身《ほうべんほっしん》とは申《もう》すなり。方便《ほうべん》と申《もう》すは、かたちをあらはし、御名《みな》をしめして、衆生《しゅじょう》にしらしめたまふを申《もう》すなり。すなはち阿弥陀仏《あみだぶつ》なり。この如来《にょらい》は光明《こうみょう》なり。光明《こうみょう》は智慧《ちえ》なり。*智慧《ちえ》はひかりのかたちなり。智慧《ちえ》またかたちなければ不可思議光仏《ふかしぎこうぶつ》と申《もう》すなり。この如来《にょらい》、十方《じっぽう》*微塵世界《みじんせかい》にみちみちたまへるがゆゑに、無辺光仏《むへんこうぶつ》と申《もう》す。しかれば、世親菩薩《せしんぼさつ》(天親)は、「尽十方無碍光如来《じんじっぽうむげこうにょらい》」(浄土論 二九)となづけたてまつりたまへり。さればこの如来《にょらい》に南無《なも》し帰命《きみょう》したてまつれば、摂取不捨《せっしゅふしゃ》のゆゑに真実報土《しんじつほうど》の往《おう》生《じょう》をとぐべきものなり。

【三】「*法蔵菩薩因位時《ほうぞうぼさついんにじ》　在世自在王仏所《ざいせじざいおうぶつしょ》　覩見諸仏浄土因《とけんしょぶつじょうどいん》　国土人天之善悪《こくどにんでんしぜんあく》」といふは、「世自在王仏《せじざいおうぶつ》」と申《もう》すは、弥陀如来《みだにょらい》のむかしの師匠《ししょう》の御《おん》ことなり。

この如来を…たまへり　『一多文意』にもとづく。

智慧はひかりのかたちなり　「ひかりは智慧のかたちなり」の意か。

微塵世界　数限りない世界。

法蔵菩薩…　「法蔵菩薩の因位の時、世自在王仏の所《みもと》にましまして、諸仏の浄土の因、国土人天の善悪を覩見して」

5

しかれば、この仏《ぶつ》のみもとにして、二百一十億《にひゃくいちじゅうおく》の諸仏《しょぶつ》の浄土《じょうど》のなかの善悪《ぜんあく》を観見《とけん》*しましまして、そのなかにわろきをばえらびすて、よきをばえらびとりたまひて、わが浄土《じょうど》としましますといへるこころにてあるなり。

*「建立無上殊勝願《こんりゅうむじょうしゅしょうがん》　超発希有大弘誓《ちょうほつけうだいぐぜい》」といふは、諸仏《しょぶつ》の浄土《じょうど》をえらびとりて西方極楽世界《さいほうごくらくせかい》の殊勝《しゅしょう》の浄土《じょうど》を建立《こんりゅう》したまふがゆゑに、超世希有《ちょうせけう》の大願《だいがん》とも、また横超《おうちょう》の大誓願《だいせいがん》とも申《もう》すなり。

*「五劫思惟之摂受《ごこうしゆいししょうじゅ》」といふは、まづ一劫《いっこう》といふは、たかさ四十里《しじゅうり》ひろさ四十《しじゅう》里《り》の石《いし》を、天人《てんにん》の羽衣《はごろも》をもつて、そのおもさ、銭一《ぜにひと》つの*四《よ》つの字《じ》を一《ひと》つのけて三《み》つの字《じ》のおもさなるをきて、三年《さんねん》に一度《いちど》くだりてこの石《いし》をなで尽《つく》せるを一劫《いっこう》といふなり。これを五《いっ》つなで尽《つく》すほど、阿弥陀仏《あみだぶつ》の、むかし法蔵比丘《ほうぞうびく》と申《もう》せしとき、思惟《しゆい》してやすきみのりをあらはして、十悪《じゅうあく》・五逆《ごぎゃく》の罪人《ざいにん》も*五障《ごしょう》・三従《さんしょう》の女人《にょにん》をも、もらさずみちびきて浄土《じょうど》に往生《おうじょう》せしめんと誓《ちか》ひましましけり。

*「重誓名声聞十方《じゅうせいみょうしょうもんじっぽう》」といふは、弥陀如来《みだにょらい》、仏道《ぶつどう》をなりましまさんに、*名《みょう》声十方《しょうじっぽう》に聞《きこ》えざるところあらば、正覚《しょうがく》を成《な》らじと誓《ちか》ひましますといへるところなり。

観見　みること。

建立無上…　「無上殊勝の願を建立し、希有の大弘誓を超発せり」→補註17

五劫思惟…　「五劫これを思惟して摂受す」

四つの字　貨幣に刻まれた四つの文字のこと。「銭一つの…」とは、銭一枚の四分の三の重さ、軽いものの喩え。

五障三従の女人　→補註14

重誓名声…　「重ねて誓ふらくは、名声十方に聞えんと」

名声　阿弥陀仏の名号《みょうごう》のこと。

【四】「普放《ふほう》無量《むりょう》無辺光《むへんこう》」といふより「超日月光《ちょうにちがっこう》」といふにいたるまでは、これ十二《じゅうに》光仏《こうぶつ》の一々《いちいち》の御名《みな》なり。「*無量光仏《むりょうこうぶつ》」といふは、利益《りやく》の長遠《じょうおん》なることをあらはす。*過《か》・現《げん》・未来《みらい》にわたりてその限量《げんりょう》なし、数《かず》としてさらにひとしき数《かず》なきがゆゑなり。「無辺光仏《むへんこうぶつ》」といふは、照用《しょうゆう》の広大《こうだい》なる徳《とく》をあらはす。十《じっ》方《ぽう》世界《せかい》を尽《つく》してさらに辺際《へんざい》なし、縁《えん》として照《て》らさずといふことなきがゆゑなり。「無礙光仏《むげこうぶつ》」といふは、*神光《じんこう》の障礙《しょうげ》なき相《そう》をあらはす。*人法《にんぼう》としてよく*さふることなきがゆゑなり。礙《げ》において内外《ないげ》の二障《にしょう》あり。外障《げしょう》といふは、山河大《さんがだい》地《じ》・雲霧煙霞等《うんむえんかとう》なり。内障《ないしょう》といふは、*貪《とん》・瞋《しん》・痴《ち》・*慢等《まんとう》なり。「*光雲無礙如虚《こううんむげにょこ》空《く》」（讃弥陀偈　一六二）の徳《とく》あれば、よろづの外障《げしょう》にさへられず、「*諸邪業繋無《しょじゃごうけむ》能礙者《のうげしゃ》」（定善義　四三七）のちからあれば、もろもろの内障《ないしょう》にさへられず。かるがゆゑに天親菩薩《てんじんぼさつ》は「尽十方無礙光如来《じんじっぽうむげこうにょらい》」（浄土論　二九）とほめたまへり。
6「無対光仏《むたいこうぶつ》」といふは、ひかりとしてこれに相対《そうたい》すべきものなし。もろもろの菩薩《ぼさつ》のおよぶところにあらざるがゆゑなり。「炎王光仏《えんのうこうぶつ》」といふは、または光《こう》炎王仏《えんのうぶつ》と号《ごう》す。光明自在《こうみょうじざい》にして無上《むじょう》なるがゆゑなり。『大経《だいきょう》』（下）に「*猶如《ゆにょ》火王《かおう》　焼滅一切《しょうめついっさい》　煩悩薪故《ぼんのうしんこ》」と説《と》けるは、このひかりの徳《とく》を嘆《たん》ずるなり。火《ひ》

無量光仏といふは…　以下、十二光仏の名についての記述は、存覚《ぞんかく》上人の『顕名鈔《けんみょうしょう》』にもとづく。

過現　過去・現在。

神光　不可思議な光明《こうみょう》。

人法　人は有情《うじょう》（感情や意識を有するもの。衆生《しゅじょう》）、法は非情（感情や意識のないもの。草木・山河・大地など）を指す。

さふること　さえぎること。

貪瞋痴　貪欲と瞋恚と愚痴。→貪欲《とんよく》、瞋恚《しんに》、愚痴《ぐち》

慢　慢心（おもいあがる心）。

光雲無礙…　「光、雲のごとくにして無礙なること虚空のごとし」（真仏土巻訓）

諸邪業繋…　「諸邪業繋もよく礙《さ》ふるものなし」

猶如火王…　「なほ火王のごとし、一切の煩悩の薪を焼滅するがゆゑに」

をもつて薪《たきぎ》を焼《や》くに、尽《つ》さずといふことなきがごとく、光明《こうみょう》の*智火《ちか》をもつて煩悩《ぼんのう》の薪《たきぎ》を焼《や》くに、さらに滅《めつ》せずといふことなし。三途《さんず》*黒闇《こくあん》の衆生《しゅじょう》も光照《こうしょう》をかうぶり解脱《げだつ》を得《う》るは、このひかりの益《やく》なり。「清浄光仏《しょうじょうこうぶつ》」といふは、無貪《むとん》の善根《ぜんごん》より生《しょう》ず。かるがゆゑにこのひかりをもつて衆生《しゅじょう》の貪欲《とんよく》を治《ち》するなり。「歓喜光仏《かんぎこうぶつ》」といふは、無瞋《むしん》の善根《ぜんごん》より生《しょう》ず。かるがゆゑにこのひかりをもつて衆生《しゅじょう》の瞋恚《しんに》を滅《めつ》するなり。「智慧光仏《ちえこうぶつ》」といふは、無痴《むち》の善根《ぜんごん》より生《しょう》ず。かるがゆゑにこのひかりをもつて無明《むみょう》の闇《あん》を破《は》するなり。「不断光仏《ふだんこうぶつ》」といふは、一切《いっさい》のときに、ときとして照《て》らさずといふことなし。*三世常恒《さんぜじょうごう》にして照益《しょうやく》をなすがゆゑなり。「難思光仏《なんじこうぶつ》」といふは、神光《じんこう》の相《そう》をはなれてなづくべきところなし。はるかに言語《ごんご》の境界《きょうがい》にこえたるがゆゑなり。こころをもつてはかるべからざれば「難思光仏《なんじこうぶつ》」といひ、ことばをもつて説《と》くべからざれば「無称光仏《むしょうこうぶつ》」と号《ごう》す。*『無量寿如来会《むりょうじゅにょらいえ》』（上）には、難思光仏《なんじこうぶつ》をば「不可思議光《ふかしぎこう》」となづけ、無称光仏《むしょうこうぶつ》をば「不可称量光《ふかしょうりょうこう》」といへり。「超日月光仏《ちょうにちがつこうぶつ》」といふは、日月《にちがつ》はただ四天下《してんげ》を照《て》らして、かみ上天《じょうてん》におよばず、しも地獄《じごく》にいたらず。仏光《ぶっこう》はあまねく八方上下《はっぽうじょうげ》を照《て》らして障碍《しょうげ》するところなし。かるがゆゑに日月《にちがつ》

智火　智慧《ちえ》の火。
黒闇　迷いの闇。無明にねざす迷いの状態をくらやみに喩える。

三世常恒　過去・現在・未来にわたって永久に変ることがないこと。

無量寿如来会には…　『如来会』では、阿弥陀仏の光明《こうみょう》の徳を十五光の名称でたたえている。

7 に超《こ》えたり。さればこの十二《じゅうに》光《こう》を放《はな》ちて十方微塵世界《じっぽうみじんせかい》を照《て》らして衆生《しゅじょう》を利益《りやく》したまふなり。

「*一切群生蒙光照《いっさいぐんじょうむこうしょう》」といふは、あらゆる衆生《しゅじょう》、宿善《しゅくぜん》あればみな光照《こうしょう》の益《やく》にあづかりたてまつるといへるこころなり。

「*本願名号正定業《ほんがんみょうごうしょうじょうごう》」といふは、第十七《だいじゅうしち》の願《がん》のこころなり。十方《じっぽう》の諸仏《しょぶつ》にわが名《な》をほめられんと誓《ちか》ひましまして、すでにその願成就《がんじょうじゅ》したまへるすがたは、すなはちいまの本願《ほんがん》の名号《みょうごう》の体《たい》なり。これすなはちわれらが往生《おうじょう》をとぐべき*行体《ぎょうたい》なりとしるべし。

「*至心信楽願為因《ししんしんぎょうがんいいん》　成等覚証大涅槃《じょうとうがくしょうだいねはん》　必至滅度願成就《ひっしめつどがんじょうじゅ》」といふは、第十八《だいじゅうはち》の真実《しんじつ》の信心《しんじん》をうればすなはち正定聚《しょうじょうじゅ》に住《じゅう》す。そのうへに等正覚《とうしょうがく》にいたり大涅槃《だいねはん》を証《しょう》することは、第十一《だいじゅういち》の願《がん》の必至滅度《ひっしめつど》の願成就《がんじょうじゅ》したまふがゆゑなり。これを平生業成《へいぜいごうじょう》とは申《もう》すなり。されば正定聚《しょうじょうじゅ》といふは不退《ふたい》の位《くらい》なり、これはこの*土《ど》の益《やく》なり。滅度《めつど》といふは涅槃《ねはん》の位《くらい》なり、これはかの*土《ど》の益《やく》なりとしるべし。『和讃《わさん》』（高僧和讃・二〇）にいはく、「*願土《がんど》にいたればすみやかに　無《む》上涅槃《じょうねはん》を証《しょう》してぞ　すなはち大悲《だいひ》をおこすなり　これを回向《えこう》となづけたり」

一切群生…　「一切の群生、光照を蒙る」

本願名号…　「本願の名号は正定の業なり」

行体　行の当体。衆生《しゅじょう》往生の因となる行そのもののこと。

至心信楽…　「至心信楽の願を因とす。等覚を成り大涅槃を証することは、必至滅度の願成就なり」

この土　娑婆《しゃば》世界。

かの土　阿弥陀仏の浄土。

願土　阿弥陀仏の本願によって成就された国土。

といへり。これをもつてこころうべし。

【五】「*如来所以興出世《にょらいしょいこうしゅつせ》　唯説弥陀本願海《ゆいせつみだほんがんかい》　五濁悪時群生海《ごじょくあくじぐんじょうかい》　応信如来如実《おうしんにょらいにょじつ》言《ごん》」といふは、釈尊出世《しゃくそんしゅっせ》の元意《がんい》は、ただ弥陀《みだ》の本願《ほんがん》を説《と》きましまさんがため
8
に世《よ》に出《い》でたまへり。五濁悪世界《ごじょくあくせかい》の衆生《しゅじょう》、一向《いっこう》に弥陀《みだ》の本願《ほんがん》を信《しん》じたてまつれといへるこころなり。

「*能発一念喜愛心《のうほついちねんきあいしん》」といふは、*一念歓喜《いちねんかんぎ》の信心《しんじん》のことなり。

「*不断煩悩得涅槃《ふだんぼんのうとくねはん》」といふは、願力《がんりき》の不思議《ふしぎ》なるがゆゑに、わが身《み》には煩悩《ぼんのう》を断《だん》ぜざれども、仏《ぶつ》のかたよりはつひに*涅槃《ねはん》にいたるべき分《ぶん》に定《さだ》まるものなり。

「*凡聖逆謗斉回入《ぼんしょうぎゃくほうさいえにゅう》　如衆水入海一味《にょしゅすいにゅうかいいちみ》」といふは、凡夫《ぼんぶ》も聖人《しょうにん》も五逆《ごぎゃく》も謗《ほう》法《ぼう》も、斉《ひと》しく本願《ほんがん》の大智海《だいちかい》に回入《えにゅう》すれば、もろもろの水《みず》の海《うみ》に入《い》りて一味《いちみ》なるがごとしといへるこころなり。

「*摂取心光常照護《せっしゅしんこうじょうしょうご》　已能雖破無明闇《いのうすいはむみょうあん》　貪愛瞋憎之雲霧《とんないしんぞうしうんむ》　常覆真実信心天《じょうふしんじつしんじんてん》　譬如日光覆雲霧《ひにょにっこうふうんむ》　雲霧之下明無闇《うんむしげみょうむあん》」といふは、弥陀如来《みだにょらい》、念仏《ねんぶつ》の衆生《しゅじょう》を摂取《せっしゅ》したまふひかりはつねに照《て》らしたまひて、すでによく無明《むみょう》の闇《あん》を破《は》すといへども、貪欲《とんよく》と瞋恚《しんに》と、雲《くも》・霧《きり》のごとくして真実信心《しんじつしんじん》の天《てん》に覆《おお》へること、日光《にっこう》のあ

如来所以…　「如来、世に興出したまふゆゑは、ただ弥陀の本願海を説かんとなり。五濁悪時の群生海、如来如実の言《みこと》を信ずべし」

能発一念…　「よく一念喜愛の心を発すれば」

一念歓喜の信心　本願を聞いて二心《ふたごころ》なくよろこぶ信心のこと。親鸞聖人は、一念とは信心を得る時のきわまり、歓は身を、喜は心をよろこばせることであるという。

不断煩悩…　「煩悩を断ぜずして涅槃を得るなり」

涅槃にいたるべき分　涅槃に至ることに定まった位。正定聚のこと。→正定聚《しょうじょうじゅ》

凡聖逆謗…　「凡聖・逆謗斉《ひと》しく回入すれば、衆水海に入りて一味なるがごとし」

摂取心光…　「摂取の心光、つねに照護したまふ。すで

きらかなるを、雲《くも》・霧《きり》の覆《おお》ふによりてかくすといへども、そのしたはあきらかなるがごとしといへり。

9

「*獲信見敬大慶喜《ぎゃくしんけんきょうだいきょうき》」といふは、法《ほう》をききてわすれず、おほきによろこぶひとをば、釈尊《しゃくそん》は「わがよき親友《しんぬ》なり」（大経・下）とのたまへり。

「*即横超截五悪趣《そくおうちょうぜつごあくしゅ》」といふは、一念慶喜《いちねんきょうき》の心《しん》おこれば、願力不思議《がんりきふしぎ》のゆゑに、すなはちよこさまに自然《じねん》として地獄《じごく》・餓鬼《がき》・畜生《ちくしょう》・修羅《しゅら》・人《にん》・天《てん》のきづなを截《き》るといへるこころなり。

「*一切善悪凡夫人《いっさいぜんあくぼんぶにん》　聞信如来弘誓願《もんしんにょらいぐぜいがん》　仏言広大勝解者《ぶつごんこうだいしょうげしゃ》　是人名分陀利華《ぜにんみょうふんだりけ》」といふは、一切《いっさい》の善人《ぜんにん》も悪人《あくにん》も、如来《にょらい》の本願《ほんがん》を聞信《もんしん》すれば、釈尊《しゃくそん》はこのひとを「*広大勝解《こうだいしょうげ》のひとなり」（如来会・下）といひ、また「分陀利華《ふんだりけ》」（観経）にたとへ、あるいは「*上上人《じょうじょうにん》なり」（散善義　五〇〇）とも、「*希有人《けうにん》なり」（同）ともほめたまへり。

「*弥陀仏本願念仏《みだぶつほんがんねんぶつ》　邪見憍慢悪衆生《じゃけんきょうまんあくしゅじょう》　信楽受持甚以難《しんぎょうじゅじじんいなん》　難中之難無過斯《なんちゅうしなんむかし》」といふは、弥陀如来《みだにょらい》の本願《ほんがん》の念仏《ねんぶつ》をば、邪見《じゃけん》のものと憍慢《きょうまん》のものと悪人《あくにん》とは、真実《しんじつ》に信《しん》じたてまつること難《かた》きがなかに難《かた》きこと、これに過《す》ぎたるはなしとい

によく無明の闇を破すといへども、貪愛・瞋憎の雲霧、つねに真実信心の天に覆へり。たとへば日光の雲霧に覆はるれども、雲霧の下あきらかにして闇なきがごとし」

獲信見敬…　「信を獲て見て敬ひ大きに慶喜すれば」

即横超截…　「すなはち横《おう》に五悪趣を超截す」

一切善悪…　「一切善悪の凡夫人、如来の弘誓願を聞信すれば、仏、広大勝解のひととのたまへり。この人を分陀利華と名づく」

広大勝解のひと　広大なすぐれた法をよく領解《りょうげ》した智《ち》慧《え》の人の意で、他力信心の行者をいう。

上上人　この上ない人。

希有人　きわめてまれな人。

弥陀仏本願…　「弥陀仏の

へるこころなり。

【六】「*印度西天之論家《いんどさいてんしろんげ》　中夏日域之高僧《ちゅうかじちいきしこうそう》　顕大聖興世正意《けんだいしょうこうせしょうい》　明如来本誓応機《みょうにょらいほんぜいおうき》」といふは、印度西天《いんどさいてん》といふは天竺《てんじく》なり、中夏《ちゅうか》といふは唐土《とうど》（中国）なり、日域《じちいき》といふは日本《にっぽん》のことなり。この三国《さんごく》の祖師《そし》等《とう》、念仏《ねんぶつ》の一行《いちぎょう》をすすめ、ことに釈尊出世《しゃくそんしゅっせ》の本懐《ほんがい》は、ただ弥陀《みだ》の本願《ほんがん》をあまねく説《と》きあらはして、末世《まっせ》の凡夫《ぼんぶ》の機《き》に応《おう》じたることをあかしましますといへるこころなり。

【七】「*釈迦如来楞伽山《しゃかにょらいりょうがせん》　為衆告命南天竺《いしゅごうみょうなんてんじく》　龍樹大士出於世《りゅうじゅだいじしゅっおせ》　悉能摧破有無見《しつのうさいはうむけん》　宣説大乗無上法《せんぜつだいじょうむじょうほう》　証歓喜地生安楽《しょうかんぎじしょうあんらく》」といふは、この龍樹菩薩《りゅうじゅぼさつ》は*八宗《はっしゅう》の祖師《そし》、千部《せんぶ》の論師《ろんじ》なり。釈尊《しゃくそん》の滅後《めつご》五百余歳《ごひゃくよさい》に出世《しゅっせ》したまふ。釈尊《しゃくそん》これをかねてしろしめして、『楞伽経《りょうがきょう》』に説《と》きたまはく、「南天竺国《なんてんじくこく》に龍樹《りゅうじゅ》といふ比丘《びく》あるべし。よく*有無《うむ》の邪見《じゃけん》を破《は》して、大乗無上《だいじょうむじょう》の法《ほう》を説《と》きて、歓喜地《かんぎじ》を証《しょう》して安楽《あんらく》に往生《おうじょう》すべし」と未来記《みらいき》したまへり。

「*顕示難行陸路苦《けんじなんぎょうろくろく》　信楽易行水道楽《しんぎょういぎょうすいどうらく》」といふは、かの龍樹《りゅうじゅ》の『十住毘婆沙論《じゅうじゅうびばしゃろん》』に、念仏《ねんぶつ》をほめたまふに二種《にしゅ》の道《どう》をたてたまふ。一《ひと》つには難行道《なんぎょうどう》、二《ふた》つには易行道《いぎょうどう》なり。その難行道《なんぎょうどう》の修《しゅ》しがたきことをたとふるに、陸地《ろくじ》のみち

本願念仏は、邪見・憍慢の悪衆生、信楽受持すること、はなはだもつて難し。難のなかの難これに過ぎたるはなし」

印度西天…　「印度西天の論家、中夏・日域の高僧、大聖興世の正意を顕し、如来の本誓、機に応ずることを明かす」

釈迦如来…　「釈迦如来、楞伽山にして、衆のために告命したまはく、南天竺に龍樹《りゅうじゅ》大士世に出でて、ことごとくよく有無の見を摧破せん。大乗無上の法を宣説し、歓喜地を証して安楽に生ぜん」

八宗の祖師　龍樹菩薩の教学は広く諸宗の基盤となっているので、このようにいう。

有無の邪見　有見・無見の

を歩《あゆ》ぶがごとしといへり。易行道《いぎょうどう》の修《しゅ》しやすきことをたとふるに、水《みず》のうへを船《ふね》に乗《の》りてゆくがごとしといへり。

「*憶念《おくねん》弥陀《みだ》仏《ぶつ》本願《ほんがん》　自然《じねん》即《そく》時《じ》入《にゅう》必定《ひつじょう》」といふは、本願力《ほんがんりき》の不思議《ふしぎ》を憶念《おくねん》するひとは、おのづから*必定《ひつじょう》に入《い》るべきものなりといへるこころなり。

「*唯能《ゆいのう》常《じょう》称《しょう》如来《にょらい》号《ごう》　応報《おうほう》大悲《だいひ》弘誓《ぐぜい》恩《おん》」といふは、真実《しんじつ》の信心《しんじん》を獲得《ぎゃくとく》せんひとは、行《ぎょう》住坐《じゅうざ》臥《が》に名号《みょうごう》を称《とな》へて、大悲《だいひ》弘誓《ぐぜい》の恩徳《おんどく》を報《ほう》じたてまつるべしといへるこころなり。

【八】「*天親《てんじん》菩薩《ぼさつ》造論説《ぞうろんせつ》　帰命《きみょう》無礙《むげ》光《こう》如来《にょらい》」といふは、この天親《てんじん》菩薩《ぼさつ》も龍樹《りゅうじゅ》とおなじく千部《せんぶ》の論師《ろんじ》なり。仏滅後《ぶつめつご》九百年《くひゃくねん》にあたりて出世《しゅっせ》したまふ。『浄土論《じょうどろん》』一巻《いっかん》を造《つく》りて、あきらかに*三経《さんぎょう》の大意《たいい》をのべ、もっぱら無礙《むげ》光《こう》如来《にょらい》に帰命《きみょう》したてまつりたまへり。

「*依修多羅《えしゅたら》顕真実《けんしんじつ》　光闡《こうせん》横超《おうちょう》大誓願《だいせいがん》　広由《こうゆ》本願力《ほんがんりき》回向《えこう》　為度《いど》群生《ぐんじょう》彰《しょう》一心《いっしん》」といふは、この菩薩《ぼさつ》、*大乗《だいじょう》経《きょう》によりて真実《しんじつ》を顕《あらわ》す。その真実《しんじつ》といふは念仏《ねんぶつ》なり。横超《おうちょう》の大誓願《だいせいがん》をひらきて、本願《ほんがん》の回向《えこう》によりて群生《ぐんじょう》を済度《さいど》せんがために、論主《ろんじゅ》（天親）も一心《いっしん》に無礙《むげ》光《こう》に帰命《きみょう》し、おなじく衆生《しゅじょう》も一心《いっしん》にかの如来《にょらい》に帰《き》

誤った見解。→有無《うむ》②

顕示難行…「難行の陸路、苦しきことを顕示して、易行の水道、楽しきことを信楽せしむ」

憶念弥陀…「弥陀仏の本願を憶念すれば、自然に即の時必定に入る」

必定　必ず仏になると定まった位。

唯能常称…「ただよくつねに如来の号《みな》を称して、大悲弘誓の恩を報ずべし」

天親菩薩…「天親菩薩、論を造りて説かく、無礙光如来に帰命したてまつる」

三経　『大経』『観経』『小経』の浄土三部経。

依修多羅…「修多羅によりて真実を顕して、横超の大誓願を光闡す。広く本願力の回向によりて、群生を度せんがために一心を彰す」

11

命《みょう》せよとすすめたまへり。

「*帰入功徳大宝海《きにゅうくどくだいほうかい》　必獲入大会衆数《ひつぎゃくにゅうだいえしゅしゅ》」といふは、大宝海《だいほうかい》といふは、よろづの衆生《しゅじょう》をきらはず、さはりなく、へだてず、みちびきたまふを、大海《だいかい》の水《みず》のへだてなきにたとへたり。この功徳《くどく》の大宝海《だいほうかい》に帰入《きにゅう》すれば、かならず弥陀《みだ》*大《だい》会《え》の数《かず》に入《い》るといへるこころなり。

「*得至蓮華蔵世界《とくしれんげぞうせかい》　即証真如法性身《そくしょうしんにょほっしょうしん》」といふは、蓮華蔵世界《れんげぞうせかい》といふは安養《あんにょう》世界《せかい》のことなり。かの土《ど》にいたりなば、すみやかに真如法性《しんにょほっしょう》の身《み》をうべきものなりといふこころなり。

「*遊煩悩林現神通《ゆぼんのうりんげんじんずう》　入生死園示応化《にゅうしょうじおんじおうげ》」といふは、これは還相回向《げんそうえこう》のこころなり。弥陀《みだ》の浄土《じょうど》にいたりなば、娑婆《しゃば》にもまたたちかへり、神通自在《じんずうじざい》をもつて、こころにまかせて、衆生《しゅじょう》をも利益《りやく》せしむべきものなり。

【九】「*本師曇鸞梁天子《ほんしどんらんりょうてんし》　常向鸞処菩薩礼《じょうこうらんしょぼさつらい》」といふは、曇鸞大師《どんらんだいし》はもとは四論《しろん》宗《しゅう》のひとなり。四論《しろん》といふは、三論《さんろん》に『*智論《ちろん》』をくはふるなり。三論《さんろん》といふは、一《ひと》つには『中論《ちゅうろん》』、二《ふた》つには『百論《ひゃくろん》』、三《み》つには『十二門論《じゅうにもんろん》』なり。和《か》尚《しょう》（曇鸞）はこの四論《しろん》に通達《つうだつ》しましましけり。さるほどに、梁国《りょうこく》の天子《てんし》*蕭王《そうおう》は

大乗経　ここでは浄土三部経のこと。

帰入功徳…　「功徳大宝海に帰入すれば、かならず大会衆の数に入ることを獲《う》」

大会の数　浄土で阿弥陀仏が説法する時の集会を広大会と名づけ、それに参列し聞法《もんぼう》する大衆《だいしゅ》を大会衆という。ここでは信心の行者が、現生（この世）において正《しょう》定聚《じょうじゅ》に入り、阿弥陀仏の眷属《けんぞく》となることをいう。

得至蓮華…　「蓮華蔵世界に至ることを得れば、すなはち真如法性の身を証せしむ」

遊煩悩林…　「煩悩の林に遊んで神通を現じ、生死の園に入りて応化を示す」

本師曇鸞…　「本師曇鸞は、梁の天子、つねに鸞の処に向かひて菩薩と礼したてま

御信仰《ごしんこう》ありて、おはせし方《かた》につねに向《む》かひて、曇鸞菩薩《どんらんぼさつ》とぞ礼《らい》しましましけり。

「*三蔵流支授浄教《さんぞうるしじゅじょうきょう》　焚焼仙経帰楽邦《ぼんじょうせんぎょうきらくほう》」といふは、かの曇鸞大師《どんらんだいし》、はじめは四論宗《しろんしゅう》にておはせしが、仏法《ぶっぽう》のそこをならひきはめたりといふとも、いのちみじかくは、ひとをたすくることいくばくならんとて、*陶隠居《とういんきょ》といふひとにあ
12
うて、まづ長生不死《ちょうせいふし》の法《ほう》をならひぬ。すでに三年《さんねん》のあひだ仙人《せんにん》のところにしてならひえてかへりたまふ。そのみちにて菩提流支《ぼだいるし》と申《もう》す*三蔵《さんぞう》にゆきあひてのたまはく、「仏法《ぶっぽう》のなかに長生不死《ちょうせいふし》の法《ほう》は、*この土《ど》の仙経《せんぎょう》にすぐれたる法《ほう》やある」と問《と》ひたまへば、三蔵《さんぞう》、地《じ》につばきを吐《は》きていはく、「この方《ほう》にはいづくのところにか長生不死《ちょうせいふし》の法《ほう》あらん。たとひ長年《ちょうねん》を得《え》てしばらく死《し》せずといふとも、つひに三有《さんぬ》に輪廻《りんね》すべし」といひて、すなはち浄土《じょうど》の『*観無量寿経《かんむりょうじゅきょう》』を授《さず》けていはく、「これこそまことの長生不死《ちょうせいふし》の法《ほう》なり。これによりて念仏《ねんぶつ》すれば、はやく生死《しょうじ》をのがれて、はかりなきいのちを得《う》べし」とのたまへば、曇《どん》鸞《らん》これをうけとりて、仙経十巻《せんぎょうじっかん》をたちまちに焼《や》きすてて、一向《いっこう》に浄土《じょうど》に帰《き》したまひけり。

「*天親菩薩論註解《てんじんぼさつろんちゅげ》　報土因果顕誓願《ほうどいんがけんせいがん》」といふは、かの鸞師《らんし》（曇鸞）、天親菩薩《てんじんぼさつ》

つる」

智論　『大智度論』のこと。↓大智度論《だいちどろん》

蕭王　南朝梁《りょう》の武帝（四六四—五四九）のこと。名は蕭衍《しょうえん》。五〇二年、南斉《なんせい》の和帝の禅譲によって帝位につき、梁を興した。仏教を深く信奉。侯景《こうけい》の乱によって憂死した。通常は「しょうおう」と読むが、当派依用音によって「そうおう」と振る。

三蔵流支…　「三蔵流支、浄教を授けしかば、仙経を梵焼して楽邦に帰したまひき」

陶隠居　（四五六—五三六）曇鸞大師《どんらんだいし》が仙経十巻を授かった梁の道士陶弘景《とうこうけい》のこと。世事を捨てて茅山《ぼうざん》に入り、華陽《かよう》陶隠居と号した。文集に『華陽陶隠居集』二巻、

の『浄土論《じょうどろん》』に『註解《ちゅうげ》』（論註）といふふみをつくりて、くはしく極楽《ごくらく》の因《いん》果《が》、一々《いちいち》の誓願《せいがん》を顕《あらわ》したまへり。

「*往還回向由他力《おうげんえこうゆたりき》　正定之因唯信心《しょうじょうしいんゆいしんじん》」といふは、往相《おうそう》・還相《げんそう》の二種《にしゅ》の回向《えこう》は、凡夫《ぼんぶ》としては*さらにおこさざるものなり、ことごとく如来《にょらい》の他力《たりき》よりおこさしめられたり。正定《しょうじょう》の因《いん》は信心《しんじん》をおこさしむるによれるものなりとなり。

「*惑染凡夫信心発《わくぜんぼんぶしんじんほつ》　証知生死即涅槃《しょうちしょうじそくねはん》」といふは、一念《いちねん》の信《しん》おこりぬれば、いかなる*惑染《わくぜん》の機《き》なりといふとも、不可思議《ふかしぎ》の法《ほう》なるがゆゑに、生死《しょうじ》すなはち涅《ね》槃《はん》なりといへるこころなり。

「*必至無量光明土《ひっしむりょうこうみょうど》　諸有衆生皆普化《しょうしゅじょうかいふけ》」といふは、聖人《しょうにん》（親鸞）、弥陀《みだ》の真土《しんど》を定《さだ》めたまふとき、「仏《ぶつ》はこれ不可思議光《ふかしぎこう》、土《ど》はまた無量光明土《むりょうこうみょうど》なり」（真仏土巻・意）といへり。かの土《ど》にいたりなばまた穢土《えど》にたちかへり、あらゆる有《う》情《じょう》を化《け》すべしとなり。

13

【一〇】「*道綽決聖道難証《どうしゃくけっしょうどうなんしょう》　唯明浄土可通入《ゆいみょうじょうどかつうにゅう》」といふは、この道綽《どうしゃく》はもとは涅槃宗《ねはんしゅう》の学者《がくしゃ》なり。曇鸞和尚《どんらんかしょう》の*面授《めんじゅ》の弟子《でし》にあらず。その時代《じだい》*一百余歳《いっぴゃくよさい》をへだてたり。しかれども、*并州玄中寺《へいしゅうげんちゅうじ》にして曇鸞《どんらん》の碑《ひ》の文《もん》をみて、浄土《じょうど》に帰《き》し

道教関係の書に『真誥《しんこう》』などがある。

三蔵　→三蔵《さんぞう》[2]

この土　ここでは中国のこと。

観無量寿経を授け…　『続《ぞく》高僧伝《こうそうでん》』巻六では『観経』を授けたとするが、諸説があって定かではない。

天親菩薩…　「天親菩薩の論を註解して、報土の因果誓願に顕す」

往還回向…　「往還の回向は他力による。正定の因はただ信心なり」

さらに　決して。少しも。全く。

惑染凡夫…　「惑染の凡夫、信心発すれば、生死すなはち涅槃なりと証知せしむ」

惑染　煩悩《ぼんのう》（惑）によってけがされていること。

必至無量…　「かならず無

たまひしゆゑに、かの弟子《でし》たり。これまたつひに*涅槃《ねはん》の広業《こうごう》をさしおきて、ひとへに西方《さいほう》の行《ぎょう》をひろめたまひき。されば聖道《しょうどう》は難行《なんぎょう》なり、浄土《じょうど》は易行《いぎょう》なるがゆゑに、ただ当今《とうこん》の凡夫《ぼんぶ》は浄土《じょうど》の一門《いちもん》のみ通入《つうにゅう》すべきみちなりとをしへたまへり。

「*万善自力貶勤修《まんぜんじりきへんごんしゅ》　円満徳号勧専称《えんまんとくごうかんせんしょう》」といふは、万善《まんぜん》は自力《じりき》の行《ぎょう》なるがゆゑに、末代《まつだい》の機《き》、修行《しゅぎょう》することかなひがたしといへり。円満《えんまん》の徳号《とくごう》は他力《たりき》の行《ぎょう》なるがゆゑに、末代《まつだい》の機《き》には相応《そうおう》せりといへるこころなり。

「*三不三信誨慇懃《さんぷさんしんけおんごん》　像末法滅同悲引《ぞうまつほうめつどうひいん》」といふは、道綽禅師《どうしゃくぜんじ》、「三不三信《さんぷさんしん》」といふことを釈《しゃく》したまへり。「一《ひと》つには信心《しんじん》あつからず、若存若亡《にゃくぞんにゃくもう》するゆゑに。二《ふた》つには信心《しんじん》ひとつならず、いはく、決定《けつじょう》なきがゆゑに。三《み》つには信心相続《しんじんそうぞく》せず、いはく、*余念間故《よねんけんこ》なるがゆゑに」（安楽集・上 二三二）といへり。かくのごとくねんごろにをしへたまひて、像法《ぞうぼう》・末法《まっぽう》の衆生《しゅじょう》をおなじくあはれみましましけり。

「*一生造悪値弘誓《いっしょうぞうあくちぐぜい》　至安養界証妙果《しあんにょうかいしょうみょうか》」といふは、弥陀《みだ》の弘誓《ぐぜい》に値《もうあ》ひたてまつるによりて、一生造悪《いっしょうぞうあく》の機《き》も安養界《あんにょうかい》に至《いた》れば、すみやかに*無上《むじょう》の妙果《みょうか》を

量光明土に至れば、諸有の衆生みなあまねく化す」

道綽決聖…　「道綽、聖道の証しがたきことを決して、ただ浄土の通入すべきことを明かす」

面授　直接教えを授けられること。

一百余歳　曇鸞大師《どんらんだいし》の寂年（五四二）と道綽禅師《どうしゃくぜんじ》の寂年（六四五）の年のへだたりをいう。

幷州玄中寺　『続高僧伝《ぞくこうそうでん》』巻六には「汾州《ふんしゅう》北山石壁《せきへき》玄中寺」とある。

涅槃の広業　『涅槃経』を講ずる広大な事業。

万善自力…　「万善の自力、勤修を貶す。円満の徳号、専称を勧む」

三不三信…　「三不三信の誨《おしえ》慇懃にして、像末・法滅同じく悲引す」

証《しょう》すべきものなりといへるこころなり。

【二】「*善導独明仏正意《ぜんどうどくみょうぶっしょうい》　矜哀定散与逆悪《こうあいじょうさんよぎゃくあく》」といふは、浄土門《じょうどもん》の祖師《そし》その数《かず》これおほしといへども、善導《ぜんどう》にかぎり独《ひと》り*仏証《ぶっしょう》をこうて、あやまりなく仏《ぶつ》の正意《しょうい》をあかしたまへり。されば*定散《じょうさん》の機《き》をも五逆《ごぎゃく》の機《き》をも、もらさずあはれみたまひけりといふこころなり。

「*光明名号顕因縁《こうみょうみょうごうけんいんねん》」といふは、弥陀如来《みだにょらい》の四十八願《しじゅうはちがん》のなかに第十二《だいじゅうに》の願《がん》は、「わがひかりきはなからん」と誓《ちか》ひたまへり、これすなはち念仏《ねんぶつ》の衆生《しゅじょう》を摂取《せっしゅ》のためなり。かの願《がん》すでに成就《じょうじゅ》してあまねく無礙《むげ》のひかりをもつて十方《じっぽう》微塵世界《みじんせかい》を照《て》らしたまひて、衆生《しゅじょう》の煩悩悪業《ぼんのうあくごう》を長時《じょうじ》に照《て》らしまします。さればこのひかりの縁《えん》にあふ衆生《しゅじょう》、*やうやく無明《むみょう》の*昏闇《こんあん》うすくなりて宿善《しゅくぜん》のたねきざすとき、まさしく報土《ほうど》に生《うま》るべき第十八《だいじゅうはち》の念仏往生《ねんぶつおうじょう》の*願因《がんいん》の名号《みょうごう》をきくなり。しかれば、名号執持《みょうごうしゅうじ》することさらに自力《じりき》にあらず、ひとへに光明《こうみょう》にもよほさるるによりてなり。このゆゑに光明《こうみょう》の縁《えん》にきざされて名号《みょうごう》の因《いん》は顕《あらわ》るるといふこころなり。

「*開入本願大智海《かいにゅうほんがんだいちかい》　行者正受金剛心《ぎょうじゃしょうじゅこんごうしん》」といふは、本願《ほんがん》の大智海《だいちかい》に帰入《きにゅう》しぬ

余念間故…　疑いがまじること。

一生造悪…　「一生悪を造れども、弘誓に値ひぬれば、安養界に至りて妙果を証せしむ」

無上の妙果　この上なくすぐれた証果。仏のさとりのこと。

善導独明…　「善導独り仏の正意をあきらかにせり。定散と逆悪とを矜哀して」

仏証　仏の認証。善導大師《ぜんどうだいし》の『観経疏』が仏の認証を得た書であることは、同書の後跋（註釈版聖典七祖篇五〇二頁一行以下）に記されている。

定散の機…　定善・散善を行う善人と、五逆罪をおかした悪人。→定善《じょうぜん》、散善《さんぜん》、五逆《ごぎゃく》

光明名号…　「光明・名号

れば、真実《しんじつ》の金剛心《こんごうしん》を受《う》けしむといふこころなり。

「*慶喜一念相応後《きょうきいちねんそうおうご》　与韋提等獲三忍《よいだいとうぎゃくさんにん》　即証法性之常楽《そくしょうほっしょうしじょうらく》」といふは、一心《いっしん》念仏《ねんぶつ》の行者《ぎょうじゃ》、一念《いちねん》慶喜《きょうき》の信心《しんじん》さだまりぬれば、韋提希夫人《いだいけぶにん》とひとしく、喜《き》・

15 悟《ご》・信《しん》の三忍《さんにん》を獲《う》べきなり。喜《き》・悟《ご》・信《しん》の三忍《さんにん》といふは、一《ひと》つには喜忍《きにん》、二《ふた》つには悟忍《ごにん》、三《み》つには信忍《しんにん》なり。喜忍《きにん》といふは、これ信心歓喜《しんじんかんぎ》の得益《とくやく》をあらはすこころなり。悟忍《ごにん》といふは、仏智《ぶっち》をさとるこころなり。信忍《しんにん》といふは、すなはちこれ信心成就《しんじんじょうじゅ》のすがたなり。しかれば、韋提《いだい》はこの三忍《さんにん》の益《やく》をえたまへるなり。これによりて真実信心《しんじつしんじん》を具足《ぐそく》せんひとは、韋提希夫人《いだいけぶにん》にひとしく三忍《さんにん》をえて、すなはち法性《ほっしょう》の*常楽《じょうらく》を証《しょう》すべきものなり。

【三】「*源信広開一代教《げんしんこうかいいちだいきょう》　偏帰安養勧一切《へんきあんにょうかんいっさい》」といふは、*楞厳《りょうごん》の和尚《かしょう》（源信）は、ひろく釈迦一代《しゃかいちだい》の教《きょう》を開《ひら》きて、もつぱら念仏《ねんぶつ》をえらんで、一切衆生《いっさいしゅじょう》をして西方《さいほう》の往生《おうじょう》をすすめしめたまへり。

「*専雑執心判浅深《せんぞうしゅうしんはんせんじん》　報化二土正弁立《ほうけにどしょうべんりゅう》」といふは、雑行雑修《ぞうぎょうざっしゅ》の機《き》をすてやらぬ*執心《しゅうしん》あるひとは、かならず化土懈慢国《けどけまんこく》に生《しょう》ずるなり。また専修正行《せんじゅしょうぎょう》になりきはまるかたの執心《しゅうしん》あるひとは、さだめて報土極楽国《ほうどごくらくこく》に生《しょう》ずべしとなり。これ

因縁を顕す」

やうやく　次第に。段々。

昏闇　くらやみ。

願因の名号　本願によって往生の因と選び定められた名号。

開入本願…　「本願の大智海に開入すれば、行者まさしく金剛心を受けしめ」

慶喜一念…　「慶喜の一念相応して後、韋提と等しく三忍を獲、すなはち法性の常楽を証せしむ」

常楽　常楽我浄のこと。常《じょう》住《じゅう》にして移り変りなく、安らかで楽しみが充ち足り、自在で他に縛られず、煩悩《ぼんのう》のけがれがないこと。涅槃《ねはん》にそなわる四種の徳。↓四徳《しとく》

源信広開…　「源信広く一代の教を開きて、ひとへに安養に帰して一切を勧む」

楞厳　首楞厳院《しゅりょうごんいん》（比叡山《ひえいざん》

すなはち専雑二修《せんぞうにしゅ》の浅深《せんじん》を判《はん》じたまへるこころなり。『和讃《わさん》』（高僧和讃・九三）にいはく、「報《ほう》の浄土《じょうど》の往生《おうじょう》は　おほからずとぞあらはせる　化土《けど》に生《うま》るる衆《しゅ》生《じょう》をば　すくなからずとをしへたり」といへるはこのこころなりとしるべし。

「*極重悪人唯称仏《ごくじゅうあくにんゆいしょうぶつ》」といふは、極重《ごくじゅう》の悪人《あくにん》は他《た》の方便《ほうべん》なし、ただ弥陀《みだ》を称《しょう》して極楽《ごくらく》に生《しょう》ずることを得《え》よといへる文《もん》のこころなり。

「*我亦在彼摂取中《がやくざいひせっしゅちゅう》　煩悩障眼雖不見《ぼんのうしょうげんすいふけん》　大悲無倦常照我《だいひむけんじょうしょうが》」といふは、真実信《しんじつしん》心《じん》をえたるひとは、身《み》は娑婆《しゃば》にあれどもかの摂取《せっしゅ》の光明《こうみょう》のなかにあり。しか
16
れども、煩悩《ぼんのう》まなこを*さへてをがみたてまつらずといへども、弥陀如来《みだにょらい》は*ものうきことなくして、つねにわが身《み》を照《て》らしましますといへるこころなり。

【三】「*本師源空明仏教《ほんしげんくうみょうぶっきょう》　憐愍善悪凡夫人《れんみんぜんあくぼんぶにん》」といふは、日本《にっぽん》には念仏《ねんぶつ》の祖師《そし》その数《かず》これおほしといへども、法然聖人《ほうねんしょうにん》のごとく*一天《いってん》にあまねく仰《あお》がれたまふひとはなきなり。これすなはち仏教《ぶっきょう》にあきらかなりしゆゑなり。されば弥《み》陀《だ》の化身《けしん》といひ、また勢至《せいし》の来現《らいげん》といひ、また善導《ぜんどう》の再誕《さいたん》ともいへり。かかる*明師《めいし》にてましますがゆゑに、われら善悪《ぜんあく》の凡夫人《ぼんぶにん》をあはれみたまひて浄土《じょうど》にすすめ入《い》れしめたまひけるものなり。

横川《よかわ》の中堂の称）。ここでは横川（比叡山三塔の一）の総称。

専雑執心…　「専雑の執心、浅深を判じて、報化二土まさしく弁立せり」

執心　法をとりたもつ心で、信心のこと。自力の行法をとりたもてば自力の信心のことになり、他力の法をとりたもてば他力の信心を意味することになる。

極重悪人…　「極重の悪人はただ仏を称すべし」

我亦在彼…　「われまたかの摂取のなかにあれども、煩悩、眼《まなこ》を障へて見たてまつらずといへども、大悲、倦《ものう》きことなくしてつねにわれを照らしたまふ」

さへて　さえぎって。

ものうきことなく　飽きることなく。ここでは見捨てることなく。

*「真宗教証興《しんしゅうきょうしょうこう》*片州《へんしゅう》　選択本願弘悪世《せんじゃくほんがんぐあくせ》」といふは、かの聖人《しょうにん》（源空）わが朝《ちょう》にはじめて浄土宗《じょうどしゅう》をたてたまひて、また『選択集《せんじゃくしゅう》』といふふみをつくりましまして、悪世《あくせ》にあまねくひろめしめたまへり。

*「還来生死輪転家《げんらいしょうじりんでんげ》　決以疑情為所止《けっいぎじょういしょし》　速入寂静無為楽《そくにゅうじゃくじょうむいらく》　必以信心為能入《ひっいしんじんいのうにゅう》」といふは、生死輪転《しょうじりんでん》の家《いえ》といふは、六道輪廻《ろくどうりんね》のことなり。このふるさとへ還《かえ》ることは*疑情《ぎじょう》のあるによりてなり。また寂静無為《じゃくじょうむい》の浄土《じょうど》へいたることは信心《しんじん》のあるによりてなり。されば『選択集《せんじゃくしゅう》』（一二四八）にいはく、「生死《しょうじ》の家《いえ》には疑《うたがい》をもつて*所止《しょし》とし、涅槃《ねはん》のみやこには信《しん》をもつて*能入《のうにゅう》とす」といへる、このこころなり。

【一四】「*弘経大士宗師等《ぐきょうだいじしゅしとう》　拯済無辺極濁悪《じょうさいむへんごくじょくあく》　道俗時衆共同心《どうぞくじしゅぐどうしん》　唯可信斯高僧説《ゆいかしんしこうそうせつ》」といふは、弘経大士《ぐきょうだいじ》といふは、天竺《てんじく》（印度）・震旦《しんたん》（中国）・わが朝《ちょう》の菩薩《ぼさつ》・祖師等《そしとう》のことなり。かの人師《にんし》、未来《みらい》の極濁悪《ごくじょくあく》のわれらをあはれみすくひ
17
たまはんとて出生《しゅっしょう》したまへり。しかれば道俗等《どうぞくとう》、みなかの三国《さんごく》の高祖《こうそ》の説《せつ》を信《しん》じたてまつるべきものなり。さればわれらが真実報土《しんじつほうど》の往生《おうじょう》をしへたまふことは、*しかしながらこの祖師等《そしとう》の御恩《ごおん》にあらずといふことなし。よくよく

ることなくという意。

本師源空…「本師源空は、仏教にあきらかにして、善悪の凡夫人を憐愍せしむ」

一天　世の中。世間全体。

明師　智慧《ちえ》のすぐれた師。

真宗教証…「真宗の教証、片州に興す。選択本願、悪世に弘む」

片州　日本のこと。

還来生死…「生死輪転の家に還来《かえ》ることは、決するに疑情をもって所止とす。すみやかに寂静無為の楽《みやこ》に入ることは、かならず信心をもって能入とす」

疑情　阿弥陀仏の本願を疑いはからう心。

所止　迷いの世界に止《とど》まるところの理由（所以）。

能入　よく浄土に入ることのできる因のこと。

弘経大士…「弘経の大

その†恩徳《おんどく》を報謝《ほうしゃ》したてまつるべきものなり。

奥書《おくがき》

右《みぎ》この『正信偈大意《しょうしんげたいい》』は、*金森《かねがもり》の道西《どうさい》、一身《いっしん》の†才覚《さいかく》のために*連々《れんれん》そののぞみこれありといへども、予《よ》いささかその*料簡《りょうけん》なきあひだ、かたく*斟酌《しんしゃく》をくはふるところに、しきりに所望《しょもう》のむねさりがたきによりて、文言《もんごん》のいやしきをかへりみず、また義理《ぎり》の次第《しだい》をもいはず、ただ*願主《がんしゅ》の命《めい》にまかせて、ことばをやはらげ、これをしるしあたふ。その所望《しょもう》あるあひだ、かくのごとくしるすところなり。あへて*外見《がいけん》あるべからざるものなり。

時《とき》に*長禄第四《ちょうろくだいし》の天《てん》、*林鐘《りんしょう》のころ、筆《ふで》を染《そ》めをはりぬ。

士・宗師等、無辺の極濁悪を拯済したまふ。道俗時衆ともに同心に、ただこの高僧の説を信ずべし」

しかしながら　すべて。ことごとく。

金森の道西　善従のこと。→善従《ぜんじゅう》

連々　以前からずっと引きつづいて。

料簡　考え。思慮。

斟酌　遠慮してことわること。辞退すること。

願主　(本書の製作を)願い出た人。ここでは道西(善従)。

外見　他人にみせること。

長禄第四の天　長禄四年(一四六〇)。蓮如上人四十六歳。なお、撰述年代を長禄二年とする異本もある。

林鐘　陰暦六月の別称。

御《ご》伝《でん》鈔《しょう》

本書は、『本願寺《ほんがんじ》聖人《しょうにん》親鸞《しんらん》伝絵《でんね》』『善信《ぜんしん》聖人《しょうにん》親鸞《しんらん》伝絵《でんね》』、あるいは単に『親鸞伝絵』とも称されている。もと宗祖親鸞聖人《しんらんしょうにん》の曾孫にあたる第三代宗主覚如上人《かくにょしょうにん》が、聖人の遺徳を讃仰するために、その生涯の行蹟を数段にまとめて記述された詞書《ことばがき》と、各段の詞書に相応する図絵からなる絵巻物として成立したが、写伝される過程でその図絵と詞書とが別々にわかれて流布するようになった。そしてこの図絵の方を「御絵《ごえ》伝《でん》」、詞書のみを抄出したものを『御伝鈔《ごでんしょう》』と呼ぶようになったのである。

本書の初稿本であろうとされるものは、親鸞聖人三十三回忌の翌年、永仁《えいにん》三年（一二九五）覚如上人二十六歳の時に著されたものとされているが、覚如上人は晩年に至るまでそれに増訂を施して諸方に写伝されており、その過程で生じた出没、異同、構成形態の変化などが諸本に見られる。

現行のものは上・下二巻、計十五段からなっている。上巻八段にはそれぞれ、㈠出家学道《しゅっけがくどう》、㈡吉水入室《きっすいにゅうしつ》、㈢六角夢想《ろっかくむそう》、㈣蓮位夢想《れんいむそう》、㈤選択付属《せんじゃくふぞく》、㈥信行両座《しんぎょうりょうざ》、㈦信心諍論《しんじんじょうろん》、㈧入西鑑察《にゅうさいかんざつ》の記事が、また下巻七段にはそれぞれ、㈠師資遷讁《ししせんちゃく》、㈡稲田興法《いなだこうぼう》、㈢弁円済度《べんねんさいど》、㈣箱根霊告《はこねれいこく》、㈤熊野霊告《くまのれいこく》、㈥洛陽遷化《らくようせんげ》、㈦廟堂創《びょうどうそう》立《りゅう》の記事が掲載されている。

本願寺聖人親鸞伝絵《ほんがんじしょうにんしんらんでんね》　上《じょう》

【一】 それ聖人《しょうにん》（親鸞）の俗姓《ぞくしょう》は藤原氏《ふじわらうじ》、*天児屋根尊《あまつこやねのみこと》二十一世《にじゅういっせ》の苗裔《びょうえい》、大織《たいしょっ》冠《かん》　*鎌子内大臣《かまこのないだいじん》　の玄孫《げんそん》、近衛大将右大臣《このえのたいしょううだいじん》　贈左大臣《ぞうさだいじん》　従一位内麿公《じゅいちいうちまろこう》　後長岡《ごながおかの》大臣《だいじん》と号《ごう》し、あるいは閑院大臣《かんいんのだいじん》と号《ごう》す。贈正一位太政大臣房前公孫《ぞうしょういちいだいじょうだいじんふさざきこうのまご》、大納言式《だいなごんしき》部卿真楯息《ぶきょうまたてのそく》なり　六代《ろくだい》の後胤《こういん》、弼宰相有国卿《ひつのさいしょうありくにのきょう》　*五代《ごだい》の孫《まご》、*皇太后宮大進《こうたいごうぐうのだいしん》　*有範《ありのり》の子《こ》なり。しかあれば朝廷《ちょうてい》に仕《つか》へて*霜雪《そうせつ》をも戴《いただ》き、*射山《やさん》にわしりて栄華《えいが》をもひらくべかりし人《ひと》なれども、興法《こうぼう》の因《いん》うちにきざし、*利生《りしょう》の縁《えん》ほかに催《もよお》ししによりて、*九歳《くさい》の春《はる》のころ、阿伯従三位範綱卿《あはくじゅさんみのりつなのきょう》　時《とき》に従四位上《じゅしいじょう》　前若狭守《さきのわかさのかみ》、後《ご》白河上皇《しらかわのじょうこう》の近臣《きんしん》なり、上人《しょうにん》（親鸞）の養父《ようふ》　前大僧正《さきのだいそうじょう》　慈円慈鎮和尚《じえんじちんかしょう》これなり、*法性寺殿御息《ほうしょうじどののごそく》、*月輪殿《つきのわどの》　長兄《のちょうきょう》　の貴坊《きぼう》へあひ具《ぐ》したてまつりて、鬢髪《びんぱつ》を剃除《ていじょ》したまひき。範宴少納言公《はんねんしょうなごんのきみ》と号《ごう》す。それよりこのかた、しばしば*南岳《なんがく》・天台《てんだい》の玄風《げんぷう》を訪《とぶら》ひて、ひろく*三観仏乗《さんがんぶつじょう》の理《り》を達《たつ》し、とこしなへに*楞厳横川《りょうごんよかわ》の余流《よりゅう》を

天児屋根尊　記紀神話に出る神。中臣《なかとみ》氏（宮廷の祭祀《さいし》をつかさどった氏族）・藤原氏の祖神。

鎌子　藤原鎌足《かまたり》（六一四―六六九）のこと。

五代の孫　有範は有国の六代の孫にあたる。ここでは有範の父経尹《つねまさ》を省いた系図によったと考えられる。

皇太后宮大進　皇太后宮職の第三等官。

有範　日野《ひの》有範。親鸞聖人の父。生没年未詳。皇太后宮大進を退いた後、山城《やましろ》三《み》室戸《むろど》（現在の京都府宇治市）に隠棲したという。

霜雪をも戴き　頭髪が白くなるまで朝廷に仕えるという意。また、天皇の側近く仕えるという意。

射山にわしりて　射山は上皇の御所をいう。上皇に仕えて。

湛《たた》へて、ふかく*四教円融《しきょうえんにゅう》の義《ぎ》にあきらかなり。

【二】　第二段《だいにだん》

*建仁第一《けんにんだいいち》の暦春《れきはる》のころ　上人《しょうにん》（親鸞）二十九歳《にじゅうくさい》　隠遁《いんとん》のこころざしにひかれ
4 て、源空聖人《げんくうしょうにん》の吉水《よしみず》の禅房《ぜんぼう》にたづねまゐりたまひき。これすなはち世《よ》くだり、人《ひと》つたなくして、難行《なんぎょう》の小路《しょうろ》迷《まよ》ひやすきによりて、易行《いぎょう》の大道《だいどう》におもむかんとなり。真宗紹隆《しんしゅうしょうりゅう》の大祖聖人《たいそしょうにん》（源空）、ことに宗《しゅう》の淵源《えんげん》を尽《つく》し、教《きょう》の理致《りち》をきはめて、これをのべたまふに、たちどころに他力摂生《たりきせっしょう》の旨趣《しいしゅ》を受得《じゅとく》し、あくまで*凡夫直入《ぼんぶじきにゅう》の真心《しんしん》を決定《けつじょう》しましましけり。

【三】　第三段《だいさんだん》

建仁三年《けんにんさんねん》　*癸亥《みずのとのい》　四月五日《しがついつかのひ》の夜《よ》*寅時《とらのとき》、上人《しょうにん》（親鸞）夢想《むそう》の告《つ》げましましき。*かの『記《き》』にいはく、*六角堂《ろっかくどう》の*救世菩薩《くせぼさつ》、顔容端厳《げんようたんごん》の聖僧《しょうそう》の形《かたち》を示現《じげん》して、*白衲《びゃくのう》の袈裟《けさ》を着服《ちゃくぶく》せしめ、広大《こうだい》の白蓮華《びゃくれんげ》に端坐《たんざ》して、善信《ぜんしん》（親鸞）に告《ごう》命《みょう》してのたまはく、「*行者宿報設女犯《ぎょうじゃしゅくほうせつにょぼん》　我成玉女身被犯《がじょうぎょくにょしんぴぼん》　一生之間能荘厳《いっしょうしけんのうしょうごん》　臨終引導生極楽《りんじゅいんどうしょうごくらく》」といへり。救世菩薩《くせぼさつ》、善信《ぜんしん》にのたまはく、「これはこれ、わが誓願《せいがん》なり。善信《ぜんしん》この誓願《せいがん》の旨趣《しいしゅ》を宣説《せんぜつ》して、一切群生《いっさいぐんじょう》にきかしむべし」と

利生　衆生《しゅじょう》を利益《りやく》すること。

九歳　養和元年（一一八一）。

法性寺殿　藤原忠通《ただみち》（一〇九七－一一六四）のこと。

月輪殿　九条兼実《くじょうかねざね》（一一四九－一二〇七）のこと。

南岳天台の玄風　中国天台宗の南岳大師慧思《えし》（五一五－五七七）・天台大師智顗《ちぎ》（五三八－五九七）によって説き示された奥深い教え。

三観仏乗の理　天台宗の根本的な教え。空《くう》・仮《け》・中《ちゅう》の三種の観法によって生きとし生けるものがさとりをひらくとする教え。

楞厳横川の余流　比叡山《ひえいざん》横川（首楞厳院《しゅりょうごんいん》はその中堂の称）に伝えられている源《げん》信和尚《しんかしょう》の流れ。

四教円融の義　天台宗の根

云々《うんぬん》。そのとき善信夢《ぜんしんゆめ》のうちにありながら、御堂《みどう》の正面《しょうめん》にして東方《とうぼう》をみれば、*峨々《がが》たる岳山《がくざん》あり。その高山《こうざん》に数千万億《すせんまんおく》の有情群集《うじょうくんじゅう》せりとみゆ。そのとき告《ごう》命《みょう》のごとく、この文《もん》のこころを、かの山《やま》にあつまれる有情《うじょう》に対《たい》して説《と》ききかしめをはるとおぼえて、夢《ゆめ》さめをはりぬと云々《うんぬん》。つらつらこの記録《きろく》を披《ひら》きてかの夢想《むそう》を案《あん》ずるに、ひとへに真宗繁昌《しんしゅうはんじょう》の奇瑞《きずい》、念仏弘興《ねんぶつぐこう》の表示《ひょうじ》なり。しかあれば聖人《しょうにん》（親鸞）、後《のち》の時仰《ときおお》せられてのたまはく、「仏教《ぶっきょう》むかし西天《さいてん》（印度）よりおこりて、経論《きょうろん》いま東土《とうど》（日本）に伝《つた》はる。これひとへに上宮太子《じょうぐうたいし》（聖徳太子）の広徳《こうとく》、山《やま》よりもたかく海《うみ》よりもふかし。わが朝欽明天皇《ちょうきんめいてんのう》の*御宇《ぎょう》に、これをわたされしによりて、すなはち浄土《じょうど》の正依経論等《しょうえきょうろんとう》この時《とき》に来至《らいし》す。儲君《ちょくん》（聖徳太子）もし厚恩《こうおん》を施《ほどこ》したまはずは、凡愚《ぼんぐ》いかでか弘誓《ぐぜい》にあふことを得《え》ん。
5
救世菩薩《くせぼさつ》はすなはち儲君《ちょくん》の本地《ほんじ》なれば、*垂迹興法《すいしゃくこうぼう》の願《がん》をあらはさんがために本地《ほんじ》の尊容《そんよう》をしめすところなり。そもそも、また大師聖人《だいししょうにん》　源空《げんくう》　もし流刑《るけい》に処《しょ》せられたまはずは、われまた配所《はいしょ》におもむかんや。もしわれ配所《はいしょ》におもむかずんば、なにによりてか辺鄙《へんぴ》の群類《ぐんるい》を化《け》せん。これなほ師教《しきょう》の恩致《おんち》なり。大《だい》師聖人《ししょうにん》すなはち勢至《せいし》の化身《けしん》、太子《たいし》また観音《かんのん》の垂迹《すいしゃく》なり。このゆゑにわれ二菩《にぼ》

本的な教え。蔵・通・別・円の四教を立てて釈尊一代の教説内容を判別し、その究極である円教の内容を三《さん》諦《たい》円融の理で解説する。

建仁第一の暦　建仁元年（一二〇一）。「建仁第三」とする異本がある。

凡夫直入　凡夫のままで真実報土《ほうど》に往生せしめられること。

癸亥　「辛酉」とする異本がある。辛酉は建仁元年にあたる。

寅時　午前四時頃。

かの記　『親鸞夢記《しんらんむき》』を指すか。同書は現存しないが、高田派専修寺《せんじゅじ》に「親鸞夢記云…」（真仏《しんぶつ》上人書写）と記す文書が伝わる。

六角堂　現在の京都市中京区六角通東洞院西入ルにある頂法寺《ちょうほうじ》。聖徳太子の創建と伝えられ、当時は観世

薩《さつ》の引導《いんどう》に順《じゅん》じて、如来《にょらい》の本願《ほんがん》をひろむるにあり。真宗《しんしゅう》これによりて興《こう》じ、念仏《ねんぶつ》これによりてさかんなり。これしかしながら*、聖者《しょうじゃ》の教誨《きょうけ》によりて、さらに*愚昧《ぐまい》の今案《こんあん》をかまへず、かの二大士《にだいじ》の重願《じゅうがん》、ただ*一仏名《いちぶつみょう》を専念《せんねん》するにたれり。今《いま》の行者《ぎょうじゃ》、錯《あやま》りて*脇士《きょうじ》に事《つか》ふることなかれ、ただちに本仏《ほんぶつ》（阿弥陀仏）を仰《あお》ぐべし」と云々《うんぬん》。かるがゆゑに上人親鸞《しょうにんしんらん》、傍《かたわ》らに皇太子《こうたいし》（聖徳太子）を崇《あが》めたまふ。けだしこれ仏法弘通《ぶっぽうぐずう》のおほいなる恩《おん》を謝《しゃ》せんがためなり。

【四】　第四段《だいしだん》

*建長八年《けんちょうはちねん》　丙辰《ひのえたつ》　二月《にがつ》九日《ここぬかのひ》の夜寅時《よとらのとき》、釈《しゃく》 蓮位《れんい》夢想《むそう》の告《つ》げにいはく、聖徳太子《しょうとくたいし》、親鸞上人《しんらんしょうにん》を礼《らい》したてまつりてのたまはく、「*敬礼大慈阿弥陀仏《きょうらいだいじあみだぶつ》　為《い》妙教流通来生者《みょうきょうるずうらいしょうじゃ》　五濁悪時悪世界中《ごじょくあくじあくせかいちゅう》　決定即得無上覚也《けつじょうそくとくむじょうかくや》」。しかれば、祖師上人《そししょうにん》（親鸞）は、弥陀如来《みだにょらい》の化身《けしん》にてましますといふことあきらかなり。

【五】　第五段《だいごだん》

黒谷《くろだに》の先徳《せんどく》　源空《げんくう》　在世《ざいせ》のむかし、矜哀《こうあい》のあまり、ある時《とき》は恩許《おんきょ》を蒙《こうぶ》りて*製《せい》
6 作《さく》を見写《けんしゃ》し、ある時《とき》は真筆《しんぴつ》を下《くだ》して名字《みょうじ》を書《か》きたまはす。すなはち「顕浄土方便化身土文類《けんじょうどほうべんけしんどもんるい》」の六《ろく》にのたまはく、親鸞上人撰述《しんらんしょうにんせんじゅつ》「しかるに愚禿《ぐとく》 釈《しゃく》 鸞《らん》、

音菩薩の霊験所として知られていた。

救世菩薩　→観世音菩薩《かんぜおんぼさつ》

白衲　白色の僧衣。

行者宿報…　「行者、宿報にてたとひ女犯すとも、われ玉女の身となりて犯せられん。一生のあひだ、よく荘厳して、臨終に引導して極楽に生ぜしめん」

峨々　険しくそびえ立っているさま。

御宇　御治世。在位期間。

垂迹興法の願　人間の姿を現して仏法を興隆させようとする願い。

しかしながら　すべて。ことごとく。

愚昧の今案　愚かで道理に暗い自分の考え。

一仏名　南無阿弥陀仏の名《みょう》号《ごう》を指す。

*建仁辛酉《けんにんかのとのとり》の暦《れき》、雑行《ぞうぎょう》を棄《す》てて本願《ほんがん》に帰《き》し、*元久乙丑《げんきゅうきのとのうし》の歳《とし》、恩恕《おんじょ》を蒙《こうぶ》りて『選択《せんじゃく》』（選択集）を書《か》く。おなじき年《とし》*初夏中旬第四日《しょかちゅうじゅんだいしにち》、〈選択本願念仏集《せんじゃくほんがんねんぶつしゅう》〉の内題《ないだい》の字《じ》、ならびに〈南無阿弥陀仏《なもあみだぶつ》　往生之業《おうじょうしごう》　念仏為本《ねんぶついほん》〉と〈釈綽空《しゃくのしゃくくう》〉と、空《くう》（源空）の真筆《しんぴつ》をもつてこれを書《か》かしめたまひ、おなじき日《ひ》、空《くう》の真影《しんねい》申《もう》し預《あず》かり、図画《ずが》したてまつる。おなじき二年《にねん》閏七月《うるうしちがつ》下旬第九日《げじゅんだいくにち》、真影《しんねい》の銘《めい》は、真筆《しんぴつ》をもつて〈南無阿弥陀仏《なもあみだぶつ》〉と〈*若我成仏《にゃくがじょうぶつ》　十方衆生《じっぽうしゅじょう》　称我名号《しょうがみょうごう》　下至十声《げしじっしょう》　若不生者《にゃくふしょうじゃ》　不取正覚《ふしゅしょうがく》　彼仏今現在成仏《ひぶつこんげんざいじょうぶつ》　当知本誓重願不虚《とうちほんぜいじゅうがんふこ》　衆生称念必得往生《しゅじょうしょうねんひっとくおうじょう》〉（礼讃 七一一）の真文《しんもん》とを書《か》かしめたまひ、また夢《ゆめ》の告《つ》げによりて、*綽空《しゃくくう》の字《じ》を改《あらた》めて、おなじき日《ひ》、御筆《ごひつ》をもつて名《な》の字《じ》を書《か》かしめたまひをはりぬ。本師聖人《ほんししょうにん》（源空）今年《こんねん》*七旬三《しちしゅんさん》の御歳《おんとし》なり。『選択本願念仏集《せんじゃくほんがんねんぶつしゅう》』は、*禅定博陸《ぜんじょうはくりく》　月輪殿兼実《つきのわどのかねざね》、法名円照《ほうみょうえんしょう》　の教命《こうめい》によりて選集《せんじゅう》せしめたまふところなり。真宗《しんしゅう》の簡要《かんよう》、念仏《ねんぶつ》の奥義《おうぎ》、これに摂在《しょうざい》せり。見《み》るもの諭《さと》りやすし。まことにこれ希有最勝《けうさいしょう》の華文《かもん》、無上甚深《むじょうじんじん》の宝典《ほうでん》なり。年《とし》を渉《わた》り日《ひ》を渉《わた》り、その教誨《きょうけ》を蒙《こうぶ》るの人《ひと》、千万《せんまん》なりといへども、親《しん》といひ疎《そ》といひ、この見写《けんしゃ》を獲《う》るの徒《ともがら》、*はなはだもつてかたし。しかるにすでに製作《せいさく》を書写《しょしゃ》し、真影《しんねい》を図《ず》

脇士　阿弥陀仏の脇座に侍る観世音菩薩と大勢至菩薩。

建長八年　一二五六年。

敬礼大慈…　『口伝鈔』八九六頁三行以下参照。

製作　著作。『選択集《せんじゃくしゅう》』を指す。

建仁辛酉の暦　建仁元年（一二〇一）、親鸞聖人二十九歳。吉水《よしみず》入室の年。

元久乙丑の歳　元久二年（一二〇五）、親鸞聖人三十三歳。

初夏中旬第四日　四月十四日（初夏は陰暦四月の別称）。

若我成仏…　「行巻」一六七頁八行以下参照。

綽空　親鸞聖人が吉水の法然《ほうねん》聖人の門下であった頃の名。『拾遺古徳伝《しゅういことくでん》』巻六や『六要鈔《ろくようしょう》』によると、この時、名を善信《ぜんしん》と改めたとい

画《が》す。これ専念正業《せんねんしょうごう》の徳《とく》なり、これ決定往生《けつじょうおうじょう》の徴《ちょう》なり。よつて悲喜《ひき》の涙《なみだ》を
抑《おさ》へて由来《ゆらい》の縁《えん》を註《しる》す」と云々《うんぬん》。

【六】 第六段《だいろくだん》

おほよそ源空聖人在生《げんくうしょうにんざいしょう》のいにしへ、他力往生《たりきおうじょう》の旨《むね》をひろめたまひしに、世《よ》
あまねくこれに挙《こぞ》り、人《ひと》ことごとくこれに帰《き》しき。*紫禁《しきん》・青宮《せいきゅう》の政《まつりごと》を重《おも》くす
る砌《みぎり》にも、まづ*黄金樹林《おうごんじゅりん》の蕚《はなぶさ》にこころをかけ、*三槐《さんかい》・九棘《きゅうきょく》の道《みち》をただしくす
7 る家《いえ》にも、ただちに四十八願《しじゅうはちがん》の月《つき》をもてあそぶ。しかのみならず*戎狄《じゅてき》の輩《ともがら》、
*黎民《れいみん》の類《たぐい》、これを仰《あお》ぎ、これを貴《とうと》びずといふことなし。貴賤《きせん》、*轅《ながえ》をめぐらし、
門前《もんぜん》、*市《いち》をなす。常随《じょうずい》*昵近《じっきん》の緇徒《しと》その数《かず》あり、すべて三百八十余人《さんびゃくはちじゅうよにん》と云々《うんぬん》。
しかりといへども、親《まのあた》りその*化《け》をうけ、ねんごろにその誨《おしえ》をまもる族《やから》、はなは
だまれなり。わづかに五六輩《ごりくはい》にだにもたらず。善信聖人《ぜんしんしょうにん》（親鸞）、ある時申《ときもう》し
たまはく、「予《よ》、難行道《なんぎょうどう》を閣《さしお》きて易行道《いぎょうどう》にうつり、聖道門《しょうどうもん》を遁《のが》れて浄土門《じょうどもん》に
入《い》りしよりこのかた、*芳命《ほうめい》をかうぶるにあらずよりは、あに出離解脱《しゅつりげだつ》の良因《りょういん》
を蓄《たくわ》へんや。よろこびのなかのよろこび、なにごとかこれにしかん。しかるに
同室《どうしつ》の好《よしみ》を結《むす》びて、ともに一師《いっし》の誨《おしえ》を仰《あお》ぐ輩《ともがら》、これおほしといへども、真実《しんじつ》に

う。

七旬三 旬は十年の意。

禅定博陸 九条兼実《くじょうかねざね》のこと。禅定は仏門に入った人。博陸は関白の唐《とう》名。本文には「法名円照」とあるが、円証の音通表記であろう。

はなはだもつてかたし 甚だ少ない。

紫禁青宮の政 紫禁は天皇の御所、青宮は皇太子の御所のこと。ここでは朝廷の行う政治の意。

黄金樹林の蕚 浄土の七宝樹林の華。

三槐九棘の道 三槐は三公《さんこう》(大臣)、九棘は九卿《きゅうけい》(公卿)のこと。ここでは朝廷の大臣と高官の行う政道の意。

戎狄 辺国の人々。

黎民 人民。庶民。

轅をめぐらし 訪れるとい

報土得生《ほうどとくしょう》の信心《しんじん》を成《じょう》じたらんこと、自他《じた》おなじくしりがたし。かるがゆゑに、かつは*当来《とうらい》の親友《しんぬ》たるほどをもしり、かつは*浮生《ふしょう》の思出《おもいで》ともしはんべらんがために、御弟子《おんでし》参集《さんじゅう》の砌《みぎり》にして、*出言《しゅつごん》つかうまつりて、面々《めんめん》の意趣《いしゅ》をも試《こころ》みんとおもふ所望《しょもう》あり」と云々《うんぬん》。大師聖人《だいししょうにん》（源空）のたまはく、「この条もつともしかるべし、すなはち明日人々来臨《みょうにちひとびとらいりん》のとき仰《おお》せられ出《いだ》すべし」と。しかるに翌日集会《よくじつしゅうえ》のところに、上人《しょうにん》 親鸞《しんらん》 のたまはく、「今日《こんにち》は*信不退《しんふたい》・*行不退《ぎょうふたい》の御座《みざ》を両方《りょうほう》にわかたるべきなり。いづれの座《ざ》につきたまふべしとも、おのおの示《しめ》したまへ」と。その時三百余人《ときさんびゃくよにん》の門侶《もんりょ》みなその意《こころ》を得《え》ざる気《き》あり。ときに法印大和尚位聖覚《ほういんだいかしょういせいかく》、ならびに釈*信空上人法蓮《しゃくのしんくうしょうにんほうれん》、「信不退《しんふたい》の御座《みざ》に着《つ》くべし」と云々《うんぬん》。つぎに沙弥*法力《しゃみほうりき》 熊谷直実入道《くまがいなおざねにゅうどう》 遅参《ちさん》して申《もう》していはく、「善《ぜん》信御房《しんのおんぼう》の御執筆《ごしゅひつ》なにごとぞや」と。善信上人《ぜんしんしょうにん》のたまはく、「信不退《しんふたい》・行不退《ぎょうふたい》の座《ざ》をわけらるるなり」と。法力房申《ほうりきぼうもう》していはく、「しからば法力《ほうりき》もるべからず、信不退《しんふたい》の座《ざ》にまゐるべし」と云々《うんぬん》。よつてこれを書《か》き載《の》せたまふ。ここに

8 数百人《すひゃくにん》の門徒群居《もんとぐんこ》すといへども、さらに一言《いちごん》をのぶる人《ひと》なし。これおそらくは自力《じりき》の迷心《めいしん》に拘《かか》はりて、金剛《こんごう》の真信《しんしん》に昏《くら》きがいたすところか。人《ひと》みな無音《ぶいん》のあ

う意。

市をなす 人がたくさん集まるという意。

昵近の緇徒 親しくしている僧侶。

化 教化。

芳命をかうぶる 仰せをいただく。

当来 来世。来生。

浮生 はかないこの世。

出言つかうまつりて 質問を申しあげて。

信不退 阿弥陀仏の本願を信じる一念に浄土往生が決定《けつじょう》するという立場。

行不退 念仏の行をはげみ、その功徳《くどく》によって浄土往生が決定するという立場。

信空 法蓮房《ほうれんぼう》称弁《しょうべん》（一一四六—一二二八）のこと。藤原行隆《ゆきたか》の子と伝える。はじめ比叡山《ひえいざん》の叡空《えいくう》に師事し、その死後、法然《ほうねん》聖人のもと

ひだ、執筆上人《しゅひつしょうにん》親鸞《しんらん》自名《じみょう》を載《の》せたまふ。ややしばらくありて大師聖人《だいししょうにん》（源空）仰《おお》せられてのたまはく、「源空《げんくう》も信不退《しんふたい》の座《ざ》につらなりはんべるべし」と。そのとき*門葉《もんよう》、あるいは屈敬《くっけい》の気《き》をあらはし、あるいは*鬱悔《うっけ》の色《いろ》をふくめり。

【七】　第七段《だいしちだん》

上人《しょうにん》親鸞《しんらん》のたまはく、いにしへわが大師聖人《だいししょうにん》源空《げんくう》の御前《おんまえ》に、*正信《しょうしん》房《ぼう》・勢観房《せいかんぼう》・*念仏房《ねんぶつぼう》以下《いげ》のひとびとおほかりしとき、*はかりなき諍論《じょうろん》をしはんべることありき。そのゆゑは、「聖人《しょうにん》の御信心《ごしんじん》と善信《ぜんしん》（親鸞）が信心《しんじん》と、いささかもかはるところあるべからず、ただひとつなり」と申《もう》したりしに、このひとびととがめていはく、「善信房《ぜんしんぼう》の、聖人《しょうにん》の御信心《ごしんじん》とわが信心《しんじん》とひとしと申《もう》さるることいはれなし。いかでかひとしかるべき」と。善信申《ぜんしんもう》していはく、「などかひとしと申《もう》さざるべきや。そのゆゑは深智博覧《じんちはくらん》にひとしからんとも申《もう》さばこそ、まことに*おほけなくもあらめ、往生《おうじょう》の信心《しんじん》にいたりては、ひとたび他力信心《たりきしんじん》のことわりをうけたまはりしよりこのかた、まつたくわたくしなし。しかれば、聖人《しょうにん》の御信心《ごしんじん》も他力《たりき》よりたまはらせたまふ、善信《ぜんしん》が信心《しんじん》も他《た》力《りき》なり。かるがゆゑにひとしくしてかはるところなしと申《もう》すなり」と申《もう》しはん

で専修念仏《せんじゅねんぶつ》に帰依《きえ》した。その門流を白川門徒という。

法力　法力房蓮生《れんせい》（一一四一—一二〇八）のこと。俗名は熊谷次郎直実《くまがいじろうなおざね》。源頼朝に仕える武士であったが、出家して法然《ほうねん》聖人の門に入った。

門葉　門弟。門下の人々。

鬱悔　気分がふさいで、はればれとしないこと。

正信房　底本には「聖信房」とある。正信房湛空《たんくう》（一一七六—一二五三）のこと。はじめ比叡山《ひえいざん》の実全《じつぜん》に師事したが、後に法然聖人に帰依し、京都嵯峨《さが》の二尊院に住して念仏を広めた。その門流を嵯峨門徒という。

念仏房　生没年未詳。念阿弥陀仏のこと。比叡山の僧であったが、法然聖人に帰依し、晩年京都嵯峨の往生

べりしところに、大師聖人《だいししようにん》まさしく仰《おお》せられてのたまはく、「信心《しんじん》のかはると申《もう》すは、自力《じりき》の信《しん》にとりてのことなり。すなはち智慧《ちえ》各別《かくべつ》なるゆゑに信《しん》また各《かく》別《べつ》なり。他力《たりき》の信心《しんじん》は、善悪《ぜんあく》の凡夫《ぼんぶ》ともに仏《ぶつ》のかたよりたまはる信心《しんじん》なれば、源空《げんくう》が信心《しんじん》も善信房《ぜんしんぼう》の信心《しんじん》も、*さらにかはるべからず、ただひとつなり。わが
9 かしこくて信《しん》ずるにあらず。信心《しんじん》のかはりあうておはしまさんひとびとは、わがまゐらん浄土《じようど》へは*よもまゐりたまはじ。よくよくこころえらるべきことなり」と云々《うんぬん》。ここに面々舌《めんめんした》をまき、口《くち》を閉《と》ぢてやみにけり。

【八】 第八段《だいはちだん》

御弟子《おんでし》*入西房《にゆうさいぼう》、上人《しようにん》 親鸞《しんらん》 の真影《しんねい》を写《うつ》したてまつらんとおもふこころざしありて、*日《ひ》ごろをふるところに、上人《しようにん》そのこころざしあることを*かがみて仰《おお》せられてのたまはく、「*定禅法橋《じようぜんほつきよう》 七条辺《しちじようへん》に居住《きよじゆう》 に写《うつ》さしむべし」と。入西房《にゆうさいぼう》、鑑察《かんさつ》の旨《むね》を随喜《ずいき》して、すなはちかの法橋《ほつきよう》を召請《ちようしよう》す。定禅《じようぜん》*左右《さう》なくまゐりぬ。すなはち尊顔《そんげん》に向《む》かひたてまつりて申《もう》していはく、「去夜《きよや》、奇特《きどく》の霊夢《れいむ》をなん感《かん》ずるところなり。その夢《ゆめ》のうちに拝《はい》したてまつるところの聖僧《しようそう》の面像《めんぞう》、いま向《む》かひたてまつる容貌《ようぼう》に、すこしもたがふところなし」といひ

院（現在の祇王寺）に住したという。

はかりなき諍論 思いもよらない論争。

おほけなくもあらめ 身のほどをわきまえないということもあるだろうが。

さらにかはるべからず 少しも異なったところのあるはずがない。

よも まさか。

入西房 伝未詳。一説では常陸《ひたち》大門（現在の茨城県常陸太田市）の道円《どうえん》のことであるという。

日ごろをふるところに 日頃を過していたところ。

かがみて 鑑《かんが》みて。察して。

定禅法橋 伝未詳。専《せん》阿《あ》弥《み》陀《だ》仏《ぶつ》（袴殿。鏡御影《かがみのごえい》の作者）と同一人物であるともいわれるが不明。

左右なく ただちに。

て、たちまちに随喜感歎《ずいきかんたん》の色《いろ》ふかくして、みづからその夢《ゆめ》を語《かた》る。貴僧二人来《きそうににんらい》入《じゅう》す。一人《いちにん》の僧《そう》のたまはく、「この*化僧《けそう》の真影《しんねい》を写《うつ》さしめんとおもふこころざしあり。ねがはくは*禅下筆《ぜんかふで》をくだすべし」と。定禅問《じょうぜんと》ひていはく、「かの化僧《けそう》たれびとぞや」。件《くだん》の僧《そう》のいはく、「*善光寺《ぜんこうじ》の本願《ほんがん》の御房《おんぼう》これなり」と。ここに定禅掌《じょうぜんたなごころ》を合《あわ》せ跪《ひざまず》きて、夢《ゆめ》のうちにおもふやう、さては生身《しょうじん》の弥陀如来《みだにょらい》にこそと、身《み》の毛《け》よだちて恭敬尊重《くぎょうそんじゅう》をいたす。また、「*御《み》ぐしばかりを写《うつ》されんに足《た》りぬべし」と云々《うんぬん》。かくのごとく問答往復《もんどうおうふく》して夢《ゆめ》さめをはりぬ。しかるにいまこの貴坊《きぼう》にまゐりてみたてまつる尊容《そんよう》、夢《ゆめ》のうちの聖僧《しょうそう》にすこしもたがはずとて、随喜《ずいき》のあまり涙《なみだ》を流《なが》す。しかれば、「夢《ゆめ》にまかすべし」とて、いまも御《み》ぐしばかりを写《うつ》したてまつりけり。夢想《むそう》は*仁治三年九月二十日《にんじさんねんくがつはつか》の夜《よ》なり。つらつらこの奇瑞《きずい》をおもふに、聖人《しょうにん》（親鸞）、弥陀如来《みだにょらい》の来現《らいげん》といふこと*炳焉《へいえん》なり。しかればすなはち、弘通《ぐずう》したまふ教行《きょうぎょう》、おそらくは弥陀《みだ》の直説《じきせつ》といひつべし。あきらかに無漏《むろ》の慧灯《えとう》をかかげて、とほく*濁世《じょくせ》の迷闇《めいあん》を晴《は》らし、あまねく甘露《かんろ》の法雨《ほうう》をそそぎて、はるかに枯渇《こかつ》の凡惑《ぼんわく》を潤《うるお》さんがためなりと。仰《あお》ぐべし、信《しん》ずべし。

化僧　教化僧。あるいは権《ごん》化《け》の僧の意を含むか。
禅下　定禅法橋のこと。
善光寺の本願の御房　『善光寺縁起』によると、同寺は、百済《くだら》から渡来した阿弥陀三尊像（一光三尊像）を、推古《すいこ》天皇十年（六〇二）、本田善光《ほんだよしみつ》が信濃《しなの》の自宅に安置し、皇極《こうぎょく》天皇元年（六四二）、さらにこれを同国水内郡芋井郷（現在の長野市）に移し堂宇を造営したのが起源であるという。善光寺の本願の御房とは、同寺の勧進聖で、阿弥陀仏の化身《けしん》とみなされていた。
御ぐし　御首、御頭などと書く。頭部。
仁治三年　一二四二年。親鸞聖人七十歳。
炳焉　明らかなさま。
濁世　五濁悪世の意。→五《ご》濁《じょく》

本《ほん》願《がん》寺《じの》聖《しょう》人《にん》親《しん》鸞《らん》伝《でん》絵《ね》　下《げ》

【九】　第一段《だいいちだん》

浄土宗興行《じょうどしゅうこうぎょう》によりて、聖道門廃退《しょうどうもんはいたい》す。これ空師《くうし》（源空）の所為《しょい》なりとて、たちまちに罪科《ざいか》せらるべきよし、*南北《なんぼく》の碩才《せきさい》憤《いきどお》りまうしけり。「顕化身土文類《けんけしんどもんるい》」の六《ろく》にいはく、「ひそかにおもんみれば、聖道《しょうどう》の諸教《しょきょう》は行証《ぎょうしょう》ひさしく廃《すた》れ、浄土《じょうど》の真宗《しんしゅう》は証道《しょうどう》いま盛《さか》んなり。しかるに諸寺《しょじ》の釈門《しゃくもん》、教《きょう》に昏《くら》くして真《しん》仮《け》の門戸《もんこ》を知《し》らず、*洛都《らくと》の儒林《じゅりん》、行《ぎょう》に迷《まど》ひて邪正《じゃしょう》の道路《どうろ》を弁《わきま》ふることなし。ここをもつて、*興福寺《こうぶくじ》の学徒《がくと》、太上天皇《だじょうてんのう》　諱尊成《いみなたかひら》、*後鳥羽院《ごとばのいん》と号《ごう》す　今上《きんじょう》　諱《いみな》為仁《ためひと》、*土御門院《つちみかどのいん》と号《ごう》す　聖暦《せいれき》、*承元丁卯《じょうげんひのとのう》の歳《とし》、*仲春上旬《ちゅうしゅんじょうじゅん》の候《こう》に奏達《そうたつ》す。主上臣下《しゅじょうしんか》、法《ほう》に背《そむ》き義《ぎ》に違《い》し、忿《いか》りをなし怨《あだ》を結《むす》ぶ。これによりて、真宗興隆《しんしゅうこうりゅう》の大祖《たいそ》源空法師《げんくうほっし》ならびに門徒《もんと》数輩《すはい》、罪科《ざいか》を考《かんが》へず、*みだりがはしく死罪《しざい》に坐《つみ》す。あるいは僧《そう》の儀《ぎ》を改《あらた》め姓名《しょうみょう》を賜《たま》ひて遠流《おんる》に処《しょ》す。予《よ》はその一《ひと》つなり。し

南北の碩才　奈良の興福寺《こうぶくじ》や比叡山延暦寺《ひえいざんえんりゃくじ》のすぐれた学者。

洛都の儒林　洛都は京都。儒林は儒学者。

興福寺…　元久二年（一二〇五）十月、興福寺の衆徒が専修念仏《せんじゅ》の停止《ちょうじ》を求めて九箇条からなる弾劾状（「興福寺奏状《そうじょう》」と呼ばれる）を朝廷に提出し、建永二年（承元元年・一二〇七）二月、法然《ほうねん》聖人とその門弟が処罰された。↓興福寺《こうぶくじ》

後鳥羽院　後鳥羽天皇（一一八〇―一二三九。在位一一八三―一一九八）。承久三年（一二二一）、北条《ほうじょう》氏追討の院宣《いんぜん》を下して挙兵したが失敗し、隠岐《おき》に配流された（承久の乱）。

土御門院　土御門天皇（一一九五―一二三一。在位一

かれば、すでに僧《そう》にあらず俗《ぞく》にあらず。このゆゑに禿《とく》の字《じ》をもつて姓《しょう》とす。空《くう》
師《し》（源空）ならびに弟《で》子《し》等《とう》、諸方《しょほう》の辺州《へんしゅう》に坐《つみ》して五年《ごねん》の*居諸《きょしょ》を経《へ》たり」と
云々《うんぬん》。空聖人《くうしょうにん》罪名《ざいみょう》藤井元彦《ふじいのもとひこ》、配所《はいしょ》*土佐国《とさのくに》　幡多《はた》　鸞聖人《らんしょうにん》（親鸞）罪名《ざいみょう》藤井《ふじいの》
善信《よしざね》、配所《はいしょ》*越後国《えちごのくに》　国府《こくぶ》　このほか門徒《もんと》、死罪《しざい》流罪《るざい》みなこれを略《りゃく》す。皇帝《こうてい》
12 諱《いみな》守成《もりなり》、*佐渡院《さどのいん》と号《ごう》す　聖代《せいだい》、*建暦《けんりゃく》辛《かのと》未《のひつじ》の歳《とし》、*子月《しげつ》中旬《ちゅうじゅん》第七日《だいしちにち》、*岡崎《おかざきの》
中納言《ちゅうなごん》範光《のりみつ》卿《のきょう》をもつて勅免《ちょくめん》。このとき聖人《しょうにん》右《みぎ》のごとく禿《とく》の字《じ》を書《か》きて*奏聞《そうもん》
したまふに、陛下《へいか》*叡感《えいかん》をくだし、侍臣《じしん》おほきに褒美《ほうび》す。勅免《ちょくめん》ありといへども、
*かしこに化《け》を施《ほどこ》さんがために、なほしばらく在国《ざいこく》したまひけり。

【一〇】　第二段《だいにだん》

聖人《しょうにん》（親鸞）越後国《えちごのくに》より*常陸国《ひたちのくに》に越《こ》えて、*笠間郡《かさまのこおり》稲田郷《いなだのごう》といふところに隠《いん》居《きょ》したまふ。*幽棲《ゆうせい》を占《し》むといへども道俗《どうぞく》あとをたづね、*蓬戸《ほうこ》を閉《と》づといへども貴賤《きせん》ちまたにあふる。仏法《ぶっぽう》弘通《ぐずう》の本懐《ほんがい》ここに成就《じょうじゅ》し、衆生《しゅじょう》利益《りやく》の宿念《しゅくでん》たちまちに満足《まんぞく》す。この時《とき》聖人《しょうにん》仰《おお》せられてのたまはく、「*救世菩薩《くせぼさつ》の告命《ごうみょう》を受《う》けしいにしへの夢《ゆめ》、すでにいま符合《ふごう》せり」と。

【一一】　第三段《だいさんだん》

一一九八―一二一〇）。

承元丁卯の歳　一二〇七年。親鸞聖人三十五歳。

仲春　陰暦二月の別称。

みだりがはしく　無法にも。

〰〰〰

居諸　月日。歳月。

土佐国　現在の高知県。法《ほう》然《ねん》聖人は実際には讃岐《さぬき》（現在の香川県）に留まった。

越後国国府　現在の新潟県上越市付近。国府は「こくふ」とも「こふ（こう）」ともいう。

佐渡院　順徳《じゅんとく》天皇（一一九七―一二四二。在位一二一〇―一二二一）。

建暦辛未の歳　一二一一年。親鸞聖人三十九歳。

子月　陰暦十一月の別称。

岡崎中納言範光卿　式部少輔従三位範兼《のりかね》の子息。ただし、承元元年（一二〇七）に出家しており、当時の赦《しゃ》

聖人《しょうにん》（親鸞）常陸国《ひたちのくに》にして専修念仏《せんじゅねんぶつ》の義《ぎ》をひろめたまふに、おほよそ疑謗《ぎほう》の輩《ともがら》は少《すく》なく、信順《しんじゅん》の族《やから》はおほし。しかるに一人《いちにん》の僧《そう》*山臥《やまぶし》と云々《うんぬん》 ありて、ややもすれば仏法《ぶっぽう》に*怨《あだ》をなしつつ、*結句害心《けっくがいしん》をさしはさみて、聖人《しょうにん》を*よりよりうかがひたてまつる。聖人《しょうにん》*板敷山《いたじきやま》といふ深山《しんざん》をつねに往反《おうへん》したまひけるに、かの山《やま》にして度々《どど》あひまつといへども、さらに*その節《せつ》をとげず。つらつらことの*参差《しんし》を案《あん》ずるに、すこぶる奇特《きどく》のおもひあり。よつて聖人《しょうにん》に謁《えつ》せんとおもふこころつきて、*禅室《ぜんしつ》にゆきて尋《たず》ねまうすに、上人《しょうにん》左右《さう》なく出《い》であひたまひけり。すなはち尊顔《そんげん》にむかひたてまつるに、害心《がいしん》たちまちに消滅《しょうめつ》して、あまつさへ後悔《こうかい》の涙《なみだ》禁《きん》じがたし。ややしばらくありて、ありのままに日《ひ》ごろの*宿鬱《しゅくうつ》を述《じゅつ》すといへども、聖人《しょうにん》またおどろける色《いろ》なし。たちどころに弓箭《きゅうせん》を
13 きり、刀杖《とうじょう》をすて、頭巾《ときん》をとり、*柿《かき》の衣《ころも》をあらためて、仏教《ぶっきょう》に帰《き》しつつ、つ
り（親……素懐《そかい》をとげき。不思議《ふしぎ》なりしことなり。すなはち明法房《みょうほうぼう》これなり。上人《しょうにん》

【三】

第四

聖人《しょうにん》（親鸞）……まひき。

御伝鈔 下　四

路《みち》におもむきましましけり。ある日《ひ》

免官《めん》は藤原光親《みつちか》であった。

奏聞　天皇に奏上すること。

叡感　（天皇が）感心してほめること。

かしこ　越後《えちご》（の人々）。

常陸国　現在の茨城県。

笠間郡稲田郷　現在の茨城県笠間市稲田町。

幽棲を占む　ひっそりとかくれ住む。

蓬戸を閉づ　幽棲の庵の戸を閉ざす。人との交際を絶つ。

救世菩薩の告命　「行者宿報…」の偈（一〇四四頁一三行以下）を指す。

山臥　山伏（修験道の行者）。当時は「山臥」と書くことが多かった。

怨　恨み。敵意。

結句　あげくのはて。ついには。とうとう。

よりより　おりおり。その

（……）かかりつつ、はるかに行客《こうかく》の蹤《あと》を送《おく》りて、やうや
*晩陰《ばんいん》にお……くに、夜《よ》もすでに*暁更《ぎょうこう》におよんで、月《つき》もはや孤嶺《これい》にかた
く人《じん》……ときに聖人《しょうにんあゆ》歩み寄《よ》りつつ*案内《あんない》したまふに、まことに*齢傾《よわいかたぶ》きたる翁《おきな》の
うるはしく装束《しょうぞく》したるが、いと*こととなく出《い》であひたてまつりていふやう、「*社廟《しゃびょう》ちかき所《ところ》のならひ、*巫《かんなぎ》どもの終夜《よもすがら》あそびしはんべるに、翁《おきな》もまじはりつるが、いまなんいささか仮寝《よりい》はんべるとおもふほどに、夢《ゆめ》にもあらず、うつつにもあらで、*権現仰《ごんげんおお》せられていはく、〈ただいまわれ尊敬《そんきょう》をいたすべき客人《きゃくじん》、この路《みち》を過《す》ぎたまふべきことあり、かならず慇懃《いんぎん》の忠節《ちゅうせつ》を抽《ぬき》んで、ことに丁寧《ていねい》の饗応《きょうおう》をまうくべし〉と云々《うんぬん》。示現《じげん》いまだ覚《さ》めをはらざるに、貴僧《きそう》*忽爾《こつじ》として影向《ようごう》したまへり。なんぞただ人《びと》にましまさん。神勅《しんちょく》これ炳焉《へいえん》なり。感応《かんのう》もつとも恭敬《くぎょう》すべし」といひて、尊重《そんじゅう》*屈請《くっしょう》したてまつりて、さまざまに飯食《ぼんじき》を粧《よそ》ひ、いろいろに珍味《ちんみ》を調《ととの》へけり。

【三】 第五段《だいごだん》

聖人《しょうにん》（親鸞）故郷《こきょう》に帰《かえ》りて往事《おうじ》をおもふに、年々歳々夢《ねんねんせいせいゆめ》のごとし、幻《まぼろし》のごとし。*長安《ちょうあん》・洛陽《らくよう》の棲《すみか》も*跡《あと》をとどむるに懶《ものう》しとて、*扶風馮翊《ふふうふよく》ところどころに移《い》

時々。

板敷山　茨城県の筑波山地にある山。当時、筑波山地は修験道の行場《ぎょうば》となっていた。

その節をとげず　その目的を果たせない。

参差を案ずるに　行き違いを考えると。

禅室　ここでは親鸞聖人の住いのこと。

宿鬱　つもりつもった思い。

柿の衣　柿渋で染めた無紋の衣。山伏（山臥）などが着た。

華城　花の都。京都のこと。

晩陰　夕方。

枢　扉。戸。

暁更　明け方。

案内　取り次ぎを頼むこと。

齢傾きたる　年老いた。

こととなく　すみやかに。

社廟　（箱根権現の）社《やしろ》。

14

住《じゅう》したまひき。五条 西 洞院《ごじょうにしのとういん》*わたり、これ一《ひと》つの勝地《しょうち》なりとて、しばらく居《きょ》を占《し》めたまふ。このごろ、いにしへ*口決《くけつ》を伝《つた》へ、面受《めんじゅ》をとげし門徒等《もんとら》、おのおの好《よしみ》を慕《した》ひ、路《みち》を尋《たず》ねて参集《さんじゅう》したまひけり。そのころ*常陸国那荷西 郡大部郷《ひたちのくになかのさいのこおりおおぶのごう》に、*平太郎《へいたろう》なにがしといふ庶民《しょみん》あり。聖人《しょうにん》の訓《おしえ》を信《しん》じて、もつぱらふたごころなかりき。しかるにある時《とき》、件《くだん》の平太郎《へいたろう》、*所務《しょむ》に駆《か》られて*熊野《くまの》に詣《けい》すべしとて、ことのよしを尋《たず》ねまうさんがために、聖人《しょうにん》へまゐりたるに、仰《おお》せられてのたまはく、「それ聖 教万差《しょうぎょうまんじゃ》なり、いづれも機《き》に相応《そうおう》すれば巨益《こやく》あり。ただし末法《まっぽう》の今《いま》の時《とき》、聖道門《しょうどうもん》の修行《しゅぎょう》においては成《じょう》ずべからず。すなはち〈*我末法《がまっぽう》時中億々衆生《じちゅうおくおくしゅじょう》 起行修道《きぎょうしゅどう》 未有一人得者《みういちにんとくしゃ》〉（安楽集・上 二四一）といひ、〈*唯《ゆい》有浄土一門可通入路《うじょうどいちもんかつうにゅうろ》〉（同・上）と云々《うんぬん》。これみな経《きょう》 釈《しゃく》の明文《めいもん》、如来《にょらい》の金言《きんげん》なり。しかるにいま〈唯有浄土《ゆいうじょうど》〉の真説《しんせつ》について、かたじけなくかの*三国《さんごく》の祖《そ》師《し》、おのおのこの一宗《いっしゅう》を興行《こうぎょう》す。このゆゑに、愚禿《ぐとく》すすむるところ、さらに私《わたくし》なし。しかるに一向専念《いっこうせんねん》の義《ぎ》は往 生《おうじょう》の*肝腑《かんぷ》、自宗《じしゅう》の*骨目《こつぼく》なり。すなはち三《さん》経《ぎょう》に隠顕《おんけん》ありといへども、文《もん》といひ義《ぎ》といひ、ともにもつてあきらかなるをや。『大経《だいきょう》』の三輩《さんぱい》にも一向《いっこう》とすすめて、流通《るずう》にはこれを弥勒《みろく》に付属《ふぞく》し、『観《かん》

巫　神に仕える人。

権現　箱根権現のこと。箱根神社（神奈川県足柄下郡箱根町）の祭神。当時、流布していた本地垂迹説《ほんじすいしゃくせつ》（日本の神を仏・菩薩の仮の現れとする説）によって、権現（仮の現れという意の称号）と呼ばれた。

忽爾　突然。

屈請　（尊い人を）請い招くこと。

長安洛陽　いずれも中国の都。ここでは転じて京都を指す。

跡をとどむるに懶し　跡を残すのは気が進まない。

扶風馮翊　中国の地名から転じて右京と左京をいう。

わたり　あたり。

口決　（親鸞聖人から）直接授けられた教え。

常陸国那荷西郡大部郷　現

経《ぎょう》』の九品《くぼん》にもしばらく三心《さんしん》と説《と》きて、これまた阿難《あなん》に付属《ふぞく》す、『小経《しょうきょう》』の一心《いっしん》つひに諸仏《しょぶつ》これを証誠《しょうじょう》す。これによりて論主《ろんじゅ》（天親）一心《いっしん》と判《はん》じ、和尚《かしょう》（善導）一向《いっこう》と釈《しゃく》す。しかればすなはち、いづれの文《もん》によるとも、一向専念《いっこうせんねん》の義《ぎ》を立《りゅう》すべからざるぞや。*証誠殿《しょうじょうでん》の本地《ほんじ》すなはちいまの教主《きょうしゅ》（阿弥陀仏）なり。かるがゆゑに、*とてもかくても衆生《しゅじょう》に結縁《けちえん》の志《こころざし》ふかきによりて、*和光《わこう》の垂迹《すいしゃく》を留《とど》めたまふ。垂迹《すいしゃく》を留《とど》むる本意《ほんい》、ただ結縁《けちえん》の群類《ぐんるい》をして願海《がんかい》に引入《いんにゅう》せんとなり。しかあれば本地《ほんじ》の誓願《せいがん》を信《しん》じて一向《いっこう》に念仏《ねんぶつ》をこととせん輩《ともがら》、公務《くむ》にもしたがひ、領主《りょうしゅ》にも駆仕《くし》して、その霊地《れいち》をふみ、その社廟《しゃびょう》に詣《けい》せんこと、さらに自心《じしん》の発起《ほっき》するところにあらず。しかれば、垂迹《すいしゃく》において*内懐虚仮《ないえこけ》の身《み》たりながら、あながちに*賢善精進《けんぜんしょうじん》の威儀《いぎ》を標《ひょう》すべからず。ただ本地《ほんじ》の誓約《せいやく》にまかすべし、あなかしこ、あなかしこ。神威《じんい》をかろしむるにあらず、ゆめゆめ*冥眦《みょうし》をめぐらしたまふべからず」と云々《うんぬん》。これによりて平太郎《へいたろう》熊野《くまの》に参詣《さんけい》す。*道《みち》の作法《さほう》*とりわき整《ととの》ふる儀《ぎ》なし。ただ常没《じょうもつ》の凡情《ぼんじょう》にしたがひて、さらに*不浄《ふじょう》をも刷《かいつくろ》ふことなし。行住坐臥《ぎょうじゅうざが》に本願《ほんがん》を仰《あお》ぎ、*造次顛沛《ぞうじてんぱい》に師教《しきょう》をまもるに、はたして*無為《ぶい》に参着《さんちゃく》の夜《よ》、件《くだん》の男《おとこ》夢《ゆめ》に告《つ》げていはく、証誠殿《しょうじょうでん》の扉《とびら》を排《おしひら》きて、衣《い》

在の茨城県水戸市飯富《いいとみ》町。

平太郎　『御消息』（三三）に出る中太郎と同一人物ともいわれる。水戸市飯富町には真仏寺《しんぶつじ》があり、平太郎真仏を開基とする。

所務に駆られて…　領主の従者としての役務によって参詣するという意。本頁七行にも「公務にもしたがひ、領主にも駆仕して」とある。

熊野　本宮《ほんぐう》・新宮《しんぐう》・那智《なち》の熊野三山。本宮の証誠殿《しょうじょうでん》はとくに尊崇された。

我末法時…　「わが末法の時のなかの億々の衆生、行を起し道を修せんに、いまだ一人も得るものあらじ」（化身土巻訓）

唯有浄土…　「ただ浄土の一門のみありて通入すべき路なり」（化身土巻訓）

三国　インド・中国・日本。

肝腑・骨目　要《かなめ》となるもの。

冠《かん》ただしき俗人《ぞくじん》仰《おお》せられていはく、「なんぢなんぞわれを*忽諸《こつしょ》†して汚穢《わえ》不浄《ふじょう》にして参詣《さんけい》するや」と。その時《とき》かの俗人《ぞくじん》に対座《たいざ》して、聖人忽爾《しょうにんこつじ》としてまみえたまふ。その詞《ことば》にのたまはく、「かれは善信《ぜんしん》（親鸞）が訓《おしえ》によりて念仏《ねんぶつ》するものなり」と云々《うんぬん》。ここに俗人《ぞくじん》*笏《しゃく》をただしくして、ことに敬屈《けいくつ》の礼《れい》を著《あらわ》しつつ、かさねて述《の》ぶるところなしとみるほどに、夢《ゆめ》さめをはりぬ。おほよそ奇異《きい》のおもひをなすこと、いふべからず。下向《げこう》の後《のち》、貴坊《きぼう》にまゐりて、くはしくこの旨《むね》を申《もう》すに、聖人《しょうにん》「そのことなり」とのたまふ。これまた不思議《ふしぎ》のことなりかし。

【四】　第六段《だいろくだん》

聖人《しょうにん》（親鸞）*弘長二歳《こうちょうにさい》壬戌《みずのえいぬ》仲冬下旬《ちゅうとうげじゅん》の候《こう》より、いささか*不例《ふれい》の気《き》まします。それよりこのかた、口《くち》に世事《せいじ》をまじへず、ただ仏恩《ぶっとん》のふかきことをのぶ。声《こえ》に余言《よごん》をあらはさず、もつぱら称名《しょうみょう》たゆることなし。しかうしておなじき第八日《だいはちにち》*午時《うまのとき》　*頭北面西右脇《ずほくめんさいうきょう》に臥《ふ》したまひて、つひに念仏《ねんぶつ》の息《いき》たえをはりぬ。ときに頽齢《たいれい》*九旬《きゅうしゅん》にみちたまふ。*禅房《ぜんぼう》は長安馮翊《ちょうあんふよく》の辺《ほとり》　押小路《おしこうじ》の南《みなみ》、万里小路《までのこうじ》より東《ひんがし》なれば、はるかに河東《かとう》の路《みち》を歴《へ》て、洛陽東山《らくようひがしやま》の西《にし》の麓《ふもと》、鳥部《とりべ》野《の》の南《みなみ》の辺《ほとり》、延仁寺《えんにんじ》に葬《そう》したてまつる。遺骨《いこつ》を拾《ひろ》ひて、おなじき山《やま》の麓《ふもと》、鳥部《とりべ》

最も大切なことがら。

証誠殿　熊野《くまの》本宮《ほんぐう》の主殿《しゅでん》の称。ここではその祭神を指す。

とてもかくても　どのようにしてでも。どうあろうと。どうあっても。

和光　和光同塵《わこうどうじん》のこと。→和光同塵

内懐虚仮の身　内に虚仮（うそいつわり）を懐く身。

賢善精進の威儀　賢者や善人らしくつとめ励む姿。

冥眦　神が怒ってにらむこと。

道の作法　熊野詣の道中には独特の厳しい作法が定められていた。

とりわき　特別に。

不浄をも刷ふ　潔斎《けっさい》（身心をきよめること）する。

造次顛沛に　ちょっとした間にも。いつも。

野《の》の北《きた》の辺《ほとり》、大谷《おおたに》にこれををさめをはりぬ。しかるに終焉《しゅうえん》にあふ門弟《もんてい》、勧化《かんけ》をうけし老若《ろうにゃく》、おのおの在世《ざいせ》のいにしへをおもひ、滅後《めつご》のいまを悲《かな》しみて、恋慕涕泣《れんぼていきゅう》せずといふことなし。

16

【一五】　第七段《だいしちだん》

*文永九年冬《ぶんえいくねんふゆ》のころ、東山西《ひがしやまにし》の麓《ふもと》、鳥部野《とりべの》の北《きた》、大谷《おおたに》の墳墓《ふんぼ》をあらためて、おなじき麓《ふもと》よりなほ西《にし》、吉水《よしみず》の北《きた》の辺《ほとり》に遺骨《いこつ》を掘《ほ》り渡《わた》して仏閣《ぶっかく》を立《た》て、影像《えいぞう》を安《あん》ず。この時《とき》に当《あた》りて、聖人《しょうにん》（親鸞）相伝《そうでん》の宗義《しゅうぎ》いよいよ興《こう》じ、遺訓《ゆいくん》ますます盛《さか》りなること、すこぶる在世《ざいせ》のむかしに超《こ》えたり。すべて門葉国郡《もんようこくぐん》に充満《じゅうまん》し、末流処々《ばつりゅうしょしょ》に遍布《へんぷ》して、幾千万《いくせんまん》といふことをしらず。その*稟教《ほんぎょう》を重《おも》くしてかの報謝《ほうしゃ》を抽《ぬき》んづる輩《ともがら》、*緇素老少《しそろうしょう》、面々《めんめん》に歩《あゆ》みを運《はこ》んで年々廟堂《ねんねんびょうどう》に詣《けい》す。おほよそ聖人在生《しょうにんざいしょう》のあひだ、奇特《きどく》これおほしといへども、*羅縷《らる》に遑《いとま》あらず。しかしながらこれを略《りゃく》するところなり。

奥書《おくがき》にいはく

右縁起図画《みぎえんぎずえ》の志《こころざし》、ひとへに知恩報徳《ちおんほうとく》のためにして戯論狂言《けろんきょうげん》のためにせず。あまつさへまた*紫毫《しごう》を染《そ》めて*翰林《かんりん》を拾《ひろ》ふ。その体《てい》もつとも拙《つたな》し、その詞《ことば》これいやし。*冥《みょう》に付《つ》け*顕《けん》

無為に　何事もなく。

忽諸して　軽んじて。

笏をただしくして　威儀を正して。笏は礼服や朝服を着用の際、右手に持つ細長い板。

弘長二歳壬戌仲冬　弘長二歳壬戌は一二六三年、仲冬は陰暦十一月の別称。

不例　病気。

午時　正午頃。示寂《じじゃく》の時刻を未時（午後二時頃）とする史料もある。

頭北面西右脇　頭を北にし、顔を西に向けて、右脇を下にし横たわること。釈尊が入滅《にゅうめつ》した時の姿。

九旬　旬は十年の意。

禅房　親鸞聖人の弟、尋有《じんう》僧都《そうず》の里坊であった善法坊《ぜんぽうぼう》。

文永九年　一二七二年。

稟教　教えを受け継ぐこと。

に付《つ》け、痛《いた》みあり恥《はじ》あり。しかりといへども、ただ後見賢者《こうけんけんじゃ》の取捨《しゅしゃ》を憑《たの》みて、当時愚案《とうじぐあん》の*紕謬《ひびゅう》を顧《かえり》みることなしならくのみ。

時《とき》に*永仁第三《えいにんだいさん》の暦《れき》、*応鐘中旬第二天《おうしょうちゅうじゅんだいにてん》、*晡時《ほじ》に至《いた》りて草書《そうしょ》の篇《へん》を終《お》へをはりぬ。

画工《がこう》　法眼《ほうげん》*浄賀《じょうが》　号康楽寺《ごうこうらくじ》

*暦応二歳《りゃくおうにさい》己卯《つちのとのう》四月《しがつ》二十四日《にじゅうよっか》、ある本《ほん》をもつてにはかにこれを書写《しょしゃ》したてまつる。先年愚筆《せんねんぐひつ》の後《のち》、一本所持《いっぽんしょじ》の処《ところ》、世上《せじょう》に闘乱《とうらん》のあひだ炎上《えんじょう》の刻《きざみ》、焼失《しょうしつ》し行方《ゆくえ》知《し》らず。しかるにいま*慮《おもんぱか》らず荒本《こうほん》を得《え》て記《しる》し、これを留《とど》むるものなり。

*康永二載《こうえいにさい》癸未《みずのとのひつじ》十一月《じゅういちがつ》二日《ふつか》筆《ふで》を染《そ》めをはりぬ。

*桑門《そうもん》　釈宗昭《しゃくそうしょう》

画工《がこう》　大法師宗舜《だいほうしそうしゅん》　康楽寺弟子《こうらくじでし》

緇素　僧侶と俗人。緇は黒色で、黒衣を着る人（僧侶）、素は白色で、白衣を着る人（俗人）を示す。

羅縷　詳しく記述すること。

紫毫　筆。

翰林　文章。

冥・顕　冥は目にみえないもの。顕は目にみえるもの。

紕謬　誤り。

永仁第三の暦　一二九五年。

応鐘中旬第二天　応鐘は陰暦十月の別称。中旬第二天は十二日。

晡時　午後四時頃。

浄賀　康楽寺流の絵師。他にも宗舜《そうしゅん》、円寂《えんじゃく》など康楽寺を名のる絵師は本願寺と深いかかわりを持っていた。

暦応二歳　一三三九年。

慮らず　思いがけず。

康永二載　一三四三年。

桑門　僧侶のこと。

報《ほう》恩《おん》講《こう》私《し》記《き》

本書は、『報恩講式《ほうおんこうしき》』ともいい、単に『式文《しきもん》』ともいわれる。宗祖親鸞聖人《しんらんしょうにん》の報恩講に拝読する聖教《しょうぎょう》で、聖人に対する深い謝意が表明されている。永仁《えいにん》二年（一二九四）、聖人の三十三回忌に第三代宗主覚如上人《かくにょしょうにん》が撰述された。内容は、総礼《そうらい》、三礼《さんらい》、如来唄《にょらいばい》、表白《ひょうびゃく》、回向《えこう》よりなり、表白は、㈠真宗興行の徳を讃ず、㈡本願相応の徳を嘆ず、㈢滅後利益《りやく》の徳を述す、の三段に分けられる。

第一段では、親鸞聖人は、天台《てんだい》の慈鎮和尚《じちんかしょう》に就き、顕密《けんみつ》の諸教を学び、修行に専念されたが、さとりを得難きことを知って法然《ほうねん》聖人に謁し、出離《しゅつり》の要道は浄土の一宗のほかにないことに気づき、聖道《しょうどう》の難行《なんぎょう》を捨てて、浄土易行《いぎょう》の大道に帰し、自信教人信《じしんきょうにんしん》の生涯を送られた。真宗は親鸞聖人によって開かれたのであるから、念仏して報恩すべしと述べられている。第二段では、念仏修行の人は多いが、専修《せんじゅ》専念の人は稀《まれ》であり、金剛の信心の人は少ない。しかるに宗祖はみずから他力回向の信を得て、易行の要路を人びとに明かされた。まことに本願相応のご化導《けどう》、これにすぎるものはないと述べられている。第三段では、遺弟《ゆいてい》たるものは、親鸞聖人の祖廟に跪《ひざまず》き、その真影《しんねい》を仰ぎ、聖人が撰述された数々の聖教を拝読して、この教法を弘めていこうとする決意を新たにするが、それが滅後利益の徳であると讃嘆されている。

報《ほう》恩《おん》講《こう》私《し》記《き》

【一】　先《まず》 *総礼《そうらい》

*稽首《けいしゅ》天人《てんにん》所恭敬《しょくぎょう》

阿弥陀《あみだ》仙両足尊《せんりょうぞくそん》

在彼微妙安楽国《ざいひみみょうあんらくこく》

無量仏子衆囲繞《むりょうぶっししゅういにょう》（十二礼　六七七）

次《つぎに》 *三礼《さんらい》

次《つぎに》 *如来唄《にょらいばい》

次《つぎに》 *表白《ひょうびゃく》

敬《うやま》ひて大恩教主釈迦如来《だいおんきょうしゅしゃかにょらい》、極楽《ごくらく》 *能化《のうけ》弥陀《みだ》 *善逝《ぜんぜい》、称讃浄土三部妙典《しょうさんじょうどさんぶみょうでん》、*八《はち》万十二顕密聖教《まんじゅうにけんみつしょうぎょう》、観音勢至九品聖衆《かんのんせいしくぼんしょうじゅ》、念仏伝来《ねんぶつでんらい》の諸大師等《しょだいしとう》、総《そう》じては仏眼《ぶつげん》所照微塵刹土《しょしょうみじんせつど》の現不現前《げんふげんぜん》の一切《いっさい》の三宝《さんぼう》にまうしてまうさく、弟子《でし》 *四禅《しぜん》の線《いとすじ》の

総礼　総礼伽陀《かだ》とも総礼頌《じゅ》ともいい、声明《しょうみょう》（仏教の儀式音楽）の各作法の最初に諷誦《ふうじゅ》する偈文をいう。ここでは次の「十二礼《じゅうにらい》」の四句がこれにあたる。

稽首天人…　「天・人に恭敬せられたまふ、阿弥陀仙両足尊に稽首したてまつる。かの微妙の安楽国にましまして、無量の仏子衆に囲繞せられたまへり」

三礼　三帰礼、三宝《さんぼう》礼ともいい、勤式のはじめに、主として三宝帰依《きえ》を述べる敬《きょう》礼文《らいもん》のこと。『華厳経《けごんぎょう》』「浄行品」の文。

如来唄　如来の妙色身を讃詠した文。

表白　修法のはじめに、その趣旨を三宝に対して申し上げること。

能化　一切衆生《しゅじょう》をよく教化する者の意。

4 端《はし》に、たまたま*南浮人身《なんぶにんじん》の針《はり》を貫《つらぬ》き、曠海《こうかい》の浪《なみ》の上《うえ》に、まれに西土《さいど》（印度）仏《ぶっ》教《きょう》の査《うき》に遇《あ》へり。ここに祖師聖人《そししょうにん》（親鸞）の化導《けどう》によりて、法蔵因位《ほうぞういんに》の本誓《ほんぜい》を聴《き》く、歓喜《かんぎ》胸《むね》に満《み》ち渇仰《かつごう》肝《きも》に銘《めい》ず。しかればすなはち、報《ほう》じても報《ほう》ずべきは大《だい》悲《ひ》の仏恩《ぶっとん》、謝《しゃ》しても謝《しゃ》すべきは師長《しちょう》の遺徳《いとく》なり。ゆゑに観音大士《かんのんだいじ》の頂《ちょうじょう》上には*本師弥陀《ほんしみだ》を安《あん》じ、大聖慈尊《だいしょうじそん》（弥勒）の宝冠《ほうかん》には釈迦《しゃか》の*舎利《しゃり》を戴《いただ》きたまふ。たとひ万劫《まんごう》を経《ふ》とも、一端《いったん》をも報《ほう》じがたし。しかじ、*名願《みょうがん》を念《ねん》じてかの本懐《ほんがい》に順《じゅん》ぜんには。いま、三《み》つの徳《とく》を揚《あ》げて、まさに*四輩《しはい》を勧《すす》めんとす。

一《ひと》つには真宗興行《しんしゅうこうぎょう》の徳《とく》を讃《さん》じ、

二《ふた》つには本願相応《ほんがんそうおう》の徳《とく》を嘆《たん》じ、

三《み》つには滅後利益《めつごりやく》の徳《とく》を述《じゅっ》す。

伏《ふ》して乞《こ》ふ、三宝哀愍納受《さんぼうあいみんのうじゅ》したまへ。

【三】 第一《だいいち》に真宗興行《しんしゅうこうぎょう》の徳《とく》を讃《さん》ずといふは、俗姓《ぞくしょう》は後長岡丞相《ごながおかのしょうじょう》内麿公《うちまろこう》
5 の末孫《ばっそん》、前《さき》の*皇太后宮大進《こうたいごうぐうのだいしん》*有範《ありのり》の息男《そくなん》なり。幼稚《ようち》の古《いにしえ》、壮年《そうねん》の昔《むかし》、*耶嬢《やじょう》の家《いえ》を出《い》でて、*台嶺《たいれい》の窓《まど》に入《い》りたまひしよりこのかた、慈鎮和尚《じちんかしょう》をもつて師範《しはん》として、顕密両宗《けんみつりょうしゅう》の教法《きょうぼう》を習学《しゅうがく》す。*蘿洞《らとう》の霞《かすみ》のうちに*三諦一諦《さんたいいったい》の妙理《みょうり》を窺《うかが》ひ、

善逝　梵語スガタ(sugata)の漢訳。如来十号の一。↓如来《にょらい》

八万十二顕密　八万の法門(仏の教えのすべて)、十二部経、顕教・密教のこと。↓十二部経《じゅうにぶきょう》、顕教《けんぎょう》、密教《みっきょう》

四禅　四禅天の略。四種の禅定《ぜんじょう》を修して生ずる色界《しきかい》の四天処をいう。↓四禅《しぜん》

南浮　閻浮提のこと。↓閻《えん》浮提《ぶだい》

本師　根本の導師。

舎利　梵語シャリーラ(śarīra)の音写。遺骨のこと。

名願　本願名号《みょうごう》。

四輩　四衆のこと。↓四衆《ししゅ》

皇太后宮大進　皇太后宮職の第三等官。

有範　日野《ひの》有範。生没年未詳。親鸞聖人の父。皇太后宮大進を退いた後、山城三室戸《やましろみむろど》（現在の京都府宇治

草庵《そうあん》の月《つき》の前《まえ》に*瑜伽瑜祇《ゆがゆぎ》の観念《かんねん》を凝《こ》らす。とこしなへに*明師《めいし》に逢《あ》ひて*大小《だいしょう》の奥蔵《おうぞう》を伝《つた》へ、広《ひろ》く諸宗《しょしゅう》を試《こころ》みて甚深《じんじん》の義理《ぎり》を究《きわ》む。しかれども*色塵《しきじん》・声塵《しょうじん》、猿猴《えんこう》の情《こころ》なほ忙《いそが》はしく、*愛論《あいろん》・見論《けんろん》、*痴膠《ちこう》の憶《おもい》いよいよ堅《かた》し。*断惑証理《だんわくしょうり》愚鈍《ぐどん》の身《み》成《じょう》じがたく、*速成覚位《そくじょうかくい》末代《まつだい》の機《き》覃《およ》びがたし。よりて出離《しゅつり》を仏陀《ぶつだ》に誂《あつら》へ、知識《ちしき》を神道《しんとう》に祈《いの》る。しかるあひだ宿因多幸《しゅくいんたこう》にして、本朝念仏《ほんちょうねんぶつ》の元祖《がんそ》黒谷《くろだに》上人《しょうにん》（源空）に謁《えつ》したてまつりて出離《しゅつり》の要道《ようどう》を問答《もんどう》す。授《さず》くるに浄土《じょうど》の一宗《いっしゅう》をもつてし、示《しめ》すに念仏《ねんぶつ》の一行《いちぎょう》をもつてす。しかりしよりこのかた、聖道難行《しょうどうなんぎょう》の門《もん》を閣《さしお》きて浄土易行《じょうどいぎょう》の道《どう》に帰《き》し、たちまちに自力《じりき》の心《しん》を改《あらた》めてひとへに他力《たりき》の願《がん》に乗《じょう》ず。自行化他《じぎょうけた》、道綽《どうしゃく》の遺誡《ゆいかい》を守《まも》り、専修専念《せんじゅせんねん》、善導《ぜんどう》の古風《こふう》に任《まか》す。見聞《けんもん》の道俗随喜《どうぞくずいき》を致《いた》し、遠近《おんごん》の*緇素《しそ》みな発心《ほっしん》す。ここに祖師《そし》（親鸞）、西土《さいど》（印度）の教文《きょうもん》を弘《ひろ》めんがためにはるかに*東関《とうかん》の斗藪《とそう》を跂《くわだ》てたまふ。しばらく*常州《じょうしゅう》筑波山《つくばやま》の北《きた》の辺《ほとり》に逗留《とうりゅう》し、貴賤上下《きせんじょうげ》に対《たい》して末世相応《まっせそうおう》の要法《ようぼう》を示《しめ》す。初《はじ》めに疑謗《ぎほう》をなすの輩《ともがら》、*瓦礫《がりゃく》・荊棘《きょうこく》のごとくなりしかども、つひに改悔《がいけ》せしめしの族《やから》、*稲麻竹葦《とうまちくい》に同《おな》じ。みな邪見《じゃけん》を翻《ひるがえ》してことごとく正信《しょうしん》を受《う》け、ともに偏執《へんじゅう》を止《や》めて還《かえ》りて弟子《でし》となる。おほよそ訓《おしえ》を受《う》くるの徒衆《としゅう》当国《とうごく》に余《あま》り、縁《えん》を結《むす》

市）に隠棲したという。

耶嬢　父母のこと。

台嶺　比叡山《ひえいざん》のこと。

蘿洞　つたかずらの繁った洞穴。転じて人里離れたところ。

三諦一諦　天台《てんだい》の教義で、空《くう》・仮《け》・中《ちゅう》の三諦は中道の一実に帰するということ。

瑜伽瑜祇　仏の三密と衆生《しゅじょう》の三密とを相応させる三密加持《かじ》の観法のこと。

明師　智慧《ちえ》のすぐれた師。

大小　大乗と小乗のこと。↓大乗《だいじょう》、小乗《しょうじょう》

色塵声塵　六塵の中の二。↓六塵《ろくじん》

愛論見論　正しくない無益な言論のこと。愛論は愛着によって起る誤った言論、見論は偏見によって起る道理にくらい言論。

痴膠　愚かさのために迷い

ぶの親疎《しんそ》諸邦《しょほう》に満《み》てり。謗法《ほうぼう》・闡提《せんだい》の輩《ともがら》なりといへども、かの教化《きょうけ》を聞《き》くもの、覚悟《かくご》華鮮《はなあざ》やかに、愚痴《ぐち》放逸《ほういつ》の類《たぐい》なりといへども、その*諷諫《ふうかん》を得《う》るもの、惑《わく》障《しょう》雲《くも》霽《は》る。たとへば木石《ぼくせき》の縁《えん》を待《ま》ちて火《ひ》を生《しょう》じ、瓦礫《がりゃく》の*鐫《せん》を磨《す》りて珠《たま》をなすがごとし。甚深《じんじん》の行願《ぎょうがん》不可思議《ふかしぎ》なるものか。まさにいま念仏修行《ねんぶつしゅぎょう》の要義《ようぎ》
7 まちなりといへども、他力真宗《たりきしんしゅう》の興行《こうぎょう》はすなはち今師《こんし》（親鸞）の知識《ちしき》より起《おこ》り、*専修正行《せんじゅしょうぎょう》の繁昌《はんじょう》はまた*遺弟《ゆいてい》の*念力《ねんりき》より成《じょう》ず。流《ながれ》を酌《く》んで本源《ほんげん》を尋《たず》ぬるに、ひとへにこれ祖師《そし》（親鸞）の徳《とく》なり。すべからく仏号《ぶつごう》を称《しょう》して師恩《しおん》を報《ほう》ずべし。頌《じゅ》にいはく、

*若非釈迦勧念仏《にゃくひしゃかかんねんぶつ》
弥陀浄土何由見《みだじょうどがゆけん》
心念香華遍供養《しんねんこうげへんくよう》
長時長劫報慈恩《じょうじじょうごうほうじおん》（般舟讃　七九〇）
　念仏《ねんぶつ》
*何期今日至宝国《がごこんにちしほうこく》
実是娑婆本師力《じつぜしゃばほんしりき》

にとらえられて動きのとれないことをいう。

断惑証理　煩悩《ぼんのう》の惑いを断じて真理をさとること。

速成覚位　この身のままで速やかに仏の位に至ること。

緇素　僧侶と俗人。緇は黒色で、黒衣を着る人（僧侶）、素は白色で、白衣を着る人（俗人）を示す。

東関の斗藪　斗藪は梵語ドゥータ（dhūta）の漢訳。頭陀《ずだ》行のことで、衣食住に対する貪着を捨て、山野を巡って辛酸に耐える修行をすること。ここでは関東地方を巡るというほどの意。

常州筑波山の北の辺　現在の茨城県笠間市稲田町付近。

瓦礫荆棘　瓦礫はかわらと小石、荆棘はいばらのこと。ここでは数が多いという意。

稲麻竹葦　ここでは数が多いという意。

若《にゃく》非《ひ》本《ほん》師《し》知《ち》識《しき》勧《かん》
弥《み》陀《だ》浄《じょう》土《ど》云《うん》何《が》入《にゅう》（般舟讃　七四四）
南《な》無《も》帰命頂礼《きみょうちょうらい》尊重讃《そんじゅうさん》嘆《だん》祖《そ》師聖霊《ししょうりょう》

8

【三】第二《だいに》に本願相応《ほんがんそうおう》の徳《とく》を嘆《たん》ずといふは、念仏修行《ねんぶつしゅぎょう》の人《ひと》これ多《おお》しといへども、専修専念《せんじゅせんねん》の輩《ともがら》はなはだ稀《まれ》なり、あるいは*自性唯心《じしょうゆいしん》に沈《しず》みていたづらに浄《じょう》土《ど》の真証《しんしょう》を貶《おとし》め、あるいは定散《じょうさん》の*自心《じしん》に迷《まど》ひてあたかも*金剛《こんごう》の真信《しんしん》に闇《くら》し。しかるに祖師聖人《そししょうにん》（親鸞）、至心信楽《ししんしんぎょう》おのれを忘《わす》れてすみやかに*無行不成《むぎょうふじょう》の願《がん》海《かい》に帰《き》し、憶念称名精《おくねんしょうみょういさ》みありてとこしなへに不断無辺《ふだんむへん》の光益《こうやく》に関《あずか》る。身《み》にその証理《しょうり》を彰《あらわ》し、人《ひと》かの奇特《きどく》を看《み》ること勝計《しょうげ》すべからず。しかのみならず来問《らいもん》の貴賤《きせん》に対《たい》してもつぱら他力易往《たりきいおう》の要路《ようろ》を示《しめ》し、面謁《めんえつ》の道俗《どうぞく》を誘《こしら》へてひとへに善《ぜん》悪凡夫《あくぼんぶ》の生因《しょういん》を明《あ》かす。ゆゑに善導大師《ぜんどうだいし》のいはく（定善義　四一一）、「今時《こんじ》の有縁《うえん》、あひ勧《すす》めて誓《ちか》ひて浄土《じょうど》に生《しょう》ぜしむるは、すなはちこれ諸仏本願《しょぶつほんがん》の意《みこころ》に称《かな》ふなり」と。またいはく（礼讃　六七六）、「*大悲伝普化《だいひでんぶけ》　真成報仏恩《しんじょうほうぶつとん》」と。しかれば祖師聖人《そししょうにん》、金剛《こんごう》の信心《しんじん》を発起《ほっき》して自身《じしん》の生因《しょういん》を定得《じょうとく》し、本願《ほんがん》の名号《みょうごう》を流行《るぎょう》して衆機《しゅき》の*往益《おうやく》を助成《じょじょう》す。あに本願相応《ほんがんそうおう》の徳《とく》にあらずや、むしろ仏恩報《ぶっとんほう》

諷諫　ここではおだやかに教え導くという意。
鈯　一説には、金属を平らにする道具で、やすりのようなものという。
専修正行　もっぱら念仏の正行を修するという意で、自力を離れてただ念仏する浄土真宗の宗義をいう。
遺弟　親鸞聖人滅後の門弟。
念力　信心の力。
若非釈迦…　「もし釈迦の勧めて念仏せしむるにあらずは、弥陀の浄土なににより てか見ん。心に香華を念じてあまねく供養し、長時長劫に慈恩を報ぜよ」
何期今日…　「いかんしてか今日宝国に至ることを期せん。まことにこれ娑婆本師の力なり。もし本師知識の勧めにあらずは、弥陀の浄土いかんしてか入らん」

尽《じん》の勤《つと》めにあらずや。またつねに門徒《もんと》に語《かた》りていはく、「信謗《しんぼう》ともに因《いん》となりて同《おな》じく往生《おうじよう》浄土《じようど》の縁《えん》を成《じよう》ず」と。誠《まこと》なるかなやこの言《ごん》、疑《うたが》ふものもかならず
9 ず信《しん》を執《と》り、謗《ほう》ずるものもつひに情《じよう》を翻《ひるがえ》す。まことにこれ仏意相応《ぶついそうおう》の化導《けどう》、そもそもまた*勝利広大《しようりこうだい》の知識《ちしき》なり。悪時悪世界《あくじあくせかい》の今《いま》、常没常流転《じようもつじようるてん》の族《やから》、もし聖人《しようにん》の勧化《かんけ》を受《う》けたてまつらずんば、いかでか無上大利《むじようだいり》を悟《さと》らん。すでに一声《いつしよう》称念《しようねん》の利剣《りけん》を揮《ふる》ひて、たちまちに無明果業《むみようかごう》の苦因《くいん》を截《き》り、かたじけなく*三仏《さんぶつ》菩提《ぼだい》の願船《がんせん》に乗《じよう》じて、まさに涅槃《ねはん》*常楽《じようらく》の彼岸《ひがん》に到《いた》りなんとす。弥陀難思《みだなんじ》の本《ほん》誓《ぜい》、釈迦慇懃《しやかおんごん》の附属《ふぞく》、仰《あお》がずんばあるべからず。諸仏誠実《しよぶつじようじつ》の証明《しようみよう》、祖師《そし》（親鸞）*矜哀《こうあい》の引入《いんにゆう》、憑《たの》まずんばあるべからず。これによりておのおの本願《ほんがん》を持《たも》ち名号《みようごう》を唱《とな》へて、いよいよ二尊《にそん》の悲懐《ひかい》に協《かな》ひ、仏恩《ぶつとん》を戴《いただ》き師徳《しとく》を荷《に》なひて、ことに一心《いつしん》の懇念《こんねん》を呈《あらわ》すべし。頌《じゆ》にいはく、

*世尊説法時将了《せそんせつぼうじしようりよう》
慇懃附属弥陀名《おんごんふぞくみだみよう》
五濁増時多疑謗《ごじよくぞうじたぎほう》
道俗相嫌不用聞《どうぞくそうけんふようもん》（法事讃・下　五七六）

（化身土巻訓）娑婆本師・本師知識は釈尊のこと。

自性唯心　万有はその本性についていえば、ただ心の変現にほかならないもので、自己の心以外に何ものもないとする聖道門《しようどうもん》の考え。この立場より自己の心性を指してただちに弥陀といい、この心を浄土であると主張する。

自心　自力の心。

金剛の真信　如来回向《えこう》の信心のこと。→金剛心《こんごうしん》

無行不成の願海　「無行不成（行として成ぜざるなし）」は「散善義」に出る言葉。本願の名号《みようごう》には万行がまどかにそなわっているので、行として成ぜざることなく、いかなる悪人も往生を得ることができるという意。この広大な本願の

念仏《ねんぶつ》
*万行《まんぎょう》之《し》中《ちゅう》為《い》急要《きゅうよう》
迅速《じんそく》無《む》過《か》浄土《じょうど》門《もん》
不《ふ》但《たん》本《ほん》師《し》金《こん》口《く》説《せつ》
十方《じっぽう》諸仏《しょぶつ》共《ぐ》伝証《でんしょう》（五会法事讃）

南無《なも》帰命頂礼《きみょうちょうらい》尊重讃嘆《そんじゅうさんだん》祖師聖霊《そししょうりょう》

10

【四】第三《だいさん》に滅後《めつご》の徳《とく》を述《じゅつ》すといふは、釈尊《しゃくそん》、教網《きょうもう》を三界《さんがい》に覆《おお》ふ。なほ末世《まっせ》苦《く》海《かい》の群類《ぐんるい》を済《すく》ひ、今師《こんし》（親鸞）、法雨《ほうう》を四輩《しはい》に灑《そそ》ぎ、遠《とお》く常没濁乱《じょうもつじょくらん》の遺弟《ゆいてい》を湿《うるお》す。かの在世《ざいせ》をいへばすなはち九十歳《くじっさい》、*顕宗《けんしゅう》・密教《みっきょう》鑚仰《さんごう》せずといふことなし。その行化《ぎょうけ》を訪《と》へばまた六十年《ろくじゅうねん》、自利利他《じりりた》満足《まんぞく》せずといふことなし。在《ざい》家《け》・出家《しゅっけ》の*四部《しぶ》、群集《くんじゅう》すること盛《さか》んなる市《いち》に異《こと》ならず。大乗《だいじょう》・小乗《しょうじょう》の三輩《さんぱい》、帰伏《きぶく》すること風《かぜ》に靡《なび》く草《くさ》のごとし。つひにすなはち*花洛《からく》に還《かえ》りて草庵《そうあん》を占《し》めたまふ。しかるあひだ、去《い》んじ*弘長第《こうちょうだい》二《に》壬戌《みずのえいぬ》黄鐘《おうしょう》二十八日《にじゅうはちにち》、*前念命終《ぜんねんみょうじゅう》の業《ごう》成《じょう》を彰《あらわ》して*後念即生《ごねんそくしょう》の素懐《そかい》を遂《と》げたまひき。ああ、*禅容《ぜんよう》隠《かく》れていづくにかまします。給仕《きゅうじ》を数十周紀《すじっしゅうき》の星《ほし》に隔《へだ》つ。遺訓《ゆいくん》絶《た》えていくそばくのほどぞ。旧跡《きゅうせき》を*一《いっ》†

救いを海に喩えて願海という。

大悲伝普… 「大悲を伝へてあまねく化する、まことに仏恩を報ずるになる」親鸞聖人は異本によって「大悲弘くあまねく化する」としている。

往益 浄土に往き生れるという利益《りやく》。

勝利 すぐれた利益。
三仏菩提の願船 法・報・応の三身の徳をすべてそなえて衆生《しゅじょう》を救う本願を船に喩えていう。↓三身《さんしん》
常楽 常楽我浄のこと。常《じょう》住《じゅう》にして移り変りなく、安らかで楽しみが充ち足り、自在で他に縛られず、煩悩《ぼんのう》のけがれがないこと。涅槃《ねはん》にそなわる四《し》種の徳。↓四《し》徳《とく》
矜哀 深くあわれむこと。

11 百余年《ぴやくよねん》の霜《しも》に慕《した》ふ。かの遺恩《ゆいおん》を重《おも》んずる門葉《もんよう》、その身命《しんみよう》を軽《かろ》んずる*後昆《こうこん》、毎《まい》年《ねん》を論《ろん》ぜず*遼絶《りようぜつ》を遠《とお》しとせず、*境関千里《きようかんせんり》の雲《くも》を凌《しの》ぎて奥州《おうしゆう》より歩《あゆ》みを運《はこ》び、*隴道万程《ろうとうばんてい》の日《ひ》を送《おく》りて諸国《しよこく》より群詣《ぐんけい》す。廟堂《びようどう》に跪《ひざまず》きて涙《なみだ》を拭《ぬぐ》ひ、遺骨《いこつ》を拝《はい》して腸《はらわた》を断《た》つ。入滅年《にゆうめつとし》はるかなりといへども、往詣《おうげい》挙《こぞ》りていまだ絶《た》えず。哀《あわ》れなるかなや、恩顔《おんがん》は寂滅《じやくめつ》の煙《けむり》に化《か》したまふといへども、真影《しんねい》を眼前《がんぜん》に留《とど》めたまふ。悲《かな》しきかなや、徳音《とくいん》は無常《むじよう》の風《かぜ》に隔《へだ》たるといへども、実語《じつご》を耳《みみ》の底《そこ》に貽《のこ》す。撰《えら》び置《お》きたまふところの書籍《しよじやく》、万人《ばんじん》これを披《ひら》いて多《おお》く西方《さいほう》の*真門《しんもん》に入《い》り、弘通《ぐずう》したまふところの教行《きようぎよう》、遺弟《ゆいてい》これを勧《すす》めて広《ひろ》く*片域《へんいき》の群萌《ぐんもう》を利《り》す。おほよその一流《いちりゆう》の繁昌《はんじよう》はほとんど在世《ざいせ》に超過《ちようか》せり。つらつら平生《へいぜい》の化導《けどう》を案《あん》じ、閑《しず》かに当時《とうじ》の得益《とくやく》を憶《おも》ふに、祖師聖人《そししようにん》（親鸞）は直也人《ただびと》にましまさず、すなはちこれ権化《ごんけ》の再誕《さいたん》なり。すでに弥陀如来《みだによらい》の応現《おうげん》と称《しよう》し、また曇鸞和尚《どんらんかしよう》の*後身《こうしん》と
12 も号《ごう》す。みなこれ夢《ゆめ》のうちに告《つ》げを得《え》、幻《まぼろし》の前《まえ》に瑞《ずい》を視《み》しゆゑなり。いはんやみづから名《な》のりて親鸞《しんらん》とのたまふ、測《はか》り知《し》りぬ、曇鸞《どんらん》の化現《けげん》なりといふことを。しかればすなはち聖人《しようにん》、修習念仏《しゆじゆうねんぶつ》のゆゑに、往生極楽《おうじようごくらく》のゆゑに、*宿命《しゆくみよう》通《つう》をもつて知恩報徳《ちおんほうとく》の志《こころざし》を鑑《かんが》み、方便力《ほうべんりき》をもつて有縁《うえん》・無縁《むえん》の機《き》を導《みちび》きたま

一〇

世尊説法…… 「世尊法を説きたまふこと、時まさに了《おわ》りなんとして、慇懃に弥陀の名《みな》を附属したまふ。五濁増の時は多く疑謗し、道俗あひ嫌ひて聞くことを用ゐず」

万行之中…… 「万行のなかに急要とす。迅速なること浄土門に過ぎたるはなし。ただ本師金口の説のみにあらず。十方諸仏ともに伝へ証したまふ」（行巻訓）本師金口の説は釈尊の口から出た教説。

顕宗　顕教のこと。↓顕《けん》教《ぎよう》

四部　四衆のこと。↓四衆《ししゆ》

花洛　花の都。京都のこと。

弘長第二壬戌黄鐘　弘長第二壬戌は一二六三年。黄鐘は陰暦十一月の別称。

前念命終・後念即生　『礼《らい》

13

はん。願《ねが》はくは師弟《してい》＊芳契《ほうけい》の宿因《しゅくいん》によりて、かならず最初《さいしょ》＊引接《いんじょう》の利益《りやく》を垂《た》れたまへ。よりておのおの他力《たりき》に帰《き》して仏号《ぶつごう》を唱《とな》へよ。頌《じゅ》にいはく、

＊身心《しんしん》毛吼《もうく》皆《かい》得悟《とくご》
菩薩《ぼさつ》聖衆《しょうじゅ》皆《かい》充満《しゅまん》
＊自化《じけ》神通《じんずう》入《にゅう》彼会《ひえ》
憶本《おくほん》娑婆《しゃば》知識恩《ちしきおん》（般舟讃　七八九）

念仏《ねんぶつ》

＊直入《じきにゅう》弥陀《みだ》大会《だいえ》中《ちゅう》
見仏《けんぶつ》荘厳《しょうごん》無数億《むしゅおく》
三明《さんみょう》六通《ろくつう》皆《かい》具足《ぐそく》
憶我《おくが》閻浮《えんぶ》同行人《どうぎょうにん》（法事讃・下　五八八）

南無《なも》帰命《きみょう》頂礼《ちょうらい》尊重《そんじゅう》讃嘆《さんだん》祖師《そし》聖霊《しょうりょう》
南無《なも》帰命《きみょう》頂礼《ちょうらい》大慈《だいじ》大悲《だいひ》釈迦《しゃか》善逝《ぜんぜい》
南無《なも》帰命《きみょう》頂礼《ちょうらい》極楽《ごくらく》能化《のうけ》弥陀《みだ》如来《にょらい》
南無《なも》帰命《きみょう》頂礼《ちょうらい》＊六方《ろっぽう》証誠《しょうじょう》恒沙《ごうじゃ》世界《せかい》

讃《さん》』の「前念に命終して後念にすなはちかの国に生ず」という文による。
禅容　静かな姿。
一百余年の霜　読誦《どくじゅ》の際、現在は「七百余霜《しちひゃくよそう》の月」と読む。

後昆　後々の人。
遼絶　はるかに遠いこと。
境関　国境の関所。
隴道　うねった丘の道。
真門　ここでの意は方便真門ではなく、真実の門。
片域　片州に同じ。日本のこと。
後身　再誕。生れかわり。
宿命通　六神通の一。↓六神通《ろくじんずう》

芳契　よろこばしいちぎり。めでたいむすびつき。
引接　浄土へ導き入れること。

南《な》無《も》帰命頂礼《きみょうちょうらい》三国《さんごく》伝灯《でんとう》諸大師《しょだいし》等《とう》
南《な》無《も》自他《じた》法界《ほうかい》平等《びょうどう》利益《りやく》
次《つぎに》　六種《ろくしゅ》回向《えこう》等《とう》

身心毛吼…　「身心毛吼みな得悟す。菩薩聖衆みな充満せり。みづから神通を化してかの会に入る。本を憶するに娑婆知識の恩なり」娑婆知識は釈尊のこと。

自化　『般舟讃《はんじゅさん》』の原文には「自作」とある。

直入弥陀…　「ただちに弥陀大会のなかに入る。仏の荘厳の無数億なるを見る。三明六通みな具足して、わが閻浮の同行人を憶ふ」三明六通はもろもろの神通力の総称。閻浮は閻浮提のこと。→三明《さんみょう》、六神通《ろくじんずう》、閻《えん》浮提《ぶだい》

六方証誠恒沙世界　六方の数限りない世界の諸仏が念仏の法の真実であることを証明すること。「世界」は異本には「世尊」とある。

嘆《たん》徳《どく》文《もん》

本書は、詳しくは『報恩講嘆徳文《ほうおんこうたんどくもん》』と称される。第三代宗主覚如上人《かくにょしょうにん》の著『報恩講私記《ほうおんこうしき》』の上に、さらに重ねて存覚上人《ぞんかく》が宗祖親鸞聖人《しんらんしょうにん》の徳と法門を讃嘆されたものである。

本書には、聖人の行蹟が略述され、その高徳が讃嘆されており、古来、覚如上人の『報恩講私記』（式文）とともに報恩講のとき諷誦《ふうじゅ》されてきたものである。

その内容は、聖人の博覧は内外にわたっていたこと、聖道《しょうどう》の教えを捨てて浄土真実の教えに帰せられたこと、『教行信証《きょうぎょうしんしょう》』述作のこと、二双四重《にそうしじゅう》の教判《きょうはん》のこと、『愚禿鈔《ぐとくしょう》』の述作の意趣と愚禿の名のりの意義、流罪化導《けどう》のことなど、聖人の宗義を中心に簡潔に要を得て讃嘆されており、その文体もまた華麗である。

嘆《たん》徳《どく》文《もん》

【一】　それ親鸞聖人《しんらんしょうにん》は浄教《じょうきょう》西方《さいほう》の先達《せんだつ》、真宗《しんしゅう》末代《まつだい》の明師《めいし》なり。博覧内外《はくらんないげ》に渉《わた》り、修練顕密《しゅれんけんみつ》を兼《か》ぬ。初《はじ》めには俗典《ぞくてん》を習《なら》ひて切瑳《せっさ》す。これはこれ、*伯父業吏《はくふぎょうり》部《ほう》の学窓《がくそう》にありて、*聚蛍映雪《じゅけいえいせつ》の苦節《くせつ》を抽《ぬき》んづるところなり。後《のち》には円宗《えんしゅう》（天台宗）に携《たずさ》はりて研精《けんせい》す。これはこれ、貫首鎮《かんじゅちん》和尚《かしょう》（慈鎮）の禅房《ぜんぼう》に陪《はべ》りて、大才諸徳《だいさいしょとく》の講敷《こうふ》を聞《き》くところなり。これによりて*十乗三諦《じゅうじょうさんたい》の月《つき》、観念《かんねん》の秋《あき》を送《おく》り、*百界千如《ひゃっかいせんにょ》の花《はな》、薫修歳《くんじゅとし》を累《かさ》ぬ。ここにつらつら出要《しゅつよう》を窺《うかが》ひて、この思《し》惟《ゆい》をなさく、「定水《じょうすい》を凝《こ》らすといへども識浪《しきろう》しきりに動《うご》き、心月《しんがつ》を観《かん》ずといへ 4 ども妄雲《もううん》なほ覆《おお》ふ。しかるに一息追《いっそくつ》がざれば千載《せんざい》に長《なが》く往《ゆ》く、なんぞ浮生《ふしょう》の交衆《きょうしゅ》を貪《むさぼ》りて、いたづらに仮名《けみょう》の修学《しゅがく》に疲《つか》れん。すべからく勢利《せいり》を抛《なげう》ちてただちに出離《しゅつり》を悕《ねが》ふべし」と。しかれども機教《ききょう》相応《そうおう》、凡慮明《ぼんりょあき》らめがたく、すなはち近《ちか》くは*根本中堂《こんぽんちゅうどう》の本尊《ほんぞん》に対《たい》し、遠《とお》くは枝末諸方《しまつしょほう》の霊崛《れいくつ》に詣《もう》でて、解脱《げだつ》の径路《けいろ》

伯父業吏部　親鸞聖人の伯父、日野《ひの》宗業《むねなり》（生没年未詳）のこと。吏部は式部省のこと。宗業が式部大輔であったことからいう。

聚蛍映雪　勉学に専心すること。

十乗三諦　天台《てんだい》の観法を指す。十乗は『摩訶止観《まかしかん》』に説かれる十乗観法（解脱《げだつ》の境地に至るための十種の観法）、三諦は空《くう》・仮《け》・中《ちゅう》の三諦のことで、この三諦が究極において別々のものではなくて円融《えんにゅう》しているという道理を観ずる。

百界千如　天台の観心の対象。千如是のこと。仏界から地獄界までの十界がそれぞれに十界をそなえているので百界となり、その百界にそれぞれ十如是（諸法実《じつ》相《そう》の十のありかた）があるので千如となる。

を祈《いの》り、真実《しんじつ》の知識《ちしき》を求《もと》む。ことに歩《あゆ》みを*六角《ろっかく》の精舎《しょうじゃ》に運《はこ》びて、百日《ひゃくにち》の懇念《こんねん》を底《いた》すところに、親《まのあた》り告《つ》げを*五更《ごこう》の孤枕《こちん》に得《え》て、数行《すこう》の感涙《かんるい》に咽《むせ》ぶあひだ、幸《さいわ》ひに黒谷聖人《くろだにしょうにん》（源空）吉水《よしみず》の禅室《ぜんしつ》に臻《いた》りて、はじめて弥陀覚王《みだかくおう》*浄土《じょうど》の秘扃《ひけい》に入《い》りたまひしよりこのかた、*三経《さんぎょう》の沖微《ちゅうび》、*五祖《ごそ》の奥賾《おうさく》、一流《いちりゅう》の宗旨《しゅうし》相伝《そうでん》誤《あやま》つことなく、二門《にもん》の教相《きょうそう》稟承《ほんじょう》由《よし》あり。ここをもつて仰《あお》ぐところは「*即得往生《そくとくおうじょう》住不退転《じゅふたいてん》」（大経・下）の誠説《じょうせつ》、あたかも平生業成《へいぜいごうじょう》の安心《あんじん》に住《じゅう》し、憑《たの》むところは「*歓喜踊躍乃至一念《かんぎゆやくないしいちねん》」（同・下）の流通《るずう》、これすなはち無上大利《むじょうだいり》の勝徳《しょうとく》なり。

5 よりて自修《じしゅ》の去行《こぎょう》をもつて兼《か》ねて化他《けた》の要術《ようじゅつ》とす。時《とき》に尊卑《そんぴ》多《おお》く礼敬《らいきょう》の頭《こうべ》を傾《かたぶ》け、*緇素《しそ》挙《こぞ》りて崇重《そうちょう》の志《こころざし》を斉《ひと》しくす。

【三】 就中《なかんずく》に、一代蔵《いちだいぞう》を披《ひら》きて経《きょう》・律《りつ》・論《ろん》・釈《しゃく》の簡要《かんよう》を擢《ぬき》んでて、六巻《ろっかん》の鈔《しょう》を記《き》して『教行信証之文類《きょうぎょうしんしょうのもんるい》』と号《ごう》す。かの書《しょ》に攄《の》ぶるところの義理《ぎり》、甚深《じんじん》なり。いはゆる凡夫《ぼんぶ》有漏《うろ》の諸善《しょぜん》、願力成就《がんりきじょうじゅ》の報土《ほうど》に入《い》らざることを決《けっ》し、如来《にょらい》利他《りた》の真心《しんしん》、安養勝妙《あんにょうしょうみょう》の楽邦《らくほう》に生《しょう》ぜしむることを呈《あらわ》す。ことに仏智《ぶっち》信疑《しんぎ》の得失《とくしつ》を明《あ》かし、盛《さか》んに浄土報化《じょうどほうけ》の往生《おうじょう》を判《はん》ず。兼《か》ねてはまた*択瑛法師《ちゃくえいほっし》の釈義《しゃくぎ》について*横竪二出《おうじゅにしゅつ》の名《な》を摸《も》すといへども、宗家大師《しゅうけだいし》（善導）の祖意《そい》を探《さぐ》りて、

出要 生死《しょうじ》を出離《しゅつり》すること。また、生死を出離するためのかなめの道。さとりへの道。

根本中堂 比叡山延暦寺《ひえいざんえんりゃくじ》の本堂。

六角の精舎 六角堂のこと。現在の京都市中京区六角通東洞院西入ルにある頂法寺《ちょうほうじ》。聖徳太子の創建と伝えられ、当時は観世音菩薩の霊験所として知られていた。

五更 寅の刻。午前四時頃。

浄土の秘扃 他力不思議の法門。

三経の沖微 『大経』『観経』『小経』の奥深い教え。

五祖の奥賾 五祖の奥深い教え。ここでの五祖は曇鸞《どんらん》大師《だいし》・道綽《どうしゃく》禅師《ぜんじ》・善導《ぜんどう》大師・懐感《えかん》禅師・少康法師《しょうこうほっし》をいう。

即得往生… 「すなはち往

巧《たく》みに*横竪二超《おうじゅにちょう》の差《さ》を立《た》つ。彼此助成《ひしじょじょう》して権実《ごんじつ》の教旨《きょうし》を標《ひょう》し、*漸頓分別《ぜんとんふんべつ》して長短《ちょうたん》の修行《しゅぎょう》を弁《べん》ず。他人《たにん》いまだこれを談《だん》ぜず、わが師《し》（親鸞）独《ひと》りこれを存《そん》す。また『愚禿鈔《ぐとくしょう》』と題《だい》するの撰《せん》あり、同《おな》じく自解《じげ》の義《ぎ》を述《の》ぶるの記《き》たり。
6 かの文《もん》にいはく、「賢者《けんじゃ》の信《しん》を聞《き》きて愚禿《ぐとく》が心《しん》を顕《あらわ》す。賢者《けんじゃ》の信《しん》は、内《ない》は賢《けん》にして外《げ》は愚《ぐ》なり。愚禿《ぐとく》が*信《しん》は、内《ない》は愚《ぐ》にして外《げ》は賢《けん》なり」と云々《うんぬん》。この釈《しゃく》、卑《ひ》謙《けん》の言辞《ごんじ》を仮《か》りて、その理《り》、翻対《ほんたい》の意趣《いしゅ》を存《そん》す。内《うち》に宏智《こうち》の徳《とく》を備《そな》ふといへども、名《な》を碩才道人《せきさいどうにん》の聞《き》きに衒《てら》はんことを痛《いた》み、外《ほか》にただ至愚《しぐ》の相《そう》を現《げん》じて、身《み》を田夫野叟《でんぷやそう》の類《るい》に侔《ひと》しくせんと欲《ほっ》す。これすなはちひそかに末世凡夫《まっせぼんぶ》の行状《ぎょうじょう》を示《しめ》し、もつぱら下根往生《げこんおうじょう》の実機《じっき》を表《ひょう》するものか。しかのみならず、あるいは二教相望《にきょうそうもう》して四十二対《しじゅうにたい》の異《い》を明《あ》かし、あるいは二機《にき》比校《ひきょう》して一十八対《いちじゅうはったい》の別《べつ》を顕《あらわ》す。おほむね両典《りょうてん》の巨細《こさい》つぶさに述《の》ぶべからず。

【三】 そもそも、空聖人《くうしょうにん》（源空）当教中興《とうきょうちゅうこう》の篇《へん》によりて事《こと》に坐《ざ》せしの刻《きざみ》、鸞《らん》聖人《しょうにん》（親鸞）法匠上足《ほっしょうじょうそく》のうちとして同科《どうか》のゆゑに、たちまちに上都《じょうと》の幽棲《ゆうせい》を出《い》でてはるかに北陸《ほくりく》の遠境《えんけい》に配《はい》す。しかるあひだ*居諸《きょしょ》しきりに転《てん》じ、*涼燠《りょういく》
7 しばしば悛《あらた》まる。その時《とき》、憍慢《きょうまん》貢高《くこう》の儔《ともがら》、邪見《じゃけん》を翻《ひるがえ》してもつて正見《しょうけん》に赴《おもむ》き、

生を得、不退転に住せん」（信巻訓）

歓喜踊躍… 「歓喜踊躍して乃至一念せん」

緇素 僧侶と俗人。

択瑛法師 （一〇四五―一〇九九）北宋《ほくそう》代の天台宗《てんだいしゅう》の僧。「弁横竪二出《べんおうじゅにしゅつ》」（『楽《らく》邦文類《ほうもんるい》』巻四所収）は、親鸞聖人の二双四重《にそうしじゅう》の判釈《はんじゃく》の参考となった。

横竪二出 横出と竪出のこと。ただし、択瑛の「弁横竪二出」では出は出離生死《しゅつりしょうじ》の意。親鸞聖人の二双四重の判釈ではこの出を漸教の意とする。↓横出《おうしゅつ》、竪出《じゅしゅつ》

横竪二超 ↓横超《おうちょう》、竪超《じゅちょう》

漸頓 ↓漸教《ぜんぎょう》、頓教《とんぎょう》

信 『愚禿鈔』の原文では「心」の字。

居諸 月日。歳月。

涼燠 寒と暑。転じて歳月。

儜弱下劣《にようにやくげれつ》の類《たぐい》、怯退《こうたい》を悔《く》いてもつて弘誓《ぐぜい》に託《たく》す。貴賤《きせん》の帰投《きとう》*遐邇《かじ》合掌《がつしよう》し、都鄙《とひ》の化導首尾満足《けどうしゆびまんぞく》す。つひにすなはち*蓬闕勅免《ほうけつちよくめん》の恩《おん》新《あら》たに加《くわ》はりし時《とき》、*華《か》洛《らく》帰歟《きよ》の運《うん》ふたたび開《ひら》けし後《のち》、九十有回生涯《くじゆうゆうかいしようがい》の終《おわ》りを迎《むか》へて、十万億西涅《じゆうまんおくさいね》槃《はん》の果《か》を証《しよう》したまひしよりこのかた、星霜積《せいそうつも》りていくそばくの歳《とし》ぞ。年忌《ねんき》・月《がつ》忌《き》・本所報恩《ほんじよほうおん》の勤《つと》め懈《おこた》ることなく、山川隔《さんせんへだ》たりて数百里《すひやくり》、遠国近国《えんごくきんごく》の後弟《こうてい》、参《さん》詣《けい》の儀《ぎ》なほ煽《さか》りなり。これしかしながら、聖人《しようにん》（親鸞）の弘通《ぐずう》、*冥意《みようい》に叶《かな》ふが致《いた》すところなり。むしろ衆生《しゆじよう》の開悟《かいご》、根熟《こんじゆく》のしからしむるにあらずや。

【四】　おほよそ三段《さんだん》の『式文《しきもん》』、称揚《しようよう》足《た》りぬといへども、*二世《にせ》の*益物讃嘆《やくもつさんだん》いまだ倦《う》まず。このゆゑに一千言《いつせんげん》の褒誉《ほうよ》を加《くわ》へて、重《かさ》ねて百万端《ひやくばんたん》の報謝《ほうしや》に擬《ぎ》す。しかればすなはち、蓮華蔵界《れんげぞうかい》のうちにして今《いま》の*講肆《こうし》を照見《しようけん》し、*檀林宝座《だんりんほうざ》の上《うえ》
8 よりこの*梵筵《ぼんえん》に影向《ようごう》したまふらん。内証外用《ないしようげゆう》さだめて果地《かじ》の荘厳《しようごん》を添《そ》へ、*上《じよう》求下化《ぐげけ》よろしく菩提《ぼだい》の*智断《ちだん》を究《きわ》めましますべし。重《かさ》ねて乞《こ》ふ、仏閣基固《ぶつかくもといかた》くして、はるかに梅怛利耶《ばいたりや》（弥勒）の*三会《さんね》に及《およ》び、法水流遠《ほうすいながれとお》くして、あまねく六《ろく》趣《しゆ》・四生《ししよう》の群萌《ぐんもう》を潤《うるお》さん。敬《うやま》ひてまうす。

遐邇　遠近。
蓬闕　ここでは禁庭（宮中）の意。
華洛　花の都。京都のこと。
冥意　仏意。仏のおぼしめし。
二世　現在世と当来世の二世。
益物　物とは衆生《しゆじよう》を指し、仏が衆生を利益《りやく》することをいう。
講肆　報恩講の法座。
檀林宝座　極楽の栴檀《せんだん》林の中にある宝の座。
梵筵　清浄《しようじよう》な法座。
上求下化　上求菩提下化衆生の略。
智断　智徳（智慧《ちえ》を得る徳）と断徳（煩悩《ぼんのう》を断じ尽す徳）のこと。
三会　竜華三会《りゆうげさんね》のこと。弥勒《みろく》仏が行う三回の説法の会座《えざ》。

御《ご》文《ぶん》章《しょう》

本書は、第八代宗主蓮如上人《れんにょしょうにん》が門弟の要望に応えて、真宗教義の要《かなめ》を平易な消息《しょうそく》の形式で著されたものである。宗祖親鸞聖人《しんらんしょうにん》の御消息に示唆を得て作られたともいわれている。したがって、どんな人にも領解《りょうげ》されるように心がくばられ、文章を飾ることもなく、俗語や俗諺《ぞくげん》までも駆使されている。

本聖典に収められている五帖八十通の『御文章』は『帖内《じょうない》御文章』ともいい、多数のなかよりとくに肝《かん》要《よう》なものを、第九代宗主実如《じつにょ》上人のもとで抽出・編集されたものである。時代別にみると、吉崎《よしざき》時代四十通、河内出口《かわちでぐち》時代七通、山科《やましな》時代五通、大坂坊舎《おおざかぼうしゃ》時代六通、年紀が記されていないもの二十二通となっていて、教団が飛躍的に拡大した吉崎時代のものがもっとも多く、上人が一般大衆を精力的に教化されたことがうかがえる。

全般の内容をみれば、当時の浄土異流や宗門内で盛んに行われていた善知識《ぜんぢしき》だのみ、十劫秘事《じっこうひじ》、口称正《くしょうしょう》因《いん》などの異安心《いあんじん》や異義を批判しつつ、信心正因・称名報恩《しょうみょうほうおん》という真宗の正義を明らかにすることに心を砕かれている。とくに「なにの分別《ふんべつ》もなく口《くち》にただ称名ばかりをとなへたらば、極楽《ごくらく》に往生《おうじょう》すべきやうにおもへり」という傾向に対して、他力の信心の重要性が説かれている。また本書の随所に、他力回向《えこう》の信心を「たすけたまへと弥陀をたのむ」と表現されることは、上人の教学の特色である。

御《ご》文《ぶん》章《しょう》

一帖

(一)

或人《あるひと》いはく、*当流《とうりゅう》のこころは、門徒《もんと》をばかならずわが弟子《でし》とこころえおくべく候《そうろ》ふやらん、如来《にょらい》・聖人《しょうにん》(親鸞)の御弟子《おんでし》と申《もう》すべく候《そうろ》ふやらん、その分《ふん》別《べつ》を存知《ぞんじ》せず候《そうろ》ふ。また*在々所々《ざいざいしょしょ》に小門徒《しょうもんと》をもちて候《そうろ》ふをも、*このあひだは*手次《てつぎ》の坊主《ぼうず》にはあひかくしおき候《そうろ》ふやうに心中《しんちゅう》をもちて候《そうろ》ふ。これもしかるべくもなきよし、人《ひと》の申《もう》され候《そうろ》ふあひだ、おなじくこれも不審《ふしん》*千万《せんばん》に候《そうろ》ふ。御《ご》ねんごろに承《うけたまわ》りたく候《そうろ》ふ。

答《こた》へていはく、この不審《ふしん》*もつとも肝要《かんよう》とこそ存《ぞん》じ候《そうら》へ。*かたのごとく耳《みみ》にとどめおき候《そうろ》ふ分《ぶん》、申《もう》しのぶべし。きこしめされ候《そうら》へ。

故聖人《こしょうにん》の仰《おお》せには、「*親鸞《しんらん》は弟子《でし》一人《いちにん》ももたず」とこそ仰《おお》せられ候《そうら》ひつれ。

当流　浄土真宗を指す。

在々所々　ここかしこ。あちらこちら。

このあひだ　このごろ。近ごろ。最近。

手次　教えを人々にとりつぐこと。ここでは所属する寺をいう。

千万に　はなはだしく。

もつとも　本当に。いかにも。とりわけ。

かたのごとく　定まった教義のとおりに。

親鸞は…弟子といはんぞ　『歎異抄』(六)『口伝鈔』(六)『改邪鈔』(四)等によっていう。

「そのゆゑは、*如来《にょらい》の教法《きょうぼう》を十方衆生《じっぽうしゅじょう》に説《と》ききかしむるときは、ただ*如来《にょらい》の御《おん》代官《だいかん》を申《もう》しつるばかりなり。さらに親鸞《しんらん》めづらしき法《ほう》をもひろめず、如来《にょらい》の教《きょう》法《ぼう》をわれも信《しん》じ、ひとにもをしへきかしむるばかりなり。そのほかは、なにををしへて弟子《でし》といはんぞ」と仰《おお》せられつるなり。さればとも*同行《どうぎょう》なるべきものなり。これによりて、聖人《しょうにん》は「御同朋《おんどうぼう》・御同行《おんどうぎょう》」とこそ、*かしづきて仰《おお》せられけり。さればちかごろは*大坊主分《だいぼうずぶん》の人《ひと》も、われは*一流《いちりゅう》の安心《あんじん》の次第《しだい》をも
4 しらず、たまたま弟子《でし》のなかに*信心《しんじん》の沙汰《さた》する在所《ざいしょ》へゆきて聴聞《ちょうもん》し候《そうろ》ふ人《ひと》をば、ことのほか*説諫《せっかん》をくはへ候《そうら》ひて、あるいはなかをたがひなんどせられ候《そうろ》ふあひだ、坊主《ぼうず》も*しかしかと信心《しんじん》の一理《いちり》をも聴聞《ちょうもん》せず、また弟子《でし》をばかやうに*あひささへ候《そうろ》ふあひだ、われも信心決定《しんじんけつじょう》せず、弟子《でし》も信心決定《しんじんけつじょう》せずして、一《いっ》生《しょう》はむなしくすぎゆくやうに候《そうろ》ふこと、まことに*自損損他《じそんそんた》のとが、のがれがたく候《そうろ》ふ。*あさましあさまし。

*古歌《こか》にいはく、

うれしさをむかしはそでにつつみけり　こよひは身《み》にもあまりぬるかな

「うれしさをむかしはそでにつつむ」といへるこころは、むかしは雑行《ぞうぎょう》・正《しょう》

如来の教法　ここでは阿弥陀仏の本願の教え。

如来の御代官　如来に代って教えを伝える者。

とも同行　同朋同行というのに同じ。

かしづきて　心から大切にして。敬愛して。

大坊主分　大坊（大寺）の住職の地位にあるもの。

一流　ここでは浄土真宗を指す。

信心の沙汰　信心について話し合うこと。

説諫　説き伏せて、つよく誡め、しかること。

しかしかと　しっかりと。

あひささへ　さまたげて。

自損損他　自分をそこない、他人をそこなうこと。

あさまし　なげかわしい。

古歌にいはく…　『和漢朗《わかんろう》詠集《えいしゅう》』等にみえる歌。

行《ぎょう》の分別《ふんべつ》もなく、念仏《ねんぶつ》だにも申《もう》せば、往生《おうじょう》するとばかりおもひつるこころなり。「こよひは身《み》にもあまる」といへるは、*正雑《しょうぞう》の分別《ふんべつ》をききわけ、*一向一心《いっこういっしん》になりて、信心決定《しんじんけつじょう》のうへに仏恩報尽《ぶっとんほうじん》のために念仏申《ねんぶつもう》すこころは、おほきに各別《かくべつ》なり。かるがゆゑに身《み》のおきどころもなく、をどりあがるほどにおもふあひだ、よろこびは身《み》にもうれしさがあまりぬるといへるこころなり。*あなかしこ、あなかしこ。

*文明三年七月十五日《ぶんめいさんねんしちがつじゅうごにち》

（三）

当流《とうりゅう》、親鸞聖人《しんらんしょうにん》の一義《いちぎ》は、*あながちに*出家発心《しゅっけほっしん》のかたちを本《ほん》とせず、*捨家《しゃけ》棄欲《きよく》のすがたを標《ひょう》せず、ただ一念帰命《いちねんきみょう》の他力《たりき》の信心《しんじん》を決定《けつじょう》せしむるときは、さらに男女老少《なんにょろうしょう》をえらばざるものなり。さればこの信《しん》をえたる位《くらい》を、『経《きょう》』（大経・下）には「*即得往生住不退転《そくとくおうじょうじゅうふたいてん》」と説《と》き、釈《しゃく》（論註・上意）には「*一念発起《いちねんぽっき》入正定之聚《にゅうしょうじょうしじゅ》」ともいへり。これすなはち*不来迎《ふらいこう》の談《だん》、平生業成《へいぜいごうじょう》の義《ぎ》なり。『和讃《わさん》』（高僧和讃・九六）にいはく、「弥陀《みだ》の報土《ほうど》をねがふひと　*外儀《げぎ》のすがたはことなりと　本願名号信受《ほんがんみょうごうしんじゅ》して　*寤寐《ごび》にわするることなかれ」といへり。

正雑の分別をききわけ　他力の正行と自力の雑行《ぞうぎょう》をはっきりと聞きひらいて。自力をすてて他力に帰すべき道理を聞きひらいて。

一向一心　他の仏や余行に心をかけないで、もっぱら阿弥陀仏を信じること。

あなかしこ　原意は「なんとまあ、おそれ多いことよ」。転じて書簡の末尾におかれる慣用語。『御文章』では内容を強調し念をおす語として用いられている。

文明三年　一四七一年。蓮如上人五十七歳。

あながちに　むりに。ことさらに。

出家発心　家をすて、さとりを求める心（菩提心《ぼだいしん》）をおこすこと。

捨家棄欲　家をすて、さとりへのさまたげとなる欲望をすてること。

「外儀《げぎ》のすがた」といふは、在家《ざいけ》・出家《しゅっけ》、男子《なんし》・女人《にょにん》をえらばざるこころなり。つぎに「本願名号信受《ほんがんみょうごうしんじゅ》して寤寐《ごび》にわするることなかれ」といふは、かたちはいかやうなりといふとも、また罪《つみ》は十悪《じゅうあく》・五逆《ごぎゃく》、謗法《ほうぼう》・闡提《せんだい》のともがらなれども、*回心懺悔《えしんさんげ》して、ふかく、かかるあさましき機《き》をすくひまします弥陀如来《みだにょらい》の本願《ほんがん》なりと信知《しんち》して、*ふたごころなく如来《にょらい》をたのむこころの、ねてもさめても憶念《おくねん》の心《しん》つねにしてわすれざるを、本願《ほんがん》たのむ*決定心《けつじょうしん》をえたる信心《しんじん》の行人《ぎょうにん》とはいふなり。さてこのうへには、たとひ行住坐《ぎょうじゅうざ》臥《が》に称名《しょうみょう》すとも、弥陀如来《みだにょらい》の御恩《ごおん》を報《ほう》じまうす念仏《ねんぶつ》なりとおもふべきなり。これを真実信心《しんじつしんじん》をえたる決《けつ》定往生《じょうおうじょう》の行者《ぎょうじゃ》とは申《もう》すなり。あなかしこ、あなかしこ。

あつき日《ひ》にながるるあせはなみだかな　かきおくふでのあとぞをかしき

文明三年七月十八日《ぶんめいさんねんしちがつじゅうはちにち》

（三）

まづ当流《とうりゅう》の安心《あんじん》のおもむきは、あながちにわがこころのわろきをも、また妄念《もうねん》*妄執《もうしゅう》のこころのおこるをも、とどめよといふにもあらず。ただあきなひ
6 をもし、奉公《ほうこう》をもせよ、猟《りょう》・*すなどりをもせよ、かかるあさましき罪業《ざいごう》にの

即得往生…　「すなはち往生を得、不退転に住せん」（信巻訓）

一念発起…　「一念発起すれば正定の聚に入る」信心が初めておこった時、浄土に往生することが正《まさ》しく定まり、仏になることが決《けつ》定《じょう》している仲間となる。

不来迎の談　臨終の来迎をたのまないという法義。

外儀のすがた　外面に現れたすがたや身のふるまい。

寤寐に　ねてもさめても。

回心懺悔　誤った心をひるがえして悔い改めること。自力の心をひるがえして悔い改めること。

ふたごころなく　一心に。疑いなく。

決定心　疑いなく本願を信じる心。

妄執　心の迷いから物事に

み、*朝夕《ちょうせき》までひぬるわれらごときの*いたづらものを、たすけんと誓《ちか》ひましま す弥陀如来《みだにょらい》の本願《ほんがん》にてましますぞとふかく信《しん》じて、一心《いっしん》にふたごころなく、弥《み》陀一仏《だいちぶつ》の*悲願《ひがん》に*すがりて、*たすけましませとおもふこころの一念《いちねん》の信《しん》まことなれば、かならず如来《にょらい》の御《おん》たすけにあづかるものなり。このうへには、なにとこころえて念仏申《ねんぶつもう》すべきぞなれば、往生《おうじょう》はいまの*信力《しんりき》によりて御《おん》たすけありつるかたじけなき御恩報謝《ごおんほうしゃ》のために、わがいのちあらんかぎりは、報謝《ほうしゃ》のためとおもひて念仏申《ねんぶつもう》すべきなり。これを当流《とうりゅう》の安心決定《あんじんけつじょう》したる信心《しんじん》の行者《ぎょうじゃ》とは申《もう》すべきなり。あなかしこ、あなかしこ。

文明三年十二月十八日《ぶんめいさんねんじゅうにがつじゅうはちにち》

(四)

そもそも、親鸞聖人《しんらんしょうにん》の一流《いちりゅう》においては、平生業成《へいぜいごうじょう》の義《ぎ》にして、来迎《らいこう》をも*執《しゅう》せられ候《そうら》はぬよし、承《うけたまわ》りおよび候《そうろ》ふは、いかがはんべるべきや。その平生業《へいぜいごう》成《じょう》と申《もう》すことも、不来迎《ふらいこう》なんどの義《ぎ》をも、さらに存知《ぞんじ》せず。くはしく聴聞《ちょうもん》つかまつりたく候《そうろ》ふ。

答《こた》へていはく、まことにこの不審《ふしん》もつとももつて一流《いちりゅう》の肝要《かんよう》とおぼえ候《そうろ》ふ。

執着すること。

すなどり　漁。魚や貝類をとること。

朝夕　一日中。

いたづらもの　とりえのないもの。

悲願　大慈悲によっておこされた衆生《しゅじょう》救済の誓願《せいがん》。ここでは第十八願のこと。

すがりて　たよりとして。阿弥陀仏の本願にすべてをまかせること。

たすけましませ　「たすけたまへ」に同じ。↓たすけたまへ

信力　信心の功徳《くどく》力。信心のすぐれたはたらき。

執せられ候はぬ　こだわりなさらない。

おほよそ*当家《とうけ》には、一念発起《いちねんぼっき》平生業成《へいぜいごうじょう》と談《だん》じて、平生《へいぜい》に弥陀如来《みだにょらい》の本願《ほんがん》のわれらをたすけたまふことわりをききひらくことは、宿善《しゅくぜん》の開発《かいほつ》によるがゆゑなりとこころえてのちは、わがちからにてはなかりけり、仏智他力《ぶっちたりき》のさづけによりて、本願《ほんがん》の由来《ゆらい》を存知《ぞんじ》するものなりとこころうるが、すなはち平生業成《へいぜいごうじょう》の義《ぎ》なり。されば平生業成《へいぜいごうじょう》といふは、いまのことわりをききひらきて、*往生《おうじょう》治定《じじょう》とおもひ定《さだ》むる位《くらい》を、一念発起住正定聚《いちねんぼっきじゅうしょうじょうじゅ》とも、平生業成《へいぜいごうじょう》とも、即得往生住不退転《そくとくおうじょうじゅうふたいてん》ともいふなり。

7

問《と》うていはく、一念往生発起《いちねんおうじょうほっき》の義《ぎ》、くはしくこころえられたり。しかれども、不来迎《ふらいこう》の義《ぎ》いまだ分別《ふんべつ》せず候《そうろ》ふ。ねんごろにしめしうけたまはるべく候《そうろ》ふ。

答《こた》へていはく、不来迎《ふらいこう》のことも、一念発起住正定聚《いちねんぼっきじゅうしょうじょうじゅ》と沙汰《さた》せられ候《そうろ》ふときは、さらに来迎《らいこう》を*期《ご》し候《そうろ》ふべきこともなきなり。そのゆゑは、来迎《らいこう》を期《ご》するなんど申《もう》すことは、諸行《しょぎょう》の機《き》にとりてのことなり。真実信心《しんじつしんじん》の行者《ぎょうじゃ》は、一念発起《いちねんぼっき》するところにて、*やがて摂取不捨《せっしゅふしゃ》の光益《こうやく》にあづかるときは、来迎《らいこう》までもなきなりとしらるるなり。されば聖人《しょうにん》の仰《おお》せには、「来迎《らいこう》は諸行往生《しょぎょうおうじょう》にあり。真実信心《しんじつしんじん》の行人《ぎょうにん》は、摂取不捨《せっしゅふしゃ》のゆゑに正定聚《しょうじょうじゅ》に住《じゅう》す。正定聚《しょうじょうじゅ》に住《じゅう》するがゆゑ

当家　浄土真宗を指す。

往生治定　浄土に往き生れることがたしかに定まること。

期し　期待して。

やがて　ただちに。

に、かならず滅度《めつど》に至《いた》る。かるがゆゑに臨終《りんじゅう》まつことなし、来迎《らいこう》たのむことなし」（御消息・一意）といへり。この御《おん》ことばをもつてこころうべきものなり。

問《と》うていはく、正定《しょうじょう》と滅度《めつど》とは一益《いちやく》とこころうべきか、また二益《にやく》とこころうべきや。

答《こた》へていはく、一念発起《いちねんぽっき》のかたは正定聚《しょうじょうじゅ》なり。これは穢土《えど》の益《やく》なり。つぎに滅度《めつど》は浄土《じょうど》にて得《う》べき益《やく》にてあるなりとこころうべきなり。されば二益《にやく》なりとおもふべきものなり。

問《と》うていはく、かくのごとくこころえ候《そうろ》ふときは、往生《おうじょう》は治定《じじょう》と存《ぞん》じおき候《そうろ》ふに、なにとてわづらはしく信心《しんじん》を具《ぐ》すべきなんど沙汰《さた》候《そうろ》ふは、いかがこころえはんべるべきや。これも承《うけたまわ》りたく候《そうろ》ふ。

答《こた》へていはく、まことにもつて、このたづねのむね肝要《かんよう》なり。さればいまの
8 ごとくにこころえ候《そうろ》ふすがたこそ、すなはち信心決定《しんじんけつじょう》のこころにて候《そうろ》ふなり。

問《と》うていはく、信心決定《しんじんけつじょう》するすがた、すなはち平生業成《へいぜいごうじょう》と不来迎《ふらいこう》と正定聚《しょうじょうじゅ》との道理《どうり》にて候《そうろ》ふよし、*分明《ぶんみょう》に聴聞《ちょうもん》つかまつり候《そうら》ひをはりぬ。しかりといへども、信心治定《しんじんじじょう》してののちには、自身《じしん》の往生極楽《おうじょうごくらく》のためとこころえて念仏《ねんぶつ》

分明　明白。明瞭。

申《もう》し候《そうろ》ふべきか、また仏恩報謝《ぶっとんほうしゃ》のためとこころうべきや、いまだそのこころを得《え》ず候《そうろ》ふ。

答《こた》へていはく、この不審《ふしん》また肝要《かんよう》とこそおぼえ候《そうら》へ。そのゆゑは、一念《いちねん》の*信《しん》心発得《じんほっとく》以後《いご》の念仏《ねんぶつ》をば、自身往生《じしんおうじょう》の業《ごう》とはおもふべからず、ただひとへに仏恩報謝《ぶっとんほうしゃ》のためとこころえらるべきものなり。されば善導和尚《ぜんどうかしょう》の「*上尽一形下至一念《じょうじんいちぎょうげしいちねん》」（礼讃・意　六五九）と釈《しゃく》せり。「下至一念《げしいちねん》」といふは信心決定《しんじんけつじょう》のすがたなり、「上尽一形《じょうじんいちぎょう》」は仏恩報尽《ぶっとんほうじん》の念仏《ねんぶつ》なりと*きこえたり。これをもつてよくよくこころえらるべきものなり。あなかしこ、あなかしこ。

*文明四年《ぶんめいしねん》十一月《じゅういちがつ》二十七日《にじゅうしちにち》

（五）

そもそも、*当年《とうねん》より、ことのほか、*加州《かしゅう》・*能登《のと》・*越中《えっちゅう》、両三箇国《りょうさんがこく》のあひだより道俗男女《どうぞくなんにょ》、*群集《くんじゅう》をなして、この吉崎《よしざき》の山中《さんちゅう》に参詣《さんけい》せらるる面々《めんめん》の心中《しんちゅう》のとほり、いかがと*心《こころ》もとなく候《そうろ》ふ。そのゆゑは、まづ当流《とうりゅう》のおもむきは、このたび極楽《ごくらく》に往生《おうじょう》すべきことわりは、他力《たりき》の信心《しんじん》をえたるがゆゑなり。しかれども、この一流《いちりゅう》のうちにおいて、しかしかとその信心《しんじん》のすがたをもえたる

信心発得　信心を得ること。

上尽一形…　「上一形を尽し、下一念に至るまで」一形は一生涯の意。

きこえたり　うけたまわっている。

文明四年　一四七二年。蓮如上人五十八歳。

当年　文明五年（一四七三）。蓮如上人五十九歳。

加州　加賀《かが》（現在の石川県南部）の別称。

能登　現在の石川県北部。

越中　現在の富山県。

群集　人々が群がり集まること。

心もとなく　気がかりで。おぼつかなく。

人《ひと》これなし。かくのごとくのやからは、いかでか報土《ほうど》の往生《おうじょう》をばたやすくとぐべきや。一大事《いちだいじ》といふはこれなり。幸《さいわ》ひに五里《ごり》・十里《じゅうり》の遠路《えんろ》をしのぎ、この
9 雪《ゆき》のうちに参詣《さんけい》のこころざしは、いかやうにこころえられたる心中《しんちゅう》ぞや。千《せん》万心《ばんこころ》もとなき次第《しだい》なり。所詮以前《しょせんいぜん》はいかやうの心中《しんちゅう》にてありといふとも、これよりのちは心中《しんちゅう》にこころえおかるべき次第《しだい》をくはしく申《もう》すべし。よくよく耳《みみ》をそばだてて聴聞《ちょうもん》あるべし。そのゆゑは、他力《たりき》の信心《しんじん》といふことをしかと心中《しんちゅう》にたくはへられ候《そうら》ひて、そのうへには、仏恩報謝《ぶっとんほうしゃ》のためには行住坐臥《ぎょうじゅうざが》に念仏《ねんぶつ》を申《もう》さるべきばかりなり。このこころえにてあるならば、このたびの往《おう》生《じょう》は一定《いちじょう》なり。このうれしさのあまりには、*師匠坊主《ししょうぼうず》の在所《ざいしょ》へもあゆみをはこび、*こころざしをもいたすべきものなり。これすなはち当流《とうりゅう》の義《ぎ》をよくこころえたる信心《しんじん》の人《ひと》とは申《もう》すべきものなり。あなかしこ、あなかしこ。

*文明五年二月八日《ぶんめいごねんにがつようか》

(六)

そもそも、当年《とうねん》の夏《なつ》このごろは、なにとやらんことのほか睡眠《すいめん》にをかされて、ねむたく候《そうろ》ふはいかんと案《あん》じ候《そうら》へば、不審《ふしん》もなく往生《おうじょう》の死期《しご》もちかづく

師匠坊主　師にあたる僧侶。

こころざし　懇志《こんし》。

文明五年　一四七三年。蓮如上人五十九歳。

かとおぼえ候《そうろ》ふ。まことにもつて*あぢきなく名残《なごり》をしくこそ候《そうら》へ。さりながら、今日《こんにち》までも、往生《おうじよう》の期《ご》もいまや来《きた》らんと油断《ゆだん》なくその*かまへは候《そうろ》ふ。それにつけても、この在所《ざいしよ》において、*以後《いご》までも信心決定《しんじんけつじよう》するひとの*退転《たいてん》なきやうにも候《そうら》へかしと、念願《ねんがん》のみ昼夜《ちゆうや》不断《ふだん》におもふばかりなり。*この分《ぶん》にては往《おう》生《じよう》つかまつり候《そうろ》ふとも、いまは*子細《しさい》なく候《そうろ》ふべきに、それにつけても、面々《めんめん》の心中《しんちゆう》もことのほか油断《ゆだん》どもにてこそは候《そうら》へ。命《いのち》のあらんかぎりは、われらはいまのごとくにてあるべく候《そうろ》ふ。よろづにつけて、みなみなの心中《しんちゆう》こそ*不足《ふそく》に存《ぞん》じ候《そうら》へ。明日《みようにち》もしらぬいのちにてこそ候《そうろ》ふに、なにごとを申《もう》すもいのちをはり候《そうら》はば、*いたづらごとにてあるべく候《そうろ》ふ。いのちのうちに不審《ふしん》も疾《と》く疾《と》くはれられ候《そうら》はでは、さだめて後悔《こうかい》のみにて候《そうら》はんずるぞ、御《おん》こころえあるべく候《そうろ》ふ。あなかしこ、あなかしこ。

この障子《しようじ》のそなたの人々《ひとびと》のかたへまゐらせ候《そうろ》ふ。のちの年《とし》にとり出《いだ》して御覧《ごらん》候《そうら》へ。

文明《ぶんめい》五年《ごねん》卯月《うづき》二十五日《にじゆうごにち》これを書《か》く。

あぢきなく つまらなく。やるせなく。
かまへ 準備。用意。心がまえ。
以後までも 私（蓮如）が亡きあとも。
退転 ここでは無くなること、途絶えることの意。
この分にては 私（蓮如）については。
子細なく さしつかえなく。問題なく。
不足 不満足。
いたづらごと 無意味なこと。むだなこと。無益なこと。

（七）

さんぬる*文明第四《ぶんめいだいし》の暦《れき》、*弥生中半《やよいなかば》のころかとおぼえはんべりしに、*さもありぬらんとみえつる女性《にょしょう》一二人《いちににん》、男《おとこ》なんどあひ具《ぐ》したるひとびと、この山《やま》のことを沙汰《さた》しまうしけるは、そもそもこのごろ吉崎《よしざき》の山上《さんじょう》に*一宇《いちう》の坊舎《ぼうじゃ》をたてられて、*言語道断《ごんごどうだん》*おもしろき在所《ざいしょ》かなと申《もう》し候《そうろ》ふ。なかにもことに、加賀《かが》・越《えっ》中《ちゅう》・能登《のと》・*越後《えちご》・*信濃《しなの》・*出羽《でわ》・*奥州七箇国《おうしゅうしちかこく》より、かの門下中《もんかちゅう》、この当山《とうざん》へ道《どう》俗男女参詣《ぞくなんにょさんけい》をいたし、群集《くんじゅう》せしむるよし、その*きこえかくれなし。これ末代《まつだい》の不思議《ふしぎ》なり。ただごとともおぼえはんべらず。さりながら、かの門徒《もんと》の面々《めんめん》には、さても念仏法門《ねんぶつぼうもん》をばなにとすすめられ候《そうろ》ふやらん。とりわけ信心《しんじん》といふことをむねとをしへられ候《そうろ》ふよし、ひとびと申《もう》し候《そうろ》ふなるは、いかやうなることにて候《そうろ》ふやらん。くはしくききまゐらせて、われらもこの罪業深重《ざいごうじんじゅう》のあさましき女人《にょにん》の身《み》をもちて候《そうら》へば、その信心《しんじん》とやらんをききわけまゐらせて、往《おう》生《じょう》をねがひたく候《そうろ》ふよしを、かの*山中《さんちゅう》のひとにたづねまうして候《そうら》へば、しめしたまへるおもむきは、「*なにのやうもなく、ただわが身《み》は十悪《じゅうあく》・五逆《ごぎゃく》、*五《ご》障《しょう》・三従《さんしょう》のあさましきものぞとおもひて、ふかく、阿弥陀如来《あみだにょらい》はかかる機《き》を
11 たすけまします御《おん》すがたなりとこころえまゐらせて、ふたごころなく弥陀《みだ》をた

文明第四の暦　文明四年（一四七二）。蓮如上人五十八歳。

弥生　陰暦三月の別称。

さもありぬらんとみえつる　身分が高いと見受けられた。

一宇の坊舎　一軒の僧坊。

言語道断　言葉でいいあらわせないこと。古語としてはきわめてすぐれている意味にも、きわめて悪い意味にも用いる。

おもしろき　すばらしい。

越後　現在の新潟県。

信濃　現在の長野県。

出羽　現在の山形県、秋田県。

奥州　現在の福島県、宮城県、岩手県、青森県。

きこえかくれなし　うわさが広く知れわたっている。

山中のひと　吉崎《よしざき》の僧侶のこと。

なにのやうもなく　何のは

のみたてまつりて、たすけたまへとおもふこころの一念《いちねん》おこるとき、かたじけなくも如来《にょらい》は*八万四千《はちまんしせん》の光明《こうみょう》を放《はな》ちて、その身《み》を摂取《せっしゅ》したまふなり。これを弥陀如来《みだにょらい》の念仏《ねんぶつ》の行者《ぎょうじゃ》を摂取《せっしゅ》したまふといへるはこのことなり。摂取不捨《せっしゅふしゃ》といふは、をさめとりてすてたまはずといふこころなり。このこころを信心《しんじん》をえたる人《ひと》とは申《もう》すなり。さてこのうへには、ねてもさめても*たつてもゐても、南《な》無阿弥陀仏《もあみだぶつ》と申《もう》す念仏《ねんぶつ》は、弥陀《みだ》には*はやたすけられまゐらせつるかたじけなさの、弥陀《みだ》の御恩《ごおん》を、南無阿弥陀仏《なもあみだぶつ》ととなへて報《ほう》じまうす念仏《ねんぶつ》なりとこころうべきなり」とねんごろにかたりたまひしかば、この女人《にょにん》たち、そのほかのひと、申《もう》されけるは、「まことにわれらが根機《こんき》にかなひたる弥陀如来《みだにょらい》の本願《ほんがん》にてましまし候《そうろ》ふをも、いままで信《しん》じまゐらせ候《そうら》はぬことのあさましさ、申《もう》すばかりも候《そうら》はず。いまよりのちは一向《いっこう》に弥陀《みだ》をたのみまゐらせて、ふたごころなく一念《いちねん》にわが往生《おうじょう》は如来《にょらい》のかたより御《おん》たすけありけりと信《しん》じたてまつりて、そののちの念仏《ねんぶつ》は、仏恩報謝《ぶっとんほうしゃ》の称名《しょうみょう》なりとこころえ候《そうろ》ふべきなり。かかる不思議《ふしぎ》の宿縁《しゅくえん》にあひまゐらせて、*殊勝《しゅしょう》の法《ほう》をききまゐらせ候《そうろ》ふことのありがたさたふとさ、*なかなか申《もう》すばかりもなくおぼえはんべるなり。いまははやいとま申《もう》す

からいもなく。何の造作もなく。

五障三従　→補註14

八万四千の光明を…　『観経』一〇二頁四行以下参照。

たつてもゐても　立ってもすわっても。

はや　すでに。

殊勝の法　とくにすぐれた教え。阿弥陀仏の本願をいう。

なかなか　容易には。とても。

なり」とて、涙《なみだ》をうかめて、みなみなかへりにけり。あなかしこ、あなかしこ。

文明《ぶんめい》五年《ごねん》八月《はちがつ》十二日《じゅうににち》

12

（八）

*文明第三《ぶんめいだいさん》*初夏上旬《しょかじょうじゅん》のころより、*江州志賀郡大津《ごうしゅうしがのこおりおおつ》*三井寺南別所辺《みいでらのみなみべっしょへん》より、なにとなく*ふとしのび出《い》でて、越前《えちぜん》・加賀《かが》諸所《しょしょ》を経回《けいかい》せしめをはりぬ。よつて当国細呂宜郷内吉崎《とうごくほそろぎのごうのうちよしざき》といふこの在所《ざいしょ》、すぐれておもしろきあひだ、年来《ねんらい》虎狼《ころう》のすみなれしこの山中《さんちゅう》をひきたひらげて、七月二十七日《しちがつにじゅうしちにち》より*かたのごとく一《いち》宇《う》を建立《こんりゅう》して、昨日今日《きのうきょう》と過《す》ぎゆくほどに、はや三年《みとせ》の春秋《しゅんじゅう》は送《おく》りけり。さるほどに道俗男女群集《どうぞくなんにょくんじゅう》せしむといへども、*さらになにへんともなき体《てい》なるあひだ、当年《とうねん》より諸人《しょにん》の出入《しゅつにゅう》をとどむるこころは、この在所《ざいしょ》に居住《きょじゅう》せしむる*根《こん》元《げん》はなにごとぞなれば、そもそも人界《にんがい》の生《しょう》をうけてあひがたき仏法《ぶっぽう》にすでにあへる身《み》が、*いたづらにむなしく*捺落《ならく》に沈《しず》まんは、まことにもつて*あさましきことにはあらずや。しかるあひだ念仏《ねんぶつ》の信心《しんじん》を決定《けつじょう》して極楽《ごくらく》の往生《おうじょう》をとげんとおもはざらん人々《ひとびと》は、なにしにこの在所《ざいしょ》へ来集《らいじゅう》せんこと、かなふべからざるよしの*成敗《せいばい》をくはへをはりぬ。これひとへに*名聞《みょうもん》・利養《りよう》を本《ほん》とせず、ただ後《ご》

文明第三　一四七一年。蓮如上人五十七歳。

初夏　陰暦四月の別称。

江州志賀郡大津　現在の滋賀県大津市。

三井寺南別所辺　三井寺は園城寺《おんじょうじ》の通称。南別所は同寺五別所の一つ近松寺のこと。寛正六年（一四六五）、延暦寺《えんりゃくじ》の衆徒によって大谷本願寺が破却された後、蓮如上人はこの近松寺の傍に御坊（後の顕証寺。現在の近松別院の起源）を建て親鸞聖人の御影を安置した。

ふと　急に。

かたのごとく　形式どおり。あるいはほんの形ばかりの意か。

さらになにへんともなき体　全く何のかいもないようす。

根元　理由。

いたづらに　むなしく。む

生《しょう》菩提《ぼだい》をこととするがゆゑなり。しかれば、見聞《けんもん》の諸人《しょにん》、*偏執《へんじゅう》をなすことなかれ。あなかしこ、あなかしこ。

文明《ぶんめい》五年《ごねん》九月《くがつ》　日《にち》

13

(九)

そもそも、*当宗《とうしゅう》を、昔《むかし》より人《ひと》こぞりて*をかしくきたなき宗《しゅう》と申《もう》すなり。これまことに道理《どうり》のさすところなり。そのゆゑは、当流人数《とうりゅうにんじゅ》のなかにおいて、あるいは*他門《たもん》・他宗《たしゅう》に対《たい》してはばかりなくわが家《いえ》の義《ぎ》を申《もう》しあらはせるいはれなり。これおほきなるあやまりなり。それ、当流《とうりゅう》の掟《おきて》をまもるといふは、わが流《りゅう》に伝《つた》ふるところの義《ぎ》をしかと内心《ないしん》にたくはへて、外相《げそう》にそのいろをあらはさぬを、よくものにこころえたる人《ひと》とはいふなり。しかるに当世《とうせい》はわが宗《しゅう》のことを、他門《たもん》・他宗《たしゅう》にむかひて、その*斟酌《しんしゃく》もなく*聊爾《りょうじ》に沙汰《さた》するによりて、当《とう》流《りゅう》を人《ひと》の*あさまにおもふなり。かやうにこころえのわろきひとのあるによりて、当流《とうりゅう》をきたなくいまはしき宗《しゅう》と人《ひと》おもへり。さらにもつてこれは他人《たにん》わろきにはあらず、自流《じりゅう》の人《ひと》わろきによるなりとこころうべし。つぎに*物忌《ぶっき》といふことは、わが流《りゅう》には仏法《ぶっぽう》について*ものいまはぬといへることなり。他宗《たしゅう》にも

だに。

捺落　梵語ナラカ(nara-ka)の音写。地獄のこと。→地獄《じごく》

あさましきこと　なげかわしいこと。

成敗　処置すること。裁定をくだすこと。制法を執り行うこと。ここでは諸人の出入りを止めたこと。

名聞利養　名誉欲と財産欲。

偏執　自分の考えに固執すること。

当宗　浄土真宗を指す。

をかしくきたなき宗　物忌《ものいみ》をしない浄土真宗を非難していう。

他門他宗　浄土真宗以外をいう。他門は浄土門内の西《せい》山《ざん》、鎮西《ちんぜい》等の諸流、他宗は聖道門《しょうどうもん》諸宗を指す。

斟酌　さしひかえること。はばかること。

*公方《くぼう》にも対《たい》しては、などか物《もの》をいまざらんや。他宗《たしゅう》・他門《たもん》にむかひてはもとよりいむべきこと勿論《もちろん》なり。またよその人《ひと》の物《もの》いむといひてそしることあるべからず。しかりといへども、仏法《ぶっぽう》を修行《しゅぎょう》せんひとは、念仏者《ねんぶつしゃ》にかぎらず、物《もの》さ*のみいむべからずと、あきらかに諸経《しょきょう》の文《もん》にもあまたみえたり。まづ『涅槃経《ねはんぎょう》』（梵行品）にのたまはく、「如来法中無有選択吉日良辰《にょらいほうちゅうむうせんじゃくきちにちりょうしん》」といへり。この文《もん》のこころは、「如来《にょらい》の法《ほう》のなかに*吉日良辰《きちにちりょうしん》をえらぶことなし」となり。また『般舟経《はんじゅきょう》』にのたまはく、「*優婆夷聞二是三昧一欲レ学者《うばいこのさんまいをききてまなばんとほっせんものは》　乃至　自帰二命仏一帰二命法一帰二命比丘僧一《みずからぶつにきみょうしほうにきみょうしびくそうにきみょうし》　不レ得レ事二余道一不レ得レ拝二於天一不レ得レ祠二鬼神一不レ得レ視二吉良日一《よどうにつかうることをえざれてんをはいすることをえざれきじんをしすることをえざれきちりようにちをみることをえざれ》」以上といへり。この文《もん》のこころは、「優婆夷《うばい》この三昧《さんまい》を聞《き》きて学《まな》ばんと欲《ほっ》せんものは、みづから仏《ぶつ》に帰命《きみょう》し、法《ほう》に帰命《きみょう》せよ、比丘僧《びくそう》に帰命《きみょう》せよ、*余道《よどう》に事《つか》ふることを得《え》ざれ、天《てん》を拝《はい》することを得《え》ざれ、鬼神《きじん》を祠《まつ》ることを得《え》ざれ、吉良日《きちりょうにち》を視《み》ることを得《え》ざれ」といへり。かくのごとくの経文《きょうもん》どもこれありといへども、この*分《ぶん》を出《いだ》すなり。ことに念仏行者《ねんぶつぎょうじゃ》はかれらに事《つか》ふべからざるやうにみえたり。よくよくこころうべし。あなかしこ、あなかしこ。

文明五年九月《ぶんめいごねんくがつ》　日《にち》

聊爾　軽々しいこと。ぶしつけなこと。いいかげんなこと。

あさまに　浅薄に。あさはかに。

物忌　ものいみ。死、出産、血などをけがれとしていみさけること。とくに祭事の前、一定期間穢事とされることをさけて別火生活をすること。

ものいまはぬ　物忌《ものいみ》をしない。

公方　幕府。

さのみ　それほど。

吉日良辰　よい日、よい星回り。事を行うのによい日、よい時。

優婆夷…　本文に付してある訓点にしたがって、その書き下しを振り仮名の体裁で示した。

余道　仏教以外の教え。

（一〇）

そもそも、吉崎《よしざき》の当山《とうざん》において*多屋《たや》の坊主達《ぼうずたち》の*内方《ないほう》とならんひとは、まことに先世《せんぜ》の宿縁《しゅくえん》あさからぬゆゑとおもひはんべるべきなり。それも後生《ごしょう》を一大事《いちだいじ》とおもひ、信心《しんじん》も決定《けつじょう》したらん身《み》にとりてのうへのことなり。しかれば、内方《ないほう》とならんひとびとは、*あひかまへて信心《しんじん》をよくよくとらるべし。それ、まづ当流《とうりゅう》の安心《あんじん》と申《もう》すことは、おほよそ*浄土《じょうど》一家《いっけ》のうちにおいて、あひかはりてことにすぐれたるいはれあるがゆゑに、他力《たりき》の大信心《だいしんじん》と申《もう》すなり。さればこの信心《しんじん》をえたるひとは、十人《じゅうにん》は十人《じゅうにん》ながら百人《ひゃくにん》は百人《ひゃくにん》ながら、今度《こんど》の往生《おうじょう》は一定《いちじょう》なりとこころうべきものなり。その安心《あんじん》と申《もう》すは、いかやうにこころうべきことやらん、くはしくもしりはんべらざるなり。

答《こた》へていはく、まことにこの不審肝要《ふしんかんよう》のことなり。おほよそ当流《とうりゅう》の信心《しんじん》をとるべきおもむきは、まづ*わが身《み》は女人《にょにん》なれば、罪《つみ》ふかき五障《ごしょう》・三従《さんしょう》とてあさましき身《み》にて、すでに十方《じっぽう》の如来《にょらい》も三世《さんぜ》の諸仏《しょぶつ》にもすてられたる女人《にょにん》なりけるを、かたじけなくも弥陀如来《みだにょらい》ひとりかかる機《き》をすくはんと誓《ちか》ひたまひて、すでに四十八願《しじゅうはちがん》をおこしたまへり。そのうち第十八《だいじゅうはち》の願《がん》において、一切《いっさい》の悪《あく》人《にん》・女人《にょにん》をたすけたまへるうへに、なほ女人《にょにん》は罪《つみ》ふかく疑《うたがい》のこころふかきによ

分　一部分。

多屋　多は他で、本坊に対する他屋の意。地方の門徒が吉崎《よしざき》参詣の際、宿泊聞法《もんぼう》する宿坊をいう。越前《えちぜん》（現在の福井県）や加賀《かが》（現在の石川県南部）方面の有力寺院は吉崎に多屋を設け家族の一部をここに留めて宿泊者の世話をさせた。

内方　（多屋を管理する僧の）妻。

あひかまへて　必ず。

浄土一家　浄土往生を説いた法然《ほうねん》聖人の流れを汲む一門。

わが身は女人なれば…　→補註14

りて、またかさねて第三十五《だいさんじゅうご》の願《がん》になほ女人《にょにん》をたすけんといへる願《がん》をおこしたまへるなり。かかる弥陀如来《みだにょらい》の御苦労《ごくろう》ありつる御恩《ごおん》のかたじけなさよと、ふかくおもふべきなり。

問《と》うていはく、さてかやうに弥陀如来《みだにょらい》のわれらごときのものをすくはんと、たびたび願《がん》をおこしたまへることのありがたさを*こころえわけまゐらせ候《そうら》ひぬるについて、*なにとやうに機《き》をもちて、弥陀《みだ》をたのみまゐらせ候《そうら》はんずるやらん、くはしくしめしたまふべきなり。

答《こた》へていはく、信心《しんじん》をとり弥陀《みだ》をたのまんとおもひたまはば、まづ*人間《にんげん》はただ夢幻《ゆめまぼろし》のあひだのことなり、後生《ごしょう》こそまことに*永生《ようしょう》の楽果《らっか》なりと*おもひとりて、人間《にんげん》は五十年百年《ごじゅうねんひゃくねん》のうちのたのしみなり、後生《ごしょう》こそ一大事《いちだいじ》なりとおもひて、もろもろの雑行《ぞうぎょう》をこのむこころをすて、あるいはまた、もののいまはしくおもふこころをもすて、*一心一向《いっしんいっこう》に弥陀《みだ》をたのみたてまつりて、そのほか余《よ》の仏《ぶつ》・菩薩《ぼさつ》・諸神等《しょじんとう》にもこころをかけずして、ただひとすぢに弥陀《みだ》に帰《き》して、このたびの往生《おうじょう》は治定《じじょう》なるべしとおもはば、そのありがたさのあまり念仏《ねんぶつ》を申《もう》して、弥陀如来《みだにょらい》のわれらをたすけたまふ御恩《ごおん》を報《ほう》じたてまつるべきなり。こ

こころえわけ　「こころえわく」は明確に理解すること、了解してわきまえること。

なにとやうに機を…　救いの対象である人や人の境界《きょうがい》をどのように心得て。

人間　人の境界。人間界。

永生の楽果　往生して無量寿の仏果（仏のさとり）を得てながく楽しむこと。

おもひとりて　十分に理解して。心に思い定めて。

一心一向　他の仏や余行に心をかけず、もっぱら阿弥陀仏を信じること。

れを信心《しんじん》をえたる多屋《たや》の坊主達《ぼうずたち》の内方《ないほう》のすがたとは申《もう》すべきものなり。あなかしこ、あなかしこ。

文明《ぶんめい》五年《ごねん》九月《くがつ》十一日《じゅういちにち》

(二)

それおもんみれば、人間《にんげん》はただ*電光朝露《でんこうちょうろ》の夢幻《ゆめまぼろし》のあひだのたのしみぞかし。たとひまた栄華栄耀《えいがえいよう》にふけりて、おもふさまのことなりといふとも、それはただ五十年乃至百年《ごじゅうねんないしひゃくねん》のうちのことなり。もしただいまも無常《むじょう》の風《かぜ》きたりてさそひなば、いかなる病苦《びょうく》にあひてかむなしくなりなんや。まことに死《し》せんときは、かねて*たのみおきつる妻子《さいし》も財宝《ざいほう》も、わが身《み》にはひとつもあひそふことあるべからず。されば死出《しで》の山路《やまじ》のすゑ、三途《さんず》の大河《たいが》をばただひとりこそゆきなんずれ。これによりて、ただふかくねがふべきは後生《ごしょう》なり、またたのむべきは弥陀《みだ》如来《にょらい》なり、信心決定《しんじんけつじょう》してまゐるべきは安養《あんにょう》の浄土《じょうど》なりとおもふべきなり。これ
16
についてちかごろは、この方《ほう》の念仏者《ねんぶつしゃ》の坊主達《ぼうずたち》、仏法《ぶっぽう》の次第《しだい》もつてのほか相違《そうい》す。そのゆゑは、*門徒《もんと》のかたよりものをとるをよき弟子《でし》といひ、これを信心《しんじん》のひとといへり。これおほきなるあやまりなり。また弟子《でし》は坊主《ぼうず》にものをだにも

電光朝露 稲妻や朝の露のようにはかないこと。

たのみおきつる あてにしていた。

門徒のかたより… 物とり安心《あんじん》とか施物だのみといわれる異義を指す。

おほくまゐらせば、わがちからかなはずとも、坊主《ぼうず》のちからにてたすかるべきやうにおもへり。これもあやまりなり。かくのごとく坊主《ぼうず》と門徒《もんと》のあひだにおいて、さらに当流《とうりゅう》の信心《しんじん》のこころえの分《ぶん》はひとつもなし。まことにあさましや。師《し》・弟子《でし》ともに極楽《ごくらく》には往生《おうじょう》せずして、むなしく地獄《じごく》におちんことは疑《うたがい》なし。なげきてもなほあまりあり、かなしみてもなほふかくかなしむべし。しかれば、今日《きょう》よりのちは、他力《たりき》の大信心《だいしんじん》の次第《しだい》をよく存知《ぞんじ》したらんひとにあひたづねて、信心決定《しんじんけつじょう》して、その信心《しんじん》のおもむきを弟子《でし》にもをしへて、もろともに今度《こんど》の一大事《いちだいじ》の往生《おうじょう》をよくよくとぐべきものなり。あなかしこ、あなかしこ。

文明五年九月中旬《ぶんめいごねんくがつちゅうじゅん》

（一二）

*そもそも、年来《ねんらい》*超勝寺《ちょうしょうじ》の門徒《もんと》において、仏法《ぶっぽう》の次第《しだい》もつてのほか相違《そうい》せり。そのいはれは、まづ*座衆《ざしゅ》とてこれあり。いかにもその*座上《ざじょう》にあがりて、さかづきなんどまでもひとよりさきに飲《の》み、座中《ざちゅう》のひとにもまたそのほかたれたれにも、*いみじくおもはれんずるが、まことに仏法《ぶっぽう》の肝要《かんよう》たるやうに心中《しんちゅう》にこころえおきたり。これさらに往生極楽《おうじょうごくらく》のためにあらず、ただ世間《せけん》の名聞《みょうもん》に

そもそも　右傍に「これは超勝寺にて」と註記する異本がある。

超勝寺　本願寺第五代、綽《しゃく》如《にょ》上人が越前《えちぜん》藤島郷（現在の福井県福井市）に次男頓《とん》円《えん》（鸞芸《らんげい》）を下して開創。蓮如上人も北陸訪問の際にはしばしば立ち寄った。

座衆　座主（講の中心人物）の意とする説、講の中の特定の人々とする説などがある。

座上　上席。

いみじく　大変立派に。

17

似《に》たり。しかるに当流《とうりゅう》において*毎月《まいがつ》の会合《かいごう》の由来《ゆらい》はなにの用《よう》ぞなれば、在家《ざいけ》無智《むち》の身《み》をもつて、いたづらにくらし、いたづらにあかして、*一期《いちご》はむなしく過《す》ぎて、つひに三途《さんず》に沈《しず》まん身《み》が、一月《いちがつ》に一度《いちど》なりとも、せめて念仏修行《ねんぶつしゅぎょう》の人数《にんじゅ》ばかり道場《どうじょう》にあつまりて、わが信心《しんじん》は、ひとの信心《しんじん》は、いかがあるらんといふ信心沙汰《しんじんざた》をすべき用《よう》の会合《かいごう》なるを、ちかごろはその信心《しんじん》といふことはかつて是非《ぜひ》の沙汰《さた》におよばざるあひだ、言語道断《ごんごどうだん》あさましき次第《しだい》なり。所詮《しょせん》*自今以後《じこんいご》は、かたく会合《かいごう》の座中《ざちゅう》において信心《しんじん》の沙汰《さた》をすべきものなり。これ真実《しんじつ》の往生極楽《おうじょうごくらく》をとぐべきいはれなるがゆゑなり。あなかしこ、あなかしこ。

文明五年九月下旬《ぶんめいごねんくがつげじゅん》

（一三）

*そもそも、ちかごろは、この方念仏者《ほうねんぶつしゃ》のなかにおいて、*不思議《ふしぎ》の名言《みょうごん》をつかひて、これこそ信心《しんじん》をえたるすがたよといひて、しかもわれは当流《とうりゅう》の信心《しんじん》をよく知《し》り顔《がお》の*体《てい》に心中《しんちゅう》にこころえおきたり。そのことばにいはく、「*十劫《じっこう》正覚《しょうがく》のはじめより、われらが往生《おうじょう》を定《さだ》めたまへる弥陀《みだ》の御恩《ごおん》をわすれぬが信《しん》心《じん》ぞ」といへり。これおほきなるあやまりなり。*そも弥陀如来《みだにょらい》の正覚《しょうがく》を成《な》り

毎月の会合　毎月、定められた日に門徒が集まり、講と呼ばれる会合が開かれた。→講《こう》

一期　一生涯。

自今以後　今より後。今後。

そもそも　右傍に「これも超勝寺にて」と註記する異本がある。第十四通冒頭も同じ。

不思議の名言　正しい根拠のないあやしげな言葉や文句。

体　ようす。ありさま。

十劫正覚の…　時宗等の影響を受けた十劫秘事《ひじ》（十劫安心《あんじん》）の異義に対する批判。十劫のむかし阿弥陀仏が正覚成就し、衆生《しゅじょう》の往生を定めたと知ることを信であると主張するのは、自力雑《ぞう》行《ぎょう》をすてて他力をたのむ廃《はい》立《りゅう》の信心が欠けていると批判する。

18

たまへるいはれをしりたりといふとも、われらが往生《おうじよう》すべき他力《たりき》の信心《しんじん》といふいはれをしらずは、いたづらごとなり。しかれば、*向後《きようこう》においては、まづ当流《とうりゆう》の真実信心《しんじつしんじん》といふことをよくよく存知《ぞんじ》すべきなり。その信心《しんじん》といふは、『大経《だいきよう》』には三信《さんしん》と説《と》き、『観経《かんぎよう》』には三心《さんしん》といひ、『阿弥陀経《あみだきよう》』には一心《いつしん》とあらはせり。三経《さんぎよう》ともにその名《な》かはりたりといへども、そのこころはただ他力《たりき》の一心《いつしん》をあらはせるこころなり。されば信心《しんじん》といへるそのすがたはいかやうなることぞといへば、まづもろもろの雑行《ぞうぎよう》をさしおきて、一向《いつこう》に弥陀如来《みだによらい》をたのみたてまつりて、*自余《じよ》の一切《いつさい》の諸神《しよじん》・諸仏等《しよぶつとう》にもこころをかけず、一心《いつしん》にもつぱら弥陀《みだ》に帰命《きみよう》せば、如来《によらい》は光明《こうみよう》をもつてその身《み》を摂取《せつしゆ》して捨《す》てたまふべからず。これすなはちわれらが一念《いちねん》の信心決定《しんじんけつじよう》したるすがたなり。かくのごとくこころえてのちは、弥陀如来《みだによらい》の他力《たりき》の信心《しんじん》をわれらにあたへたまへる御《ご》恩《おん》を報《ほう》じたてまつる念仏《ねんぶつ》なりとこころうべし。これをもつて信心決定《しんじんけつじよう》したる念仏《ねんぶつ》の行者《ぎようじや》とは申《もう》すべきものなり。あなかしこ、あなかしこ。

文明第五《ぶんめいだいご》、九月下旬《くがつげじゆん》のころこれを書《か》く云々《うんぬん》。

そも　それにしても。そもそも。

向後　今より後。今後。

自余　それよりほか。それ以外。

(一四)

そもそも、当流念仏者《とうりゅうねんぶつしゃ》のなかにおいて、*諸法《しょほう》を*誹謗《ひぼう》すべからず。まづ越中《えっちゅう》・加賀《かが》ならば、*立山《たてやま》・*白山《しらやま》そのほか諸山寺《しょやまでら》なり。越前《えちぜん》ならば、*平泉寺《へいせんじ》・*豊原寺《とよはらじ》等なり。されば『経《きょう》』(大経)にも、すでに「*唯除五逆誹謗正法《ゆいじょごぎゃくひほうしょうぼう》」とこそこれをいましめられたり。これによりて、念仏者《ねんぶつしゃ》はことに諸宗《しょしゅう》を謗《ほう》ずべからざるものなり。また聖道諸宗《しょうどうしょしゅう》の学者達《がくしゃたち》も、あながちに念仏者《ねんぶつしゃ》をば謗《ほう》ずべからずとみえたり。そのいはれは、経釈《きょうしゃく》ともにその文《もん》これおほしといへども、まづ*八宗《はっしゅう》の祖師龍樹菩薩《そしりゅうじゅぼさつ》の『智論《ちろん》』(大智度論)にふかくこれをいましめられたり。その文《もん》にいはく、「*自法愛染故《じほうあいぜんこ》　毀呰他人法《きしたにんぼう》　雖持戒行人《すいじかいぎょうにん》　不免地獄苦《ふめんじごくく》」といへり。かくのごとくの論判分明《ろんぱんぶんみょう》なるときは、いづれも仏説《ぶっせつ》なり。あやまりて謗《ほう》ずることなかれ。それ、みな一宗一宗《いっしゅういっしゅう》のことなれば、わがたのまぬばかりにてこそあるべけれ。ことさら当流《とうりゅう》のなかにおいて、なにの分別《ふんべつ》もなきもの、他宗《たしゅう》をそしること*勿体《もったい》なき次第《しだい》なり。あひかまへてあひかまへて、*一所《いっしょ》の坊主分《ぼうずぶん》たるひとは、この成敗《せいばい》をかたくいたすべきものなり。あなかしこ、あなかしこ。

文明五年九月下旬《ぶんめいごねんくがつげじゅん》

諸法　諸宗の教え。

誹謗　そしること。

立山　富山県南部にある山で、修験道の霊場。

白山　石川・岐阜両県境にある山で、修験道の霊場。

平泉寺　福井県勝山市にあった天台宗《てんだいしゅう》の寺で、白山の別当寺。

豊原寺　福井県坂井市丸岡町にあった天台宗の寺で、白山の別当寺。

唯除五逆…　「ただ五逆と誹謗正法を除く」(信巻訓)

八宗の祖師　龍樹菩薩の教学は広く諸宗の基盤となっているので、このようにいう。

自法愛染故…　「みづからの法を愛染するがゆゑに他人の法を毀呰《きし》すれば、戒行を持つ人なりといへども地獄の苦を免れず」

勿体なき　もってのほか。

（一五）

問《と》うていはく、当流《とうりゅう》をみな世間《せけん》に流布《るふ》して、一向宗《いっこうしゅう》となづけ候《そうろ》ふは、いかやうなる子細《しさい》にて候《そうろ》ふやらん、不審《ふしん》におぼえ候《そうろ》ふ。

答《こた》へていはく、あながちにわが流《りゅう》を一向宗《いっこうしゅう》となのることは、*別《べっ》して祖師《そし》（親鸞）も定《さだ》められず。おほよそ阿弥陀仏《あみだぶつ》を一向《いっこう》にたのむによりて、みな人《ひと》の申《もう》しなすゆゑなり。しかりといへども、経文《きょうもん》（大経・下）に「一向専念無量《いっこうせんねんむりょう》寿仏《じゅぶつ》」と説《と》きたまふゆゑに、一向《いっこう》に無量寿仏《むりょうじゅぶつ》を念《ねん》ぜよといへるこころなるときは、一向宗《いっこうしゅう》と申《もう》したるも子細《しさい》なし。さりながら*開山《かいさん》（親鸞）はこの宗《しゅう》をば浄《じょう》土真宗《どしんしゅう》とこそ定《さだ》めたまへり。されば一向宗《いっこうしゅう》といふ名言《みょうごん》は、さらに本宗《ほんしゅう》より申《もう》さぬなりとしるべし。されば*自余《じよ》の浄土宗《じょうどしゅう》はもろもろの雑行《ぞうぎょう》をゆるす。わが聖人《しょうにん》（親鸞）は雑行《ぞうぎょう》をえらびたまふ。このゆゑに真実報土《しんじつほうど》の往生《おうじょう》をとぐるなり。このいはれあるがゆゑに、別《べっ》して真《しん》の字《じ》を入《い》れたまふなり。

またのたまはく、当宗《とうしゅう》をすでに浄土真宗《じょうどしんしゅう》となづけられ候《そうろ》ふことは分明《ぶんみょう》にきこえぬ。しかるに*この宗体《しゅうてい》にて、在家《ざいけ》の罪《つみ》ふかき*悪逆《あくぎゃく》の機《き》なりといふとも、弥陀《みだ》の願力《がんりき》にすがりてたやすく極楽《ごくらく》に往生《おうじょう》すべきやう、くはしく承《うけたまわ》りはんべらんとおもふなり。

ふとどきな。不都合な。

一所の坊主分 一つの道場寺院を支配する僧侶。

別して 特別に。

開山 一宗派の開祖。一般には一寺を開いた者。

自余の浄土宗 法然《ほうねん》聖人の流れを汲む宗派のうち浄土真宗以外のもの。西山《せいざん》流・鎮西《ちんぜい》流・九品寺《くほんじ》流・長楽寺《ちょうらくじ》流などを指す。

この宗体 浄土真宗の宗義を指す。

悪逆 十悪と五逆のこと。→十悪《じゅうあく》、五逆《ごぎゃく》

20

答《こた》へていはく、当流《とうりゅう》のおもむきは、信心決定《しんじんけつじょう》しぬればかならず真実報土《しんじつほうど》の往生《おうじょう》をとぐべきなり。さればその信心《しんじん》といふはいかやうなることぞといへば、なにの*わづらひもなく、弥陀如来《みだにょらい》を一心《いっしん》にたのみたてまつりて、その余《よ》の仏《ぶつ》・菩薩等《ぼさつとう》にもこころをかけずして、一向《いっこう》にふたごころなく弥陀《みだ》を信《しん》ずるばかりなり。これをもつて信心決定《しんじんけつじょう》とは申《もう》すものなり。信心《しんじん》といへる二字《にじ》をば、まことのこころとよめるなり。まことのこころといふは、行者《ぎょうじゃ》のわろき自力《じりき》のこころにてはたすからず、如来《にょらい》の他力《たりき》のよきこころにてたすかるがゆゑに、まことのこころとは申《もう》すなり。また名号《みょうごう》をもつてなにのこころえもなくして、ただとなへてはたすからざるなり。されば『経《きょう》』（大経・下）には、*「聞其名号《もんごみょうごう》信心歓喜《しんじんかんぎ》」と説《と》けり。「その名号《みょうごう》を聞《き》く」といへるは、南無阿弥陀仏《なもあみだぶつ》の六字《ろくじ》の名号《みょうごう》を*無名無実《むみょうむじつ》にきくにあらず。善知識《ぜんぢしき》にあひてそのをしへをうけて、この南無阿弥陀仏《なもあみだぶつ》の名号《みょうごう》を南無《なも》とたのめば、かならず阿弥陀仏《あみだぶつ》のたすけたまふといふ道理《どうり》なり。これを『経《きょう》』に「信心歓喜《しんじんかんぎ》」と説《と》かれたり。これによりて、南無阿弥陀仏《なもあみだぶつ》の体《たい》は、われらをたすけたまへるすがたぞとこころうべきなり。かやうにこころえてのちは、行住坐臥《ぎょうじゅうざが》に口《くち》にとなふる称名《しょうみょう》をば、ただ弥陀如《みだにょ》

わづらひ 心配。めんどう。苦労。

聞其名号… 「その名号を聞きて信心歓喜せん」（信巻訓）

無名無実 実質のともなわないこと。ここでは名号の実義を心にかけないこと。

来《らい》のたすけまします御恩《ごおん》を報《ほう》じたてまつる念仏《ねんぶつ》ぞとこころうべし。これをもつて信心決定《しんじんけつじょう》して極楽《ごくらく》に往生《おうじょう》する他力《たりき》の念仏《ねんぶつ》の行者《ぎょうじゃ》とは申《もう》すべきものなり。あなかしこ、あなかしこ。

文明第五《ぶんめいだいご》、九月下旬《くがつげじゅん》第二日《だいににち》*巳剋《みのこく》に至《いた》りて加州《かしゅう》山中湯治《やまなかとうじ》の内《うち》にこれを書《か》き集《あつ》めをはりぬ。

釈証如《しゃくしょうにょ》（花押）

二　帖

（一）

21 そもそも、今度《こんど》*一七箇日報恩講《いちしちかにちほうおんこう》のあひだにおいて、*多屋《たや》*内方《ないほう》もそのほかの人《ひと》も、大略信心《たいりゃくしんじん》を決定《けつじょう》したまへるよしきこえたり。*めでたく本望《ほんもう》これにすぐべからず。さりながら、そのままうちすて候《そうら》へば、信心《しんじん》もうせ候《そうろ》ふべし。*細々《さいさい》に信心《しんじん》の溝《みぞ》をさらへて、弥陀《みだ》の法水《ほうすい》を流《なが》せといへることありげに候《そうろ》ふ。それについて、*女人《にょにん》の身《み》は十方三世《じっぽうさんぜ》の*諸仏《しょぶつ》にもすてられたる身《み》にて候《そうろ》ふを、阿弥陀如《あみだにょ》

巳剋　午前十時頃。

一七箇日　満七昼夜。報恩講の行われる期間。

多屋　多は他で、本坊に対する他屋の意。地方の門徒が吉崎《よしざき》参詣の際、宿泊聞法《もんぽう》する宿坊をいう。越前《えちぜん》（現在の福井県）や加賀《かが》（現在の石川県南部）方面の有力寺院は吉崎に多屋を設け家族の一部をここに留めて宿泊者の世話をさせた。

内方　（多屋を管理する僧の）妻。

めでたく　結構なことで。

細々に　しばしば。たびたび。

女人の身は…　↓補註14

諸仏にもすてられたる　諸仏の本願に女人成仏の願がないので、このようにいう。↓補註14

来《らい》なればこそ、かたじけなくもたすけましまし候《そうら》へ。そのゆゑは、女人《にょにん》の身《み》はいかに真実心《しんじつしん》になりたりといふとも、疑《うたがい》の心《こころ》はふかくして、また物《もの》なんどのいまはしくおもふ心《こころ》はさらに失《う》せがたくおぼえ候《そうろ》ふ。ことに在家《ざいけ》の身《み》は、*世路《せいろ》につけ、また子孫《しそん》なんどのことに*よそへても、ただ今生《こんじょう》にのみふけりて、これほどに、はや目《め》にみえて*あだなる人間界《にんげんかい》の*老少不定《ろうしょうふじょう》のさかひとしりながら、ただいま三途《さんず》・八難《はちなん》に沈《しず》まんことをば、露《つゆ》ちりほども心《こころ》にかけずして、いたづらにあかしくらすは、これつねの人《ひと》のならひなり。*あさましといふも*おろかなり。これによりて、*一心一向《いっしんいっこう》に弥陀一仏《みだいちぶつ》の悲願《ひがん》に帰《き》して、ふかくたのみたてまつりて、もろもろの雑行《ぞうぎょう》を修《しゅ》する心《こころ》をすて、また諸神《しょじん》・諸仏《しょぶつ》に追従《ついしょう》申《もう》す心《こころ》をもみなうちすてて、さて弥陀如来《みだにょらい》と申《もう》すは、かかるわれらごときのあさましき女人《にょにん》のためにおこしたまへる本願《ほんがん》なれば、まことに仏智《ぶっち》の不思議《ふしぎ》と信《しん》じて、わが身《み》はわろき*いたづらものなりとおもひつめて、ふかく如来《にょらい》に*帰入《きにゅう》する心《こころ》をもつべし。さてこの信《しん》ずる心《こころ》も念《ねん》ずる心《こころ》も、弥陀如来《みだにょらい》の御方便《ごほうべん》よりおこさしむるものなりとおもふべし。かやうにこころうるを、すなはち他力《たりき》の信心《しんじん》をえたる人《ひと》とはいふなり。またこの位《くらい》を、あるいは正定聚《しょうじょうじゅ》に住《じゅう》すとも、滅度《めつど》に至《いた》ると

世路　生計の道。

よそへても　つけても。

あだ　はかないさま。

老少不定　老人が先に死に、若者が後で死ぬとは限らないこと。人の命のはかなさをいう。

あさまし　なげかわしい。

おろかなり　疎かなり。(言葉では)表し尽せない。(表現が)不十分である。

一心一向　他の仏や余行に心をかけず、もっぱら阿弥陀仏を信じること。

いたづらもの　とりえのないもの。

帰入　帰命に同じ。→帰《き》命《みょう》

22

も、等正覚《とうしょうがく》に至《いた》るとも、弥勒《みろく》にひとしとも申《もう》すなり。またこれを一念発起《いちねんぽっき》の往生定《おうじょうさだ》まりたる人《ひと》とも申《もう》すなり。かくのごとくこころえてのうへの称名念仏《しょうみょうねんぶつ》は、弥陀如来《みだにょらい》のわれらが往生《おうじょう》をやすく定《さだ》めたまへる、その御《おん》うれしさの御恩《ごおん》を報《ほう》じたてまつる念仏《ねんぶつ》なりとこころうべきものなり。*あなかしこ、あなかしこ。

これについて、まづ*当流《とうりゅう》の掟《おきて》をよくよくまもらせたまふべし。そのいはれは、*あひかまへていまのごとく信心《しんじん》のとほりをこころえたまはば、身中《しんちゅう》にふかくをさめおきて、他宗《たしゅう》・他人《たにん》に対《たい》してそのふるまひをみせずして、また信心《しんじん》のやうをもかたるべからず。一切《いっさい》の諸神《しょじん》なんどをもわが信《しん》ぜぬまでなり、*おろかにすべからず。かくのごとく信心《しんじん》のかたもそのふるまひもよき人《ひと》をば、聖人《しょうにん》（親鸞）も「よくこころえたる信心《しんじん》の行者《ぎょうじゃ》なり」と仰《おお》せられたり。ただふかくこころをば仏法《ぶっぽう》にとどむべきなり。あなかしこ、あなかしこ。

*文明第五《ぶんめいだいご》、十二月八日《じゅうにがつようかのひ》これを書《か》きて*当山《とうざん》の多屋内方《たやないほう》へまゐらせ候《そうろ》ふ。このほかなほなほ不審《ふしん》のこと候《そうら》はば、かさねて問《と》はせたまふべく候《そうろ》ふ。

*所送寒暑《しょそうかんしょ》　*五十九歳《ごじゅうくさい》　*御判

のちの代《よ》のしるしのためにかきおきし　*のりのことの葉《は》かたみともなれ

あなかしこ　原意は「なんとまあ、おそれ多いことよ」。転じて書簡の末尾におかれる慣用語。『御文章』では内容を強調し念をおす語として用いられている。
当流　浄土真宗を指す。
あひかまへて　必ず。
おろかに　疎かに。いいかげんに。
文明第五　一四七三年。
当山　吉崎御坊のこと。→吉崎《よしざき》
所送寒暑　寒暑（冬と夏のことで一年の意）を送るところ。
五十九歳　底本に「五十八歳」とあるのを改めた。
御判　ここに蓮如上人の花押《かおう》が記されていたことを示す。
のりのことの葉　教えの言葉の意。

23

(三)

そもそも、*開山聖人《かいさんしょうにん》（親鸞）の*御一流《ごいちりゅう》には、それ信心《しんじん》といふことをもつて先《さき》とせられたり。その信心《しんじん》といふはなにの用《よう》ぞといふに、*無善造悪《むぜんぞうあく》のわれらがやうなるあさましき凡夫《ぼんぶ》が、たやすく弥陀《みだ》の浄土《じょうど》へまゐりなんずるための*出立《でたち》なり。この信心《しんじん》を獲得《ぎゃくとく》せずは極楽《ごくらく》には往生《おうじょう》せずして、無間地獄《むけんじごく》に堕在《だざい》すべきものなり。これによりて、その信心《しんじん》をとらんずるやうはいかんといふに、それ弥陀如来一仏《みだにょらいいちぶつ》をふかくたのみたてまつりて、*自余《じよ》の諸善万行《しょぜんまんぎょう》にこころをかけず、また諸神《しょじん》・諸菩薩《しょぼさつ》において、*今生《こんじょう》のいのりをのみなせるこころを失《うしな》ひ、またわろき自力《じりき》なんどいふ*ひがおもひをもなげすてて、弥陀《みだ》を一心一向《いっしんいっこう》に信《しん》楽《ぎょう》してふたごころのなき人《ひと》を、弥陀《みだ》はかならず*遍照《へんじょう》の光明《こうみょう》をもつて、その人《ひと》を摂取《せっしゅ》して捨《す》てたまはざるものなり。かやうに信《しん》をとるうへには、ねてもおきてもつねに申《もう》す念仏《ねんぶつ》は、かの弥陀《みだ》のわれらをたすけたまふ御恩《ごおん》を報《ほう》じたてまつる念仏《ねんぶつ》なりとこころうべし。かやうにこころえたる人《ひと》をこそ、まことに当流《とうりゅう》の信心《しんじん》をよくとりたる正義《しょうぎ》とはいふべきものなり。このほかになほ信心《しんじん》といふことのありといふ人《ひと》これあらば、おほきなるあやまりなり。すべて*承引《しょういん》すべからざるものなり。あなかしこ、あなかしこ。

開山 一宗派の開祖。一般には一寺を開いた者。
御一流 ここでは浄土真宗を指す。
無善造悪 善行善根《ぜんぎょうぜんごん》がなく、悪のみを行うという意。
出立 用意。したく。
自余 それよりほか。それ以外。
今生のいのり 利己的な現世《げんぜ》の利益《りやく》を祈願《きがん》すること。
ひがおもひ 誤った考え。間違った思い。
遍照 あまねく照らすこと。
承引 聞きいれること。同意すること。

いまこの文《ふみ》にしるすところのおもむきは、当流《とうりゅう》の親鸞聖人《しんらんしょうにん》すすめたまへる信心《しんじん》の正義《しょうぎ》なり。この分《ぶん》をよくよくこころえたらん人々《ひとびと》は、あひかまへて他宗《たしゅう》・他人《たにん》に対《たい》してこの信心《しんじん》のやうを沙汰《さた》すべからず。また自余《じょ》の一切《いっさい》の仏《ぶつ》・菩薩《ぼさつ》ならびに諸神等《しょじんとう》をもわが信《しん》ぜぬばかりなり。あながちにこれをかろしむべからず。これまことに弥陀一仏《みだいちぶつ》の功徳《くどく》のうちに、みな一切《いっさい》の諸神《しょじん》はこもれりとおもふべきものなり。総《そう》じて一切《いっさい》の*諸法《しょほう》においてそしりをなすべからず。これをもつて当流《とうりゅう》の掟《おきて》をよくまもれる人《ひと》となづくべし。されば聖人《しょうにん》のいはく、「たとひ*牛盗人《うしぬすびと》とはいはるとも、もしは*後世者《ごせしゃ》、もしは善人《ぜんにん》、もしは仏法者《ぶっぽうしゃ》とみゆるやうにふるまふべからず」（改邪鈔・三）とこそ仰《おお》せられたり。このむねをよくよくこころえて念仏《ねんぶつ》をば修行《しゅぎょう》すべきものなり。

文明第五《ぶんめいだいご》、十二月十二日夜《じゅうにがつじゅうににちのよ》これを書《か》く。

24

〔三〕

それ、当流開山聖人《とうりゅうかいさんしょうにん》（親鸞）のひろめたまふところの一流《いちりゅう》のなかにおいて、みな勧化《かんけ》をいたすにその不同《ふどう》これあるあひだ、所詮《しょせん》*向後《きょうこう》は、当山多屋《とうざんたや》坊主以下《ぼうずいげ》そのほか一巻《いっかん》の聖教《しょうぎょう》を読《よ》まん人《ひと》も、また来集《らいじゅう》の面々《めんめん》も、各々《かくかく》に当門《とうもん》

諸法　諸宗の教え。

牛盗人　人を罵る語。『雑宝蔵経《ぞうほうぞうきょう》』巻二の離越《りおつ》尊者の因縁《いんねん》（牛盗人の冤罪をこうむる話）に基づく語とする説、比叡山《ひえいざん》で外道《げどう》を指す称として用いられていたとする説などがある。

後世者　世間のことがらに執着せず、ひたすら後生浄土を願い求めて念仏・読経《どきょう》等をもっぱら修する者。

向後　今より後。今後。

下《か》に*その名《な》をかけんともがらまでも、この三箇条《さんかじょう》の*篇目《へんもく》をもつてこれを存知《ぞんじ》せしめて、*自今以後《じこんいご》、その*成敗《せいばい》をいたすべきものなり。

一　諸法《しょほう》・諸宗《しょしゅう》ともにこれを*誹謗《ひほう》すべからず。

一　諸神《しょじん》・諸仏《しょぶつ》・菩薩《ぼさつ》をかろしむべからず。

一　信心《しんじん》をとらしめて報土往生《ほうどおうじょう》をとぐべき事《こと》。

右《みぎ》この三箇条《さんかじょう》の旨《むね》をまもりて、ふかく心底《しんてい》にたくはへて、これをもつて本《ほん》とせざらん人々《ひとびと》においては、この当山《とうざん》へ出入《しゅつにゅう》を停止《ちょうじ》すべきものなり。そもそも、*さんぬる*文明第三《ぶんめいだいさん》の暦《れき》、*仲夏《ちゅうか》のころより*花洛《からく》を出《い》でて、おなじき年七月下旬《とししちがつげじゅん》の候《こう》、すでにこの当山《とうざん》の風波《ふうは》あらき在所《ざいしょ》に草庵《そうあん》をしめて、この四箇年《しかねん》のあひだ居《きょ》住《じゅう》せしむる*根元《こんげん》は、別《べつ》の子細《しさい》にあらず。この三箇条《さんかじょう》のすがたをもつて、かの北《ほっ》国中《こくちゅう》において、当流《とうりゅう》の信心未決定《しんじんみけつじょう》のひとを、おなじく*一味《いちみ》の安心《あんじん》になさんがためのゆゑに、今日今時《こんにちこんじ》まで*堪忍《かんにん》せしむるところなり。よつてこのおもむきをもつてこれを信用《しんよう》せば、まことにこの年月《としつき》の在国《ざいこく》の本意《ほんい》たるべきものなり。

一　*神明《しんめい》と申《もう》すは、それ仏法《ぶっぽう》において信《しん》もなき衆生《しゅじょう》のむなしく地獄《じごく》におちんことをかなしみおぼしめして、これをなにとしてもすくはんがために、仮《かり》に

その名をかけんともがら　門徒としてその名をつらねる人々。
篇目　一つ一つの箇条。項目。題目。
自今以後　今より後。今後。
成敗　処置すること。裁定を下すこと。制法を執り行うこと。
誹謗　そしること。
さんぬる　さきの。過ぎさった。
文明第三　一四七一年。蓮如上人五十七歳。
仲夏　陰暦五月の別称。
花洛　花の都。京都のこと。
根元　理由。
一味の安心　阿弥陀仏よりひとしく回向《えこう》された安心であるから、人に応じてその内容が異なることなく同一であること。他力の信心の平等であること。
堪忍　たえしのぶこと。

25

神《かみ》とあらはれて、いささかなる縁《えん》をもつて、それをたよりとして、つひに仏法《ぶっぽう》にすすめ入《い》れしめんための方便《ほうべん》に、神《かみ》とはあらはれたまふなり。しかれば、今《いま》の時《とき》の衆生《しゅじょう》において、弥陀《みだ》をたのみ信心決定《しんじんけつじょう》して念仏《ねんぶつ》を申《もう》し、極楽《ごくらく》に往生《おうじょう》すべき身《み》となりなば、一切《いっさい》の神明《しんめい》は、かへりてわが本懐《ほんがい》とおぼしめしてよろこびたまひて、念仏《ねんぶつ》の行者《ぎょうじゃ》を守護《しゅご》したまふべきあひだ、*とりわき神《かみ》をあがめねども、ただ弥陀一仏《みだいちぶつ》をたのむうちにみなこもれるがゆゑに、別《べつ》してたのまざれども信《しん》ずるいはれのあるがゆゑなり。

一　当流《とうりゅう》のなかにおいて、諸法《しょほう》・諸宗《しょしゅう》を誹謗《ひほう》することしかるべからず。いづれも釈迦一代《しゃかいちだい》の説教《せっきょう》なれば、*如説《にょせつ》に修行《しゅぎょう》せばその益《やく》あるべし。さりながら末代《まつだい》われらごときの*在家止住《ざいけしじゅう》の身《み》は、聖道諸宗《しょうどうしょしゅう》の教《きょう》におよばねば、それをわがたのまず、信《しん》ぜぬばかりなり。

一　諸仏《しょぶつ》・菩薩《ぼさつ》と申《もう》すことは、それ弥陀如来《みだにょらい》の分身《ぶんしん》なれば、十方諸仏《じっぽうしょぶつ》のためには*本師本仏《ほんしほんぶつ》なるがゆゑに、阿弥陀一仏《あみだいちぶつ》に帰《き》したてまつれば、すなはち諸仏《しょぶつ》・菩薩《ぼさつ》に帰《き》するいはれあるがゆゑに、阿弥陀一体《あみだいったい》のうちに諸仏《しょぶつ》・菩薩《ぼさつ》はみなことごとくこもれるなり。

神明　天地の神々。

とりわき　特別に。

如説に　説かれた通りに。

在家止住　在家の生活をしている者。

本師本仏　一切の諸仏は阿弥陀仏を師としてさとりをひらいた弟子仏であり、極楽浄土より十方に出現した阿弥陀仏の分身（末仏）であるから、阿弥陀仏を本師本仏という。

一　開山親鸞聖人《かいさんしんらんしょうにん》のすすめましますところの弥陀如来《みだにょらい》の他力真実信心《たりきしんじつしんじん》といふは、もろもろの雑行《ぞうぎょう》をすてて専修専念《せんじゅせんねん》・*一向一心《いっこういっしん》に弥陀《みだ》に帰命《きみょう》するをもつて、本願《ほんがん》を信楽《しんぎょう》する*体《たい》とす。されば*先達《せんだつ》より承《うけたまわ》りつたへしがごとく、弥陀如来《みだにょらい》の真実信心《しんじつしんじん》をば、いくたびも他力《たりき》よりさづけらるるところの仏智《ぶっち》の不思議《ふしぎ》なりとこころえて、一念《いちねん》をもつては*往生治定《おうじょうじじょう》の*時剋《じこく》と定《さだ》めて、そのときの命《いのち》のぶれば自然《じねん》と*多念《たねん》におよぶ道理《どうり》なり。これによりて、平生《へいぜい》のとき一念往生治定《いちねんおうじょうじじょう》のうへの仏恩報尽《ぶっとんほうじん》の多念《たねん》の称名《しょうみょう》と*ならふところなり。しかれば、祖師聖人《そししょうにん》（親鸞）御相伝一流《ごそうでんいちりゅう》の肝要《かんよう》は、ただこの信心《しんじん》ひとつにかぎれり。これをしらざ
26
るをもつて*他門《たもん》とし、これをしれるをもつて真宗《しんしゅう》のしるしとす。そのほかかならずしも外相《げそう》において当流念仏者《とうりゅうねんぶつしゃ》のすがたを他人《たにん》に対《たい》してあらはすべからず。これをもつて真宗《しんしゅう》の信心《しんじん》をえたる行者《ぎょうじゃ》のふるまひの*正本《しょうほん》となづくべきところ*件《くだん》のごとし。

*文明六年甲午正月十一日《ぶんめいろくねんきのえうましょうがつじゅういちにち》これを書《か》く。

（四）

それ、弥陀如来《みだにょらい》の*超世《ちょうせ》の本願《ほんがん》と申《もう》すは、*末代濁世《まつだいじょくせ》の造悪不善《ぞうあくふぜん》のわれらごと

一向一心　他の仏や余行に心をかけないで、もっぱら阿弥陀仏を信じること。

体　当体。そのもの。

先達　その道の先輩。第二代如信《にょしん》上人より第七代存如《ぞんにょ》上人までをいう。

往生治定　浄土に往き生れることがたしかに定まること。

時剋　とき。

多念　信心決定《けつじょう》以後の念々相続の念仏のこと。

ならふ　相承《そうじょう》する。うけたまわる。

他門　浄土門内の西山《せいざん》・鎮西《ちんぜい》等の諸流を指す。

正本　正しいよりどころ。

件のごとし　文書や書状などの末尾に記す慣用語。前述の通りである。右の通りである。

文明六年　一四七四年。蓮如上人六十歳。

きの凡夫《ぼんぶ》のためにおこしたまへる無上《むじょう》の誓願《せいがん》なるがゆゑなり。しかれば、これをなにとやうに心《こころ》をもち、なにとやうに弥陀《みだ》を信《しん》じて、かの浄土《じょうど》へは往生《おうじょう》すべきやらん、さらにその分別《ふんべつ》なし。くはしくこれををしへたまふべし。

答《こた》へていはく、末代今《まつだいいま》の時《とき》の衆生《しゅじょう》は、ただ一《ひと》すぢに弥陀如来《みだにょらい》をたのみたてまつりて、余《よ》の仏《ぶつ》・菩薩等《ぼさつとう》をもならべて信《しん》ぜねども、一心一向《いっしんいっこう》に弥陀一仏《みだいちぶつ》に帰《き》命《みょう》する衆生《しゅじょう》をば、いかに罪《つみ》ふかくとも仏《ぶつ》の*大慈大悲《だいじだいひ》をもつてすくはんと誓《ちか》ひたまひて、大光明《だいこうみょう》を放《はな》ちて、その光明《こうみょう》のうちに摂《おさ》め取《と》りましますゆゑに、このこころを『経《きょう》』（観経）には、「*光明遍照《こうみょうへんじょう》　十方世界《じっぽうせかい》　念仏衆生《ねんぶつしゅじょう》　摂取不《せっしゅふ》捨《しゃ》」と説《と》きたまへり。されば五道《ごどう》・六道《ろくどう》といへる悪趣《あくしゅ》にすでにおもむくべきみちを、弥陀如来《みだにょらい》の願力《がんりき》の不思議《ふしぎ》としてこれをふさぎたまふなり。このいはれをまた『経《きょう》』（大経・下）には、「*横截五悪趣悪趣自然閉《おうぜつごあくしゅあくしゅじねんぺい》」と説《と》かれたり。かるがゆゑに、如来《にょらい》の誓願《せいがん》を信《しん》じて一念《いちねん》の疑心《ぎしん》なきときは、いかに地獄《じごく》へおちんとおもふとも、弥陀如来《みだにょらい》の摂取《せっしゅ》の光明《こうみょう》に摂《おさ》め取《と》られまゐらせたらん身《み》は、わがはからひにて地獄《じごく》へもおちずして極楽《ごくらく》にまゐるべき身《み》なるがゆゑなり。かやうの道理《どうり》なるときは、*昼夜朝暮《ちゅうやちょうぼ》は、如来大悲《にょらいだいひ》の御恩《ごおん》を*雨山《あめやま》にかうぶりたるわれらな

超世　諸仏の本願に超えすぐれていること。

末代濁世　末法五濁《まっぽうごじょく》の世。→末法、五濁

大慈大悲　広大な慈悲。→慈悲《じひ》

光明遍照…　「光明は、あまねく十方世界を照らし、念仏の衆生を摂取して捨てたまはず」

横截五悪…　「横《おう》に五悪趣を截《き》り、悪趣自然に閉ぢん」（信巻訓）

昼夜朝暮　一日中。

雨山　天山《あめやま》のことで、天や山ほど高いこと。あるいは雨のように多く、山のように広大なこと。

27
れば、ただ口《くち》につねに称名《しょうみょう》をとなへて、かの仏恩《ぶっとん》を報謝《ほうしゃ》のために念仏《ねんぶつ》を申《もう》すべきばかりなり。これすなはち真実信心《しんじつしんじん》をえたるすがたといへるはこれなり。

あなかしこ、あなかしこ。

文明六《ぶんめいろく》、二月十五日《にがつじゅうごにち》の夜《よ》、大聖世尊《だいしょうせそん》（釈尊）*入滅《にゅうめつ》の昔《むかし》をおもひいでて、灯《ともしび》の下《もと》においで老眼《ろうがん》を拭《のご》ひ筆《ふで》を染《そ》めをはりぬ。

満六十《まんろくじゅう》　御判

(五)

そもそも、この三四年《さんしねん》のあひだにおいて、当山《とうざん》の念仏者《ねんぶつしゃ》の*風情《ふぜい》をみおよぶに、まことにもつて他力《たりき》の安心決定《あんじんけつじょう》せしめたる分《ぶん》なし。そのゆゑは、*珠数《じゅず》の一連《いちれん》をももつひとなし。さるほどに仏《ほとけ》をば手《て》づかみにこそせられたり。聖人《しょうにん》（親鸞）、まつたく「珠数《じゅず》をすてて仏《ぶつ》を拝《おが》め」と仰《おお》せられたることなし。さりながら珠数《じゅず》をもたずとも、往生浄土《おうじょうじょうど》のためにはただ他力《たりき》の信心《しんじん》一《ひと》つばかりなり。それにはさはりあるべからず。まづ*大坊主分《だいぼうずぶん》たる人《ひと》は、袈裟《けさ》をもかけ、珠数《じゅず》をもちても子細《しさい》なし。これによりて、真実信心《しんじつしんじん》を獲得《ぎゃくとく》したる人《ひと》は、かならず口《くち》にも出《いだ》し、また*色《いろ》にもそのすがたはみゆるなり。しかれば、*当時《とうじ》はさらに真実信心《しんじつしんじん》を*うつ

入滅　釈尊の入滅は二月十五日と伝えられている。

風情　ありさま。ようす。

珠数　数珠とも書く。

大坊主分　大坊（大寺）の住職の地位にあるもの。

色　ようす。

当時　いま。現在。

うつくしく　見事に。立派に。申し分なく。

くしくえたる人《ひと》、いたりてまれなりとおぼゆるなり。それはいかんぞなれば、弥陀如来《みだにょらい》の本願《ほんがん》のわれらがために相応《そうおう》したるたふとさのほども、身《み》にはおぼえざるがゆゑに、いつも信心《しんじん》のひととほりをば、われこころえ顔《がお》のよしにて、なにごとを聴聞《ちょうもん》するにも、そのこととばかりおもひて、耳《みみ》へも*しかしかともいらず、ただ人《ひと》まねばかりの*体《てい》たらくなりとみえたり。この分《ぶん》にては、自身《じしん》の往生《おうじょう》極楽《ごくらく》もいまはいかがとあやふくおぼゆるなり。いはんや門徒《もんと》・同朋《どうぼう》を勧化《かんけ》の儀《ぎ》も、なかなかこれあるべからず。かくのごときの心中《しんちゅう》にては今度《こんど》の報土《ほうど》往生《おうじょう》も不可《ふか》なり。*あらあら*勝事《しょうし》や。ただふかくこころをしづめて思案《しあん》あるべし。まことにもつて人間《にんげん》は出《い》づる息《いき》は入《い》るをまたぬならひなり。あひかまへて油断《ゆだん》なく仏法《ぶっぽう》をこころにいれて、信心決定《しんじんけつじょう》すべきものなり。あなかしこ、あなかしこ。

文明六《ぶんめいろく》、二月十六日早朝《にがつじゅうろくにちそうちょう》にはかに筆《ふで》を染《そ》めをはりぬのみ。

（六）

そもそも、当流《とうりゅう》の他力信心《たりきしんじん》のおもむきをよく聴聞《ちょうもん》して、決定《けつじょう》せしむるひとこれあらば、その信心《しんじん》のとほりをもつて心底《しんてい》にをさめおきて、他宗《たしゅう》・他人《たにん》に対《たい》して沙汰《さた》すべからず。また*路次《ろし》・大道《だいどう》われわれの在所《ざいしょ》なんどにても、あらはに

しかしか　しっかりと。

体たらく　ようす。ありさま。

あらあら　ああ。

勝事　人の耳目をひくようなこと。尋常でないこと。ここでは残念なこと、悲しむべきことの意。

路次　道筋。道中。道すがら。

人《ひと》をもはばからずこれを*讃嘆《さんだん》すべからず。つぎには*守護《しゅご》・地頭方《じとうほう》にむきても、われは信心《しんじん》をえたりといひて疎略《そりゃく》の儀《ぎ》なく、いよいよ*公事《くじ》をまつたくすべし。また諸神《しょじん》・諸仏《しょぶつ》・菩薩《ぼさつ》をもおろそかにすべからず。これみな南無阿弥陀仏《なもあみだぶつ》の六《ろく》字《じ》のうちにこもれるがゆゑなり。ことにほかには*王法《おうぼう》をもつておもてとし、内《ない》心《しん》には他力《たりき》の信心《しんじん》をふかくたくはへて、世間《せけん》の*仁義《じんぎ》をもつて本《ほん》とすべし。これすなはち当流《とうりゅう》に定《さだ》むるところの掟《おきて》のおもむきなりとこころうべきものなり。

あなかしこ、あなかしこ。

文明六年《ぶんめいろくねん》二《に》月十七日《がつじゅうしちにち》これを書《か》く。

29

（七）

しづかにおもんみれば、それ人間界《にんげんかい》の生《しょう》を受《う》くることは、まことに五戒《ごかい》をたもてる*功力《くりき》によりてなり。これおほきにまれなることぞかし。ただし人界《にんがい》の生《しょう》はわづかに*一旦《いったん》の*浮生《ふしょう》なり、後生《ごしょう》は*永生《ようしょう》の楽果《らっか》なり。たとひまた栄華《えいが》にほこり栄耀《えいよう》にあまるといふとも、*盛者必衰《じょうしゃひっすい》会《え》者定離《しゃじょうり》のならひなれば、ひさしくたもつべきにあらず。ただ五十年百年《ごじゅうねんひゃくねん》のあひだのことなり。それも老少不定《ろうしょうふじょう》ときくときは、まことにもつてたのみすくなし。これによりて、今《いま》の時《とき》の衆生《しゅじょう》

讃嘆　ここでは法話、法談の意。

守護地頭　鎌倉・室町幕府の職名。守護は武士の統制と治安維持のため諸国に置かれた職であるが、この時代には領主化していた。また地頭は、土地の管理、年貢の徴収等を職務とする荘官的存在であったが、この時代には守護の被官となっていた。

公事　中世荘園制で年貢以外の負担の名称。

王法　仏法に対する語で、支配者が定めた民衆統治の法。倫理道徳の意味も含む。

仁義　世間の道徳。儒教の倫理徳目を仁と義で代表させたもの。

功力　功徳《くどく》力。功徳のはたらき。

一旦　短い時間。わずかの間。

は、他力《たりき》の信心《しんじん》をえて浄土《じょうど》の往生《おうじょう》をとげんとおもふべきなり。そもそも、その信心《しんじん》をとらんずるには、さらに智慧《ちえ》もいらず、*才学《さいかく》もいらず、富貴《ふき》も貧窮《びんぐ》もいらず、善人《ぜんにん》も悪人《あくにん》もいらず、男子《なんし》も女人《にょにん》もいらず、ただもろもろの雑行《ぞうぎょう》をすてて正行《しょうぎょう》に帰《き》するをもつて本意《ほんい》とす。その正行《しょうぎょう》に帰《き》するといふは、*なにのやうもなく弥陀如来《みだにょらい》を一心一向《いっしんいっこう》にたのみたてまつる理《ことわり》ばかりなり。かやうに信《しん》ずる衆生《しゅじょう》をあまねく光明《こうみょう》のなかに摂取《せっしゅ》して捨《す》てたまはずして、*一期《いちご》の命尽《いのちつ》きぬればかならず浄土《じょうど》におくりたまふなり。この一念《いちねん》の安心《あんじん》一《ひと》つにて浄土《じょうど》に往《おう》生《じょう》することの、あら、やうもいらぬとりやすの安心《あんじん》や。されば安心《あんじん》といふ二字《にじ》をば、「やすきこころ」とよめるはこのこころなり。さらになにの造作《ぞうさ》もなく、一心一向《いっしんいっこう》に如来《にょらい》をたのみまゐらする信心《しんじん》ひとつにて、極楽《ごくらく》に往生《おうじょう》すべし。あら、こころえやすの安心《あんじん》や、また、あら、往《ゆ》きやすの浄土《じょうど》や。これによりて『大経《だいきょう》』（下）には、「*易往而無人《いおうにむにん》」とこれを説《と》かれたり。この文《もん》のこころは、「安心《あんじん》をとりて弥陀《みだ》を一向《いっこう》にたのめば、浄土《じょうど》へはまゐりやすけれども、信心《しんじん》をとるひとまれなれば、浄土《じょうど》へは往《ゆ》きやすくして人《ひと》なし」といへるはこの経文《きょうもん》のこころなり。かくのごとくこころうるうへには、昼夜朝暮《ちゅうやちょうぼ》にとなふるところ

浮生　定まりない人の世。はかない人生。

永生の楽果　往生して無量寿の仏果（仏のさとり）を得てながく楽しむこと。

盛者必衰…　勢い盛んな者にも必ず衰える時があり、出会った者には必ず別れる時がくるということ。

才学　学力。学識。

なにのやうもなく　何のはからいもなく。何の造作もなく。

一期　一生涯。

易往而無人　「往き易くして人なし」（信巻訓）

の名号《みょうごう》は、大悲弘誓《だいひぐぜい》の御恩《ごおん》を報《ほう》じたてまつるべきばかりなり。かへすがへす仏法《ぶっぽう》にこころをとどめて、とりやすき信心《しんじん》のおもむきを存知《ぞんじ》して、かならず今《こん》度《ど》の一大事《いちだいじ》の報土《ほうど》の往生《おうじょう》をとぐべきものなり。あなかしこ、あなかしこ。

文明六年三月三日《ぶんめいろくねんさんがつみっか》これを清書《せいしょ》す。

(八)

それ、十悪《じゅうあく》・五逆《ごぎゃく》の罪人《ざいにん》も、*五障《ごしょう》・三従《さんしょう》の女人《にょにん》も、むなしくみな十方三世《じっぽうさんぜ》の諸仏《しょぶつ》の悲願《ひがん》にもれて、すてはてられたるわれらごときの凡夫《ぼんぶ》なり。しかれば、ここに弥陀如来《みだにょらい》と申《もう》すは、三世十方《さんぜじっぽう》の諸仏《しょぶつ》の本師本仏《ほんしほんぶつ》なれば、久遠実成《くおんじつじょう》の古仏《こぶつ》として、いまのごときの諸仏《しょぶつ》にすてられたる末代不善《まつだいふぜん》の凡夫《ぼんぶ》、五障《ごしょう》・三《さん》従《しょう》の女人《にょにん》をば、弥陀《みだ》にかぎりてわれひとりたすけんといふ超世《ちょうせ》の大願《だいがん》をおこして、われら一切衆生《いっさいしゅじょう》を平等《びょうどう》にすくはんと誓《ちか》ひたまひて、無上《むじょう》の誓願《せいがん》をおこして、すでに阿弥陀仏《あみだぶつ》となりましましけり。この如来《にょらい》をひとすぢにたのみたてまつらずは、末代《まつだい》の凡夫《ぼんぶ》、極楽《ごくらく》に往生《おうじょう》するみち、ふたつもみつもあるべからざるものなり。これによりて、親鸞聖人《しんらんしょうにん》のすすめましますところの他力《たりき》の信心《しんじん》といふことをよく存知《ぞんじ》せしめんひとは、かならず十人《じゅうにん》は十人《じゅうにん》ながら、みなか

五障三従の女人 →補註14

の浄土《じょうど》に往生《おうじょう》すべし。さればこの信心《しんじん》をとりてかの弥陀《みだ》の報土《ほうど》にまゐらんとおもふについて、なにとやうにこころをもちて、なにとやうにその信心《しんじん》とやらんをこころうべきや。ねんごろにこれをきかんとおもふなり。

答《こた》へていはく、それ、当流親鸞聖人《とうりゅうしんらんしょうにん》のをしへたまへるところの他力信心《たりきしんじん》のおもむきといふは、なにのやうもなく、わが身《み》はあさましき罪《つみ》ふかき身《み》ぞとおもひて、弥陀如来《みだにょらい》を一心一向《いっしんいっこう》にたのみたてまつりて、もろもろの雑行《ぞうぎょう》をすてて専修専念《せんじゅせんねん》なれば、かならず遍照《へんじょう》の光明《こうみょう》のなかに摂《おさ》め取《と》られまゐらするなり。これまことにわれらが往生《おうじょう》の決定《けつじょう》するすがたなり。このうへになほこころうべきやうは、一心一向《いっしんいっこう》に弥陀《みだ》に帰命《きみょう》する一念《いちねん》の信心《しんじん》によりて、はや往生治定《おうじょうじじょう》のうへには、行住坐臥《ぎょうじゅうざが》に口《くち》に申《もう》さんところの称名《しょうみょう》は、弥陀如来《みだにょらい》のわれらが往生《おうじょう》をやすく定《さだ》めたまへる大悲《だいひ》の御恩《ごおん》を報尽《ほうじん》の念仏《ねんぶつ》なりとこころうべきなり。これすなはち当流《とうりゅう》の信心《しんじん》を決定《けつじょう》したる人《ひと》といふべきなり。あなかしこ、あなかしこ。

文明六年三月中旬《ぶんめいろくねんさんがつちゅうじゅん》

（九）

そもそも、阿弥陀如来《あみだにょらい》をたのみたてまつるについて、自余《じよ》の万善万行《まんぜんまんぎょう》をば、すでに雑行《ぞうぎょう》となづけてきらへるそのこころはいかんぞなれば、それ弥陀仏《みだぶつ》の誓《ちか》ひましますやうは、一心一向《いっしんいっこう》にわれをたのまん衆生《しゅじょう》をば、いかなる罪《つみ》ふかき機《き》なりとも、すくひたまはんといへる大願《だいがん》なり。しかれば、一心一向《いっしんいっこう》といふは、阿弥陀仏《あみだぶつ》において、二仏《にぶつ》をならべざるこころなり。このゆゑに人間《にんげん》においても、まづ主《しゅ》をばひとりならではたのまぬ道理《どうり》なり。されば*外典《げてん》のことばにいはく、「忠臣《ちゅうしん》は二君《じくん》につかへず、貞女《ていじょ》は二夫《じふ》をならべず」（史記・意）といへり。阿弥陀如来《あみだにょらい》は三世諸仏《さんぜしょぶつ》のためには本師師匠《ほんししじょう》なれば、その師匠《ししょう》の仏《ぶつ》をたのまんには、いかでか弟子《でし》の諸仏《しょぶつ》のこれをよろこびたまはざるべきや。このいはれをもつてよくよくこころうべし。さて南無阿弥陀仏《なもあみだぶつ》といへる*行体《ぎょうたい》には、一切《いっさい》の諸神《しょじん》・諸仏《しょぶつ》・菩薩《ぼさつ》も、そのほか万善万行《まんぜんまんぎょう》も、ことごとくみなこもれるがゆゑに、なにの*不足《ふそく》ありてか、諸行諸善《しょぎょうしょぜん》にこころをとどむべきや。すでに南無《なも》阿弥陀仏《あみだぶつ》といへる名号《みょうごう》は、万善万行《まんぜんまんぎょう》の総体《そうたい》なれば、いよいよたのもしきなり。これによりて、その阿弥陀如来《あみだにょらい》をばなにとたのみ、なにと信《しん》じて、かの極楽往《ごくらくおう》生《じょう》をとぐべきぞなれば、なにのやうもなく、ただわが身《み》は極悪深重《ごくあくじんじゅう》のあさましきものなれば、地獄《じごく》ならではおもむくべきかたもなき身《み》なるを、かたじけな

外典 仏教書以外の典籍。

行体 行の当体。衆生《しゅじょう》往生の因となる行そのもののこと。

不足 不満足。

くも弥陀如来《みだにょらい》ひとりたすけんといふ誓願《せいがん》をおこしたまへりとふかく信《しん》じて、一《いち》念帰命《ねんきみょう》の信心《しんじん》をおこせば、まことに宿善《しゅくぜん》の開発《かいほつ》にもよほされて、仏智《ぶっち》より他《た》力《りき》の信心《しんじん》をあたへたまふがゆゑに、*仏心《ぶっしん》と凡心《ぼんしん》とひとつになるところをさして、信心獲得《しんじんぎゃくとく》の行者《ぎょうじゃ》とはいふなり。このうへには、ただねてもおきてもへだてなく念仏《ねんぶつ》をとなへて、大悲弘誓《だいひぐぜい》の御恩《ごおん》をふかく報謝《ほうしゃ》すべきばかりなりとこころうべきものなり。あなかしこ、あなかしこ。

文明六歳三月十七日《ぶんめいろくさいさんがつじゅうしちにち》これを書《か》く。

（一〇）

それ、当流《とうりゅう》親鸞聖人《しんらんしょうにん》のすすめましますところの一義《いちぎ》のこころといふは、まづ他力《たりき》の信心《しんじん》をもつて肝要《かんよう》とせられたり。この他力《たりき》の信心《しんじん》といふことをくはしくしらずは、今度《こんど》の一大事《いちだいじ》の往生極楽《おうじょうごくらく》はまことにもつてかなふべからずと、経釈《きょうしゃく》ともにあきらかにみえたり。さればその他力《たりき》の信心《しんじん》のすがたを存知《ぞんじ》して、真実報土《しんじつほうど》の往生《おうじょう》をとげんとおもふについても、いかやうにこころをももち、またいかやうに機《き》をもちて、かの極楽《ごくらく》の往生《おうじょう》をばとぐべきやらん。そのむねをくはしくしりはんべらず。ねんごろにをしへたまふべし。それを聴《ちょう》

仏心と凡心…　凡夫《ぼんぶ》の煩悩《ぼんのう》の心の全体に仏心がいたりとどいて、煩悩具足の凡夫を仏になるべき身とならしめることで、信心の利益《りやく》をいう。これをまた仏凡一体という。

聞《もん》していよいよ堅固《けんご》の信心《しんじん》をとらんとおもふなり。

答《こた》へていはく、そもそも当流《とうりゅう》の他力信心《たりきしんじん》のおもむきと申《もう》すは、あながちに
33 わが身《み》の罪《つみ》のふかきにもこころをかけず、ただ阿弥陀如来《あみだにょらい》を一心一向《いっしんいっこう》にたのみたてまつりて、かかる十悪《じゅうあく》・五逆《ごぎゃく》の罪人《ざいにん》も、*五障《ごしょう》・三従《さんしょう》の女人《にょにん》までも、みなたすけたまへる不思議《ふしぎ》の誓願力《せいがんりき》ぞとふかく信《しん》じて、さらに一念《いちねん》も本願《ほんがん》を疑《うたが》ふこころなければ、かたじけなくもその心《こころ》を如来《にょらい》のよくしろしめして、すでに行者《ぎょうじゃ》のわろきこころを如来《にょらい》のよき御《おん》こころとおなじものになしたまふなり。このいはれをもつて仏心《ぶっしん》と凡心《ぼんしん》と一体《いったい》になるといへるはこのこころなり。これによりて、弥陀如来《みだにょらい》の遍照《へんじょう》の光明《こうみょう》のなかに摂《おさ》め取《と》られまゐらせて、一期《いちご》のあひだはこの光明《こうみょう》のうちにすむ身《み》なりとおもふべし。さて命《いのち》も尽《つ》きぬれば、すみやかに真実《しんじつ》の報土《ほうど》へおくりたまふなり。しかれば、このありがたさたふとさの弥陀大悲《みだだいひ》の御恩《ごおん》をば、いかがして報《ほう》ずべきぞなれば、昼夜朝暮《ちゅうやちょうぼ》にはただ称名念仏《しょうみょうねんぶつ》ばかりをとなへて、かの弥陀如来《みだにょらい》の御恩《ごおん》を報《ほう》じたてまつるべきものなり。このこころすなはち、当流《とうりゅう》にたつるところの一念発起平生業成《いちねんぽっきへいぜいごうじょう》といへる義《ぎ》これなりとこころうべし。さればかやうに弥陀《みだ》を一心《いっしん》にたのみたてまつるも、なにの功《く》

五障三従の女人　→補註14

労《ろう》もいらず。また信心《しんじん》をとるといふもやすければ、仏《ぶつ》に成《な》り極楽《ごくらく》に往生《おうじょう》することもなほやすし。あら、たふとの弥陀《みだ》の本願《ほんがん》や、あら、たふとの他力《たりき》の信心《しんじん》や。さらに往生《おうじょう》においてその疑《うたがい》なし。しかるにこのうへにおいて、なほ身《み》のふるまひについてこのむねをよくこころうべきみちあり。それ、一切《いっさい》の神《かみ》も仏《ほとけ》と申《もう》すも、いまこのうるところの他力《たりき》の信心《しんじん》ひとつをとらしめんがための方便《ほうべん》に、もろもろの神《かみ》・もろもろのほとけとあらはれたまふいはれなればなり。しかれば、一切《いっさい》の仏《ぶつ》・菩薩《ぼさつ》も、もとより弥陀如来《みだにょらい》の分身《ぶんしん》なれば、みなことごとく、一念南無阿弥陀仏《いちねんなもあみだぶつ》と帰命《きみょう》したてまつるうちにみなこもれるがゆゑに、おろかにおもふべからざるものなり。またこのほかになほこころうべきむねあり。それ、国《くに》にあらば守護方《しゅごほう》、ところにあらば地頭方《じとうほう》において、われは仏法《ぶっぽう》をあがめ信心《しんじん》をえたる身《み》なりといひて、疎略《そりゃく》の儀《ぎ》*ゆめゆめあるべからず。いよいよ公事《くじ》をもつぱらにすべきものなり。かくのごとくこころえたる人《ひと》をさして、*信心発得《しんじんほっとく》して後生《ごしょう》をねがふ念仏行者《ねんぶつぎょうじゃ》のふるまひの本《ほん》とぞいふべし。これすなはち仏法《ぶっぽう》・王法《おうぼう》をむねとまもれる人《ひと》となづくべきものなり。あなかしこ、あなかしこ。

文明六年五月十三日《ぶんめいろくねんごがつじゅうさんにち》これを書《か》く。

ゆめゆめ 決して。少しも。

信心発得 信心を得ること。

（一一）

それ、当流親鸞聖人《とうりゅうしんらんしょうにん》の勧化《かんけ》のおもむき、近年諸国《きんねんしょこく》において*種々不同《しゅじゅふどう》なり。これおほきにあさましき次第《しだい》なり。そのゆゑは、まづ当流《とうりゅう》には、他力《たりき》の信心《しんじん》をもつて凡夫《ぼんぶ》の往生《おうじょう》を*先《さき》とせられたるところに、その信心《しんじん》のかたをばおしのけて*沙汰《さた》せずして、そのすすむることばにいはく、「*十劫正覚《じっこうしょうがく》のはじめよりわれらが往生《おうじょう》を弥陀如来《みだにょらい》の定《さだ》めましましたまへることをわすれぬがすなはち信《しん》心《じん》のすがたなり」といへり。これさらに、弥陀《みだ》に帰命《きみょう》して他力《たりき》の信心《しんじん》をえたる分《ぶん》はなし。さればいかに十劫正覚《じっこうしょうがく》のはじめよりわれらが往生《おうじょう》を定《さだ》めたまへることをしりたりといふとも、われらが往生《おうじょう》すべき他力《たりき》の信心《しんじん》のいはれをよくしらずは、極楽《ごくらく》には往生《おうじょう》すべからざるなり。またあるひとのことばにいはく、「たとひ弥陀《みだ》に帰命《きみょう》すといふとも善知識《ぜんぢしき》なくは*いたづらごとなり、このゆゑにわれらにおいては善知識《ぜんぢしき》ばかりをたのむべし」と云々《うんぬん》。これもうつくしく当《とう》流《りゅう》の信心《しんじん》をえざる人《ひと》なりときこえたり。そもそも、善知識《ぜんぢしき》の*能《のう》といふは、一心《いっしん》一向《いっこう》に弥陀《みだ》に帰命《きみょう》したてまつるべしと、ひとをすすむべきばかりなり。これによりて五重《ごじゅう》の義《ぎ》をたてたり。一《ひと》つには宿善《しゅくぜん》、二《ふた》つには善知識《ぜんぢしき》、三《み》つには光明《こうみょう》、

35
四《よ》つには信心《しんじん》、五《いつ》つには*名号《みょうごう》。この五重《ごじゅう》の義《ぎ》、成就《じょうじゅ》せずは往生《おうじょう》はかなふべか

種々不同　いろいろな異義があること。ここでは善知《ぜんぢ》識《しき》だのみ、十劫秘事《じっこうひじ》（十劫安心《あんじん》）などを批判している。

先　第一。

沙汰せずして　問題にしないで。なおざりにするという意。

十劫正覚の…　時宗等の影響を受けた十劫秘事（十劫安心）の異義に対する批判。十劫のむかし阿弥陀仏が正覚成就し、衆生《しゅじょう》の往生を定めたと知ることを信であると主張するのは、自力雑《ぞう》行《ぎょう》をすて他力をたのむ廃《はい》立《りゅう》の信心が欠けていると批判する。

いたづらごと　無意味なこと。むだなこと。無益なこと。

能　役目。はたらき。

名号　ここでは信心を得た後の称名のこと。

らずとみえたり。されば善知識《ぜんぢしき》といふは、阿弥陀仏《あみだぶつ》に帰命《きみよう》せよといへるつかひなり。宿善開発《しゆくぜんかいほつ》して善知識《ぜんぢしき》にあはずは、往生《おうじよう》はかなふべからざるなり。しかれども、帰《き》するところの弥陀《みだ》をすてて、ただ善知識《ぜんぢしき》ばかりを本《ほん》とすべきこと、おほきなるあやまりなりとこころうべきものなり。あなかしこ、あなかしこ。

文明六年五月二十日《ぶんめいろくねんごがつはつか》

(一二)

それ、人間《にんげん》の五十年《ごじゆうねん》をかんがへみるに、*四王天《しおうてん》といへる天《てん》の一日一夜《いちにちいちや》にあひあたれり。またこの四王天《しおうてん》の五十年《ごじゆうねん》をもつて、*等活地獄《とうかつじごく》の一日一夜《いちにちいちや》とするなり。これによりて、みなひとの地獄《じごく》におちて苦《く》を受《う》けんことをばなにともおもはず、また浄土《じようど》へまゐりて無上《むじよう》の楽《らく》を受《う》けんことをも分別《ふんべつ》せずして、いたづらにあかし、むなしく月日《つきひ》を送《おく》りて、さらにわが身《み》の一心《いつしん》をも決定《けつじよう》する分《ぶん》もしかしかともなく、また一巻《いつかん》の聖教《しようぎよう》をまなこにあててみることもなく、一句《いつく》の法門《ほうもん》をいひて門徒《もんと》を勧化《かんけ》する義《ぎ》もなし。ただ朝夕《ちようせき》は、ひまをねらひて、枕《まくら》をともとして眠《ねぶ》り臥《ふ》せらんこと、まことにもつてあさましき次第《しだい》にあらずや。しづかに思案《しあん》をめぐらすべきものなり。このゆゑに今日今時《こんにちこんじ》よりして、*不法懈《ふほうけ》

四王天　四天王のいる天界。六欲天の最下。→四天王《してんのう》

等活地獄　八大地獄の第一。八の中、最も苦の軽い地獄とされる。→地獄《じごく》

不法　仏法に背くこと。

怠《だい》にあらんひとびとは、いよいよ信心《しんじん》を決定《けつじょう》して真実報土《しんじつほうど》の往生《おうじょう》をとげんとおもはんひとこそ、まことにその身《み》の徳《とく》ともなるべし。これまた*自行化他《じぎょうけた》の道理《どうり》にかなへりとおもふべきものなり。あなかしこ、あなかしこ。

時《とき》に文明第六《ぶんめいだいろく》、六月《ろくがつ》*中《なか》の二日《ふつかのひ》、あまりの炎天《えんてん》の暑《あつ》さに、これを筆《ふで》にまかせて書《か》きしるしをはりぬ。

36

（一三）

それ、当流《とうりゅう》に定《さだ》むるところの掟《おきて》をよく守《まも》るといふは、他宗《たしゅう》にも世間《せけん》にも対《たい》しては、わが一宗《いっしゅう》のすがたをあらはに人《ひと》の目《め》にみえぬやうにふるまへるをもつて本意《ほんい》とするなり。しかるにちかごろは当流念仏者《とうりゅうねんぶつしゃ》のなかにおいて、わざと人目《ひとめ》にみえて一流《いちりゅう》のすがたをあらはして、これをもつてわが宗《しゅう》の*名望《めいぼう》のやうにおもひて、ことに他宗《たしゅう》を*こなしおとしめんとおもへり。これ*言語道断《ごんごどうだん》の次第《しだい》なり。*さらに聖人《しょうにん》（親鸞）の定《さだ》めましましたる御意《ぎょい》にふかくあひそむけり。そのゆゑは、「すでに*牛《うし》を盗《ぬす》みたる人《ひと》とはいはるとも、当流《とうりゅう》のすがたをみゆべからず」（改邪鈔・三意）とこそ仰《おお》せられたり。この御《おん》ことばをもつてよくよくこころうべし。つぎに当流《とうりゅう》の安心《あんじん》のおもむきをくはしくしらんとおもはんひ

自行化他　みずから仏教を信じて実践し、他の人を教化して仏道に入らしめること。

中の二日　中旬の第二日。十二日。

名望　名が聞え他人から仰ぎみられる意。名誉。

こなしおとしめん　けなしみくだしてやろう。

言語道断　言葉でいいあらわせないこと。古語としてはきわめてすぐれている意味にも、きわめて悪い意味にも用いる。

さらに　その上に。

牛を盗みたる人　人を罵る語。『雑宝蔵経《ぞうほうぞうきょう》』巻二の離《り》越《おつ》尊者の因縁《いんねん》（牛盗人の冤罪をこうむる話）に基づく語とする説、比叡山《ひえいざん》で外道《げどう》を指す称として用いられていたとする説などがある。

とは、あながちに智慧《ちえ》・才学《さいかく》もいらず、男女《なんにょ》・貴賤《きせん》もいらず、ただわが身《み》は罪《つみ》ふかきあさましきものなりとおもひとりて、かかる機《き》までもたすけたまへるほとけは阿弥陀如来《あみだにょらい》ばかりなりとしりて、なにのやうもなく、ひとすぢにこの阿《あ》弥陀《みだ》ほとけの御袖《おんそで》に*ひしとすがりまゐらするおもひをなして、後生《ごしょう》をたすけたまへとたのみまうせば、この阿弥陀如来《あみだにょらい》はふかくよろこびましまして、その御《おん》身《み》より八万四千《はちまんしせん》のおほきなる光明《こうみょう》を放《はな》ちて、その光明《こうみょう》のなかにそのひとを摂《おさ》め入《い》れておきたまふべし。さればこのこころを『経《きょう》』（観経）には、まさに「光明遍照《こうみょうへんじょう》　十方世界《じっぽうせかい》　念仏衆生《ねんぶつしゅじょう》　摂取不捨《せっしゅふしゃ》」とは説《と》かれたりとこころうべし。さてはわが身《み》のほとけに成《な》らんずることは、なにのわづらひもなし。あら、殊勝《しゅしょう》の超世《ちょうせ》の本願《ほんがん》や、ありがたの弥陀如来《みだにょらい》の光明《こうみょう》や。この光明《こうみょう》の縁《えん》にあひたてまつらずは、*無始《むし》よりこのかたの無明《むみょう》*業障《ごっしょう》のおそろしき病《やまい》のなほるといふことは、さらにもつてあるべからざるものなり。しかるにこの光明《こうみょう》の縁《えん》にもよほされて、宿善《しゅくぜん》の機《き》ありて、他力《たりき》の信心《しんじん》といふことをばいますでにえたり。これ*しかしながら、弥陀如来《みだにょらい》の御方《おんかた》よりさづけましましたる信心《しんじん》とはやがてあらはにしられたり。かるがゆゑに、行者《ぎょうじゃ》のおこすところの信心《しんじん》にあら

37

ひしと　しっかりと。

無始　永遠の昔。
業障　悪業《あくごう》による障り。

しかしながら　全く。

ず、弥陀如来《みだにょらい》他力《たりき》の大信心《だいしんじん》といふことは、いまこそあきらかにしられたり。これによりて、かたじけなくもひとたび他力《たりき》の信心《しんじん》をえたらん人《ひと》は、みな弥陀如来《みだにょらい》の御恩《ごおん》のありがたきほどをよくよくおもひはかりて、仏恩報謝《ぶっとんほうしゃ》のためにはつねに称名念仏《しょうみょうねんぶつ》を申《もう》したてまつるべきものなり。あなかしこ、あなかしこ。

文明六年七月三日《ぶんめいろくねんしちがつみっか》これを書《か》く。

（一四）

それ、*越前国《えちぜんのくに》にひろまるところの*秘事法門《ひじぼうもん》といへることは、さらに仏法《ぶっぽう》にてはなし、あさましき外道《げどう》の法《ほう》なり。これを信《しん》ずるものはながく無間地獄《むけんじごく》に沈《しず》むべき業《ごう》にて、いたづらごとなり。この秘事《ひじ》をなほも執心《しゅうしん》して簡要《かんよう》とおもひて、*ひとをへつらひたらさんものには、あひかまへてあひかまへて*随逐《ずいちく》すべからず。いそぎその秘事《ひじ》をいはん人《ひと》の手《て》をはなれて、はやくさづくるところの秘事《ひじ》をありのままに懺悔《さんげ》して、ひとにかたりあらはすべきものなり。そもそも、当流勧化《とうりゅうかんけ》のおもむきをくはしくしりて、極楽《ごくらく》に往生《おうじょう》せんとおもはんひとは、まづ他力《たりき》の信心《しんじん》といふことを存知《ぞんじ》すべきなり。それ、他力《たりき》の信心《しんじん》といふはなにの要《よう》ぞといへば、かかるあさましきわれらごときの凡夫《ぼんぶ》の身《み》が、たやすく浄土《じょうど》へまゐる

越前　現在の福井県。

秘事法門　主張するところの教義を秘密の儀礼をとおして伝授する法門。異安心《いあんじん》の一つ。

ひとを…　人に取り入ってだまそうとする者。

随逐　つきしたがうこと。

べき*用意《ようい》なり。その他力《たりき》の信心《しんじん》のすがたといふはいかなることぞといへば、なにのやうもなく、ただひとすぢに阿弥陀如来《あみだにょらい》を一心一向《いっしんいっこう》にたのみたてまつりて、たすけたまへとおもふこころの一念《いちねん》おこるとき、かならず弥陀如来《みだにょらい》の摂取《せっしゅ》の光明《こうみょう》を放《はな》ちて、その身《み》の娑婆《しゃば》にあらんほどは、この光明《こうみょう》のなかに摂《おさ》めおきましますなり。これすなはちわれらが往生《おうじょう》の定《さだ》まりたるすがたなり。されば*南無阿弥陀仏《なもあみだぶつ》と申《もう》す体《たい》は、われらが他力《たりき》の信心《しんじん》をえたるすがたなり。この信心《しんじん》といふは、この南無阿弥陀仏《なもあみだぶつ》のいはれをあらはせるすがたなりとこころうべきなり。さればわれらがいまの他力《たりき》の信心《しんじん》ひとつをとるによりて、極楽《ごくらく》にやすく往生《おうじょう》すべきことの、さらになにの疑《うたがい》もなし。あら、殊勝《しゅしょう》の弥陀如来《みだにょらい》の他力《たりき》の本願《ほんがん》や。このありがたさの弥陀《みだ》の御恩《ごおん》をば、いかがして報《ほう》じたてまつるべきぞなれば、ただねてもおきても南無阿弥陀仏《なもあみだぶつ》、南無阿弥陀仏《なもあみだぶつ》ととなへて、かの弥陀如来《みだにょらい》の仏恩《ぶっとん》を報《ほう》ずべきなり。されば南無阿弥陀仏《なもあみだぶつ》ととなふるこころはいかんぞなれば、阿弥陀如来《あみだにょらい》の御《おん》たすけありつるることのありがたさたふとさよとおもひて、それをよろこびまうすこころなりとおもふべきものなり。あなかしこ、あなかしこ。

文明六年七月五日《ぶんめいろくねんしちがついつか》

用意　前から準備しておくこと。ここでは信心が往生の正因であることをいう。

南無阿弥陀仏と申す体は　南無阿弥陀仏というものは。

39

(一五)

そもそも、日本《にっぽん》において浄土宗《じょうどしゅう》の家々《いえいえ》をたてて、*西山《せいざん》・*鎮西《ちんぜい》・*九品《くぼん》・*長楽寺《ちょうらくじ》とて、そのほかあまたにわかれたり。これすなはち法然聖人《ほうねんしょうにん》のすすめたまふところの義《ぎ》は一途《いちず》なりといへども、あるいは聖道門《しょうどうもん》にてありし人々《ひとびと》の、聖人《しょうにん》(源空)へまゐりて浄土《じょうど》の法門《ほうもん》を聴聞《ちょうもん》したまふに、うつくしくその理《ことわり》耳《みみ》にとどまらざるによりて、わが本宗《ほんしゅう》のこころをいまだすてやらずして、かへりてそれを浄土宗《じょうどしゅう》にひきいれんとせしによりて、その不同《ふどう》これあり。しかりといへども、あながちにこれを誹謗《ひほう》することあるべからず。肝要《かんよう》は、ただわが一宗《いっしゅう》の安心《あんじん》をよくたくはへて、自身《じしん》も決定《けつじょう》し人《ひと》をも勧化《かんけ》すべきばかりなり。それ、当流《とうりゅう》の安心《あんじん》のすがたはいかんぞなれば、まづわが身《み》は十悪《じゅうあく》・五逆《ごぎゃく》、*五障《ごしょう》・三従《さんしょう》のいたづらものなりとふかくおもひつめて、そのうへにおもふべきやうは、かかるあさましき機《き》を本《ほん》とたすけたまへる弥陀如来《みだにょらい》の不思議《ふしぎ》の本願力《ほんがんりき》なりとふかく信《しん》じたてまつりて、すこしも疑心《ぎしん》なければ、かならず弥陀《みだ》は摂取《せっしゅ》したまふべし。このこころこそ、すなはち他力真実《たりきしんじつ》の信心《しんじん》をえたるすがたとはいふべきなり。かくのごときの信心《しんじん》を、一念《いちねん》とらんずることはさらに*なにのやうもいらず。あら、こころえやすの他力《たりき》の信心《しんじん》や、あら、行《ぎょう》じやすの名号《みょうごう》や。

西山　西山流のこと。法然《ほうねん》聖人門下の善恵房証空《ぜんえぼうしょうくう》(一一七七―一二四七)によって伝えられた系統。証空が西山善峰寺の北尾往生院(三鈷寺《さんごじ》)に住したので、この名がある。念仏一類の往生を主張し、諸行では往生できないとするが、自力心を捨て去れば、諸行がそのまま念仏行になると説く。

鎮西　鎮西流のこと。法然聖人門下の聖光房弁長《しょうこうぼうべんちょう》(一一六二―一二三八)によって伝えられた系統。弁長が郷里の鎮西(九州)で布教したので、この名がある。本願の行である念仏も非本願の行である諸行も、ともに報土《ほうど》に往生を得るという二類各生説を主張した。

九品　九品寺流のこと。法然聖人門下の覚明房長西《かくみょうぼうちょうさい》(一一八四―)によって伝

40

しかれば、この信心《しんじん》をとるといふも別《べつ》のことにはあらず、南無阿弥陀仏《なもあみだぶつ》の六《む》つの字《じ》をこころえわけたるが、すなはち他力信心《たりきしんじん》の体《たい》なり。また南無阿弥陀仏《なもあみだぶつ》といふはいかなるこころぞといへば、「南無《なも》」といふ二字《にじ》は、すなはち極楽《ごくらく》へ往《おう》生《じょう》せんとねがひて弥陀《みだ》をふかくたのみたてまつるこころなり。さて「阿弥陀《あみだ》仏《ぶつ》」といふは、かくのごとくたのみたてまつる衆生《しゅじょう》をあはれみましまして、無始曠劫《むしこうごう》よりこのかたのおそろしき罪《つみ》とがの身《み》なれども、弥陀如来《みだにょらい》の光明《こうみょう》の縁《えん》にあふによりて、ことごとく無明業障《むみょうごっしょう》のふかき罪《つみ》とがたちまちに消滅《しょうめつ》するによりて、すでに正定聚《しょうじょうじゅ》の数《かず》に住《じゅう》す。かるがゆゑに*凡身《ぼんしん》をすてて仏身《ぶっしん》を証《しょう》するといへるこころを、すなはち阿弥陀如来《あみだにょらい》とは申《もう》すなり。されば「阿弥陀《あみだ》」といふ三字《さんじ》をば、*をさめ・たすけ・すくふとよめるいはれあるがゆゑなり。かやうに信心決定《しんじんけつじょう》してのうへには、ただ弥陀如来《みだにょらい》の仏恩《ぶっとん》のかたじけなきことをつねにおもひて称名念仏《しょうみょうねんぶつ》を申《もう》さば、それこそまことに弥陀如来《みだにょらい》の仏恩《ぶっとん》を報《ほう》じたてまつることわりにかなふべきものなり。あなかしこ、あなかしこ。

文明六《ぶんめいろく》、七月九日《しちがつここぬか》これを書《か》く。

釈証如《しゃくしょうにょ》（花押）

えられた系統。長西が洛北の九品寺に住したので、この名がある。念仏以外の諸行も本願の行であるとする諸行本願義を主張した。

長楽寺 長楽寺流のこと。法然《ほうねん》聖人門下の皆空房《かいくうぼう》隆《りゅう》寛《かん》（一一四八—一二二七）によって伝えられた系統。隆寛が東山の長楽寺に住したので、この名がある。多念の称名によって臨終の往生が確実になるとするので、多念義とも呼ばれるが、隆寛自身の教学を多念義とするのは適切ではない。

五障三従 ↓補註14

なにのやうもいらず 何はからいもいらない。何の造作もいらない。

凡身 凡夫の身。↓凡夫《ぼんぶ》

をさめたすけすくふ 空也《くうや》（九〇三—九七二）作と伝

三帖

（一）

そもそも、*当流《とうりゅう》において、*その名《な》ばかりをかけんともがらも、またもとより門徒《もんと》たらん人《ひと》も、安心《あんじん》のとほりをよくこころえずは、*あひかまへて、今日《こんにち》よりして、他力《たりき》の大信心《だいしんじん》のおもむきをねんごろに人《ひと》にあひたづねて、報土往生《ほうどおうじょう》を決《けつ》定《じょう》せしむべきなり。それ、*一流《いちりゅう》の安心《あんじん》をとるといふも、*なにのやうもなく、ただ一《ひと》すぢに阿弥陀如来《あみだにょらい》をふかくたのみたてまつるばかりなり。しかれども、この阿弥陀仏《あみだぶつ》と申《もう》すは、いかやうなるほとけぞ、またいかやうなる機《き》の衆生《しゅじょう》をすくひたまふぞといふに、*三世《さんぜ》の諸仏《しょぶつ》にすてられたるあさましきわれら凡夫女人《ぼんぶにょにん》を、われひとりすくはんといふ大願《だいがん》をおこしたまひて、五劫《ごこう》があひだこれを思《し》惟《ゆい》し、永劫《ようごう》があひだこれを修行《しゅぎょう》して、それ衆生《しゅじょう》の罪《つみ》においては、いかなる十《じゅう》悪《あく》・五逆《ごぎゃく》、謗法《ほうぼう》・闡提《せんだい》のともがらなりといふとも、すくはんと誓《ちか》ひましまして、すでに諸仏《しょぶつ》の悲願《ひがん》にこえすぐれたまひて、その願成就《がんじょうじゅ》して阿弥陀如来《あみだにょらい》とはならせたまへるを、すなはち阿弥陀仏《あみだぶつ》とは申《もう》すなり。これによりて、この仏《ほとけ》をば

える『六字口伝《ろくじくでん》』の語を依用したものといわれるが、ここでの意は、親鸞聖人の「摂取《せっしゅ》してすてざれば阿弥陀となづけたてまつる」（『浄土和讃』・八二）という文などによっている。

当流　浄土真宗を指す。

その名ばかりをかけんともがら　他宗派から門徒になり、まだ法義をよく聞いていないもの。

あひかまへて　必ず。

一流　ここでは浄土真宗を指す。

なにのやうもなく　何のはからいもなく。何の造作もなく。

三世…女人　→補註14

なにとたのみ、なにとこころをもちてかたすけたまふべきぞといふに、それわが身《み》の罪《つみ》のふかきことをばうちおきて、ただかの阿弥陀仏《あみだぶつ》をふたごころなく一向《いっこう》にたのみまゐらせて、一念《いちねん》も疑《うたが》ふ心《こころ》なくは、かならずたすけたまふべし。しかるに弥陀如来《みだにょらい》には、すでに摂取《せっしゅ》と光明《こうみょう》といふ二《ふた》つのことわりをもつて、衆生《しゅじょう》をば済度《さいど》したまふなり。まづこの光明《こうみょう》に宿善《しゅくぜん》の機《き》のありて照《て》らされぬれば、つもるところの*業障《ごっしょう》の罪《つみ》みな消《き》えぬるなり。さて摂取《せっしゅ》といふはいかなるこころぞといへば、この光明《こうみょう》の縁《えん》にあひたてまつれば、罪障《ざいしょう》ことごとく消滅《しょうめつ》するによりて、*やがて衆生《しゅじょう》をこの光明《こうみょう》のうちに摂《おさ》めおかるるによりて、摂取《せっしゅ》とは申《もう》すなり。このゆゑに、阿弥陀仏《あみだぶつ》には摂取《せっしゅ》と光明《こうみょう》との二《ふた》つをもつて肝要《かんよう》とせらるるなりときこえたり。されば一念帰命《いちねんきみょう》の信心《しんじん》の定《さだ》まるといふも、この摂取《せっしゅ》の光明《こうみょう》にあひたてまつる*時刻《じこく》をさして、信心《しんじん》の定《さだ》まるとは申《もう》すなり。しかれば、南無阿弥陀仏《なもあみだぶつ》といへる行体《ぎょうたい》は、すなはちわれらが浄土《じょうど》に往生《おうじょう》すべきことわりを、この六字《ろくじ》にあらはしたまへる御《おん》すがたなりと、いまこそよくはしられて、いよいよありがたくたふとくおぼえはんべれ。さてこの信心決定《しんじんけつじょう》のうへには、ただ阿弥陀如来《あみだにょらい》の御恩《ごおん》を*雨山《あめやま》にかうぶりたることをのみよろこびおもひたてまつ

業障　悪業《あくごう》による障り。

やがて　ただちに。

時刻　とき。

雨山　天山《あめやま》のことで、天や山ほど高いこと。あるいは雨のように多く、山のように広大なこと。

りて、その報謝《ほうしゃ》のためには、ねてもさめても念仏《ねんぶつ》を申《もう》すべきばかりなり。それこそまことに仏恩報尽《ぶっとんほうじん》のつとめなるべきものなり。*あなかしこ、あなかしこ。

*文明六《ぶんめいろく》、七月十四日《しちがつじゅうよっか》これを書《か》く。

42

（三）

それ、諸宗《しょしゅう》のこころまちまちにして、いづれも釈迦一代《しゃかいちだい》の説教《せっきょう》なれば、まことにこれ殊勝《しゅしょう》の法《ほう》なり。もつとも*如説《にょせつ》にこれを修行《しゅぎょう》せんひとは、成仏《じょうぶつ》*得道《とくどう》すべきこと、さらに疑《うたがい》なし。しかるに末代《まつだい》このごろの衆生《しゅじょう》は、*機根最劣《きこんさいれつ》にして如説《にょせつ》に修行《しゅぎょう》せん人《ひと》まれなる時節《じせつ》なり。ここに弥陀如来《みだにょらい》の他力本願《たりきほんがん》といふは、今《いま》の世《よ》において、かかる時《とき》の衆生《しゅじょう》をむねとたすけすくはんがために、五劫《ごこう》があひだこれを思惟《しゆい》し、永劫《ようごう》があひだこれを修行《しゅぎょう》して、「造悪不善《ぞうあくふぜん》の衆生《しゅじょう》をほとけになさずは、われも正覚成《しょうがくな》らじ」と、*ちかごとをたてましまして、その願《がん》すでに成就《じょうじゅ》して阿弥陀《あみだ》とならせたまへるほとけなり。末代今《まつだいいま》の時《とき》の衆生《しゅじょう》においては、このほとけの本願《ほんがん》にすがりて弥陀《みだ》をふかくたのみたてまつらずんば、成仏《じょうぶつ》するといふことあるべからざるなり。

そもそも、阿弥陀如来《あみだにょらい》の他力本願《たりきほんがん》をばなにとやうに信《しん》じ、またなにとやうに

あなかしこ　原意は「なんとまあ、おそれ多いことよ」。転じて書簡の末尾におかれる慣用語。『御文章』では内容を強調し念をおす語として用いられている。

文明六　一四七四年。蓮如上人六十歳。

如説に　教法に説かれた通り。

得道　さとりの智慧《ちえ》を得ること。

機根最劣　仏の教法を受け取り修行する根機（能力）が、最も劣っていること。

ちかごと　誓言。誓い。

機《き》をもちてかたすかるべきぞなれば、それ弥陀《みだ》を信《しん》じたてまつるといふは、なにのやうもなく、他力《たりき》の信心《しんじん》といふいはれをよくしりたらんひとは、たとへば*十人《じゅうにん》は十人《じゅうにん》ながら、みなもつて極楽《ごくらく》に往生《おうじょう》すべし。さてその他力《たりき》の信心《しんじん》といふはいかやうなることぞといへば、ただ南無阿弥陀仏《なもあみだぶつ》なり。この南無阿弥陀仏《なもあみだぶつ》の六《む》つの字《じ》のこころをくはしくしりたるが、すなはち他力信心《たりきしんじん》のすがたなり。されば、南無阿弥陀仏《なもあみだぶつ》といふ六字《ろくじ》の体《たい》をよくよくこころうべし。まづ「南無《なも》」といふ二字《にじ》はいかなるこころぞといへば、やうもなく弥陀《みだ》を*一心一向《いっしんいっこう》にたのみたてまつりて、後生《ごしょう》たすけたまへとふたごころなく信《しん》じまゐらするこころを、すなはち南無《なも》とは申《もう》すなり。つぎに「阿弥陀仏《あみだぶつ》」といふ四字《しじ》はいかなるこころぞといへば、いまのごとくに弥陀《みだ》を一心《いっしん》にたのみまゐらせて、疑《うたがい》のこころのなき衆生《しゅじょう》をば、かならず弥陀《みだ》の御身《おんみ》より光明《こうみょう》を放《はな》ちて照《て》らしましまして、そのひかりのうちに摂《おさ》めおきたまひて、さて*一期《いちご》のいのち尽《つ》きぬれば、かの極楽《ごくらく》浄土《じょうど》へおくりたまへるこころを、すなはち阿弥陀仏《あみだぶつ》とは申《もう》したてまつるなり。されば世間《せけん》に沙汰《さた》するところの念仏《ねんぶつ》といふは、ただ口《くち》にだにも南無阿弥陀仏《なもあみだぶつ》ととなふれば、たすかるやうにみな人《ひと》のおもへり。それはおぼ*つかなきことな

43

たとへば 例をもうけて示せばという意。

一心一向 他の仏や余行に心をかけず、もっぱら阿弥陀仏を信じること。

一期 一生涯。

おぼつかなき 確実でない。

り。さりながら、*浄土一家《じょうどいっけ》においてさやうに沙汰《さた》するかたもあり、是非《ぜひ》すべからず。これはわが一宗《いっしゅう》の*開山《かいさん》（親鸞）のすすめたまへるところの一流《いちりゅう》の安心《あんじん》のとほりを申《もう》すばかりなり。宿縁《しゅくえん》のあらんひとは、これをききてすみやかに今《こん》度《ど》の極楽往生《ごくらくおうじょう》をとぐべし。かくのごとくこころえたらんひと、名号《みょうごう》をとなへて、弥陀如来《みだにょらい》のわれらをやすくたすけたまへる御恩《ごおん》を雨山《あめやま》にかうぶりたる、その仏恩報尽《ぶっとんほうじん》のためには、称名念仏《しょうみょうねんぶつ》すべきものなり。あなかしこ、あなかしこ。

文明六年八月五日《ぶんめいろくねんはちがついつか》これを書《か》く。

（三）

この方《ほう》*河尻性光門徒《かわじりしょうこうもんと》の面々《めんめん》において、仏法《ぶっぽう》の信心《しんじん》のこころえはいかやうなるらん。まことにもつて*こころもとなし。しかりといへども、いま当流《とうりゅう》一義《いちぎ》のこころをくはしく沙汰《さた》すべし。おのおの耳《みみ》をそばだててこれをききて、このおもむきをもつて本《ほん》とおもひて、今度《こんど》の極楽《ごくらく》の往生《おうじょう》を*治定《じじょう》すべきものなり。
それ、弥陀如来《みだにょらい》の念仏往生《ねんぶつおうじょう》の本願《ほんがん》（第十八願）と申《もう》すは、いかやうなることぞといふに、在家無智《ざいけむち》のものも、また十悪《じゅうあく》・五逆《ごぎゃく》のやからにいたるまでも、なにのやうもなく他力《たりき》の信心《しんじん》といふことをひとつ決定《けつじょう》すれば、みなことごとく

浄土一家　浄土往生を説いた法然《ほうねん》聖人の流れを汲む一門。

開山　一宗派の開祖。一般には一寺を開いた者。

河尻性光門徒　河尻は現在の福井県あわら市吉崎《よしざき》あたり、性光門徒は蓮如上人の弟子の性光坊の門徒。

こころもとなし　気がかりに思う。

治定　決定《けつじょう》すること。たしかに定まること。

44

極楽《ごくらく》に往生《おうじょう》するなり。されば その信心《しんじん》をとるといふは、いかやうなるむつかしきことぞといふに、なにのわづらひもなく、ただひとすぢに阿弥陀如来《あみだにょらい》をふたごころなくたのみたてまつりて、余《よ》へこころを散《ち》らさざらんひとは、たとへば十人《じゅうにん》あらば十人《じゅうにん》ながら、みなほとけに成《な》るべし。このこころひとつをたもたんはやすきことなり。ただ声《こえ》に出《いだ》して念仏《ねんぶつ》ばかりをとなふるひとはおほやう*なり、それは極楽《ごくらく》には往生《おうじょう》せず。この念仏《ねんぶつ》のいはれをよくしりたる人《ひと》こそほとけには成《な》るべけれ。なにのやうもなく、弥陀《みだ》をよく信《しん》ずるこころだにもひとつに定《さだ》まれば、やすく浄土《じょうど》へはまゐるべきなり。このほかには、わづらはしき*秘事《ひじ》といひて、ほとけをも拝《おが》まぬものはいたづらものなりとおもふべし。これによりて、阿弥陀如来《あみだにょらい》の他力本願《たりきほんがん》と申《もう》すは、すでに末代今《まつだいいま》の時《とき》の罪《つみ》ふかき機《き》を本《ほん》としてすくひたまふがゆゑに、*在家止住《ざいけしじゅう》のわれらごときのためには相応《そうおう》したる他力《たりき》の本願《ほんがん》なり。あら、ありがたの弥陀如来《みだにょらい》の誓願《せいがん》や、あら、ありがたの釈《しゃ》迦如来《かにょらい》の*金言《きんげん》や。仰《あお》ぐべし、信《しん》ずべし。しかれば、いふところのごとくこころえたらん人々《ひとびと》は、これまことに当流《とうりゅう》の信心《しんじん》を決定《けつじょう》したる念仏行者《ねんぶつぎょうじゃ》のすがたなるべし。さてこのうへには一期《いちご》のあひだ申《もう》す念仏《ねんぶつ》のこころは、弥陀如来《みだにょらい》のわれ

おほやう　大まかなこと。細かさがないこと。

秘事　秘事法門《ひじぼうもん》。ここでは越前《えちぜん》（現在の福井県）にひろまっていた不拝秘事《おがまずのひじ》をいう。

在家止住　在家の生活をしている者。

金言　仏の口から出た言葉。まことの言葉。ここでは『大経』の教説を指す。

らをやすくたすけたまへるところの雨山《あめやま》の御恩《ごおん》を報《ほう》じたてまつらんがための念《ねん》仏《ぶつ》なりとおもふべきものなり。あなかしこ、あなかしこ。

文明六年八月六日《ぶんめいろくねんはちがつむゆか》これを書《か》く。

45

（四）

それ、*つらつら人間《にんげん》の*あだなる体《てい》を案《あん》ずるに、生《しょう》あるものはかならず死《し》に帰《き》し、盛《さか》んなるものはつひに衰《おとろ》ふるならひなり。さればただ*いたづらにあかし、いたづらにくらして、年月《ねんげつ》を送《おく》るばかりなり。これまことになげきてもなほかなしむべし。このゆゑに、上《かみ》は大聖世尊《だいしょうせそん》（釈尊）よりはじめて、下《しも》は*悪逆《あくぎゃく》の提《だい》婆《ば》にいたるまで、のがれがたきは無常《むじょう》なり。しかれば、まれにも受《う》けがたきは人身《にんじん》、あひがたきは仏法《ぶっぽう》なり。たまたま仏法《ぶっぽう》にあふことを得《え》たりといふとも、自力修行《じりきしゅぎょう》の門《もん》は、末代《まつだい》なれば、今《いま》の時《とき》は*出離生死《しゅつりしょうじ》のみちはかなひがたきあひだ、弥陀如来《みだにょらい》の本願《ほんがん》にあひたてまつらずはいたづらごとなり。しかるにいますでにわれら弘願《ぐがん》の一法《いっぽう》にあふことを得《え》たり。このゆゑに、ただねがふべきは極《ごく》楽浄土《らくじょうど》、ただたのむべきは弥陀如来《みだにょらい》、これによりて信心決定《しんじんけつじょう》して念仏申《ねんぶつもう》すべきなり。しかれば、世《よ》のなかにひとのあまねくこころえおきたるとほりは、た

つらつら　よくよく。つくづく。

あだなる体　はかないようす、ありさま。

いたづらに　むなしく。むだに。

悪逆　十悪と五逆のこと。→十悪《じゅうあく》、五逆《ごぎゃく》

出離生死　迷いの世界を離れ出ること。

だ声《こえ》に出《いだ》して南無阿弥陀仏《なもあみだぶつ》とばかりとなふれば、極楽《ごくらく》に往生《おうじょう》すべきやうにおもひはんべり。それはおほきにおぼつかなきことなり。されば南無阿弥陀仏《なもあみだぶつ》と申《もう》す六字《ろくじ》の体《たい》はいかなるこころぞといふに、阿弥陀如来《あみだにょらい》を一向《いっこう》にたのめば、ほとけその衆生《しゅじょう》をよくしろしめして、すくひたまへる御《おん》すがたを、この南無阿《なもあ》弥陀仏《みだぶつ》の六字《ろくじ》にあらはしたまふなりとおもふべきなり。しかれば、この阿弥陀《あみだ》如来《にょらい》をばいかがして信《しん》じまゐらせて、後生《ごしょう》の一大事《いちだいじ》をばたすかるべきぞなれば、なにのわづらひもなく、もろもろの雑行雑善《ぞうぎょうぞうぜん》をなげすてて、一心一向《いっしんいっこう》に弥陀如来《みだにょらい》をたのみまゐらせて、ふたごころなく信《しん》じたてまつれば、そのたのむ衆生《しゅじょう》を光明《こうみょう》を放《はな》ちてそのひかりのなかに摂《おさ》め入《い》れおきたまふなり。これをすなはち弥陀如来《みだにょらい》の*摂取《せっしゅ》の光益《こうやく》にあづかるとは申《もう》すなり。または*不捨《ふしゃ》の誓益《せいやく》ともこれをなづくるなり。かくのごとく阿弥陀如来《あみだにょらい》の光明《こうみょう》のうちに摂《おさ》めおかれまゐらせてのうへには、一期《いちご》のいのち尽《つ》きなばただちに真実《しんじつ》の報土《ほうど》に往生《おうじょう》すべきこと、その疑《うたがい》あるべからず。このほかには別《べつ》の仏《ぶつ》をもたのみ、また余《よ》の功徳《くどく》
46
善根《ぜんごん》を修《しゅ》してもなににかはせん。あら、たふとや、あら、ありがたの阿弥陀如《あみだにょ》来《らい》や。かやうの雨山《あめやま》の御恩《ごおん》をばいかがして報《ほう》じたてまつるべきぞや。ただ南無《なも》

摂取の光益・不捨の誓益
摂取不捨の利益《りやく》のこと。阿弥陀仏の光明《こうみょう》によってめぐまれるものであるから光益といい、阿弥陀仏の誓願《せいがん》にもとづくものであるから誓益という。→摂取不捨《せっしゅふしゃ》

阿弥陀仏《あみだぶつ》、南無阿弥陀仏《なもあみだぶつ》と声《こえ》にとなへて、その恩徳《おんどく》をふかく報尽申《ほうじんもう》すばかりなりとこころうべきものなり。あなかしこ、あなかしこ。

文明六年八月十八日《ぶんめいろくねんはちがつじゅうはちにち》

(五)

そもそも、諸仏《しょぶつ》の悲願《ひがん》に弥陀《みだ》の本願《ほんがん》のすぐれましましたる、そのいはれをくはしくたづぬるに、すでに十方《じっぽう》の諸仏《しょぶつ》と申《もう》すは、いたりて罪《つみ》ふかき衆生《しゅじょう》と、*五障《ごしょう》・三従《さんしょう》の女人《にょにん》をばたすけたまはざるなり。このゆゑに諸仏《しょぶつ》の願《がん》に阿弥陀《あみだ》仏《ぶつ》の本願《ほんがん》はすぐれたりと申《もう》すなり。さて弥陀如来《みだにょらい》の*超世《ちょうせ》の大願《だいがん》はいかなる機《き》の衆生《しゅじょう》をすくひましますぞと申《もう》せば、十悪《じゅうあく》・五逆《ごぎゃく》の罪人《ざいにん》も、五障《ごしょう》・三従《さんしょう》の女人《にょにん》にいたるまでも、みなことごとくもらさずたすけたまへる大願《だいがん》なり。されば一《いっ》心一向《しんいっこう》にわれをたのまん衆生《しゅじょう》をば、かならず十人《じゅうにん》あらば十人《じゅうにん》ながら、極楽《ごくらく》へ*引接《いんじょう》せんとのたまへる他力《たりき》の大誓願力《だいせいがんりき》なり。これによりて、かの阿弥陀仏《あみだぶつ》の本願《ほんがん》をば、われらごときのあさましき凡夫《ぼんぶ》は、なにとやうにたのみ、なにとやうに機《き》をもちて、かの弥陀《みだ》をばたのみまゐらすべきぞや。そのいはれをくはしくしめしたまふべし。そのをしへのごとく信心《しんじん》をとりて、弥陀《みだ》をも信《しん》じ、極楽《ごくらく》

五障三従の女人 →補註14

超世 諸仏の本願に超えすぐれていること。

引接 導き入れること。

47

をもねがひ、念仏《ねんぶつ》をも申《もう》すべきなり。

答《こた》へていはく、まづ世間《せけん》にいま流布《るふ》してむねとすすむるところの念仏《ねんぶつ》と申《もう》すは、ただ*なにの分別《ふんべつ》もなく南無阿弥陀仏《なもあみだぶつ》とばかりとなふれば、みなたすかるべきやうにおもへり。それはおほきにおぼつかなきことなり。京《きょう》・田舎《いなか》のあひだにおいて、浄土宗《じょうどしゅう》の流義《りゅうぎ》まちまちにわかれたり。しかれども、それを是非《ぜひ》するにはあらず、ただわが開山《かいさん》（親鸞）の*一流相伝《いちりゅうそうでん》のおもむきを申《もう》しひらくべし。それ、解脱《げだつ》の耳《みみ》をすまして*渇仰《かつごう》のかうべをうなだれてこれをねんごろにききて、信心歓喜《しんじんかんぎ》のおもひをなすべし。それ、在家止住《ざいけしじゅう》のやから一生造悪《いっしょうぞうあく》のものも、ただわが身《み》の罪《つみ》のふかきには目《め》をかけずして、それ弥陀如来《みだにょらい》の本願《ほんがん》と申《もう》すはかかるあさましき機《き》を本《ほん》とすくひましまます不思議《ふしぎ》の願力《がんりき》ぞとふかく信《しん》じて、弥陀《みだ》を一心一向《いっしんいっこう》にたのみたてまつりて、他力《たりき》の信心《しんじん》といふことを一《ひと》つこころうべし。さて他力《たりき》の信心《しんじん》といふ体《たい》はいかなるこころぞといふに、この南無阿弥陀《なもあみだ》仏《ぶつ》の六字《ろくじ》の名号《みょうごう》の体《たい》は、阿弥陀仏《あみだぶつ》のわれらをたすけたまへるいはれを、この南無阿弥陀仏《なもあみだぶつ》の名号《みょうごう》にあらはしましましたる御《おん》すがたぞとくはしくこころえわけたるをもつて、他力《たりき》の信心《しんじん》をえたる人《ひと》とはいふなり。この「南無《なも》」といふ

なにの分別もなく　本願名号《みょうごう》のいわれを聞きひらくこともなく。

一流相伝のおもむき　浄土真宗に伝えられる法義。

渇仰　のどの渇いた者が水を切望するように、仰ぎ尊ぶこと。

二字《にじ》は、衆生《しゅじょう》の阿弥陀仏《あみだぶつ》を一心一向《いっしんいっこう》にたのみたてまつりて、たすけたまへとおもひて、余念《よねん》なきこころを帰命《きみょう》とはいふなり。つぎに「阿弥陀仏《あみだぶつ》」といふ四《よ》つの字《じ》は、南無《なも》とたのむ衆生《しゅじょう》を、阿弥陀仏《あみだぶつ》のもらさずすくひたまふこころなり。このこころをすなはち摂取不捨《せっしゅふしゃ》とは申《もう》すなり。「摂取不捨《せっしゅふしゃ》」といふは、念《ねん》仏《ぶつ》の行者《ぎょうじゃ》を弥陀如来《みだにょらい》の光明《こうみょう》のなかにをさめとりてすてたまはずといへるこころなり。さればこの南無阿弥陀仏《なもあみだぶつ》の体《たい》は、われらを阿弥陀仏《あみだぶつ》のたすけたまへる*支証《ししょう》のために、御名《みな》をこの南無阿弥陀仏《なもあみだぶつ》の六字《ろくじ》にあらはしたまへるなりときこえたり。かくのごとく*こころえわけぬれば、われらが極楽《ごくらく》の往生《おうじょう》は治定《じじょう》なり。あら、ありがたや、たふとやとおもひて、このうへには、*はやひとたび弥陀如《みだにょ》来《らい》にたすけられまゐらせつるのちなれば、御《おん》たすけありつる御《おん》うれしさの念仏《ねんぶつ》
48 なれば、この念仏《ねんぶつ》をば仏恩報謝《ぶつとんほうしゃ》の称 名《しょうみょう》ともいひ、また信《しん》のうへの称 名《しょうみょう》とも申《もう》しはんべるべきものなり。あなかしこ、あなかしこ。

文明六年九月六日《ぶんめいろくねんくがつむゆか》これを書《か》く。

（六）

それ、南無阿弥陀仏《なもあみだぶつ》と申《もう》すはいかなるこころぞなれば、まづ「南無《なも》」といふ

支証　証拠。あかし。

こころえわけぬれば　「こころえわく」は了解してわきまえること。

はや　すでに。

二字《にじ》は、帰命《きみょう》と発願回向《ほつがんえこう》とのふたつのこころなり。また「南無《なも》」といふは願《がん》なり、「阿弥陀仏《あみだぶつ》」といふは行《ぎょう》なり。されば雑行雑善《ぞうぎょうぞうぜん》をなげすてて専修専念《せんじゅせんねん》に弥陀如来《みだにょらい》をたのみたてまつりて、たすけたまへとおもふ帰命《きみょう》の一念《いちねん》おこるとき、かたじけなくも*遍照《へんじょう》の光明《こうみょう》を放《はな》ちて行者《ぎょうじゃ》を摂取《せっしゅ》したまふなり。このこころすなはち阿弥陀仏《あみだぶつ》の四《よ》つの字《じ》のこころなり。また発願回向《ほつがんえこう》のこころなり。これによりて、「南無阿弥陀仏《なもあみだぶつ》」といふ六字《ろくじ》は、ひとへにわれらが往生《おうじょう》すべき他力信心《たりきしんじん》のいはれをあらはしたまへる御名《みな》なりとみえたり。このゆゑに、願《がん》（第十八願）成就《じょうじゅ》の文《もん》（大経・下）には、「聞其名号信心歓喜《もんごみょうごうしんじんかんぎ》」と説《と》かれたり。この文《もん》のこころは、「その名号《みょうごう》をききて信心歓喜《しんじんかんぎ》す」といへり。「その名号《みょうごう》をきく」といふは、ただおほやうにきくにあらず。善知識《ぜんぢしき》にあひて、南無阿弥陀仏《なもあみだぶつ》の六《む》つの字《じ》のいはれをよくききひらきぬれば、報土《ほうど》に往生《おうじょう》すべき他力信心《たりきしんじん》の道理《どうり》なりとこころえられたり。かるがゆゑに、「信心歓喜《しんじんかんぎ》」といふは、すなはち信心定《しんじんさだ》まりぬれば、浄土《じょうど》の往生《おうじょう》は疑《うたがい》なくおもうてよろこぶこころなり。このゆゑに弥陀如来《みだにょらい》の*五劫兆載永劫《ごこうちょうさいようごう》の御苦労《ごくろう》を案《あん》ずるにも、われらをやすくたすけたまふことのありがたさ、たふとさをおもへばなかなか申《もう》すも*おろかなり。さ

遍照　あまねく照らすこと。

五劫兆載永劫の御苦労　阿弥陀仏が法蔵《ほうぞう》菩薩であった時、一切衆生《しゅじょう》を平等に救うため、五劫という長い間思惟をめぐらして願を立て、兆載永劫（無限の時間）の修行をしたことをいう。

おろかなり　疎かなり。（言葉では）表し尽せない。（表現が）不十分である。

れば『和讃《わさん》』（正像末和讃・五一）にいはく、「南無阿弥陀仏《なもあみだぶつ》の回向《えこう》の　恩徳広《おんどくこう》大不思議《だいふしぎ》にて　往相回向《おうそうえこう》の利益《りやく》には　還相回向《げんそうえこう》に回入《えにゅう》せり」といへるはこのこ
49 ころなり。また「正信偈《しょうしんげ》」にはすでに「*唯能常称如来号《ゆいのうじょうしょうにょらいごう》　応報大悲弘誓恩《おうほうだいひぐぜいおん》」とあれば、いよいよ行住坐臥《ぎょうじゅうざが》*時処諸縁《じしょしょえん》をきらはず、仏恩報尽《ぶっとんほうじん》のためにただ称《しょう》名念仏《みょうねんぶつ》すべきものなり。あなかしこ、あなかしこ。

文明六年十月二十日《ぶんめいろくねんじゅうがつはつか》これを書《か》く。

（七）

そもそも、親鸞聖人《しんらんしょうにん》のすすめたまふところの一義《いちぎ》のこころは、ひとへにこれ*末代濁世《まつだいじょくせ》の在家無智《ざいけむち》のともがらにおいて、なにのわづらひもなく、すみやかに疾《と》く浄土《じょうど》に往生《おうじょう》すべき他力信心《たりきしんじん》の一途《いちず》ばかりをもつて*本《ほん》とをしへたまへり。しかれば、それ阿弥陀如来《あみだにょらい》は、すでに十悪《じゅうあく》・五逆《ごぎゃく》の愚人《ぐにん》、*五障《ごしょう》・三従《さんしょう》の女人《にょにん》にいたるまで、ことごとくすくひましますといへることをば、いかなる人《ひと》もよくしりはんべりぬ。しかるにいまわれら凡夫《ぼんぶ》は、阿弥陀仏《あみだぶつ》をばいかやうに信《しん》じ、なにとやうにたのみまゐらせて、かの極楽世界《ごくらくせかい》へは往生《おうじょう》すべきぞといふに、ただひとすぢに弥陀如来《みだにょらい》を信《しん》じたてまつりて、その余《よ》はなにごともうち

唯能常称…　「ただよくつねに如来の号《みな》を称して、大悲弘誓の恩を報ずべし」（行巻訓）

時処諸縁　時間と場所とさまざまな条件。

末代濁世　末法五濁の世。→末法《まっぽう》、五濁《ごじょく》

本　根本。肝要。

五障三従の女人　→補註14

すてて、一向《いっこう》に弥陀《みだ》に帰《き》し、一心《いっしん》に本願《ほんがん》を信《しん》じて、阿弥陀如来《あみだにょらい》においてふたごころなくは、かならず極楽《ごくらく》に往生《おうじょう》すべし。この道理《どうり》をもつて、すなはち他力《たりき》信心《しんじん》をえたるすがたとはいふなり。そもそも、信心《しんじん》といふは、阿弥陀仏《あみだぶつ》の本願《ほんがん》のいはれをよく分別《ふんべつ》して、一心《いっしん》に弥陀《みだ》に帰命《きみょう》するかたをもつて、他力《たりき》の安心《あんじん》を決定《けつじょう》すとは申《もう》すなり。されば南無阿弥陀仏《なもあみだぶつ》の六字《ろくじ》のいはれをよくこころえわけたるをもつて、信心決定《しんじんけつじょう》の*体《たい》とす。しかれば、「南無《なも》」の二字《にじ》は、衆生《しゅじょう》の阿《あ》弥陀仏《みだぶつ》を*信《しん》ずる機《き》なり。つぎに「阿弥陀仏《あみだぶつ》」といふ四《よ》つの字《じ》のいはれは、弥陀《みだ》如来《にょらい》の衆生《しゅじょう》を*たすけたまへる法《ほう》なり。このゆゑに、機法一体《きほういったい》の南無阿弥陀仏《なもあみだぶつ》といへるはこのこころなり。これによりて、衆生《しゅじょう》の三業《さんごう》と弥陀《みだ》の三業《さんごう》と一体《いったい》になるところをさして、善導和尚《ぜんどうかしょう》は「*彼此三業不相捨離《ひしさんごうふそうしゃり》」（定善義 四三七）と釈《しゃく》したまへるも、このこころなり。されば一念帰命《いちねんきみょう》の信心決定《しんじんけつじょう》せしめたらん人《ひと》は、かならずみな報土《ほうど》に往生《おうじょう》すべきこと、さらにもつてその疑《うたがい》あるべからず。あひかまへて自力執心《じりきしゅうしん》の*わろき機《き》のかたをばふりすてて、ただ不思議《ふしぎ》の願力《がんりき》ぞとふかく信《しん》じて、弥陀《みだ》を一心《いっしん》にたのまんひとは、たとへば十人《じゅうにん》は十人《じゅうにん》ながら、みな真実報土《しんじつほうど》の往生《おうじょう》をとぐべし。このうへには、ひたすら弥陀如来《みだにょらい》

体　当体。そのもの。

信ずる機　ここでの機は、救われるべきもの（機）の上に与えられている信心そのもののこと。

たすけたまへる法　衆生《しゅじょう》を救う道理（法）をあらわしているから、阿弥陀仏を法という。

彼此三業…　「彼此の三業あひ捨離せず」彼は阿弥陀仏、此は念仏の衆生を指す。

わろき機　本願に背く自力疑心のことをいう。

の御恩《ごおん》のふかきことをのみおもひたてまつりて、つねに報謝《ほうしゃ》の念仏《ねんぶつ》を申《もう》すべきものなり。あなかしこ、あなかしこ。

*文明七年二月二十三日《ぶんめいしちねんにがつにじゅうさんにち》

（八）

51 そもそも、このごろ当国他国《とうごくたこく》のあひだにおいて、当流安心《とうりゅうあんじん》のおもむき、ことのほか相違《そうい》して、みな人《ひと》ごとにわれはよく心得《こころえ》たりと思《おも》ひて、さらに法義《ほうぎ》にそむくとほりをも*あながちに人《ひと》にあひたづねて、真実《しんじつ》の信心《しんじん》をとらんとおもふ人《ひと》すくなし。これまことにあさましき執心《しゅうしん》なり。すみやかにこの心《こころ》を*改悔懺《がいけさん》悔《げ》して、当流真実《とうりゅうしんじつ》の信心《しんじん》に住《じゅう》して、今度《こんど》の報土往生《ほうどおうじょう》を決定《けつじょう》せずは、まことに宝《たから》の山《やま》に入《い》りて、手《て》をむなしくしてかへらんにことならんものか。このゆゑにその信心《しんじん》の相違《そうい》したる詞《ことば》にいはく、「それ、弥陀如来《みだにょらい》はすでに*十劫正覚《じっこうしょうがく》のはじめよりわれらが往生《おうじょう》を定《さだ》めたまへることを、いまにわすれず疑《うたが》はざるがすなはち信心《しんじん》なり」とばかりこころえて、弥陀《みだ》に帰《き》して信心決定《しんじんけつじょう》せしめたる分《ぶん》なくは、報土往生《ほうどおうじょう》すべからず。されば*そばさまなるわろきこころえなり。これによりて、当流安心《とうりゅうあんじん》のそのすがたをあらはさば、すなはち南無阿弥陀仏《なもあみだぶつ》の体《たい》

文明七年　一四七五年。蓮如上人六十一歳。

あながちに　むりに。ことさらに。

改悔　あやまちを悔い改めること。自力を悔い改めて他力にまかせること。

十劫正覚の…　時宗等の影響を受けた十劫秘事《ひじ》（十劫安心《あんじん》）の異義に対する批判。十劫のむかし阿弥陀仏が正覚成就し、衆生《しゅじょう》の往生を定めたと知ることを信であると主張するのは、自力雑《ぞう》行《ぎょう》をすてて他力をたのむ廃《はい》立《りゅう》の信心が欠けていると批判する。

そばさま　側《そば》（傍）さま。真実に背き外れたこと。

をよくこころうるをもつて、他力信心《たりきしんじん》をえたるとはいふなり。されば「南無阿《なもあ》弥陀仏《みだぶつ》」の六字《ろくじ》を善導釈《ぜんどうしゃく》していはく、「〈南無《なも》〉といふは帰命《きみょう》、またこれ発願《ほつがん》回向《えこう》の義《ぎ》なり」（玄義分 三二五）といへり。その意《こころ》いかんぞなれば、阿弥陀如《あみだにょ》来《らい》の＊因中《いんちゅう》において、われら凡夫《ぼんぶ》の往生《おうじょう》の行《ぎょう》を定《さだ》めたまふとき、凡夫《ぼんぶ》のなすところの回向《えこう》は自力《じりき》なるがゆゑに成就《じょうじゅ》しがたきによりて、阿弥陀如来《あみだにょらい》の凡夫《ぼんぶ》のために御身労《ごしんろう》ありて、この回向《えこう》をわれらにあたへんがために回向成就《えこうじょうじゅ》したまひて、一念南無《いちねんなも》と帰命《きみょう》するところにて、この回向《えこう》をわれら凡夫《ぼんぶ》にあたへましますなり。かるがゆゑに、凡夫《ぼんぶ》の方《かた》よりなさぬ回向《えこう》なるがゆゑに、これをもつて如来《にょらい》の回向《えこう》をば行者《ぎょうじゃ》のかたよりは不回向《ふえこう》とは申《もう》すなり。このいはれあるがゆゑに、「南無《なも》」の二字《にじ》は帰命《きみょう》のこころなり、また発願回向《ほつがんえこう》のこころなり。このいはれなるがゆゑに、南無《なも》と帰命《きみょう》する衆生《しゅじょう》をかならず摂取《せっしゅ》して捨《す》てたまはざるがゆゑに、南無阿弥陀仏《なもあみだぶつ》とは申《もう》すなり。これすなはち一念帰命《いちねんきみょう》の他力信心《たりきしんじん》を獲得《ぎゃくとく》する平生業成《へいぜいごうじょう》の念仏行者《ねんぶつぎょうじゃ》といへるはこのことなりとしるべし。かくのごとくこころえたらん人々《ひとびと》は、いよいよ弥陀如来《みだにょらい》の御恩徳《ごおんどく》の深遠《じんのん》なることを信《しん》知《ち》して、行住坐臥《ぎょうじゅうざが》に称名念仏《しょうみょうねんぶつ》すべし。これすなはち「＊憶念弥陀仏本願《おくねんみだぶつほんがん》 自《じ》

因中　因位の時。法蔵菩薩《ほうぞう》であった時。→因位《いんに》

憶念弥陀…　「弥陀仏の本願を憶念すれば、自然に即の時必定に入る。ただよくつねに如来の号《みな》を称して、大悲弘誓の恩を報ずべし」（行巻訓）

然即《ねんそく》時入必定《じにゅうひつじょう》 唯能常称如来号《ゆいのうじょうしょうにょらいごう》 応報大悲弘誓恩《おうほうだいひぐぜいおん》」（正信偈）といへる文《もん》のこころなり。あなかしこ、あなかしこ。

文明七《ぶんめいしち》、二月二十五日《にがつにじゅうごにち》

52

（九）

そもそも、今日《こんにち》は鸞聖人《らんしょうにん》（親鸞）の御命日《ごめいにち》として、かならず報恩謝徳《ほうおんしゃとく》のこころざしをはこばざる人《ひと》、これすくなし。しかれども、かの諸人《しょにん》のうへにおいて、あひこころうべきおもむきは、もし本願他力《ほんがんたりき》の真実信心《しんじつしんじん》を獲得《ぎゃくとく》せざらん未安心《みあんじん》のともがらは、今日《こんにち》にかぎりてあながちに*出仕《しゅっし》をいたし、この講中《こうちゅう》の座敷《ざしき》をふさぐをもつて真宗《しんしゅう》の肝要《かんよう》とばかりおもはん人《ひと》は、いかでかわが聖人《しょうにん》の御意《ぎょい》にはあひかなひがたし。しかりといへども、わが在所《ざいしょ》にありて報謝《ほうしゃ》のいとなみをもはこばざらんひとは、*不請《ふしょう》にも出仕《しゅっし》をいたしてもよろしかるべきか。されば毎月《まいがつ》二十八日《にじゅうはちにち》ごとにかならず出仕《しゅっし》をいたさんとおもはんともがらにおいては、あひかまへて、日《ひ》ごろの信心《しんじん》のとほり決定《けつじょう》せざらん未安心《みあんじん》のひとも、すみやかに本願真実《ほんがんしんじつ》の他力信心《たりきしんじん》をとりて、わが身《み》の今度《こんど》の報土往生《ほうどおうじょう》を決定《けつじょう》せしめんこそ、まことに聖人報恩謝徳《しょうにんほうおんしゃとく》の*懇志《こんし》にあひかなふべけれ。また

出仕 ここでは仏前へ参詣すること。

不請にも 気に入らないけれど。いやいやながら。

懇志 ねんごろなこころざし。

自身《じしん》の極楽往生《ごくらくおうじょう》の一途《いちず》も治定《じじょう》しをはりぬべき道理《どうり》なり。これすなはちまことに「*自信教人信《じしんきょうにんしん》　難中転更難《なんちゅうてんきょうなん》　大悲伝普化《だいひでんぶけ》　真成報仏恩《しんじょうほうぶつとん》」（礼讃　六七六）といふ釈文《しゃくもん》のこころにも符合《ふごう》せるものなり。それ、聖人御入滅《しょうにんごにゅうめつ》はすでに*一《いっ》百余歳《ぴゃくよさい》を経《ふ》といへども、かたじけなくも目前《もくぜん》において真影《しんねい》を拝《はい》したてまつる。また*徳音《とくいん》ははるかに無常《むじょう》の風《かぜ》にへだつといへども、まのあたり*実語《じつご》を*相承血脈《そうじょうけちみゃく》してあきらかに耳《みみ》の底《そこ》にのこして、一流《いちりゅう》の他力真実《たりきしんじつ》の信心《しんじん》いまにたえせざるものなり。これによりて、いまこの時節《じせつ》にいたりて、本願真実《ほんがんしんじつ》の信心《しんじん》を獲《ぎゃく》得《とく》せしむる人《ひと》なくは、まことに宿善《しゅくぜん》のもよほしにあづからぬ身《み》とおもふべし。*もし宿善開発《しゅくぜんかいほつ》の機《き》にてもわれらなくは、むなしく今度《こんど》の往生《おうじょう》は不定《ふじょう》なるべきこと、なげきてもなほかなしむべきはただこの一事《いちじ》なり。しかるにいま本願《ほんがん》の一道《いちどう》にあひがたくして、まれに無上《むじょう》の本願《ほんがん》にあふことを得《え》たり。まことによろこびのなかのよろこび、なにごとかこれにしかん。たふとむべし、信《しん》ずべし。これによりて、年月日《としつきひ》ごろわがこころのわろき*迷心《めいしん》をひるがへして、たちまちに本願一実《ほんがんいちじつ》の他力信心《たりきしんじん》にもとづかんひとは、真実《しんじつ》に聖人《しょうにん》の御意《ぎょい》にあひかなふべし。これしかしながら、今日聖人《こんにちしょうにん》の報恩謝徳《ほうおんしゃとく》の御《おん》こころざしにもあひそな

自信教人信…　「みづから信じ、人を教へて信ぜしむること、難きがなかにうたたまた難し。大悲を伝へてあまねく化する、まことに仏恩を報ずるになる」

一百余歳を経　文明七年は一四七五年であるから、親鸞聖人の示寂《じじゃく》よりすでに二百余歳を経ていることになる。

徳音　徳ある者の声。親鸞聖人の声。

実語　真実の言葉。親鸞聖人の言葉。

相承血脈　師から弟子へ教えが代々伝えられることを、身体の血管が切れ目なく続いていることに喩えたもの。

もし…なくは　「われらもし宿善開発の機にてもなくは」、または「もし宿善開発の機にてもなくはわれら」の倒置。

はりつべきものなり。あなかしこ、あなかしこ。

文明七年《ぶんめいしちねん》五月《ごがつ》二十八日《にじゅうはちにち》これを書《か》く。

(一〇)

そもそも、当流門徒中《とうりゆうもんとちゆう》において、この六箇条《ろっかじょう》の*篇目《へんもく》のむねをよく存知《ぞんじ》して、仏法《ぶっぽう》を内心《ないしん》にふかく信《しん》じて、外相《げそう》にそのいろをみせぬやうにふるまふべし。しかれば、このごろ当流念仏者《とうりゆうねんぶつしゃ》において、わざと一流《いちりゆう》のすがたを他宗《たしゆう》に対《たい》してこれをあらはすこと、もつてのほかのあやまりなり。所詮《しょせん》*向後《きょうこう》この題目《だいもく》の次第《しだい》をまもりて、仏法《ぶっぽう》をば修行《しゅぎょう》すべし。もしこのむねをそむかんともがらは、ながく門徒中《もんとちゆう》の*一列《いちれつ》たるべからざるものなり。

一　神社《じんじゃ》をかろしむることあるべからず。

一　諸仏《しょぶつ》・菩薩《ぼさつ》ならびに諸堂《しょどう》をかろしむべからず。

一　諸宗《しょしゅう》・諸法《しょほう》を*誹謗《ひほう》すべからず。

一　*守護《しゅご》・地頭《じとう》を疎略《そりやく》にすべからず。

一　国《くに》の仏法《ぶっぽう》の次第《しだい》、*非義《ひぎ》たるあひだ、正義《しょうぎ》におもむくべき事《こと》。

一　当流《とうりゆう》にたつるところの他力信心《たりきしんじん》をば内心《ないしん》にふかく決定《けつじょう》すべし。

わろき迷心　本願を疑って出離《しゅつり》の道に迷う自力の心。

篇目　一つ一つの箇条。項目。題目。

向後　今より後。今後。

一列　なかま。

誹謗　そしること。

守護地頭　鎌倉・室町幕府の職名。守護は武士の統制と治安維持のため諸国に置かれた職であるが、この時代には領主化していた。また地頭は、土地の管理、年貢の徴収等を職務とする荘官的存在であったが、この時代には守護の被官となっていた。

非義　宗義に背いていること。

54

一《ひと》つには、一切《いっさい》の*神明《しんめい》と申《もう》すは、本地《ほんじ》は仏《ぶつ》・菩薩《ぼさつ》の変化《へんげ》にてましませども、この界《かい》の衆生《しゅじょう》をみるに、仏《ぶつ》・菩薩《ぼさつ》にはすこしちかづきにくくおもふあひだ、神明《しんめい》の方便《ほうべん》に、仮《かり》に神《かみ》とあらはれて、衆生《しゅじょう》に縁《えん》を結《むす》びて、そのちからをもつてたよりとして、つひに仏法《ぶっぽう》にすすめいれんがためなり。これすなはち「和光《わこう》同塵《どうじん》は結縁《けちえん》のはじめ、八相成道《はっそうじょうどう》は利物《りもつ》のをはり」（摩訶止観・意）といへるはこのこころなり。されば今《いま》の世《よ》の衆生《しゅじょう》、仏法《ぶっぽう》を信《しん》じ念仏《ねんぶつ》をも申《もう》さん人《ひと》をば、神明《しんめい》は*あながちにわが本意《ほんい》とおぼしめすべし。このゆゑに、弥陀一仏《みだいちぶつ》の悲願《ひがん》に帰《き》すれば、とりわけ神明《しんめい》をあがめず信《しん》ぜねども、そのうちにおなじく信《しん》ずるこころはこもれるゆゑなり。

二《ふた》つには、諸仏《しょぶつ》・菩薩《ぼさつ》と申《もう》すは、神明《しんめい》の本地《ほんじ》なれば、今《いま》の時《とき》の衆生《しゅじょう》は阿弥陀如来《あみだにょらい》を信《しん》じ念仏《ねんぶつ》申《もう》せば、一切《いっさい》の諸仏《しょぶつ》・菩薩《ぼさつ》は、わが本師阿弥陀如来《ほんしあみだにょらい》を信《しん》ずるに、そのいはれあるによりて、わが本懐《ほんがい》とおぼしめすがゆゑに、別《べつ》して諸仏《しょぶつ》を*とりわき信《しん》ぜねども、阿弥陀仏一仏《あみだぶついちぶつ》を信《しん》じたてまつるうちに、一切《いっさい》の諸仏《しょぶつ》も菩薩《ぼさつ》もみなことごとくこもれるがゆゑに、ただ阿弥陀如来《あみだにょらい》を一心一向《いっしんいっこう》に帰命《きみょう》すれば、一切《いっさい》の諸仏《しょぶつ》の智慧《ちえ》も功徳《くどく》も、弥陀一体《みだいったい》に帰《き》せずといふことなきいはれなれ

神明　天地の神々。

あながちに　ひたすらに。一途に。

とりわき　特別に。

ばなりとしるべし。

三《み》つには、諸宗《しょしゅう》・諸法《しょほう》を誹謗《ひほう》することおほきなるあやまりなり。そのいはれすでに*浄土《じょうど》の三部経《さんぶきょう》にみえたり。また諸宗《しょしゅう》の学者《がくしゃ》も、念仏者《ねんぶつしゃ》をばあながちに誹謗《ひほう》すべからず。自宗《じしゅう》・他宗《たしゅう》ともにそのとがのがれがたきこと道理《どうり》必然《ひつぜん》せり。

四《よ》つには、守護《しゅご》・地頭《じとう》においては、かぎりある年貢《ねんぐ》*所当《しょとう》をねんごろに沙汰《さた》し、そのほか*仁義《じんぎ》をもつて本《ほん》とすべし。

五《いつ》つには、国《くに》の仏法《ぶっぽう》の次第《しだい》、当流《とうりゅう》の正義《しょうぎ》にあらざるあひだ、かつは邪見《じゃけん》にみえたり。所詮《しょせん》自今《じこん》以後《いご》においては、当流《とうりゅう》真実《しんじつ》の正義《しょうぎ》をききて、日《ひ》ごろの悪《あく》心《しん》をひるがへして、善心《ぜんしん》におもむくべきものなり。

55

六《む》つには、当流《とうりゅう》真実《しんじつ》の念仏者《ねんぶつしゃ》といふは、開山《かいさん》（親鸞）の定《さだ》めおきたまへる正義《しょうぎ》をよく存知《ぞんじ》して、造悪《ぞうあく》不善《ふぜん》の身《み》ながら極楽《ごくらく》の往生《おうじょう》をとぐるをもつて宗《しゅう》の本意《ほんい》とすべし。それ一流《いちりゅう》の安心《あんじん》の正義《しょうぎ》のおもむきといふは、なにのやうもなく、阿弥陀如来《あみだにょらい》を一心一向《いっしんいっこう》にたのみたてまつりて、われはあさましき悪業煩悩《あくごうぼんのう》の身《み》なれども、かかる*いたづらものを本《ほん》とたすけたまへる弥陀願力《みだがんりき》の強縁《ごうえん》なりと不可思議《ふかしぎ》におもひたてまつりて、一念《いちねん》も疑心《ぎしん》なく、おもふこころだにも堅固《けんご》

浄土の三部経　『大経』『観経』『小経』のこと。

所当　官に上納する種々の物品。

仁義　世間の道徳。儒教の倫理徳目を仁と義で代表させたもの。

いたづらもの　とりえのないもの。

なれば、かならず弥陀《みだ》は無礙《むげ》の光明《こうみょう》を放《はな》ちてその身《み》を摂取《せっしゅ》したまふなり。かやうに信心決定《しんじんけつじょう》したらんひとは、十人《じゅうにん》は十人《じゅうにん》ながら、みなことごとく報土《ほうど》に往生《おうじょう》すべし。このこころすなはち他力《たりき》の信心《しんじん》を決定《けつじょう》したるひとなりといふべし。このうへになほこころうべきやうは、まことにありがたき阿弥陀如来《あみだにょらい》の広《こう》大《だい》の御恩《ごおん》なりとおもひて、その仏恩報謝《ぶっとんほうしゃ》のためには、ねてもおきてもただ南無《なも》阿弥陀仏《あみだぶつ》とばかりとなふべきなり。さればこのほかには、また後生《ごしょう》のためとては、なにの*不足《ふそく》ありてか、相伝《そうでん》もなきしらぬ*えせ法門《ぼうもん》をいひて、ひとをもまどはし、*あまつさへ法流《ほうりゅう》をもけがさんこと、まことにあさましき次第《しだい》にあらずや。よくよくおもひはからふべきものなり。あなかしこ、あなかしこ。

文明七年七月十五日《ぶんめいしちねんしちがつじゅうごにち》

（二）

そもそも、今月二十八日《こんがつにじゅうはちにち》は開山聖人《かいさんしょうにん》（親鸞）*御正忌《ごしょうき》として、毎年《まいねん》*不闕《ふけつ》にかの知恩報徳《ちおんほうとく》の御仏事《おんぶつじ》においては、あらゆる国郡《こくぐん》そのほかいかなる卑劣《ひれつ》のともがらまでも、その御恩《ごおん》をしらざるものはまことに木石《ぼくせき》にことならんものか。これについて*愚老《ぐろう》、この四五箇年《しごかねん》のあひだは、なにとなく*北陸《ほくりく》の山海《さんかい》のかたほと

不足　不満足。

えせ法門　正しくないつまらない法門。

あまつさへ　その上に。それればかりか。

御正忌　御正忌報恩講のこと。→報恩講《ほうおんこう》

不闕に　欠かさずに。

愚老　老人・僧などが自分をへりくだっていう語。ここでは蓮如上人の自称。

北陸の山海のかたほとり　吉崎を指す。→吉崎《よしざき》

りに居住《きょじゅう》すといへども、はからざるにいまに存命《ぞんめい》せしめ、*この当国《とうごく》にこえ、はじめて今年《こんねん》、聖人《しょうにん》御正忌《ごしょうき》の報恩講《ほうおんこう》にあひたてまつる条《じょう》、まことにもつて不《ふ》可思議《かしぎ》の宿縁《しゅくえん》、よろこびてもなほよろこぶべきものか。しかれば、自国他国《じこくたこく》より来集《らいじゅう》の諸人《しょにん》において、まづ開山聖人《かいさんしょうにん》の定《さだ》めおかれし御掟《おんおきて》のむねをよく存《ぞん》知《じ》すべし。その御《おん》ことばにいはく、「たとひ*牛盗人《うしぬすびと》とはよばるとも、仏法者《ぶっぽうしゃ》・*後世者《ごせしゃ》とみゆるやうに振舞《ふるま》ふべからず。また外《ほか》には*仁《じん》・義《ぎ》・礼《れい》・智《ち》・信《しん》をまもりて*王法《おうぼう》をもつて先《さき》とし、内心《ないしん》にはふかく本願他力《ほんがんたりき》の信心《しんじん》を本《ほん》とすべき」よしを、ねんごろに仰《おお》せ定《さだ》めおかれしところに、近代《きんだい》このごろの人《ひと》の仏法《ぶっぽう》知《し》り顔《がお》の*体《てい》たらくをみおよぶに、外相《げそう》には仏法《ぶっぽう》を信《しん》ずるよしをひとにみえて、内心《ないしん》にはさらにもつて当流安心《とうりゅうあんじん》の一途《いちず》を決定《けつじょう》せしめたる分《ぶん》なくして、あまつさへ相伝《そうでん》もせざる聖教《しょうぎょう》をわが身《み》の*字《じ》ぢからをもつてこれをよみて、しらぬえせ法門《ほうもん》をいひて、自他《じた》の門徒中《もんとちゅう》を経回《けいかい》して虚言《きょごん》をかまへ、*結句本寺《けっくほんじ》よりの成敗《せいばい》と号《ごう》して人《ひと》をたぶろかし、物《もの》をとりて当流《とうりゅう》の一義《いちぎ》をけがす条《じょう》、真実真実《しんじつしんじつ》あさましき次《し》第《だい》にあらずや。これによりて、今月《こんがつ》二十八日《にじゅうはちにち》の御正忌《ごしょうき》七日《しちにち》の報恩講中《ほうおんこうちゅう》において、わろき心中《しんちゅう》のとほりを改悔懺悔《がいけさんげ》して、おのおの正義《しょうぎ》におもむかずは、た

この当国にこえ 蓮如上人はこの年八月に吉崎《よしざき》から河内《かわち》の出口（現在の大阪府枚方市出口）に移った。

牛盗人 人を罵る語。『雑《ぞう》宝蔵経《ほうぞうきょう》』巻二の離越《りおつ》尊者の因縁《いんねん》（牛盗人の冤罪をこうむる話）に基づく語とする説、比叡山《ひえいざん》で外道《げどう》を指す称として用いられていたとする説などがある。

後世者 世間のことがらに執着せず、ひたすら後生浄土を願い求めて念仏・読経《どきょう》等をもっぱら修する者。

仁義礼智信 儒教に説く五種の倫理徳目。人の行うべきことを五の徳として表したもの。

王法 仏法に対する語で、支配者が定めた民衆統治の法。倫理道徳の意味も含む。

体たらく ようす。ありさま。

とひこの七日《しちにち》の報恩講中《ほうおんこうちゅう》において、*足手《あして》をはこび、人《ひと》まねばかりに報恩謝徳《ほうおんしゃとく》のためと号《ごう》すとも、さらにもつてなにの*所詮《しょせん》もあるべからざるものなり。されば弥陀願力《みだがんりき》の信心《しんじん》を獲得《ぎゃくとく》せしめたらん人《ひと》のうへにおいてこそ、仏恩報尽《ぶっとんほうじん》とも、また師徳報謝《しとくほうしゃ》なんどとも申《もう》すことはあるべけれ。この道理《どうり》をよくよくこころえて足手《あして》をもはこび、聖人《しょうにん》をもおもんじたてまつらん人《ひと》こそ、真実《しんじつ》に*冥慮《みょうりょ》にもあひかなひ、また別《べつ》しては、当月御正忌《とうがつごしょうき》の報恩謝徳《ほうおんしゃとく》の懇志《こんし》にもふかくあひそなはりつべきものなり。あなかしこ、あなかしこ。

57

文明七年十一月二十一日《ぶんめいしちねんじゅういちがつにじゅういちにち》これを書《か》く。

（三）

そもそも、いにしへ近年《きんねん》このごろのあひだに、諸国在々所々《しょこくざいざいしょしょ》において、随分《ずいぶん》、仏法者《ぶっぽうしゃ》と号《ごう》して法門《ほうもん》を*讃嘆《さんだん》し勧化《かんけ》をいたすともがらのなかにおいて、さらに真実《しんじつ》にわがこころ当流《とうりゅう》の正義《しょうぎ》にもとづかずとおぼゆるなり。そのゆゑをいかんといふに、まづかの心中《しんちゅう》におもふやうは、われは仏法《ぶっぽう》の*根源《こんげん》をよく知《し》り顔《がお》の*体《てい》にて、しかもたれに相伝《そうでん》したる分《ぶん》もなくして、あるいは縁《えん》の端《はし》、障子《しょうじ》の外《そと》にて、ただ自然《じねん》と*ききとり法門《ほうもん》の分斉《ぶんざい》をもつて、真実《しんじつ》に仏法《ぶっぽう》にそのこころざ

字ぢから　言葉を理解する能力。

結句本寺よりの成敗…　あげくのはてには、本山よりの命令であるといって他人をだまして。

足手をはこび　ここでは参詣するという意。

所詮もあるべからざる…　かいもあるはずがない。益もあるはずがない。

冥慮　仏祖のおぼしめし。ここでは親鸞聖人のおぼしめし。

讃嘆　ここでは法話、法談の意。

根源　おおもと。根本。

体　ようす。ありさま。

ききとり法門　正式に教授されることなく、自然に聞き覚えた法義。

しはあさくして、われよりほかは仏法《ぶっぽう》の次第《しだい》を存知《ぞんじ》したるものなきやうにおもひはんべり。これによりて、たまたまも当流《とうりゅう》の正義《しょうぎ》を*かたのごとく讃嘆《さんだん》せしむるひとをみては、*あながちにこれを*偏執《へんじゅう》す。すなはちわれひとりよく知《し》り顔《がお》の*風情《ふぜい》は、第一《だいいち》に憍慢《きょうまん》のこころにあらずや。かくのごときの心中《しんちゅう》をもつて、諸方《しょほう》の門徒中《もんとちゅう》を経回《けいかい》して聖教《しょうぎょう》をよみ、あまつさへわたくしの義《ぎ》をもつて本寺《ほんじ》よりのつかひと号《ごう》して、人《ひと》を*へつらひ、虚言《きょごん》をかまへ、ものをとるばかりなり。これらのひとをば、なにとしてよき仏法者《ぶっぽうしゃ》、また聖教《しょうぎょう》よみとはいふべきをや。あさましあさまし。なげきてもなほなげくべきはただこの一事《いちじ》なり。これによりて、まづ当流《とうりゅう》の義《ぎ》をたて、ひとを勧化《かんけ》せんとおもはんともがらにおいては、その勧化《かんけ》の次第《しだい》をよく存知《ぞんじ》すべきものなり。

それ、当流《とうりゅう》の他力信心《たりきしんじん》のひとをすすめんとおもはんには、まづ宿善《しゅくぜん》・無宿善《むしゅくぜん》の機《き》を*沙汰《さた》すべし。さればいかにむかしより当門徒《とうもんと》にその名《な》をかけたるひとなりとも、無宿善《むしゅくぜん》の機《き》は信心《しんじん》をとりがたし。まことに宿善開発《しゅくぜんかいほつ》の機《き》はおのづから信《しん》を決定《けつじょう》すべし。されば無宿善《むしゅくぜん》の機《き》のまへにおいては、正雑二行《しょうぞうにぎょう》の沙汰《さた》をするときは、かへりて誹謗《ひほう》の*もとゐとなるべきなり。この宿善《しゅくぜん》・無《む》

かたのごとく　定まった教義のとおりに。

あながちに　むりに。ことさらに。

偏執　自分の考えに固執すること。

風情　ありさま。ようす。

へつらひ　取り入り。

沙汰　ここでは考えわきまえる、見定めるというほどの意。

もとゐ　原因。

宿善《しゅくぜん》の道理《どうり》を分別《ふんべつ》せずして、手《て》びろに世間《せけん》のひとをもはばからず勧化《かんけ》をいたすこと、もつてのほかの当流《とうりゅう》の掟《おきて》にあひそむけり。されば『大経《だいきょう》』（下）にのたまはく、「*若人無善本不得聞此経《にゃくにんむぜんぽんふとくもんしきょう》」ともいひ、「*若聞此経《にゃくもんしきょう》　信楽受持《しんぎょうじゅじ》　難《なん》中之難《ちゅうしなん》　無過斯難《むかしなん》」ともいへり。また善導《ぜんどう》は「*過去已曾《かこいぞう》　修習此法《しゅじゅうしほう》　今得重《こんとくじゅう》聞《もん》　則生歓喜《そくしょうかんぎ》」（定善義 四一一）とも釈《しゃく》せり。いづれの経釈《きょうしゃく》によるとも、すでに宿善《しゅくぜん》にかぎれりとみえたり。しかれば、宿善《しゅくぜん》の機《き》をまもりて、当流《とうりゅう》の法《ほう》をばあたふべしときこえたり。このおもむきをくはしく存知《ぞんじ》して、ひとをば勧《かん》化《け》すべし。ことにまづ王法《おうぼう》をもつて本《ほん》とし、仁義《じんぎ》を先《さき》として、*世間通途《せけんつうず》の義《ぎ》に順《じゅん》じて、当流安心《とうりゅうあんじん》をば内心《ないしん》にふかくたくはへて、外相《げそう》に法流《ほうりゅう》のすがたを他《た》宗《しゅう》・他家《たけ》にみえぬやうにふるまふべし。このこころをもつて当流真実《とうりゅうしんじつ》の正義《しょうぎ》をよく存知《ぞんじ》せしめたるひとはなづくべきものなり。あなかしこ、あなかしこ。

*文明八年正月二十七日《ぶんめいはちねんしょうがつにじゅうしちにち》

（三）

それ、当流門徒中《とうりゅうもんとちゅう》において、すでに安心決定《あんじんけつじょう》せしめたらん人《ひと》の身《み》のうへにも、また未決定《みけつじょう》の人《ひと》の安心《あんじん》をとらんとおもはん人《ひと》も、こころうべき次第《しだい》は、

若人無善…　「もし人善本なければ、この経を聞くことを得ず」（化身土巻訓）

若聞此経…　「もしこの経を聞きて信楽受持すること、難のなかの難、これに過ぎて難きはなけん」（化身土巻訓）

過去已曾…　「過去にすでにかつてこの法を修習して、いまかさねて聞くことを得てすなはち歓喜を生ず」

世間通途の義　世間一般の風習。

文明八年　一四七六年。蓮如上人六十二歳。

まづほかには王法《おうぼう》を本《ほん》とし、諸神《しょじん》・諸仏《しょぶつ》・菩薩《ぼさつ》をかろしめず、また諸宗《しょしゅう》・諸法《しょほう》を謗《ほう》ぜず、国《くに》ところにあらば守護《しゅご》・地頭《じとう》にむきては疎略《そりゃく》なく、かぎりある年貢《ねんぐ》
59 所当《しょとう》を*つぶさに沙汰《さた》をいたし、そのほか仁義《じんぎ》をもつて本《ほん》とし、また後生《ごしょう》のためには内心《ないしん》に阿弥陀如来《あみだにょらい》を一心一向《いっしんいっこう》にたのみたてまつりて、自余《じよ》の雑行雑善《ぞうぎょうぞうぜん》にこころをばとどめずして、一念《いちねん》も疑心《ぎしん》なく信《しん》じまゐらせば、かならず真実《しんじつ》の極楽浄土《らくじょうど》に往生《おうじょう》すべし。このこころえのとほりをもつて、すなはち弥陀如来《みだにょらい》の他力《たりき》の信心《しんじん》をえたる念仏行者《ねんぶつぎょうじゃ》のすがたとはいふべし。かくのごとく念仏《ねんぶつ》の信心《しんじん》をとりてのうへに、なほおもふべきやうは、さてもかかるわれらごときのあさましき一生造悪《いっしょうぞうあく》の罪《つみ》ふかき身《み》ながら、ひとたび一念帰命《いちねんきみょう》の信心《しんじん》をおこせば、仏《ぶつ》の願力《がんりき》によりてたやすくたすけたまへる弥陀如来《みだにょらい》の不思議《ふしぎ》にまします超世《ちょうせ》の本願《ほんがん》の強縁《ごうえん》のありがたさよと、ふかくおもひたてまつりて、その御恩報謝《ごおんほうしゃ》のためには、ねてもさめてもただ念仏《ねんぶつ》ばかりをとなへて、かの弥陀如来《みだにょらい》の仏恩《ぶっとん》を報《ほう》じたてまつるべきばかりなり。このうへには後生《ごしょう》のためになにをしりても所用《しょよう》なきところに、ちかごろもつてのほか、みな人《ひと》のなにの不足《ふそく》ありてか、相伝《そうでん》もなきしらぬ*くせ法門《ぼうもん》をいひて人《ひと》をもまどはし、また無上《むじょう》の法流《ほうりゅう》をもけがさん

つぶさに沙汰をいたし もれなく処置し。

くせ法門 個人的な好みによってゆがめた法門。

こと、まことにもつてあさましき次第《しだい》なり。よくよくおもひはからふべきもの
なり。あなかしこ、あなかしこ。

文明八年七月十八日《ぶんめいはちねんしちがつじゆうはちにち》

釈証如《しやくしようによ》（花押）

四帖

60

（一）

それ、真宗念仏行者《しんしゆうねんぶつぎようじや》のなかにおいて、法義《ほうぎ》についてそのこころえなき次第《しだい》これおほし。しかるあひだ、大概《たいがい》そのおもむきをあらはしをはりぬ。所詮《しよせん》*自《じ》今以後《こんいご》は、同心《どうしん》の行者《ぎようじや》はこのことばをもつて本《ほん》とすべし。これについてふたつのこころあり。一《ひと》つには、自身《じしん》の往生《おうじよう》すべき安心《あんじん》をまづ*治定《じじよう》すべし。二《ふた》つには、ひとを勧化《かんけ》せんに宿善《しゆくぜん》・無宿善《むしゆくぜん》のふたつを分別《ふんべつ》して勧化《かんけ》をいたすべし。この道理《どうり》を心中《しんちゆう》に決定《けつじよう》してたもつべし。しかれば、わが往生《おうじよう》の一段《いちだん》においては、内心《ないしん》にふかく一念発起《いちねんぼつき》の信心《しんじん》をたくはへて、しかも他力仏恩《たりきぶつとん》の称名《しようみよう》をた*

自今以後　今より後。今後。

治定　決定《けつじよう》すること。たしかに定まること。

たしなみ　つとめて。こころがけて。

しなみ、そのうへにはなほ＊王法《おうぼう》を先《さき》とし、＊仁義《じんぎ》を本《ほん》とすべし。また諸仏《しょぶつ》・菩薩《ぼさつ》等《とう》を疎略《そりゃく》にせず、諸法《しょほう》・諸宗《しょしゅう》を＊軽賎《きょうせん》せず、ただ＊世間通途《せけんつうず》の義《ぎ》に順《じゅん》じて、外相《げそう》に＊当流法義《とうりゅうほうぎ》のすがたを＊他宗《たしゅう》・他門《たもん》のひとにみせざるをもつて、当流聖人《とうりゅうしょうにん》（親鸞）の掟《おきて》をまもる真宗念仏《しんしゅうねんぶつ》の行者《ぎょうじゃ》といひつべし。ことに当時《とうじ》このごろは、＊あながちに＊偏執《へんじゅう》すべき耳《みみ》をそばだて、＊謗難《ぼうなん》のくちびるをめぐらすをもつて本《ほん》とする時分《じぶん》たるあひだ、かたくその用捨《ようしゃ》あるべきものなり。そもそも、当流《とうりゅう》にたつるところの他力《たりき》の三信《さんしん》といふは、第十八《だいじゅうはち》の願《がん》に「＊至心信楽欲生我国《ししんしんぎょうよくしょうがこく》」といへり。これすなはち三信《さんしん》とはいへども、ただ弥陀《みだ》をたのむところの行者《ぎょうじゃ》帰命《きみょう》の一心《いっしん》なり。そのゆゑはいかんといふに、宿善開発《しゅくぜんかいほつ》の行者《ぎょうじゃ》、一念弥陀《いちねんみだ》に帰命《きみょう》せんとおもふこころの一念《いちねん》おこる＊きざみ、仏《ぶつ》の＊心光《しんこう》、かの一念帰命《いちねんきみょう》の行《ぎょう》者《じゃ》を摂取《せっしゅ》したまふ。その時節《じせつ》をさして至心《ししん》・信楽《しんぎょう》・欲生《よくしょう》の三信《さんしん》ともいひ、またこのこころを願成就《がんじょうじゅ》の文《もん》（大経・下）には、「＊即得往生住不退転《そくとくおうじょうじゅうふたいてん》」と説《と》けり。あるいはこの位《くらい》を、すなはち真実信心《しんじつしんじん》の行人《ぎょうにん》とも、宿因深厚《しゅくいんじんこう》の行者《ぎょうじゃ》とも、平生業成《へいぜいごうじょう》の人《ひと》ともいふべし。されば弥陀《みだ》に帰命《きみょう》すといふも、信心獲得《しんじんぎゃくとく》すといふも、宿善《しゅくぜん》にあらずといふことなし。しかれば、念仏往生《ねんぶつおうじょう》の根機《こんき》は、＊宿《しゅく》

王法　仏法に対する語で、支配者が定めた民衆統治の法。倫理道徳の意味も含む。
仁義　世間の道徳。儒教の倫理徳目を仁と義で代表させたもの。
軽賎せず　軽くあつかったり、いやしめたりしない。
世間通途の義　世間一般の風習。
当流　浄土真宗を指す。
他宗他門　浄土真宗以外をいう。他門は浄土門内の西《せい》山《ざん》、鎮西《ちんぜい》等の諸流、他宗は聖道門《しょうどうもん》諸宗を指す。
あながちに　むりに。ことさらに。
偏執　自分の考えに固執すること。
謗難のくちびるをめぐらす　非難する、そしるという意。
至心信楽…　「心を至し信楽してわが国に生れんと欲《おも》ひて」（信巻訓）

61

因《いん》のもよほしにあらずは、われら今度《こんど》の報土《ほうど》往生《おうじょう》は不可《ふか》なりとみえたり。このこころを聖人《しょうにん》の御《おん》ことばには「*遇獲信心遠慶宿縁《ぐぎゃくしんじんおんきょうしゅくえん》」（文類聚鈔）と仰《おお》せられたり。これによりて、当流《とうりゅう》のこころは、人《ひと》を勧化《かんけ》せんとおもふとも、宿善《しゅくぜん》・無宿《むしゅく》善《ぜん》のふたつを分別《ふんべつ》せずは*いたづらごとなるべし。このゆゑに、宿善《しゅくぜん》の有無《うむ》の根機《こんき》をあひはかりて人《ひと》をば勧化《かんけ》すべし。しかれば、近代当流《きんだいとうりゅう》の仏法者《ぶっぽうしゃ》の*風情《ふぜい》は、是非《ぜひ》の分別《ふんべつ》なく当流《とうりゅう》の義《ぎ》を*荒涼《こうりょう》に*讃嘆《さんだん》せしむるあひだ、真宗《しんしゅう》の正意《しょうい》、このいはれによりてあひすたれたりときこえたり。かくのごときらの次第《しだい》を委細《いさい》に存知《ぞんじ》して、当流《とうりゅう》の一義《いちぎ》をば讃嘆《さんだん》すべきものなり。*あなかしこ、あなかしこ。

*文明九年丁酉正月八日《ぶんめいくねんひのとのとりしょうがつようか》

（三）

それ、人間《にんげん》の寿命《じゅみょう》をかぞふれば、*今《いま》の時《とき》の定命《じょうみょう》は五十六歳《ごじゅうろくさい》なり。しかるに*当時《とうじ》において、年五十六《としごじゅうろく》まで生《い》きのびたらん人《ひと》は、まことにもつて*いかめしきことなるべし。これによりて、予《よ》すでに*頽齢六十三歳《たいれいろくじゅうさんさい》にせまれり。*勘篇《かんべん》すれば年《とし》はや七年《しちねん》まで生《い》きのびぬ。これにつけても、前業《ぜんごう》の所感《しょかん》なれば、いかなる病患《びょうげん》をうけてか死《し》の縁《えん》にのぞまんとおぼつかなし。これさらにはからざ

きざみ　とき。

心光　色光《しきこう》に対する語で智光、内光ともいう。大智大悲の仏心をもって念仏の衆生《しゅじょう》をおさめとる摂取《せっしゅ》の光明《こうみょう》のこと。

即得往生…　「すなはち往生を得、不退転に住せん」（信巻訓）

宿因のもよほし　宿世のよき因縁《いんねん》。宿善のこと。

遇獲信心…　「たまたま信心を獲ば、遠く宿縁を慶べ」

いたづらごと　無意味なこと。むだなこと。無益なこと。

風情　ありさま。ようす。

荒涼に　さしひかえることなく尊大に。遠慮なく横柄に。

讃嘆　ここでは法話、法談の意。

る次第《しだい》なり。ことにもつて当時《とうじ》の*体《てい》たらくをみおよぶに、*定相《じょうそう》なき時分《じぶん》なれば、人間《にんげん》のかなしさはおもふやうにもなし。あはれ死《し》なばやとおもはば、やがて死《し》なれなん世《よ》にてもあらば、などかいままでこの世《よ》にすみはんべりなん。ただいそぎても生《うま》れたきは極楽浄土《ごくらくじょうど》、ねがうてもねがひえんものは無漏《むろ》の仏体《ぶったい》なり。しかれば、一念帰命《いちねんきみょう》の他力安心《たりきあんじん》を仏智《ぶっち》より獲得《ぎゃくとく》せしめん身《み》の上《うえ》においては、*畢命為期《ひつみょういご》まで仏恩報尽《ぶっとんほうじん》のために称名《しょうみょう》をつとめんにいたりては、あながちになにの不足《ふそく》ありてか、*先生《せんしょう》より定《さだ》まれるところの死期《しご》をいそがんも、かへりておろかにまどひぬるかともおもひはんべるなり。このゆゑに*愚老《ぐろう》が身《しん》上《じょう》にあててかくのごとくおもへり。たれのひとびともこの心中《しんちゅう》に住《じゅう》すべし。ことにもつて、この世界《せかい》のならひは*老少不定《ろうしょうふじょう》にして*電光朝露《でんこうちょうろ》の*あだなる身《み》なれば、いまも無常《むじょう》の風《かぜ》きたらんことをばしらぬ*体《てい》にてすぎゆきて、後生《ごしょう》をばかつてねがはず、ただ今生《こんじょう》をばいつまでも生《い》きのびんずるやうにこそおもひはんべれ。*あさましといふもなほ*おろかなり。いそぎ今日《こんにち》より弥陀如来《みだにょらい》の他力本《たりきほん》願《がん》をたのみ、一向《いっこう》に無量寿仏《むりょうじゅぶつ》に帰命《きみょう》して、真実報土《しんじつほうど》の往生《おうじょう》をねがひ、称名《しょうみょう》念仏《ねんぶつ》せしむべきものなり。あなかしこ、あなかしこ。

あなかしこ　原意は「なんとまあ、おそれ多いことよ」。転じて書簡の末尾におかれる慣用語。『御文章』では内容を強調し念をおす語として用いられている。

文明九年　一四七七年。蓮如上人六十三歳。

今の時の定命…　釈尊の入《にゅう》滅《めつ》時を起点として、時代が百年を経過するごとに人寿が一歳減少するという説にもとづいたもの。当時は釈尊の入滅後、約二千四百年と考えられていたから、釈尊の寿命八十歳より、二十四歳を減じて、定命を五十六歳と計算した。

当時　いま。現在。

いかめしきこと　なみなみでないこと。

頽齢　高齢。老齢。

勘篇　計算すること。

時《とき》に文明《ぶんめい》九年《くねん》九月《くがつ》十七日《じゅうしちにち》にはかに思《おも》ひ出《い》づるのあひだ、*辰剋以前《たつのこくいぜん》に早々《そうそう》これを書《か》き記《しる》しをはりぬ。

*信証院六十三歳《しんしょういんろくじゅうさんさい》

かきおくもふでにまかするふみなれば　ことばのすゑぞをかしかりける

(三)

それ、*当時世上《とうじせじょう》の体《てい》たらく、いつのころにか*落居《らっきょ》すべきともおぼえはんべらざる風情《ふぜい》なり。しかるあひだ、諸国往来《しょこくおうらい》の通路《つうろ》にいたるまでも、たやすからざる時分《じぶん》なれば、仏法《ぶっぽう》・世法《せほう》につけても*千万迷惑《せんばんめいわく》のをりふしなり。これによりて、あるいは霊仏《れいぶつ》・霊社参詣《れいしゃさんけい》の諸人《しょにん》もなし。これにつけても、人間《にんげん》は老少不《ろうしょうふ》定《じょう》ときくときは、いそぎいかなる功徳善根《くどくぜんごん》をも修《しゅ》し、いかなる菩提涅槃《ぼだいねはん》をもねがふべきことなり。しかるに今《いま》の世《よ》も末法濁乱《まっぽうじょくらん》とはいひながら、ここに阿弥《あみ》陀如来《だにょらい》の他力本願《たりきほんがん》は、今《いま》の時節《じせつ》はいよいよ不可思議《ふかしぎ》にさかりなり。されば
63 この広大《こうだい》の悲願《ひがん》にすがりて、*在家止住《ざいけしじゅう》のともがらにおいては、一念《いちねん》の信心《しんじん》をとりて*法性常楽《ほっしょうじょうらく》の浄刹《じょうせつ》に往生《おうじょう》せずは、まことにもつて宝《たから》の山《やま》に入《い》りて、手《て》をむなしくしてかへらんに似《に》たるものか。よくよくこころをしづめてこれを案《あん》ずべ

体たらく　ようす。ありさま。

定相なき時分　秩序が乱れて定まりのない時代。

畢命為期　「畢命を期となす」この世の命が終るまで。

先生　過去世。→補註5

愚老　老人・僧などが自分をへりくだっていう語。ここでは蓮如上人の自称。

老少不定　老人が先に死に、若者が後で死ぬとは限らないこと。人の命のはかなさをいう。

電光朝露　稲妻や朝の露のようにはかないこと。

あだなる身　はかない人の身。

体　ようす。ありさま。

あさまし　なげかわしい。

おろかなり　疎かなり。(言葉では)表し尽せない。(表現が)不十分である。

し。しかれば、諸仏《しょぶつ》の本願《ほんがん》をくはしくたづぬるに、*五障《ごしょう》の女人《にょにん》、五逆《ごぎゃく》の悪人《あくにん》をばすくひたまふことかなはずときこえたり。これにつけても阿弥陀如来《あみだにょらい》こそひとり無上殊勝《むじょうしゅしょう》の願《がん》をおこして、*悪逆《あくぎゃく》の凡夫《ぼんぶ》、五障《ごしょう》の女質《にょしつ》をば、われたすくべきといふ大願《だいがん》をばおこしたまひけり。ありがたしといふもなほおろかなり。これによりて、むかし釈尊《しゃくそん》、*霊鷲山《りょうじゅせん》にましまして、*一乗法華《いちじょうほっけ》の妙典《みょうでん》を説《と》かれしとき、提婆《だいば》・阿闍世《あじゃせ》の逆害《ぎゃくがい》をおこし、釈迦《しゃか》、韋提《いだい》をして安養《あんにょう》をねがはしめたまひしによりて、かたじけなくも霊山法華《りょうぜんほっけ》の*会座《えざ》を没《もっ》して王宮《おうぐ》に降臨《ごうりん》して、韋提希夫人《いだいけぶにん》のために浄土《じょうど》の教《きょう》をひろめましまししによりて、弥陀《みだ》の本願《ほんがん》このときにあたりてさかんなり。このゆゑに*法華《ほっけ》と念仏《ねんぶつ》と同時《どうじ》の教《きょう》といへることは、このいはれなり。これすなはち末代《まつだい》の五逆《ごぎゃく》・女人《にょにん》に安養《あんにょう》の往生《おうじょう》をねがはしめんがための方便《ほうべん》に、釈迦《しゃか》、韋提《いだい》・調達《じょうだつ》（提婆達多）・闍世《じゃせ》の五逆《ごぎゃく》をつくりて、かかる機《き》なれども、不思議《ふしぎ》の本願《ほんがん》に帰《き》すれば、かならず安養《あんにょう》の往生《おうじょう》をとぐるものなりとしらせたまへりとしるべし。あなかしこ、あなかしこ。

文明九歳《ぶんめいくさい》九月《くがつ》二十七日《にじゅうしちにち》これを記《しる》す。

辰剋　午前八時頃。
信証院　蓮如上人の院号。
当時世上の体たらく　この頃、土一揆、戦《いくさ》などで世の中が騒乱状態であった。
落居　しずまること。落ち着くこと。
千万　はなはだしく。
在家止住　在家の生活をしている者。
法性常楽の浄刹　永遠のさとりの境界《きょうがい》である極楽浄土のこと。

五障　→補註14
悪逆　十悪《じゅうあく》と五逆のこと。→十悪、五逆《ごぎゃく》
霊鷲山　耆闍崛山《ぎしゃくっせん》のこと。→耆闍崛山
一乗法華の妙典　一乗の理を明かす『法華経』のこと。→法華経《ほけきょう》
会座を没して　説法を中止して。

（四）

64

それ、秋《あき》も去《さ》り春《はる》も去《さ》りて、年月《としつき》を送《おく》ること、昨日《きのう》も過《す》ぎ今日《きょう》も過《す》ぐ。いつのまにかは年老《ねんろう》のつもるらんともおぼえずしらざりき。しかるにそのうちには、さりとも、あるいは*花鳥風月《かちょうふうげつ》のあそびにもまじはりつらん。また歓楽苦《かんらくく》痛《つう》の悲喜《ひき》にもあひはんべりつらんなれども、いまにそれともおもひいだすこととてはひとつもなし。ただ*いたづらにあかし、いたづらにくらして、老《おい》の白髪《しらが》となりはてぬる身《み》のありさまこそかなしけれ。されども今日《きょう》までは無常《むじょう》のはげしき風《かぜ》にもさそはれずして、*わが身《み》ありがほの体《てい》を*つらつら案《あん》ずるに、ただ夢《ゆめ》のごとし、幻《まぼろし》のごとし。いまにおいては、*生死出離《しょうじしゅつり》の一道《いちどう》ならでは、ねがふべきかたとてはひとつもなく、またふたつもなし。これによりて、ここに*未来悪《みらいあく》世《せ》のわれらごときの衆生《しゅじょう》をたやすくたすけたまふ阿弥陀如来《あみだにょらい》の本願《ほんがん》のましますときけば、まことにたのもしく、ありがたくもおもひはんべるなり。この本《ほん》願《がん》をただ*一念無疑《いちねんむぎ》に至心帰命《ししんきみょう》したてまつれば、*わづらひもなく、*そのとき臨終《りんじゅう》せば往生治定《おうじょうじじょう》すべし。もしそのいのちのびなば、一期《いちご》のあひだは仏恩報謝《ぶっとんほうしゃ》のために念仏《ねんぶつ》して畢命《ひつみょう》を期《ご》とすべし。これすなはち平生業成《へいぜいごうじょう》のこころなるべしと、たしかに聴聞《ちょうもん》せしむるあひだ、その決定《けつじょう》の信心《しんじん》のとほり、いまに耳《みみ》の底《そこ》

法華と念仏と… 釈尊が霊《りょう》鷲山《じゅせん》での『法華経《ほけきょう》』の説法を一時中止して王宮において『観経』の念仏の教えを説いたことをいう。覚如《かくにょ》上人の『口伝鈔』（一五）等にみえる。

花鳥風月のあそび 春は花鳥を、秋は風月を楽しむこと。風流な遊び。

いたづらに むなしく。むだに。

わが身ありがほ いかにも自分は死とは無縁であるかのように思っていること。

つらつら よくよく。つくづく。

生死出離 迷いの世界を離れ出ること。

未来悪世 釈尊が出現した時を基準にして、現在のことを未来という。現在が、釈尊から遠く時代のくだっ

に退転《たいてん》せしむることなし。ありがたしといふもなほおろかなるものなり。されば弥陀如来他力本願《みだにょらいたりきほんがん》のたふとさありがたさのあまり、かくのごとく口《くち》にうかむにまかせてこのこころを詠歌《えいか》にいはく、

ひとたびもほとけをたのむこころこそ　まことののりにかなふみちなれ

つみふかく如来《にょらい》をたのむ身《み》になれば　のりのちからに西《にし》へこそゆけ

法《のり》をきくみちにこころのさだまれば　南無阿弥陀仏《なもあみだぶつ》ととなへこそすれ　と。

わが身《み》ながらも本願《ほんがん》の一法《いっぽう》の殊勝《しゅしょう》なるあまり、かく申《もう》しはんべりぬ。この
65 三首《さんしゅ》の歌《うた》のこころは、はじめは、一念帰命《いちねんきみょう》の信心決定《しんじんけつじょう》のすがたをよみはんべり。のちの歌《うた》は、*入正定聚《にゅうしょうじょうじゅ》の益《やく》、*必至滅度《ひっしめつど》のこころをよみはんべりぬ。つぎのこころは、*慶喜金剛《きょうきこんごう》の信心《しんじん》のうへには、知恩報徳《ちおんほうとく》のこころをよみはんべりしなり。されば他力《たりき》の信心発得《しんじんほっとく》せしむるうへなれば、せめてはかやうにくちずさみても、仏恩報尽《ぶっとんほうじん》のつとめにもやなりぬべきともおもひ、またきくひとも宿《しゅく》縁《えん》あらば、などやおなじこころにならざらんとおもひはんべりしなり。しかるに予《よ》すでに*七旬《しちしゅん》のよはひにおよび、ことに愚闇無才《ぐあんむさい》の身《み》として、*片腹《かたはら》いたくもかくのごとく*しらぬえせ法門《ぼうもん》を申《もう》すこと、かつは*斟酌《しんしゃく》をもかへりみず、た

た、悪のはびこる時代であるということ。

一念無疑　阿弥陀仏の本願を二心《ふたごころ》（疑い）なく信じること。

わづらひ　心配。めんどう。苦労。

そのとき臨終…　往生治定は、往生することに定まること。ここでは「臨終せば」とあり、短命な臨終の機についていったもの。

入正定聚の益　現生十種益の第十益。→正定聚《しょうじょうじゅ》

必至滅度　必ず仏のさとりを得ること。第十一願によって与えられる利益《りやく》。

慶喜金剛の信心　第十八願の信心をあらわした語。

七旬のよはひにおよび　六十歳を過ぎて、第七旬に入ったということ。旬は十年の意。

だ本願《ほんがん》のひとすぢのたふとさばかりのあまり、卑劣《ひれつ》のこの*ことの葉《は》を筆《ふで》にまかせて書《か》きしるしをはりぬ。のちにみん人《ひと》、そしりをなさざれ。これまことに*讃《さん》仏乗《ぶつじょう》の縁《えん》・転法輪《てんぽうりん》の因《いん》ともなりはんべりぬべし。*あひかまへて偏執《へんじゅう》をなすことゆめゆめなかれ。あなかしこ、あなかしこ。

時《とき》に*文明年中《ぶんめいねんちゅう》丁酉《ひのとのとり》*暮冬仲旬《ぼとうちゅうじゅん》のころ、炉辺《ろへん》において暫時《ざんじ》にこれを書《か》き記《しる》すものなりと云々《うんぬん》。

右《みぎ》この書《しょ》は、当所《とうしょ》*はりの木原辺《きはらへん》より*九間在家《くけんざいけ》へ*仏照寺《ぶっしょうじ》所用《しょよう》ありて出行《しゅつぎょう》のとき、路次《ろし》にてこの書《しょ》をひろひて*当坊《とうぼう》へもちきたれり。

文明九年十二月二日《ぶんめいくねんじゅうにがつふつか》

（五）

それ、*中古以来当時《ちゅうこいらいとうじ》にいたるまでも、当流《とうりゅう》の勧化《かんけ》をいたすその人数《にんじゅ》のなかにおいて、さらに宿善《しゅくぜん》の有無《うむ》といふことをしらずして勧化《かんけ》をなすなり。所詮自《しょせんじ》
66 今以後《こんいご》においては、このいはれを存知《ぞんじ》せしめて、たとひ聖教《しょうぎょう》をもよみ、また暫時《ざんじ》に法門《ほうもん》をいはんときも、このこころを覚悟《かくご》して*一流《いちりゅう》の法義《ほうぎ》をば讃嘆《さんだん》し、あるいはまた仏法聴聞《ぶっぽうちょうもん》のためにとて人数《にんじゅ》おほくあつまりたらんときも、この人《にん》

片腹いたくも　見苦しくも。

しらぬえせ法門　ここでは自分でさとりきわめた法門ではなく、教えられたとおりを、口まねして説いている形ばかりの教えに過ぎないと卑謙した言葉。

斟酌　さしひかえること。はばかること。

ことの葉　前掲の三首の詠歌を指す。

讃仏乗の縁転法輪の因　仏法を讃嘆するたすけ。仏法を広めるもと。『白氏文集《はくしもんじゅう》』巻七十一「香山寺白氏洛中集記」には「讃仏乗の因、転法輪の縁」とある。

あひかまへて　決して。

文明年中丁酉　文明九年（一四七七）。蓮如上人六十三歳。

暮冬　陰暦十二月の別称。

はりの木原　地名。現在の

数《じゅ》のなかにおいて、もし無宿善《むしゅくぜん》の機《き》やあるらんとおもひて、一流真実《いちりゅうしんじつ》の法義《ほうぎ》を沙汰《さた》すべからざるところに、近代人々《きんだいひとびと》の勧化《かんけ》する体《てい》たらくをみおよぶに、この覚悟《かくご》はなく、ただいづれの機《き》なりともよく勧化《かんけ》せば、などか当流《とうりゅう》の安心《あんじん》にもとづかざらんやうにおもひはんべりき。これあやまりとしるべし。かくのごとき の次第《しだい》をねんごろに存知《ぞんじ》して、当流《とうりゅう》の勧化《かんけ》をばいたすべきものなり。中古《ちゅうこ》このごろにいたるまで、さらにそのこころを得《え》て*うつくしく勧化《かんけ》する人《ひと》なし。これらのおもむきをよくよく覚悟《かくご》して、*かたのごとくの勧化《かんけ》をばいたすべきものなり。そもそも、今月《こんがつ》二十八日《にじゅうはちにち》は、毎年《まいねん》の儀《ぎ》として、懈怠《けだい》なく*開山聖人《かいさんしょうにん》（親鸞）の報恩謝徳《ほうおんしゃとく》のために念仏勤行《ねんぶつごんぎょう》をいたさんと擬《ぎ》する人数《にんじゅ》これおほし。まことにもつて*流《ながれ》をくんで本源《ほんげん》をたづぬる道理《どうり》を存知《ぞんじ》せるがゆゑなり。ひとへにこれ聖人《しょうにん》の勧化《かんけ》のあまねきがいたすところなり。しかるあひだ、近年《きんねん》ことのほか当流《とうりゅう》に讃嘆《さんだん》せざるひが*法門《ぼうもん》をたてて、諸人《しょにん》をまどはしめて、あるいはそのところの*地頭《じとう》・領主《りょうしゅ》にもとがめられ、わが身《み》も悪見《あくけん》に住《じゅう》して、当流《とうりゅう》の真実《しんじつ》なる安《あん》心《じん》のかたもただしからざるやうにみおよべり。あさましき次第《しだい》にあらずや。かなしむべし、おそるべし。所詮今月報恩講七昼夜《しょせんこんがつほうおんこうしちちゅうや》のうちにおいて、各々《かくかく》に*改《がい》

大阪府茨木市。

九間在家　地名。現在の大阪府茨木市。

仏照寺　仏照寺の住持、教《きょう》光《こう》を指すものか。同寺は当時の有力寺院。現在の大阪府茨木市にある。

当坊　蓮如上人が吉崎《よしざき》より移った出口の坊をいう。現在の大阪府枚方市出口にある光善寺がその跡を伝える。

中古　古（むかし）を上古・中古・下古と三分したことによるが、下古をいわない場合もある。浄土真宗では親鸞聖人より第三代の覚如《かくにょ》上人までを上古、それ以後を中古という。

一流　ここでは浄土真宗を指す。

うつくしく　見事に。立派に。申し分なく。

かたのごとく　定まった教

67

悔《け》の心《こころ》をおこして、わが身《み》のあやまれるところの心中《しんちゅう》を心底《しんてい》にのこさずして、*当寺《とうじ》の*御影前《ごえいぜん》において、*回心懺悔《えしんさんげ》して、諸人《しょにん》の耳《みみ》にこれをきかしむるやうに毎《まい》日毎夜《にちまいや》にかたるべし。これすなはち「*謗法闡提回心皆往《ほうぼうせんだいえしんかいおう》」（法事讃・上　五一八）の御釈《おんしゃく》にもあひかなひ、また「*自信教人信《じしんきょうにんしん》」（礼讃　六七六）の義《ぎ》にも相応《そうおう》すべきものなり。しからばまことにこころあらん人々《ひとびと》は、この回心懺悔《えしんさんげ》をききても、げにもとおもひて、おなじく日《ひ》ごろの悪心《あくしん》をひるがへして善心《ぜんしん》になりかへる人《ひと》もあるべし。これぞまことに今月《こんがつ》聖人《しょうにん》の御忌《ぎょき》の本懐《ほんがい》にあひかなふべし。これすなはち報恩謝徳《ほうおんしゃとく》の*懇志《こんし》たるべきものなり。あなかしこ、あなかしこ。

*文明十四年十一月二十一日《ぶんめいじゅうよねんじゅういちがつにじゅういちにち》

（六）

そもそも、当月《とうがつ》の報恩講《ほうおんこう》は、開山聖人《かいさんしょうにん》（親鸞）の*御遷化《ごせんげ》の正忌《しょうき》として、例《れい》年《ねん》の旧儀《きゅうぎ》とす。これによりて、遠国近国《えんごくきんごく》の門徒《もんと》のたぐひ、この時節《じせつ》にあひあたりて、参詣《さんけい》のこころざしをはこび、報謝《ほうしゃ》のまことをいたさんと欲《ほっ》す。しかるあひだ、毎年《まいねん》*七昼夜《しちちゅうや》のあひだにおいて、念仏勤行《ねんぶつごんぎょう》をこらしはげます。これすなはち真実信心《しんじつしんじん》の行者繁昌《ぎょうじゃはんじょう》せしむるゆゑなり。まことにもつて*念仏得堅固《ねんぶつとくけんご》の時《じ》

義のとおりに。

開山　一宗派の開祖。一般には一寺を開いた者。

流をくんで…　『報恩講私記』の「流を酌んで本源を尋ぬるに、ひとへにこれ祖師の徳なり」という文による。

ひが法門　ゆがんでかたよった教え。

地頭　鎌倉・室町幕府の職名。土地の管理、年貢の徴収等を職務とする荘官的存在であったが、この時代には守護の被官となっていた。

改悔　あやまちを悔い改めること。自力を悔い改めて他力にまかせること。

当寺　山科《やましな》本願寺を指す。

御影前　親鸞聖人の像（御《ご》真影《しんねい》）の前。

回心懺悔　誤った心をひるがえして悔い改めること。

節到来《せっとうらい》といひつべきものか。このゆゑに、一七箇日《いちしちかにち》のあひだにおいて参詣《さんけい》をいたすともがらのなかにおいて、まことに人《ひと》まねばかりに御影前《ごえいぜん》へ*出仕《しゅっし》をいたすやからこれあるべし。かの*仁体《じんたい》において、はやく御影前《ごえいぜん》にひざまづいて回心懺悔《えしんさんげ》のこころをおこして、本願《ほんがん》の正意《しょうい》に*帰入《きにゅう》して、一念発起《いちねんぽっき》の真実信心《しんじつしんじん》を*まうくべきものなり。それ、南無阿弥陀仏《なもあみだぶつ》といふは、すなはちこれ念仏行者《ねんぶつぎょうじゃ》の*安心《あんじん》の体《たい》なりとおもふべし。そのゆゑは、「南無《なも》」といふは帰命《きみょう》なり。「即是帰命《そくぜきみょう》」といふは、われらごときの*無善造悪《むぜんぞうあく》の凡夫《ぼんぶ》のうへにおいて、阿弥陀仏《あみだぶつ》をたのみたてまつるこころなりとしるべし。そのたのむこころといふは、すなはちこれ、阿弥陀仏《あみだぶつ》の、衆生《しゅじょう》を八万四千《はちまんしせん》の大光明《だいこうみょう》のなかに摂取《せっしゅ》して、*往還二種《おうげんにしゅ》の回向《えこう》を衆生《しゅじょう》にあたへましますこころなり。されば信心《しんじん》といふも別《べつ》のこころにあらず。みな南無阿弥陀仏《なもあみだぶつ》のうちにこもりたるものなり。ちかごろは、人《ひと》の別《べつ》のことのやうにおもへり。これについて諸国《しょこく》において、当流門人《とうりゅうもんにん》のなかに、おほく祖師《そし》（親鸞）の定《さだ》めおかるるところの聖教《しょうぎょう》の所判《しょはん》になきくせ*法門《ほうもん》を沙汰《さた》して法義《ほうぎ》をみだす条《じょう》、もつてのほかの次第《しだい》なり。所詮《しょせん》かくのごときのやからにおいては、*あひかまへて、この一七箇日報恩講《いちしちかにちほうおんこう》のうちにありて、そのあやまり

自力の心をひるがえして悔い改めること。

謗法闡提… 「謗法・闡提、回心すればみな往く」（信巻訓）

自信教人信 「みづから信じ、人を教へて信ぜしむ」（信巻訓）

懇志 ねんごろなこころざし。

文明十四年 一四八二年。蓮如上人六十八歳。

御遷化 高僧の死をいう。

七昼夜 満七昼夜。報恩講の行われる期間。

念仏得堅固 念仏の教えが盛んになること。

出仕 ここでは仏前へ参詣すること。

仁体 人。

帰入 帰命に同じ。→帰《き》命《みょう》

まうく 得る。

をひるがへして正義《しょうぎ》にもとづくべきものなり。

一　*仏法《ぶっぽう》を棟梁《とうりょう》し、かたのごとく坊主分《ぼうずぶん》をもちたらん人《ひと》の身上《しんじょう》において、いささかも相承《そうじょう》もせざるしらぬえせ*法門《ぼうもん》をもつて人《ひと》にかたり、われ物《もの》しりとおもはれんためにとて、近代在々所々《きんだいざいざいしょしょ》に繁昌《はんじょう》すと云々《うんぬん》。これ*言語道断《ごんごどうだん》の次第《しだい》なり。

一　*京都本願寺御影《きょうとほんがんじごえい》へ参詣申《さんけいもう》す身《み》なりといひて、いかなる人《ひと》のなかともいはず、大道《だいどう》・大路《おおじ》にても、また*関《せき》・渡《わたり》の船中《せんちゅう》にても、はばからず*仏法方《ぶっぽうがた》のことを人《ひと》に顕露《けんろ》にかたること、おほきなるあやまりなり。

一　人《ひと》ありていはく、「わが身《み》はいかなる仏法《ぶっぽう》を信《しん》ずる人《ひと》ぞ」とあひたづぬることありとも、しかと「当流《とうりゅう》の念仏者《ねんぶつしゃ》なり」と答《こた》ふべからず。ただ「なに宗《しゅう》ともなき、念仏《ねんぶつ》ばかりはたふときことと存《ぞん》じたるばかりなるものなり」と答《こた》ふべし。これすなはち当流聖人《とうりゅうしょうにん》（親鸞）のをしへましますところの、仏法者《ぶっぽうしゃ》とみえざる人《ひと》のすがたなるべし。さればこれらのおもむきをよくよく存知《ぞんじ》して、外相《げそう》にそのいろをみせざるをもつて、当流《とうりゅう》の正義《しょうぎ》とおもふべきものなり。

これについて、この両三年《りょうさんねん》のあひだ報恩講中《ほうおんこうちゅう》において、*衆中《しゅちゅう》として定《さだ》めおく

安心の体　信心の本体。信心そのもの。

無善造悪　善行善根《ぜんぎょうぜんごん》がなく、悪のみを行うという意。

往還二種の回向　往相回向と還相回向のこと。→往相《おうそう》回向《えこう》、還相《げんそう》回向《えこう》

くせ法門　個人的な好みによってゆがめた法門。

あひかまへて　必ず。

仏法を棟梁し…　仏法興隆の上で中心的役割を果すべき人のこと。棟梁は、人を建物の棟《むね》、梁《はり》に喩えたもの。

えせ法門　正しくないつまらない法門。

言語道断　言葉でいいあらわせないこと。古語としてはきわめてすぐれている意味にも、きわめて悪い意味にも用いる。

京都本願寺　山科《やましな》本願寺のこと。

ところの義《ぎ》ひとつとして違変《いへん》あるべからず。この衆中《しゅちゅう》において万一相違《まんいちそうい》せしむる子細《しさい》これあらば、ながき世《よ》、開山聖人《かいさんしょうにん》（親鸞）の御門徒《ごもんと》たるべからざる
69 ものなり。あなかしこ、あなかしこ。

*文明十五年十一月《ぶんめいじゅうごねんじゅういちがつ》　日《にち》

（七）

そもそも、今月報恩講《こんがつほうおんこう》のこと、例年《れいねん》の旧儀《きゅうぎ》として七日《しちにち》の勤行《ごんぎょう》をいたすところ、いまにその退転《たいてん》なし。しかるあひだ、この時節《じせつ》にあひあたりて、諸国《しょこく》*門《もん》葉《よう》のたぐひ、報恩謝徳《ほうおんしゃとく》の懇志《こんし》をはこび、称名念仏《しょうみょうねんぶつ》の*本行《ほんぎょう》を尽《つく》す。まことにこれ専修専念決定往生《せんじゅせんねんけつじょうおうじょう》の徳《とく》なり。このゆゑに諸国参詣《しょこくさんけい》のともがらにおいて、*一《いち》味《み》の安心《あんじん》に住《じゅう》する人《ひと》まれなるべしとみえたり。そのゆゑは真実《しんじつ》に仏法《ぶっぽう》にこころざしはなくして、ただ人《ひと》まねばかり、あるいは*仁義《じんぎ》までの風情《ふぜい》ならば、まことにもつてなげかしき次第《しだい》なり。そのいはれいかんといふに、未安心《みあんじん》のともがらは不審《ふしん》の次第《しだい》をも沙汰《さた》せざるときは、不信《ふしん》のいたりともおぼえはんべれ。さればはるばると万里《ばんり》の遠路《えんろ》をしのぎ、また莫太《ばくだい》の苦労《くろう》をいたして上洛《じょうらく》せしむるところ、さらにもつてその*所詮《しょせん》なし。かなしむべし、かなしむべし。ただし不*《ふ》

関渡の船中　関は関所。渡の船中は渡し船の中。

仏法方　法義の問題。

衆中として　報恩講に参詣した坊主衆や門徒衆の仲間として。

文明十五年　一四八三年。蓮如上人六十九歳。

門葉　門弟。門下の人々。

本行　根本の行業《ぎょうごう》の意。仏名を称することが、報恩謝徳の根本行であるからこのようにいう。

一味の安心　阿弥陀仏よりひとしく回向《えこう》された安心であるから、人に応じてその内容が異なることなく同一であること。他力の信心の平等であること。

仁義　ここでは世間体をつくろうこと。

所詮なし　かいがない。益がない。

70

宿善《しゅくぜん》の機《き》ならば無用《むよう》といひつべきものか。

一　近年《きんねん》は仏法繁昌《ぶっぽうはんじょう》ともみえたれども、まことにもつて坊主分《ぼうずぶん》の人《ひと》にかぎりて、信心《しんじん》のすがた一向《いっこう》*無沙汰《ぶさた》なりときこえたり。もつてのほかなげかしき次第《しだい》なり。

一　*すゑずゑの門下《もんか》のたぐひは、他力《たりき》の信心《しんじん》のとほり聴聞《ちょうもん》のともがらこれおほきところに、坊主《ぼうず》よりこれを*腹立《ふくりゅう》せしむるよしきこえはんべり。言語道《ごんごどう》断《だん》の次第《しだい》なり。

一　田舎《いなか》より参詣《さんけい》の面々《めんめん》の身上《しんじょう》においてこころうべき旨《むね》あり。そのゆゑは、他人《たにん》のなかともいはず、また大道《だいどう》・路次《ろし》なんどにても、*関屋《せきや》・船中《せんちゅう》をもはばからず、仏法方《ぶっぽうがた》の讃嘆《さんだん》をすること*勿体《もったい》なき次第《しだい》なり。かたく停止《ちょうじ》すべきなり。

一　当流《とうりゅう》の念仏者《ねんぶつしゃ》を、あるいは人《ひと》ありて、「なに宗《しゅう》ぞ」とあひたづぬることたとひありとも、しかと「当宗念仏者《とうしゅうねんぶつしゃ》」と答《こた》ふべからず。ただ「なに宗《しゅう》ともなき念仏者《ねんぶつしゃ》なり」と答《こた》ふべし。これすなはちわが聖人《しょうにん》（親鸞）の仰《おお》せおかるるところの、*仏法者気色《ぶっぽうしゃきしょく》みえぬふるまひなるべし。このおもむきをよくよく存知《ぞんじ》して、外相《げそう》にそのいろをはたらくべからず。まことにこれ当流《とうりゅう》の念仏者《ねんぶつしゃ》のふ

不宿善の機　宿善なきもの。→宿善《しゅくぜん》

無沙汰　なおざりにすること。

すゑずゑの　末端の。

腹立　腹をたてること。

関屋　関所の番小屋。

勿体なき　もってのほか。ふとどきな。不都合な。

仏法者気色　仏法者らしいようす。

るまひの正義《しょうぎ》たるべきものなり。

一　仏法《ぶっぽう》の由来《ゆらい》を、障子《しょうじ》・かきごしに聴聞《ちょうもん》して、内心《ないしん》にさぞとたとひ領解《りょうげ》すといふとも、かさねて人《ひと》にそのおもむきをよくよくあひたづねて、信心《しんじん》のかたをば治定《じじょう》すべし。そのままわが心《こころ》にまかせば、かならずかならずあやまりなるべし。ちかごろこれらの子細《しさい》当時《とうじ》さかんなりと云々《うんぬん》。

一　信心《しんじん》をえたるとほりをば、いくたびもいくたびも人《ひと》にたづねて他力《たりき》の安《あん》心《じん》をば治定《じじょう》すべし。*一往《いちおう》聴聞《ちょうもん》してはかならずあやまりあるべきなり。

右《みぎ》この六箇条《ろっかじょう》のおもむきよくよく存知《ぞんじ》すべきものなり。近年《きんねん》仏法《ぶっぽう》は人《ひと》みな聴《ちょう》聞《もん》すとはいへども、一往《いちおう》の義《ぎ》をききて、真実《しんじつ》に信心決定《しんじんけつじょう》の人《ひと》これなきあひだ、安心《あんじん》も*うとうとしきがゆゑなり。あなかしこ、あなかしこ。

*文明十六年《ぶんめいじゅうろくねん》十一月《じゅういちがつ》二十一日《にじゅういちにち》

71

（八）

そもそも、今月《こんがつ》二十八日《にじゅうはちにち》の報恩講《ほうおんこう》は*昔年《しゃくねん》よりの*流例《るれい》たり。これによりて、近国遠国《きんごくえんごく》の門葉《もんよう》、報恩謝徳《ほうおんしゃとく》の懇志《こんし》をはこぶところなり。*二六時中《にろくじちゅう》の称名念《しょうみょうねん》仏《ぶつ》、今古退転《こんこたいてん》なし。これすなはち開山聖人《かいさんしょうにん》（親鸞）の法流《ほうりゅう》、*一天四海《いってんしかい》の勧化比《かんけひ》

一往　一応。とおり一ぺん。

うとうとしき　疎かである。

文明十六年　一四八四年。蓮如上人七十歳。

昔年　むかし。

流例　しきたり。ならわし。

二六時中　一昼夜。一昼夜を十二の時に区分したことによる。

一天四海　一天下と四海。全世界。

類《るい》なきがいたすところなり。このゆゑに七昼夜《しちちゅうや》の時節《じせつ》にあひあたり、不法不信《ふほうふしん》の根機《こんき》においては、往生浄土《おうじょうじょうど》の信心獲得《しんじんぎゃくとく》せしむべきものなり。これしかしながら、今月聖人《こんがつしょうにん》の*御正忌《ごしょうき》の報恩《ほうおん》たるべし。しからざらんともがらにおいては、報恩謝徳《ほうおんしゃとく》のこころざしなきに似《に》たるものか。これによりて、このごろ真宗《しんしゅう》の念仏者《ねんぶつしゃ》と号《ごう》するなかに、まことに心底《しんてい》より当流《とうりゅう》の安心決定《あんじんけつじょう》なきあひだ、あるいは名聞《みょうもん》、あるいはひとなみに報謝《ほうしゃ》をいたすよしの風情《ふぜい》これあり。もつてのほかしかるべからざる次第《しだい》なり。そのゆゑは、すでに万里《ばんり》の遠路《えんろ》をしのぎ莫太《ばくだい》の辛労《しんろう》をいたして上洛《じょうらく》のともがら、いたづらに名聞《みょうもん》ひとなみの心中《しんちゅう》に住《じゅう》すること口惜《くちお》しき次第《しだい》にあらずや。すこぶる*不足《ふそく》の所存《しょぞん》といひつべし。ただし無宿《むしゅく》善《ぜん》の機《き》にいたりてはちからおよばず。しかりといへども、*無二《むに》の懺悔《さんげ》をいたし、一心《いっしん》の正念《しょうねん》におもむかば、いかでか聖人《しょうにん》の御本意《ごほんい》に達《たっ》せざらんものをや。

一　諸国参詣《しょこくさんけい》のともがらのなかにおいて、在所《ざいしょ》をきらはず、いかなる大道《だいどう》・大路《おおじ》、また関屋《せきや》・渡《わたり》の船中《せんちゅう》にても、さらにそのはばかりなく仏法方《ぶっぽうがた》の次第《しだい》を顕露《けんろ》に人《ひと》にかたること、しかるべからざる事《こと》。

一　在々所々《ざいざいしょしょ》において、当流《とうりゅう》にさらに沙汰《さた》せざる*めづらしき法門《ほうもん》を讃嘆《さんだん》し、

御正忌　御正忌報恩講のこと。→報恩講《ほうおんこう》

不足の所存　行き届かない考え。考えが足りないこと。

無二の懺悔　徹底してあやまちを悔い改めること。ここでは自力心をひるがえすこと。

めづらしき法門　変った教え。浄土真宗の教義とは異なる教え。

おなじく宗義《しゅうぎ》になき*おもしろき名目《みょうもく》なんどをつかふ人《ひと》これおほし。もつてのほかの*僻案《へきあん》なり。自今以後《じこんいご》、かたく停止《ちょうじ》すべきものなり。

一　この七箇日報恩講中《しちかにちほうおんこうちゅう》においては、一人《いちにん》ものこらず信心未定《しんじんみじょう》のともがらは、
72 心中《しんちゅう》をはばからず改悔懺悔《がいけさんげ》の心《こころ》をおこして、真実信心《しんじつしんじん》を獲得《ぎゃくとく》すべきものなり。

一　もとよりわが安心《あんじん》のおもむきいまだ決定《けつじょう》せしむる分《ぶん》もなきあひだ、その不審《ふしん》をいたすべきところに、心中《しんちゅう》をつつみてありのままにかたらざるたぐひあるべし。これをせめあひたづぬるところに、ありのままに心中《しんちゅう》をかたらずして、*当場《とうば》をいひぬけんとする人《ひと》のみなり。勿体《もったい》なき次第《しだい》なり。心中《しんちゅう》をのこさずかたりて、真実信心《しんじつしんじん》にもとづくべきものなり。

一　近年仏法《きんねんぶっぽう》の棟梁《とうりょう》たる坊主達《ぼうずたち》、わが信心《しんじん》はきはめて不足《ふそく》にて、*結句《けっく》門徒《と》・同朋《どうぼう》は信心《しんじん》は決定《けつじょう》するあひだ、坊主《ぼうず》の信心不足《しんじんふそく》のよしを申《もう》せば、もつてのほか腹立《ふくりゅう》せしむる条《じょう》、言語道断《ごんごどうだん》の次第《しだい》なり。以後《いご》においては、師弟《してい》ともに一味《いちみ》の安心《あんじん》に住《じゅう》すべき事《こと》。

一　坊主分《ぼうずぶん》の人《ひと》、ちかごろはことのほか*重坏《じゅうはい》のよし、その*きこえあり。言《ごん》語道断《ごどうだん》しかるべからざる次第《しだい》なり。あながちに酒《さけ》を飲《の》む人《ひと》を停止《ちょうじ》せよといふに

おもしろき名目　相承《そうじょう》にないめずらしい変った言葉（異義のこと）。
僻案　間違った考え。
当場　その場。
結句　かえって。
重坏　大酒を飲むこと。
きこえ　うわさ。風評。評判。

はあらず。仏法《ぶっぽう》につけ門徒《もんと》につけ、重坏《じゅうはい》なれば、かならずややもすれば酔狂《すいきょう》のみ出来《しゅったい》せしむるあひだ、しかるべからず。*さあらんときは、坊主分《ぼうずぶん》は停止《ちょうじ》せられても、まことに*興隆仏法《こうりゅうぶっぽう》ともいひつべきか。しからずは、*一盞《いっさん》にてもしかるべきか。これも仏法《ぶっぽう》にこころざしのうすきによりてのことなれば、これをとどまらざるも道理《どうり》か。ふかく思案《しあん》あるべきものなり。

一　信心決定《しんじんけつじょう》のひとも、*細々《さいさい》に同行《どうぎょう》に会合《かいごう》のときは、あひたがひに*信心《しんじん》の沙汰《さた》あらば、これすなはち真宗繁昌《しんしゅうはんじょう》の根元《こんげん》なり。

一　当流《とうりゅう》の信心決定《しんじんけつじょう》すといふ体《たい》は、すなはち南無阿弥陀仏《なもあみだぶつ》の六字《ろくじ》のすがたとこころうべきなり。すでに善導《ぜんどう》釈《しゃく》していはく、*「言南無者《ごんなもしゃ》　即是帰命《そくぜきみょう》　亦是《やくぜ》発願回向之義《ほつがんえこうしぎ》　言阿弥陀仏者《ごんあみだぶっしゃ》　即是其行《そくぜごぎょう》」（玄義分　三二五）といへり。「南無《なも》」と衆生《しゅじょう》が弥陀《みだ》に帰命《きみょう》すれば、阿弥陀仏《あみだぶつ》のその衆生《しゅじょう》をよく*しろしめして、万善《まんぜん》万行恒沙《まんぎょうごうじゃ》の功徳《くどく》をさづけたまふなり。このこころすなはち「阿弥陀仏即是其《あみだぶつそくぜご》行《ぎょう》」といふこころなり。このゆゑに、南無《なも》と帰命《きみょう》する機《き》と阿弥陀仏《あみだぶつ》のたすけまします法《ほう》とが一体《いったい》なるところをさして、機法一体《きほういったい》の南無阿弥陀仏《なもあみだぶつ》とは申《もう》すなり。かるがゆゑに、阿弥陀仏《あみだぶつ》の、むかし法蔵比丘《ほうぞうびく》たりしとき、「衆生仏《しゅじょうぶつ》に成《な》ら

さあらんとき　そうである時は。

興隆仏法　仏法を盛んにすること。

一盞　一杯の酒。

細々に　しばしば。たびたび。

信心の沙汰　信心について話し合うこと。

言南無者…　「南無といふは、すなはちこれ帰命なり、またこれ発願回向の義なり。阿弥陀仏といふは、すなはちこれその行なり」（行巻訓）

しろしめして　知っていらっしゃって。ご存じであって。

ずはわれも正覚成《しょうがくな》らじ」と誓《ちか》ひましますとき、その正覚《しょうがく》すでに成《じょう》じたまひしすがたこそ、いまの南無阿弥陀仏《なもあみだぶつ》なりとこころうべし。これすなはちわれらが往生《おうじょう》の定《さだ》まりたる証拠《しょうこ》なり。されば他力《たりき》の信心獲得《しんじんぎゃくとく》すといふも、ただこの六《ろく》字《じ》のこころなりと*落居《らっきょ》すべきものなり。

そもそも、この八《はち》箇条《かじょう》のおもむきかくのごとし。しかるあひだ、*当寺建立《とうじこんりゅう》はすでに九箇年《くかねん》におよべり。毎年《まいねん》の報恩講中《ほうおんこうちゅう》において、面々各々《めんめんかくかく》に随分信心《ずいぶんしんじん》決定《けつじょう》のよし*領納《りょうのう》ありといへども、昨日今日《きのうきょう》までも、その信心《しんじん》のおもむき不同《ふどう》なるあひだ、所詮《しょせん》なきものか。しかりといへども、当年《とうねん》の報恩講中《ほうおんこうちゅう》にかぎりて、不信心《ふしんじん》のともがら、今月報恩講《こんがつほうおんこう》のうちに早速《さっそく》に真実信心《しんじつしんじん》を獲得《ぎゃくとく》なくは、年々《ねんねん》を経《ふ》といふとも*同篇《どうへん》たるべきやうにみえたり。しかるあひだ愚老《ぐろう》が年齢《ねんれい》すでに*七旬《しちしゅん》にあまりて、来年《らいねん》の報恩講《ほうおんこう》をも期《ご》しがたき身《み》なるあひだ、各々《かくかく》に真《しん》実《じつ》に決定信《けつじょうしん》をえしめん人《ひと》あらば、一《ひと》つは聖人今月《しょうにんこんがつ》の報謝《ほうしゃ》のため、一《ひと》つは愚老《ぐろう》がこの七八《しちはっ》箇年《かねん》のあひだの本懐《ほんがい》ともおもひはんべるべきものなり。あなかしこ、あなかしこ。

*文明十七年《ぶんめいじゅうしちねん》十一月《じゅういちがつ》二十三日《にじゅうさんにち》

落居　領解《りょうげ》すること。

当寺建立はすでに九箇年　当寺は山科《やましな》本願寺を指す。蓮如上人が山科の地に本願寺の造営を決定してから九箇年という意。

領納　領解すること。

同篇　同じであるさま。

七旬　旬は十年の意。

文明十七年　一四八五年。蓮如上人七十一歳。

（九）

当時《とうじ》このごろ、ことのほかに*疫癘《えきれい》とてひと死去《しきょ》す。これさらに疫癘《えきれい》によりてはじめて死《し》するにはあらず。生《うま》れはじめしよりして定《さだ》まれる*定業《じょうごう》なり。*さのみふかくおどろくまじきことなり。しかれども、今《いま》の時分《じぶん》にあたりて死去《しきょ》するときは、*さもありぬべきやうにみなひとおもへり。これまことに道理《どうり》ぞかし。このゆゑに阿弥陀如来《あみだにょらい》の仰《おお》せられけるやうは、「末代《まつだい》の凡夫罪業《ぼんぶざいごう》のわれらたらんもの、罪《つみ》はいかほどふかくとも、われを一心《いっしん》にたのまん衆生《しゅじょう》をば、かならずすくふべし」と仰《おお》せられたり。かかるときはいよいよ阿弥陀仏《あみだぶつ》をふかくたのみまゐらせて、極楽《ごくらく》に往生《おうじょう》すべしとおもひとりて、*一向一心《いっこういっしん》に弥陀《みだ》をたふときことと疑《うたが》ふこころ露《つゆ》ちりほどももつまじきことなり。かくのごとくこころえのうへには、ねてもさめても南無阿弥陀仏《なもあみだぶつ》、南無阿弥陀仏《なもあみだぶつ》と申《もう》すは、かやうにやすくたすけましまする御《おん》ありがたさ御《おん》うれしさを申《もう》す御礼《おんれい》のこころなり。これをすなはち仏恩報謝《ぶつとんほうしゃ》の念仏《ねんぶつ》とは申《もう》すなり。あなかしこ、あなかしこ。

*延徳四年六月《えんとくしねんろくがつ》　日《にち》

（一〇）

今《いま》の世《よ》にあらん女人《にょにん》は、みなみなこころを一《ひと》つにして阿弥陀如来《あみだにょらい》をふかくた

疫癘　疫病。伝染病。

定業　→補註5

さのみ　それほど。

さもありぬべきやうに　（疫癘で死ぬ）かのようにという意。

一向一心　他の仏や余行に心をかけないで、もっぱら阿弥陀仏を信じること。

延徳四年　一四九二年。蓮如上人七十八歳。

75

のみたてまつるべし。そのほかには、いづれの法《ほう》を信《しん》ずといふとも、後生《ごしょう》のたすかるといふことゆめゆめあるべからずとおもふべし。されば弥陀《みだ》をばなにとやうにたのみ、また後生《ごしょう》をばなにとねがふべきぞといふに、なにのわづらひもなく、ただ一心《いっしん》に弥陀《みだ》をたのみ、後生《ごしょう》たすけたまへとふかくたのみまうさん人《ひと》をば、かならず御《おん》たすけあらんことは、さらさらつゆほども疑《うたがい》あるべからざるものなり。このうへには、*はや、*しかと御《おん》たすけあるべきことのありがたさよとおもひて、仏恩報謝《ぶっとんほうしゃ》のために念仏申《ねんぶつもう》すべきばかりなり。あなかしこ、あなかしこ。

*八十三歳《はちじゅうさんさい》　御判

（二）

南無阿弥陀仏《なもあみだぶつ》と申《もう》すは、いかなる心《こころ》にて候《そうろ》ふや。しかれば、なにと弥陀《みだ》をたのみて報土往生《ほうどおうじょう》をばとぐべく候《そうろ》ふやらん。これを心得《こころう》べきやうは、まづ南無《なも》阿弥陀仏《あみだぶつ》の六字《ろくじ》のすがたをよくよく心得《こころえ》わけて、弥陀《みだ》をばたのむべし。そもそも、南無阿弥陀仏《なもあみだぶつ》の体《たい》は、すなはちわれら衆生《しゅじょう》の後生《ごしょう》たすけたまへとたのみまうす心《こころ》なり。すなはちたのむ衆生《しゅじょう》を阿弥陀如来《あみだにょらい》のよくしろしめして、すでに*無上大利《むじょうだいり》の功徳《くどく》をあたへましますなり。これを衆生《しゅじょう》に回向《えこう》したまへるとい

はや　すでに。

しかと　たしかに。必ず。

八十三歳　明応六年（一四九七）。

無上大利の功徳　この上ない大きな利益《りやく》をもたらす功徳。

へるはこの心《こころ》なり。されば弥陀《みだ》をたのむ機《き》を阿弥陀仏《あみだぶつ》のたすけたまふ法《ほう》なるがゆゑに、これを機法一体《きほういったい》の南無阿弥陀仏《なもあみだぶつ》といへるはこのこころなり。これすなはちわれらが往生《おうじょう》の定《さだ》まりたる他力《たりき》の信心《しんじん》なりとは心得《こころう》べきものなり。あなかしこ、あなかしこ。

*明応六年五月二十五日《めいおうろくねんごがつにじゅうごにち》これを書《か》きをはりぬ。

八十三歳《はちじゅうさんさい》

（一二）

そもそも、*毎月両度《まいがつりょうど》の寄合《よりあい》の由来《ゆらい》はなにのためぞといふに、さらに他《た》のことにあらず。自身《じしん》の往生極楽《おうじょうごくらく》の信心獲得《しんじんぎゃくとく》のためなるがゆゑなり。しかれば、*往古《おうこ》より今《いま》にいたるまでも、毎月《まいがつ》の寄合《よりあい》といふことは、いづくにもこれありといへども、さらに*信心《しんじん》の沙汰《さた》とては、かつてもつてこれなし。ことに近年《きんねん》は、いづくにも寄合《よりあい》のときは、ただ*酒《しゅ》・飯《はん》・茶《ちゃ》なんどばかりにてみなみな退散《たいさん》せり。これは仏法《ぶっぽう》の本意《ほんい》にはしかるべからざる次第《しだい》なり。いかにも不信《ふしん》の面々《めんめん》は、*一段《いちだん》の不審《ふしん》をもたてて、信心《しんじん》の有無《うむ》を沙汰《さた》すべきところに、なにの所詮《しょせん》もなく退散《たいさん》せしむる条《じょう》、しかるべからずおぼえはんべり。よくよく思案《しあん》をめぐらすべきことなり。所詮自今以後《しょせんじこんいご》においては、不信《ふしん》の面々《めんめん》はあひたがひに信心《しんじん》の

明応六年　一四九七年。

毎月両度の寄合　毎月、親鸞聖人の命日の二十八日と法然《ほうねん》聖人の命日の二十五日に会合をもった。

往古　遠い昔。

信心の沙汰　信心について話し合うこと。「信心の讃嘆」も同意。本頁一四行

酒飯茶なんどばかり…　飲食だけで終ってしまうという意。

一段の　一つの。

讃嘆《さんだん》あるべきこと肝要《かんよう》なり。

それ、当流《とうりゅう》の安心《あんじん》のおもむきといふは、あながちにわが身《み》の罪障《ざいしょう》のふかきによらず、ただもろもろの雑行《ぞうぎょう》のこころをやめて、一心《いっしん》に阿弥陀如来《あみだにょらい》に帰命《きみょう》して、今度《こんど》の一大事《いちだいじ》の後生《ごしょう》たすけたまへとふかくたのまん衆生《しゅじょう》をば、ことごとくたすけたまふべきこと、さらに疑《うたがい》あるべからず。かくのごとくよくこころえたる人《ひと》は、まことに*百即百生《ひゃくそくひゃくしょう》なるべきなり。このうへには、毎月《まいがつ》の寄合《よりあい》をいたしても、報恩謝徳《ほうおんしゃとく》のためとこころえなば、これこそ真実《しんじつ》の信心《しんじん》を*具足《ぐそく》せしめたる行者《ぎょうじゃ》ともなづくべきものなり。あなかしこ、あなかしこ。

*明応七年二月二十五日《めいおうしちねんにがつにじゅうごにち》これを書《か》く。

毎月両度講衆中《まいがつりょうどこうしゅうちゅう》へ　八十四歳《はちじゅうしさい》

77

（一三）

それ、秋去《あきさ》り春去《はるさ》り、すでに当年《とうねん》は明応第七《めいおうだいしち》*孟夏仲旬《もうかちゅうじゅん》ごろになりぬれば、予《よ》が年齢《ねんれい》つもりて八十四歳《はちじゅうしさい》ぞかし。しかるに当年《とうねん》にかぎりて、ことのほか病気《びょうき》にをかさるるあひだ、耳目《にもく》・手足《しゅそく》・身体《しんたい》こころやすからざるあひだ、これしかしながら*業病《ごうびょう》のいたりなり。または往生極楽《おうじょうごくらく》の*先相《せんそう》なりと覚悟《かくご》せしむるとこ

百即百生　『礼讃《らいさん》』にある言葉。信心の人は一人ももれず往生できるという意。

具足　たしかにそなえていること。

明応七年　一四九八年。

孟夏　陰暦四月の別称。

業病　ここでは老衰のことをいう。→補註5

先相　先だってあらわれる相。まえぶれ。

ろなり。これによりて、法然聖人《ほうねんしょうにん》の御《おん》ことばにいはく、「*浄土《じょうど》をねがふ行人《ぎょうにん》は、病患《びょうげん》を得《え》てひとへにこれをたのしむ」とこそ仰《おお》せられたり。しかれども、あながちに病患《びょうげん》をよろこぶこころ、さらにもつておこらず。あさましき身《み》なり。はづべし、かなしむべきものか。さりながら予《よ》が安心《あんじん》の一途《いちず》、一念発起平生業《いちねんぽっきへいぜいごう》成《じょう》の宗旨《しゅうし》においては、いま一定《いちじょう》のあひだ仏恩報尽《ぶっとんほうじん》の称名《しょうみょう》は行住坐臥《ぎょうじゅうざが》にわすれざること間断《けんだん》なし。これについて、ここに愚老一身《ぐろういっしん》の述懐《じゅっかい》これあり。そのいはれは、われら居住《きょじゅう》の在所在所《ざいしょざいしょ》の門下《もんか》のともがらにおいては、おほよそ心中《しんちゅう》をみおよぶに、*とりつめて信心決定《しんじんけつじょう》のすがたこれなしとおもひはんべり。おほきになげきおもふところなり。そのゆゑは、愚老《ぐろう》すでに*八旬《はちじゅん》の齢《よわい》すぐるまで存命《ぞんめい》せしむるしるしには、信心決定《しんじんけつじょう》の行者繁昌《ぎょうじゃはんじょう》ありてこそ、いのちながきしるしともおもひはんべるべきに、さらにしかしかとも決定《けつじょう》せしむるすがたこれなしとみおよべり。そのいはれをいかんといふに、そもそも人間界《にんげんかい》の老少不定《ろうしょうふじょう》のことをおもふにつけても、いかなる病《やまい》をうけてか死《し》せんや。かかる世《よ》のなかの風情《ふぜい》なれば、いかにも一日《いちにち》も*片時《へんじ》もいそぎて信心決定《しんじんけつじょう》して、今度《こんど》の往生《おうじょう》極楽《ごくらく》を一定《いちじょう》して、そののち人間《にんげん》のありさまにまかせて、世《よ》を過《すご》すべきこと肝《かん》

浄土をねがふ…　聖冏《しょうげい》の『伝通記糅鈔《でんつうきにゅうしょう》』巻四十三、尭慧《ぎょうえ》の『選択集私集鈔《せんちゃくしゅうしじゅうしょう》』巻四にこの旨がみえる。

とりつめて　たしかに。

八旬の齢　旬は十年の意。

片時　わずかな時間。

要《よう》なりとみなみなこころうべし。このおもむきを心中《しんちゅう》におもひいれて、一念《いちねん》に弥陀《みだ》をたのむこころをふかくおこすべきものなり。あなかしこ、あなかしこ。

明応七年《めいおうしちねん》*初夏仲旬第一日《しょかちゅうじゅんだいいちにち》

八十四歳《はちじゅうしさい》*老衲《ろうのう》これを書《か》く。

弥陀《みだ》の名《な》をきくうることのあるならば　南無阿弥陀仏《なもあみだぶつ》とたのめみなひと

（四）

一流安心《いちりゅうあんじん》の*体《たい》といふ事《こと》。

南無阿弥陀仏《なもあみだぶつ》の六字《ろくじ》のすがたなりとしるべし。この六字《ろくじ》を善導大師《ぜんどうだいし》釈《しゃく》していはく、「*言南無者《ごんなもしゃ》　即是帰命《そくぜきみょう》　亦是発願回向之義《やくぜほつがんえこうしぎ》　言阿弥陀仏者《ごんあみだぶつしゃ》　即是其行《そくぜごぎょう》　以斯義故《いしぎこ》　必得往生《ひっとくおうじょう》」（玄義分　三二五）といへり。まづ「南無《なも》」といふ二字《にじ》は、すなはち帰命《きみょう》といふこころなり。「帰命《きみょう》」といふは、衆生《しゅじょう》の阿弥陀仏《あみだぶつ》後生《ごしょう》たすけたまへとたのみたてまつるこころなり。また「発願回向《ほつがんえこう》」といふは、たのむところの衆生《しゅじょう》を摂取《せっしゅ》してすくひたまふこころなり。これすなはち*やがて「阿弥陀仏《あみだぶつ》」の四字《しじ》のこころなり。さればわれらごときの*愚痴闇鈍《ぐちあんどん》の衆生《しゅじょう》は、なにとこころをもち、また弥陀《みだ》をばなにとたのむべきぞといふに、もろもろの

初夏仲旬第一日　初夏は陰暦四月の別称。中旬第一日は十一日。

老衲　老僧。ここでは蓮如上人の自称。

体　当体。そのもの。

言南無者…　「南無といふは、すなはちこれ帰命なり、またこれ発願回向の義なり。阿弥陀仏といふは、すなはちこれその行なり。この義をもつてのゆゑにかならず往生を得」（行巻訓）

やがて　そのまま。

愚痴闇鈍　真実の道理がわからず、心が暗く愚かで、仏法に対する反応が鈍いこと。

雑行《ぞうぎょう》をすてて一向一心《いっこういっしん》に後生《ごしょう》たすけたまへと弥陀《みだ》をたのめば、決定極楽《けつじょうごくらく》に往《おう》生《じょう》すべきこと、さらにその疑《うたがい》あるべからず。このゆゑに南無《なも》の二字《にじ》は、衆生《しゅじょう》の弥陀《みだ》をたのむ機《き》のかたなり。また阿弥陀仏《あみだぶつ》の四字《しじ》は、たのむ衆生《しゅじょう》をたすけたまふかたの法《ほう》なるがゆゑに、これすなはち機法一体《きほういったい》の南無阿弥陀仏《なもあみだぶつ》と申《もう》すところなり。この道理《どうり》あるがゆゑに、われら一切衆生《いっさいしゅじょう》の往生《おうじょう》の体《たい》は南無阿弥陀《なもあみだ》仏《ぶつ》ときこえたり。あなかしこ、あなかしこ。

明応七年四月《めいおうしちねんしがつ》　日《にち》

(一五)

そもそも、当国《とうごく》*摂州《せっしゅう》*東成郡生玉《ひがしなりのこおりいくたま》の庄内大坂《しょうないおおざか》といふ在所《ざいしょ》は、往古《おうこ》よりいかなる約束《やくそく》のありけるにや、さんぬる*明応第五《めいおうだいご》の秋下旬《あきげじゅん》のころより、*かりそめながらこの在所《ざいしょ》をみそめしより、すでに*かたのごとく*一宇《いちう》の坊舎《ぼうじゃ》を建立《こんりゅう》せしめ、当年《とうねん》ははやすでに三年《さんねん》の星霜《せいそう》をへたりき。これすなはち*往昔《おうじゃく》の宿縁《しゅくえん》あさからざる因縁《いんねん》なりとおぼえはんべりぬ。それについて、この在所《ざいしょ》に居住《きょじゅう》せしむる*根元《こんげん》は、あながちに一生涯《いっしょうがい》をこころやすく過《すご》し、栄華栄耀《えいがえいよう》をこのみ、また花鳥風月《かちょうふうげつ》にもこころをよせず、*あはれ*無上菩提《むじょうぼだい》のためには信心決定《しんじんけつじょう》の行《ぎょう》

摂州　摂津《せっつ》（現在の大阪府西北部および兵庫県南東部）の別称。

東成郡生玉の庄内大坂　現在の大阪城付近。蓮如上人は明応五年（一四九六）、この地に坊舎を造営した。後の大坂石山本願寺。

明応第五　一四九六年。蓮如上人八十二歳。

かりそめ　一時的であること。偶然であること。

かたのごとく　形式どおり。あるいはほんの形ばかりの意か。

一宇の坊舎　一軒の僧坊。

往昔　遠い昔。

根元　理由。

あはれ　ああ。何とかして、是非ともという意を含む。

無上菩提　この上ない仏のさとり。

者《じゃ》も繁昌《はんじょう》せしめ、念仏《ねんぶつ》をも申《もう》さんともがらも出来《しゅったい》せしむるやうにもあれかしと、おもふ*一念《いちねん》のこころざしをはこぶばかりなり。またいささかも世間《せけん》の人《ひと》なんども偏執《へんじゅう》のやからもあり、*むつかしき題目《だいもく》なんども出来《しゅったい》あらんときは、すみやかにこの在所《ざいしょ》において*執心《しゅうしん》のこころをやめて、退出《たいしゅつ》すべきものなり。これによりて、いよいよ貴賤道俗《きせんどうぞく》をえらばず、金剛堅固《こんごうけんご》の信心《しんじん》を決定《けつじょう》せしめんこと、まことに弥陀如来《みだにょらい》の本願《ほんがん》にあひかなひ、別《べつ》しては聖人《しょうにん》（親鸞）の御本意《ごほんい》に*たりぬべきものか。それについて、愚老《ぐろう》すでに当年《とうねん》は八十四歳《はちじゅうしさい》まで存命《ぞんめい》せしむる条不思議《じょうふしぎ》なり。まことに当流法義《とうりゅうほうぎ》にも*あひかなふかのあひだ、本望《ほんもう》のいたりこれにすぐべからざるものか。しかれば、愚老当年《ぐろうとうねん》の夏《なつ》ごろより*違例《いれい》せしめて、いまにおいて*本復《ほんぷく》のすがたこれなし。つひには当年寒中《とうねんかんちゅう》にはかならず往生《おうじょう》の本懐《ほんがい》をとぐべき条《じょう》*一定《いちじょう》とおもひはんべり。あはれ、あはれ、存命《ぞんめい》のうちにみなみな信心決定《しんじんけつじょう》あれかしと、*朝夕《ちょうせき》おもひはんべり。まことに*宿善《しゅくぜん》まかせとはいひながら、述懐《じゅっかい》のこころしばらくもやむことなし。またはこの在所《ざいしょ》に三年《さんねん》の居住《きょじゅう》をふるその甲斐《かい》ともおもふべし。あひかまへてあひかまへて、この一七箇日報恩講《いちしちかにちほうおんこう》のうちにおいて、信心決定《しんじんけつじょう》ありて、われひと一同《いちどう》に

一念のこころざし　深く念願する心。
むつかしき題目　無理難題のことがら。
執心　執着心。ここでは是非ともこの土地にとどまりたいという執着心。
たりぬべきものか　十分に添うことができるはずであろうか。
あひかなふかのあひだ　かなうかと思うと。
違例　病気。
本復　病気が全快すること。
一定　確かに定まっていること。
朝夕　一日中。
宿善まかせ　信心を得ることができるか否かは、その人その人の宿善の厚薄によることであって、他人の手だてによるものではないことをいう。↓宿善《しゅくぜん》

往生極楽《おうじょうごくらく》の本意《ほんい》をとげたまふべきものなり。あなかしこ、あなかしこ。

明応七年十一月《めいおうしちねんじゅういちがつ》二十一日《にじゅういちにち》よりはじめて、これをよみて人々《ひとびと》に信《しん》をとらすべきものなり。

釈証如《しゃくしょうにょ》（花押）

五帖

（一）

末代無智《まつだいむち》の*在家止住《ざいけしじゅう》の男女《なんにょ》たらんともがらは、こころをひとつにして阿弥陀《あみだ》仏《ぶつ》をふかくたのみまゐらせて、さらに余《よ》のかたへこころをふらず、*一心一向《いっしんいっこう》に仏《ぶつ》たすけたまへと申《もう》さん衆生《しゅじょう》をば、たとひ罪業《ざいごう》は深重《じんじゅう》なりとも、かならず弥《み》陀如来《だにょらい》はすくひましますべし。これすなはち第十八《だいじゅうはち》の念仏往生《ねんぶつおうじょう》の誓願《せいがん》のこころなり。かくのごとく決定《けつじょう》してのうへには、ねてもさめてもいのちのあらんかぎりは、称名念仏《しょうみょうねんぶつ》すべきものなり。*あなかしこ、あなかしこ。

在家止住　在家の生活をしている者。

一心一向　他の仏や余行に心をかけず、もっぱら阿弥陀仏を信じること。

あなかしこ　原意は「なんとまあ、おそれ多いことよ」。転じて書簡の末尾におかれる慣用語。『御文章』では内容を強調し念をおす語として用いられている。

（二）

それ、＊八万《はちまん》の法蔵《ほうぞう》をしるといふとも、＊後世《ごせ》をしらざる人《ひと》を愚者《ぐしゃ》とす。たとひ
81 ＊一文不知《いちもんふち》の＊尼入道《あまにゅうどう》なりといふとも、後世《ごせ》をしるを智者《ちしゃ》とすといへり。しかれば、＊当流《とうりゅう》のこころは、＊あながちにもろもろの聖教《しょうぎょう》をよみ、ものをしりたりといふとも、一念《いちねん》の信心《しんじん》のいはれをしらざる人《ひと》は、＊いたづらごとなりとしるべし。されば聖人《しょうにん》（親鸞）の御《おん》ことばにも、「一切《いっさい》の男女《なんにょ》たらん身《み》は、弥陀《みだ》の本《ほん》願《がん》を信《しん》ぜずしては、＊ふつとたすかるといふことあるべからず」と仰《おお》せられたり。このゆゑにいかなる女人《にょにん》なりといふとも、もろもろの雑行《ぞうぎょう》をすてて、一《いち》念《ねん》に弥陀如来《みだにょらい》今度《こんど》の後生《ごしょう》たすけたまへとふかくたのみまうさん人《ひと》は、十人《じゅうにん》も百人《ひゃくにん》もみなともに弥陀《みだ》の報土《ほうど》に往生《おうじょう》すべきこと、さらさら疑《うたがい》あるべからざるものなり。あなかしこ、あなかしこ。

（三）

それ、在家《ざいけ》の＊尼女房《あまにょうぼう》たらん身《み》は、＊なにのやうもなく、一心一向《いっしんいっこう》に阿弥陀仏《あみだぶつ》をふかくたのみまゐらせて、後生《ごしょう》たすけたまへと申《もう》さんひとをば、みなみな御《おん》たすけあるべしとおもひとりて、さらに疑《うたがい》のこころゆめゆめあるべからず。これすなはち＊弥陀如来《みだにょらい》の御《おん》ちかひの他力本願《たりきほんがん》とは申《もう》すなり。このうへには、なほ

八万の法蔵　八万は多数の意。仏の説いた教法全体のこと。

後世をしらざる人　後生の一大事について関心のない者。→後生《ごしょう》

一文不知　文字一つ知らず、無学、無知であること。

尼入道　尼とは女性の出家者を指すが、ここでは在俗生活のまま髪をおろして仏門に入った女性をいう。入道は在俗生活のまま剃髪して仏門に入った男性をいう。

当流　浄土真宗を指す。

あながちに　むりに。ことさらに。

いたづらごと　無意味なこと。むだなこと。無益なこと。

ふつと　完全に。全く。

尼女房　仏門に帰した女性。髪を肩のあたりで切りそろえている者が多かった。

後生《ごしょう》のたすからんことのうれしさありがたさをおもはば、ただ南無阿弥陀仏《なもあみだぶつ》、南無阿弥陀仏《なもあみだぶつ》ととなふべきものなり。あなかしこ、あなかしこ。

(四)

そもそも、男子《なんし》も女人《にょにん》も罪《つみ》のふかからんともがらは、諸仏《しょぶつ》の悲願《ひがん》をたのみても、今《いま》の時分《じぶん》は*末代悪世《まつだいあくせ》なれば、諸仏《しょぶつ》の御《おん》ちからにては、なかなかかなはざる時《とき》なり。これによりて、阿弥陀如来《あみだにょらい》と申《もう》したてまつるは、諸仏《しょぶつ》にすぐれて、十《じゅう》悪《あく》・五逆《ごぎゃく》の罪人《ざいにん》をわれたすけんといふ大願《だいがん》をおこしましまして、阿弥陀仏《あみだぶつ》となりたまへり。「この仏《ぶつ》をふかくたのみて、一念御《いちねんおん》たすけ候《そうら》へと申《もう》さん衆生《しゅじょう》を、われたすけずは正覚成《しょうがくな》らじ」と誓《ちか》ひまします弥陀《みだ》なれば、われらが極楽《ごくらく》に往《おう》生《じょう》せんことはさらに疑《うたがい》なし。このゆゑに、一心一向《いっしんいっこう》に阿弥陀如来《あみだにょらい》たすけたまへとふかく心《こころ》に疑《うたがい》なく信《しん》じて、わが身《み》の罪《つみ》のふかきことをばうちすて、仏《ほとけ》にまかせまゐらせて、一念《いちねん》の信心定《しんじんさだ》まらん輩《ともがら》は、十人《じゅうにん》は十人《じゅうにん》ながら百人《ひゃくにん》は百人《ひゃくにん》ながら、みな浄土《じょうど》に往生《おうじょう》すべきこと、さらに疑《うたがい》なし。このうへには、なほなほたふとくおもひたてまつらんこころのおこらんときは、南無阿弥陀仏《なもあみだぶつ》、南無阿弥《なもあみ》陀仏《だぶつ》と、時《とき》をもいはず、ところをもきらはず、念仏申《ねんぶつもう》すべし。これをすなはち

なにのやうもなく 何のはからいもなく。何の造作もなく。

弥陀如来の御ちかひ… 第十八願のこと。→本願《ほんがん》

末代悪世 末法五濁《ごじょく》の世。→末法《まっぽう》、五濁

仏恩報謝《ぶっとんほうしゃ》の念仏《ねんぶつ》と申《もう》すなり。あなかしこ、あなかしこ。

(五)

信心獲得《しんじんぎゃくとく》すといふは第十八《だいじゅうはち》の願《がん》をこころうるなり。この願《がん》をこころうるといふは、南無阿弥陀仏《なもあみだぶつ》のすがた*をこころうるなり。このゆゑに、南無《なも》と帰命《きみょう》する一念《いちねん》の処《ところ》に発願回向《ほつがんえこう》のこころあるべし。これすなはち弥陀如来《みだにょらい》の凡夫《ぼんぶ》に回向《えこう》しましますこころなり。これを『大経《だいきょう》』(上)には、「*令諸衆生功徳成就《りょうしょしゅじょうくどくじょうじゅ》」と説《と》けり。されば*無始以来《むしいらい》つくりとつくる悪業煩悩《あくごうぼんのう》を、のこるところもなく願力不思議《がんりきふしぎ》をもつて消滅《しょうめつ》するいはれあるがゆゑに、正定聚不退《しょうじょうじゅふたい》の位《くらい》に住《じゅう》すとなり。これによりて、「*煩悩《ぼんのう》を断《だん》ぜずして涅槃《ねはん》をう」といへるはこのこころなり。この義《ぎ》は*当流一途《とうりゅういちず》の所談《しょだん》なるものなり。他流《たりゅう》の人《ひと》に対《たい》して、かくのごとく*沙汰《さた》あるべからざるところなり。よくよくこころうべきものなり。あなかしこ、あなかしこ。

(六)

一念《いちねん》に弥陀《みだ》をたのみたてまつる行者《ぎょうじゃ》には、*無上大利《むじょうだいり》の功徳《くどく》をあたへたまふこころを、『和讃《わさん》』(正像末和讃・三二)に聖人《しょうにん》(親鸞)のいはく、「五濁悪世《ごじょくあくせ》の有情《うじょう》の　選択本願信《せんじゃくほんがんしん》ずれば　*不可称不可説不可思議《ふかしょうふかせつふかしぎ》の　功徳《くどく》は行者《ぎょうじゃ》の身《み》にみて

すがた　いわれ。おもむき。

令諸衆生…　「もろもろの衆生をして功徳成就せしむ」（信巻訓）

無始　永遠の昔。

煩悩を断ぜず…　「正信偈」の「不断煩悩得涅槃」によっている。煩悩を断ち切らないままで、仏のさとりを得ることに定まるという意。

当流一途の所談　浄土真宗独自の特別な教え。

沙汰あるべからざる　説いてはならない。

無上大利の功徳　この上ない大きな利益《りやく》をもたらす功徳。

不可称…　たたえ尽すことも、説き尽すことも、心で思いはかることもできない。

り」。この和讃《わさん》の心《こころ》は、「五濁悪世《ごじょくあくせ》の衆生《しゅじょう》」といふは一切《いっさい》われら女人《にょにん》・悪人《あくにん》のことなり。さればかかる*あさましき一生造悪《いっしょうぞうあく》の凡夫《ぼんぶ》なれども、弥陀如来《みだにょらい》を一心一向《いっしんいっこう》にたのみまゐらせて、後生《ごしょう》たすけたまへと申《もう》さんものをば、かならずすくひましますべきこと、さらに疑《うたが》ふべからず。かやうに弥陀《みだ》をたのみまうすものには、不可称不可説不可思議《ふかしょうふかせつふかしぎ》の大功徳《だいくどく》をあたへましますなり。「不可称不可説不可思議《ふかしょうふかせつふかしぎ》の功徳《くどく》」といふことは、かずかぎりもなき大功徳《だいくどく》のことなり。この大功徳《だいくどく》を、一念《いちねん》に弥陀《みだ》をたのみまうすわれら衆生《しゅじょう》に回向《えこう》しましますゆゑに、過去《かこ》・未来《みらい》・現在《げんざい》の三世《さんぜ》の*業障《ごっしょう》一時《いちじ》に罪《つみ》消《き》えて、正定聚《しょうじょうじゅ》の位《くらい》、また等正覚《とうしょうがく》の位《くらい》なんどに定《さだ》まるものなり。このこころをまた『*和讃《わさん》』にいはく、「弥陀《みだ》の本願信《ほんがんしん》ずべし　本願信《ほんがんしん》ずるひとはみな　摂取不捨《せっしゅふしゃ》の利益《りやく》ゆゑ　等正覚《とうしょうがく》にいたるなり」といへり。「摂取不捨《せっしゅふしゃ》」といふは、これも、一念《いちねん》に弥陀《みだ》をたのみたてまつる衆生《しゅじょう》を光明《こうみょう》のなかにをさめとりて、信《しん》ずるこころだにもかはらねば、すてたまはずといふこころなり。このほかにいろいろの法門《ほうもん》どもありといへども、ただ一念《いちねん》に弥陀《みだ》をたのむ衆生《しゅじょう》はみなことごとく報土《ほうど》に往生《おうじょう》すべきこと、ゆめゆめ疑《うたが》ふこころあるべからざるものなり。あなかしこ、あなかしこ。

あさましき　なげかわしい。

業障　悪業《あくごう》による障り。

和讃にいはく…　『正像末和讃』（二）前半と（二五）後半を合糅したもの。

84

（七）

それ、女人《にょにん》の身《み》は、*五障《ごしょう》・三従《さんしょう》とて、男《おとこ》にまさりてかかるふかき罪《つみ》のあるなり。このゆゑに一切《いっさい》の女人《にょにん》をば、十方《じっぽう》にまします諸仏《しょぶつ》も、わがちからにては女人《にょにん》をばほとけになしたまふこと、さらになし。しかるに阿弥陀如来《あみだにょらい》こそ、女《にょ》人《にん》をばわれひとりたすけんといふ大願《だいがん》（第三十五願）をおこしてすくひたまふなり。このほとけをたのまずは、女人《にょにん》の身《み》のほとけに成《な》るといふことあるべからざるなり。これによりて、なにとこころをもち、またなにと阿弥陀《あみだ》ほとけをたのみまゐらせてほとけに成《な》るべきぞなれば、*なにのやうもいらず、ただふたごころなく一向《いっこう》に阿弥陀仏《あみだぶつ》ばかりをたのみまゐらせて、後生《ごしょう》たすけたまへとおもふこころひとつにて、やすくほとけに成《な》るべきなり。このこころの*露《つゆ》ちりほども疑《うたがい》なければ、かならずかならず極楽《ごくらく》へまゐりて、*うつくしきほとけとは成《な》るべきなり。さてこのうへにこころうべきやうは、ときどき念仏《ねんぶつ》を申《もう》して、かかるあさましきわれらをやすくたすけまします阿弥陀如来《あみだにょらい》の御恩《ごおん》を、御《おん》うれしさありがたさを報《ほう》ぜんために、念仏申《ねんぶつもう》すべきばかりなりとこころうべきものなり。あなかしこ、あなかしこ。

五障三従　↓補註14

なにのやうもいらず　何のはからいもいらない。何の造作もいらない。

露ちりほども　ほんの少しも。

うつくしき　うるわしい。あでやかな。端正な。

（八）

それ、*五劫思惟《ごこうしゆい》の本願《ほんがん》といふも、*兆載永劫《ちょうさいようごう》の修行《しゅぎょう》といふも、ただわれら一《いっ》切衆生《さいしゅじょう》をあながちにたすけたまはんがための方便《ほうべん》に、阿弥陀如来《あみだにょらい》、御身労《ごしんろう》ありて、南無阿弥陀仏《なもあみだぶつ》といふ本願《ほんがん》（第十八願）をたてましまして、「まよひの衆《しゅ》生《じょう》の一念《いちねん》に阿弥陀仏《あみだぶつ》をたのみまゐらせて、もろもろの雑行《ぞうぎょう》をすてて*一向一心《いっこういっしん》に弥陀《みだ》をたのまん衆生《しゅじょう》をたすけずんば、われ正覚取《しょうがくと》らじ」と誓《ちか》ひたまひて、南無阿弥陀仏《なもあみだぶつ》となりましますす。これすなはちわれらがやすく極楽《ごくらく》に往生《おうじょう》すべきいはれなりとしるべし。されば南無阿弥陀仏《なもあみだぶつ》の六字《ろくじ》のこころは、一切衆生《いっさいしゅじょう》の報土《ほうど》に往生《おうじょう》すべきすがたなり。このゆゑに南無《なも》と帰命《きみょう》すれば、*やがて阿弥《あみ》陀仏《だぶつ》のわれらをたすけたまへるこころなり。このゆゑに「南無《なも》」の二字《にじ》は、衆《しゅ》生《じょう》の弥陀如来《みだにょらい》にむかひたてまつりて後生《ごしょう》たすけたまへと申《もう》すこころなるべし。かやうに弥陀《みだ》をたのむ人《ひと》をもらさずすくひたまふこころこそ、「阿弥陀仏《あみだぶつ》」の四字《しじ》のこころにてありけりとおもふべきものなり。これによりて、いかなる十《じゅう》悪《あく》・五逆《ごぎゃく》、五障《ごしょう》・三従《さんしょう》の女人《にょにん》なりとも、もろもろの雑行《ぞうぎょう》をすてて、ひたすら後生《ごしょう》たすけたまへとたのまん人《ひと》をば、*たとへば十人《じゅうにん》もあれ百人《ひゃくにん》もあれ、みなことごとくもらさずたすけたまふべし。このおもむきを疑《うたがい》なく信《しん》ぜん輩《ともがら》は、真《しん》

五劫思惟の本願　阿弥陀仏が因位《いんに》の法蔵《ほうぞう》菩薩の時、一切衆生《しゅじょう》を平等に救うために、五劫という長い間思惟をめぐらし立てた誓願《せいがん》。

兆載永劫の修行　兆・載はきわめて大きい数の単位。阿弥陀仏が因位の法蔵菩薩の時、本願を成就するために、はかりしれない長い間、修めた無量の行。

一向一心　他の仏や余行に心をかけないで、もっぱら阿弥陀仏を信じること。

やがて　ただちに。

たとへば　例をもうけて示せばという意。

実《じつ》の弥陀《みだ》の浄土《じょうど》に往生《おうじょう》すべきものなり。あなかしこ、あなかしこ。

(九)

当流《とうりゅう》の安心《あんじん》の一義《いちぎ》といふは、ただ南無阿弥陀仏《なもあみだぶつ》の六字《ろくじ》のこころなり。たとへば南無《なも》と帰命《きみょう》すれば、やがて阿弥陀仏《あみだぶつ》のたすけたまへるこころなるがゆゑに、「南無《なも》」の二字《にじ》は帰命《きみょう》のこころなり。「帰命《きみょう》」といふは、衆生《しゅじょう》の、もろもろの雑行《ぞうぎょう》をすてて、阿弥陀仏後生《あみだぶつごしょう》たすけたまへと一向《いっこう》にたのみたてまつるこころなるべし。このゆゑに衆生《しゅじょう》をもらさず弥陀如来《みだにょらい》のよくしろしめして、たすけましますこころなり。これによりて、南無《なも》とたのむ衆生《しゅじょう》を阿弥陀《あみだ》仏のたすけまします道理《どうり》なるがゆゑに、南無阿弥陀仏《なもあみだぶつ》の六字《ろくじ》のすがたは、すなはちわれら一切衆生《いっさいしゅじょう》の平等《びょうどう》にたすかりつるすがたなりとしらるるなり。されば他力《たりき》の信心《しんじん》をうるといふも、これ*しかしながら南無阿弥陀仏《なもあみだぶつ》の六字《ろくじ》のこころなり。このゆゑに一切《いっさい》の聖教《しょうぎょう》といふも、ただ南無阿弥陀仏《なもあみだぶつ》の六字《ろくじ》を信《しん》ぜしめんがためなりといふこころなりとおもふべきものなり。あなかしこ、あなかしこ。

(一〇)

聖人《しょうにん》(親鸞)*一流《いちりゅう》の御勧化《ごかんけ》のおもむきは、信心《しんじん》をもつて*本《ほん》とせられ候《そうろ》ふ。そ

しかしながら　全く。

一流　ここでは浄土真宗を指す。

本　根本。肝要。

のゆゑは、もろもろの雑行《ぞうぎょう》をなげすてて、一心《いっしん》に弥陀《みだ》に帰命《きみょう》すれば、不可思議《ふかしぎ》の願力《がんりき》として、仏《ぶつ》のかたより往生《おうじょう》は*治定《じじょう》せしめたまふ。その位《くらい》を「*一念発起入《いちねんぼっきにゅう》正定之聚《しょうじょうしじゅ》」（論註・上意）とも釈《しゃく》し、そのうへの称名念仏《しょうみょうねんぶつ》は、如来《にょらい》わが往生《おうじょう》を定《さだ》めたまひし御恩報尽《ごおんほうじん》の念仏《ねんぶつ》とこころうべきなり。あなかしこ、あなかしこ。

（一一）

そもそも、この*御正忌《ごしょうき》のうちに参詣《さんけい》をいたし、こころざしをはこび、報恩謝徳《ほうおんしゃとく》をなさんとおもひて、*聖人《しょうにん》の御《おん》まへにまゐらんひとのなかにおいて、信心《しんじん》を獲得《ぎゃくとく》せしめたるひともあるべし、また不信心《ふしんじん》のともがらもあるべし。*もつてのほかの大事《だいじ》なり。そのゆゑは、信心《しんじん》を決定《けつじょう》せずは今度《こんど》の報土《ほうど》の往生《おうじょう》は不定《ふじょう》なり。されば不信《ふしん》のひともすみやかに決定《けつじょう》のこころをとるべし。*人間《にんげん》は不定《ふじょう》のさかひなり。*極楽《ごくらく》は常住《じょうじゅう》の国《くに》なり。されば不定《ふじょう》の人間《にんげん》にあらんよりも、常住《じょうじゅう》の極楽《ごくらく》をねがふべきものなり。されば当流《とうりゅう》には信心《しんじん》のかたをもつて先《さき》とせられたるそのゆゑをよくしらずは、いたづらごとなり。いそぎて安心決定《あんじんけつじょう》して、浄土《じょうど》の往生《おうじょう》をねがふべきなり。それ*人間《にんげん》に流布《るふ》してみな人《ひと》のこころえたるとほりは、*なにの分別《ふんべつ》もなく口《くち》にただ称名《しょうみょう》ばかりをとなへたらば、極楽《ごくらく》

治定　決定《けつじょう》すること。たしかに定まること。

一念発起…　「一念発起すれば正定の聚に入る」信心が初めておこった時、浄土に往生することが正しく定まり、仏になることが決定している仲間となる。

御正忌　御正忌報恩講のこと。→報恩講《ほうおんこう》

聖人の御まへ　親鸞聖人の御真影《ごしんねい》の前。

もつてのほかの大事　何よりも大事なこと。

人間は不定のさかひ　人間界は生滅《しょうめつ》変化する無常の境界《きょうがい》であるという意。

極楽は常住の国なり　極楽浄土は永遠に変らない真実の世界であるという意。

人間に流布して　世間にひろまって。世間一般に。

なにの分別もなく　本願名号《みょうごう》のいわれを聞きひら

87

に往生《おうじょう》すべきやうにおもへり。それはおほきにおぼつかなき次第《しだい》なり。他力《たりき》の信心《しんじん》をとるといふも、別《べつ》のことにはあらず。南無阿弥陀仏《なもあみだぶつ》の六《む》つの字《じ》のこころをよくしりたるをもつて、信心決定《しんじんけつじょう》すとはいふなり。そもそも、信心《しんじん》の*体《たい》といふは、『経《きょう》』（大経・下）にいはく、「*聞其名号信心歓喜《もんごみょうごうしんじんかんぎ》」といへり。善導《ぜんどう》のいはく、「〈南無《なも》〉といふは帰命《きみょう》、またこれ発願回向《ほつがんえこう》の義《ぎ》なり。〈阿弥陀仏《あみだぶつ》〉といふはすなはちその行《ぎょう》」（玄義分　三二五）といへり。「南無《なも》」といふ二字《にじ》のこころは、もろもろの雑行《ぞうぎょう》をすてて、疑《うたがい》なく一心一向《いっしんいっこう》に阿弥陀仏《あみだぶつ》をたのみたてまつるこころなり。さて「阿弥陀仏《あみだぶつ》」といふ四《よ》つの字《じ》のこころは、一心《いっしん》に弥陀《みだ》を帰命《きみょう》する衆生《しゅじょう》を、やうもなくたすけたまへるいはれが、すなはち阿弥陀仏《あみだぶつ》の四《よ》つの字《じ》のこころなり。されば南無阿弥陀仏《なもあみだぶつ》の体《たい》をかくのごとく*こころえわけたるを、信心《しんじん》をとるとはいふなり。これすなはち他力《たりき》の信心《しんじん》をよくこころえたる念仏《ねんぶつ》の行者《ぎょうじゃ》とは申《もう》すなり。あなかしこ、あなかしこ。

*（一三）

当流《とうりゅう》の安心《あんじん》のおもむきをくはしくしらんとおもはんひとは、あながちに智《ち》慧《え》・*才学《さいかく》もいらず、ただわが身《み》は罪《つみ》ふかきあさましきものなりとおもひとり

くこともなく。

体　当体。そのもの。

聞其名号…　「その名号を聞きて信心歓喜せん」（信巻訓）

こころえわけたる　「こころえわく」は了解してわきまえること。

一二　五帖目第十二通は、二帖目第十三通後半（一一二八頁一四行以下）とほぼ同じ。

才学　学力。学識。

て、かかる機《き》までもたすけたまへるほとけは阿弥陀如来《あみだにょらい》ばかりなりとしりて、なにのやうもなく、ひとすぢにこの阿弥陀《あみだ》ほとけの御袖《おんそで》に*ひしとすがりまゐらするおもひをなして、後生《ごしょう》をたすけたまへとたのみまうせば、この阿弥陀如来《あみだにょらい》はふかくよろこびましまして、その御身《おんみ》より八万四千《はちまんしせん》のおほきなる光明《こうみょう》を放《はな》ちて、その光明《こうみょう》のなかにその人《ひと》を摂《おさ》め入《い》れておきたまふべし。さればこのこころを『経《きょう》』（観経）には、「*光明遍照《こうみょうへんじょう》　十方世界《じっぽうせかい》　念仏衆生《ねんぶつしゅじょう》　摂取不捨《せっしゅふしゃ》」とは説《と》かれたりとこころうべし。さてはわが身《み》のほとけに成《な》らんずることは、なにの*わづらひもなし。あら、殊勝《しゅしょう》の*超世《ちょうせ》の本願《ほんがん》や、ありがたの弥陀如来《みだにょらい》の光《こう》明《みょう》や。この光明《こうみょう》の縁《えん》にあひたてまつらずは、無始《むし》よりこのかたの無明業障《むみょうごっしょう》のおそろしき病《やまい》のなほるといふことは、さらにもつてあるべからざるものなり。

しかるにこの光明《こうみょう》の縁《えん》にもよほされて、宿善《しゅくぜん》の機《き》ありて、他力信心《たりきしんじん》といふこ
88
とをばいますでにえたり。これしかしながら、弥陀如来《みだにょらい》の御《おん》かたよりさづけましましたる信心《しんじん》とはやがてあらはにしられたり。かるがゆゑに行者《ぎょうじゃ》のおこすところの信心《しんじん》にあらず、弥陀如来他力《みだにょらいたりき》の大信心《だいしんじん》といふことは、いまこそあきらかにしられたり。これによりて、かたじけなくもひとたび他力《たりき》の信心《しんじん》をえたら

ひしと　しっかりと。

光明遍照…「光明は、あまねく十方世界を照らし、念仏の衆生を摂取して捨てたまはず」

わづらひ　心配。めんどう。苦労。

超世　諸仏の本願に超えすぐれていること。

ん人《ひと》は、みな弥陀如来《みだにょらい》の御恩《ごおん》をおもひはかりて、仏恩報謝《ぶっとんほうしゃ》のためにつねに称名《しょうみょう》念仏《ねんぶつ》を申《もう》したてまつるべきものなり。あなかしこ、あなかしこ。

(一三)

それ、南無阿弥陀仏《なもあみだぶつ》と申《もう》す文字《もんじ》は、その数《かず》わづかに六字《ろくじ》なれば、*さのみ功能《くのう》のあるべきともおぼえざるに、この六字《ろくじ》の名号《みょうごう》のうちには無上甚深《むじょうじんじん》の功徳利益《くどくりやく》の広大《こうだい》なること、さらにそのきはまりなきものなり。されば信心《しんじん》をとるといふも、この六字《ろくじ》のうちにこもれりとしるべし。さらに別《べつ》に信心《しんじん》とて六字《ろくじ》のほかにはあるべからざるものなり。

そもそも、この「南無阿弥陀仏《なもあみだぶつ》」の六字《ろくじ》を善導《ぜんどう》釈《しゃく》していはく、「〈南無《なも》〉といふは帰命《きみょう》なり、またこれ発願回向《ほつがんえこう》の義《ぎ》なり。〈阿弥陀仏《あみだぶつ》〉といふはその行《ぎょう》なり。この義《ぎ》をもつてのゆゑにかならず往生《おうじょう》することを得《う》」(玄義分 三二五)といへり。しかれば、この釈《しゃく》のこころをなにとこころうべきぞといふに、たとへばわれらごときの悪業煩悩《あくごうぼんのう》の身《み》なりといふとも、一念阿弥陀仏《いちねんあみだぶつ》に帰命《きみょう》せば、かならずその機《き》をしろしめしてたすけたまふべし。それ帰命《きみょう》といふはすなはちたすけたまへと申《もう》すこころなり。されば一念《いちねん》に弥陀《みだ》をたのむ衆生《しゅじょう》に無上大利《むじょうだいり》の

さのみ　それほど。

功徳《くどく》をあたへたまふを、発願回向《ほつがんえこう》とは申《もう》すなり。この発願回向《ほつがんえこう》の大善大功徳《だいぜんだいくどく》をわれら衆生《しゅじょう》にあたへましますゆゑに、無始曠劫《むしこうごう》よりこのかたつくりおきたる悪業煩悩《あくごうぼんのう》をば一時《いちじ》に消滅《しょうめつ》したまふゆゑに、われらが煩悩悪業《ぼんのうあくごう》はことごとくみな消《き》えて、すでに正定聚不退転《しょうじょうじゅふたいてん》なんどいふ位《くらい》に住《じゅう》すとはいふなり。このゆゑに、南無阿弥陀仏《なもあみだぶつ》の六字《ろくじ》のすがたは、われらが極楽《ごくらく》に往生《おうじょう》すべきすがたをあらはせるなりと、いよいよしられたるものなり。されば安心《あんじん》といふも、信心《しんじん》といふも、この名号《みょうごう》の六字《ろくじ》のこころをよくよくこころうるものを、他力《たりき》の大信《だいしん》心《じん》をえたるひととはなづけたり。かかる殊勝《しゅしょう》の道理《どうり》あるがゆゑに、ふかく信《しん》じたてまつるべきものなり。あなかしこ、あなかしこ。

（一四）

それ、*一切《いっさい》の女人《にょにん》の身《み》は、人《ひと》しれず罪《つみ》のふかきこと、*上臈《じょうろう》にも*下主《げす》にもよらぬあさましき身《み》なりとおもふべし。それにつきては、なにとやうに弥陀《みだ》を信《しん》ずべきぞといふに、なにのわづらひもなく、阿弥陀如来《あみだにょらい》をひしとたのみまゐらせて、今度《こんど》の一大事《いちだいじ》の後生《ごしょう》たすけたまへと申《もう》さん女人《にょにん》をば、*あやまたずたすけたまふべし。さてわが身《み》の罪《つみ》のふかきことをば*うちすてて、弥陀《みだ》にまかせまゐらせ

一切の女人の身は…　→補註14
上臈　身分の高い人。
下主　身分の低い人。
あやまたず　間違いなく。
うちすてて　心配しないで。

て、ただ一心《いっしん》に弥陀如来《みだにょらい》後生《ごしょう》たすけたまへとたのみまうさば、その身《み》をよくしろしめしてたすけたまふべきこと、疑《うたがい》あるべからず。たとへば十人《じゅうにん》ありとも百人《ひゃくにん》ありとも、みなことごとく極楽《ごくらく》に往生《おうじょう》すべきこと、さらにその疑《うたが》ふこころつゆほどももつべからず。かやうに信《しん》ぜん女人《にょにん》は浄土《じょうど》に生《うま》るべし。かくのごとくやすきことを、いままで信《しん》じたてまつらざることのあさましさよとおもひて、なほなほふかく弥陀如来《みだにょらい》をたのみたてまつるべきものなり。あなかしこ、あなかしこ。

（一五）

それ、弥陀如来《みだにょらい》の本願《ほんがん》と申《もう》すは、なにたる機《き》の衆生《しゅじょう》をたすけたまふぞ。またいかやうに弥陀《みだ》をたのみ、いかやうに心《こころ》をもちてたすかるべきやらん。まづ機《き》をいへば、十悪《じゅうあく》・五逆《ごぎゃく》の罪人《ざいにん》なりとも、*五障《ごしょう》・三従《さんしょう》の女人《にょにん》なりとも、さらにその罪業《ざいごう》の深重《じんじゅう》に*こころをばかくべからず。ただ他力《たりき》の大信心《だいしんじん》一《ひと》つにて、真実《しんじつ》の極楽往生《ごくらくおうじょう》をとぐべきものなり。さればその信心《しんじん》といふは、いかやうにこころをもちて、弥陀《みだ》をばなにとやうにたのむべきやらん。それ、信心《しんじん》をとるといふは、やうもなく、ただもろもろの雑行雑修自力《ぞうぎょうざっしゅじりき》なんどいふわろき心《こころ》をふりすてて、一心《いっしん》にふかく弥陀《みだ》に帰《き》するこころの疑《うたがい》なきを真実信心《しんじつしんじん》とは申《もう》すな

五障三従の女人　→補註14

こころをば…　（罪の重さを）気にしてはならない、心配してはいけないという意。

り。かくのごとく一心《いっしん》にたのみ、一向《いっこう》にたのむ衆生《しゅじょう》を、かたじけなくも弥陀《みだ》如来《にょらい》はよくしろしめして、この機《き》を、光明《こうみょう》を放《はな》ちてひかりのなかに摂《おさ》めおきましまして、極楽《ごくらく》へ往生《おうじょう》せしむべきなり。これを念仏衆生《ねんぶつしゅじょう》を摂取《せっしゅ》したまふといふことなり。このうへには、たとひ一期《いちご》のあひだ申《もう》す念仏《ねんぶつ》なりとも、仏恩報《ぶっとんほう》謝《しゃ》の念仏《ねんぶつ》とこころうべきなり。これを当流《とうりゅう》の信心《しんじん》をよくこころえたる念仏行《ねんぶつぎょう》者《じゃ》といふべきものなり。あなかしこ、あなかしこ。

(一六)

それ、人間《にんげん》の*浮生《ふしょう》なる相《そう》をつらつら*観《かん》ずるに、おほよそはかなきものはこの世《よ》の*始中終《しちゅうじゅう》、まぼろしのごとくなる一期《いちご》なり。さればいまだ万歳《まんざい》の人身《にんじん》を受《う》けたりといふことをきかず、一生過《いっしょうす》ぎやすし。いまにいたりてたれか*百年《ひゃくねん》の形体《ぎょうたい》をたもつべきや。われや先《さき》、人《ひと》や先《さき》、今日《きょう》ともしらず、明日《あす》ともしらず、*おくれさきだつ人《ひと》は*もとのしづくするゑの露《つゆ》よりも*しげし*といへり。されば*朝《あした》には紅顔《こうがん》ありて夕《ゆうべ》には白骨《はっこつ》となれる身《み》なり。すでに無常《むじょう》の風《かぜ》きたりぬれば、すなはちふたつのまなこたちまちに閉《と》ぢ、ひとつの息《いき》ながくたえぬれば、紅顔《こうがん》むなしく変《へん》じて*桃李《とうり》のよそほひを失《うしな》ひぬるときは、六親眷属《ろくしんけんぞく》あつまりてなげきかな

浮生なる相　人の世の定めのないありさま。
観ずるに　心をしずめて考えてみると。
始中終　始は少年期、中は壮年期、終は老年期をのこと。人の一生をいう。
百年の形体　百歳の身体。
おくれさきだつ人　人より後に生き残る人と、人より先に死ぬ人。生き残る人と死ぬ人。
もとのしづくするゑの露　草木の根もとにおちるしずく、草の葉の末にやどる露のことで、人の死の先後は予想できないことをあらわす。
しげし　数量が多い。
といへり　以上の文は『存覚法語《ぞんかくほうご》』に引く後鳥羽《ごとば》上皇の『無常講式《むじょうこうしき》』からの引用であるため「といへり」という。
朝には…　『和漢朗詠集《わかんろうえいしゅう》』

しめども、さらにその甲斐《かい》あるべからず。*さてしもあるべきことならねばとて、*野外《やがい》におくりて*夜半《よわ》の煙《けぶり》となしはてぬれば、ただ白骨《はっこつ》のみぞのこれり。あはれといふもなかなか*おろかなり。されば人間《にんげん》のはかなきことは*老少不定《ろうしょうふじょう》の*さかひなれば、たれの人《ひと》もはやく後生《ごしょう》の一大事《いちだいじ》を心《こころ》にかけて、阿弥陀仏《あみだぶつ》をふかくたのみまゐらせて、念仏《ねんぶつ》申《もう》すべきものなり。あなかしこ、あなかしこ。

（一七）

それ、一切《いっさい》の女人《にょにん》の身《み》は、後生《ごしょう》を大事《だいじ》におもひ、仏法《ぶっぽう》をたふとくおもふ心《こころ》あらば、なにのやうもなく、阿弥陀如来《あみだにょらい》をふかくたのみまゐらせて、もろもろの雑行《ぞうぎょう》をふりすてて、一心《いっしん》に後生《ごしょう》を御《おん》たすけ候《そうら》へとひしとたのまん女人《にょにん》は、かならず極楽《ごくらく》に往生《おうじょう》すべきこと、さらに疑《うたがい》あるべからず。かやうに*おもひとりてののちは、ひたすら弥陀如来《みだにょらい》のやすく御《おん》たすけにあづかるべきことのありがたさ、またたふとさよとふかく信《しん》じて、ねてもさめても南無阿弥陀仏《なもあみだぶつ》、南無《なも》阿《あ》弥陀仏《みだぶつ》と申《もう》すべきばかりなり。これを信心《しんじん》とりたる念仏者《ねんぶつしゃ》とは申《もう》すものなり。あなかしこ、あなかしこ。

（下）の義孝《よしたか》少将の詩に「朝に紅顔ありて世路に誇れども、暮に白骨となりて郊原に朽ちぬ」とある。

桃李のよそほひ　桃や李（スモモ）の花のように美しいすがた。

さてしも…　いつまでもそうしてはいられないので。

野外におくりて　野辺の送りをして。遺骸を火葬場に送ること。

夜半の煙　夜のけむり。遺骸を火葬するようすをいう。

おろかなり　疎かなり。（言葉では）表し尽せない。（表現が）不十分である。

老少不定　老人が先に死に、若者が後で死ぬとは限らないこと。人の命のはかなさをいう。

さかひ　境界《きょうがい》。

おもひとりてののちは　信

（一八）
当流聖人《とうりゅうしょうにん》（親鸞）のすすめまします安心《あんじん》といふは、なにのやうもなく、まづわが身《み》のあさましき罪《つみ》のふかきことをばうちすてて、もろもろの雑行雑修《ぞうぎょうぞっしゅ》のこころを*さしおきて、一心《いっしん》に阿弥陀如来《あみだにょらい》後生《ごしょう》たすけたまへと、一念《いちねん》にふかくたのみたてまつらんものをば、たとへば十人《じゅうにん》は十人《じゅうにん》百人《ひゃくにん》は百人《ひゃくにん》ながら、みなもらさずたすけたまふべし。これさらに疑《うたが》ふべからざるものなり。かやうによくこころえたる人《ひと》を信心《しんじん》の行者《ぎょうじゃ》といふなり。さてこのうへには、なほわが身《み》の後生《ごしょう》のたすからんことのうれしさをおもひいださんときは、ねてもさめても南《な》無阿弥陀仏《もあみだぶつ》、南無阿弥陀仏《なもあみだぶつ》ととなふべきものなり。あなかしこ、あなかしこ。

*（一九）
それ、末代《まつだい》の悪人《あくにん》・女人《にょにん》たらん輩《ともがら》は、みなみな心《こころ》を一《ひと》つにして阿弥陀仏《あみだぶつ》をふかくたのみたてまつるべし。そのほかには、いづれの法《ほう》を信《しん》ずといふとも、後《ご》生《しょう》のたすかるといふことゆめゆめあるべからず。しかれば、阿弥陀如来《あみだにょらい》をばなにとやうにたのみ、後生《ごしょう》をばねがふべきぞといふに、なにのわづらひもなく、ただ一心《いっしん》に阿弥陀如来《あみだにょらい》をひしとたのみ、後生《ごしょう》たすけたまへとふかくたのみまうさん人《ひと》をば、かならず御《おん》たすけあるべきこと、さらさら疑《うたがい》あるべからざるもの

心決定《けつじょう》したうえは。

さしおきて　捨て去って。

一九　五帖目第十九通は、四帖目第十通とほぼ同じ。

なり。あなかしこ、あなかしこ。

(二〇)

それ、一切《いっさい》の女人《にょにん》たらん身《み》は、弥陀如来《みだにょらい》をひしとたのみ、後生《ごしょう》たすけたまへと申《もう》さん女人《にょにん》をば、かならず御《おん》たすけあるべし。さるほどに、*諸仏《しょぶつ》のすてたまへる女人《にょにん》を、阿弥陀如来《あみだにょらい》ひとり、われたすけずんばまたいづれの仏《ぶつ》のたすけたまはんぞとおぼしめして、無上《むじょう》の大願《だいがん》をおこして、われ諸仏《しょぶつ》にすぐれて女人《にょにん》をたすけんとて、*五劫《ごこう》があひだ思惟《しゆい》し、*永劫《ようごう》があひだ修行《しゅぎょう》して、*世《よ》にこえたる大願《だいがん》をおこして、女人成仏《にょにんじょうぶつ》といへる殊勝《しゅしょう》の願《がん》(第三十五願)をおこしまします弥陀《みだ》なり。このゆゑにふかく弥陀《みだ》をたのみ、後生《ごしょう》たすけたまへと申《もう》さん女人《にょにん》
93
は、みなみな極楽《ごくらく》に往生《おうじょう》すべきものなり。あなかしこ、あなかしこ。

(二一)

当流《とうりゅう》の安心《あんじん》といふは、なにのやうもなく、もろもろの雑行雑修《ぞうぎょうざっしゅ》のこころをすてて、わが身《み》はいかなる罪業《ざいごう》ふかくとも、それをば仏《ぶつ》にまかせまゐらせて、ただ一心《いっしん》に阿弥陀如来《あみだにょらい》を一念《いちねん》にふかくたのみまゐらせて、御《おん》たすけ候《そうら》へと申《もう》さん衆生《しゅじょう》をば、十人《じゅうにん》は十人《じゅうにん》百人《ひゃくにん》は百人《ひゃくにん》ながら、ことごとくたすけたまふべし。

諸仏のすてたまへる女人　諸仏の本願に女人成仏の願がないので、このようにいう。→補註14

五劫があひだ思惟　阿弥陀仏が因位《いんに》の法蔵《ほうぞう》菩薩の時、一切衆生《しゅじょう》を平等に救うために、五劫という長い間思惟をめぐらしたこと。

永劫があひだ修行　阿弥陀仏が因位の法蔵菩薩の時、本願を成就するために、はかりしれない長い間、無量の行を修めたこと。

世にこえたる　くらべようのない。

これさらに疑《うたが》ふこころつゆほどもあるべからず。かやうに信《しん》ずる機《き》を安心《あんじん》をよく決定《けつじよう》せしめたる人《ひと》とはいふなり。このこころをこそ*経釈《きようしやく》の明文《めいもん》には、「*一《いち》念発起住正定聚《ねんぽつきじゆしようじようじゆ》」とも「平生業成《へいぜいごうじよう》の行人《ぎようにん》」ともいふなり。さればただ弥陀《みだ》仏《ぶつ》を一念《いちねん》にふかくたのみたてまつること肝要《かんよう》なりとこころうべし。このほかには、弥陀如来《みだによらい》のわれらをやすくたすけまします御恩《ごおん》のふかきことをおもひて、行住坐臥《ぎようじゆうざが》につねに念仏《ねんぶつ》を申《もう》すべきものなり。あなかしこ、あなかしこ。

（*二二）

そもそも、当流勧化《とうりゆうかんけ》のおもむきをくはしくしりて、極楽《ごくらく》に往生《おうじよう》せんとおもはんひとは、まづ他力《たりき》の信心《しんじん》といふことを存知《ぞんじ》すべきなり。それ、他力《たりき》の信心《しんじん》といふはなにの要《よう》ぞといへば、かかるあさましきわれらごときの凡夫《ぼんぶ》の身《み》が、たやすく浄土《じようど》へまゐるべき*用意《ようい》なり。その他力《たりき》の信心《しんじん》のすがたといふはいかなることぞといへば、なにのやうもなく、ただひとすぢに阿弥陀如来《あみだによらい》を一心一向《いつしんいつこう》にたのみたてまつりて、たすけたまへとおもふこころの一念《いちねん》おこるとき、かならず弥陀如来《みだによらい》の摂取《せつしゆ》の光明《こうみよう》を放《はな》ちて、その身《み》の娑婆《しやば》にあらんほどは、この光《こう》明《みよう》のなかに摂《おさ》めおきましますなり。これすなはちわれらが往生《おうじよう》の定《さだ》まりたる

経釈の明文　『大経』（下）の第十一願成就文、第十八願成就文、「易行品」の「即の時に必定に入る」、『論註』（上）の「すなはち大乗正定の聚に入る」などの文を指す。

一念発起…　「一念発起すれば正定聚に住す」信心が初めておこった時、浄土に往生することが正《まさ》しく定まり、仏になることが決定《けつじよう》している仲間となる。

二二　五帖目第二十二通は、二帖目第十四通後半（一一三〇頁一一行以下）とほぼ同じ。

用意　前から準備しておくこと。ここでは信心が往生の正因であることをいう。

すがたなり。されば*南無阿弥陀仏《なもあみだぶつ》と申《もう》す体《たい》は、われらが他力《たりき》の信心《しんじん》をえたるすがたなり。この信心《しんじん》といふは、この南無阿弥陀仏《なもあみだぶつ》のいはれをあらはせるすがたなりとこころうべきなり。さればわれらがいまの他力《たりき》の信心《しんじん》ひとつをとるによりて、極楽《ごくらく》にやすく往生《おうじょう》すべきことの、さらになにの疑《うたがい》もなし。あら、殊勝《しゅしょう》の弥陀如来《みだにょらい》の本願《ほんがん》や。このありがたさの弥陀《みだ》の御恩《ごおん》をば、いかがして報《ほう》じたてまつるべきぞなれば、ただねてもおきても南無阿弥陀仏《なもあみだぶつ》ととなへて、かの弥陀如来《みだにょらい》の仏恩《ぶつとん》を報《ほう》ずべきなり。されば南無阿弥陀仏《なもあみだぶつ》ととなふるこころはいかんぞなれば、阿弥陀如来《あみだにょらい》の御《おん》たすけありつるありがたさたふとさよとおもひて、それをよろこびまうすこころなりとおもふべきものなり。あなかしこ、あなかしこ。

釈証如《しゃくしょうにょ》（花押）

南無阿弥陀仏と申す体は　南無阿弥陀仏というものは。

夏《げの》御《ご》文《ぶん》章《しよう》

二百数十通ある御文章《ごぶんしょう》のなかから肝要《かんよう》なものを抽出して『五帖御文章《ごじょうのごぶんしょう》』を編纂する時、初めに八十五通が選定されたといわれている。そのなかで、当時本山においてのみ儀式として読誦《どくじゅ》され、門徒に付与されない『夏御文章《げのごぶんしょう》』四通と『御俗姓《ごぞくしょう》』一通の五通を別行し、五帖八十通とされたのである。すなわち、『夏御文章』は夏中九十日の夏安居《げあんご》に拝読され、『御俗姓』は御正忌報恩講《ごしょうきほうおんこう》に拝読されるという『御文章』の儀式的な読誦の端を開いたものであった。

この『夏御文章』四通は、明応《めいおう》七年（一四九八）第八代宗主蓮如上人《れんにょしょうにん》が八十四歳の時に述作されたものであり、第一通と第二通は五月下旬、第三通は六月下旬、第四通は七月下旬と『名塩御文《なじおのおふみ》』に年紀が記されている。第四通目は内容より二通が一通となっていることが知られるので、第十七代宗主法如《ほうにょ》上人がこれを両軸とされてから本願寺派では五通としているのである。

上人は明応七年の四月初めに昨年の病が再発し、当時の著名な医師の診察を受け、同五月七日には山科《やましな》の親鸞聖人《しんらんしょうにん》影像に暇乞《いとまご》いのために上洛されている。そうしたなかで聞法《もんぼう》の肝要なることを厳しく諭し、「もろもろの雑行《ぞうぎょう》をすてて一心《いっしん》に弥陀如来《みだにょらい》をたのみ、今度《こんど》のわれらが後生《ごしょう》たすけたまへと申《もう》す」（第一通・第二通）と安心《あんじん》の相状を詳らかにして信心を勧められている。

夏《げの》御《ご》文《ぶん》章《しょう》

（一）

そもそも、今日《こんにち》の聖教《しょうぎょう》を聴聞《ちょうもん》のためにとて、みなみな*これへ御《おん》より候《そうろ》ふことは、信心《しんじん》のいはれをよくよくこころえられ候《そうら》ひて、今日《こんにち》より御《おん》こころをうかうかと御《おん》もち候《そうら》はで、*ききわけられ候《そうら》はでは、なにの所用《しょよう》もなきことにてあるべく候《そうろ》ふ。そのいはれをただいま申《もう》すべく候《そうろ》ふ。*御耳《おんみみ》をすましてよくよくきこしめし候《そうろ》ふべし。

それ、安心《あんじん》と申《もう》すは、もろもろの雑行《ぞうぎょう》をすてて一心《いっしん》に弥陀如来《みだにょらい》をたのみ、今度《こんど》のわれらが後生《ごしょう》たすけたまへと申《もう》すをこそ、安心《あんじん》を決定《けつじょう》したる行者《ぎょうじゃ》とは申《もう》し候《そうろ》ふなれ。このいはれをしりてのうへの仏恩報謝《ぶっとんほうしゃ》の念仏《ねんぶつ》とは申《もう》すことにて候《そうろ》ふなり。されば聖人《しょうにん》（親鸞）の『*和讃《わさん》』にも、「*智慧《ちえ》の念仏《ねんぶつ》うることは法《ほう》蔵願力《ぞうがんりき》のなせるなり　*信心《しんじん》の智慧《ちえ》にいりてこそ　仏恩報《ぶっとんほう》ずる身《み》とはなれ」と仰《おお》せられたり。このこころをもつてこころえられ候《そうら》はんこと肝要《かんよう》にて候《そうろ》ふ。それ

これ　山科《やましな》本願寺を指す。

ききわけられ　ここでの「ききわく」は、信心のいわれをはっきりと聞きひらいて信をとること。

御耳をすまして　余念をまじえずに。専心に。

和讃にも…　『正像末和讃』（三五）前半と（三四）後半を合糅したもの。

智慧の念仏　『正像末和讃』（異本）の左訓には「弥陀のちかひをもつて仏《ほとけ》になるゆゑに、智慧の念仏とまうすなり」とある。

信心の智慧　『正像末和讃』（異本）の左訓には「弥陀のちかひは智慧にてましますゆゑに、信ずるこころの出でくるは智慧のおこるとしるべし」とある。

については、まづ「念仏《ねんぶつ》の行者《ぎょうじゃ》、南無阿弥陀仏《なもあみだぶつ》の名号《みょうごう》をきかば、〈あは、はやわが往生《おうじょう》は成就《じょうじゅ》しにけり、十方衆生《じっぽうしゅじょう》、往生成就《おうじょうじょうじゅ》せずは正覚取《しょうがくと》らじと誓《ちか》ひたまひし法蔵菩薩《ほうぞうぼさつ》の正覚《しょうがく》の*果名《かみょう》なるがゆゑに〉とおもふべし」（安心決定鈔・本）といへり。また「極楽《ごくらく》といふ名《な》をきかば、〈あは、わが往生《おうじょう》すべきところを成就《じょうじゅ》したまひにけり、衆生往生《しゅじょうおうじょう》せずは正覚取《しょうがくと》らじと誓《ちか》ひたまひし法蔵比丘《ほうぞうびく》の成就《じょうじゅ》したまへる極楽《ごくらく》よ〉とおもふべし」（同・本）。また「本願《ほんがん》を信《しん》じ名号《みょうごう》をとな
4
ふとも、*よそなる仏《ぶつ》の功徳《くどく》とおもひて*名号《みょうごう》に功《こう》をいれなば、などか往生《おうじょう》をとげざらんなんどおもはんは、かなしかるべきことなり。*ひしとわれらが往生《おうじょう》成就《じょうじゅ》せしすがたを南無阿弥陀仏《なもあみだぶつ》とはいひけるといふ信心《しんじん》おこりぬれば、*仏体《ぶったい》すなはちわれらが往生《おうじょう》の行《ぎょう》なるがゆゑに、一声《いっしょう》のところに往生《おうじょう》を決定《けつじょう》するなり」（同・本）。このこころは、安心《あんじん》をとりてのうへのことどもにてはんべるなりとこころえらるべきことなりとおもふべきものなり。*†あなかしこ、あなかしこ。

（三）

そもそも、今日《こんにち》、*御影前《ごえいぜん》へ御《おん》まゐり候《そうろ》ふ面々《めんめん》は、聖教《しょうぎょう》をよみ候《そうろ》ふを御聴聞《ごちょうもん》

果名　さとりのみ名。南無阿弥陀仏の名号《みょうごう》。

よそなる仏の功徳…　衆《しゅ》生《じょう》の往生とは無関係に阿弥陀仏の功徳があるように思って。

名号に功をいれなば　称名の功徳《くどく》を積んだなら。

ひしと　しっかりと。

仏体すなはち…　南無阿弥陀仏という仏体（名号）には、衆生を往生させるはたらきがあるということ。

あなかしこ　原意は「なんとまあ、おそれ多いことよ」。転じて書簡の末尾におかれる慣用語。『御文章』では内容を強調し念をおす語として用いられている。

御影前　親鸞聖人の像（御《ご》真影《しんねい》）の前。

のためにてぞ御入《おんい》り候《そうろ》ふらん。さればいづれの所《ところ》にても聖教《しょうぎょう》を聴聞《ちょうもん》せられ候《そうろ》ふときも、*その義理《ぎり》をききわけらるる分《ぶん》もさらに候《そうら》はで、ただ*人目《ひとめ》ばかりのやうにみなみなあつまられ候《そうろ》ふことは、*なにの篇目《へんもく》もなきやうにおぼえ候《そうろ》ふ。それ、聖教《しょうぎょう》をよみ候《そうろ》ふことも、他力《たりき》の信心《しんじん》をとらしめんがためにこそよみ候《そうろ》ふことにて候《そうろ》ふに、さらにそのいはれをききわけ候《そうら》ひて、わが信《しん》のあさきをも直《なお》され候《そうら》はんことこそ仏法《ぶっぽう》の本意《ほんい》にてはあるべきに、毎日《まいにち》に聖教《しょうぎょう》があるとては、*しるもしらぬもよられ候《そうろ》ふことは、*所詮《しょせん》もなきことにて候《そうろ》ふ。今日《こんにち》よりしては、*あひかまへてそのいはれをききわけられ候《そうら》ひて、*もとの信心《しんじん》のわろきことをも人《ひと》にたづねられ候《そうら》ひて直《なお》され候《そうら》はでは、かなふべからず候《そうろ》ふ。その分《ぶん》をよくよくこころえられ候《そうら》ひて聴聞《ちょうもん》候《そうら》はば、*自行化他《じぎょうけた》のため、しかるべきことにて候《そうろ》ふ。そのとほりをあらましただいま申《もう》しはんべるべく候《そうろ》ふ。御耳《おんみみ》をすまして御《おん》きき候《そうら》へ。それ、安心《あんじん》と申《もう》すは、いかなる罪《つみ》のふかき人《ひと》も、もろもろの雑《ぞう》行《ぎょう》をすてて一心《いっしん》に弥陀如来《みだにょらい》をたのみ、今度《こんど》のわれらが後生《ごしょう》たすけたまへと申《もう》すをこそ、安心《あんじん》を決定《けつじょう》したる念仏《ねんぶつ》の行者《ぎょうじゃ》とは申《もう》すなり。このいはれをよく決定《けつじょう》してのうへの仏恩報謝《ぶっとんほうしゃ》のためといへることにては候《そうろ》ふなれ。されば聖人《しょうにん》（親

その義理　凡夫《ぼんぶ》が他力によって救済されるという本願の道理。

人目　世間体。

なにの篇目もなき　何の役にもたたない。

しるもしらぬも　聖教に示されている道理を知る人も知らない人も。

所詮もなきこと　かいもないこと。益もないこと。

あひかまへて　十分注意して。

もとの信心　十劫秘事《じっこうひじ》、物取り安心《あんじん》、善知識《ぜんぢしき》だのみなどの異安心を指す。

自行化他　みずから仏教を信じて実践し、他の人を教化して仏道に入らしめること。

鸞）の『和讃《わさん》』（正像末和讃・三五）にもこのこころを、「智慧《ちえ》の念仏《ねんぶつ》うることは　法蔵願力《ほうぞうがんりき》のなせるなり　信心《しんじん》の智慧《ちえ》なかりせば　いかでか涅槃《ねはん》をさとらまし」と仰《おお》せられたり。この信心《しんじん》をよくよく決定《けつじょう》候《そうら》はでは、仏恩報尽《ぶっとんほうじん》と申《もう》すことはあるまじきことにて候《そうろ》ふ。なにと御《おん》こころえ候《そうろ》ふやらん。この*分《ぶん》をよくよく御《おん》こころえ候《そうら》ひて、みなみな御《おん》かへり候《そうら》はば、*やがて宿々《やどやど》にても*信心《しんじん》のとほりをあひたがひに*沙汰《さた》せられ候《そうら》ひて、信心決定《しんじんけつじょう》候《そうら》はば、今度《こんど》の往生極楽《おうじょうごくらく》は一定《いちじょう》にてあるべきことにて候《そうろ》ふ。あなかしこ、あなかしこ。

（三）

そもそも、今月《こんがつ》はすでに*前住上人《ぜんじゅうしょうにん》（存如）の御正忌《ごしょうき》にてわたらせおはしますあひだ、未安心《みあんじん》の人々《ひとびと》は信心《しんじん》をよくよくとらせたまひ候《そうら》はば、すなはち今月《こんがつ》前住《ぜんじゅう》の報謝《ほうしゃ》ともなるべく候《そうろ》ふ。さればこの去《さ》んぬる夏《なつ》ころよりこのあひだにいたるまで、毎日《まいにち》に*かたのごとく*耳《みみ》ぢかなる聖教《しょうぎょう》のぬきがきなんどをえらび出《いだ》して、あらあらよみまうすやうに候《そうろ》ふといへども、来臨《らいりん》の道俗男女《どうぞくなんにょ》をおほよそみおよびまうし候《そうろ》ふに、*いつも体《てい》にて、さらにそのいろもみえましまさずとおぼえ候《そうろ》ふ。所詮《しょせん》それをいかんと申《もう》し候《そうろ》ふに、毎日《まいにち》の聖教《しょうぎょう》になにたることをた

この分　凡夫《ぼんぶ》が他力によって救済されるという本願の道理。

やがて　さっそく。すぐさま。

信心のとほり　自分が聞いて信じているまま。

沙汰　話し合うこと。

前住上人の御正忌　本願寺第七代、存如《ぞんにょ》上人は長禄元年（一四五七）六月十八日に示寂《じじゃく》した。

かたのごとく　しきたりどおりに。

耳ぢかなる　聞きなれてわかりやすい。

いつも体にて…　いつもと同じように、心して仏法を聞こうとするようすがみえない。

ふときとも、また殊勝《しゅしょう》なるとも申《もう》され候《そうろ》ふ人々《ひとびと》の一人《いちにん》も*御入《おんい》り候《そうら》はぬときは、*なにの諸篇《しょへん》もなきことにて候《そうろ》ふ。信心《しんじん》のとほりをもまた*ひとすぢめを御《おん》ききわけ候《そうら》ひてこそ*連々《れんれん》の聴聞《ちょうもん》の*一《ひと》かどにても候《そうら》はんずるに、うかうかと御入《おんい》り候《そうろ》ふ*体《てい》たらく、*言語道断《ごんごどうだん》しかるべからずおぼえ候《そうろ》ふ。たとへば聖教《しょうぎょう》をよみ候《そうろ》ふと申《もう》すも、他力信心《たりきしんじん》をとらしめんがためばかりのことにて候《そうろ》ふあひだ、初心《しょしん》の

6

方々《かたがた》はあひかまへて今日《こんにち》のこの御影前《ごえいぜん》を御《おん》たちいで候《そうら》はば、やがて不審《ふしん》なることをも申《もう》されて、ひとびとにたづねまうされ候《そうら》ひて、信心決定《しんじんけつじょう》せられ候《そうら》はんずることこそ肝要《かんよう》たるべく候《そうろ》ふ。その分《ぶん》よくよく御《おん》こころえあるべく候《そうろ》ふ。それにつき候《そうら》ひては、*なにまでもいり候《そうろ》ふまじく候《そうろ》ふ。弥陀《みだ》をたのみ信心《しんじん》を御《おん》とりあるべく候《そうろ》ふ。その安心《あんじん》のすがたを、ただいまめづらしからず候《そうら》へども申《もう》すべく候《そうろ》ふ。御《おん》こころをしづめ、ねぶりをさましてねんごろに聴聞《ちょうもん》候《そうら》へ。

それ、親鸞聖人《しんらんしょうにん》のすすめましまし候《そうろ》ふ他力《たりき》の安心《あんじん》と申《もう》すは、*なにのやうもなく一心《いっしん》に弥陀如来《みだにょらい》をひしとたのみ、後生《ごしょう》たすけたまへと申《もう》さん人々《ひとびと》は、十《じゅう》人《にん》も百人《ひゃくにん》も、のこらず極楽《ごくらく》に往生《おうじょう》すべきこと、さらにその疑《うたがい》あるべからず候《そうろ》ふ。この分《ぶん》を面々各々《めんめんかくかく》に御《おん》こころえ候《そうら》ひて、みなみな*本々《ほんぼん》へ御《おん》かへりあるべく

御入り候はぬ　いらっしゃらない。

なにの諸篇もなきこと　何のかいもないこと。

ひとすぢめを御ききわけ　唯一の正しい法義の筋道を聞いて領解《りょうげ》すること。

連々の　ひきつづいての。

一かどにても候はんずるに　かいがあることでもありましょうが。

体たらく　ようす。ありさま。

言語道断　言葉でいいあらわせないこと。古語としてはきわめてすぐれている意味にも、きわめて悪い意味にも用いる。

なにまでも…　信心を領受するには自力のはからいはいらない。

なにのやうもなく　何のはからいもなく。何の造作もなく。

候《そうろ》ふ。あなかしこ、あなかしこ。

（四）

そもそも、今月十八日《こんがつじゅうはちにち》のまへに、安心《あんじん》の次第《しだい》*あらあら御《おん》ものがたり申《もう》し候《そうろ》ふところに、面々聴聞《めんめんちょうもん》の御《ご》*人数《にんじゅ》の方々《かたがた》いかが御《おん》こころえ候《そうろ》ふや、御《おん》こころもとなくおぼえ候《そうろ》ふ。いくたび申《もう》してもただおなじ体《てい》に御《おん》ききなし候《そうら》ひては、毎日《まいにち》において随分《ずいぶん》*勘文《かんもん》をよみまうし候《そうろ》ふその甲斐《かい》もあるべからず、ただ一《ひと》すぢめの信心《しんじん》のとほり御《おん》こころえの分《ぶん》も候《そうら》はでは、*さらさら所詮《しょせん》なきことにて候《そうろ》ふ。されば未安心《みあんじん》の御《おん》すがた、ただ人目《ひとめ》ばかりの御心中《ごしんちゅう》を御《おん》もち候《そうろ》ふ方々《かたがた》は、毎日《まいにち》の聖教《しょうぎょう》には*なかなか聴聞《ちょうもん》のこと無益《むやく》かとおぼえ候《そうろ》ふ。そのいはれはいかんと申《もう》し候《そうろ》ふに、はやこの夏中《げちゅう》もなかばはすぎて二十四五日《にじゅうしごにち》のあひだのことにて候《そうろ》ふ。また上来《じょうらい》も毎日聖教《まいにちしょうぎょう》の勘文《かんもん》をえらびよみまうし候《そうら》へども、たれにても一人《いちにん》として、今日《こんにち》の聖教《しょうぎょう》になにと申《もう》したることのたふときとも、また不審《ふしん》
7
なるとも仰《おお》せられ候《そうろ》ふ人数《にんじゅ》、一人《いちにん》も御入《おんい》り候《そうら》はず候《そうろ》ふ。この夏中《げちゅう》と申《もう》さんもいまのことにて候《そうろ》ふあひだ、みなみな人目《ひとめ》ばかり名聞《みょうもん》の体《てい》たらく、言語道断《ごんごどうだん》あさましくおぼえ候《そうろ》ふ。これほどに毎日耳《まいにちみみ》ぢかに聖教《しょうぎょう》のなかをえらびいだしま

本々へ　各自の元の宿へ。

あらあら　だいたい。ざっと。

人数　人々。顔ぶれ。

勘文　肝文のこと。肝要な聖教の文。

さらさら所詮なきこと　全くかいのないこと。全く益のないこと。

なかなか　かえって。

うし候《そうら》へども、*つれなく御《おん》わたり候《そうろ》ふこと、まことに事《こと》のたとへに鹿《しし》の角《つの》を蜂《はち》のさしたるやうにみなみなおぼしめし候《そうろ》ふあひだ、*千万千万《せんばんせんばん》*勿体《もったい》なく候《そうろ》ふ。一《ひと》つは*無道心《むどうしん》、一《ひと》つは*無興隆《ぶこうりゅう》ともおぼえ候《そうろ》ふ。この聖教《しょうぎょう》をよみまうし候《そうら》はんも、いま三十日《さんじゅうにち》のうちのことにて候《そうろ》ふ。いつまでのやうにつれなく御心中《ごしんちゅう》も御直《おんなお》り候《そうら》はでは、真実真実《しんじつしんじつ》無道心《むどうしん》に候《そうろ》ふ。まことに宝《たから》の山《やま》に入《い》りて、手《て》をむなしくしてかへりたらんにひとしかるべく候《そうろ》ふ。さればとて*当流《とうりゅう》の安心《あんじん》をとられ候《そうら》はんにつけても、なにのわづらひか御《おん》わたり候《そうら》はんや。今日《こんにち》よりしてひしとみなみなおぼしめしたち候《そうら》ひて、信心《しんじん》を決定《けつじょう》候《そうら》ひて、このたびの往生極《おうじょうごく》楽《らく》をおぼしめしさだめられ候《そうら》はば、まことに聖人《しょうにん》（親鸞）の御《ご》*素意《そい》にも本意《ほんい》とおぼしめし候《そうろ》ふべきものなり。

(五)

この夏《なつ》のはじめよりすでに百日《ひゃくにち》のあひだ、かたのごとく安心《あんじん》のおもむき申《もう》し候《そうろ》ふといへども、まことに御《おん》こころにおもひいれられ候《そうろ》ふすがたも、*さのみみえたまひ候《そうら》はずおぼえ候《そうろ》ふ。すでに夏中《げちゅう》と申《もう》すも今日明日《こんにちみょうにち》ばかりのことにて候《そうろ》ふ。こののちもこのあひだの体《てい》たらくにて*御入《おんい》りあるべく候《そうろ》ふや、あさま

つれなく御わたり候ふ　何の反応もなさらない。

千万　はなはだしく。

勿体なく候ふ　もってのほかである。ふとどきである。不都合である。

無道心　仏道を求める心のないこと。

無興隆　仏法興隆の心のないこと。

当流　浄土真宗を指す。

素意　本望。

さのみ　それほど。

御入りある　いらっしゃる。

しくおぼえ候《そうろ》ふ。よくよく安心《あんじん》の次第《しだい》、人《ひと》にあひたづねられ候《そうら》ひて決定《けつじょう》せらるべく候《そうろ》ふ。はや明日《みょうにち》までのことにて候《そうろ》ふあひだ、かくのごとくかたく申《もう》し候《そうろ》ふなり。よくよく御《おん》こころえあるべく候《そうろ》ふなり。あなかしこ、あなかしこ。

8

この第四章《だいししょう》の末語《まつご》、文勢《ぶんせい》・義旨《ぎし》おだやかならざるに似《に》たり。*先哲《せんてつ》の述意《じゅつい》はかりがたしといへども、ひそかにかんがふるに、これ後人第五章《こうじんだいごしょう》をもつて、あやまりて第四章《だいししょう》に混《こん》ぜるものか。かるがゆゑに改《あらた》めて*両軸《りょうじく》となす。いまより聞《き》くものをして惑《まど》ひなからしむ。予《よ》、*臨池《りんち》の技《わざ》にふけるにあらず。実《じつ》に門下《もんか》の道俗《どうぞく》をして金剛心《こんごうしん》に住《じゅう》し、生《しょう》を安養《あんにょう》に期《ご》せしめんと欲《ほっ》するがため、ことさらに*觚《こ》をあやとりてこころをここに尽《つ》すのみ。

*安永七《あんえいしち》 戊戌《つちのえいぬ》の春《はる》これを書《か》く。

*法如七十二《ほうにょしちじゅうに》歳《さい》

一〇

先哲　昔の賢人。

両軸となす　二つに分ける。

臨池の技　習字、てならいのこと。後漢《ごかん》の張芝《ちょうし》が池にのぞんで一心不乱に習字のけいこを続けたため、池の水が墨で黒くなったという故事による。

觚をあやとりて　觚は四角の木札。昔、中国でこれに文字を記したところから、筆をあやつって文章を作ること。また文筆に携わること。

安永七　一七七八年。

法如　（一七〇七―一七八九）本願寺第十七代宗主。諱《いみな》は光闡《こうせん》。謚《おくりな》は信慧院。

御_ご俗_{ぞく}姓_{しょう}

本書は、『俗姓《ぞくしょう》の御文《おふみ》』とも称される。これは宗祖親鸞聖人《しんらんしょうにん》の御正忌《ごしょうき》報恩講《ほうおんこう》に際して示された教語である。

本文は五段に分かれる。第一段には、宗祖の俗姓を明かし、親鸞聖人は藤原氏で、後長岡《ごながおか》の丞相《しょうじょう》（内麿公）の末孫《ばっそん》、皇太后宮《こうたいごうぐう》の大進有範《だいしんありのり》の子であると説かれている。

第二段は、親鸞聖人は阿弥陀仏の化身《けしん》であり、あるいは曇鸞大師《どんらんだいし》の再誕であって、ただびとではないといい、九歳で出家し、楞厳横川《りょうごんよかわ》の末流《ばつりゅう》を伝え、天台宗《てんだいしゅう》の碩学《せきがく》となり、二十九歳の時法然《ほうねん》聖人の禅室に至り、上足の弟子となり、真宗一流を汲み、専修《せんじゅ》専念の義を立て、凡夫直入《ぼんぶじきにゅう》の真心をあらわされ、在家の愚人を浄土に往生するよう勧められたことを記されている。

第三段は、十一月二十八日の親鸞聖人遷化《せんげ》の御正忌に報謝の志を運ばないものは木石にも等しいと誡《いまし》められている。

第四段は、報恩謝徳をなすことこそ、報恩講の眼目であるが、もし未安心《みあんじん》であるならば、真の報謝にはならないことを、ねんごろに教示し、真の正信念仏者になるのでなければ、祖師の御恩に報いることにはならないと説かれている。

第五段は、真実信心の人の少ないことを嘆きつつ、一念帰命《いちねんきみょう》の真実信心を勧められている。

御《ご》俗《ぞく》姓《しょう》

【一】　それ祖師聖人《そししょうにん》（親鸞）の俗姓《ぞくしょう》をいへば、*藤氏《ふじうじ》として後長岡丞相《ごながおかのしょうじょう》内麿《うちまろ》公《こう》の末孫《ばっそん》、*皇太后宮大進《こうたいごうぐうのだいしん》*有範《ありのり》の子《こ》なり。また本地《ほんじ》をたづぬれば、弥陀如来《みだにょらい》の化身《けしん》と号《ごう》し、あるいは曇鸞大師《どんらんだいし》の再誕《さいたん》ともいへり。しかればすなはち、生《しょう》年《ねん》*九歳《くさい》の春《はる》のころ、慈鎮和尚《じちんかしょう》の門人《もんにん》につらなり、出家得度《しゅっけとくど》してその名《な》を範宴《はんねん》少納言公《しょうなごんのきみ》と号《ごう》す。それよりこのかた*楞厳横川《りょうごんよかわ》の末流《ばつりゅう》をつたへ、天台宗《てんだいしゅう》の*碩《せき》学《がく》となりたまひぬ。そののち二十九歳《にじゅうくさい》にして、はじめて源空聖人《げんくうしょうにん》の禅室《ぜんしつ》にまゐり、*上足《じょうそく》の弟子《でし》となり、真宗一流《しんしゅういちりゅう》を汲《く》み、専修専念《せんじゅせんねん》の義《ぎ》を立《た》て、すみやかに*凡夫直入《ぼんぶじきにゅう》の真心《しんしん》をあらはし、在家止住《ざいけしじゅう》の愚人《ぐにん》をしへて、報土往生《ほうどおうじょう》をすすめましましけり。

【二】　そもそも、*今月《こんがつ》二十八日《にじゅうはちにち》は、祖師聖人《そししょうにん》*遷化《せんげ》の御正忌《ごしょうき》として、毎年《まいねん》をいはず、親疎《しんそ》をきらはず、古今《ここん》の行者《ぎょうじゃ》、この†御正忌《ごしょうき》を存知《ぞんじ》せざるともがらある

藤氏　藤原氏。

皇太后宮大進　皇太后宮職の第三等官。

有範　日野《ひの》有範。生没年未詳。親鸞聖人の父。皇太后宮大進を退いた後、山城《やましろ》三室戸《むろど》（現在の京都府宇治市）に隠棲したという。

九歳　養和元年（一一八一）。

楞厳横川の末流　比叡山《ひえいざん》横川（首楞厳院《しゅりょうごんいん》はその中堂の称）に伝えられている源信和尚《げんしんかしょう》の流れ。

碩学　学問を深く極めた人。

上足の弟子　上席の門弟。高弟。

凡夫直入　凡夫のままで真実報土《ほうど》に往生せしめられること。

今月　十一月。親鸞聖人の命日は同月二十八日である。

遷化　高僧の死をいう。

べからず。これによりて*当流《とうりゆう》にその名《な》をかけ、その信心《しんじん》を獲得《ぎやくとく》したらん行《ぎよう》者《じや》、この御正忌《ごしようき》をもつて報謝《ほうしや》の志《こころざし》を運《はこ》ばざらん行者《ぎようじや》においては、まことにもつて木石《ぼくせき》にひとしからんものなり。しかるあひだ、かの御恩徳《ごおんどく》のふかきことは、*迷盧八万《めいろはちまん》の頂《いただき》、*蒼溟三千《そうめいさんぜん》の底《そこ》にこえすぎたり。報《ほう》ぜずはあるべからず、謝《しや》せずはあるべからざるものか。このゆゑに毎年《まいねん》の例時《れいじ》として、一七箇日《いちしちかにち》のあ

4

ひだ、*かたのごとく報恩謝徳《ほうおんしやとく》のために無二《むに》の勤行《ごんぎよう》をいたすところなり。この一七箇日報恩講《いちしちかにちほうおんこう》の砌《みぎり》にあたりて、*門葉《もんよう》のたぐひ国郡《こくぐん》より来集《らいじゆう》、いまにおいてその退転《たいてん》なし。しかりといへども未安心《みあんじん》の行者《ぎようじや》にいたりては、いかでか報恩《ほうおん》謝徳《しやとく》の儀《ぎ》これあらんや。しかのごときのともがらは、この砌《みぎり》において仏法《ぶつぽう》の信《しん》不信《ふしん》をあひたづねてこれを聴聞《ちようもん》してまことの信心《しんじん》を決定《けつじよう》すべくんば、真実真《しんじつしん》実《じつ》、聖人《しようにん》（親鸞）報謝《ほうしや》の*懇志《こんし》にあひかなふべきものなり。

【三】 あはれなるかなや、それ聖人《しようにん》の御往生《ごおうじよう》は年忌《ねんき》とほくへだたりて、すでに*一百余歳《いつぴやくよさい》の星霜《せいそう》を送《おく》るといへども、御遺訓《ごゆいくん》ますますさかんにして、教行信《きようぎようしん》証《しよう》の名義《みようぎ》、いまに眼前《がんぜん》にさえぎり、*人口《じんこう》にのこれり。たふとむべし信《しん》ずべし。これについて*当時《とうじ》真宗《しんしゆう》の行者《ぎようじや》のなかにおいて、真実信心《しんじつしんじん》を獲得《ぎやくとく》せしむるひ

当流　浄土真宗を指す。

迷盧八万の頂　迷盧は須弥山のこと。八万由旬《ゆじゆん》ある須弥山の頂上。→須弥山《しゆみせん》

蒼溟三千の底　蒼溟はあおぐろい大海のこと。三千里ある大海の底。

かたのごとく　しきたりどおりに。

門葉　門弟。門下の人々。

懇志　ねんごろなこころざし。

一百余歳の星霜　星霜は歳月の意。『御俗姓』が撰述された文明九年は一四七七年であるから、親鸞聖人の示寂《じじやく》よりすでに二百余歳を経ていることになる。

人口　世人のうわさ。

当時　いま。現在。

と、これすくなし。ただ*人目《ひとめ》・*仁義《じんぎ》ばかりに名聞《みようもん》のこころをもつて報謝《ほうしや》と号《ごう》せば、いかなる志《こころざし》をいたすといふとも、*一念帰命《いちねんきみよう》の真実《しんじつ》の信心《しんじん》を決定《けつじよう》せざらんひとびとは、その*所詮《しよせん》あるべからず。まことに「*水入《みずい》りて垢《あか》おちず」といへるたぐひなるべきか。これによりてこの一七箇日報恩講中《いちしちかにちほうおんこうちゆう》において、他力本願《たりきほんがん》のことわりをねんごろにききひらき、専修一向《せんじゆいつこう》の念仏《ねんぶつ》の行者《ぎようじや》にならんにいたりては、まことに今月《こんがつ》、聖人《しようにん》（親鸞）の御正日《ごしようにち》の素意《そい》にあひかなふべし。これしかしながら、真実真実《しんじつしんじつ》、報恩謝徳《ほうおんしやとく》の御仏事《おんぶつじ》となりぬべきものなり。あなかしこ、あなかしこ。

時《とき》に*文明九年十一月初《ぶんめいくねんじゆういちがつはじ》めのころ、にはかに報恩謝徳《ほうおんしやとく》のために*翰《かん》を染《そ》めこれを記《しる》すものなり。

人目　世間体。

仁義　ここでは世間体をつくろうこと。

一念帰命　他力の信心のこと。信心は阿弥陀仏の勅命《ちよくめい》に二心《ふたごころ》（疑い）なく帰依《きえ》信順することであるから一念帰命という。

所詮あるべからず　かいのあるはずがない。益のあるはずがない。

水入りて垢おちず　したかいがないことの喩え。

文明九年　一四七七年。蓮如上人六十三歳。

翰　筆。

領《りよう》解《げ》文《もん》

本書は、真宗教義を会得したままを口に出して陳述するように第八代宗主蓮如上人《れんにょしょうにん》が作られたものとされ、山科本願寺《やましなほんがんじ》落成の頃から読むようになったといわれている。大谷派では『改悔文《がいけもん》』とも称する。内容は簡潔で、一般の人にも理解されるように平易に記されたものではあるが、当時の異安心《いあんじん》や秘事法門《ひじぼうもん》に対して、浄土真宗の正義をあらわしたものである。

第一の安心の段には、自力のこころを離れて阿弥陀仏の本願他力にすべてを託する、いわゆる捨自帰他《しゃじきた》の安心が示されている。

第二の報謝の段には、信の一念に往生が定まるから、それ以後の念仏は報恩にほかならないという、いわゆる称名報恩《しょうみょうほうおん》の義が示されている。したがって、この第一・第二の両段において、信心正因・称名報恩の宗義が領解《りょうげ》されたことになる。

第三の師徳の段には、上記の教えを教示し伝持《でんじ》された親鸞聖人《しんらんしょうにん》や善知識《ぜんぢしき》の恩徳を謝すべきことが述べられている。

第四の法度《はっと》の段には、真宗念仏者の生活の心がまえが示され、『御文章《ごぶんしょう》』などに定められた「おきて」にしたがって生活すべきことが述べられている。

領《りょう》解《げ》文《もん》

*もろもろの雑行雑修自力《ぞうぎょうざっしゅじりき》のこころをふりすてて、一心《いっしん》に阿弥陀如来《あみだにょらい》、われらが今度《こんど》の一大事《いちだいじ》の後生《ごしょう》、*御《おん》たすけ候《そうら》へとたのみまうして候《そうろ》ふ。*たのむ一念《いちねん》のとき、往生一定《おうじょういちじょう》御《おん》たすけ治定《じじょう》と存《ぞん》じ、このうへの称名《しょうみょう》は、御恩報謝《ごおんほうしゃ》と存《ぞん》じよろこびまうし候《そうろ》ふ。*この御《おん》ことわり聴聞《ちょうもん》申しわけ候《そうろ》ふこと、御開山聖人《ごかいさんしょうにん》（親鸞）御出世《ごしゅっせ》の御恩《ごおん》、次第相承《しだいそうじょう》の善知識《ぜんぢしき》のあさからざる御勧化《ごかんけ》の御恩《ごおん》と、ありがたく存《ぞん》じ候《そうろ》ふ。*このうへは定《さだ》めおかせらるる御掟《おんおきて》、一期《いちご》をかぎりまもりまうすべく候《そうろ》ふ。

本願寺釈《ほんがんじしゃく》*法如《ほうにょ》（花押）

右領解出言《みぎりょうげしゅつごん》の文《もん》は、信証院蓮如師《しんしょういんれんにょし》の定《さだ》めおかせらるるところなり。真宗念仏行者《しんしゅうねんぶつぎょうじゃ》、

もろもろの…　この一段は安心《あんじん》を顕す。

御たすけ候へとたのみ　「御たすけ候へ」は「たすけたまへ」に同じ。↓たすけたまへ、たのむ

たのむ一念…　この一段は報謝を顕す。

この御ことわり…　この一段は師徳を述べる。

このうへは…　この一段は法度《はっと》を守るべきことを明かす。

法如　（一七〇七—一七八九）本願寺第十七代宗主。諱《いみな》は光闡《こうせん》。諡《おくりな》は信慧院。

4

すでに一念《いちねん》帰命《きみょう》、信心発得《しんじんほっとく》せる領解《りょうげ》の相状《そうじょう》なり。このゆゑに古今一宗《ここんいっしゅう》の道俗《どうぞく》、時々仏祖《じじぶっそ》前《ぜん》にしてこの安心《あんじん》を出言《しゅつごん》し、みづからの領解《りょうげ》の謬《あやま》りなきことを敬白《けいびゃく》するなり。しかるにこのごろその後生《ごしょう》の一大事《いちだいじ》を*軽忽《きょうこつ》し、みづからたしかに弥陀《みだ》をたのみたる一念《いちねん》の領解《りょうげ》もなく、またこの領解文《りょうげもん》をも*記得《きとく》せざる類《たぐい》あり。あるいは記得《きとく》し出言《しゅつごん》しながら、*心口各異《しんくかくい》にして慚愧《ざんぎ》せざるのものあり。はなはだ悲歎《ひたん》すべきところなり。こひねがはくは一宗《いっしゅう》の道俗《どうぞく》、この出言《しゅつごん》のごとく、一念帰命《いちねんきみょう》の本源《ほんげん》をあやまらず*如実相応《にょじつそうおう》して、すみやかに一大事《いちだいじ》の往《おう》生《じょう》を遂《と》ぐべきものなり。このゆゑにいまひめおきし蓮師《れんし》（蓮如）の真蹟《しんせき》を模写《もしゃ》し印刻《いんこく》して、家《いえ》ごとに伝《つた》へ、戸《こ》ごとに授《さず》けて、永《なが》く浄土真宗一味《じょうどしんしゅういちみ》の正意《しょうい》を得《え》せしめんと思《おも》ふものなり。

*天明七《てんめいしち》丁未《ひのとのひつじ》年《のとし》四月《しがつ》

釈《しゃく》*文如《もんにょ》これを識《しる》す（花押）

軽忽　軽くみてなおざりにすること。

記得　記憶し身につけること。

心口各異　心に思っていることと口に出して言うことが一致しないこと。『大経』（下）「五善五悪」に出る言葉。

如実相応　真実にかなうこと。

天明七　一七八七年。

文如　（一七四四―一七九九）本願寺第十八代宗主。諱《いみな》は光暉《こうき》。諡《おくりな》は信入院。

蓮《れん》如《によ》上《しょう》人《にん》御《ご》一《いち》代《だい》記《き》聞《きき》書《がき》

本書は、主として第八代宗主蓮如上人《れんにょしょうにん》の御一代における法語や訓誡および上人の行動などを収録し、さらに蓮如・実如《じつにょ》両上人に関係する人々の言動も記録されたものである。すべて箇条書きになっていて、本聖典には三百十四条を収めているが、その他条数の異なる諸本もある。これは本書が、数種の語録からの抜き書きを集めて構成されていることを示している。なお、編者については諸説があって定かではない。

内容は、真宗の教義、倫理、生活、儀礼など多岐にわたり、故実や多くの人物の動静によって、懇切に興味深く記されている。しかし、全体を通して主題となっているのは、信心獲得《しんじんぎゃくとく》することがいかに大切であるかにつきるといってよい。

本書は誰にでも分りやすく、簡潔に浄土真宗の肝要《かんよう》を述べることに努められた上人の態度が、もっともよくあらわれている法語集であり、浄土真宗の信者はこれによって念仏者としての生活の規範を知り、座右に置いて反省の資にすることができるであろう。

蓮《れん》如《にょ》上《しょう》人《にん》御《ご》一《いち》代《だい》記《き》聞《きき》書《がき》　本《ほん》

（一）

一　*勧修寺村《かじゅうじむら》の道徳《どうとく》、*明応二年正月一日《めいおうにねんしょうがつついたち》に御前《ごぜん》へまゐりたるに、蓮如上人《れんにょしょうにん》仰《おお》せられ候《そうろ》ふ。道徳《どうとく》はいくつになるぞ。道徳念仏申《どうとくねんぶつもう》さるべし。自力《じりき》の念仏《ねんぶつ》といふは、念仏《ねんぶつ》おほく申《もう》して仏《ぶつ》にまゐらせ、この申《もう》したる功徳《くどく》にて仏《ぶつ》のたすけたまはんずるやうにおもうてとなふるなり。他力《たりき》といふは、弥陀《みだ》をたのむ一念《いちねん》のおこるとき、*やがて御《おん》たすけにあづかるなり。そののち念仏申《ねんぶつもう》すは、御《おん》たすけありたるありがたさありがたさと思《おも》ふこころをよろこびて、南無阿弥陀仏南無阿弥陀仏《なもあみだぶつなもあみだぶつ》と申《もう》すばかりなり。されば他力《たりき》とは他《た》のちからといふこころなり。この一念《いちねん》、臨終《りんじゅう》までとほりて往生《おうじょう》するなりと仰《おお》せ候《そうろ》ふなり。

（二）

一　あさの御《おん》つとめ*に、「*いつつの不思議《ふしぎ》をとくなかに」†（高僧和讃・三三）より「尽十方《じんじっぽう》の無碍光《むげこう》は　無明《むみょう》のやみをてらしつつ　一念歓喜《いちねんかんぎ》するひとを　かな

勧修寺村の道徳　生没年未詳。蓮如上人の門弟。山城《やましろ》山科《やましな》勧修寺村（現在の京都市山科区勧修寺）の西念寺の開基。

明応二年　一四九三年。蓮如上人七十九歳。

やがて　ただちに。

つとめ　仏事勤行。

いつつの不思議　五不思議のこと。↓五不思議《ごふしぎ》

らず滅度《めつど》にいたらしむ」（高僧和讃・三八）と候《そうろう》ふ段《だん》のこころを御《ご》*法談《ほうだん》のとき、「*光明遍照十方世界《こうみょうへんじょうじっぽうせかい》」（観経）の文《もん》のこころと、また「*月《つき》かげのいたらぬさとはなけれども　ながむるひとのこころにぞすむ」とある歌《うた》をひきよせ御法談《ごほうだん》候《そうろう》ふ。なかなかありがたさ申《もう》すばかりなく候《そうろう》ふ。上様《うえさま》（蓮如）御立《おた》ちの御《おん》あと
4 にて、北殿様《きたどのさま》（実如）の仰《おお》せに、*夜前《やぜん》の御法談《ごほうだん》、今夜《こんや》の御法談《ごほうだん》とをひきあはせて仰《おお》せ候《そうろう》ふ、ありがたさありがたさ*是非《ぜひ》におよばずと*御掟《ごじょう》候《そうら》ひて、御落涙《ごらくるい》の御《おん》こと、かぎりなき御《おん》ことに候《そうろう》ふ。

（三）

一　御《おん》つとめのとき*順讃《じゅんさん》御《おん》わすれあり。*南殿《みなみどの》へ御《おん》かへりありて、仰《おお》せに、聖人《しょうにん》（親鸞）御《おん》すすめの和讃《わさん》、あまりにあまりに殊勝《しゅしょう》にて、*あげばをわすれたりと仰《おお》せ候《そうら》ひき。ありがたき御《おん》すすめを信《しん》じて往生《おうじょう》するひとすくなしと御述懐《ごじゅっかい》なり。

（四）

一　*念声是一《ねんしょうぜいち》といふことしらずと申《もう》し候《そうろう》ふとき、仰《おお》せに、おもひ内《うち》にあればいろ外《ほか》にあらはるるとあり。されば信《しん》をえたる体《たい》はすなはち南無阿弥陀仏《なもあみだぶつ》なり

法談　法文のわけを説いて話をすること。またその法座。

光明遍照…　「光明は、あまねく十方世界を照らす」

月かげの…　法然《ほうねん》聖人の歌。『続千載集《ぞくせんざいしゅう》』所収。月かげは月の光の意。

夜前　前夜。

是非におよばず　是非の判断を超えている。いいようがない。

御掟　尊い人の仰せ。

順讃　巡讃。和讃の讃頭を順次に調声《ちょうしょう》すること。

南殿　山科《やましな》の蓮如上人の隠居所。現在の光照寺（京都市山科区音羽伊勢宿町）がその跡ともいう。

あげば　調声する番。

念声是一　第十八願の「乃至十念」を善導大師《ぜんどうだいし》は「下至十声」と釈したから、「念」と「声」は同一であ

ところうれば、口《くち》も心《こころ》もひとつなり。

(五)

一　蓮如上人《れんにょしょうにん》仰《おお》せられ候《そうろ》ふ。本尊《ほんぞん》は掛《か》けやぶれ、聖教《しょうぎょう》はよみやぶれと、対句《ついく》に仰《おお》せられ候《そうろ》ふ。

(六)

一　仰《おお》せに、南無《なも》といふは帰命《きみょう》なり、帰命《きみょう》といふは弥陀《みだ》を一念《いちねん》たのみまゐらするこころなり。また発願回向《ほつがんえこう》といふは、たのむ機《き》にやがて大善大功徳《だいぜんだいくどく》をあたへたまふなり。その体《たい》すなはち南無阿弥陀仏《なもあみだぶつ》なりと仰《おお》せ候《そうら》ひき。

(七)

一　*加賀《かが》の願生《がんしょう》と*覚善又四郎《かくぜんまたしろう》とに対《たい》して、信心《しんじん》といふは弥陀《みだ》を一念御《いちねんおん》たすけ候《そうら》へとたのむとき、やがて御《おん》たすけあるすがたを南無阿弥陀仏《なもあみだぶつ》と申《もう》すなり。総《そう》じて罪《つみ》はいかほどあるとも、一念《いちねん》の*信力《しんりき》にて消《け》しうしなひたまふなり。されば「無始以来《むしいらい》*輪転六道《りんでんろくどう》の妄業《もうごう》、一念南無阿弥陀仏《いちねんなもあみだぶつ》と帰命《きみょう》する*仏智無生《ぶっちむしょう》の妙願力《みょうがんりき》にほろぼされて、*涅槃畢竟《ねはんひっきょう》の真因《しんいん》はじめてきざすところをさすなり」(真要鈔・本)といふ御《おん》ことばを引《ひ》きたまひて仰《おお》せ候《そうら》ひき。さればこのこころを御《おん》か*

るということ。『選択集《せんじゃくしゅう》』に示される解釈。

加賀の願生　生没年未詳。加賀菅生《すごう》(現在の石川県加賀市菅生)に生れ、文明三年(一四七一)、越前吉崎《えちぜんよしざき》(現在の福井県あわら市吉崎)で蓮如上人の教えを受け門弟となった。願生は願正、願性、願将などとも書く。

覚善又四郎　底本に「覚善と又四郎」とあるのを改めた。底本では二人の名のようにみえるが、覚善も又四郎も同一人物の名である。加賀(現在の石川県南部)深谷《みたに》の人。蓮如上人の門弟。法名は覚善、俗名は又四郎。

信力　信心の功徳《くどく》力。信心のすぐれたはたらき。

輪転　生死《しょうじ》を繰り返すこと。輪廻《りんね》に同じ。

け字《じ》に*あそばされて、願生《がんしょう》にくだされけり。

(八)

一　*三河《みかわ》の教賢《きょうけん》、*伊勢《いせ》の空賢《くうけん》とに対《たい》して、仰《おお》せに、南無《なも》といふは帰命《きみょう》、このこころは御《おん》たすけ候《そうら》へとたのむなり。この帰命《きみょう》のこころ*やがて発願回向《ほつがんえこう》のこころを感《かん》ずるなりと仰《おお》せられ候《そうろ》ふなり。

(九)

一　「他力《たりき》の願行《がんぎょう》をひさしく身《み》にたもちながら、*よしなき*自力《じりき》の執心《しゅうしん》に*ほだされて、むなしく流転《るてん》しけるなり」（安心決定鈔・末意）と候《そうろ》ふを、*え存《ぞん》ぜず候《そうろ》ふよし申《もう》しあげ候《そうろ》ふところに、仰《おお》せに、ききわけてえ信《しん》ぜぬもののことなりと仰《おお》せられ候《そうら》ひき。

(一〇)

一　「弥陀《みだ》の大悲《だいひ》、かの*常没《じょうもつ》の衆生《しゅじょう》のむねのうちにみちみちたる」（安心決定鈔・本意）といへること不審《ふしん》に候《そうろ》ふと、*福田寺《ふくでんじ》申《もう》しあげられ候《そうろ》ふ。仰《おお》せに、仏心《ぶっしん》の蓮華《れんげ》はむねにこそひらくべけれ、はらにあるべきや。「弥陀《みだ》の身心《しんしん》の功徳《くどく》、法界衆生《ほうかいしゅじょう》の身《み》のうち、こころのそこに入《い》りみつ」（同・本）ともあり。しかれば、

妄業　迷う原因となるいつわりの行い。

仏智無生の妙願力　さとるための智慧《ちえ》をそなえたすぐれた本願の力。「妙願力」を「名願力」とする異本もある。

涅槃畢竟の真因　この上ないさとりを得るまことの因種（たね）。

かけ字　文字を書いた掛軸。

あそばされて　ここではお書きになってという意。

三河の教賢　蓮如上人の門弟。事蹟不詳。

伊勢の空賢　蓮如上人の門弟。事蹟不詳。

やがて　そのまま。

よしなき　役に立たない。

自力の執心　自力にとらわれる心。

ほだされて　束縛されて。

え存ぜず　わからない。理

ただ領解《りょうげ》の心中《しんちゅう》をさしてのことなりと仰《おお》せ候《そうら》ひき。ありがたきよし候《そうろ》ふなり。

（二一）

一　十月《じゅうがつ》二十八日《にじゅうはちにち》の*逮夜《たいや》にのたまはく、「*正信偈和讃《しょうしんげわさん》」をよみて、仏《ぶつ》にも聖人《しょうにん》（親鸞）にも*まゐらせんとおもふか、あさましや。他宗《たしゅう》にはつとめをもして回向《えこう》するなり。*御一流《ごいちりゅう》には他力信心《たりきしんじん》をよくしれとおぼしめして、聖人《しょうにん》の和讃《わさん》
6 にそのこころを*あそばされたり。ことに*七高祖《しちこうそ》の御《ご》ねんごろなる御釈《おんしゃく》のこころを、和讃《わさん》に*ききつくるやうにあそばされて、その恩《おん》をよくよく存知《ぞんじ》して、あらたふとやと念仏《ねんぶつ》するは、仏恩《ぶっとん》の御《おん》ことを聖人《しょうにん》の御前《ごぜん》にてよろこびまうすこころなりと、くれぐれ仰《おお》せられ候《そうら》ひき。

（二二）

一　聖教《しょうぎょう》をよくおぼえたりとも、他力《たりき》の安心《あんじん》を*しかと決定《けつじょう》なくはいたづらごとなり。弥陀《みだ》をたのむところにて往生決定《おうじょうけつじょう》と信《しん》じて、ふたごころなく臨終《りんじゅう》までとほり候《そうら》はば往生《おうじょう》すべきなり。

（二三）

一　*明応三年十一月《めいおうさんねんじゅういちがつ》、報恩講《ほうおんこう》の二十四日《にじゅうよっか》*あかつき八時《やつどき》において、聖人《しょうにん》の御前《ごぜん》

解できない。

常没　つねに迷いの世界に沈んでいること。

福田寺　福田寺の琮俊《そうしゅん》。生没年未詳。蓮如上人の門弟。近江長沢《おうみながさわ》（現在の滋賀県米原市長沢）の人。

逮夜　ここでは親鸞聖人の御命日（二十八日）の前夜のこと。

正信偈和讃　「正信偈」は「行巻」末尾にある偈頌《げじゅ》。「和讃」は「三帖和讃」をいう。蓮如上人は文明五年（一四七三・五十九歳）、「三帖和讃」に「正信偈」を加え、「正信偈和讃」として開版した。以来、本願寺では、朝夕の勤行にこの「正信偈和讃」を用いる。

まゐらせん　（勤行の功徳《くどく》を）さしあげよう。

御一流　ここでは浄土真宗

〔に〕参拝《さんぱい》申《もう》して候《そうろ》ふに、すこしねぶり候《そうろ》ふうちに、ゆめともうつつともわかず、空善《くうぜん》拝《おが》みまうし候《そうろ》ふやうは、御厨子《おずし》のうしろよりわたをつみひろげたるやうなるうちより、上様《うえさま》（蓮如）あらはれ御出《おんい》であると拝《おが》みまうすところに、御《ご》相好《そうごう》、*開山聖人《かいさんしょうにん》（親鸞）にてぞおはします。あら不思議《ふしぎ》やとおもひ、*やがて御厨子《おずし》のうちを拝《おが》みまうせば、聖人御座《しょうにんござ》なし。さては開山聖人《かいさんしょうにん》、上様《うえさま》に現《げん》じましまして、御一流《ごいちりゅう》を御再興《ごさいこう》にて御座候《ござそうろ》ふと申《もう》しいだすべきと存《ぞん》ずるところに、*慶聞坊《きょうもんぼう》の*讃嘆《さんだん》に、聖人《しょうにん》の御流義《ごりゅうぎ》、「たとへば木石《ぼくせき》の縁《えん》をまちて火《ひ》を生《しょう》じ、瓦礫《がりゃく》の鈯《やすり》をすりて玉《たま》をなすがごとし」と、『御式《おんしき》』（報恩講私記）のうへを讃嘆《さんだん》あるとおぼえて夢《ゆめ》さめて候《そうろ》ふ。さては開山聖人《かいさんしょうにん》の御再誕《ごさいたん》と、それより信仰申《しんこうもう》すことに候《そうら》ひき。

（一四）

一　教化《きょうけ》するひと、まづ信心《しんじん》をよく決定《けつじょう》して、そのうへにて聖教《しょうぎょう》をよみかたらば、きくひとも信《しん》をとるべし。

（一五）

一　仰《おお》せに、弥陀《みだ》をたのみて御《おん》たすけを決定《けつじょう》して、御《おん》たすけのありがたさよ

を指す。

あそばされたり　ここではお書きになっているという意。

七高祖　七高僧のこと。→七高僧《しちこうそう》

ききつくる　聞いて知る。聞いて理解する。

しかと　たしかに。

明応三年　一四九四年。蓮如上人八十歳。

あかつき八時　午前二時頃。

開山　一宗派の開祖。一般には一寺を開いた者。

やがて　すぐに。

慶聞坊　（一四四五―一五二〇）龍玄《りゅうげん》のこと。通称は美濃《みの》。近江金森《おうみかねもり》（現在の滋賀県守山市金森町）の人。道西《どうさい》（善従《ぜんじゅう》）の甥《おい》。幼年から蓮如上人のもとで教義を学び、蓮如上人の息男にそれを伝えた。

7 とよろこぶこころあれば、そのうれしさに念仏申《ねんぶつもう》すばかりなり。すなはち仏恩《ぶっとん》報謝《ほうしゃ》なり。

（一六）

一 *大津近松殿《おおつちかまつどの》に対《たい》しましまして仰《おお》せられ候《そうろ》ふ。信心《しんじん》をよく決定《けつじょう》して、ひとにもとらせよと仰《おお》せられ候《そうら》ひき。

（一七）

一 十二月六日《じゅうにがつむゆか》に*富田殿《とんだどの》へ御*下向《ごげこう》にて候《そうろ》ふあひだ、五日《いつか》の夜《よ》は大勢御前《おおぜいごぜん》へまゐり候《そうろ》ふに、仰《おお》せに、今夜《こんや》はなにごとに人《ひと》おほくきたりたるぞと。順誓申《じゅんせいもう》され候《そうろ》ふは、まことにこのあひだの御*聴聞申《ごちょうもんもう》し、ありがたさの御礼《おんれい》のため、また明日御下向《みょうにちごげこう》にて御座候《ござそうろ》ふ。御目《おんめ》にかかりまうすべしかのあひだ、歳末《さいまつ》の御《おん》礼《れい》のためならんと申《もう》しあげられけり。そのとき仰《おお》せに、*無益《むやく》の歳末《さいまつ》の礼《れい》がな、歳末《さいまつ》の礼《れい》には信心《しんじん》をとりて礼《れい》にせよと仰《おお》せ候《そうら》ひき。

（一八）

一 仰《おお》せに、ときどき懈怠《けだい》することあるとき、往生《おうじょう》すまじきかと疑《うたが》ひなげくものあるべし。しかれども、もはや弥陀如来《みだにょらい》をひとたびたのみまゐらせて往《おう》

讃嘆 ここでは法話、法談の意。

大津近松殿 蓮淳《れんじゅん》（兼誉《けんよ》）師のこと。↓兼誉

富田殿 摂津《せっつ》富田（現在の大阪府高槻市富田町）の教行寺をいう。後に蓮如上人の八男蓮芸《れんげい》（兼琇《けんしゅう》）師が住持した。

下向 本願寺から地方へ行くこと。

聴聞 仏法をきくこと。「行巻」に「ゆるされてきく、信じてきく」（左訓）とある。

無益 何の役にも立たないこと。無意味。

生《じょう》決定《けつじょう》ののちなれば、懈怠《けだい》おほくなることのあさましや。かかる懈怠《けだい》おほくなるものなれども、御《おん》たすけは*治定《じじょう》なり。ありがたやありがたやとよろこぶこころを、*他力大行《たりきだいぎょう》の催促《さいそく》なりと申《もう》すと仰《おお》せられ候《そうろ》ふなり。

（一九）

一　御《おん》たすけありたることのありがたさよと念仏申《ねんぶつもう》すべく候《そうろ》ふや、また御《おん》たすけあらうずることのありがたさよと念仏申《ねんぶつもう》すべく候《そうろ》ふやと、申《もう》しあげ候《そうろ》ふとき、仰《おお》せに、いづれもよし。ただし正定聚《しょうじょうじゅ》のかたは御《おん》たすけありたるとよろこぶこころ、滅度《めつど》のさとりのかたは御《おん》たすけあらうずることのありがたさよと申《もう》すこころなり。いづれも仏《ぶつ》に成《な》ることをよろこぶこころ、よしと仰《おお》せ候《そうろ》ふなり。

（二〇）

8

一　*明応五年《めいおうごねん》正月《しょうがつ》二十三日《にじゅうさんにち》に富田殿《とんだどの》より御上洛《ごじょうらく》ありて、仰《おお》せに、当年《とうねん》よりいよいよ信心《しんじん》なきひとには御《おん》あひあるまじきと、かたく仰《おお》せ候《そうろ》ふなり。安心《あんじん》のとほりいよいよ仰《おお》せきかせられて、また*誓願寺《せいがんじ》に能《のう》をさせられけり。二月十七《にがつじゅうしち》日《にち》にやがて富田殿《とんだどの》へ御下向《ごげこう》ありて、三月《さんがつ》二十七日《にじゅうしちにち》に*堺殿《さかいどの》より御上洛《ごじょうらく》ありて、

治定　決定《けつじょう》すること。たしかに定まること。

他力大行の催促　阿弥陀仏の本願のはたらき。『口伝鈔』（一六）に「他力催促の大行」（九〇四頁五行）の語がある。

明応五年　一四九六年。蓮如上人八十二歳。

誓願寺　誓願寺の了祐《りょうゆう》。あるいは能の曲目「誓願寺」を指すか。

堺殿　信証院のこと。文明八年（一四七六）、堺の樫《かた》木屋《ぎゃ》道場道顕《どうけん》のすすめによって、蓮如上人が堺北庄《きたのしょう》山口に営んだ御坊。現在の堺別院の起源。

二十八日《にじゅうはちにち》に仰《おお》せられ候《そうろ》ふ。「自信教人信《じしんきょうにんしん》」（礼讃 六七六）のこころを仰《おお》せきかせられんがために、*上《のぼ》り下《くだ》り*辛労《しんろう》なれども、御出《おんい》であるところは、信《しん》をとりよろこぶよし申《もう》すほどに、うれしくてまたのぼりたりと仰《おお》せられ候《そうら》ひき。

（三一）

一 四月九日《しがつここぬか》に仰《おお》せられ候《そうろ》ふ。安心《あんじん》をとりてものをいはばよし。用《よう》ないことをばいふまじきなり。一心《いっしん》のところをば†よく人《ひと》にもいへと、空善《くうぜん》に御掟《ごじょう》なり。

（三二）

一 おなじき十二日《じゅうににち》に堺殿《さかいどの》へ御下向《ごげこう》あり。

（三三）

一 七月二十日《しちがつはつか》御上洛《ごじょうらく》にて、その日《ひ》仰《おお》せられ候《そうろ》ふ。「五濁悪世《ごじょくあくせ》のわれらこそ　金剛《こんごう》の信心《しんじん》ばかりにて　ながく生死《しょうじ》をすてはてて　自然《じねん》の浄土《じょうど》にいたるなれ」（高僧和讃・七六）。*このつぎをも御法談《ごほうだん》ありて、この二首《にしゅ》の讃《さん》のこころをいひてきかせんとてのぼりたりと仰《おお》せ候《そうろ》ふなり。さて「自然《じねん》の浄土《じょうど》にいたるなり」、「ながく生死《しょうじ》をへだてける」、さてさてあら*おもしろやおもしろやと、くれぐれ御掟《ごじょう》ありけり。

上り下り　上洛と下向。

辛労なれども　骨折りだけれども。

このつぎ　『高僧和讃』（七七）。「金剛堅固の信心の　さだまるときをまちえてぞ　弥陀の心光摂護して　ながく生死《しょうじ》をへだてける」

おもしろや　よろこばしいことよ。

（二四）

一　のたまはく、「*南无《なも》」の字は聖人《しょうにん》（親鸞）の御流義《ごりゅうぎ》にかぎりてあそばしけ
り。「南无阿弥陀仏《なもあみだぶつ》」を*泥《でい》にて写《うつ》させられて、御座敷《おざしき》に掛《か》けさせられて仰《おお》せら
9 れけるは、不可思議光仏《ふかしぎこうぶつ》、無碍光仏《むげこうぶつ》もこの南無阿弥陀仏《なもあみだぶつ》をほめたまふ*徳号《とくごう》な
り。しかれば南無阿弥陀仏《なもあみだぶつ》を本《ほん》とすべしと仰《おお》せられ候《そうろ》ふなり。

（二五）

一　「十方無量《じっぽうむりょう》の諸仏《しょぶつ》の　*証誠護念《しょうじょうごねん》のみことにて　自力《じりき》の大菩提心《だいぼだいしん》の　かなはぬほどはしりぬべし」（正像末和讃・四四）。御讃《ごさん》のこころを聴聞申《ちょうもんもう》したきと順誓申《じゅんせいもう》しあげられけり。仰《おお》せに、諸仏《しょぶつ》の弥陀《みだ》に帰《き》せらるるを*能《のう》としたまへり。「*世《よ》のなかに*あまのこころをすてよかし　*妻《め》うしのつのはさもあらばあれ」と。これは御開山《ごかいさん》（親鸞）の御歌《おんうた》なり。さればかたちはいらぬこと、一心《いっしん》を本《ほん》とすべしとなり。世《よ》にも「かうべをそるといへども心《こころ》をそらず」といふことがあると仰《おお》せられ候《そうろ》ふ。

（二六）

一　「*鳥部野《とりべの》をおもひやるこそあはれなれ　ゆかりの人《ひと》のあととおもへば」。これも聖人《しょうにん》の御歌《おんうた》なり。

南无　親鸞聖人は南無の「無」の字は「无」を用いた。

泥　金粉を膠水《にかわみず》にときまぜた絵具。

徳号　功徳《くどく》のみ名。

証誠護念　念仏の法が真実であることを証明し、念仏の行者をまもること。

能　役目。はたらき。

世のなかに…　以下は『空《くう》善聞書《ぜんききがき》』では別の条になっている。

あまのこころ　出家して尼になりたいという心。

妻うしのつのは…　牝牛の角は曲がっているけれども、それはそれでよいという意。

鳥部野　京都東山の西南麓一帯の地名。鳥部山ともいう。平安時代から荼毘所《だびしょ》および墓所であった。

（二七）

一　明応《めいおう》五年《ごねん》九月《くがつ》二十日《はつか》、御開山《ごかいさん》（親鸞）の*御影様《ごえいさま》、空善《くうぜん》に*御免《ごめん》あり。なかなかありがたさ申《もう》すにかぎりなきことなり。

（二八）

一　おなじき十一月報恩講《じゅういちがつほうおんこう》の二十五日《にじゅうごにち》に、御開山《ごかいさん》の『御伝《ごでん》』（御伝鈔）を聖人《しょうにん》（親鸞）の†御前《ごぜん》にて上様《うえさま》（蓮如）*あそばされて、いろいろ御法談《ごほうだん》候《そうろ》ふ。なかなかありがたさ申《もう》すばかりなく候《そうろ》ふ。

（二九）

一　*明応六年四月十六日御上洛《めいおうろくねんしがつじゅうろくにちごじょうらく》にて、その日《ひ》御開山聖人《ごかいさんしょうにん》の*御影《ごえい》の正本《しょうほん》、あつがみ一枚《いちまい》につつませ、*みづからの御筆《おふで》にて御座候《ござそうろ》ふとて、上様御手《うえさまおんて》に御《おん》ひろげ候《そうら》ひて、皆《みな》に拝《おが》ませたまへり。この正本《しょうほん》、まことに宿善《しゅくぜん》なくては拝見申《はいけんもう》さぬことなりと仰《おお》せられ候《そうろ》ふ。

（三〇）

一　のたまはく、「諸仏三業荘厳《しょぶつさんごうしょうごん》して畢竟平等《ひっきょうびょうどう》なることは衆生《しゅじょう》*虚誑《こおう》の身口意《しんくい》を治《じ》せんがためとのべたまふ」（高僧和讃・四四）といふは、諸仏《しょぶつ》の弥陀《みだ》に帰《き》して衆生《しゅじょう》をたすけらるることよと仰《おお》せられ候《そうろ》ふ。

御影　掛軸装の肖像。

御免　授与して安置を許すこと。

あそばされて　ここではお読みになってという意。

明応六年　一四九七年。蓮如上人八十三歳。

御影の正本　「安城御影《あんじょうのごえい》」のことか。

みづからの御筆にて…　御影像の上下にある讃文は親鸞聖人の御真筆であるという意。

虚誑　いつわり。

（三一）
一　一念《いちねん》の信心《しんじん》をえてのちの相続《そうぞく》といふは、さらに別《べつ》のことにあらず、はじめ発起《ほっき》するところの安心《あんじん》を相続《そうぞく》せられてたふとくなる一念《いちねん》のこころのとほるを、「*憶念《おくねん》の心《しん》つねに」とも「*仏恩報謝《ぶっとんほうしゃ》」ともいふなり。いよいよ帰命《きみょう》の一念《いちねん》、発《ほっ》起《き》すること肝要《かんよう》なりと仰《おお》せ候《そうろ》ふなり。

（三二）
一　のたまはく、朝夕《ちょうせき》、「正信偈和讃《しょうしんげわさん》」にて念仏申《ねんぶつもう》すは、往生《おうじょう》の*たねになるべきかなるまじきかと、おのおの坊主《ぼうず》に御《おん》たづねあり。皆申《みなもう》されけるは、往《おう》生《じょう》のたねになるべしと申《もう》したる人《ひと》もあり、往生《おうじょう》のたねにはなるまじきといふ人《ひと》もありけるとき、仰《おお》せに、いづれもわろし、「正信偈和讃《しょうしんげわさん》」は、衆生《しゅじょう》の弥《み》陀如来《だにょらい》を一念《いちねん》にたのみまゐらせて、後生《ごしょう》たすかりまうせとのことわりをあそばされたり。よくききわけて信《しん》をとりて、ありがたやありがたやと聖人《しょうにん》（親鸞）の御前《ごぜん》にてよろこぶことなりと、くれぐれ仰《おお》せ候《そうろ》ふなり。

（三三）
一　南無阿弥陀仏《なもあみだぶつ》の六字《ろくじ》を、他宗《たしゅう》には大善大功徳《だいぜんだいくどく》にてあるあひだ、となへてこの功徳《くどく》を諸仏《しょぶつ》・菩薩《ぼさつ》・諸天《しょてん》にまゐらせて、その功徳《くどく》をわがものがほにするな

憶念の心つねに・仏恩報謝　『浄土和讃』（一）に「弥陀の名号《みょうごう》となへつつ　信心まことにうるひとは　憶念の心つねにして　仏恩報ずるおもひあり」とある。

たね　因種。原因。

り。一流《いちりゅう》にはさなし。この六字《ろくじ》の名号《みょうごう》わがものにてありてこそ、となへて仏《ぶつ》・菩薩《ぼさつ》にまゐらすべけれ。一念一心《いちねんいっしん》に後生《ごしょう》たすけたまへとたのめば、*やがて御《おん》たすけにあづかることのありがたさありがたさと申《もう》すばかりなりと仰《おお》せ候《そうろ》ふなり。

11

（三四）

一　*三河国浅井《みかわのくにあさい》の*後室《こうしつ》、御《おん》いとまごひにとてまゐり候《そうろ》ふに、富田殿《とんだどの》へ御下向《ごげこう》の*あしたのことなれば、ことのほかの御《おん》*取《と》りみだしにて御座候《ござそうろ》ふに、仰《おお》せに、名号《みょうごう》をただとなへて仏《ぶつ》にまゐらするこころにてはゆめゆめなし。弥陀《みだ》をしかと御《おん》たすけ候《そうら》へとたのみまゐらすれば、やがて仏《ぶつ》の御《おん》たすけにあづかるを南無《なも》阿弥陀仏《あみだぶつ》と申《もう》すなり。しかれば、御《おん》たすけにあづかりたることのありがたさよありがたさよと、こころにおもひまゐらするを、口《くち》に出《いだ》して南無阿弥陀仏《なもあみだぶつ》南無《なも》阿弥陀仏《あみだぶつ》と申《もう》すを、仏恩《ぶっとん》を報《ほう》ずるとは申《もう》すことなりと仰《おお》せ候《そうら》ひき。

（三五）

一　順誓《じゅんせい》申《もう》しあげられ候《そうろ》ふ。一念発起《いちねんぼっき》のところにて、罪《つみ》みな消滅《しょうめつ》して正定《しょうじょう》聚不退《じゅふたい》の位《くらい》に定《さだ》まると、*御文《おふみ》にあそばされたり。しかるに罪《つみ》はいのちのあるあ

やがて　ただちに。

三河国　現在の愛知県東部。

後室　ここでは浅井氏の先代の夫人。

あした　朝。

取りみだし　忙しくすること。

御文　蓮如上人が門弟の教化のために、真宗教義の要《かなめ》を平易な消息《しょうそく》（手紙）の形式で書きあらわしたもの。

ひだ、罪《つみ》もあるべしと仰《おお》せ候《そうろ》ふ。御文《おふみ》と別《べつ》にきこえまうし候《そうろ》ふやと、申《もう》しあげ候《そうろ》ふとき、仰《おお》せに、一念《いちねん》のところにて罪《つみ》みな消《き》えてとあるは、一念《いちねん》の信力《しんりき》にて往生定《おうじょうさだ》まるときは、罪《つみ》はさはりともならず、されば*無《な》き分《ぶん》なり。命《いのち》の娑婆《しゃば》にあらんかぎりは、罪《つみ》は尽《つ》きざるなり。順誓《じゅんせい》は、はや悟《さと》りて罪《つみ》はなきかや。聖《しょう》教《ぎょう》には「一念《いちねん》のところにて罪消《つみき》えて」とあるなりと仰《おお》せられ候《そうろ》ふ。罪《つみ》のあるなしの沙汰《さた》をせんよりは、信心《しんじん》を取《と》りたるか取《と》らざるかの沙汰《さた》をいくたびもいくたびもよし。罪消《つみき》えて御《おん》たすけあらんとも、罪消《つみき》えずして御《おん》たすけあるべしとも、弥陀《みだ》の御《おん》はからひなり、われとしてはからふべからず。ただ信心肝要《しんじんかんよう》なりと、くれぐれ仰《おお》せられ候《そうろ》ふなり。

(三六)

一　「真実信心《しんじつしんじん》の称名《しょうみょう》は　*弥陀回向《みだえこう》の法《ほう》なれば　不回向《ふえこう》となづけてぞ　自力《じりき》の称念《しょうねん》きらはるる」(正像末和讃・三九)といふは、弥陀《みだ》のかたより、*たのむこころも、たふとやありがたやと念仏申《ねんぶつもう》すこころも、みなあたへたまふゆゑに、
12 とやせんかくやせんとはからうて念仏申《ねんぶつもう》すは、自力《じりき》なればきらふなりと仰《おお》せ候《そうろ》ふなり。

無き分なり　無いのと同じである。

弥陀回向の法　阿弥陀仏より衆生《しゅじょう》に与えられる法。

たのむこころ　阿弥陀仏におまかせする信心のこと。

（三七）
一　*無《む》生《しょう》の生《しょう》とは、極楽《ごくらく》の生《しょう》は三界《さんがい》をへめぐるこころにてあらざれば、極楽《ごくらく》の生《しょう》は無生《むしょう》の生《しょう》といふなり。

（三八）
一　回向《えこう》といふは、弥陀如来《みだにょらい》の、衆生《しゅじょう》を御《おん》たすけをいふなりと仰《おお》せられ候《そうろ》ふなり。

（三九）
一　仰《おお》せに、一念発起《いちねんぽっき》の義《ぎ》、往生《おうじょう》は決定《けつじょう》なり。罪消《つみけ》して助《たす》けたまはんとも、罪消《つみけ》さずしてたすけたまはんとも、弥陀如来《みだにょらい》の御《おん》はからひなり。罪《つみ》の沙汰《さた》無益《むやく》なり。たのむ衆生《しゅじょう》を本《ほん》とたすけたまふことなりと仰《おお》せられ候《そうろ》ふなり。

（四〇）
一　仰《おお》せに、*身《み》をすてて*おのおのと同座《どうざ》するをば、聖人《しょうにん》（親鸞）の仰《おお》せにも、*四海《しかい》の信心《しんじん》の人《ひと》はみな兄弟《きょうだい》と仰《おお》せられたれば、われもその御《おん》ことばのごとくなり。また同座《どうざ》をもしてあらば、不審《ふしん》なることをも問《と》へかし、信《しん》をよくとれかしとねがふばかりなりと仰《おお》せられ候《そうろ》ふなり。

無生の生　無生無滅の生。浄土の往生は生滅《しょうめつ》（迷い）を超えたものであることをいう。

身をすてて　身分や地位の違いを問わず。

おのおの…をば　『空善聞書《くうぜんききがき》』には「平座《ひらざ》にてみなと同座するは」、『蓮如上人御一期記《れんにょしょうにんごいちごき》』には「平座にておのおのと同座するは」とある。

四海の…　「証巻」『浄土三経往生文類』に『論註』を引いて「四海のうちみな兄弟とするなり」とある。四海は須弥山《しゅみせん》をとりまく世界の海。全世界をいう。

（四一）

一 「*愛欲《あいよく》の広海《こうかい》に沈没《ちんもつ》し、*名利《みょうり》の太山《たいせん》に迷惑《めいわく》して、定聚《じょうじゅ》の数《かず》に入《い》ることを喜《よろこ》ばず、*真証《しんしょう》の証《しょう》に近《ちか》づくことを快《たの》しまず」（信巻・末）と申《もう》す沙汰《さた》に、*不審《ふしん》のあつかひどもにて、往生《おうじょう》せんずるか、すまじきなんどとたがひに申《もう》しあひけるを、ものごしにきこしめされて、愛欲《あいよく》も名利《みょうり》もみな煩悩《ぼんのう》なり、されば*機《き》のあつかひをするは雑修《ざっしゅ》なりと仰《おお》せ候《そうろ》ふなり。ただ信《しん》ずるほかは別《べつ》のことなしと仰《おお》せられ候《そうろ》ふ。

13

（四二）

一 *ゆふさり、*案内《あんない》をも申《もう》さず、ひとびとおほくまゐりたるを、*美濃殿《みのどの》、*まかりいで候《そうら》へと、あらあらと御申《おんもう》しのところに、仰《おお》せに、さやうにいはんことばにて、*一念《いちねん》のことをいひてきかせて帰《かえ》せかしと。東西《とうざい》を走《はし》りまはりていひたきことなりと仰《おお》せられ候《そうろ》ふとき、慶聞房《きょうもんぼう》涙《なみだ》を流《なが》し、あやまりて候《そうろ》ふとて讃嘆《さんだん》ありけり。皆々落涙《みなみならくるい》申《もう》すことかぎりなかりけり。

（四三）

一 明応六年十一月《めいおうろくねんじゅういちがつ》、報恩講《ほうおんこう》に御上洛《ごじょうらく》なく候《そうろ》ふあひだ、*法敬坊《ほうきょうぼう》御使《おんつか》ひとして、当年《とうねん》は御《ご》*在国《ざいこく》にて御座候《ござそうろ》ふあひだ、*御講《おこう》をなにと御沙汰《ごさた》あるべきやと、

愛欲の広海 愛執・恩愛が深いことを海に喩えていう。

名利の太山 名誉心や、物質的欲望が大きいことを山に喩えていう。

真証 真実の証果。この上ない仏のさとりの果。

不審のあつかひどもにて どう理解すればよいのか思い悩むという意。思い悩むのは蓮如上人の弟子たち。

機のあつかひ 本願の教示をさしおいて、機（救われるものとしての自己）の善悪のみをあげつらうこと。

ゆふさり 夕暮時。

案内 とりつぎ。

美濃殿 慶聞坊龍玄《りゅうげん》の通称。一二三六頁の脚註参照。

まかりいで候へ 退出しなさい。

一念のこと ここでは信心のいわれ。

法敬坊 法敬坊順誓のこと。

たづね御申《おんもう》し候《そうろ》ふに、当年《とうねん》よりは夕《ゆうべ》の*六《む》つどき、朝《あさ》の六《む》つどきをかぎりに、みな退散《たいさん》あるべしとの*御文《おふみ》をつくらせて、かくのごとくめさるべきよし御掟《ごじょう》あり。*御堂《みどう》の夜《よる》の宿　衆《とまりしゅう》もその日《ひ》の*頭人《とうにん》ばかりと御掟《ごじょう》なり。また上様《うえさま》（蓮如）は七日《なぬか》の御講《おこう》のうちを富田殿《とんだどの》にて三日《みつか》御《おん》つとめありて、二十四日《にじゅうよっか》には*大坂殿《おおざかどの》へ御下向《ごげこう》にて御勤行《おつとめ》なり。

（四四）

一　おなじき七年《しちねん》の夏《なつ》よりまた御*違例《ごいれい》にて御座候《ござそうろ》ふあひだ、五月七日《ごがつなぬか》に御《おん》いとまごひに*聖人《しょうにん》へ御《おん》まゐりありたきと仰《おお》せられて、御上洛《ごじょうらく》にて、*やがて仰《おお》せに、信心《しんじん》なきひとにはあふまじきぞ。信《しん》をうるものには召《め》してもみたく候《そうろ》ふ、逢《あ》ふべしと仰《おお》せなりと云々《うんぬん》。

（四五）

一　今《いま》の人《ひと》は古《いにしえ》をたづぬべし。また古《ふる》き人《ひと》は古《いにしえ》をよくつたふべし。物語《ものがたり》は失《う》するものなり。書《しる》したるものは失《う》せず候《そうろ》ふ。

（四六）

一　赤尾《あかお》の道宗《どうしゅう》申《もう》され候《そうろ》ふ。一日《いちにち》の*たしなみには朝《あさ》つとめにかかさじとたし

↓順誓《じゅんせい》

在国　大坂に滞在すること。↓報《ほう》恩講《おんこう》

御講　報恩講のこと。

六つどき　六時頃。

御文　明応六年十一月二十一日付の御文（帖外）。

御堂の夜の宿衆　夜中御堂にとまって守護する人。

頭人　当番の人。

大坂殿　大坂の御坊。後の大坂石山本願寺。

違例　病気。

聖人　ここでは山科《やましな》本願寺の親鸞聖人の御影像。

やがて　すぐに。

たしなみ　心がけ。

なむべし。一月《ひとつき》のたしなみにはちかきところ＊御開山様《ごかいさんさま》（親鸞）の御座候《ござそうろ》ふとこ
14 ろへまゐるべしとたしなめ、一年《いちねん》のたしなみには＊御本寺《ごほんじ》へまゐるべしとたしなむべしと云々《うんぬん》。これを＊円如様《えんによさま》きこしめしおよばれ、よく申《もう》したると仰《おお》せられ候《そうろ》ふ。

（四七）

一　わが心《こころ》にまかせずして心《こころ》を責《せ》めよ。仏法《ぶっぽう》は心《こころ》のつまる物《もの》かとおもへば、信心《しんじん》に御《おん》なぐさみ候《そうろ》ふと仰《おお》せられ候《そうろ》ふ。

（四八）

一　法敬坊《ほうきょうぼう》九十《くじゅう》まで存命候《ぞんめいそうろ》ふ。この歳《とし》まで聴聞申《ちょうもんもう》し候《そうら》へども、これまでと存知《ぞんじ》たることなし、あきたりもなきことなりと申《もう》され候《そうろ》ふ。

（四九）

一　＊山科《やましな》にて御法談《ごほうだん》の御座候《ござそうろ》ふとき、あまりにありがたき御掟《ごじょう》どもなりとて、これを忘《わす》れまうしてはと存《ぞん》じ、御座敷《おざしき》をたち御堂《みどう》へ六人《ろくにん》よりて＊談合候《だんごうそうら》へば、面々《めんめん》にききかへられ候《そうろ》ふ。そのうちに四人《しにん》はちがひ候《そうろ》ふ。大事《だいじ》のことにて候《そうろ》ふと申《もう》すことなり。聞《き》きまどひあるものなり。

御開山様…　親鸞聖人の御影像を安置している寺。

御本寺　御本山。

円如　（一四八九―一五二一）実如《じつにょ》上人の第三子。証如《しょうにょ》上人の父。実如上人のもとで五帖八十通の『御文章』を編集したともいう。

山科　山科本願寺。蓮如上人が山城《やましろ》山科（現在の京都市山科区）に再興した本願寺。

談合　話し合うこと。

（五〇）

一 蓮如上人《れんにょしょうにん》の御時《おんとき》、*こころざしの衆《しゅう》も御前《ごぜん》におほく候《そうろ》ふとき、このうちに信《しん》をえたるものいくたりあるべきぞ、一人《ひとり》か二人《ふたり》かあるべきか、など御掟《ごじょう》候《そうろ》ふとき、おのおの肝《きも》をつぶし候《そうろ》ふと申《もう》され候《そうろ》ふよしに候《そうろ》ふ。

（五一）

一 法敬《ほうきょう》申《もう》され候《そうろ》ふ。讃嘆《さんだん》のときなにもおなじやうにきかで、聴聞《ちょうもん》は*かどをきけと申《もう》され候《そうろ》ふ。*詮《せん》あるところをきけとなり。

（五二）

一 「憶念称名《おくねんしょうみょう》いさみありて」（報恩講私記）とは、称名《しょうみょう》は*いさみの念仏《ねんぶつ》なり。信《しん》のうへはうれしくいさみて申《もう》す念仏《ねんぶつ》なり。

（五三）

一 御文《おふみ》のこと、聖教《しょうぎょう》は読《よ》みちがへもあり、こころえもゆかぬところもあり。御文《おふみ》は読《よ》みちがへもあるまじきと仰《おお》せられ候《そうろ》ふ。御慈悲《おじひ》のきはまりなり。これをききながらこころえのゆかぬは*無宿善《むしゅくぜん》の機《き》なり。

（五四）

一 御一流《ごいちりゅう》の御《おん》こと、このとしまで聴聞《ちょうもん》申《もう》し候《そうろ》うて、御《おん》ことばをうけたまは

こころざしの衆 仏法に志の篤い人々。

かど 肝要。要点。かなめ。

詮あるところ 肝要。要点。かなめ。

いさみの念仏 喜びいさんで称える仏恩報謝の念仏のこと。

無宿善の機 宿善のない者。仏の教えを聞く機縁が熟していない者。

り候《そうら》へども、ただ心《こころ》が御《おん》ことばのごとくならずと、法敬申《ほうきょうもう》され候《そうろ》ふ。

(五五)

一　実如上人《じつにょしょうにん》、*さいさい仰《おお》せられ候《そうろ》ふ。仏法《ぶっぽう》のこと、わがこころにまかせずたしなめと御掟《ごじょう》なり。こころにまかせては、*さてなり。すなはちこころにまかせずたしなむ心《こころ》は他力《たりき》なり。

(五六)

一　御一流《ごいちりゅう》の義《ぎ》を承《うけたまわ》りわけたるひとはあれども、聞《き》きうる人《ひと》はまれなりといへり。信《しん》をうる機《き》まれなりといへる意《こころ》なり。

(五七)

一　蓮如上人《れんにょしょうにん》の御掟《ごじょう》には、仏法《ぶっぽう》のことをいふに、世間《せけん》のことに*とりなす人《ひと》のみなり。それを*退屈《たいくつ》せずして、また仏法《ぶっぽう》のことにとりなせと仰《おお》せられ候《そうろ》ふなり。

(五八)

一　たれのともがらも、われはわろきとおもふもの、一人《ひとり》としてもあるべからず。これ*しかしながら、聖人《しょうにん》（親鸞）の御《ご》*罰《ばつ》をかうぶりたるすがたなり。これによりて一人《ひとり》づつも心中《しんちゅう》をひるがへさずは、ながき世《よ》〔は〕*泥梨《ないり》にふかく沈《しず》

さいさい　たびたび。

さてなり　駄目である。

とりなす　引き寄せて受け取る。みなす。

退屈　うんざりすること。気力を失うこと。

しかしながら　全く。

罰　擯罰《ひんばつ》。叱責。きらいしりぞけること。

泥梨　梵語ニラヤ(niraya)の音写。地獄のこと。→地《じ》獄《ごく》

むべきものなり。これといふもなにごとぞなれば、真実《しんじつ》に仏法《ぶっぽう》のそこをしらざるゆゑなり。

16
(五九)
一 「皆《みな》ひとのまことの信《しん》はさらになし　ものしりがほの風情《ふぜい》にてこそ」。*近松《ちかまつ》殿《どの》の*堺《さかい》へ御下向《ごげこう》のとき、*なげしに*おしておかせられ候《そうろ》ふ。あとにてこのこころをおもひいだし候《そうら》へと御掟《ごじょう》なり。光応寺《こうおうじ》殿《どの》の御不審《ごふしん》なり。「ものしりがほ」とは、われはこころえたりとおもふがこのこころなり。

(六〇)
一 法敬坊《ほうきょうぼう》、安心《あんじん》のとほりばかり讃嘆《さんだん》するひとなり。「*言南無者《ごんなもしゃ》」（玄義分 三二五）の釈《しゃく》をば、いつもはづさず引《ひ》く人《ひと》なり。それさへ、*さしよせて申《もう》せと、蓮如上人《れんにょしょうにん》御掟《ごじょう》 候《そうろ》ふなり。ことばすくなに安心《あんじん》のとほり申《もう》せと御掟《ごじょう》なり。

(六一)
一 *善宗《ぜんしゅう》申《もう》され候《そうろ》ふ。*こころざし申《もう》し候《そうろ》ふとき、わがものがほにもちてまゐるははづかしきよし申《もう》され候《そうろ》ふ。なにとしたることにて候《そうろ》ふやと申《もう》し候《そうら》へば、これはみな*御用《ごゆう》のものにてあるを、わがもののやうにもちてまゐると申《もう》され候《そうろ》

近松殿　蓮淳《れんじゅん》（兼誉）師のこと。次々行の「光応寺殿」も同じ。→兼誉《けんよ》
堺　堺殿（信証院）のこと。文明八年（一四七六）、堺の樫木屋《かたぎや》道場道顕《どうけん》のすすめによって、蓮如上人が堺北庄《きたのしょう》山口に営んだ御坊。現在の堺別院の起源。
なげし　長押。鴨居の上にわたす化粧材。
おして　はりつけて。
言南無者の釈　六字釈のこと。「玄義分」六字釈は「行巻」（一六九頁二行以下）に引用されている。
さしよせて　短くまとめて。簡潔にわかりやすくして。
善宗　下間光宗《しもつまこうしゅう》のこと。玄英《げんえい》の第三子。善宗は法名。
こころざし　懇志《こんし》。
御用のもの　阿弥陀仏のおはたらきによって恵まれたもの。

ふ。ただ上様《うえさま》（蓮如）のもの、とりつぎ候《そうろ》ふことにて候《そうろ》ふを、＊わがものがほに存《ぞん》ずるかと申《もう》され候《そうろ》ふ。

（六二）
一　＊津国郡家《つのくにぐんけ》の主計《かずえ》と申《もう》す人《ひと》あり。ひまなく念仏申《ねんぶつもう》すあひだ、ひげを剃《そ》るとき切《き》らぬことなし。わすれて念仏申《ねんぶつもう》すなり。人《ひと》は口《くち》はたらかねば念仏《ねんぶつ》もすこしのあひだも申《もう》されぬかと、こころもとなきよしに候《そうろ》ふ。

（六三）
一　＊仏法者申《ぶっぽうしゃもう》され候《そうろ》ふ。わかきとき仏法《ぶっぽう》はたしなめと候《そうろ》ふ。としよれば行歩《ぎょうぶ》もかなはず、ねぶたくもあるなり。ただわかきときたしなめと候《そうろ》ふ。

（六四）
一　衆生《しゅじょう》をしつらひたまふ。「＊しつらふ」といふは、衆生《しゅじょう》のこころをそのまま
17 おきて、よきこころを御《おん》くはへ候《そうら》ひて、＊よくめされ候《そうろ》ふ。衆生《しゅじょう》のこころをみなとりかへて、仏智《ぶっち》ばかりにて、別《べっ》に御《おん》みたて候《そうろ》ふことにてはなく候《そうろ》ふ。

（六五）
一　わが妻子《さいし》ほど＊不便《ふびん》なることなし。それを勧化《かんけ》せぬはあさましきことなり。

わがものがほに存ずるか　文末の「か」を格助詞の「が」と解すれば、「自分のものをさしあげるように思っているのが恥しい」という意になる。清音の場合には、「自分のものと思っているのか、恥しいことである」という疑問・反問の意となる。

津国郡家の主計　摂《せっ》津郡家（現在の大阪府高槻市）の妙円寺の開基。

仏法者　仏法に深く帰依《きえ》する人。

しつらふ　調えること。

よくめされ候ふ　立派になさることである。

不便　愛《いと》しい。

宿善《しゅくぜん》なくはちからなし。わが身《み》をひとつ勧化《かんけ》せぬものがあるべきか。

(六六)

一　慶聞坊《きょうもんぼう》のいはれ候《そうろ》ふ。信《しん》はなくて*まぎれまはると、日《ひ》に日《ひ》に地獄《じごく》がちかくなる。まぎれまはるがあらはれば地獄《じごく》がちかくなるなり。*うちみは信不信《しんふしん》みえず候《そうろ》ふ。とほくいのちをもたずして、今日《きょう》ばかりと思《おも》へと、古《ふる》き*こころざしのひと申《もう》され候《そうろ》ふ。

(六七)

一　一度《いちど》の*ちかひが一期《いちご》のちかひなり。一度《いちど》のたしなみが一期《いちご》のたしなみなり。そのゆゑは、そのままいのちをはれば一期《いちご》のちかひになるによりてなり。

(六八)

一　「今日《きょう》ばかりおもふこころを忘《わす》るなよ　*さなきはいとどのぞみおほきに」

覚如様御歌《かくにょさまおんうた》

(六九)

一　*他流《たりゅう》には、名号《みょうごう》よりは絵像《えぞう》、絵像《えぞう》よりは木像《もくぞう》といふなり。*当流《とうりゅう》には、木《もく》像《ぞう》よりは絵像《えぞう》、絵像《えぞう》よりは名号《みょうごう》といふなり。

まぎれまはる　紛れ回る。信心を得てないのに、得たような顔をしてごまかすこと。

うちみは　ちょっとみると。

こころざしのひと　仏法に深く帰依《きえ》する人。

ちかひ　「誓《ちかい》」とする説と「違《ちがい》」とする説とがある。本文では「たしなみ」に対比されているので、「違」すなわち過失、誤りの意であろう。

さなきは　そうでないと。

他流　浄土真宗以外の宗派。

当流　浄土真宗を指す。

(七〇)
一　*御本寺北殿《ごほんじきたどの》にて、法敬坊《ほうきょうぼう》に対《たい》して蓮如上人《れんにょしょうにん》仰《おお》せられ候《そうろ》ふ。われはなにご
とをも*当機《とうき》をかがみおぼしめし、十《とお》あるものを一《ひと》つにするやうに、かろがろと
理《り》のやがて叶《かな》ふやうに御沙汰候《ごさたそうろ》ふ。これを人《ひと》が考《かんが》へぬと仰《おお》せられ候《そうろ》ふ。御文等《おふみとう》
をも近年《きんねん》は御《おん》ことばすくなに*あそばされ候《そうろ》ふ。いまはものを聞《き》くうちにも退屈《たいくつ》
18 し、物《もの》を聞《き》きおとすあひだ、肝要《かんよう》のことをやがてしり候《そうろ》ふやうにあそばされ候《そうろ》
ふのよし仰《おお》せられ候《そうろ》ふ。

(七一)
一　法印兼縁《ほういんけんえん》、幼少《ようしょう》の時《とき》、*二俣《ふたまた》にてあまた*小名号《こみょうごう》を申《もう》し入《い》れ候《そうろ》ふ時《とき》、信心《しんじん》やある、おのおのと仰《おお》せられ候《そうろ》ふ。信心《しんじん》は〔その〕体名号《たいみょうごう》にて候《そうろ》ふ。いま思《おも》ひあはせ候《そうろ》ふとの義《ぎ》に候《そうろ》ふ。

(七二)
一　蓮如上人《れんにょしょうにん》仰《おお》せられ候《そうろ》ふ。*堺《さかい》の日向屋《ひゅうがや》は三十万貫《さんじゅうまんがん》を持《も》ちたれども、死《し》にたるが仏《ぶつ》には成《な》り候《そうろ》ふまじ。*大和《やまと》の了妙《りょうみょう》は帷一《かたびらひと》つをも着《き》かね候《そうら》へども、このたび仏《ぶつ》に成《な》るべきよと、仰《おお》せられ候《そうろ》ふよしに候《そうろ》ふ。

御本寺北殿　山科《やましな》本願寺の北殿。蓮如上人隠居後、実如《じつにょ》上人が住した。

当機をかがみ…　相手のことをよく考え。

あそばされ候ふ　ここではお書きになっているという意。

二俣　底本では「役」。現在の石川県金沢市二俣町にある本泉寺を指す。

小名号…　小名号は六つ切の小型の名号のこと。小名号をいただきたいという同行たちの申し出を兼縁（蓮悟《れんご》）師が取り次いだ。

堺の日向屋　和泉《いずみ》堺（現在の大阪府堺市）の富豪。

大和の了妙　現在の奈良県橿原市八木町にある金台寺の開基。尼僧。

(七三)
一　蓮如上人《れんにょしょうにん》へ*久宝寺《きゅうほうじ》の法性《ほっしょう》申《もう》され候《そうろう》ふは、一念《いちねん》に後生《ごしょう》御《おん》たすけ候《そうら》へと弥《み》陀《だ》をたのみたてまつり候《そうろう》ふばかりにて往生一定《おうじょういちじょう》と存《ぞん》じ候《そうろう》ふ。*かやうにて御入《おんい》り候《そうろう》ふかと申《もう》され候《そうら》へば、ある人《ひと》わきより、それはいつものことにて候《そうろう》ふ。別《べっ》のこと、不審《ふしん》なることなど申《もう》され候《そうら》はでと申《もう》され候《そうら》へば、蓮如上人《れんにょしょうにん》仰《おお》せられ候《そうろう》ふ。それぞとよ、わろきとは。めづらしきことを聞《き》きたくおもひしりたく思《おも》ふなり。信《しん》のうへにてはいくたびも心中《しんちゅう》のおもむき、かやうに申《もう》さるべきことなるよし仰《おお》せられ候《そうろう》ふ。

(七四)
一　蓮如上人《れんにょしょうにん》仰《おお》せられ候《そうろう》ふ。一向《いっこう》に*不信《ふしん》のよし申《もう》さるる人《ひと》はよく候《そうろう》ふ。ことばにて安心《あんじん》のとほり申《もう》し候《そうら》ひて、口《くち》にはおなじごとくにて、*まぎれて空《むな》しくなるべき人《ひと》を悲《かな》しく覚《おぼ》え候《そうろう》ふよし仰《おお》せられ候《そうろう》ふなり。

(七五)
一　聖人《しょうにん》（親鸞）の御一流《ごいちりゅう》は阿弥陀如来《あみだにょらい》の御掟《ごじょう》なり。されば御文《おふみ》には「*阿弥《あみ》陀如来《だにょらい》の仰《おお》せられけるやうは」とあそばされ候《そうろう》ふ。

久宝寺の法性　生没年未詳。蓮如上人の門弟。河内《かわち》渋川《しぶかわ》郡久宝寺村（現在の大阪府八尾市久宝寺町）の人。

かやうにて…　これでよろしいでしょうか。

不信　信心を得ることができない。疑いがはれない。

まぎれて…　ごまかしたまま死んでしまうような人。

阿弥陀如来の…　『御文章』（四帖目第九通）にこの言葉がある。

19

（七六）

一　蓮如上人《れんにょしょうにん》、法敬《ほうきょう》に対《たい》せられ仰《おお》せられ候《そうろ》ふ。いまこの弥陀《みだ》をたのめといふことを御教《おんおし》へ候《そうろ》ふ人《ひと》をしりたるかと仰《おお》せられ候《そうろ》ふ。順誓《じゅんせい》、存《ぞん》ぜずと申《もう》され候《そうろ》ふ。いま御《おん》をしへ候《そうろ》ふ人《ひと》をいふべし。*鍛冶《かじ》・番匠《ばんしょう》なども物《もの》をしふるに*物《もの》を出《いだ》すものなり。一大事《いちだいじ》のことなり。なんぞものをまゐらせよ。いふべきと仰《おお》せられ候《そうろ》ふ時《とき》、順誓《じゅんせい》、*なかなか*なにたるものなりとも進上《しんじょう》いたすべきと申《もう》され候《そうろ》ふ。蓮如上人《れんにょしょうにん》仰《おお》せられ候《そうろ》ふ。このことをしふる人《ひと》は阿弥陀如来《あみだにょらい》にて候《そうろ》ふ。阿弥陀如来《あみだにょらい》のわれをたのめとの御《おん》をしへにて候《そうろ》ふよし仰《おお》せられ候《そうろ》ふ。

（七七）

一　法敬坊《ほうきょうぼう》、蓮如上人《れんにょしょうにん》へ申《もう》され候《そうろ》ふ。*あそばされ候《そうろ》ふ御名号《おみょうごう》焼《や》けまうし候《そうろ》ふが、六体《ろくたい》の仏《ぶつ》になりまうし候《そうろ》ふ。不思議《ふしぎ》なることと申《もう》され候《そうら》へば、前々住《ぜんぜんじゅう》上人《しょうにん》（蓮如）そのとき仰《おお》せられ候《そうろ》ふ。それは不思議《ふしぎ》にてもなきなり。仏《ぶつ》の仏《ぶつ》に御成《おんな》り候《そうろ》ふは不思議《ふしぎ》にてもなく候《そうろ》ふ。悪凡夫《あくぼんぶ》の弥陀《みだ》をたのむ一念《いちねん》にて仏《ぶつ》に成《な》ることそ不思議《ふしぎ》よと仰《おお》せられ候《そうろ》ふなり。

（七八）

一　*朝夕《ちょうせき》は如来《にょらい》・聖人《しょうにん》（親鸞）の*御用《ごゆう》にて候《そうろ》ふあひだ、*冥加《みょうが》のかたをふかく

鍛冶番匠　鍛冶屋と大工。
物　礼物。
なかなか　もちろん。いかにも。
なにたるものなりとも　どんなものでも。
あそばされ候ふ御名号　（蓮如上人が）お書きになった六字の名号本尊。
朝夕　ここでは日々の食事の意。
御用　おはたらきによって恵まれたもの。
冥加　仏祖の加護。

存《ぞん》ずべきよし、折々《おりおり》前々住《ぜんぜんじゅう》上人《しょうにん》（蓮如）仰《おお》せられ候《そうろ》ふよしに候《そうろ》ふ。

（七九）

一　前々住《ぜんぜんじゅう》上人《しょうにん》仰《おお》せられ候《そうろ》ふ。「*嚙《か》むとはしるとも、呑《の》むとしらすな」といふことがあるぞ。妻子《さいし》を帯《たい》し魚鳥《ぎょちょう》を服《ぶく》し、罪障《ざいしょう》の身《み》なりといひて、さのみ思《おも》ひのままにはあるまじきよし仰《おお》せられ候《そうろ》ふ。

（八〇）

一　仏法《ぶっぽう》には無我《むが》と仰《おお》せられ候《そうろ》ふ。われと思《おも》ふことはいささかあるまじきことなり。われはわろしとおもふ人《ひと》なし。これ聖人《しょうにん》（親鸞）の御罰《ごばつ》なりと、御詞《おんことば》候《そうろ》ふ。他力《たりき》の御《おん》すすめにて候《そうろ》ふ。ゆめゆめわれといふことはあるまじく候《そうろ》ふ。無我《むが》といふこと、前住《ぜんじゅう》上人《しょうにん》（実如）もたびたび仰《おお》せられ候《そうろ》ふ。

（八一）

一　「日《ひ》ごろしれるところを善知識《ぜんぢしき》にあひて問《と》へば*徳分《とくぶん》あるなり」（浄土見聞集・意）。しれるところを問《と》へば徳分《とくぶん》あるといへるが殊勝《しゅしょう》のことばなりと、蓮如上人《れんにょしょうにん》仰《おお》せられ候《そうろ》ふ。知《し》らざるところを問《と》はばいかほど殊勝《しゅしょう》なることあるべきと仰《おお》せられ候《そうろ》ふ。

嚙むとはしるとも…　嚙みしめ味わうことを教えても、鵜呑みにすることを教えてはならないという意。

徳分　得るところ。ためになること。

（八二）

一　聴聞《ちょうもん》を申《もう》すも大略《たいりゃく》わがためとはおもはず、ややもすれば*法文《ほうもん》の一《ひと》つをもききおぼえて、人《ひと》に*うりごころあるとの仰《おお》せごとにて候《そうろ》ふ。

（八三）

一　一心《いっしん》にたのみたてまつる機《き》は、如来《にょらい》のよく*しろしめすなり。弥陀《みだ》のただしろしめすやうに心中《しんちゅう》をもつべし。冥加《みょうが》を*おそろしく存《ぞん》ずべきことにて候《そうろ》ふとの義《ぎ》に候《そうろ》ふ。

（八四）

一　前住上人《ぜんじゅうしょうにん》（実如）仰《おお》せられ候《そうろ》ふ。前々住《ぜんぜんじゅう》（蓮如）より御相続《ごそうぞく》の義《ぎ》は*別義《べつぎ》なきなり。ただ弥陀《みだ》たのむ一念《いちねん》の義《ぎ》よりほかは別義《べつぎ》なく候《そうろ》ふ。これよりほか御《ご》存《ぞん》知《じ》なく候《そうろ》ふ。いかやうの御誓言《ごせいごん》もあるべきよし仰《おお》せられ候《そうろ》ふ。

（八五）

一　おなじく仰《おお》せられ候《そうろ》ふ。*凡夫往生《ぼんぶおうじょう》、ただたのむ一念《いちねん》にて仏《ぶつ》に成《な》らぬことあらば、いかなる御誓言《ごせいごん》をも仰《おお》せらるべき。証拠《しょうこ》は南無阿弥陀仏《なもあみだぶつ》なり。十方《じっぽう》の諸仏《しょぶつ》、証人《しょうにん》にて候《そうろ》ふ。

法文　法義の文句。法義のことわり。

うりごころ　人に法を説いてその見返りを期待する心。

しろしめす　知っていらっしゃる。ご存じである。

おそろしく…　恐れ多いことだと心得なければならない。

別義　特別な教え。

凡夫往生　煩悩《ぼんのう》を断ち切ることができない者が、阿弥陀仏の浄土に往き生れること。

(八六)
一　蓮如上人《れんにょしょうにん》仰《おお》せられ候《そうろ》ふ。物《もの》をいへいへと仰《おお》せられ候《そうろ》ふ。物《もの》を申《もう》さぬものはおそろしきと仰《おお》せられ候《そうろ》ふ。*信不信《しんふしん》ともに、ただ物《もの》をいへと仰《おお》せられ候《そうろ》ふ。物《もの》を申《もう》せば心底《しんてい》もきこえ、また人《ひと》にも直《なお》さるるなり。ただ物《もの》を申《もう》せと仰《おお》せられ候《そうろ》ふ。

21
(八七)
一　蓮如上人《れんにょしょうにん》仰《おお》せられ候《そうろ》ふ。仏法《ぶっぽう》は、つとめの*節《ふし》はかせもしらでよくすると思《おも》ふなり。つとめの節《ふし》わろきよしを仰《おお》せられ、慶聞坊《きょうもんぼう》をいつも*とりつめ仰《おお》せられつるよしに候《そうろ》ふ。それにつきて蓮如上人《れんにょしょうにん》仰《おお》せられ候《そうろ》ふ。*一向《いっこう》にわろき人《ひと》は違《ちが》ひなどといふこともなし。ただわろきまでなり。わろしとも仰《おお》せごともなきなり。法義《ほうぎ》をもこころにかけ、ちとこころえもあるうへの違《ちが》ひが、ことのほかの違《ちが》ひなりと仰《おお》せられ候《そうろ》ふよしに候《そうろ》ふ。

(八八)
一　人《ひと》のこころえのとほり申《もう》されけるに、わがこころはただ籠《かご》に水《みず》を入《い》れ候《そうろ》ふやうに、仏法《ぶっぽう》の御座敷《おざしき》にてはありがたくもたふとくも存《ぞん》じ候《そうろ》ふが、*やがてもとの心中《しんちゅう》になされ候《そうろ》ふと、申《もう》され候《そうろ》ふところに、前々住上人《ぜんぜんじゅうしょうにん》（蓮如）仰《おお》せられ

信不信　信心を得た者と得ていない者。

節はかせ　声明《しょうみょう》（仏教の儀式音楽）の節の長短高低の定め。

とりつめ　ここでの「とりつむ」は叱るの意。

一向にわろき人　（仏法を）全く知らない人。

やがて　たちまち。

候《そうろ》ふ。その籠《かご》を水《みず》につけよ、わが身《み》をば法《ほう》に*ひてておくべきよし仰《おお》せられ候《そうろ》ふよしに候《そうろ》ふ。万事信《ばんじしん》なきによりてわろきなり。善知識《ぜんぢしき》のわろきと仰《おお》せらるるは、信《しん》のなきことを*くせごとと仰《おお》せられ候《そうろ》ふことに候《そうろ》ふ。

(八九)

一　聖教《しょうぎょう》を拝見申《はいけんもう》すも、*うかうかと拝《おが》みまうすはその詮《せん》なし。蓮如上人《れんにょしょうにん》は、ただ聖教《しょうぎょう》をば*くれくれと仰《おお》せられ候《そうろ》ふ。また百遍《ひゃっぺん》これをみれば*義理《ぎり》おのづから得《う》ると申《もう》すこともあれば、心《こころ》をとどむべきことなり。聖教《しょうぎょう》は*句面《くめん》のごとくこころうべし。そのうへにて*師伝《しでん》*口業《くごう》はあるべきなり。*私《わたくし》にして会釈《えしゃく》することしかるべからざることなり。

(九〇)

一　前々住上人《ぜんぜんじゅうしょうにん》(蓮如)仰《おお》せられ候《そうろ》ふ。他力信心他力信心《たりきしんじんたりきしんじん》とみれば、あやまりなきよし仰《おお》せられ候《そうろ》ふ。

(九一)

一　わればかりと思《おも》ひ、*独覚心《どくかくしん》なること、あさましきことなり。信《しん》あらば仏《ぶつ》の慈悲《じひ》をうけとりまうすうへは、われぱかりと思《おも》ふことはあるまじく候《そうろ》ふ。*触光《そくこう》

ひてておく　浸しておく。

くせごと　間違ったこと。誤り。

うかうかと　ぼんやりと。心を留めずに。

くれくれ　くり返しくり返し読め。

義理　筋道。意味。

句面のごとく　文面にあらわれている通り。

師伝　師匠から伝授を受けること。

口業　ここでは口伝《くでん》のこと。

私にして会釈すること　自分勝手に解釈すること。

独覚心　自分一人のさとりで満足するような心。

触光柔軟の願　光明《こうみょう》に触れた者の身心をおだやかにやわらげようと誓った願。

柔軟《にゅうなん》の願《がん》（第三十三願）候《そうろ》ふときは、心《こころ》もやはらぐべきことなり。されば縁覚《えんがく》は独覚《どくかく》のさとりなるがゆゑに、仏《ぶつ》に成《な》らざるなり。

22

（九二）

一　一句一言《いっくいちごん》も申《もう》すものは、われと思《おも》ひて物《もの》を申《もう》すなり。信《しん》のうへはわれはわろしと思《おも》ひ、また報謝《ほうしゃ》と思《おも》ひ、ありがたさのあまりを人《ひと》にも申《もう》すことなるべし。

（九三）

一　信《しん》もなくて、人《ひと》に信《しん》をとられよとられよと申《もう》すは、われは物《もの》をもたずして人《ひと》に物《もの》をとらすべきといふの心《こころ》なり。人《ひと》、*承引《しょういん》あるべからずと、前住上人《ぜんじゅうしょうにん》（蓮如）申《もう》さると順誓《じゅんせい》に仰《おお》せられ候《そうら》ひき。「自信教人信《じしんきょうにんしん》」（礼讃　六七六）と候《そうろ》ふ時《とき》は、まづわが信心決定《しんじんけつじょう》して、人《ひと》にも教《おし》へて仏恩《ぶっとん》になるとのことに候《そうろ》ふ。自《じ》身《しん》の安心決定《あんじんけつじょう》して教《おし》ふるは、すなはち「*大悲伝普化《だいひでんぶけ》」（同）の道理《どうり》なるよし、おなじく仰《おお》せられ候《そうろ》ふ。

（九四）

一　蓮如上人《れんにょしょうにん》仰《おお》せられ候《そうろ》ふ。聖教《しょうぎょう》よみの聖教《しょうぎょう》よまずあり、聖教《しょうぎょう》よまずの聖《しょう》

承引　承知すること。

大悲伝普化　如来の大悲を人々に広く伝えること。

教《ぎょう》よみあり。一文字《いちもんじ》をもしらねども、人《ひと》に聖教《しょうぎょう》をよませ聴聞《ちょうもん》させて信《しん》をとらするは、聖教《しょうぎょう》よまずの聖教《しょうぎょう》よみなり。聖教《しょうぎょう》をばよめども、真実《しんじつ》によみもせず法義《ほうぎ》もなきは、聖教《しょうぎょう》よみの聖教《しょうぎょう》よまずなりと仰《おお》せられ候《そうろ》ふ。

*自信教人信《じしんきょうにんしん》の道理《どうり》なりと仰《おお》せられ候《そうろ》ふこと。

(九五)

一　聖教《しょうぎょう》よみの、仏法《ぶっぽう》を申《もう》したてたることはなく候《そうろ》ふ。*尼入道《あまにゅうどう》のたぐひのたふとやありがたやと申《もう》され候《そうろ》ふをききては、人《ひと》が信《しん》をとると、前々住上人《ぜんぜんじゅうしょうにん》(蓮如)仰《おお》せられ候《そうろ》ふよしに候《そうろ》ふ。なにもしらねども、仏《ぶつ》の*加備力《かびりき》のゆゑに尼《あま》入道《にゅうどう》などのよろこばるるをききては、人《ひと》も信《しん》をとるなり。聖教《しょうぎょう》をよめども、*名聞《みょうもん》がさきにたちて心《こころ》には法《ほう》なきゆゑに、人《ひと》の信用《しんよう》なきなり。

(九六)

一　蓮如上人《れんにょしょうにん》仰《おお》せられ候《そうろ》ふ。当流《とうりゅう》には、*総体《そうたい》、*世間機《せけんき》わろし。仏法《ぶっぽう》のうへよりなにごともあひはたらくべきことなるよし仰《おお》せられ候《そうろ》ふと云々《うんぬん》。

23

(九七)

一　おなじく仰《おお》せられ候《そうろ》ふ。世間《せけん》にて、*時宜《じぎ》しかるべきはよき人《ひと》なりといへど

自信教人信の…　第九十五条の標文とする説もある。

尼入道　尼とは女性の出家者を指すが、ここでは在俗生活のまま髪をおろして仏門に入った女性をいう。入道は在俗生活のまま剃髪して仏門に入った男性をいう。

加備力　仏の慈悲により衆《しゅ》生《じょう》に利益《りやく》を与える力。

名聞　みずからの名声を求める心。名誉欲。

総体　どんなことでも。

世間機　世俗的な心持ち。

時宜しかるべきは…　何でもうまくこなしてそつがない人を立派な人だというが、という意。

も、信《しん》なくは＊心《こころ》をおくべきなり。＊便《たよ》りにもならぬなり。たとひ＊片目《かため》つぶれ、腰《こし》をひき候《そうろ》ふやうなるものなりとも、信心《しんじん》あらん人《ひと》をばたのもしく思《おも》ふべきなりと仰《おお》せられ候《そうろ》ふ。

（九八）
一　＊君《きみ》を思《おも》ふはわれを思《おも》ふなり。善知識《ぜんぢしき》の仰《おお》せに随《したが》ひ信《しん》をとれば、極楽《ごくらく》へまゐるものなり。

（九九）
一　久遠劫《くおんごう》より久《ひさ》しき仏《ぶつ》は阿弥陀仏《あみだぶつ》なり。仮《かり》に＊果後《かご》の方便《ほうべん》によりて誓願《せいがん》をまうけたまふことなり。

（一〇〇）
一　前々住上人《ぜんぜんじゅうしょうにん》（蓮如）仰《おお》せられ候《そうろ》ふ。弥陀《みだ》をたのめる人《ひと》は、南無阿弥陀仏《なもあみだぶつ》に＊身《み》をばまるめたることなりと仰《おお》せられ候《そうろ》ふと云々《うんぬん》。いよいよ冥加《みょうが》を存《ぞん》ずべきのよしに候《そうろ》ふ。

（一〇一）
一　＊丹後法眼《たんごほうげん》　蓮応《れんのう》　衣装《いしょう》ととのへられ、前々住上人《ぜんぜんじゅうしょうにん》の御前《ごぜん》に＊伺候《しこう》候《そうら》ひし

心をおく　気をつける。
便り　たより。
片目…　→補註5
君　主君。
果後の方便　久遠《くおん》の昔に成仏した阿弥陀仏が、衆生《しゅじょう》を救うためのてだてとして、法蔵《ほうぞう》菩薩の発願《ほつがん》修行、十劫《じっこう》の昔の成道《じょうどう》の相を示したことをいう。
身をばまるめたる　その身を包まれている。
丹後法眼蓮応　（—一五三六）下間頼玄《しもつまよりはる》のこと。蓮如上人の時代、本願寺の御堂《みどう》衆《しゅう》として活躍した。「蓮応」は底本では「蓮慈」。
伺候　参上すること。

時《とき》、仰《おお》せられ候《そうろ》ふ。衣《ころも》のえりを御《おん》たたきありて、南無阿弥陀仏《なもあみだぶつ》よと仰《おお》せられ候《そうろ》ふ。また前住上人《ぜんじゅうしょうにん》（実如）は御《おん》たたみをたたかれ、南無阿弥陀仏《なもあみだぶつ》にもたれたるよし仰《おお》せられ候《そうら》ひき。南無阿弥陀仏《なもあみだぶつ》に身《み》をばまるめたると仰《おお》せられ候《そうろ》ふと*符合《ふごう》申《もう》し候《そうろ》ふ。

（一〇二）

一　前々住上人《ぜんぜんじゅうしょうにん》（蓮如）仰《おお》せられ候《そうろ》ふ。仏法《ぶっぽう》のうへには、事《こと》ごとにつけて空《そら》おそろしきことと存《ぞん》じ候《そうろ》ふべく候《そうろ》ふ。ただよろづにつけて油断《ゆだん》あるまじきことと存《ぞん》じ候《そうら》へのよし、折々《おりおり》に仰《おお》せられ候《そうろ》ふと云々《うんぬん》。仏法《ぶっぽう》には明日《あす》と申《もう》すことあるまじく候《そうろ》ふ。仏法《ぶっぽう》のことはいそげいそげと仰《おお》せられ候《そうろ》ふなり。

24

（一〇三）

一　おなじく仰《おお》せに、今日《きょう》の日《ひ》はあるまじきと思《おも》へと仰《おお》せられ候《そうろ》ふ。なにごともかきいそぎて物《もの》を御沙汰《ごさた》候《そうろ》ふよしに候《そうろ》ふ。ながながしたることを御嫌《おんきら》ひのよしに候《そうろ》ふ。仏法《ぶっぽう》のうへには、明日《あす》のことを今日《きょう》するやうにいそぎたること、*賞翫《しょうがん》なり。

符合　一致すること。前条の内容と一致していることをいう。

賞翫　ほめること。

（一〇四）

一　おなじく仰《おお》せにいはく、聖人《しょうにん》（親鸞）の御影《ごえい》*を申《もう》すは大事《だいじ》のことなり。昔《むかし》は御本尊《ごほんぞん》よりほかは御座《ござ》なきことなり。信《しん》なくはかならず御罰《ごばつ》を蒙《こうぶ》るべきよし仰《おお》せられ候《そうろ》ふ。

（一〇五）

一　時節到来《じせつとうらい》といふこと、用心《ようじん》をもしてそのうへに事《こと》の出《い》でき候《そうろ》ふを、時節到《じせつとう》来《らい》とはいふべし。無用心《ぶようじん》にて出《い》でき候《そうろ》ふを時節到来《じせつとうらい》とはいはぬことなり。聴《ちょう》聞《もん》を心《こころ》がけてのうへの宿善《しゅくぜん》・無宿善《むしゅくぜん》ともいふことなり。ただ信心《しんじん》はきくにきはまることなるよし仰《おお》せのよし候《そうろ》ふ。

（一〇六）

一　前々住上人《ぜんぜんじゅうしょうにん》（蓮如）、法敬《ほうきょう》に対《たい》して仰《おお》せられ候《そうろ》ふ。まきたてといふもの知《し》りたるかと。法敬御返事《ほうきょうごへんじ》に、まきたてと申《もう》すは一度《ひとたび》たねを播《ま》きて手《て》*をささぬものに候《そうろ》ふと申《もう》され候《そうろ》ふ。仰《おお》せにいはく、それぞ、まきたてわろきなり。人《ひと》に直《なお》されまじきと思《おも》ふ心《こころ》なり。心中《しんちゅう》をば申《もう》しいだして人《ひと》に直《なお》され候《そうら》はでは、心得《こころえ》の直《なお》ることあるべからず。まきたてにては信《しん》をとることあるべからずと仰《おお》せられ候《そうろ》ふ云々《うんぬん》。

御影を申す　御影像の交付を本山に願い出ること。

手をささぬ　手を加えない。

(一〇七)
一　何《なに》ともして人《ひと》に直《なお》され候《そうろ》ふやうに心中《しんちゅう》を持《も》つべし。わが心中《しんちゅう》をば同行《どうぎょう》のなかへ打《う》ちいだしておくべし。*下《げ》としたる人《ひと》のいふことをば用《もち》ゐずしてかならず*腹立《ふくりゅう》するなり。あさましきことなり。ただ人《ひと》に直《なお》さるるやうに心中《しんちゅう》を持《も》つべき義《ぎ》に候《そうろ》ふ。

(一〇八)
一　人《ひと》の、前々住 上人《ぜんぜんじゅうしょうにん》(蓮如)へ申《もう》され候《そうろ》ふ。一念《いちねん》の処 決定《ところけつじょう》にて候《そうろ》ふ。ややもすれば、善知識《ぜんぢしき》の御《おん》ことばをおろそかに存《ぞん》じ候《そうろ》ふよし申《もう》され候《そうら》へば、仰《おお》せられ候《そうろ》ふは、もつとも信《しん》のうへは*崇仰《そうぎょう》の心《こころ》あるべきなり。さりながら、凡夫《ぼんぶ》の心《こころ》にては、かやうの心中《しんちゅう》のおこらん時《とき》は勿体《もったい》なきこととおもひすつべしと仰《おお》せられしと云々《うんぬん》。

(一〇九)
一　蓮如上人《れんにょしょうにん》、兼縁《けんえん》に対《たい》せられ仰《おお》せられ候《そうろ》ふ。たとひ*木《き》の皮《かわ》をきるいろめなりとも、*なわびそ。ただ弥陀《みだ》をたのむ一念《いちねん》をよろこぶべきよし仰《おお》せられ候《そうろ》ふ。

(一一〇)
一　前々住 上人《ぜんぜんじゅうしょうにん》仰《おお》せられ候《そうろ》ふ。上下《じょうげ》老 若《ろうにゃく》によらず、後生《ごしょう》は油断《ゆだん》にてしそん

下としたる人　目下の人。

腹立　腹をたてること。

崇仰　(善知識《ぜんぢしき》を)あがめ敬うこと。

木の皮をきるいろめ　木の皮を編んで身にまとうような貧しい身なり。

なわびそ　悲しく思うな。気落ちするな。

ずべきのよし仰《おお》せられ候《そうろ》ふ。

（二一）
一　前々住上人《ぜんぜんじゅうしょうにん》（蓮如）御口《おんくち》のうち御煩《おんわずら》ひ候《そうろ》ふに、をりふし御目《おんめ》をふさがれ、ああ、と仰《おお》せられ候《そうろ》ふ。人《ひと》の信《しん》なきことを思《おも》ふことは、身《み》をきりさくやうにかなしきよと仰《おお》せられ候《そうろ》ふよしに候《そうろ》ふ。

（二二）
一　おなじく仰《おお》せに、われは人《ひと》の機《き》をかが*み、人《ひと》にしたがひて仏法《ぶっぽう》を御聞《おんき》かせ候《そうろ》ふよし仰《おお》せられ候《そうろ》ふ。いかにも人《ひと》のすきたることなど申《もう》させられ、うれしやと存《ぞん》じ候《そうろ》ふところに、また仏法《ぶっぽう》のことを仰《おお》せられ候《そうろ》ふ。いろいろ御方便《ごほうべん》にて、人《ひと》に法《ほう》を御聞《おんき》かせ候《そうら》ひつるよしに候《そうろ》ふ。

（二三）
一　前々住上人《ぜんぜんじゅうしょうにん》仰《おお》せられ候《そうろ》ふ。人々《ひとびと》の仏法《ぶっぽう》を信《しん》じてわれによろこばせんと思《おも》へり。それはわろし。信《しん》をとれば自身《じしん》の勝徳《*しょうとく》なり。さりながら、信《しん》をとらば、恩《おん》にも御《おん》うけあるべきと仰《おお》せられ候《そうろ》ふ。また、聞《き》きたくもなきことなりとも、まことに信《しん》をとるべきならば、きこしめすべきよし仰《おお》せられ候《そうろ》ふ。

かがみ　鑑《かんが》み。よく考え。

勝徳　すぐれた功徳《くどく》。

（二四）
一　おなじく仰《おお》せに、まことに一人《いちにん》なりとも信《しん》をとるべきならば、身《み》を捨《す》てよ。それはすたらぬと仰《おお》せられ候《そうろ》ふ。

（二五）
一　あるとき仰《おお》せられ候《そうろ》ふ。御門徒《ごもんと》の心得《こころえ》を直《なお》すときこしめして、*老《おい》の皺《しわ》をのべ候《そうろ》ふと仰《おお》せられ候《そうろ》ふ。

26

（二六）
一　ある御門徒衆《ごもんとしゅう》に御尋《おんたず》ね候《そうろ》ふ。そなたの坊主《ぼうず》、心得《こころえ》の直《なお》りたるをうれしく存《ぞん》ずるかと御尋《おんたず》ね候《そうら》へば、申《もう》され候《そうろ》ふ。まことに心得《こころえ》を直《なお》され、法義《ほうぎ》を心《こころ》にかけられ候《そうろ》ふ。一段《いちだん》ありがたくうれしく存《ぞん》じ候《そうろ》ふよし申《もう》され候《そうろ》ふ。その時仰《ときおお》せられ候《そうろ》ふ。われはなほうれしく思《おも》ふよと仰《おお》せられ候《そうろ》ふ。

（二七）
一　をかしき*事態《わざ》をもさせられ、仏法《ぶっぽう》に退屈《たいくつ》仕《つかまつ》り候《そうろ》ふものの心《こころ》をもくつろげ、その気《き》をも失《うしな》はして、またあたらしく法《ほう》を仰《おお》せられ候《そうろ》ふ。まことに*善巧方便《ぜんぎょうほうべん》、ありがたきことなり。

老の皺をのべ候ふ　非常によろこばしく気持ちの晴々とするさまをいう。

事態　能狂言のしぐさの意か。「事能」とする異本もある。

善巧方便　巧みな手だての意。→方便《ほうべん》

（二八）

一　*天王寺土塔会《てんのうじつちとうえ》、前々住上人《ぜんぜんじゅうしょうにん》（蓮如）御覧候《ごらんそうら》ひて仰《おお》せられ候《そうろ》ふ。あれほどのおほき人《ひと》ども地獄《じごく》へおつべしと、*不便《ふびん》に思《おぼ》し召《め》し候《そうろ》ふよし仰《おお》せられ候《そうろ》ふ。またそのなかに御門徒《ごもんと》の人《ひと》は仏《ぶつ》に成《な》るべしと仰《おお》せられ候《そうろ》ふ。これまたありがたき仰《おお》せにて候《そうろ》ふ。

蓮《れん》如《によ》上《しょう》人《にん》御《ご》一《いち》代《だい》*記《き》聞《きき》書《がき》　本《ほん》

天王寺土塔会　天王寺は四天王寺（大阪市天王寺区）の略称。同寺南大門の前に牛頭天王《ごずてんのう》をまつった社《やしろ》があり、毎年四月十五日にその祭礼が行われた。

不便　気の毒なこと。心の痛むこと。

記　底本の本巻の尾題は「記」の字を欠く。末巻の首題も同じ。

蓮如上人御一代記聞書《れんにょしょうにんごいちだいききがき》　末《まつ》

（一二九）
一　前々住上人《ぜんぜんじゅうしょうにん》（蓮如）*御法談以後《ごほうだんいご》、四五人《しごにん》の*御兄弟《ごきょうだい》へ仰《おお》せられ候《そうろ》ふ。四《し》五人《ごにん》の衆《しゅう》*寄合《よりあ》ひ*談合《だんごう》せよ。かならず五人《ごにん》は五人《ごにん》ながら*意巧《いぎょう》にきくものなるあひだ、よくよく談合《だんごう》すべきのよし仰《おお》せられ候《そうろ》ふ。

（一三〇）
一　*たとひなきことなりとも、人申《ひともう》し候《そうら》はば、*当座領掌《とうざりょうしょう》すべし。当座《とうざ》に詞《ことば》を返《かえ》せば、ふたたびいはざるなり。人《ひと》のいふことをばただふかく*用心《ようじん》すべきなり。これにつきてある人《ひと》、あひたがひにあしきことを申《もう》すべしと、*契約候《けいやくそうら》ひしところに、すなはち一人《いちにん》のあしきさまなること申《もう》しければ、われはさやうに存《ぞん》ぜざれども、人《ひと》の申《もう》すあひださやうに候《そうろ》ふと申《もう》す。さればこの返答《へんとう》あしきとのことに候《そうろ》ふ。さなきことなりとも、当座《とうざ》はさぞと申《もう》すべきことなり。

御法談　法文のわけを説いて話をすること。またその法座。
御兄弟　蓮如上人の子息たちのこと。
寄合ひ　村落などでの会合のこと。講の別称としても用いられる。ここでは法談のために集合すること。
談合　話し合うこと。
意巧に　自分に都合のよいように。各自の好むように。
たとひなきことなりとも　たとえ事実でないことであっても。
当座領掌すべし　とりあえず受け入れるのがよい。
用心　『実悟旧記《じつごきゅうき》』では「心用」となっている。
契約　約束。

（三一）
一　一宗《いっしゅう》の繁昌《はんじょう》と申《もう》すは、人《ひと》のおほくあつまり、*威《い》のおほきなることにてはなく候《そうろ》ふ。一人《いちにん》なりとも、人《ひと》の信《しん》をとるが、一宗《いっしゅう》の繁昌《はんじょう》に候《そうろ》ふ。しかれば、「*専修正行《せんじゅしょうぎょう》の繁昌《はんじょう》は*遺弟《ゆいてい》の*念力《ねんりき》より成《じょう》ず」（報恩講私記）とあそばされおかれ候《そうろ》ふ。

（三二）
一　前々住上人《ぜんぜんじゅうしょうにん》（蓮如）仰《おお》せられ候《そうろ》ふ。*聴聞《ちょうもん》*心《こころ》に入《い》れまうさんと思《おも》ふ人《ひと》はあり、信《しん》をとらんずると思《おも》ふ人《ひと》なし。されば極楽《ごくらく》はたのしむと聞《き》きて、まゐらんと願《ねが》ひのぞむ人《ひと》は仏《ぶつ》に成《な》らず、弥陀《みだ》をたのむ人《ひと》は仏《ぶつ》に成《な》ると仰《おお》せられ候《そうろ》ふ。

（三三）
一　聖教《しょうぎょう》を*すきこしらへもちたる人《ひと》の子孫《しそん》には、*仏法者《ぶっぽうしゃ》いでくるものなり。ひとたび仏法《ぶっぽう》をたしなみ候《そうろ》ふ人《ひと》は、*おほやうなれどもおどろきやすきなり。

（三四）
一　*御文《おふみ》は如来《にょらい》の*直説《じきせつ》なりと存《ぞん》ずべきのよしに候《そうろ》ふ。*形《かたち》をみれば法然《ほうねん》、詞《ことば》を聞《き》けば弥陀《みだ》の直説《じきせつ》といへり。

威のおほきなること　勢いが盛んなこと。
専修正行　もっぱら念仏の正行を修するという意で、自力を離れてただ念仏する浄土真宗の宗義をいう。
遺弟　親鸞聖人滅後の門弟。
念力　信心の力。
聴聞　仏法をきくこと。「行巻」に「ゆるされてきく、信じてきく」（左訓）とある。
心に…思ふ人　熱心であろうとする人。
すきこしらへもちたる人　すすんで求め持っている人。
仏法者　仏法に深く帰依《きえ》する人。
おほやう　大まかなこと。細かさがないこと。
御文　蓮如上人が門弟の教化のために、真宗教義の要《かなめ》を平易な消息《しょうそく》（手紙）の形式で書きあらわしたもの。

（一三五）

一　蓮如上人《れんにょしょうにん》御病中《ごびょうちゅう》に、*慶聞《きょうもん》に、なんぞ物《もの》をよめと仰《おお》せられ候《そうろ》ふとき、御《お》文《ふみ》をよみまうすべきかと申《もう》され候《そうろ》ふ。さらばよみまうせと仰《おお》せられ候《そうろ》ふ。三通《さんつう》二度《にど》づつ六遍《ろっぺん》よませられて仰《おお》せられ候《そうろ》ふ。わがつくりたるものなれども、殊《しゅ》勝《しょう》なるよと仰《おお》せられ候《そうろ》ふ。

（一三六）

一　順誓《じゅんせい》申《もう》されしと云々《うんぬん》。常《つね》にはわがまへにてはいはずして、*後言《うしろごと》いふとて*腹立《ふくりゅう》することなり。われはさやうには存《ぞん》ぜず候《そうろ》ふ。わがまへにて申《もう》しにくくは、かげにてなりともわがわろきことを申《もう》されよ。聞《き》きて心中《しんちゅう》をなほすべきよし申《もう》され候《そうろ》ふ。

（一三七）

一　前々住上人《ぜんぜんじゅうしょうにん》（蓮如）仰《おお》せられ候《そうろ》ふ。仏法《ぶっぽう》のためと思《おぼ》し召《め》し候《そうら》へば、なにたる御辛労《ごしんろう》をも御辛労《ごしんろう》とは思《おぼ》し召《め》されぬよし仰《おお》せられ候《そうろ》ふ。御《おん》*心《こころ》まめにて、なにごとも御沙汰《ごさた》候《そうろ》ふよしなり。

（一三八）

一　法《ほう》には*あらめなるがわろし。*世間《せけん》には微細《みさい》なるといへども、仏法《ぶっぽう》には微細《みさい》

直説　直接の説法。

形をみれば…　『西方指南《さいほうしなん》抄《しょう》』中末の「源空聖人《げんくうしょうにん》私《し》日記《にっき》」に大原談義の際に諸宗の大徳が法然《ほうねん》聖人を敬いこのように感嘆したとある故事による。

慶聞　（一四四五―一五二〇）龍玄《りゅうげん》のこと。通称は美濃《みの》。近江金森《おうみかねがもり》（現在の滋賀県守山市金森町）の人。道西《どうさい》（善従《ぜんじゅう》）の甥《おい》。幼年から蓮如上人のもとで教義を学び、蓮如上人の息男にそれを伝えた。

後言　陰で悪口をいうこと。陰口。

腹立　腹をたてること。

心まめにて　心をこめてというほどの意。

あらめなる　大まかなこと。

世間には…　世間ではあまり細かすぎるのはよくない

に心《こころ》をもち、こまかに心《こころ》をはこぶべきよし仰《おお》せられ候《そうろ》ふ。

29
（一二九）

一　とほきはちかき道理《どうり》、ちかきはとほき道理《どうり》あり。灯台《とうだい》もとくらしとて、仏《ぶっ》法《ぽう》を*不断聴聞申《ふだんちょうもんもう》す身《み》は、*御用《ごゆう》を厚《あつ》くかうぶりて、いつものことと思《おも》ひ、法義《ほうぎ》におろそかなり。とほく候《そうろ》ふ人《ひと》は、仏法《ぶっぽう》をききたく大切《たいせつ》にもとむるこころありけり。仏法《ぶっぽう》は大切《たいせつ》にもとむるよりきくものなり。

（一三〇）

一　ひとつことを聞《き》きて、いつもめづらしく*初《はじ》めたるやうに、*信《しん》のうへにはあるべきなり。ただ珍《めずら》しきことをききたく思《おも》ふなり。ひとつことをいくたび聴《ちょう》聞申《もんもう》すとも、めづらしく初《はじ》めたるやうにあるべきなり。

（一三一）

一　道宗《どうしゅう》は、ただ一《ひと》つ御詞《おんことば》をいつも聴聞申《ちょうもんもう》すが、初《はじ》めたるやうにありがたきよし申《もう》され候《そうろ》ふ。

（一三二）

一　念仏申《ねんぶつもう》すも、人《ひと》の*名聞《みょうもん》げにおもはれんと思《おも》ひてたしなむが*大儀《たいぎ》なるよし、

というがという意であろう。

不断　たえず。いつも。

御用　阿弥陀仏のおはたらきによって恵まれたもの。ここでは仏法を聴聞する縁を恵まれること。

初めたるやうに　はじめて耳にするかのように。

信のうへ　信心をいただいたのち。

名聞げに　よい評判を求めているかのように。

大儀　骨の折れること。

ある人申《ひともう》され候《そうろ》ふ。常《つね》の人《ひと》の心中《しんちゅう》にかはり候《そうろ》ふこと。

（一三三）

一　同行《どうぎょう》＊同侶《どうりょ》の目《め》をはぢて＊冥慮《みょうりょ》をおそれず。ただ＊冥見《みょうけん》をおそろしく存《ぞん》ずべきことなり。

（一三四）

一　たとひ＊正義《しょうぎ》たりとも、＊しげからんことをば停止《ちょうじ》すべきよし候《そうろ》ふ。まして世《せ》間《けん》の儀停止候《ぎちょうじそうら》はぬことしかるべからず。いよいよ増長《ぞうじょう》すべきは信心《しんじん》にて候《そうろ》ふ。

（一三五）

一　蓮如上人仰《れんにょしょうにんおお》せられ候《そうろ》ふ。仏法《ぶっぽう》には＊まゐらせ心《こころ》わろし。これをして御心《おんこころ》に叶《かな》はんと思《おも》ふ心《こころ》なり。仏法《ぶっぽう》のうへはなにごとも報謝《ほうしゃ》と存《ぞん》ずべきなりと云々《うんぬん》。

（一三六）

一　人《ひと》の身《み》には＊眼《げん》・耳《に》・鼻《び》・舌《ぜつ》・身《しん》・意《い》の＊六賊《ろくぞく》ありて善心《ぜんしん》をうばふ。これは諸《しょ》行《ぎょう》のことなり。念仏《ねんぶつ》はしからず。＊仏智《ぶっち》の心《こころ》をうるゆゑに、＊貪瞋痴《とんじんち》の煩悩《ぼんのう》をば仏《ぶっ》の方《かた》より刹那《せつな》に消《け》したまふなり。ゆゑに「＊貪瞋煩悩中《とんじんぼんのうちゅう》　能生清浄願往生《のうしょうしょうじょうがんおうじょう》心《しん》」（散善義　四六八）といへり。「正信偈《しょうしんげ》」には、「＊譬如日光覆雲霧《ひにょにっこうふうんむ》　雲霧之下《うんむしげ》

同侶　ともに念仏する仲間。

冥慮　仏祖のおぼしめし。

冥見　仏祖がつねに衆生《しゅじょう》をみていること。

正義　正しい教え。

しげからんこと　冗長なこと。繁雑なこと。

まゐらせ心　自分が積んだ善根功徳《ぜんごんくどく》を仏にさしむけようとする自力の回向心《えこうしん》。

眼耳鼻舌身意　六根《ろっこん》のこと。→六根

六賊　眼《げん》・耳《に》・鼻《び》・舌《ぜつ》・身《しん》・意《い》の六根（六の感覚器官）を賊に喩えたもの。六根は色《しき》・声《しょう》・香《こう》・味《み》・触《そく》・法《ほう》の外賊をいざない、貪《とん》・瞋《しん》・痴《ち》の煩悩《ぼんのう》の内賊をはたらかせる媒介となるところからいう。

仏智の心　仏の智慧《ちえ》を頂いた心、すなわち信心。

貪瞋痴　貪欲と瞋恚と愚痴。→貪欲《とんよく》、瞋恚《しんに》、愚痴《ぐち》

明《みょう》無《む》闇《あん》」といへり。

30

(二三七)

一 一句一言《いっくいちごん》を聴聞《ちょうもん》するとも、ただ*得手《えて》に法《ほう》を聞《き》くなり。ただよくきき、心《しん》中《ちゅう》のとほりを同行《どうぎょう》にあひ談合《だんごう》すべきことなりと云々《うんぬん》。

(二三八)

一 前々住上人《ぜんぜんじゅうしょうにん》(蓮如)仰《おお》せられ候《そうろ》ふ。神《かみ》にも仏《ぶつ》にも馴《な》れては、手《て》ですべきことを足《あし》にてするぞと仰《おお》せられける。如来《にょらい》・聖人《しょうにん》(親鸞)・善知識《ぜんぢしき》にも馴《な》れまうすほど御《おん》こころやすく思《おも》ふなり。馴《な》れまうすほどいよいよ*渇仰《かつごう》の心《こころ》をふかくはこぶべきこともつともなるよし仰《おお》せられ候《そうろ》ふ。

(二三九)

一 口《くち》と身《み》のはたらきとは似《じ》するものなり。*心根《こころね》がよくなりがたきものなり。*涯分《がいぶん》、心《こころ》の方《かた》を嗜《たしな》みまうすべきことなりと云々《うんぬん》。

(二四〇)

一 衣装等《いしょうとう》にいたるまで、わが物《もの》と思《おも》ひ踏《ふ》みたたくること*あさましきことなり。ことごとく聖人《しょうにん》の*御用物《ごゆうもつ》にて候《そうろ》ふあひだ、前々住上人《ぜんぜんじゅうしょうにん》は召《め》し物《もの》など御《おん》

貪瞋煩悩中… 「貪瞋煩悩のなかに、よく清浄願往生の心を生ぜしむ」

譬如日光覆雲霧… 「たとへば日光の雲霧に覆はるれども、雲霧の下あきらかにして闇なきがごとし」(行巻訓)

得手に 自分の都合のよいように。

渇仰 のどの渇いた者が水を切望するように、仰ぎ尊ぶこと。

心根 心の奥底。

涯分 自分の力の及ぶかぎり。

あさましき なげかわしい。

御用物 おはたらきによって恵まれたもの。

足《あし》にあたり候《そうら》へば、御《おん》いただき候《そうろ》ふよし承《うけたまわ》りおよび候《そうろ》ふ。

（一四一）

一　*王法《おうぼう》は*額《ひたい》にあてよ、仏法《ぶっぽう》は内心《ないしん》にふかく蓄《たくわ》へよとの仰《おお》せに候《そうろ》ふ。*仁義《じんぎ》といふことも、*端正《ただしく》あるべきことなるよしに候《そうろ》ふ。

（一四二）

一　蓮如上人《れんにょしょうにん》御若年《ごじゃくねん》のころ、御*迷惑《ごめいわく》のことにて候《そうら》ひし。ただ*御代《ごだい》にて仏法《ぶっぽう》を*仰《おお》せたてられんと思《おぼ》し召《め》し候《そうろ》ふ御念力一《ごねんりきひと》つにて御繁昌候《ごはんじょうそうろ》ふ。御辛労《ごしんろう》ゆゑに候《そうろ》ふ。

（一四三）

一　御病中《ごびょうちゅう》に蓮如上人仰《れんにょしょうにんおお》せられ候《そうろ》ふ。御代《ごだい》に仏法《ぶっぽう》を是非《ぜひ》とも御*再興《ごさいこう》あらんと思《おぼ》し召《め》し候《そうろ》ふ御念力一《ごねんりきひと》つにて、かやうにいままでみなみな心《こころ》やすくあること

31 は、*この法師《ほうし》が*冥加《みょうが》に叶《かな》ふによりてのことなりと御自讃《ごじさん》ありと云々《うんぬん》。

（一四四）

一　前々住上人《ぜんぜんじゅうしょうにん》（蓮如）は、昔《むかし》は*こぶくめをめされ候《そうろ》ふ。白小袖《しろこそで》とて御心《おんこころ》やすく召《め》され候《そうろ》ふ御《おん》ことも御座《ござ》なく候《そうろ》ふよしに候《そうろ》ふ。いろいろ御《おん》かなしかりける

王法　仏法に対する語で、支配者が定めた民衆統治の法。倫理道徳の意味も含む。

額にあてよ　表にかかげて守れ。

仁義　世間の道徳。儒教の倫理徳目を仁と義で代表させたもの。

端正　「端々《はしばし》」とする異本もある。

迷惑　困ること。ここでは主として経済的な困窮をいう。

御代　自分の生涯。

仰せたてられん　ここではひろめようというほどの意。

再興　再び興隆させること。

この法師　蓮如上人が自身のことを指していう。

冥加　仏祖の加護。

こぶくめ　綿入れの白衣。

ことども、折々御物語《おりおりおんものがた》り候《そうろ》ふ。今々《いまいま》のものはさやうのことを承《うけたまわ》り候《そうら》ひて、冥《みよう》加《が》を存《ぞん》ずべきのよしくれぐれ仰《おお》せられ候《そうろ》ふ。

（一四五）

一　よろづ御迷惑《ごめいわく》にて、油《あぶら》をめされ候《そうら》はんにも*御用脚《ごようきやく》なく、やうやう京《きよう》の*黒《くろ》木《き》をすこしづつ御《おん》とり候《そうら》ひて、聖教《しようぎよう》など御覧候《ごらんそうろ》ふよしに候《そうろ》ふ。また少々《しようしよう》は月《つき》の光《ひかり》にても聖教《しようぎよう》を*あそばされ候《そうろ》ふ。御足《おんあし》をもたいがい水《みず》にて御洗《おんあら》ひ候《そうろ》ふ。また二三日《にさんにち》も御膳《ごぜん》まゐり候《そうら》はぬことも候《そうろ》ふよし承《うけたまわ》りおよび候《そうろ》ふ。

（一四六）

一　人《ひと》をも*かひがひしく召《め》しつかはれ候《そうら》はであるうへは、幼童《ようどう》の*むつきをもひとり御洗《おんあら》ひ候《そうろ》ふなどと仰《おお》せられ候《そうろ》ふ。

（一四七）

一　*存如上人《ぞんによしようにん》召《め》しつかはれ候《そうろ》ふ*小者《こもの》を、御雇《おんやと》ひ候《そうら》ひて召《め》しつかはれ候《そうろ》ふよしに候《そうろ》ふ。存如上人《ぞんによしようにん》は人《ひと》を五人《ごにん》召《め》しつかはれ候《そうろ》ふ。*蓮如上人御隠居《れんによしようにんごいんきよ》の時《とき》も、五《ご》人《にん》召《め》しつかはれ候《そうろ》ふ。*当時《とうじ》は御用《ごよう》とて心《こころ》のままなること、そらおそろしく、身《み》もいたくかなしく存《ぞん》ずべきことにて候《そうろ》ふ。

蓮如上人御一代記聞書　末

用脚　金銭。

黒木　生木を蒸焼きにして黒くすぶらしたもの。薪《たきぎ》として用いた。

あそばされ候ふ　ここでは書写されたという意。

かひがひしく　思いどおりに。

むつき　おむつ。

存如上人　（一三九六―一四五七）本願寺第七代宗主。諱《いみな》は円兼《えんけん》。巧如《ぎようによ》上人の長子で、永享八年（一四三六）、譲状《ゆずりじよう》を得て寺務を継ぐ。北陸地方への教化を進め、後の礎を築いた。

小者　召使。名は竹若といったという。

蓮如上人御隠居の時　蓮如上人は延徳元年（一四八九）八月二十八日、七十五歳で実如《じつによ》上人に本願寺住職を譲って南殿に隠居した。

当時　いま。現在。

（一四八）

一　前々住上人《ぜんぜんじゅうしょうにん》（蓮如）仰《おお》せられ候《そうろ》ふ。昔《むかし》は仏前《ぶつぜん》に*伺候《しこう》の人《ひと》は、本《もと》は*紙絹《かみぎぬ》に輻《ふく》をさし着候《きそうろ》ふ。いまは白小袖《しろこそで》にて、*結句《けつく》きがへを所持候《しょじそうろ》ふ。これそのころは*禁裏《きんり》にも御迷惑《ごめいわく》にて、質《しち》をおかれて御用《ごよう》にさせられ候《そうろ》ふと、*引《ひ》きごとに御沙汰《ごさた》候《そうろ》ふ。

（一四九）

一　また仰《おお》せられ候《そうろ》ふ。御貧《おんまず》しく候《そうら》ひて、京《きょう》にて古《ふる》き綿《わた》を御《おん》とり候《そうら》ひて、御一《おんひと》人《り》ひろげ候《そうろ》ふことあり。また御衣《おんころも》はかたの破《やぶ》れたるをめされ候《そうろ》ふ。白《しろ》き御小《おんこ》袖《そで》は美濃絹《みのぎぬ》のわろきをもとめ、やうやう一《ひと》つめされ候《そうろ》ふよし仰《おお》せられ候《そうろ》ふ。当《とう》時《じ》はかやうのことをもしり候《そうら》はで、あるべきやうにみなみな存《ぞん》じ候《そうろ》ふほどに、冥加《みょうが》につきまうすべし。一大事《いちだいじ》なり。

（一五〇）

一　同行《どうぎょう》・善知識《ぜんぢしき》にはよくよくちかづくべし。「親近《しんごん》せざるは雑修《ざっしゅ》の失《しつ》なり」と『礼讃《らいさん》』（意）にあらはせり。あしきものにちかづけば、それには馴《な》れじと思《おも》へども、悪事《あくじ》*よりよりにあり。ただ仏法者《ぶっぽうしゃ》には馴《な》れちかづくべきよし仰《おお》せられ候《そうろ》ふ。*俗典《ぞくてん》にいはく、「人《ひと》の善悪《ぜんあく》は近《ちか》づき習《なら》ふによる」と、また「その人《ひと》を

伺候　参上すること。
紙絹に輻をさし　紙をもみ柔らげて柿渋を引いた紙子の着物の襟や袖に普通の布でへりをつけるという意。
結句　あげくのはて。ついには。とうとう。
禁裏　宮中。
引きごと　例をあげて説明すること。
よりよりに　おりおり。その時々。
俗典　世俗の書物。

しらんとおもはば、その友《とも》をみよ」といへり。「善人《ぜんにん》の敵《てき》とはなるとも、悪人《あくにん》を友《とも》とすることなかれ」といふことあり。

(一五一)

一「*きればいよいよかたく、仰《あお》げばいよいよたかし」といふことあり。物《もの》をきりてみてかたきとしるなり。本願《ほんがん》を信《しん》じて殊勝《しゅしょう》なるほどもしるなり。信心《しんじん》おこりぬれば、たふとくありがたく、よろこびも増長《ぞうじょう》あるなり。

(一五二)

一 凡夫《ぼんぶ》の身《み》にて後生《ごしょう》たすかることは、ただ易《やす》きとばかり思《おも》へり。「*難中之《なんちゅうし》難《なん》」(大経・下)とあれば、*堅《かた》くおこしがたき信《しん》なれども、仏智《ぶっち》より得《え》やすく成就《じょうじゅ》したまふことなり。「往生《おうじょう》ほどの一大事《いちだいじ》、凡夫《ぼんぶ》のはからふべきにあらず」(執持鈔・二)といへり。前住上人《ぜんじゅうしょうにん》(実如)仰《おお》せに、後生一大事《ごしょういちだいじ》と存《ぞん》ずる人《ひと》には御同心《ごどうしん》あるべきよし仰《おお》せられ候《そうろ》ふと云々《うんぬん》。

(一五三)

一 仏説《ぶっせつ》に*信謗《しんぼう》あるべきよし説《と》きおきたまへり。信《しん》ずるものばかりにて謗《ほう》ずる人《ひと》なくは、説《と》きおきたまふこといかがとも思《おも》ふべきに、はや謗《ほう》ずるものあるう

きれば… 『論語』子罕《しかん》篇に「仰之弥高鑽之弥堅(これを仰げばいよいよ高く、これを鑽《き》ればいよいよ堅し)」とある。

難中之難 「難のなかの難」

堅く 「輒《たやす》く」とする異本がある。

信謗 仏法を信じる者とそしる者。

へは、信《しん》ぜんにおいてはかならず往生決定《おうじょうけつじょう》との仰《おお》せに候《そうろ》ふ。

（一五四）

一　同行《どうぎょう》のまへにてはよろこぶものなり、これ名聞《みょうもん》なり。信《しん》のうへは一人居《ひとりい》てよろこぶ法《ほう》なり。

33

（一五五）

一　仏法《ぶっぽう》には*世間《せけん》のひまを闕《か》きてきくべし。世間《せけん》の隙《ひま》をあけて法《ほう》をきくべきやうに思《おも》ふこと、あさましきことなり。仏法《ぶっぽう》には明日《あす》といふことはあるまじきよしの仰《おお》せに候《そうろ》ふ。「たとひ*大千《だいせん》世界《せかい》に　*みてらん火《ひ》をもすぎゆきて　仏《ぶつ》の御名《みな》をきくひとは　ながく不退《ふたい》にかなふなり」と、『和讃《わさん》』（浄土和讃・三一）に*あそばされ候《そうろ》ふ。

（一五六）

一　*法敬《ほうきょう》申《もう》され候《そうろ》ふと云々《うんぬん》。人寄合《ひとよりあ》ひ、雑談《ぞうたん》ありしなかばに、ある人《ひと》ふと座《ざ》敷《しき》を立《た》たれ候《そうろ》ふ。*上人《しょうにん》いかにと仰《おお》せければ、一大事《いちだいじ》の急用《きゅうよう》ありとて立《た》たれけり。その後《のち》、先日《せんじつ》はいかにふと立《た》たれ候《そうろ》ふやと問《と》ひければ、申《もう》され候《そうろ》ふ。仏法《ぶっぽう》の物語《ものがたり》、約束申《やくそくもう》したるあひだ、*あるもあられずしてまかりたち候《そうろ》ふよし申《もう》さ

世間のひまを闕きて　世間の用事を差しおいてという意。

大千世界　三千大千世界のこと。↓三千大千世界《さんぜんだいせんせかい》

みてらん　満ちている。

あそばされ候ふ　ここではお書きになっているという意。

法敬　法敬坊順誓のこと。↓順誓《じゅんせい》

上人　ここでは座に居合わせた目上の人、長老格の人物。

あるもあられずして　おるにおられず。

れ候《そうろ》ふ。法義《ほうぎ》にはかやうにぞ心《こころ》をかけ候《そうろ》ふべきことなるよし申《もう》され候《そうろ》ふ。

（二五七）
一　*仏法《ぶっぽう》をあるじとし、世間《せけん》を客人《まろうど》とせよといへり。仏法《ぶっぽう》のうへよりは、世間《せけん》のことは時《とき》にしたがひあひはたらくべきことなりと云々《うんぬん》。

（二五八）
一　前々住上人《ぜんぜんじゅうしょうにん》（蓮如）、*南殿《みなみどの》にて、存覚《ぞんかく》*御作分《ごさくぶん》の聖教《しょうぎょう》ちと*不審《ふしん》なる所《ところ》の候《そうろ》ふを、いかがとて、兼縁《けんえん》、前々住上人《ぜんぜんじゅうしょうにん》へ御目《おんめ》にかけられ候《そうら》へば、仰《おお》せられ候《そうろ》ふ。名人《めいじん》のせられ候《そうろ》ふ物《もの》をばそのままにて置《お》くことなり。これが名誉《めいよ》なりと仰《おお》せられ候《そうろ》ふなり。

（二五九）
一　前々住上人《ぜんぜんじゅうしょうにん》へある人申《ひともう》され候《そうろ》ふ。*開山《かいさん》（親鸞）の御時《おんとき》のこと申《もう》され候《そうろ》ふ。これはいかやうの*子細《しさい》にて候《そうろ》ふと申《もう》されければ、仰《おお》せられ候《そうろ》ふ。われもしらぬことなり。なにごともなにごともしらぬことをも、開山《かいさん》のめされ候《そうろ》ふやうに御沙汰候《ごさたそうろ》ふと仰《おお》せられ候《そうろ》ふ。

仏法を…　『和語灯録《わごとうろく》』巻二に「煩悩《ぼんのう》をば心のまら人《うど》とし、念仏をば心のあるじとしつれば…」とあるのにもとづいたものであろう。

南殿　山科《やましな》の蓮如上人の隠居所。現在の光照寺（京都市山科区音羽伊勢宿町）がその跡ともいう。

御作分　つくられたもの。御製作になったもの。

不審　疑問に思うこと。

開山　一宗派の開祖。一般には一寺を開いた者。

子細　わけ。いわれ。意味。事情。

（一六〇）
一　*総体《そうたい》、人《ひと》にはおとるまじきと思《おも》ふ心《こころ》あり。この心《こころ》にて世間《せけん》には物《もの》をしなら*ふなり。仏法《ぶっぽう》には無我《むが》にて候《そうろ》ふうへは、人《ひと》にまけて信《しん》をとるべきなり。*理《り》をみて*情《じょう》を折《お》るこそ、仏《ぶつ》の御慈悲《おじひ》よと仰《おお》せられ候《そうろ》ふ。

（一六一）
一　一心《いっしん》とは、弥陀《みだ》をたのめば如来《にょらい》の仏心《ぶっしん》とひとつになしたまふがゆゑに、一《いっ》心《しん》といへり。

（一六二）
一　ある人申《ひともう》され候《そうろ》ふと云々《うんぬん》。われは井《い》の水《みず》を飲《の》むも、仏法《ぶっぽう》の*御用《ごゆう》なれば、水《みず》の一口《ひとくち》も、如来《にょらい》・聖人《しょうにん》（親鸞）の御用《ごゆう》と存《ぞん》じ候《そうろ》ふよし申《もう》され候《そうろ》ふ。

（一六三）
一　蓮如上人《れんにょしょうにん》御病中《ごびょうちゅう》に仰《おお》せられ候《そうろ》ふ。御自身《ごじしん》なにごとも思《おぼ》し召《め》し立《た》ち候《そうろ》ふことの、成《な》りゆくほどのことはあれども、成《な》らずといふことなし。人《ひと》の信《しん》なきことばかりかなしく御《おん》なげきは思《おぼ》し召《め》しのよし仰《おお》せられ候《そうろ》ふ。

（一六四）
一　おなじく仰《おお》せに、なにごとをも思《おぼ》し召《め》すままに御沙汰《ごさた》あり。聖人《しょうにん》の*御一《ごいち》

総体　概して。総じて。

しならふ　為習う。しなれて上達する。

理　ことわり。道理。

情　我執《がしゅう》。我情。

御用　おはたらきによって恵まれたもの。

御一流　ここでは浄土真宗を指す。

流《りゅう》をも御再興《ごさいこう》候《そうら》ひて、本堂《ほんどう》・御影堂《ごえいどう》をもたてられ、御*住持《ごじゅうじ》をも御*相続《ごそうぞく》ありて、*大坂殿《おおざかどの》を御建立《ごこんりゅう》ありて御隠居《ごいんきょ》候《そうろ》ふ。しかれば、われは「功成《こうな》り名遂《なと》げて身退《みしりぞ》くは天《てん》の道《みち》なり」（老子）といふこと、それ御身《おんみ》のうへなるべきよし仰《おお》せられ候《そうろ》ふと。

（一六五）

一　敵《てき》の陣《じん》に火《ひ》をともすを、火《ひ》にてなきとは思《おも》はず。いかなる人《ひと》なりとも、*御《おん》ことばのとほりを申《もう》し、御詞《おんことば》をよみまうさば、信仰《しんこう》し、承《うけたまわ》るべきことなりと。

（一六六）

一　蓮如上人《れんにょしょうにん》、折々仰《おりおりおお》せられ候《そうろ》ふ。仏法《ぶっぽう》の義《ぎ》をばよくよく人《ひと》に問《と》へ。物《もの》をば人《ひと》によく問《と》ひまうせのよし仰《おお》せられ候《そうろ》ふ。たれに問《と》ひまうすべきよしうかがひまうしければ、*仏法《ぶっぽう》だにもあらば、上下《じょうげ》をいはず問《と》ふべし。仏法《ぶっぽう》はしりさうもなきものが知《し》るぞと仰《おお》せられ候《そうろ》ふと云々《うんぬん》。

35
（一六七）

一　蓮如上人《れんにょしょうにん》、無紋《むもん》のものを着《き》ることを御《おん》きらひ候《そうろ》ふ。殊勝《しゅしょう》さうにみゆると

住持　住職。ここでは本願寺住職。

御相続ありて　実如上人《じつにょ》に本願寺住職を譲ったことを指す。

大坂殿　大坂の御坊。後の大坂石山本願寺。

御ことば　ここでは蓮如上人の教化の言葉。

仏法だにもあらば　仏法を心得ている者でありさえすれば。

の仰《おお》せに候《そうろ》ふ。また、墨《すみ》の黒《くろ》き衣《ころも》を着候《きそうろ》ふを御《おん》きらひ候《そうろ》ふ。墨《すみ》の黒《くろ》き衣《ころも》を着《き》て、御所《ごしょ》へまゐれば仰《おお》せられ候《そうろ》ふ。衣紋《えもん》ただしき殊勝《しゅしょう》の御僧《おんそう》の御出《おんい》で候《そうろ》ふと、仰《おお》せられ候《そうら》ひて、いやわれは殊勝《しゅしょう》にもなし。ただ弥陀《みだ》の本願殊勝《ほんがんしゅしょう》なるよし仰《おお》せられ候《そうろ》ふ。

（一六八）
一　大坂殿《おおざかどの》にて、紋《もん》のある御小袖《おんこそで》をさせられ、御座《*ござ》のうへに掛《か》けられておかれ候《そうろ》ふよしに候《そうろ》ふ。

（一六九）
一　御膳《ごぜん》まゐり候《そうろ》ふ時《とき》には、御合掌《おんがっしょう》ありて、如来《にょらい》・聖人《しょうにん》（親鸞）の御用《ごゆう》にて衣食《*きく》ふよと仰《おお》せられ候《そうろ》ふ。

（一七〇）
一　人《ひと》はあがりあがりておちば*をしらぬなり。ただつつしみて不断《ふだん》そらおそろしきことと、毎事《まいじ》につけて心《こころ》をもつべきのよし仰《おお》せられ候《そうろ》ふ。

（一七一）
一　往生《おうじょう》は一人《いちにん》のしのぎ*なり。一人一人《いちにんいちにん》仏法《ぶっぽう》を信《しん》じて後生《ごしょう》をたすかることな

御座のうへに…　『蓮如上人仰条々《れんにょしょうにんおおせのじょうじょう》』（一一五）には「御座敷のさをにかけられて置かれ候ひしなり」とあり、小袖を居間のさおに掛けて置かれたということ。

衣食ふ　着物を着、食事をいただくこと。

おちば…　落ちるところのあることを知らない。

しのぎ　事を成し遂げること。成就すること。

り。よそごとのやうに思《おも》ふことは、*かつはわが身《み》をしらぬことなりと、円如《えんにょ》仰《おお》せ候《そうら》ひき。

（一七二）

一　大坂殿《おおざかどの》にて、ある人《ひと》、前々住上人《ぜんぜんじゅうしょうにん》（蓮如）に申《もう》され候《そうろ》ふ。今朝暁《こんちょうあかつき》より老《お》いたるものにて候《そうろ》ふがまゐられ候《そうろ》ふ。*神変《じんぺん》なることなるよし申《もう》され候《そうら》へば、*やがて仰《おお》せられ候《そうろ》ふ。信《しん》だにあれば辛労《しんろう》とはおもはぬなり。信《しん》のうへは仏恩報謝《ぶっとんほうしゃ》と存《ぞん》じ候《そうら》へば、苦労《くろう》とは思《おも》はぬなりと仰《おお》せられしと云々《うんぬん》。老者《ろうしゃ》と申《もう》すは*田上《たがみ》の了宗《りょうしゅう》なりと云々《うんぬん》。

（一七三）

一　南殿《みなみどの》にて人々《ひとびと》寄合《よりあ》ひ、心中《しんちゅう》をなにかと*あつかひまうすところへ、前々住上人《ぜんぜんじゅうしょうにん》御出《おんい》で候《そうら》ひて仰《おお》せられ候《そうろ》ふ。なにごとをいふぞ。ただなにごとのあつかひも思《おも》ひすてて、一心《いっしん》に弥陀《みだ》を疑《うたが》ひなくたのむばかりにて、往生《おうじょう》は仏《ぶつ》のかたより定《さだ》めましますぞ。その証《しょう》は南無阿弥陀仏《なもあみだぶつ》よ。このうへはなにごとをかあつかふべきぞと仰《おお》せられ候《そうろ》ふ。もし不審《ふしん》などを申《もう》すにも、*多事《たじ》をただ御一言《ごいちごん》にてはらりと不審《ふしん》はれ候《そうら》ひしと云々《うんぬん》。

蓮如上人御一代記聞書　末

かつは　同時に。一方で。

神変　ここでは奇特神妙なこと、立派なことの意。

やがて　すぐさま。すぐに。

田上の了宗　摂津《せっつ》（現在の大阪府）田上に住んでいた人。また、加賀《かが》河北郡（現在の石川県金沢市上田上、下田上）に住んでいた人とする説もある。

あつかひ　話題にして語り合うこと。あれこれ思いはからうこと。

多事　こみいった複雑なことがら。

（一七四）
一　前々住上人《ぜんぜんじゅうしょうにん》（蓮如）、「おどろかすかひこそなけれ*村雀《むらすずめ》　耳《みみ》なれぬれば*なるこにぞのる」、この歌《うた》を御引《おんひ》きありて折々《おりおり》仰《おお》せられ候《そうろ》ふ。ただ人《ひと》はみな耳《みみ》なれ雀《すずめ》なりと仰《おお》せられしと云々《うんぬん》。

（一七五）
一　心中《しんちゅう》をあらためんとまでは思《おも》ふ人《ひと》はあれども、信《しん》をとらんと思《おも》ふ人《ひと》はなきなりと仰《おお》せられ候《そうろ》ふ。

（一七六）
一　蓮如上人《れんにょしょうにん》仰《おお》せられ候《そうろ》ふ。方便《ほうべん》をわろしといふことはあるまじきなり。方便《ほうべん》をもつて真実《しんじつ》をあらはす*廃立《はいりゅう》の義《ぎ》よくよくしるべし。弥陀《みだ》・釈迦《しゃか》・善知識《ぜんぢしき》の*善巧方便《ぜんぎょうほうべん》によりて、真実《しんじつ》の信《しん》をばうることなるよし仰《おお》せられ候《そうろ》ふと云々《うんぬん》。

（一七七）
一　御文《おふみ》はこれ凡夫往生《ぼんぶおうじょう》の鏡《かがみ》なり。御文《おふみ》のうへに法門《ほうもん》あるべきやうに思《おも》ふ人《ひと》あり。大《おお》きなる誤《あやま》りなりと云々《うんぬん》。

（一七八）
一　信《しん》のうへは仏恩《ぶっとん》の称名《しょうみょう》*退転《たいてん》あるまじきことなり。あるいは心《こころ》よりたふ

村雀　群をなす雀。
なるこ　鳴子。雀などをおどして追いはらうための仕掛け。
廃立　二者の難易、勝劣などを判別して、一方を廃し、一方を真実として立てること。
善巧方便　巧みな手だての意。→方便《ほうべん》
退転　あともどりすること。ここでは怠ることをいう。

とくありがたく存《ぞん》ずるをば仏恩《ぶっとん》と思《おも》ひ、ただ念仏《ねんぶつ》の申《もう》され候《そうろ》ふをば、それほどに思《おも》はざること、大《おお》きなる誤《あやま》りなり。おのづから念仏《ねんぶつ》の申《もう》され候《そうろ》ふこそ、仏智《ぶっち》の御《おん》もよほし、仏恩《ぶっとん》の称名《しょうみょう》なれと仰《おお》せごとに候《そうろ》ふ。

（一七九）

一　蓮如上人《れんにょしょうにん》仰《おお》せられ候《そうろ》ふ。信《しん》のうへは、たふとく思《おも》ひて申《もう》す念仏《ねんぶつ》も、またふと申《もう》す念仏《ねんぶつ》も*仏恩《ぶっとん》にそなはるなり。他宗《たしゅう》には親《おや》のため、またなにのためなんどとて念仏《ねんぶつ》をつかふなり。聖人《しょうにん》（親鸞）の御一流《ごいちりゅう》には弥陀《みだ》をたのむが念仏《ねんぶつ》なり。そのうへの称名《しょうみょう》は、なにともあれ仏恩《ぶっとん》になるものなりと仰《おお》せられ候《そうろ》ふ云々《うんぬん》。

37

（一八〇）

一　ある人《ひと》いはく、前々住上人《ぜんぜんじゅうしょうにん》（蓮如）の御時《おんとき》、南殿《みなみどの》とやらんにて、人《ひと》、蜂《はち》を殺《ころ》し候《そうろ》ふに、*思《おも》ひよらず念仏申《ねんぶつもう》され候《そうろ》ふ。その時《とき》なにと思《おも》うて念仏《ねんぶつ》をば申《もう》したると仰《おお》せられ候《そうら》へば、ただ*かはいやと存《ぞん》ずるばかりにて申《もう》し候《そうろ》ふと申《もう》されければ、仰《おお》せられ候《そうろ》ふは、信《しん》のうへはなにともあれ、念仏申《ねんぶつもう》すは報謝《ほうしゃ》の義《ぎ》と存《ぞん》ずべし。みな仏恩《ぶっとん》になると仰《おお》せられ候《そうろ》ふ。

仏恩にそなはる　仏恩を報謝したことになる。

思ひよらず　思いもよらず。

かはいや　かわいそうなことだ。

（一八一）

一　南殿《みなみどの》にて、前々住上人《ぜんぜんじゅうしょうにん》（蓮如）、*のうれんを打《う》ちあげられて御出《おい》で候《そうろ》ふとて、南無阿弥陀仏《なもあみだぶつ》南無阿弥陀仏《なもあみだぶつ》と仰《おお》せられ候《そうら》ひて、法敬《ほうきょう》この心《こころ》しりたるかと仰《おお》せられ候《そうろ》ふ。なにとも存《ぞん》ぜずと申《もう》され候《そうら》へば、仰《おお》せられ候《そうろ》ふ。これはわれは御《おん》たすけ候《そうろ》ふ、御《おん》うれしやたふとやと申《もう》す心《こころ》よと仰《おお》せられ候《そうろ》ふ云々《うんぬん》。

（一八二）

一　蓮如上人《れんにょしょうにん》へ、ある人安心《ひとあんじん》のとほり申《もう》され候《そうろ》ふ。西国《さいこく》の人《ひと》と云々《うんぬん》　安心《あんじん》の*一《ひと》通《とお》りを申《もう》され候《そうら》へば、仰《おお》せられ候《そうろ》ふ。申《もう》し候《そうろ》ふごとくの心中《しんちゅう》に候《そうら》はば、それが*肝要《かんよう》と仰《おお》せられ候《そうろ》ふ。

（一八三）

一　おなじく仰《おお》せられ候《そうろ》ふ。当時《とうじ》ことばにては安心《あんじん》のとほりおなじやうに申《もう》され候《そうら》ひし。しかれば、*信治定《しんじじょう》の人《ひと》に紛《まぎ》れて、往生《おうじょう》をしそんずべきことをかなしく思《おぼ》し召《め》し候《そうろ》ふよし仰《おお》せられ候《そうろ》ふ。

（一八四）

一　信《しん》のうへは*さのみわろきことはあるまじく候《そうろ》ふ。あるいは人《ひと》のいひ候《そうろ》ふなどとて、あしきことなどはあるまじく候《そうろ》ふ。今度生死《こんどしょうじ》の*結句《けっく》をきりて、安楽《あんらく》に

のうれん　暖簾《のれん》。

一通り　あらまし。一部始終。

肝要　最も大切なこと。かなめ。

信治定　信心が決定《けつじょう》すること。信心がたしかに定まること。

さのみ　それほど。

結句をきりて　（迷いの世界の）絆を断ち切ってというほどの意。

生《しょう》ぜんと思《おも》はん人《ひと》、いかんとして*あしきさまなることをすべきやと仰《おお》せられ候《そうろ》ふ。

38

（一八五）

一　仰《おお》せにいはく、仏法《ぶっぽう》をば*さしよせていへいへと仰《おお》せられ候《そうろ》ふ。法敬《ほうきょう》に対《たい》し仰《おお》せられ候《そうろ》ふ。信心《しんじん》・安心《あんじん》といへば、愚痴《ぐち》のものは文字《もんじ》もしらぬなり。信心《しんじん》・安心《あんじん》などいへば、別《べつ》のやうにも思《おも》ふなり。ただ凡夫《ぼんぶ》の仏《ぶつ》に成《な》ることををしふべし。後生《ごしょう》たすけたまへと弥陀《みだ》をたのめといふべし。なにたる愚痴《ぐち》の衆生《しゅじょう》なりとも、聞《き》きて信《しん》をとるべし。*当流《とうりゅう》には、これよりほかの法門《ほうもん》はなきなりと仰《おお》せられ候《そうろ》ふ。『安心決定鈔《あんじんけつじょうしょう》』（本）にいはく、「浄土《じょうど》の法門《ほうもん》は、第十八《だいじゅうはち》の願《がん》をよくよくこころうるのほかにはなきなり」といへり。しかれば、御文《おふみ》には*「一心一向《いっしんいっこう》に仏《ぶつ》たすけたまへと申《もう》さん衆生《しゅじょう》をば、たとひ罪業《ざいごう》は深重《じんじゅう》なりとも、かならず弥陀如来《みだにょらい》はすくひましますべし。これすなはち第十八《だいじゅうはち》の念仏往生《ねんぶつおうじょう》の誓願《せいがん》の意《こころ》なり」といへり。

（一八六）

一　信《しん》をとらぬによりてわろきぞ。ただ信《しん》をとれと仰《おお》せられ候《そうろ》ふ。善知識《ぜんぢしき》のわ

あしきさまなること　悪いと思われるようなこと。

さしよせて　短くまとめて。簡潔にわかりやすくして。

当流　浄土真宗を指す。

一心一向に…　『御文章』（五帖目第一通）にこの言葉がある。

ろきと仰《おお》せられけるは、信《しん》のなきことをわろきと仰《おお》せらるるなり。しかれば、前々住上人《ぜんぜんじゅうしょうにん》（蓮如）、ある人《ひと》を、*言語道断《ごんごどうだん》わろきと仰《おお》せられ候《そうろ》ふところに、その人申《ひともう》され候《そうろ》ふ。なにごとも*御意《ぎょい》のごとくと存《ぞん》じ候《そうろ》ふと申《もう》され候《そうら》へば、仰《おお》せられ候《そうろ》ふ。*ふつとわろきなり。信《しん》のなきはわろくはなきかと仰《おお》せられ候《そうろ》ふと云々《うんぬん》。

（一八七）

一　蓮如上人《れんにょしょうにん》仰《おお》せられ候《そうろ》ふ。なにたることをきこしめしても、御心《おんこころ》には*ゆめゆめ叶《かな》はざるなりと。一人《いちにん》なりとも人《ひと》の信《しん》をとりたることをきこしめしたきと、御《おん》ひとりごとに仰《おお》せられ候《そうろ》ふ。御一生《ごいっしょう》は、人《ひと》に信《しん》をとらせたく思《おぼ》し召《め》され候《そうろ》ふよし仰《おお》せられ候《そうろ》ふ。

（一八八）

一　聖人《しょうにん》（親鸞）の御流《ごりゅう》はたのむ一念《いちねん》のところ肝要《かんよう》なり。ゆゑに、たのむといふことをば代々《だいだい》あそばしおかれ候《そうら》へども、くはしくなにとたのめといふことをしらざりき。しかれば、前々住上人《ぜんぜんじゅうしょうにん》の御代《ごだい》に、御文《おふみ》を御作《おんつく》り候《そうら》ひて、「雑行《ぞうぎょう》をすてて、後生《ごしょう》たすけたまへと一心《いっしん》に弥陀《みだ》をたのめ」と、あきらかにしらせら

言語道断　言葉でいいあらわせないこと。古語としてはきわめてすぐれている意味にも、きわめて悪い意味にも用いる。

御意　お心。おぼしめし。

ふつと　全く。

ゆめゆめ　決して。少しも。

れ候《そうろ》ふ。しかれば、御再興《ごさいこう》の上人《しょうにん》にてましますものなり。

（一八九）

一　よきことをしたるがわろきことあり、わろきことをしたるがよきことあり。よきことをしても、われは法義《ほうぎ》につきてよきことをしたると思《おも》ひ、われと*いふことあればわろきなり。あしきことをしても、心中《しんちゅう》をひるがへし本願《ほんがん》に帰《き》すれば、わろきことをしたるがよき道理《どうり》になるよし仰《おお》せられ候《そうろ》ふ。しかれば、蓮如上人《れんにょしょうにん》は、まゐらせ心《こころ》がわろきと仰《おお》せらるると云々《うんぬん》。

（一九〇）

一　前々住上人《ぜんぜんじゅうしょうにん》（蓮如）仰《おお》せられ候《そうろ》ふ。思《おも》ひよらぬものが分《ぶん》に過《す》ぎて物《もの》を出《いだ》し候《そうら》はば、一子細《ひとしさい》あるべきと思《おも》ふべし。わがこころならひ*に人《ひと》よりものを出《いだ》せばうれしく思《おも》ふほどに、なんぞ用《よう》をいふべき時《とき》は、人《ひと》がさやうにするなりと仰《おお》せられ候《そうろ》ふ。

（一九一）

一　行《ゆ》くさきむかひばかりみて、あしもとをみねば、踏《ふ》みかぶる*べきなり。人《ひと》のうへばかりみて、わが身《み》のうへのことをたしなまずは*、一大事《いちだいじ》たるべきと仰《おお》

われといふことあれば　自分こそがという我執《がしゅう》の心があるなら。

こころならひ　心のならわし。性癖。

踏みかぶる　踏みはずして水たまりや穴などに落ち込むこと。

たしなまずは　心がけなければ。

せられ候《そうろ》ふ。

(一九二)

一　善知識《ぜんぢしき》の仰《おお》せなりとも、成《な》るまじなんど思《おも》ふは、大《おお》きなるあさましきことなり。成《な》らざることなりとも、仰《おお》せならば成《な》るべきと存《ぞん》ずべし。この凡夫《ぼんぶ》の身《み》が仏《ぶつ》に成《な》るうへは、*さてあるまじきと存《ぞん》ずることあるべきか。しかれば道宗《どうしゅう》、*近江《おうみ》の湖《うみ》を一人《ひとり》してうめよと仰《おお》せ候《そうろ》ふとも、*畏《かしこ》まりたると申《もう》すべく候《そうろ》ふ。仰《おお》せにて候《そうら》はば、成《な》らぬことあるべきかと申《もう》され候《そうろ》ふ。

40

(一九三)

一　「*至《いた》りてかたきは石《いし》なり、至《いた》りてやはらかなるは水《みず》なり、水《みず》よく石《いし》を*穿《うが》つ、*心源《しんげん》もし徹《てっ》しなば*菩提《ぼだい》の覚道《かくどう》なにごとか成《じょう》ぜざらん」といへる古《ふる》き詞《ことば》あり。いかに不信《ふしん》なりとも、聴聞《ちょうもん》を心《こころ》に入《い》れまうさば、御慈悲《おじひ》にて候《そうろ》ふあひだ、信《しん》をうべきなり。ただ仏法《ぶっぽう》は聴聞《ちょうもん》にきはまることなりと云々《うんぬん》。

(一九四)

一　前々住上人《ぜんぜんじゅうしょうにん》(蓮如)仰《おお》せられ候《そうろ》ふ。信決定《しんけつじょう》の人《ひと》をみて、あのごとくならではと思《おも》へばなるぞと仰《おお》せられ候《そうろ》ふ。あのごとくになりてこそと*思《おも》ひすつるこ

さてあるまじき　そのようなことはあるはずがない。

近江の湖　琵琶湖。

畏まりたる　承諾の意。かしこまりました。

至りて　きわめて。

穿つ　穴をあける。つらぬく。

心源　心の奥底。

菩提の覚道　仏のさとり。

思ひすつる　(なれるはずがないと)あきらめる。

と、あさましきことなり。仏法《ぶっぽう》には身《み》をすてのぞみもとむる心《こころ》より、信《しん》をば得《う》ることなりと云々《うんぬん》。

（一九五）
一　人《ひと》のわろきことはよくよくみゆるなり。わが身《み》のわろきことはおぼえざるものなり。わが身《み》にしられてわろきことあらば、よくよくわろければこそ身《み》にしられ候《そうろ》ふとおもひて、心中《しんちゅう》をあらたむべし。ただ人《ひと》のいふことをばよく信《しん》用《よう》すべし。わがわろきことは*おぼえざるものなるよし仰《おお》せられ候《そうろ》ふ。

（一九六）
一　世間《せけん》の物語《ものがたり》ある座敷《ざしき》にては、*結句《けっく》法義《ほうぎ》のことをいふこともあり。さやうの*段《だん》は*人《ひと》なみたるべし。心《こころ》には油断《ゆだん》あるべからず。あるいは*講談《こうだん》、または仏法《ぶっぽう》の*讃嘆《さんだん》などいふ時《とき》、一向《いっこう》に物《もの》をいはざること大《おお》きなる違《ちが》ひなり。仏法讃嘆《ぶっぽうさんだん》とあらん時《とき》は、いかにも心中《しんちゅう》をのこさず、あひたがひに信不信《しんふしん》の義《ぎ》、談合申《だんごうもう》すべきことなりと云々《うんぬん》。

（一九七）
一　金森《かねがもり》の善従《ぜんじゅう》に、ある人申《ひともう》され候《そうろ》ふ。*このあひだ、*さこそ*徒然《つれづれ》に御入《おんい》り候《そうら》

おぼえざる　気づかない。わからない。
結句　かえって。
段　とき。場合。
人なみたるべし（われ先にものをいわないで）人並みに振舞っておきなさい。
講談　仏法の講釈、談義。
讃嘆　ここでは法話、法談の意。
このあひだ　このごろ。近ごろ。最近。
さこそ　さぞかし。
徒然　することがなくて退屈なさま。

ひつらんと申《もう》しければ、善従申《ぜんじゅうもう》され候《そうろ》ふ。わが身《み》は八十《はちじゅう》にあまるまで徒然《つれづれ》といふことをしらず。そのゆゑは、弥陀《みだ》の御恩《ごおん》のありがたきほどを存《ぞん》じ、和讃《わさん》・
41 聖教等《しょうぎょうとう》を拝見申《はいけんもう》し候《そうら》へば、心《こころ》おもしろくも、またたふときこと充満《じゅうまん》するゆゑに、徒然《つれづれ》なることも*さらになく候《そうろ》ふと申《もう》され候《そうろ》ふよしに候《そうろ》ふ。

(一九八)

一 善従申《ぜんじゅうもう》され候《そうろ》ふとて、前住上人《ぜんじゅうしょうにん》(実如)仰《おお》せられ候《そうろ》ふ。ある人《ひと》、善従《ぜんじゅう》の宿所《しゅくしょ》へ行《ゆ》き候《そうろ》ふところに、履《くつ》をも脱《ぬ》ぎ候《そうら》はぬに、仏法《ぶっぽう》のこと申《もう》しかけられ候《そうろ》ふ。またある人申《ひともう》され候《そうろ》ふは、履《くつ》をさへぬがれ候《そうら》はぬに、いそぎかやうにはなにとて仰《おお》せ候《そうろ》ふぞと、人申《ひともう》しければ、善従申《ぜんじゅうもう》され候《そうろ》ふは、出《い》づる息《いき》は入《い》るをまたぬ*浮世《うきよ》なり、もし履《くつ》をぬがれぬまに死去《しきょ》候《そうら》はば、いかが候《そうろ》ふべきと申《もう》され候《そうろ》ふ。ただ仏法《ぶっぽう》のことをば、さし急《いそ》ぎ申《もう》すべきのよし仰《おお》せられ候《そうろ》ふ。

(一九九)

一 前々住上人《ぜんぜんじゅうしょうにん》(蓮如)、善従《ぜんじゅう》のことを仰《おお》せられ候《そうろ》ふ。いまだ*野村殿御坊《のむらどのごぼう》、その沙汰《さた》もなきとき、*神無森《かみなもり》をとほり国《くに》へ下向《げこう》のとき、輿《こし》よりおりられ候《そうら》ひて、野村殿《のむらどの》の方《かた》をさして、この*とほりにて仏法《ぶっぽう》がひらけまうすべしと申《もう》され候《そうら》

さらに 決して。少しも。全く。

浮世 無常の世の中。

野村殿御坊 山科《やましな》本願寺のこと。野村は現在の京都市山科区西野。

神無森 現在の京都市山科区小山神無森町。

とほり 道すじ。

ひし。人々《ひとびと》、これは年《とし》よりてかやうのことを申《もう》され候《そうろ》ふなど申《もう》しければ、つひに*御坊御建立《ごぼうごこんりゅう》にて御繁昌《ごはんじょう》候《そうろ》ふ。不思議《ふしぎ》のことと仰《おお》せられ候《そうら》ひき。また善従《ぜんじゅう》は法然《ほうねん》の化身《けしん》なりと、*世上《せじょう》に人申《ひともう》しつると、おなじく仰《おお》せられ候《そうら》ひき。かの往《おう》生《じょう》は八月《はちがつ》*二十五日《にじゅうごにち》にて候《そうろ》ふ。

(三〇〇)

一 前々住上人《ぜんぜんじゅうしょうにん》（蓮如）*東山《ひがしやま》を*御出《おんい》で候《そうら》ひて、いづかたに御座候《ござそうろ》ふとも、人存《ひとぞん》ぜず候《そうら》ひしに、この善従《ぜんじゅう》あなたこなた尋《たず》ねまうされければ、ある所《ところ》にて御目《おんめ》にかかられ候《そうろ》ふ。*一段《いちだん》*御迷惑《ごめいわく》の体《てい》にて候《そうら》ひつるあひだ、前々住上人《ぜんぜんじゅうしょうにん》にも*さだめて善従《ぜんじゅう》かなしまれまうすべきと思《おぼ》し召《め》され候《そうら》へば、善従御目《ぜんじゅうおんめ》にかかられ、あらありがたや、*はや仏法《ぶっぽう》はひらけまうすべきよと申《もう》され候《そうろ》ふ。つひにこの詞《ことば》*符合《ふごう》候《そうろ》ふ。善従《ぜんじゅう》は不思議《ふしぎ》の人《ひと》なりと、蓮如上人《れんにょしょうにん》仰《おお》せられ候《そうら》ひしよし、上人《しょうにん》（実如）仰《おお》せられ候《そうら》ひき。

(三〇一)

一 前住上人《ぜんじゅうしょうにん》（実如）、先年《せんねん》*大永三《だいえいさん》、蓮如上人《れんにょしょうにん》*二十五年《にじゅうごねん》の三月始《さんがつはじ》めごろ、御夢《おんゆめ》御覧《ごらん》候《そうろ》ふ。御堂上壇南《みどうじょうだんみなみ》の方《かた》に前々住上人《ぜんぜんじゅうしょうにんご》御座候《ござそうら》ひて、紫《むらさき》の御小袖《おんこそで》をめ

御坊御建立 御坊の建立は、文明十年（一四七八）に始まる。蓮如上人六十四歳。

世上 世の中。世間。

二十五日 法然《ほうねん》聖人の命日は一月二十五日。なお、善《ぜん》従《じゅう》は長享二年（一四八八）、九十歳で没した。

東山 ここでは京都東山の大谷本願寺を指す。

御出で候ひて 出てゆかれまして。寛正六年（一四六五）、延暦寺《えんりゃくじ》衆徒が大谷本願寺を破却し、蓮如上人は大谷より避難した。蓮如上人五十一歳。

一段 大変に。たいそう。

御迷惑の体 お困りの様子。

さだめて きっと。

はや すぐにも。

符合 ぴったりあうこと。

大永三 一五二三年。蓮如上人没後二十四年。

二十五年 二十五回忌。

され候《そうろ》ふ。前住上人《ぜんじゅうしょうにん》（実如）へ対《たい》しまゐらせられ、仰《おお》せられ候《そうろ》ふ。仏法《ぶっぽう》は讃《さん》嘆《だん》・談合《だんごう》にきはまる。よくよく讃嘆《さんだん》すべきよし仰《おお》せられ候《そうろ》ふ。まことに*夢想《むそう》ともいふべきことなりと仰《おお》せられ候《そうら》ひき。しかればその年《とし》、ことに讃嘆《さんだん》を肝要《かんよう》と仰《おお》せられ候《そうろ》ふ。それにつきて仰《おお》せられ候《そうろ》ふは、仏法《ぶっぽう》は一人居《ひとりい》て悦《よろこ》ぶ法《ほう》なり。一《ひと》人居《りい》てさへたふときに、まして二人寄合《ふたりよりあ》はばいかほどありがたかるべき。仏法《ぶっぽう》をばただ寄合《よりあ》ひ寄合《よりあ》ひ談合申《だんごうもう》せのよし仰《おお》せられ候《そうろ》ふなり。

（三〇二）

一　心中《しんちゅう》を改《あらた》め候《そうら》はんと申《もう》す人《ひと》、なにをかまづ改《あらた》め候《そうら》はんと申《もう》され候《そうろ》ふ。よろづわろきことを改《あらた》めてと、かやうに仰《おお》せられ候《そうろ》ふ。*いろをたて、きはを立《た》て申《もう》しいでて改《あらた》むべきことなりと云々《うんぬん》。なににてもあれ、人《ひと》の直《なお》さるるをききて、われも直《なお》るべきと思《おも》うて、わが*とがを申《もう》しいださぬは、直《なお》らぬぞと仰《おお》せられ候《そうろ》ふと云々《うんぬん》。

（三〇三）

一　仏法談合《ぶっぽうだんごう》のとき物《もの》を申《もう》さぬは、信《しん》のなきゆゑなり。わが心《こころ》に*たくみ案《あん》じて申《もう》すべきやうに思《おも》へり。よそなる物《もの》をたづねいだすやうなり。心《こころ》にうれしきこ

夢想　夢のお告げ。

いろをたてきはを立て　心の中をはっきりと表に出して。

とが　悪いところ。あやまち。罪。

たくみ案じて　うまく考えて。うまく思案して。

とはそのままなるものなり。寒《かん》なれば寒《かん》、熱《ねつ》なれば熱《ねつ》と、そのまま心《こころ》のとほりをいふなり。仏法《ぶっぽう》の座敷《ざしき》にて物《もの》を申《もう》さぬことは、不信《ふしん》のゆゑなり。また油断《ゆだん》といふことも信《しん》のうへのことなるべし。*細々同行《さいさいどうぎょう》に寄合《よりあ》ひ讃嘆申《さんだんもう》さば、油断《ゆだん》はあるまじきのよしに候《そうろ》ふ。

（三〇四）

一　前々住上人《ぜんぜんじゅうしょうにん》（蓮如）仰《おお》せられ候《そうろ》ふ。一心決定《いっしんけつじょう》のうへ、弥陀《みだ》の御《おん》たすけありたりといふは、*さとりのかたにしてわろし。たのむところにてたすけたまひ候《そうろ》ふことは歴然《れきぜん》に候《そうら》へども、御《おん》たすけあらうずといふてしかるべきのよし仰《おお》せられ候《そうろ》ふ云々《うんぬん》。一念帰命《いちねんきみょう》の時《とき》、不退《ふたい》の位《くらい》に住《じゅう》す。これ不退《ふたい》の*密益《みつやく》なり、これ*涅《ね》槃分《はんぶん》なるよし仰《おお》せられ候《そうろ》ふと云々《うんぬん》。

（三〇五）

一　*徳大寺《とくだいじ》の唯蓮坊《ゆいれんぼう》、摂取不捨《せっしゅふしゃ》の*ことわりをしりたきと、*雲居寺《うんごじ》の阿弥陀《あみだ》に*祈《き》誓《せい》ありければ、夢想《むそう》に、阿弥陀《あみだ》のいまの人《ひと》の袖《そで》をとらへたまふに、にげけれどもしかととらへてはなしたまはず。摂取《せっしゅ》といふは、にぐるものをとらへておきたまふやうなることと、ここにて思《おも》ひつきたり。これを引《ひ》き言《ごと》に仰《おお》せられ候《そうろ》

細々　しばしば。たびたび。

さとりのかたにして　現在のこの身でさとりを開いたようで。

密益　行者の表面に明らかにあらわれない利益《りやく》。信心の徳としての利益をいう。顕益に対する語。

涅槃分　涅槃は仏のさとり、分は因分のこと。仏のさとりに至ることに定まった位。

徳大寺の唯蓮坊　徳大寺は京都の桂川の西にある地名。『蓮如上人仰条々《れんにょしょうにんおおせのじょうじょう》』には「雲居寺の瞻西《せんさい》上人」とある。瞻西は平安後期の天《てん》台宗《だいしゅう》の僧侶。

ことわり　いわれ。

雲居寺　京都東山にあった天台宗の寺。八坂東院《やさかとういん》ともいい洛東の大仏として有名であった。現在の京都市東山区下河原町に旧跡がある。

祈誓　祈願《きがん》。

ふ。

（三〇六）
一　前々住上人《ぜんぜんじゆうしようにん》（蓮如）御病中《ごびようちゆう》に、兼誉《けんよ》・兼縁御前《けんえんごぜん》に伺候《しこう》して、ある時尋《ときたず》ねまうされ候《そうろ》ふ。冥加《みようが》といふことはなにとしたることにて候《そうろ》ふと申《もう》せば、仰《おお》せられ候《そうろ》ふ。冥加《みようが》に叶《かな》ふといふは、弥陀《みだ》をたのむことなるよし仰《おお》せられ候《そうろ》ふと云々《うんぬん》。

（三〇七）
一　人《ひと》に仏法《ぶつぽう》のことを申《もう》してよろこばれば、われはそのよろこぶ人《ひと》よりもなほたふとく思《おも》ふべきなり。仏智《ぶつち》をつたへまうすによりて、かやうに存《ぞん》ぜられ候《そうろ》ふことと思《おも》ひて、*仏智《ぶつち》の御方《おんかた》をありがたく存《ぞん》ぜらるべしとの義《ぎ》に候《そうろ》ふ。

（三〇八）
一　御文《おふみ》をよみて人《ひと》に聴聞《ちようもん》させんとも、報謝《ほうしや》と存《ぞん》ずべし。一句一言《いつくいちごん》も*信《しん》のうへより申《もう》せば人《ひと》の信用《しんよう》もあり、また報謝《ほうしや》ともなるなり。

（三〇九）
一　蓮如上人《れんにようしようにん》仰《おお》せられ候《そうろ》ふ。弥陀《みだ》の光明《こうみよう》は、たとへばぬれたる物《もの》をほすに、

いまの人　唯蓮坊のこと。

仏智の御方　仏の智慧《ちえ》のおはたらき。

信のうへより　信心をいただいた上で。

うへより*ひて、したまでひるごとくなることなり。これは日《ひ》の力《ちから》なり。決定《けつじょう》の心《こころ》おこるは、これすなはち他力《たりき》の*御所作《ごしょさ》なり。罪障《ざいしょう》はことごとく弥陀《みだ》の御《おん》消《け》しあることなるよし仰《おお》せられ候《そうろ》ふと云々《うんぬん》。

(三〇)

一　信心《しんじん》治定《じじょう》の人《ひと》はたれによらず、まづみればすなはちたふとくなり候《そうろ》ふ。これその人《ひと》のたふときにあらず。仏智《ぶっち》をえらるるがゆゑなれば、弥陀仏智《みだぶっち》のありがたきほどを存《ぞん》ずべきことなりと云々《うんぬん》。

(三一)

一　蓮如上人《れんにょしょうにん》御病中《ごびょうちゅう》の時《とき》仰《おお》せられ候《そうろ》ふ。御自身《ごじしん》なにごとも思《おぼ》し召《め》しのこさるることなしと。ただ御兄弟《ごきょうだい》のうち、その外《ほか》たれにも信《しん》のなきをかなしく思《おぼ》し召《め》し候《そうろ》ふ。世間《せけん》には*よみぢのさはりといふことあり。われにおいては往生《おうじょう》すともそれなし。ただ信《しん》のなきこと、これを歎《なげ》かしく思《おぼ》し召《め》し候《そうろ》ふと仰《おお》せられ候《そうろ》ふと。

(三二)

一　蓮如上人《れんにょしょうにん》、*あるいは人《ひと》に御酒《ごしゅ》をも下《くだ》され、物《もの》をも下《くだ》されて、かやうのこ

ひて　干《ひ》て。乾いて。

御所作　おはたらき。

よみぢのさはり　死出の旅路のさまたげ。

あるいは　ある時には。

ともありがたく存《ぞん》ぜさせ近《ちか》づけさせられ候《そうら》ひて、仏法《ぶっぽう》を御《おん》きかせ候《そうろ》ふ。されぱかやうに物《もの》を下《くだ》され候《そうろ》ふことも、信《しん》をとらせらるべきためと思《おぼ》し召《め》せば、報《ほう》謝《しゃ》と思《おぼ》し召《め》し候《そうろ》ふよし仰《おお》せられ候《そうろ》ふと云々《うんぬん》。

（三二三）

一　おなじく仰《おお》せにいはく、*心得《こころえ》たと思《おも》ふは心得《こころえ》ぬなり。心得《こころえ》ぬと思《おも》ふは心得《こころえ》たるなり。弥陀《みだ》の御《おん》たすけあるべきことのたふとさよと思《おも》ふが、心得《こころえ》たるなり。少《すこ》しも心得《こころえ》たると思《おも》ふことはあるまじきことなりと仰《おお》せられ候《そうろ》ふ。されば『口伝鈔《くでんしょう》』（四）にいはく、「さればこの機《き》のうへにたもつところの弥陀《みだ》の仏智《ぶっち》を*つのらんよりほかは、凡夫《ぼんぶ》いかでか往生《おうじょう》の*得分《とくぶん》あるべきや」といへり。

（三二四）

一　*加州菅生《かしゅうすごう》の*願生《がんしょう》、*坊主《ぼうず》の聖教《しょうぎょう》をよまれ候《そうろ》ふをききて、聖教《しょうぎょう》は殊勝《しゅしょう》に候《そうら》へども、*信《しん》が御入《おんい》りなく候《そうろ》ふあひだ、たふとくも御入《おんい》りなきと申《もう》され候《そうろ》ふ。このことを前々住上人《ぜんぜんじゅうしょうにん》（蓮如）きこしめし、*蓮智《れんち》をめしのぼせられ、御前《ごぜん》にて不断聖教《ふだんしょうぎょう》をもよませられ、法義《ほうぎ》のことをも仰《おお》せきかせられて、*願生《がんしょう》に仰《おお》せられ候《そうろ》ふ。蓮智《れんち》に聖教《しょうぎょう》をもよみならはせ、仏法《ぶっぽう》のことをも仰《おお》せきかせられ候

心得た　人間の知解をもって理解できたと思っていることをいう。

つのらんよりほかは　たよりとする以外。おまかせする以外。

得分　利益《りやく》。

加州菅生　現在の石川県加賀市菅生。

願生　生没年未詳。加賀菅生（現在の石川県加賀市菅生）に生れ、文明三年（一四七一）、越前吉崎《えちぜんよしざき》（現在の福井県あわら市吉崎）で蓮如上人の教えを受け門弟となった。願生は願正、願性、願将などとも書く。

坊主　蓮智を指す。

信が御入りなく…　信心がございませんので。

蓮智　加賀大聖寺荻生《おぎゅう》（現在の石川県加賀市大聖寺）の願成寺の住持。

願生　底本には「願将」と

45 ふよし仰《おお》せられ候《そうら》ひて、国《くに》へ御下《おんくだ》し候《そうろ》ふ。その後《のち》は聖教《しょうぎょう》をよまれ候《そうら》へば、いまこそ殊勝《しゅしょう》に候《そうら》へとて、ありがたがられ候《そうろ》ふよしに候《そうろ》ふ。

（三一五）

一 蓮如上人《れんにょしょうにん》、幼少《ようしょう》なるものには、まづ物《もの》をよめと仰《おお》せられ候《そうろ》ふ。またその後《のち》は、いかによむとも*復《ふく》せずは*詮《せん》あるべからざるよし仰《おお》せられ候《そうろ》ふ。ちと物《もの》に心《こころ》もつき候《そうら》へば、いかに物《もの》をよみ声《しょう》をよくよみしりたるとも、*義理《ぎり》をわきまへてこそと仰《おお》せられ候《そうろ》ふ。その後《のち》は、いかに*文釈《もんしゃく》を覚《おぼ》えたりとも、信《しん》がなくは*いたづらごとよと仰《おお》せられ候《そうろ》ふ。

（三一六）

一 心中《しんちゅう》のとほり、ある人《ひと》、法敬坊《ほうきょうぼう》に申《もう》され候《そうろ》ふ。*御詞《おんことば》のごとくは*覚悟《かくご》仕《つかまつ》り候《そうら》へども、ただ油断《ゆだん》・*不沙汰《ぶさた》にて、あさましきことのみに候《そうろ》ふと申《もう》され候《そうろ》ふ。その時法敬坊《ときほうきょうぼう》申《もう》され候《そうろ》ふ。それは御詞《おんことば》のごとくにてはなく候《そうろ》ふ。*勿体《もったい》なき申《もう》されごとに候《そうろ》ふ。御詞《おんことば》には、油断《ゆだん》・不沙汰《ぶさた》*なせそとこそ、あそばされ候《そうら》へと申《もう》され候《そうろ》ふと云々《うんぬん》。

ある。

復せずは 繰り返し読まなければ。

詮あるべからざる かいのあるはずがない。益のあるはずがない。

義理 書かれている意味。

文釈 聖教の文やその解釈。

いたづらごと 無意味なこと。むだなこと。無益なこと。

御詞 ここでは蓮如上人の教化の言葉。

覚悟 心得ること。

不沙汰 なまけること。

勿体なき もってのほか。ふとどきな。不都合な。

なせそ してはいけない。

(三七)

一　法敬坊《ほうきょうぼう》に、ある人《ひと》*不審《ふしん》申《もう》され候《そうろ》ふ。これほど仏法《ぶっぽう》に御心《おんこころ》をも入《い》れられ候《そうろ》ふ法敬坊《ほうきょうぼう》の*尼公《にこう》の不信《ふしん》なる、いかがの義《ぎ》に候《そうろ》ふよし申《もう》され候《そうら》へば、法敬坊申《ほうきょうぼうもう》され候《そうろ》ふ。*不審《ふしん》さることなれども、これほど朝夕御文《ちょうせきおふみ》をよみ候《そうろ》ふに、驚《おどろ》きまうさぬ心中《しんちゅう》が、なにか法敬《ほうきょう》が*申《もう》し分《ぶん》にて聞《き》きいれ候《そうろ》ふべきと申《もう》され候《そうろ》ふと云々《うんぬん》。

(三八)

一　順誓《じゅんせい》申《もう》され候《そうろ》ふ。仏法《ぶっぽう》の物語申《ものがたりもう》すに、*かげにて申《もう》し候《そうろ》ふ段《だん》は、なにたるわろきことをか申《もう》すべきと存《ぞん》じ、脇《わき》より汗《あせ》たりまうし候《そうろ》ふ。前々住上人《ぜんぜんじゅうしょうにん》(蓮如)聞《きこ》し召《め》すところにて申《もう》す時《とき》は、わろきことをばやがて御《おん》なほしあるべきと存《ぞん》じ候《そうろ》ふあひだ、心安《こころやす》く存《ぞん》じ候《そうら》ひて、物《もの》をも申《もう》され候《そうろ》ふよしに候《そうろ》ふ。

(三九)

一　前々住上人仰《ぜんぜんじゅうしょうにんおお》せられ候《そうろ》ふ。不審《ふしん》と一向《いっこう》しらぬとは*各別《かくべつ》なり。知《し》らぬこと
46 をも不審《ふしん》と申《もう》すこと、いはれなく候《そうろ》ふ。物《もの》を分別《ふんべつ》して、あれはなにと、これはいかがなどいふやうなることが不審《ふしん》にて候《そうろ》ふ。子細《しさい》もしらずして申《もう》すことを、不審《ふしん》と申《もう》しまぎらかし候《そうろ》ふよし仰《おお》せられ候《そうろ》ふ。

不審　疑問を問いただすこと。

尼公　法敬坊の母を指すのであろう。

不審　疑問に思うこと。

申し分にて　申すくらいのことで。教えたくらいのことで。

かげにて　蓮如上人がいないところで。

各別なり　別のことである。

（三〇）
一　前々住上人《ぜんぜんじゅうしょうにん》（蓮如）仰《おお》せられ候《そうろ》ふ。*御本寺《ごほんじ》・御坊《ごぼう》をば聖人《しょうにん》（親鸞）御存《ごぞん》生《しょう》の時《とき》のやうに思《おぼ》し召《め》され候《そうろ》ふ。御自身《ごじしん》は、*御留主《おるす》を*当座《とうざ》御沙汰候《ごさたそうろ》ふ。しかれども御恩《ごおん》を御忘《おんわす》れ候《そうろ》ふことはなく候《そうろ》ふと、*御斎《おとき》の御法談《ごほうだん》に仰《おお》せられ候《そうら》ひき。御《お》斎《とき》を御《ご》*受用候《じゅようそうろ》ふあひだにも、すこしも御忘《おんわす》れ候《そうろ》ふことは*御入《おんい》りなきと仰《おお》せられ候《そうろ》ふ。

（三一）
一　*善如上人《ぜんにょしょうにん》・*綽如上人《しゃくにょしょうにん》両御代《りょうごだい》のこと、前住上人《ぜんじゅうしょうにん》（実如）仰《おお》せられ候《そうろ》ふこと、両御代《りょうごだい》は*威儀《いぎ》を本《ほん》に御沙汰候《ごさたそうら》ひしよし仰《おお》せられし。しかれば、いまに御《ご》影《えい》に御入《おんい》り候《そうろ》ふよし仰《おお》せられ候《そうろ》ふ。黄袈裟《きげさ》・黄衣《きごろも》にて候《そうろ》ふ。しかれば、前々住《ぜんぜんじゅう》上人《しょうにん》の御時《おんとき》、あまた御流《ごりゅう》にそむき候《そうろ》ふ本尊以下《ほんぞんいげ》、*御風呂《おんふろ》のたびごとに焼《や》かせられ候《そうろ》ふ。この二幅《にふく》の御影《ごえい》をも焼《や》かせらるべきにて御取《おんと》りいだし候《そうら》ひつるが、いかが思《おぼ》し召《め》し候《そうら》ひつるやらん、表紙《ひょうし》に書付《かきつけ》を「よし・わろし」と*あそばされて、とりておかせられ候《そうろ》ふ。このことをいま御思案候《ごしあんそうら》へば、*御代《ごだい》のうちさへかやうに御違《おんちが》ひ候《そうろ》ふ。ましていはんや*われら式《しき》のものは違《ちが》ひたるべきあひだ、一大事《いちだいじ》と存《ぞん》じつつしめよとの御《おん》ことに候《そうろ》ふ。いま思《おぼ》し召《め》しあはせられ候《そうろ》ふよし

御本寺御坊　御本寺は山科《やましな》の本願寺、御坊は大坂などの坊舎を指す。
御留主　主人が不在の時、その家を守ること。
当座　しばらくの間。
御斎　仏事の時、参会者に出す食事。
受用　食べること。
御入りなき　ございません。
善如上人　（一三三三―一三八九）本願寺第四代宗主。能筆家で、延文五年（一三六〇）に書写した『教行信証』が本願寺に現存する。
綽如上人　（一三五〇―一三九三）本願寺第五代宗主。越中《えっちゅう》井波（現在の富山県南砺《なんと》市）に瑞泉寺を開創し、北陸地方の教化に努めた。
威儀　ここでは外見をおごそかにすること。
御風呂　仏像や仏具を洗う

仰《おお》せられ候《そうろ》ふなり。また「よし・わろし」とあそばされ候《そうろ》ふこと、わろしとばかりあそばし候《そうら》へば、先代《せんだい》の御《おん》ことにて候《そうら》へばと思《おぼ》し召《め》し、かやうにあそばされ候《そうろ》ふことに候《そうろ》ふと仰《おお》せられ候《そうろ》ふ。また前々住上人《ぜんぜんじゅうしょうにん》（蓮如）の御時《おんとき》、あまた*昵近《じっきん》のかたがた違《ちが》ひまうすこと候《そうろ》ふ。いよいよ一大事《いちだいじ》の仏法《ぶっぽう》のことをば、心《こころ》をとどめて細々人《さいさいひと》に問《と》ひ心得《こころえ》まうすべきのよし仰《おお》せられ候《そうろ》ふ。

（二二二）

一　仏法者《ぶっぽうしゃ》のすこしの違《ちが》ひを見《み》ては、*あのうへさへかやうに候《そうろ》ふとおもひ、わが身《み》をふかく嗜《たしな》むべきことなり。しかるを、あのうへさへ御違《おんちが》ひ候《そうろ》ふ、ましてわれらは*違《ちが》ひ候《そうら》はではと思《おも》ふこころ、おほきなるあさましきことなり云々《うんぬん》。

47

（二二三）

一　仏恩《ぶっとん》を嗜《たしな》むと仰《おお》せ候《そうろ》ふこと、世間《せけん》の物《もの》を嗜《たしな》むなどといふやうなることにてはなし。信《しん》のうへにたふとくありがたく存《ぞん》じよろこびまうす透間《すきま》に懈怠《けだい》申《もう》す時《とき》、かかる広大《こうだい》の御恩《ごおん》をわすれまうすことのあさましさよと、仏智《ぶっち》にたちかへりて、ありがたやたふとやと思《おも》へば、*御《おん》もよほしにより念仏《ねんぶつ》を申《もう》すなり。嗜《たしな》むとはこれなるよしの義《ぎ》に候《そうろ》ふ。

のに用いる湯風呂。

あそばされて　ここではお書きになってという意。

御代　御歴代の宗主。

われら式のもの　わたしたちのようなもの。

昵近のかたがた　親しく仕えていた人々。

あのうへ　あの方。

違ひ候はでは　間違えないはずがない。

御もよほし　仏のうながし。

(二三四)

一 仏法《ぶっぽう》に*厭足《えんそく》なければ、法《ほう》の不思議《ふしぎ》をきくといへり。前住上人《ぜんじゅうしょうにん》(実如)仰《おお》せられ候《そうろ》ふ。たとへば世上《せじょう》にわがすきこのむことをばしりてもしりても、なほよくしりたう思《おも》ふに、人《ひと》に問《と》ひ、いくたびも*数奇《すき》たることをば聞《き》きても聞《き》きても、よくききたく思《おも》ふ。仏法《ぶっぽう》のこともいくたび聞《き》きてもあかぬことなり。しりてもしりても存《ぞん》じたきことなり。法義《ほうぎ》をば、幾度《いくたび》も幾度《いくたび》も人《ひと》に問《と》ひきはめまうすべきことなるよし仰《おお》せられ候《そうろ》ふ。

(二三五)

一 *世間《せけん》へつかふことは、仏《ぶつ》の物《もの》を*いたづらにすることよと、おそろしく思《おも》ふべし。さりながら、仏法《ぶっぽう》の方《かた》へはいかほど物《もの》を入《い》れてもあかぬ道理《どうり》なり。また報謝《ほうしゃ》にもなるべしと云々《うんぬん》。

(二三六)

一 人《ひと》の辛労《しんろう》もせで徳《とく》をとる*上品《じょうぼん》は、弥陀《みだ》をたのみて仏《ぶつ》に成《な》るにすぎたることなしと仰《おお》せられ候《そうろ》ふと云々《うんぬん》。

(二三七)

一 皆人《みなひと》ごとによきことをいひもし、働《はたら》きもすることあれば、*真俗《しんぞく》ともにそれ

厭足 あき足りること。

数奇たること 好きなこと。

世間へつかふ (仏のおかげで与えられたものを)世間のことに使う。

いたづらにする むだにする。

上品 最上のこと。

真俗 仏法と世俗。

を、わがよきものにはやなりて、その心《こころ》にて御恩《ごおん》といふことはうちわすれて、
48 *わがこころ本《もと》になるによりて、*冥加《みょうが》につきて、世間《せけん》・仏法《ぶっぽう》ともに悪《あ》しき心《こころ》がかならずかならず出来《しゅつらい》するなり。一大事《いちだいじ》なりと云々《うんぬん》。

(三二八)

一　*堺《さかい》にて兼縁《けんえん》、前々住上人《ぜんぜんじゅうしょうにん》(蓮如)へ*御文《おふみ》を御申《おんもう》し候《そうろ》ふ。その時仰《ときおお》せられ候《そうろ》ふ。年《とし》もより候《そうろ》ふに、*むつかしきことを申《もう》し候《そうろ》ふ。まづわろきことをいふよと仰《おお》せられ候《そうろ》ふ。後《のち》に仰《おお》せられ候《そうろ》ふは、ただ仏法《ぶっぽう》を信《しん》ぜば、いかほどなりともあそばしてしかるべきよし仰《おお》せられしと云々《うんぬん》。

(三二九)

一　おなじく堺《さかい》の御坊《ごぼう》にて、前々住上人《ぜんぜんじゅうしょうにん》、夜更《よふ》けて蠟燭《ろうそく》をともさせ、名号《みょうごう》をあそばされ候《そうろ》ふ。その時仰《ときおお》せられ候《そうろ》ふ。御老体《ごろうたい》にて御手《おんて》も振《ふる》ひ、御目《おんめ》もかすみ候《そうら》へども、明日《みょうにち》*越中《えっちゅう》へ下《くだ》り候《そうろ》ふと申《もう》し候《そうろ》ふほどに、かやうにあそばされ候《そうろ》ふ。辛労《しんろう》をかへりみられずあそばされ候《そうろ》ふと仰《おお》せられ候《そうろ》ふ。しかれば、御門徒《ごもんと》のために御身《おんみ》をばすてられ候《そうろ》ふ。人《ひと》に辛労《しんろう》をもさせ候《そうら》はで、ただ信《しん》をとらせたく思《おぼ》し召《め》し候《そうろ》ふよし仰《おお》せられ候《そうろ》ふ。

わがこころ本になる　自分の心を中心にする。

冥加につきて　ここでは仏の加護から見放されてしまいという意。

堺　堺殿（信証院）のこと。文明八年（一四七六）、堺の樫木屋《かたぎや》道場道顕《どうけん》のすすめによって、蓮如上人が堺北庄《きたのしょう》山口に営んだ御坊。現在の堺別院の起源。

御文を御申し候ふ　ここでは御文を書いていただきたいとお願いしたという意。

むつかしき　難儀な。わずらわしい。めんどうな。

越中　現在の富山県。

(二三〇)
一 *重宝《ちようほう》の珍物《ちんぶつ》を調《ととの》へ*経営《けいえい》をしてもてなせども、食《じき》せざればその詮《せん》なし。同《どう》行《ぎよう》寄合《よりあ》ひ讃嘆《さんだん》すれども、信《しん》をとる人《ひと》なければ、珍物《ちんぶつ》を食《じき》せざるとおなじことなりと云々《うんぬん》。

(二三一)
一 物《もの》にあくことはあれども、仏《ぶつ》に成《な》ることと弥陀《みだ》の御恩《ごおん》を喜《よろこ》ぶとは、あきたることはなし。焼《や》くとも失《う》せもせぬ*重宝《ちようほう》は、南無阿弥陀仏《なもあみだぶつ》なり。しかれば、弥陀《みだ》の広大《こうだい》の御慈悲殊勝《おじひしゆしよう》なり。信《しん》ある人《ひと》を見《み》るさへたふとし。よくよくの御《お》慈悲《じひ》なりと云々《うんぬん》。

(二三二)
一 信決定《しんけつじよう》の人《ひと》は、仏法《ぶつぽう》の方《かた》へは*身《み》をかろくもつべし。仏法《ぶつぽう》の御恩《ごおん》をばおもくうやまふべしと云々《うんぬん》。

(二三三)
一 蓮如上人仰《れんによしようにんおお》せられ候《そうろ》ふ。*宿善《しゆくぜん》めでたしといふはわろし。御一流《ごいちりゆう》には*宿《しゆく》善《ぜん》ありがたしと申《もう》すがよく候《そうろ》ふよし仰《おお》せられ候《そうろ》ふ。

重宝の珍物　珍しい食べ物。
経営　接待のために奔走すること。ここでは料理すること。

重宝　貴重な宝物。

身をかろくもつべし　わが身を軽くして報謝に努めなければならないという意。
宿善めでたしといふ　「めでたし」はすばらしいの意。宿善をわがもののように思って、すばらしいということ。
宿善ありがたしと申す　阿弥陀仏より信心を得るよい因縁《いんねん》を与えていただいてありがたいと感謝すること。

（二三四）
一　他宗《たしゅう》には法《ほう》にあひたるを宿縁《しゅくえん》といふ。当流《とうりゅう》には信《しん》をとることを宿善《しゅくぜん》といふ。信心《しんじん》をうること肝要《かんよう》なり。さればこの御《おん》をしへには*群機《ぐんき》をもらさぬゆゑに、弥陀《みだ》の教《おしえ》をば*弘教《ぐきょう》ともいふなり。

（二三五）
一　法門《ほうもん》をば申《もう》すには、当流《とうりゅう》のこころは信心《しんじん》の一義《いちぎ》を申《もう》し披《ひら》き立《た》てたる、肝《かん》要《よう》なりと云々《うんぬん》。

（二三六）
一　前々住上人《ぜんぜんじゅうしょうにん》（蓮如）仰《おお》せられ候《そうろ》ふ。*仏法者《ぶっぽうしゃ》には*法《ほう》の威力《いりき》にて成《な》るなり。威力《いりき》でなくは成《な》るべからずと仰《おお》せられ候《そうろ》ふ。されば仏法《ぶっぽう》をば、*学匠《がくしょう》・物《もの》しりは*いひたてず。ただ*一文不知《いちもんふち》の身《み》も、信《しん》ある人《ひと》は仏智《ぶっち》を加《くわ》へらるるゆゑに、仏《ぶっ》力《りき》にて候《そうろ》ふあひだ、人《ひと》が信《しん》をとるなり。このゆゑに聖教《しょうぎょう》よみとて、しかもわれはと思《おも》はん人《ひと》の、仏法《ぶっぽう》をいひたてたることなしと仰《おお》せられ候《そうろ》ふことに候《そうろ》ふ。ただなにしらねども、*信心定得《しんじんじょうとく》の人《ひと》は仏《ぶつ》よりいはせらるるあひだ、人《ひと》が信《しん》をとるとの仰《おお》せに候《そうろ》ふ。

群機　凡夫《ぼんぶ》・聖者《しょうじゃ》、善人・悪人、賢者・愚者、老少、男女等さまざまな人すべて。あらゆる人々。
弘教　広大な教え。すべての人々を救う教法。
仏法者　ここではみずから仏法を信じ、他人をも教え導く人。
法の威力　仏法のすぐれた力。
学匠　学者。
いひたてず　述べ伝えて盛んにすることはないという意。
一文不知　文字一つ知らず、無学、無知であること。
信心定得　信心をたしかに獲得《ぎゃくとく》すること。

（三三七）
一　弥陀《みだ》をたのめば南無阿弥陀仏《なもあみだぶつ》の主《ぬし》に成《な》るなり。南無阿弥陀仏《なもあみだぶつ》の主《ぬし》に成《な》るといふは、信心《しんじん》をうることなりと云々《うんぬん》。また、当流《とうりゅう》の真実《しんじつ》の宝《たから》といふは南無阿弥陀仏《なもあみだぶつ》、これ一念《いちねん》の信心《しんじん》なりと云々《うんぬん》。

（三三八）
一　一流真宗《いちりゅうしんしゅう》のうちにて法《ほう》をそしり、わろさまにいふ人《ひと》あり。これを思《おも》ふに、他門《たもん》・他宗《たしゅう》のことは*是非《ぜひ》なし。一宗《いっしゅう》のうちにかやうの人《ひと》もあるに、われら宿善《しゅくぜん》ありてこの法《ほう》を信《しん》ずる身《み》のたふとさよと思《おも》ふべしと云々《うんぬん》。

50

（三三九）
一　前々住上人《ぜんぜんじゅうしょうにん》（蓮如）には、なにたるものをもあはれみかはゆく思《おぼ》し召《め》し候《そうろ》ふ。大罪人《だいざいにん》とて*人《ひと》を殺《ころ》し候《そうろ》ふこと、一段御悲《いちだんおんかな》しみ候《そうろ》ふ。存命《ぞんめい》もあらば心中《しんちゅう》を直《なお》すべしと仰《おお》せられ候《そうら》ひて、御《ご》*勘気《かんき》候《そうら》ひても、心中《しんちゅう》をだにも直《なお》り候《そうら》へば、やがて御《ご》*宥免《ゆうめん》候《そうろ》ふと云々《うんぬん》。

（三四〇）
一　安芸《あき》の*蓮崇《れんそう》、*国《くに》をくつがへし、*くせごとにつきて、*御門徒《ごもんと》をはなされ候《そうろ》ふ。前々住上人《ぜんぜんじゅうしょうにん》御病中《ごびょうちゅう》に*御寺内《ごじない》へまゐり、御詫言申《おんわびごともう》し候《そうら》へども、とりつぎ

是非なし　とやかくいっても仕方がない。
人を殺し候ふこと　ここでは死刑にすること。
勘気　とがめること。勘当すること。ここでは破門すること。
宥免　罪を許すこと。
蓮崇　底本に「蓮宗」とあるのを『実悟旧記《じつごきゅうき》』によって改めた。以下、同様の措置をとった。
国をくつがへし　ここでの国は加賀《かが》（現在の石川県南部）のこと。文明六年（一四七四）、加賀守護の富樫《とがし》家に起った内紛に際し、蓮崇が門徒の一揆を誘導した事件を指す。
くせごと　間違ったこと。誤り。
御門徒をはなされ候ふ　破門となったという意。
御寺内へまゐり　明応八年

候《そうろ》ふ人《ひと》なく候《そうら》ひし。その折節《おりふし》、前々住上人《ぜんぜんじゅうしょうにん》（蓮如）ふと仰《おお》せられ候《そうろ》ふ。安芸《あき》を＊なほさうと思《おも》ふよと仰《おお》せられ候《そうろ》ふ。＊御兄弟以下《ごきょうだいいげ》御申《おんもう》すには、一度《ひとたび》仏法《ぶっぽう》に＊あだをなしまうす人《ひと》にて候《そうら》へば、いかがと御申《おんもう》し候《そうら》へば、仰《おお》せられ候《そうろ》ふ。それぞとよ、あさましきことをいふぞとよ。心中《しんちゅう》だに直《なお》らば、なにたるものなりとも、＊御《お》もらしなきことに候《そうろ》ふと仰《おお》せられ候《そうら》ひて、御赦免候《ごしゃめんそうら》ひき。その時御前《ときごぜん》へまゐり、御目《おんめ》にかかられ候《そうろ》ふ時《とき》、感涙畳《かんるいたたみ》にうかび候《そうろ》ふと云々《うんぬん》。しかうして＊御中陰《ごちゅういん》のうちに、蓮崇《れんそう》も寺内《じない》にて＊すぎられ候《そうろ》ふ。

（二四一）

一　奥州《おうしゅう》に御一流《ごいちりゅう》のことを申《もう》しまぎらかし候《そうろ》ふ人《ひと》をきこしめして、前々住《ぜんぜんじゅう》上人《しょうにん》奥州《おうしゅう》の＊浄祐《じょうゆう》を御覧候《ごらんそうら》ひて、もつてのほか御腹立候《ごふくりゅうそうら》ひて、さてさて開山《かいさん》聖人《しょうにん》（親鸞）の御流《ごりゅう》を申《もう》しみだすことのあさましさよ、にくさよと仰《おお》せられ候《そうら》ひて、御歯《おんは》をくひしめられて、さて切《き》りきざみても＊あくかよあくかよと仰《おお》せられ候《そうろ》ふと云々《うんぬん》。仏法《ぶっぽう》を申《もう》しみだすものをば、一段《いちだん》あさましきぞと仰《おお》せられ候《そうろ》ふと云々《うんぬん》。

（一四九九）三月、山科《やましな》本願寺の蓮如上人の所へ赦免《しゃめん》を乞いに参上したことを指す。蓮如上人八十五歳。

なほさう　許してやろう。

御兄弟以下　蓮如上人の子息たちなど寺内の人々。

あだ　害。

御もらしなき　阿弥陀仏の本願は回心《えしん》の者をもらさず救うという意。

御中陰　死後四十九日間。

すぎられ候ふ　亡くなりました。蓮崇《れんそう》は明応八年（一四九九）三月二十八日に死去した。

浄祐　蓮如上人の門弟。出羽《でわ》善証寺（秋田県仙北郡美郷町）の住持と伝えられる。

あくかよ　満足できようか。

(二四二)

一　思案《しあん》の頂上《ちょうじょう》と申《もう》すべきは、弥陀如来《みだにょらい》の*五劫思惟《ごこうしゆい》の本願《ほんがん》にすぎたることはなし。この御思案《ごしあん》の道理《どうり》に同心《どうしん》せば、仏《ぶつ》に成《な》るべし。同心《どうしん》とて別《べつ》になし。機法《きほう》一体《いったい》の道理《どうり》なりと云々《うんぬん》。

(二四三)

一　蓮如上人《れんにょしょうにん》仰《おお》せられ候《そうろ》ふ。御身《おんみ》一生涯《いっしょうがい》御沙汰《ごさた》候《そうろ》ふこと、みな仏法《ぶっぽう》にて、御《ご》方便《ほうべん》・御*調法《ちょうほう》候《そうら》ひて、人《ひと》に信《しん》を御《おん》とらせあるべき御《おん》ことわりにて候《そうろ》ふよし仰《おお》せられ候《そうろ》ふ云々《うんぬん》。

(二四四)

一　おなじく御病中《ごびょうちゅう》に仰《おお》せられ候《そうろ》ふ。いまわがいふことは*金言《きんげん》なり。*かまへてかまへて、よく意得《こころえ》よと仰《おお》せられ候《そうろ》ふ。また御詠歌《ごえいか》のこと、三十一字《さんじゅういちじ》につづくることにてこそあれ。これは法門《ほうもん》にてあるぞと仰《おお》せられ候《そうろ》ふと云々《うんぬん》。

(二四五)

一　「*愚者三人《ぐしゃさんにん》に智者一人《ちしゃいちにん》」とて、なにごとも談合《だんごう》すれば面白《おもしろ》きことあるぞと、前々住上人《ぜんぜんじゅうしょうにん》（蓮如）、前住上人《ぜんじゅうしょうにん》（実如）へ御申《おんもう》し候《そうろ》ふ。これまた仏法《ぶっぽう》がたにはいよいよ肝要《かんよう》の御金言《ごきんげん》なりと云々《うんぬん》。

蓮如上人御一代記聞書　末

五劫思惟の本願　阿弥陀仏が因位《いんに》の法蔵《ほうぞう》菩薩の時、一切衆生《しゅじょう》を平等に救うために、五劫という長い間思惟をめぐらし立てた誓願《せいがん》。

調法　たくみな手だて。

金言　仏の口から出た言葉。まことの言葉。

かまへて　必ず。

愚者三人に智者一人　三人集まるとよい知恵が浮ぶという意。

（二四六）
一　蓮如上人《れんにょしょうにん》、順誓《じゅんせい》に対《たい》し仰《おお》せられ候《そうろ》ふ。法敬《ほうきょう》とわれとは兄弟《きょうだい》よと仰《おお》せられ候《そうろ》ふ。法敬申《ほうきょうもう》され候《そうろ》ふ。これは*冥加《みょうが》もなき御《おん》ことと申《もう》され候《そうろ》ふ。蓮如上人《れんにょしょうにん》仰《おお》せられ候《そうろ》ふ。信《しん》を*えつれば、さきに生《うま》るるものは兄《あに》、後《あと》に生《うま》るるものは弟《おとうと》よ。法敬《ほうきょう》とは兄弟《きょうだい》よと仰《おお》せられ候《そうろ》ふ。「仏恩《ぶっとん》を*一同《いちどう》にうれば、信心一致《しんじんいっち》のうへは*四海《しかい》みな兄弟《きょうだい》」（論註・下意　一二〇）といへり。

（二四七）
一　南殿《みなみどの》*山水《さんすい》の*御縁《ごえん》の床《とこ》のうへにて、蓮如上人仰《れんにょしょうにんおお》せられ候《そうろ》ふ。物《もの》は思《おも》ひたるより大《おお》きにちがふといふは、極楽《ごくらく》へまゐりてのことなるべし。ここにてありがたやたふとやと思《おも》ふは、*物《もの》の数《かず》にてもなきなり。かの土《ど》へ生《しょう》じての歓喜《かんぎ》は、*ことのはもあるべからずと仰《おお》せられしと。

（二四八）
一　人《ひと》はそらごと申《もう》さじと嗜《たしな》むを、*随分《ずいぶん》とこそ思《おも》へ。心《こころ》に偽《いつわ》りあらじと嗜《たしな》む人《ひと》は、さのみ多《おお》くはなきものなり。またよきことはならぬまでも、世間《せけん》・仏法《ぶっぽう》ともに心《こころ》にかけ嗜《たしな》みたきことなりと云々《うんぬん》。

冥加もなき　恐れ多い。もったいない。
えつれば　得たなら。
一同に　等しく。同じように。
四海　須弥山《しゅみせん》をとりまく四方の海。全世界をいう。転じて世界の人々を指す。
山水　築山や泉水のある庭。
御縁　庭に面した縁側。
物の数にてもなき　大したことではない。取り立てていうほどもない。
ことのはもあるべからず　言葉ではいい表すことができない。
随分　精一杯。全力を尽していること。

(二四九)
一　前々住上人《ぜんぜんじゅうしょうにん》（蓮如）仰《おお》せられ候《そうろ》ふ。『安心決定鈔《あんじんけつじょうしょう》』のこと、四十余年《しじゅうよねん》があひだ御覧《ごらん》候《そうら》へども、御覧《ごらん》じあかぬと仰《おお》せられ候《そうろ》ふ。また、金《こがね》をほりいだすやうなる聖教《しょうぎょう》なりと仰《おお》せられ候《そうろ》ふ。

52

(二五〇)
一　大坂殿《おおざかどの》にておのおのへ対《たい》せられ仰《おお》せられ候《そうろ》ふ。このあひだ申《もう》ししことは、『安心決定鈔《あんじんけつじょうしょう》』のかたはしを仰《おお》せられ候《そうろ》ふよしに候《そうろ》ふ。しかれば、当流《とうりゅう》の義《ぎ》は『安心決定鈔《あんじんけつじょうしょう》』の義《ぎ》、いよいよ肝要《かんよう》なりと仰《おお》せられ候《そうろ》ふと云々《うんぬん》。

(二五一)
一　法敬《ほうきょう》申《もう》され候《そうろ》ふ。*たふとむ人《ひと》より、たふとがる人《ひと》ぞたふとかりけると。前々住上人仰《ぜんぜんじゅうしょうにんおお》せられ候《そうろ》ふ。面白《おもしろ》きことをいふよ。たふとむ体《てい》、*殊勝《しゅしょう》ぶりする人《ひと》はたふとくもなし。ただありがたやとたふとがる人《ひと》こそたふとけれ。面白《おもしろ》きことをいふよ、もつとものことを申《もう》され候《そうろ》ふとの仰《おお》せごとに候《そうろ》ふと云々《うんぬん》。

(二五二)
一　*文亀三《ぶんきさん》、正月十五日《しょうがつじゅうごにち》の夜《よ》、兼縁夢《けんえんゆめ》にいはく、前々住上人《ぜんぜんじゅうしょうにん》、兼縁《けんえん》へ御問《おんとい》ありて仰《おお》せられ候《そうろ》ふやう、*いたづらにあることあさましく思《おぼ》し召《め》し候《そうら》へば、稽《けい》

たふとむ人より…　「たふとむ人」は法義を尊んでいるようにふるまう人、「たふとがる人」は法義をただありがたくよろこんでいる人の意であろう。
殊勝ぶりする人　ありがたそうにふるまう人。
文亀三　一五〇三年。蓮如上人没後四年。
いたづらにあること　むなしく暮していること。

古《こ》かたがた、せめて一巻《いっかん》の経《きょう》をも、日《ひ》に一度《いちど》、みなみな寄合《よりあ》ひてよみまうせと仰《おお》せられけりと云々《うんぬん》。あまりに人《ひと》のむなしく月日《つきひ》を送《おく》り候《そうろ》ふことを悲《かな》しく思《おぼ》し召《め》し候《そうろ》ふゆゑの義《ぎ》に候《そうろ》ふ。

(三五三)
一　おなじく夢《ゆめ》にいはく、同年《どうねん》の*極月《ごくげつ》二十八日《にじゅうはちにち》の夜《よ》、前々住上人《ぜんぜんじゅうしょうにん》（蓮如）、御袈裟《おんけさ》・衣《ころも》にて襖障子《ふすましょうじ》をあけられ御出《おんい》で候《そうろ》ふあひだ、御法談聴聞《ごほうだんちょうもん》申すべき心《こころ》にて候《そうろ》ふところに、*ついたち障子《しょうじ》のやうなる物《もの》に、御文《おふみ》の御詞《おんことば》御入《おんい》れ候《そうろ》ふをよみまうすを御覧《ごらん》じて、それはなんぞと御尋《おんたず》ね候《そうろ》ふあひだ、御文《おふみ》にて候《そうろ》ふよし申《もう》し上《あ》げ候《そうら》へば、それこそ肝要《かんよう》、信仰《しんこう》してきけと仰《おお》せられけりと云々《うんぬん》。

(三五四)
一　おなじく夢《ゆめ》にいはく、*翌年極月二十九日夜《よくねんごくげつにじゅうくにちよ》、前々住上人《ぜんぜんじゅうしょうにん》仰《おお》せられ候《そうろ》ふやうは、家《いえ》をばよく作《つく》られて、信心《しんじん》をよくとり念仏申《ねんぶつもう》すべきよし、かたく仰《おお》せられ候《そうら》ひけりと云々《うんぬん》。

(三五五)
一　おなじく夢《ゆめ》にいはく、近年《きんねん》、大永三《だいえいさん》、正月一日《しょうがつついたち》の夜《よ》の夢《ゆめ》にいはく、*野村《のむら》

極月　陰暦十二月の別称。

ついたち障子　衝立。

翌年　永正元年（一五〇四）。蓮如上人没後五年。

野村殿　山科《やましな》本願寺のこと。野村は現在の京都市山科区西野。

殿南殿《どのみなみどの》にて前々住上人《ぜんぜんじゅうしょうにん》（蓮如）仰《おお》せにいはく、仏法《ぶっぽう》のことといろいろ仰《おお》せられ候《そうら》ひて後《のち》、田舎《いなか》には雑行雑修《ぞうぎょうざっしゅ》あるを、かたく申《もう》しつくべしと仰《おお》せられ候《そうろう》ふと云々《うんぬん》。

53 （三五六）

一　おなじく夢《ゆめ》にいはく、*大永六《だいえいろく》、正月五日夜《しょうがついつかよ》、夢《ゆめ》に前々住上人《ぜんぜんじゅうしょうにん》仰《おお》せられ候《そうろう》ふ。一大事《いちだいじ》にて候《そうろう》ふ。*今《いま》の時分《じぶん》がよき時《とき》にて候《そうろう》ふ。ここをとりはづしては一《いち》大事《だいじ》と仰《おお》せられ候《そうろう》ふ。畏《かしこ》まりたりと御《おん》うけ御申《おんもう》し候《そうら》へば、ただその畏《かしこ》まりたるといふにてはなく候《そうろう》ふまじく候《そうろう》ふ。ただ一大事《いちだいじ》にて候《そうろう》ふよし仰《おお》せられ候《そうら》ひしと云々《うんぬん》。

つぎの夜《よ》、夢《ゆめ》にいはく、蓮誓《れんせい》仰《おお》せ候《そうろう》ふ。吉崎《よしざき》〔にて〕前々住上人《ぜんぜんじゅうしょうにん》に当流《とうりゅう》の肝要《かんよう》のことを習《なら》ひまうし候《そうろう》ふ。一流《いちりゅう》の依用《えよう》なき聖教《しょうぎょう》やなんどをひろくみて、御流《ごりゅう》を*ひがざまにとりなし候《そうろう》ふこと候《そうろう》ふ。幸《さいわ》ひに肝要《かんよう》を抜《ぬ》き候《そうろう》ふ聖教《しょうぎょう》候《そうろう》ふ。これが一流《いちりゅう》の*秘極《ひごく》なりと、吉崎《よしざき》にて前々住上人《ぜんぜんじゅうしょうにん》に習《なら》ひまうし候《そうろう》ふと、蓮誓《れんせい》仰《おお》せられ候《そうら》ひしと云々《うんぬん》。

わたくしにいはく、夢等《ゆめとう》をしるすこと、前々住上人《ぜんぜんじゅうしょうにん》世《よ》を去《さ》りたまへば、い

大永六　一五二六年。蓮如上人没後二十七年。

今の時分がよき時　今がよい機会。

ひがざま　間違ったふう。

秘極　ここではきわめて大切なという意。

まはその一言《いちごん》をも大切《たいせつ》に存《ぞん》じ候《そうら》へば、かやうに夢《ゆめ》に入《い》りて仰《おお》せ候《そうろ》ふことの金言《きんげん》なること、まことの仰《おお》せとも存《ぞん》ずるまま、これをしるすものなり。まことにこれは夢想《むそう》とも申《もう》すべきことどもにて候《そうろ》ふ。総体《そうたい》、夢《ゆめ》は妄想《もうぞう》なり、さりながら、*権者《ごんじゃ》のうへには*瑞夢《ずいむ》とてあることなり。なほもつてかやうの金言《きんげん》のことばはしるすべしと云々《うんぬん》。

（三五七）

一　仏恩《ぶっとん》がたふとく候《そうろ》ふなどと申《もう》すは聞《き》きにくく候《そうろ》ふ、*聊爾《りょうじ》なり。仏恩《ぶっとん》をありがたく存《ぞん》ずと申《もう》せば、*莫大《ばくだい》聞《き》きよく候《そうろ》ふよし仰《おお》せられ候《そうろ》ふと云々《うんぬん》。御文《おふみ》がと申《もう》すも聊爾《りょうじ》なり。御文《おふみ》を聴聞《ちょうもん》申《もう》して、御文《おふみ》ありがたしと申《もう》してよきよしに候《そうろ》ふ。仏法《ぶっぽう》の方《かた》をばいかほども尊敬《そんきょう》申《もう》すべきことと云々《うんぬん》。

（三五八）

一　仏法《ぶっぽう》の讃嘆《さんだん》のとき、同行《どうぎょう》をかたがたと申《もう》すは*平懐《へいがい》なり。御方々《おんかたがた》と申《もう》してよきよし仰《おお》せごとと云々《うんぬん》。

（三五九）

一　前々住上人《ぜんぜんじゅうしょうにん》（蓮如）仰《おお》せられ候《そうろ》ふ。家《いえ》をつくり候《そうろ》ふとも、*つぶりだにぬ

権者　仏・菩薩の化身《けしん》。ここでは蓮如上人を指す。

瑞夢　神秘で不思議な実夢。

聊爾　軽々しいこと。いいかげんなこと。ぶしつけなこと。

莫大　はなはだ。大変。非常に。

平懐　不作法。底本に「平外」とあるのを改めた。

つぶりだにぬれずは　頭さえ雨に濡れなければという意。

れずは、なにともかともつくるべし。万事過分《ばんじかぶん》なることを御《おん》きらひ候《そうろ》ふ。衣《い》装等《しょうとう》にいたるまでも、よきもの着《き》んと思《おも》ふはあさましきことなり。冥加《みょうが》を存《ぞん》
54 じ、ただ仏法《ぶっぽう》を心《こころ》にかけよと仰《おお》せられ候《そうろ》ふ云々《うんぬん》。

(二六〇)

一 おなじく仰《おお》せられ候《そうろ》ふ。いかやうの人《ひと》にて候《そうろ》ふとも、*仏法《ぶっぽう》の家《いえ》に奉公申《ほうこうもう》し候《そうら》はば、昨日《きのう》までは他宗《たしゅう》にて候《そうろ》ふとも、今日《きょう》ははや仏法《ぶっぽう》の御用《ごゆう》とこころう†べく候《そうろ》ふ。たとひ*あきなひをするとも、仏法《ぶっぽう》の御用《ごゆう》と心得《こころう》べきと仰《おお》せられ候《そうろ》ふ。

(二六一)

一 おなじく仰《おお》せにいはく、雨《あめ》もふり、また*炎天《えんてん》の時分《じぶん》は、*つとめながながしく仕《つかまつ》り候《そうら》はで、はやく仕《つかまつ》りて、*人《ひと》をたたせ候《そうろ》ふがよく候《そうろ》ふよし仰《おお》せられ候《そうろ》ふ。これも御慈悲《おじひ》にて、人々《ひとびと》を御《おん》いたはり候《そうろ》ふ。大慈大悲《だいじだいひ》の御《おん》あはれみに候《そうろ》ふ。つねづねの仰《おお》せには、御身《おんみ》は人《ひと》に御《おん》したがひ候《そうら》ひて、仏法《ぶっぽう》を御《おん》すすめ候《そうろ》ふと仰《おお》せられ候《そうろ》ふ。御門徒《ごもんと》の身《み》にて御意《ぎょい》のごとくならざること、*なかなかあさましきことども、なかなか*申《もう》すこともおろかに候《そうろ》ふとの義《ぎ》に候《そうろ》ふ。

仏法の家 浄土真宗の法義をよろこぶ家。

あきなひ 商売のことであるが、ここではあらゆる職業をいう。

炎天 焼けつくような暑い夏の空。夏。

つとめ 仏事勤行。

人をたたせ… 参詣の人々を帰らせるのがよいという意。

なかなか 大変。

申すこともおろかに候ふ 言葉が足りないという意。

（二六二）
一　将軍家《しょうぐんけ》 *義尚《よしひさ》 よりの義《ぎ》にて、*加州一国《かしゅういっこく》の一揆《いっき》、御門徒《ごもんと》を放《はな》さるべきとの義《ぎ》にて、*加州居住《かしゅうきょじゅう》 候《そうろ》ふ御兄弟衆《ごきょうだいしゅう》をもめしのぼせられ候《そうろ》ふ。その時《とき》前々住《ぜんぜんじゅう》上人《しょうにん》（蓮如）仰《おお》せられ候《そうろ》ふ。加州《かしゅう》の衆《しゅう》を門徒《もんと》放《はな》すべきと仰《おお》せいだされ候《そうろ》ふこと、御身《おんみ》をきらるるよりもかなしく思《おぼ》し召《め》し候《そうろ》ふ。なにごとをもしらざる*尼《あま》入道《にゅうどう》の類《たぐい》のことまで思《おぼ》し召《め》さば、なにとも御迷惑《ごめいわく》このことに極《きわ》まるよし仰《おお》せられ候《そうろ》ふ。御門徒《ごもんと》を*やぶらるると申《もう》すことは、一段《いちだん》、善知識《ぜんぢしき》の御《おん》うへにてもかなしく思《おぼ》し召《め》し候《そうろ》ふことに候《そうろ》ふ。

（二六三）
一　蓮如上人《れんにょしょうにん》仰《おお》せられ候《そうろ》ふ。御門徒衆《ごもんとしゅう》の*はじめて物《もの》をまゐらせ候《そうろ》ふを、他宗《たしゅう》に出《いだ》し候《そうろ》ふ義《ぎ》あしく候《そうろ》ふ。一度《いちど》も二度《にど》も受用《じゅよう》せしめ候《そうら》ひて、出《いだ》し候《そうら》ひてしかるべきのよし仰《おお》せられ候《そうろ》ふ。かくのごとくの子細《しさい》は存《ぞん》じもよらぬことにて候《そうろ》ふ。いよいよ仏法《ぶっぽう》の御用《ごゆう》、御恩《ごおん》をおろそかに存《ぞん》ずべきことにてはなく候《そうろ》ふ。驚《おどろ》き入《い》り候《そうろ》ふとのことに候《そうろ》ふ。

（二六四）
一　法敬坊《ほうきょうぼう》、大坂殿《おおざかどの》へ下《くだ》られ候《そうろ》ふところに、前々住上人《ぜんぜんじゅうしょうにん》仰《おお》せられ候《そうろ》ふ。*御《ご》

義尚　（一四六五—一四八九）足利九代将軍。

加州一国の一揆　加州は加《か》賀《が》（現在の石川県南部）の別称。長享二年（一四八八）六月九日、加賀南半国の守護であった富樫政親《とがしまさちか》を高尾城に滅ぼした一向一揆のこと。

加州居住候ふ御兄弟衆　加賀を拠点としていた、蓮如上人の次男蓮乗《れんじょう》（兼鎮）師、三男蓮綱《れんこう》（兼祐）師、四男蓮誓《れんせい》（康兼）師のこと。

尼入道　尼とは女性の出家者を指すが、ここでは在俗生活のまま髪をおろして仏門に入った女性をいう。入道は在俗生活のまま剃髪して仏門に入った男性をいう。

やぶらるる　破門なさる。

はじめて物をまゐらせ候ふ　初物を納める。

御往生候ふとも…　わたし

往生候《おうじょうそうろ》ふとも、十年《じゅうねん》は生《い》くべしと仰《おお》せられ候《そうろ》ふところに、なにかと申《もう》され、*おしかへし、生《い》くべしと仰《おお》せられ候《そうろ》ふところ、御往生《ごおうじょう》ありて一年存命候《いちねんぞんめいそうろ》ふところに、法敬《ほうきょう》にある人仰《ひとおお》せられ候《そうろ》ふは、前々住上人《ぜんぜんじゅうしょうにん》（蓮如）仰《おお》せられ候《そうろ》ふにあひまうしたるよ。そのゆゑは、一年《いちねん》も存命候《ぞんめいそうろ》ふは、命《いのち》を前々住上人《ぜんぜんじゅうしょうにん》より御《おん》あたへ候《そうろ》ふことにて候《そうろ》ふと仰《おお》せ候《そうら》へば、まことに*さにて御入《おんい》り候《そうろ》ふとて、手《て》をあはせ、ありがたきよしを申《もう》され候《そうろ》ふ。それより後《のち》、前々住上人仰《ぜんぜんじゅうしょうにんおお》せられ候《そうろ》ふごとく、十年存命候《じゅうねんぞんめいそうろ》ふ。まことに冥加《みょうが》に叶《かな》はれ候《そうろ》ふ。不思議《ふしぎ》なる人《ひと》にて候《そうろ》ふ。

（二六五）

一　毎事無用《まいじむよう》なることを仕《つかまつ》り候《そうろ》ふ義《ぎ》、冥加《みょうが》なきよし、*条々《じょうじょう》、いつも仰《おお》せられ候《そうろ》ふよしに候《そうろ》ふ。

（二六六）

一　蓮如上人《れんにょしょうにん》、*物《もの》をきこしめし候《そうろ》ふにも、如来《にょらい》・聖人《しょうにん》（親鸞）の御恩《ごおん》にてましまし候《そうろ》ふを御忘《おんわす》れなしと仰《おお》せられ候《そうろ》ふ。一口《ひとくち》きこしめしても、思《おぼ》し召《め》しいだされ候《そうろ》ふよし仰《おお》せられ候《そうろ》ふと云々《うんぬん》。

が往生してもあなたはその後十年は生きるであろうという意。

おしかへし　繰り返し。

さにて御入り候ふ　そのようでございます。

条々　逐一の箇条。一つ一つ。

物をきこしめし候ふ　食事をいただく。

(二六七)
一　御膳《ごぜん》を御覧《ごらん》じても、*人《ひと》の食《く》はぬ飯《めし》を食《く》ふことよと思《おぼ》し召《め》し候《そうろ》ふと仰《おお》せられ候《そうろ》ふ。物《もの》をすぐにきこしめすことなし。ただ御恩《ごおん》のたふときことをのみ思《おぼ》し召《め》し候《そうろ》ふと仰《おお》せられ候《そうろ》ふ。

(二六八)
一　*享禄二年十二月十八日《きょうろくにねんじゅうにがつじゅうはちにち》の夜《よ》、兼縁夢《けんえんゆめ》に、蓮如上人《れんにょしょうにん》、御文《おふみ》をあそばし下《くだ》され候《そうろ》ふ。その御詞《おんことば》に、梅干《うめぼし》のたとへ候《そうろ》ふ。梅干《うめぼし》のことをいへば、みな人《ひと》の口一同《くちいちどう》に酸《す》し。一味《いちみ》の安心《あんじん》はかやうにあるべきなり。「*同一念仏無別道故《どういつねんぶつむべつどうこ》」（論註・下　一二〇）の心《こころ》にて候《そうら》ひつるやうにおぼえ候《そうろ》ふと云々《うんぬん》。

(二六九)
一　仏法《ぶっぽう》を好《す》かざるがゆゑに嗜《たしな》み候《そうら》はずと、空善《くうぜん》申《もう》され候《そうら》へば、蓮如上人《れんにょしょうにん》仰《おお》せられ候《そうろ》ふ。それは、好《この》まぬは嫌《きら》ふにてはなきかと仰《おお》せられ候《そうろ》ふと云々《うんぬん》。

(二七〇)
一　*不法《ふほう》の人《ひと》は仏法《ぶっぽう》を*違例《いれい》にすると仰《おお》せられ候《そうろ》ふ。仏法《ぶっぽう》の御讃嘆《ごさんだん》あれば、あら気《き》づまりや、*疾《と》くはてよかしと思《おも》ふは、違例《いれい》にするにてはなきかと仰《おお》せられ候《そうろ》ふと云々《うんぬん》。

人の食はぬ飯　仏祖からいただく飯、すなわち御仏飯のこと。

享禄二年　一五二九年。蓮如上人没後三十年。

同一念仏…　「同一に念仏して別の道なきがゆゑに」（行巻訓）

不法の人　仏法を信じない人。

違例にする　病気のようにきらう。

疾くはてよかし　はやく終ればよい。

（三七一）
一　前住様《ぜんじゅうさま》（実如）御病中《ごびょうちゅう》＊正月二十四日《しょうがつにじゅうよっか》に仰《おお》せられ候《そうろ》ふ。前々住《ぜんぜんじゅう》（蓮如）の早々《そうそう》われに来《こ》いと、左《ひだり》の御手《おんて》にて御《おん》まねき候《そうろ》ふ。あらありがたやと、くりかへしくりかへし仰《おお》せられ候《そうら》ひて、御念仏御申《おねんぶつおんもう》し候《そうろ》ふほどに、おのおの＊御心《おんこころ》たがひ候《そうら》ひて、かやうにも仰《おお》せ候《そうろ》ふと存《ぞん》じ候《そうら》へば、その義《ぎ》にてはなくして、御《おん》まどろみ候《そうろ》ふ御夢《おんゆめ》に御覧《ごらん》ぜられ候《そうろ》ふよし仰《おお》せられ候《そうろ》ふところにて、みなみな安堵《あんど》候《そうら》ひき。これまた＊あらたなる御事《おんこと》なりと云々《うんぬん》。

（三七二）
一　おなじき二十五日《にじゅうごにち》、兼誉《けんよ》・兼縁《けんえん》に対《たい》せられ仰《おお》せられ候《そうろ》ふ。前々住上人《ぜんぜんじゅうしょうにん》（蓮如）＊御世《みよ》を譲《ゆず》りあそばされて以来《いらい》のことども、種々仰《しゅじゅおお》せられ候《そうろ》ふ。＊御一身《ごいっしん》の御安心《ごあんじん》のとほり仰《おお》せられ、一念《いちねん》に弥陀《みだ》をたのみまうして往生《おうじょう》は一定《いちじょう》と思《おぼ》し召《め》され候《そうろ》ふ。それにつきて、前住上人《ぜんじゅうしょうにん》（蓮如）の御恩《ごおん》にて、今日《きょう》までわれと思《おも》ふ心《こころ》をもち候《そうら》はぬがうれしく候《そうろ》ふと仰《おお》せられ候《そうろ》ふ。まことにありがたくも、または驚《おどろ》きいりまうし候《そうろ》ふ。われ、人《ひと》、かやうに心得《こころえ》まうしてこそは、他力《たりき》の信心決定申《しんじんけつじょうもう》したるにてはあるべく候《そうろ》ふ。いよいよ一大事《いちだいじ》の御《おん》ことに候《そうろ》ふ。

正月二十四日　年代は大永五年（一五二五）。実如《じつにょ》上人は同年二月二日に示寂《じじゃく》した。

御心たがひ　お心が乱れ。

あらた　仏の霊験がはっきり現れるさま。ここでは尊い、不思議なというほどの意。

御世　ここでは本願寺住職のこと。

御一身　実如上人御自身。

（二七三）
一 『*嘆徳《たんどく》の文《もん》』に、親鸞聖人《しんらんしょうにん》と申《もう》せば、その*恐《おそ》れあるゆゑに、祖師聖人《そししょうにん》とよみ候《そうろ》ふ。また開山聖人《かいさんしょうにん》とよみまうすも、おそれある子細《しさい》にて御入《おんい》り候《そうろ》ふと云々《うんぬん》。

57

（二七四）
一 ただ「聖人《しょうにん》」と*直《じき》に申《もう》せば、聊爾《りょうじ》なり。「この聖人《しょうにん》」と申《もう》すも、聊爾《りょうじ》か。「開山《かいさん》」とは、略《りゃく》しては申《もう》すべきかとのことに候《そうろ》ふ。ただ「開山聖人《かいさんしょうにん》」と申《もう》してよく候《そうろ》ふと云々《うんぬん》。

（二七五）
一 『嘆徳《たんどく》の文《もん》』に、「以《もっ》て弘誓《ぐぜい》に託《たく》す」と申《もう》すことを、「以《もっ》て」を抜《ぬ》きてはよまず候《そうろ》ふと云々《うんぬん》。

（二七六）
一 蓮如上人《れんにょしょうにん》、堺《さかい》の御坊《ごぼう》に御座《ござ》の時《とき》、兼誉御《けんよおん》まゐり候《そうろ》ふ。御堂《みどう》において卓《しょく》のうへに御文《おふみ》をおかせられて、一人二人《いちにんににん》　乃至《ないし》　五人十人《ごにんじゅうにん》、まゐられ候《そうろ》ふ人々《ひとびと》に対《たい》し、御文《おふみ》をよませられ候《そうろ》ふ。その夜《よ》、蓮如上人御物語《れんにょしょうにんおんものがた》りの時仰《ときおお》せられ候《そうろ》ふ。このあひだ面白《おもしろ》きことを思《おも》ひいだして候《そうろ》ふ。つねに御文《おふみ》を一人《いちにん》なりとも来《きた》

嘆徳の文　存覚《ぞんかく》上人の『嘆徳文』のこと。
恐れある　（実名を口にすることになって）恐れ多い。
直に　じかに。直接に。

らん人《ひと》にもよませてきかせば、*有縁《うえん》の人《ひと》は信《しん》をとるべし。このあひだ面白《おもしろ》きことを思案《しあん》しいだしたると、くれぐれ仰《おお》せられ候《そうろ》ふ。さて御文肝要《おふみかんよう》の御《おん》ことと、いよいよしられ候《そうろ》ふとのことと仰《おお》せられ候《そうろ》ふなり。

(三七七)

一　今生《こんじょう》のことを心《こころ》に入《い》るるほど、仏法《ぶっぽう》を心腹《しんぷく》に入《い》れたきことにて候《そうろ》ふと、人申《ひともう》し候《そうら》へば、世間《せけん》に*対様《たいよう》して申《もう》すことは*大様《おおよう》なり。ただ仏法《ぶっぽう》をふかくよろこぶべしと云々《うんぬん》。またいはく、一日一日《いちにちいちにち》に仏法《ぶっぽう》はたしなみ候《そうろ》ふべし。*一期《いちご》とおもへば*大儀《たいぎ》なりと、人申《ひともう》され候《そうろ》ふ。またいはく、大儀《たいぎ》なると思《おも》ふは不足《ふそく》なり。人《ひと》として命《いのち》はいかほどもながく候《そうら》ひても、あかずよろこぶべきことなりと云々《うんぬん》。

(三七八)

一　坊主《ぼうず》は人《ひと》をさへ勧化《かんけ》せられ候《そうろ》ふに、わが身《み》を勧化《かんけ》せられぬはあさましきことなりと云々《うんぬん》。

(三七九)

一　道宗《どうしゅう》、前々住上人《ぜんぜんじゅうしょうにん》(蓮如)へ*御文申《おふみもう》され候《そうら》へば、仰《おお》せられ候《そうろ》ふ。文《ふみ》はとりおとし候《そうろ》ふことも候《そうろ》ふほどに、ただ心《こころ》に信《しん》をだにもとり候《そうら》へば、おとし候《そうら》は

有縁　仏法に縁のあること。

対様して　対等に並べて。

大様　粗雑。大まか。

一期　一生涯。

大儀　わずらわしいこと。骨の折れること。

御文申され候へば　御文を書いていただきたいとお願いしたところという意。

ぬよし仰《おお》せられ候《そうら》ひし。またあくる年《とし》、あそばされて、下《くだ》され候《そうろ》ふ。

58

（三〇〇）
一　法敬坊《ほうきょうぼう》申《もう》され候《そうろ》ふ。仏法《ぶっぽう》をかたるに、*志《こころざし》の人《ひと》をまへにおきて語《かた》り候《そうら》へば、力《ちから》がありて申《もう》しよきよし申《もう》され候《そうろ》ふ。

（三〇一）
一　信《しん》もなくて大事《だいじ》の聖教《しょうぎょう》を所持《しょじ》の人《ひと》は、をさなきものに剣《つるぎ》を持《も》たせ候《そうろ》ふやうに思《おぼ》し召《め》し候《そうろ》ふ。そのゆゑは、剣《つるぎ》は重宝《ちょうほう》なれども、をさなきもの持《も》ち候《そうら》へば、手《て》を切《き》り怪我《けが》をするなり。持《も》ちてよく候《そうろ》ふ人《ひと》は重宝《ちょうほう》になるなりと云々《うんぬん》。

（三〇二）
一　前々住上人《ぜんぜんじゅうしょうにん》（蓮如）仰《おお》せられ候《そうろ》ふ。ただいまなりとも、われ、死《し》ねといはば、死《し》ぬるものはあるべく候《そうろ》ふが、信《しん》をとるものはあるまじきと仰《おお》せられ候《そうろ》ふと云々《うんぬん》。

（三〇三）
一　前々住上人《ぜんぜんじゅうしょうにん》、大坂殿《おおざかどの》にておのおのに対《たい》せられて仰《おお》せられ候《そうろ》ふ。一念《いちねん》に凡夫《ぼんぶ》の往生《おうじょう》をとぐることは*秘事《ひじ》・秘伝《ひでん》にてはなきかと仰《おお》せられ候《そうろ》ふと云々《うんぬん》。

志の人　仏法に志の篤い人。

秘事秘伝　深遠な教え。奥深い教え。ここでは秘事法《ひじぼう》門《もん》といわれる異義で用いられる秘事秘伝の語を逆手にとっていう。

(二八四)
一　*御普請《ごふしん》・御造作《ごぞうさく》の時《とき》、法敬申《ほうきょうもう》され候《そうろ》ふ。*なにも不思議《ふしぎ》に、*御眺望《ごちょうぼう》等《とう》も御《お》上手《じょうず》に御座候《ござそうろ》ふよし申《もう》され候《そうら》へば、前々住上人《ぜんぜんじゅうしょうにん》（蓮如）仰《おお》せられ候《そうろ》ふ。われはなほ不思議《ふしぎ》なることを知《し》る。凡夫《ぼんぶ》の仏《ぶつ》に成《な》り候《そうろ》ふことを知《し》りたると仰《おお》せられ候《そうろ》ふと。

(二八五)
一　蓮如上人《れんにょしょうにん》、善従《ぜんじゅう》に*御《おん》かけ字《じ》をあそばされて†、下《くだ》され候《そうろ》ふ。その後《のち》善従《ぜんじゅう》に御尋《おんたず》ね候《そうろ》ふ。以前《いぜん》書《か》きつかはし候《そうろ》ふ物《もの》をばなにとしたると仰《おお》せられ候《そうろ》ふ。善《ぜん》従《じゅう》申《もう》され候《そうろ》ふ。*表補絵《ひょうぼえ》仕《つかまつ》り候《そうら》ひて、箱《はこ》に入《い》れ置《お》きまうし候《そうろ》ふよし申《もう》され候《そうろ》ふ。そのとき仰《おお》せられ候《そうろ》ふ。それは*わけもなきことをしたるよ。不断《ふだん》かけておきて、そのごとく*心《こころ》ねなせよといふことでこそあれと仰《おお》せられ候《そうろ》ふ。

59

(二八六)
一　おなじく仰《おお》せにいはく、*これの内《うち》に居《い》て聴聞申《ちょうもんもう》す身《み》は、*とりはづしたらば仏《ぶつ》に*成《な》らんよと仰《おお》せられ候《そうろ》ふと云々《うんぬん》。ありがたき仰《おお》せに候《そうろ》ふ。

(二八七)
一　仰《おお》せにいはく、坊主衆《ぼうずしゅ》等《ら》に対《たい》せられ仰《おお》せられ候《そうろ》ふ。坊主《ぼうず》といふものは大罪《だいざい》

御普請御造作　普請・造作はともに建築すること。

なにも不思議に…　何もかも不思議なほど立派で、ながめなども見事でございます。

御眺望　遠くながめること。ながめ。

御かけ字　掛軸にするための法語。

表補絵　表装。

わけもなきこと　わけのわからないこと。無意味なこと。

心ね　心持ち。

これの内に居て聴聞申す身　蓮如上人の側近くにいて仕え、いつも仏法を聴聞している者。

とりはづしたらば　（役目、仕事という思いを）忘れたならという意か。あるいは（教えの趣旨を）取りそこなってもという意か。

人《にん》なりと仰《おお》せられ候《そうろ》ふ。その時《とき》みなみな*迷惑《めいわく》申《もう》され候《そうろ》ふ。さて仰《おお》せられ候《そうろ》ふ。罪《つみ》がふかければこそ、阿弥陀如来《あみだにょらい》は御《おん》たすけあれと仰《おお》せられ候《そうろ》ふと云々《うんぬん》。

(二八八)

一　毎日毎日《まいにちまいにち》に、御文《おふみ》の御金言《ごきんげん》を聴聞《ちょうもん》させられ候《そうろ》ふことは、宝《たから》を御賜《おんたまわ》り候《そうろ》ふことに候《そうろ》ふと云々《うんぬん》。

(二八九)

一　開山聖人《かいさんしょうにん》(親鸞)の御代《ごだい》、*高田《たかだ》の　二代《にだい》　顕智《けんち》上洛《じょうらく》の時《とき》、申《もう》され候《そうろ》ふ。今度《こんど》は*すでに御目《おんめ》にかかるまじきと存《ぞん》じ候《そうろ》ふところに、不思議《ふしぎ》に御目《おんめ》にかかり候《そうろ》ふと申《もう》され候《そうら》へば、それはいかにと仰《おお》せられ候《そうろ》ふ。舟路《ふなじ》に難風《なんぷう》にあひ、*迷惑《めいわく》仕《つかまつ》り候《そうろ》ふよし申《もう》され候《そうろ》ふ。聖人《しょうにん》仰《おお》せられ候《そうろ》ふ。それならば、船《ふね》には乗《の》るまじきものをと仰《おお》せられ候《そうろ》ふ。その後《のち》、*御詞《おんことば》の末《すえ》にて候《そうろ》ふとて、一期《いちご》、舟《ふね》に乗《の》られず候《そうろ》ふ。また*茸《くさびら》に酔《え》ひまうされ、御目《おんめ》に遅《おそ》くかかられ候《そうら》ひし時《とき》も、かくのごとく仰《おお》せられしとて、一期受用《いちごじゅよう》なく候《そうら》ひしと云々《うんぬん》。かやうに仰《おお》せを信《しん》じ、ちがへまうすまじきと存《ぞん》ぜられ候《そうろ》ふこと、まことにありがたき殊勝《しゅしょう》の覚悟《かくご》との義《ぎ》に候《そうろ》ふ。

成らんよ　ここでの「ん」は推量の助動詞。なるであろうことよ。

迷惑　困惑すること。とまどうこと。

高田　高田門徒。下野《しもつけ》高田(現在の栃木県芳賀郡二宮町高田)を拠点としていた。

すでに　もはや。もう。

迷惑　難儀すること。難渋すること。

御詞の末　仰せになったことの一つ。

茸に酔ひまうされ　きのこの毒にあたって。

(二九〇)
一 身《み》あたたかなれば、眠気《ねぶりけ》さし候《そうろ》ふ。あさましきことなり。その覚悟《かくご》にて身《み》をもすずしくもち、眠《ねぶ》りをさますべきなり。身随意《みずいい》なれば、仏法《ぶっぽう》・*世法《せほう》ともにおこたり、*無沙汰《ぶさた》・油断《ゆだん》あり。この義一大事《ぎいちだいじ》なりと云々《うんぬん》。

(二九一)
一 信《しん》をえたらば、同行《どうぎょう》にあらく物《もの》も申《もう》すまじきなり、心和《こころやわ》らぐべきなり。触光柔軟《そくこうにゅうなん》の願《がん》（第三十三願）あり。また信《しん》なければ、*我《が》になりて詞《ことば》もあらく、諍《あらそ》ひもかならず出《い》でくるものなり。あさましあさまし、よくよくこころうべしと云々《うんぬん》。

60

(二九二)
一 前々住上人《ぜんぜんじゅうしょうにん》（蓮如）、北国《ほっこく》のさる御門徒《ごもんと》のことを仰《おお》せられ候《そうろ》ふ。*なにとしてひさしく上洛《じょうらく》なきぞと仰《おお》せられ候《そうろ》ふ。*御前《ごぜん》の人申《ひともう》され候《そうろ》ふ。さる御方《おんかた》の御《ご》*折檻《せっかん》候《そうろ》ふと申《もう》され候《そうろ》ふ。その時御機嫌《ときごきげん》もつてのほか悪《あ》しく候《そうら》ひて、仰《おお》せられ候《そうろ》ふ。開山聖人《かいさんしょうにん》（親鸞）の御門徒《ごもんと》をさやうにいふものはあるべからず。御《おん》身一人聊爾《みひとりりょうじ》には思《おぼ》し召《め》さぬものを、なにたるものがいふべきとも、*とくとくのぼれといへと仰《おお》せられ候《そうろ》ふと云々《うんぬん》。

蓮如上人御一代記聞書 末

世法 世間のこと。

無沙汰油断 粗略で不注意なこと。

我になりて 自分中心の考え方になって。

なにとして どうして。

御前の人 （蓮如上人の）お側の者。

折檻 きびしく意見すること。強くいさめること。

とくとく はやく。さっそく。

(三九三)
一　*前住上人《ぜんじゅうしょうにん》仰《おお》せられ候《そうろ》ふ。御門徒衆《ごもんとしゅう》をあしく申《もう》すこと、ゆめゆめあるまじきなり。開山《かいさん》（親鸞）は御同行《おんどうぎょう》・御同朋《おんどうぼう》と御《おん》*かしづき候《そうろ》ふに、聊爾《りょうじ》に存《ぞん》ずるはくせごとのよし仰《おお》せられ候《そうろ》ふ。

(三九四)
一　開山聖人《かいさんしょうにん》の一大事《いちだいじ》の御客人《おきゃくじん》と申《もう》すは、御門徒衆《ごもんとしゅう》のことなりと仰《おお》せられしと云々《うんぬん》。

(三九五)
一　御門徒衆《ごもんとしゅう》上洛候《じょうらくそうら》へば、前々住上人《ぜんぜんじゅうしょうにん》（蓮如）仰《おお》せられ候《そうろ》ふ。*寒天《かんてん》には御《ご》酒等《しゅとう》のかんをよくさせられて、*路次《ろし》の寒《さむ》さをも忘《わす》られ候《そうろ》ふやうにと仰《おお》せられ候《そうろ》ふ。また炎天《えんてん》の時《とき》は、酒《さけ》など冷《ひや》せと仰《おお》せられ候《そうろ》ふ。御詞《おことば》をくはへられ候《そうろ》ふ。また、御門徒《ごもんと》の上洛候《じょうらくそうろ》ふを、遅《おそ》く*申《もう》し入《い》れ候《そうろ》ふことくせごとと仰《おお》せられ候《そうろ》ふ。御門徒《ごもんと》をまたせ、おそく対面《たいめん》することくせごとのよし仰《おお》せられ候《そうろ》ふと云々《うんぬん》。

(三九六)
一　万事《ばんじ》につけて、よきことを思《おも》ひつくるは御恩《ごおん》なり、悪《あ》しきことだに思《おも》ひ捨《す》てたるは御恩《ごおん》なり。捨《す》つるも取《と》るも、いづれもいづれも御恩《ごおん》なりと云々《うんぬん》。

前住上人　異本には「前々住上人」とある。前々住上人とは蓮如上人のこと。

かしづき　「かしづく」は心から大切にする、敬愛するという意。

寒天　寒い日。炎天に対す。

路次　道筋。道中。道すがら。

申し入れ　ここでは取り次ぐこと。

61

（二九七）

一　前々住上人《ぜんぜんじゆうしようにん》（蓮如）は御門徒《ごもんと》の*進上物《しんじようもつ》をば、御衣《おんころも》のしたにて御拝《おんおが》み候《そうろ》ふ。また仏《ぶつ》の物《もの》と思《おぼ》し召《め》し候《そうら》へば、御自身《ごじしん》の召《め》し物《もの》までも、御足《おんあし》にあたり候《そうら》へば、御《おん》いただき候《そうろ》ふ。御門徒《ごもんと》の進上物《しんじようもつ》、すなはち聖人《しようにん》（親鸞）よりの御《おん》あたへと思《おぼ》し召《め》し候《そうろ》ふと仰《おお》せられ候《そうろ》ふと云々《うんぬん》。

（二九八）

一　仏法《ぶつぽう》には、万《よろず》*かなしきにも、*かなはぬにつけても、なにごとにつけても、後生《ごしよう》のたすかるべきことを思《おも》へば、よろこびおほきは仏恩《ぶつとん》なりと云々《うんぬん》。

（二九九）

一　仏法者《ぶつぽうしや》になれ近《ちか》づきて、損《そん》は一《ひと》つもなし。なにたるをかしきこと、*狂言《きようげん》にも、是非《ぜひ》とも心底《しんてい》には仏法《ぶつぽう》あるべしと思《おも》ふほどに、わが方《かた》に徳《とく》おほきなりと云々《うんぬん》。

（三〇〇）

一　蓮如上人《れんによしようにん》、権化《ごんけ》の再誕《さいたん》といふこと、その証《しよう》おほし。まへにこれをしるせり。御詠歌《ごえいか》に、「*かたみには六字《ろくじ》の御名《みな》をのこしおく　なからんあとのかたみともなれ」と候《そうろ》ふ。弥陀《みだ》の化身《けしん》としられ候《そうろ》ふこと歴然《れきぜん》たり。

蓮如上人御一代記聞書　末

進上物　贈物。献上品。

かなしき　愛する者と別れる悲しみ（愛別離苦《あいべつりく》）。

かなはぬ　求めて得られない苦しみ（求不得苦《ぐふとくく》）。

狂言　ここではばかげた言葉、たわごとの意。

かたみには…　『蓮如上人遺徳記《れんによしようにんいとくき》』には「形見には六字の御名をとどめおく　なからん世にはたれも用ゐよ」と出る。

(三〇一)
一　蓮如上人《れんにょしょうにん》、細々《さいさい》*御兄弟衆等《ごきょうだいしゅうら》に御足《おんあし》を御見《おみ》せ候《そうろ》ふ。御《おん》わらぢの緒《お》くひ入《い》り、*きらりと御入《おんい》り候《そうろ》ふ。かやうに京《きょう》・田舎《いなか》、御自身《ごじしん》は御辛労候《ごしんろうそうら》ひて、仏法《ぶっぽう》を仰《おお》せひらかれ候《そうろ》ふよし仰《おお》せられ候《そうら》ひしと云々《うんぬん》。

(三〇二)
一　おなじく仰《おお》せにいはく、悪人《あくにん》のまねをすべきより、信心決定《しんじんけつじょう》の人《ひと》のまねをせよと仰《おお》せられ候《そうろ》ふ云々《うんぬん》。

(三〇三)
一　蓮如上人御病中《れんにょしょうにんごびょうちゅう》、大坂殿《おおざかどの》より御上洛《ごじょうらく》の時《とき》、*明応八《めいおうはち》、二月十八日《にがつじゅうはちにち》、*さんばの浄賢《じょうけん》〔の〕処《ところ》にて、前住上人《ぜんじゅうしょうにん》（実如）へ対《たい》し御申《おんもう》しなされ候《そうろ》ふ。御一《ごいち》流《りゅう》の肝要《かんよう》をば、御文《おふみ》にくはしくあそばしとどめられ候《そうろ》ふあひだ、いまは申《もう》しまぎらかすものもあるまじく候《そうろ》ふ。この分《ぶん》をよくよく御心得《おんこころえ》あり、御門徒中《ごもんとちゅう》へも仰《おお》せつけられ候《そうら》へと御遺言《ごゆいごん》のよしに候《そうろ》ふ。しかれば、前住上人《ぜんじゅうしょうにん》の御安心《ごあんじん》も御文《おふみ》のごとく、また諸国《しょこく》の御門徒《ごもんと》も、御文《おふみ》のごとく信《しん》をえられよとの*支証《ししょう》のために、*御判《ごはん》をなされ候《そうろ》ふことと云々《うんぬん》。

御兄弟衆　蓮如上人の子息たち。
きらりと　はっきりと。
明応八　一四九九年。蓮如上人八十五歳。
さんばの浄賢　当時のさんば（三番《さんば》）は大阪湾岸沿いの神崎川と中津川の三角州にあった。浄賢は大坂定専坊の住職。
支証　証拠。あかし。
御判　花押《かおう》。書判。

（三〇四）
一　存覚《ぞんかく》は大勢至《だいせいし》の化身《けしん》なりと云々《うんぬん》。しかるに『六要鈔《ろくようしょう》』には*三心《さんしん》の字訓《じくん》そのほか、「*勘得《かんとく》せず」とあそばし、「聖人《しょうにん》（親鸞）の*宏才仰《こうさいあお》ぐべし」と候《そうろ》ふ。権化《ごんけ》にて候《そうら》へども、聖人《しょうにん》の*御作分《ごさくぶん》をかくのごとくあそばし候《そうろ》ふ。まことに聖《しょう》意《い》はかりがたきむねをあらはし、自力《じりき》をすてて他力《たりき》を仰《あお》ぐ本意《ほんい》にも叶《かな》ひまうし候《そうろ》ふ物《もの》をや。かやうのことが名誉《めいよ》にて御入《おんい》り候《そうろ》ふと云々《うんぬん》。

（三〇五）
一　『*註《ちゅう》』を御《おん》あらはし候《そうろ》ふこと、御自身《ごじしん》の*智解《ちげ》を御《おん》あらはし候《そうら》はんがためにてはなく候《そうろ》ふ。御詞《おんことば》を*褒美《ほうび》のため、*仰崇《ぎょうそう》のためにて候《そうろ》ふと云々《うんぬん》。

（三〇六）
一　存覚御辞世《ぞんかくごじせい》の御詠《ごえい》にいはく、「いまははや一夜《ひとよ》の夢《ゆめ》となりにけり　往来《ゆきき》あまたのかりのやどやど」。この言《ことば》を蓮如上人仰《れんにょしょうにんおお》せられ候《そうろ》ふと云々《うんぬん》。さては釈迦《しゃか》の化身《けしん》なり、*往来娑婆《おうらいしゃば》の心《こころ》なりと云々《うんぬん》。わが身《み》にかけてこころえば、六道輪廻《ろくどうりんね》めぐりめぐりて、いま臨終《りんじゅう》の夕《ゆうべ》、さとりをひらくべしといふ心《こころ》なりと云々《うんぬん》。

（三〇七）
一　*陽気《ようき》・*陰気《いんき》とてあり。されば陽気《ようき》をうる花《はな》ははやく開《ひら》くなり、陰気《いんき》とて日《ひ》

蓮如上人御一代記聞書　末

三心の字訓　本願に示される至心・信楽・欲生の三心の文字の解釈。
勘得　考え得ること。
宏才　博識。博学。
御作分　つくられたもの。御製作になったもの。ここでは『教行信証』を指す。
註　『六要鈔《ろくようしょう》』のこと。
智解　学識。
褒美　ほめたたえること。
仰崇　崇め尊ぶこと。敬い尊ぶこと。
往来娑婆　『安心決定鈔』に「往来娑婆八千遍」（一三九九頁九行）とある。
陽気　万物に生命力や活力を与える精気。
陰気　万物の形成において、消極面を代表する精気。

陰《かげ》の花《はな》は遅《おそ》く咲《さ》くなり。かやうに宿善《しゆくぜん》も遅速《ちそく》あり。されば*已今当《いこんとう》の往生《おうじよう》あり。弥陀《みだ》の光明《こうみよう》にあひて、はやく開《ひら》くる人《ひと》もあり、遅《おそ》く開《ひら》くる人《ひと》もあり。とにかくに、信不信《しんふしん》ともに仏法《ぶつぽう》を心《こころ》に入《い》れて聴聞申《ちようもんもう》すべきなりと云々《うんぬん》。已今当《いこんとう》のこと、前々住上人《ぜんぜんじゆうしようにん》（蓮如）仰《おお》せられ候《そうろ》ふと云々《うんぬん》。昨日《きのう》あらはす人《ひと》もあり、今日《きよう》あらはす人《ひと》もありと仰《おお》せられしと云々《うんぬん》。

63

（三〇八）

一　蓮如上人《れんによしようにん》、御廊下《ごろうか》を御《おん》とほり候《そうら》ひて、紙切《かみき》れのおちて候《そうら》ひつるを御覧《ごらん》ぜられ、*仏法領《ぶつぽうりよう》の物《もの》を*あだにするかやと仰《おお》せられ、両《りよう》の御手《おんて》にて御《おん》いただき候《そうろ》ふと云々《うんぬん》。総《そう》じて紙《かみ》の切《き》れなんどのやうなる物《もの》をも、仏物《ぶつもつ》と思《おぼ》し召《め》し御用《おんもち》ゐ候《そうら》へば、あだに御沙汰《ごさた》なく候《そうろ》ふのよし、前住上人《ぜんじゆうしようにん》（実如）御物語《おんものがた》り候《そうら》ひき。

（三〇九）

一　蓮如上人《れんによしようにん》、近年仰《きんねんおお》せられ候《そうろ》ふ。御病中《ごびようちゆう》に仰《おお》せられ候《そうろ》ふこと、なにごとも金言《きんげん》なり。心《こころ》をとめて聞《き》くべしと仰《おお》せられ候《そうろ》ふと云々《うんぬん》。

（三一〇）

一　御病中《ごびようちゆう》に慶聞《きようもん》をめして仰《おお》せられ候《そうろ》ふ。御身《おんみ》には不思議《ふしぎ》なることあるを、

已今当　過去・現在・未来。

仏法領の物　仏物に同じ。阿弥陀仏より恵まれたもの。

あだにする　粗末にする。無駄にする。

気《き》をとりなほして仰《おお》せらるべきと仰《おお》せられ候《そうろ》ふと云々《うんぬん》。

（三二一）

一　蓮如上人《れんにょしょうにん》仰《おお》せられ候《そうろ》ふ。世間《せけん》・仏法《ぶっぽう》ともに、人《ひと》はかろがろ*としたるがよきと仰《おお》せられ候《そうろ》ふ。黙《もく》したるものを御《おん》きらひ候《そうろ》ふ。物《もの》を申《もう》さぬがわろきと仰《おお》せられ候《そうろ》ふ。また微音《びおん》*に物《もの》を申《もう》すをわろしと仰《おお》せられ候《そうろ》ふと云々《うんぬん》。

（三二二）

一　おなじく仰《おお》せにいはく、仏法《ぶっぽう》と世体《せたい》*とは嗜《たしな》みによると、対句《ついく》に仰《おお》せられ候《そうろ》ふ。また法門《ほうもん》と庭《にわ》の松《まつ》とはいふ*にあがる*と、これも対句《ついく》に仰《おお》せられ候《そうろ》ふと云々《うんぬん》。

（三二三）

一　兼縁《けんえん》、堺《さかい》にて、蓮如上人《れんにょしょうにん》御存生《ごぞんしょう》の時《とき》、背摺布《せずりぬの》*を買得《ばいとく》ありければ、蓮如上人《れんにょしょうにん》仰《おお》せられ候《そうろ》ふ。かやうの物《もの》はわが方《かた》にもあるものを、無用《むよう》の買《か》ひごとよと仰《おお》せられ候《そうろ》ふ。兼縁《けんえん》、自物《じもつ》*にてとりまうしたると答《こた》へまうし候《そうろ》ふところに、仰《おお》せられ候《そうろ》ふ。それはわが物《もの》かと仰《おお》せられ候《そうろ》ふ。ことごとく仏物《ぶつもつ》、如来《にょらい》・聖人《しょうにん》（親鸞）の御用《ごゆう》にもるることはあるまじく候《そうろ》ふ。

蓮如上人御一代記聞書　末

かろがろ　重苦しくないさま。軽快なさま。

微音に　小さな声で。

世体　世間のこと。

いふ　「言ふ」と「結ふ」（縄などで縛り、形を整えること）との掛詞。

あがる　ここでは値うちが出るという意。

背摺布　麻布に山藍で模様をすりこんでつくったかたびら。

自物　自分のもの。自身の所有するお金のこと。

(三一四)

一　蓮如上人《れんにょしょうにん》、兼縁《けんえん》に物《もの》を下《くだ》され候《そうろ》ふを、冥加《みょうが》なきと御辞退《ごじたい》候《そうら》ひければ、仰《おお》せられ候《そうろ》ふ。つかはされ候《そうろ》ふ物《もの》をば、ただ取《と》りて信《しん》をよくとれ。信《しん》なくは冥加《みょうが》64 なきとて仏《ぶつ》の物《もの》を受《う》けぬやうなるも、それは*曲《きょく》もなきことなり。*われするとおもふかとよ。皆御用《みなごゆう》なり。なにごとか御用《ごゆう》にもるることや候《そうろ》ふべきと仰《おお》せられ候《そうろ》ふと云々《うんぬん》。

実如《じつにょ》　御判

蓮《れん》如《によ》上《しょう》人《にん》御《ご》一《いち》代《だい》記《き》聞《きき》書《がき》　末《まつ》

曲もなきこと　つまらないこと。おもしろくないこと。すげないこと。

われするとおもふかとよ　私が与えると思うのか。

唯《ゆい》信《しん》鈔《しょう》

本書の著者である聖覚法印《せいかくほういん》は、隆寛律師《りゅうかんりっし》とともに、師法然聖人《ほうねんしょうにん》よりあつく信任されていた人である。本書は聖人より相承《そうじょう》する念仏往生の要義を述べて、題号のごとくただ信心を専修《せんじゅ》念仏の肝要《かんよう》とすることを明らかにされたものである。

本書の前半には、まず仏道には聖道門《しょうどうもん》と浄土門の二門があり、浄土門こそが末法《まっぽう》の世の衆生《しゅじょう》にかなうものであると選びとり、その浄土門にまた諸行をはげんで往生を願う諸行往生と、称名《しょうみょう》念仏して往生を願う念仏往生とがあるが、自力の諸行では往生をとげがたい旨を示して他力の念仏往生こそ仏の本願にかなうことが述べられる。さらにこの念仏往生について専修と雑修《ざっしゅ》とがあることを示して、阿弥陀仏の本願を信じ、ただ念仏一行をつとめる三心具足の専修のすぐれていることを明らかにし、念仏には信心を要とすることが述べられる。

また後半には㈠臨終念仏と尋常《じんじょう》念仏、㈡弥陀願力と先世《せんぜ》の罪業、㈢五逆と宿善《しゅくぜん》、㈣一念と多念の四項についての不審をあげて、それを明確に決択《けっちゃく》されている。すなわち前半は顕正《けんしょう》の段、後半は破邪《はじゃ》の段である。

親鸞《しんらん》聖人は関東在住の頃から本書を尊重され、門弟にもしばしば本書の熟読を勧められた。しかも、帰洛後には本書を註釈されて『唯信鈔文意《ゆいしんしょうもんい》』を著され、本書の意義をさらに説き明かされている。

唯《ゆい》信《しん》鈔《しょう》

*安居院法印聖覚作《あんごいんほういんせいかくさく》

【一】それ生死《しょうじ》をはなれ仏道《ぶつどう》をならんとおもはんに、二《ふた》つのみちあるべし。一《ひと》つには聖道門《しょうどうもん》、二《ふた》つには浄土門《じょうどもん》なり。

聖道門《しょうどうもん》といふは、この娑婆世界《しゃばせかい》にありて、行《ぎょう》をたて功《こう》をつみて、今生《こんじょう》に証《しょう》をとらんとはげむなり。いはゆる*真言《しんごん》をおこなふともがらは、即身《そくしん》に*大覚《だいかく》の位《くらい》にのぼらんとおもひ、*法華《ほっけ》をつとむるたぐひは、今生《こんじょう》に*六根《ろっこん》の証《しょう》をえんとねがふなり。まことに教《きょう》の本意《ほんい》しるべけれども、末法《まっぽう》にいたり*濁世《じょくせ》におよびぬれば、現身《げんしん》にさとりをうること、億々《おくおく》の人《ひと》のなかに一人《いちにん》もありがたし。これによりて、今《いま》の世《よ》にこの門《もん》をつとむる人《ひと》は、*即身《そくしん》の証《しょう》においては、みづから*退屈《たいくつ》のこころをおこして、あるいははるかに慈尊《じそん》（弥勒）の*下生《げしょう》を期《ご》して、*五十六億《ごじゅうろくおく》七千万歳《しちせんまんざい》のあかつきの空《そら》をのぞみ、あるいはとほく*後仏《ごぶつ》の出世《しゅっせ》をまちて、多《た》生曠劫《しょうこうごう》、流転生死《るてんしょうじ》の夜《よる》の雲《くも》にまどへり。あるいはわづかに*霊山《りょうぜん》・*補陀落《ふだらく》の*霊《れい》

安居院　「あぐい」ともいう。比叡山《ひえいざん》東塔竹林院の里坊で山城愛宕郡《やましろあたご》（現在の京都市寺之内）にあったが、応仁の乱により焼失した。現在は西法寺といい、京都市上京区新ン町にある。

真言　ここでは真言宗の教えのこと。真言宗では即身成仏を唱え、父母より生れた肉体のままでただちに仏果（仏のさとり）を証すると説く。→真言宗《しんごんしゅう》

大覚　「大日如来となるなり」（左訓）

法華　ここでは天台法華宗《てんだいほっけしゅう》の教えのこと。→法華宗

六根の証　眼《げん》・耳《に》・鼻《び》・舌《ぜつ》・身《しん》・意《い》の六の感覚器官が浄化された六根清浄《しょうじょう》の境地にいたること。

濁世　五濁悪世の意。→五濁《ごじょく》

即身　「この身にて」（左

4

地《ち》をねがひ、あるいはふたたび天上《てんじょう》・人間《にんげん》の*小報《しょうほう》をのぞむ。*結縁《けちえん》まことにたふとむべけれども、*速証《そくしょう》すでにむなしきに似《に》たり。ねがふところなほこれ三《さん》界《がい》のうち、のぞむところまた輪廻《りんね》の報《ほう》なり。なにのゆゑか、*そこばくの*行《ぎょう》業《ごう》・慧解《えげ》をめぐらしてこの小報《しょうほう》をのぞまんや。まことにこれ大聖《だいしょう》（釈尊）を去《さ》ることとほきにより、*理《り》ふかく、さとりすくなきがいたすところか。

【二】二《ふた》つに浄土門《じょうどもん》といふは、今生《こんじょう》の行業《ぎょうごう》を回向《えこう》して、*順次生《じゅんじしょう》に浄土《じょうど》に生《うま》れて、浄土《じょうど》にして菩薩《ぼさつ》の行《ぎょう》を具足《ぐそく》して仏《ぶつ》に成《な》らんと願《がん》ずるなり。この門《もん》は*末代《まつだい》の機《き》にかなへり。まことにたくみなりとす。ただし、この門《もん》にまた二《ふた》つのすぢわかれたり。一《ひと》つには諸行往生《しょぎょうおうじょう》、二《ふた》つには念仏往生《ねんぶつおうじょう》なり。

【三】諸行往生《しょぎょうおうじょう》といふは、あるいは父母《ぶも》に孝養《きょうよう》し、あるいは師長《しちょう》に奉事《ぶじ》し、あるいは五戒《ごかい》・八戒《はっかい》をたもち、あるいは布施《ふせ》・忍辱《にんにく》を行《ぎょう》じ、乃至三密《ないしさんみつ》・*一乗《いちじょう》の行《ぎょう》をめぐらして、浄土《じょうど》に往生《おうじょう》せんとねがふなり。これみな往生《おうじょう》をとげざるにあらず。一切《いっさい》の行《ぎょう》はみなこれ浄土《じょうど》の行《ぎょう》なるがゆゑに。ただこれはみづからの行《ぎょう》をはげみて往生《おうじょう》をねがふがゆゑに、自力《じりき》の往生《おうじょう》となづく。行業《ぎょうごう》もし*おろそかならば、往生《おうじょう》とげがたし。かの阿弥陀仏《あみだぶつ》の本願《ほんがん》にあらず。摂取《せっしゅ》の光明《こうみょう》の照《て》

訓）

退屈 「退きかがまる」（左訓）仏道修行の困難さに屈し退転すること。

下生 「兜率《とそつ》より中天竺《ちゅうてんじく》にくだりたまふなり」（左訓）

五十六億七千万歳 釈尊の入滅《にゅうめつ》から弥勒《みろく》菩薩が成仏するまでの年数（『菩薩《ぼさつ》処《しょ》胎経《たいきょう》』の説）。

後仏の出世 「後の仏《ほとけ》の世に出でたまふをいふ」（左訓）

霊山 霊鷲山《りょうじゅせん》（耆闍崛山《ぎしゃくつせん》）のこと。→耆闍崛山

補陀落 「観音の浄土なり」（左訓）補陀落は梵語ポータラカ（Potalaka）の音写。光明山《こうみょうせん》、海島山《かいちょうせん》、小《しょう》花樹山《かじゅせん》などと漢訳する。インドの南海岸にあるとされる観世音菩薩の住処。

霊地 「すぐれてよきところといふ」（左訓）

らさざるところなり。

【四】　二《ふた》つに念仏往生《ねんぶつおうじょう》といふは、阿弥陀《あみだ》の名号《みょうごう》をとなへて往生《おうじょう》をねがふなり。これはかの仏《ぶつ》の本願《ほんがん》に順《じゅん》ずるがゆゑに、正定《しょうじょう》の業《ごう》となづく。ひとへに弥陀《みだ》の願力《がんりき》にひかるるがゆゑに、他力《たりき》の往生《おうじょう》となづく。そもそも、名号《みょうごう》をとなふるは、なにのゆゑにかの仏《ぶつ》の本願《ほんがん》にかなふとはいふぞといふに、そのことのおこりは、阿弥陀如来《あみだにょらい》いまだ仏《ぶつ》に成《な》りたまはざりしむかし、法蔵比丘《ほうぞうびく》と申《もう》しき。そのときに仏《ぶつ》ましましき。世自在王仏《せじざいおうぶつ》と申《もう》しき。法蔵比丘《ほうぞうびく》すでに菩提心《ぼだいしん》をおこして、*清浄《しょうじょう》の国土《こくど》をしめて衆生《しゅじょう》を利益《りやく》せんと*おぼして、仏《ぶつ》のみもとへまゐりて申《もう》したまはく、「われすでに菩提心《ぼだいしん》をおこして清浄《しょうじょう》の仏国《ぶっこく》をまうけんとおもふ。願《ねが》はくは仏《ぶつ》、わがためにひろく仏国《ぶっこく》を荘厳《しょうごん》する無量《むりょう》の妙行《みょうぎょう》をしへたまへ」と。そのときに世自在王仏《せじざいおうぶつ》、二百一十億《にひゃくいちじゅうおく》の諸仏《しょぶつ》の浄土《じょうど》の人天《にんでん》の善悪《ぜんあく》、国土《こくど》の粗妙《そみょう》をことごとくこれを説《と》き、ことごとくこれを現《げん》じたまひき。法蔵比丘《ほうぞうびく》これをきき、これをみて、悪《あく》をえらびて善《ぜん》をとり、*粗《そ》をすてて妙《みょう》をねがふ。たとへば三悪道《さんまくどう》ある国土《こくど》をば、これをえらびてとらず、三悪道《さんまくどう》なき世界《せかい》をば、これをねがひてすなはちとる。*自余《じよ》の願《がん》もこれになずらへてこころを

小報　「小さき果報《かほう》といふことなり」（左訓）

結縁　仏道に縁を結ぶこと。

速証　「疾《と》くさとりをひらくといふ」（左訓）

そこばく　相当の数量。

行業慧解　修行することと、智慧《ちえ》によって仏法を領解《りょうげ》すること。

理ふかく　「法門はふかしといふことなり」（左訓）

順次生　「この次に生れんとなり」（左訓）現世の命が終って、次に受ける生。

末代の機　末法《まっぽう》の時代の人々。↓末法

一乗の行　ここでは天台《てんだい》宗《しゅう》の止観《しかん》の行をいう。

おろそかならば　不十分であるのなら。

清浄の国土をしめて　浄土を建立して。『真宗仮名聖

得《う》べし。このゆゑに、二百一十億《にひやくいちじゆうおく》の諸仏《しよぶつ》の浄土《じようど》のなかより、すぐれたることをえらびとりて極楽世界《ごくらくせかい》を建立《こんりゆう》したまへり。たとへば柳《やなぎ》の枝《えだ》に桜《さくら》のはなを咲《さ》かせ、*二見《ふたみ》の浦《うら》に*清見《きよみ》が関《せき》をならべたらんがごとし。これをえらぶこと一期《いちご》の*案《あん》にあらず、*五劫《ごこう》のあひだ思惟《しゆい》したまへり。かくのごとく*微妙厳浄《みみようごんじよう》の国土《こくど》をまうけんと願《がん》じて、かさねて思惟《しゆい》したまはく、国土《こくど》をまうくることは衆生《しゆじよう》をみちびかんがためなり。国土妙《こくどたえ》なりといふとも、衆生生《しゆじよううま》れがたくは、大悲大《だいひだい》願《がん》の意趣《いしゆ》にたがひなんとす。これによりて往生極楽《おうじようごくらく》の別因《べついん》を定《さだ》めんとするに、一切《いつさい》の行《ぎよう》みなたやすからず。孝養父母《きようようぶも》をとらんとすれば、不孝《ふきよう》のものは生《うま》るべからず。*読誦大乗《どくじゆだいじよう》をもちゐんとすれば、文句《もんく》をしらざるものはのぞみがた
6
し。布施《ふせ》・持戒《じかい》を因《いん》と定《さだ》めんとすれば、*慳貪《けんどん》・破戒《はかい》のともがらはもれなんとす。忍辱《にんにく》・精進《しようじん》を*業《ごう》とせんとすれば、*瞋恚《しんに》・*懈怠《けだい》のたぐひはすてられぬべし。余《よ》の一切《いつさい》の行《ぎよう》、みなまたかくのごとし。

　これによりて一切《いつさい》の善悪《ぜんあく》の凡夫《ぼんぶ》ひとしく生《うま》れ、ともにねがはしめんがために、ただ阿弥陀《あみだ》の三字《さんじ》の名号《みようごう》をとなへんを往生極楽《おうじようごくらく》の別因《べついん》とせんと、五劫《ごこう》のあひだふかくこのことを思惟《しゆい》しをはりて、まづ第十七《だいじゆうしち》に諸仏《しよぶつ》にわが名字《みようじ》を*称《しよう》

教』所収本には「しめて」は「しめして」とある。

おぼして　お思いになって。

粗　「あらくわるきなり」（左訓）

自余の願　「残りの願をえらびとることかくのごとしといふことばなり」（左訓）

二見の浦　三重県度会《わたらい》郡二見町の夫婦岩のある海岸の名勝。

清見が関　平安時代、駿河《するが》庵原《いはら》郡（現在の静岡市清水興津《おきつ》清見寺町）の地にあった関のことで、北に富士山、南に三保の松原を望むことができる名勝。

案　思案。考え。

五劫のあひだ思惟　阿弥陀仏が因位《いんに》の法蔵《ほうぞう》菩薩の時、一切衆生《しゆじよう》を平等に救うために、五劫という長い間思惟をめぐらしたこと。

揚《よう》せられんといふ願《がん》をおこしたまへり。この願《がん》ふかくこれをこころうべし。名《みよう》号《ごう》をもつてあまねく衆生《しゆじよう》をみちびかんとおぼしめすゆゑに、*かつがつ名号《みようごう》をほめられんと誓《ちか》ひたまへるなり。しからずは、仏《ぶつ》の御《おん》こころに名誉《めいよ》をねがふべからず。諸仏《しよぶつ》にほめられてなにの要《よう》かあらん。

「*如来尊号甚分明《にょらいそんごうじんぶんみよう》　十方世界普流行《じつぽうせかいふるぎよう》
但有称名皆得往《たんうしようみようかいとくおう》　観音勢至自来迎《かんのんせいしじらいこう》」（五会法事讃）

といへる、このこころか。

さてつぎに、第十八《だいじゆうはち》に念仏往生《ねんぶつおうじよう》の願《がん》をおこして、十念《じゆうねん》のものをもみちびかんとのたまへり。まことにつらつらこれをおもふに、この願《がん》ははなはだ弘深《ぐじん》なり。名号《みようごう》はわづかに三字《さんじ》なれば、*盤特《はんどく》がともがらなりともたもちやすく、これをとなふるに、行《ぎよう》住座臥《じゆうざが》をえらばず、時処《じしよ》*諸縁《しよえん》をきらはず、在家出家《ざいけしゆつけ》、若《にや》男若女《なんにやくによ》、老少《ろうしよう》、善悪《ぜんあく》の人《ひと》をもわかず、なに人《びと》かこれにもれん。

「*彼仏因中立弘誓《ひぶついんちゆうりゆうぐぜい》　聞名念我総迎来《もんみようねんがそうこうらい》
不簡貧窮将富貴《ふけんびんぐしようふき》　不簡下智与高才《ふけんげちよこうざい》
不簡多聞持浄戒《ふけんたもんじじようかい》　不簡破戒罪根深《ふけんはかいざいこんじん》

微妙厳浄　「よくよきかざりきよしとなり」（左訓）
読誦大乗　「経をよむをいふなり」（左訓）
慳貪　「をしむ、むさぼる」（左訓）
業　「なりはひ」（左訓）
瞋恚　「面《おも》の怒り、こころの怒り」（左訓）
懈怠　「おこたるこころなり」（左訓）
称揚　「となへられほめられんといふ」（左訓）

かつがつ　まず。
如来尊号…　「如来の尊号は、はなはだ分明なり。十方世界にあまねく流行せしむ。ただ名を称するのみありて、みな往くことを得。観音・勢至おのづから来り迎へたまふ」（行巻訓）
盤特　周利槃陀伽のこと。↓周利槃陀伽《しゆりはんだか》

但《たん》使《し》回《え》心《しん》多《た》念《ねん》仏《ぶつ》　能《のう》令《りょう》瓦《が》礫《りゃく》変《へん》成《じょう》金《こん》」（五会法事讃）

このこころか。これを念仏往生《ねんぶつおうじょう》とす。

7 【五】龍樹菩薩《りゅうじゅぼさつ》の『十住毘婆沙論《じゅうじゅうびばしゃろん》』のなかに、「*仏道《ぶつどう》を行《ぎょう》ずるに難行道《なんぎょうどう》・易《い》行道《ぎょうどう》あり。難行道《なんぎょうどう》といふは、陸路《ろくろ》を*かちよりゆかんがごとし。易行道《いぎょうどう》といふは、海路《かいろ》に順風《じゅんぷう》を得《え》たるがごとし。難行道《なんぎょうどう》といふは、五濁世《ごじょくせ》にありて不退《ふたい》の位《くらい》にかなはんとおもふなり。易行道《いぎょうどう》といふは、ただ仏《ぶつ》を信《しん》ずる因縁《いんねん》〔をもつて〕のゆゑに浄土《じょうど》に往生《おうじょう》するなり」といへり。難行道《なんぎょうどう》といふは聖道門《しょうどうもん》なり、易行道《いぎょうどう》といふは浄土門《じょうどもん》なり。わたくしにいはく、浄土門《じょうどもん》に入《い》りて諸行往生《しょぎょうおうじょう》をつとむる人《ひと》は、海路《かいろ》にふねに乗《の》りながら順風《じゅんぷう》を得《え》ず、櫓《ろ》をおし、ちからをいれて潮路《しおじ》をさかのぼり、なみまをわくるにたとふべきか。

【六】つぎに念仏往生《ねんぶつおうじょう》の門《もん》につきて、専修《せんじゅ》・雑修《ざっしゅ》の二行《にぎょう》わかれたり。専修《せんじゅ》といふは、極楽《ごくらく》をねがふこころをおこし、本願《ほんがん》をたのむ信《しん》をおこすより、ただ念仏《ねんぶつ》の一行《いちぎょう》をつとめてまつたく余行《よぎょう》をまじへざるなり。他《た》の経《きょう》・*呪《しゅ》をもたもたず、余《よ》の仏《ぶつ》・菩薩《ぼさつ》をも念《ねん》ぜず、ただ弥陀《みだ》の名号《みょうごう》をとなへ、ひとへに弥陀一仏《みだいちぶつ》を念《ねん》ずる、これを専修《せんじゅ》となづく。雑修《ざっしゅ》といふは、念仏《ねんぶつ》をむねとすといへども、また

諸縁　「よろづのことなり」（左訓）

彼仏因中…　「かの仏の因中に弘誓を立てたまへり。名を聞きてわれを念ぜばすべて迎へ来《かえ》らしめん。貧窮と富貴とを簡《えら》ばず、下智と高才とを簡ばず、多聞と浄戒を持てるとを簡ばず、破戒と罪根の深きとを簡ばず。ただ回心して多く念仏せしむれば、よく瓦礫をして変じて金《こがね》と成さんがごとくせしむ」（行巻訓）

仏道を…往生するなり　『論註』（上）の文（註釈版聖典七祖篇四七頁）による。

かち　徒歩。

呪　「陀羅尼《だらに》なり」（左訓）ここでの陀羅尼は密教で用いる呪文のこと。

余《よ》の行《ぎょう》をもならべ、他《た》の善《ぜん》をもかねたるなり。この二《ふた》つのなかには、専修《せんじゅ》をすぐれたりとす。そのゆゑは、すでにひとへに極楽《ごくらく》をねがふ。かの土《ど》の教主《きょうしゅ》（阿弥陀仏）を念《ねん》ぜんほか、なにのゆゑか他事《たじ》をまじへん。*電光朝露《でんこうちょうろ》のいのち、芭蕉泡沫《ばしょうほうまつ》の身《み》、わづかに一世《いっせ》の勤修《ごんしゅ》をもちて、たちまちに五趣《ごしゅ》の古郷《こきょう》をはなれんとす。あにゆるく諸行《しょぎょう》をかねんや。諸仏《しょぶつ》・菩薩《ぼさつ》の結縁《けちえん》は、*随心供仏《ずいしんくぶつ》のあしたを期《ご》すべし、*大小経典《だいしょうきょうてん》の*義理《ぎり》は、*百法明門《ひゃっぽうみょうもん》のゆふべをまつべし。*一土《いちど》

8 をねがひ*一仏《いちぶつ》を念《ねん》ずるほかは、その用《よう》あるべからずといふなり。念仏《ねんぶつ》の門《もん》に入《い》りながら、なほ余行《よぎょう》をかねたる人《ひと》は、そのこころをたづぬるに、おのおの*本業《ほんごう》を執《しゅう》してすてがたくおもふなり。あるいは一乗《いちじょう》をたもち三密《さんみつ》を行《ぎょう》ずる人《ひと》、おのおのその行《ぎょう》を回向《えこう》して浄土《じょうど》をねがはんとおもふこころをあらためず、念仏《ねんぶつ》にならべてこれをつとむるに、なにの*とがかあらんとおもふなり。ただちに本願《ほんがん》に順《じゅん》ずる易行《いぎょう》の念仏《ねんぶつ》をつとめずして、なほ*本願《ほんがん》にえらばれし諸行《しょぎょう》をならべんことのよしなきなり。これによりて善導和尚《ぜんどうかしょう》ののたまはく（礼讃・意）、「専《せん》を捨《す》てて雑《ぞう》におもむくものは、千《せん》のなかに一人《いちにん》も生《うま》れず。もし専修《せんじゅ》のものは、百《ひゃく》に百《ひゃく》ながら生《うま》れ、千《せん》に千《せん》ながら生《うま》る」といへり。

電光朝露　稲妻や朝の露のようにはかないこと。

随心供仏　「こころにしたがひて仏《ほとけ》へ供養すといふ」（左訓）『往生要集《おうじょうようしゅう》』（上）に浄土でうける十種の楽を説く中の一。心のままに十方の仏を供養すること。

大小経典　大乗・小乗の経典。

義理　「法門の沙汰をするをいふ」（左訓）

百法明門　菩薩が初地《しょじ》の位において得る法門のことで、あらゆる法門に通達した智《ち》慧《え》の意。

一土　「極楽なり」（左訓）

一仏　「あみだほとけなり」（左訓）

本業　「もとせしことをいふなり」（左訓）

とが　悪いところ。あやまち。罪。

本願にえらばれし　ここで

　「*極《ご》楽《くらく》無《む》為《い》涅《ね》槃《はん》界《がい》　随《ずい》縁《えん》雑《ぞう》善《ぜん》恐《く》難《なん》生《しょう》
　故《こ》使《し》如《にょ》来《らい》選《せん》要《よう》法《ぼう》　教《きょう》念《ねん》弥《み》陀《だ》専《せん》復《ぶ》専《せん》」（法事讃・下　五六四）

といへり。*随縁《ずいえん》の雑善《ぞうぜん》ときらへるは、本業《ほんごう》を執《しゅう》するこころなり。たとへばみやづかへをせんに、主君《しゅくん》にちかづき、これをたのみてひとすぢに忠節《ちゅうせつ》を尽《つく》すべきに、まさしき主君《しゅくん》に親《した》しみながら、かねてまた疎《うと》くとほき人《ひと》にこころざしを尽《つく》して、この人《ひと》、主君《しゅくん》にあひてよきさまにいはんことを求《もと》めんがごとし。ただちにつかへたらんと、勝劣《しょうれつ》あらはにしりぬべし。二心《にしん》あると一心《いっしん》なると、天《てん》地《ち》はるかにことなるべし。

【七】　これにつきて人疑《ひとうたがい》をなさく、*「たとへば人《ひと》ありて、念仏《ねんぶつ》の行《ぎょう》をたてて毎《まい》日《にち》に一万遍《いちまんべん》をとなへて、そのほかは終日《ひめもす》にあそびくらし、よもすがらねぶりをらんと、またおなじく一万《いちまん》を申《もう》して、そののち経《きょう》をもよみ余仏《よぶつ》をも念《ねん》ぜんと、
9 いづれかすぐれたるべき。『*法華《ほっけ》』に〈*即往安楽《そくおうあんらく》〉の文《もん》あり。これをよまんに、あそびたはぶれにおなじからんや。『*薬師《やくし》』には八《はち》菩《ぼ》薩《さつ》の*引導《いんどう》あり。これを念《ねん》ぜんは、むなしくねぶらんに似《に》るべからず。かれを専修《せんじゅ》とほめ、これを雑修《ざっしゅ》ときらはんこと、いまだそのこころをえず」と。

は本願においてえらびすてられたという意。

極楽無為…　「極楽は無為涅槃の界《かい》なり。随縁の雑善おそらくは生じがたし。ゆゑに如来要法を選びて、教へて弥陀を念ぜしめてもつぱらにしてまたもつぱらならしめたまへり」（真仏土巻訓）

随縁の雑善　衆生《しゅじょう》がおのおのの縁にしたがって修める自力のさまざまな善根《ぜんごん》。

く　底本に「て」とあるのを改めた。

法華　『法華経《ほけきょう》』のこと。↓法華経

即往安楽　「すなはち安楽にゆくと」（左訓）

薬師　『本願薬師経《ほんがんやくしきょう》』のこと。↓本願薬師経

引導　教え導いて仏道に引き入れること。

いまたこれを案《あん》ずるに、なほ専修《せんじゅ》をすぐれたりとす。そのゆゑは、もとより濁世《じょくせ》の凡夫《ぼんぶ》なり、ことにふれてさはりおほし。弥陀《みだ》これを*かがみて易行《いぎょう》の道《どう》をしへたまへり。終日《ひめもす》にあそびたはぶるるは、*散乱増《さんらんぞう》のものなり。よもすがらねぶるは、*睡眠増《すいめんぞう》のものなり。これみな煩悩《ぼんのう》の所為《しょい》なり。たちがたく伏《ぶく》しがたし。あそびやまば念仏《ねんぶつ》をとなへ、ねぶりさめば本願《ほんがん》をおもひいづべし。専修《せんじゅ》の行《ぎょう》にそむかず。一万遍《いちまんべん》をとなへて、そののちに他経《たきょう》・他仏《たぶつ》を*持念《じねん》せんは、*うちきくところたくみなれども、念仏《ねんぶつ》たれか一万遍《いちまんべん》にかぎれと定《さだ》めし。精進《しょうじん》の機《き》ならば、終日《ひめもす》にとなふべし。念珠《ねんじゅ》をとらば、弥陀《みだ》の名号《みょうごう》をとなふべし。本《ほん》尊《ぞん》にむかはば、弥陀《みだ》の形像《ぎょうぞう》にむかふべし。ただちに弥陀《みだ》の来迎《らいこう》をまつべし。なにのゆゑか八菩薩《はちぼさつ》の*示路《じろ》をまたん。もつぱら本願《ほんがん》の引導《いんどう》をたのむべし。わづらはしく*一乗《いちじょう》の功能《くのう》を*かるべからず。行者《ぎょうじゃ》の*根性《こんじょう》に上《じょう》・中《ちゅう》・下《げ》あり。*上根《じょうこん》のものは、よもすがら、ひぐらし念仏《ねんぶつ》を申《もう》すべし。なにのいとまにか余仏《よぶつ》を念《ねん》ぜん。ふかくこれをおもふべし、みだりがはしく疑《うたが》ふべからず。

【八】つぎに念仏《ねんぶつ》を申《もう》さんには、三心《さんしん》を具《ぐ》すべし。ただ名号《みょうごう》をとなふることは、たれの人《ひと》か一念《いちねん》・十念《じゅうねん》の功《こう》をそなへざる。しかはあれども、往生《おうじょう》するも

かがみて　鑑《かん》みて。よく考えて。

散乱増　心をかきみだす煩《ぼん》悩《のう》が強いこと。

睡眠増　意識がぼんやりして身心の反応がおこりにくい状態。心の鈍重なこと。煩悩の一。

持念　「たもちおもふ」（左訓）

うちきくところ　ちょっと耳にしたところでは。

示路　「道しるべなり」（左訓）

一乗の功能　ここでは『法《ほ》華経《けきょう》』の功徳《くどく》、すぐれたはたらき。

かるべからず　たよってはならない。

根性　教えを受けるものの性質、資質。

上根　根は根機の意。仏道を修める能力のすぐれた者。→根機《こんき》

のはきはめてまれなり。これすなはち三心《さんしん》を具《ぐ》せざるによりてなり。『観無量《かんむりょう》寿経《じゅきょう》』にいはく、「*具三心者必生彼国《ぐさんしんしゃひっしょうひこく》」といへり。善導《ぜんどう》の釈《しゃく》（礼讃　六五四）にいはく、「*具此三心《ぐしさんしん》　必得往生也《ひっとくおうじょうや》　若少一心《にゃくしょういっしん》　即不得生《そくふとくしょう》」といへり。三心《さんしん》のなかに一心《いっしん》かけぬれば、生《うま》るることを得《え》ずといふ。世《よ》のなかに弥陀《みだ》の名号《みょうごう》をとなふる人《ひと》おほけれども、往生《おうじょう》する人《ひと》のかたきは、この三心《さんしん》を具《ぐ》せざるゆゑなりとこころうべし。

【九】　その三心《さんしん》といふは、一《ひと》つには至誠心《しじょうしん》、これすなはち真実《しんじつ》のこころなり。おほよそ仏道《ぶつどう》に入《い》るには、まづまことのこころをおこすべし。そのこころまことならずは、そのみちすすみがたし。阿弥陀仏《あみだぶつ》の、むかし菩薩《ぼさつ》の行《ぎょう》をたて、浄土《じょうど》をまうけたまひしも、ひとへにまことのこころをおこしたまひき。これによりてかの国《くに》に生《うま》れんとおもはんも、またまことのこころをおこすべし。その真実心《しんじっしん》といふは、不真実《ふしんじつ》のこころをすて、真実《しんじつ》のこころをあらはすべし。まことにふかく浄土《じょうど》をねがふこころなきを、人《ひと》にあうてはふかくねがふよしをいひ、内心《ないしん》にはふかく今生《こんじょう》の名利《みょうり》に*着《じゃく》しながら、*外相《げそう》には*世《よ》をいとふよしをもてなし、外《ほか》には善心《ぜんしん》あり、たふときよしをあらはして、内《うち》には不善《ふぜん》のこころもあ

具三心者…　「三つのこころを具するもの、かならずかの極楽に生るといふなり」（左訓）

具此三心…　「この三つのこころを具すれば、かならず生るるなり。もし信心かけぬればすなはち生れずといふなり」（左訓）

着　「くるはさる」（左訓）

外相　「うへのふるまひ」（左訓）

世をいとふよしをもてなし　この世を厭うようなふりをして。

り、*放逸《ほういつ》のこころもあるなり。これを虚仮《こけ》のこころとなづけて、真実心《しんじつしん》にたがへる相《そう》とす。これをひるがへして真実心《しんじつしん》をばこころえつべし。このこころをあしくこころえたる人《ひと》は、よろづのことありのままならずは、虚仮《こけ》になりなんずとて、身《み》にとりてはばかるべく、*恥《はじ》がましきことをも人《ひと》にあらはししらせて、
11 かへりて放逸《ほういつ》*無慚《むざん》のとがをまねかんとす。いま真実心《しんじつしん》といふは、浄土《じょうど》をもとめ穢土《えど》をいとひ、仏《ぶつ》の願《がん》を信《しん》ずること、真実《しんじつ》のこころにてあるべしとなり。かならずしも、恥《はじ》をあらはにし、とがを示《しめ》せとにはあらず。ことにより、をりにしたがひてふかく*斟酌《しんしゃく》すべし。善導《ぜんどう》の釈《しゃく》（散善義 四五五）にいはく、「*不《ふ》レ得《とく》三外現《げげん》二賢善精進之相《けんぜんしょうじんしそう》一内懐《ないえ》二虚仮《こけ》一」といへり。

【一〇】二《ふた》つに深心《じんしん》といふは、信心《しんじん》なり。まづ信心《しんじん》の相《そう》をしるべし。信心《しんじん》といふは、ふかく人《ひと》のことばをたのみて疑《うたが》はざるなり。たとへばわがためにいかにもはらぐろかるまじく、ふかくたのみたる人《ひと》の、まのあたりよくよくみたらんところをしへんに、「そのところにはやまあり、かしこにはかはあり」といひたらんをふかくたのみて、そのことばを信《しん》じてんのち、また人《ひと》ありて、「それはひがごとなり、やまなしかはなし」といふとも、いかにもそらごとすまじき

放逸　「ほしきままにふるまふといふなり、おもふさまなり」（左訓）

恥がましきことをも　恥さらしなことまでも。

無慚　「恥なし」（左訓）

斟酌　「はからふこころなり」（左訓）

不得外現…　「外《ほか》に賢善精進の相を現ずることを得ざれ、内に虚仮を懐《いだ》ければなり」通常は「外に賢善精進の相を現じ、内に虚仮を懐くことを得ざれ」と読む。

人《ひと》のいひてしことなれば、のちに百千人《ひゃくせんにん》のいはんことをばもちゐず、もとき
きしことをふかくたのむ、これを信心《しんじん》といふなり。いま釈迦《しゃか》の所説《しょせつ》を信《しん》じ、弥《み》
陀《だ》の誓願《せいがん》を信《しん》じてふたごころなきこと、またかくのごとくなるべし。
いまこの信心《しんじん》につきて二《ふた》つあり。一《ひと》つには、わが身《み》は罪悪生死《ざいあくしょうじ》の凡夫《ぼんぶ》、曠《こう》
劫《ごう》よりこのかた、つねに沈《しず》みつねに*流転《るてん》して、*出離《しゅつり》の縁《えん》あることなしと信《しん》ず。
二《ふた》つには、決定《けつじょう》してふかく、阿弥陀仏《あみだぶつ》の四十八願《しじゅうはちがん》、衆生《しゅじょう》を摂取《せっしゅ》したまふこと
を疑《うたが》はざれば、かの願力《がんりき》に乗《の》りて、さだめて往生《おうじょう》することを得《う》と信《しん》ずるなり。
世《よ》の人《ひと》つねにいはく、「仏《ぶつ》の願《がん》を信《しん》ぜざるにはあらざれども、わが身《み》のほどを
12
はからふに、罪障《ざいしょう》のつもれることはおほく、善心《ぜんしん》のおこることはすくなし。
こころつねに散乱《さんらん》して一心《いっしん》をうることかたし。身《み》*とこしなへに懈怠《けだい》にして精《しょう》
進《じん》なることなし。仏《ぶつ》の願《がん》ふかしといふとも、いかでかこの身《み》をむかへたまは
ん」と。このおもひまことにかしこきに似《に》たり、憍慢《きょうまん》をおこさず*高貢《こうこ》のここ
ろなし。しかはあれども、仏《ぶつ》の不思議力《ふしぎりき》を疑《うたが》ふとがあり。仏《ぶつ》いかばかりのちか
らましますとしりてか、罪悪《ざいあく》の身《み》なればすくはれがたしとおもふべき。五逆《ごぎゃく》の
罪人《ざいにん》すら、なほ十念《じゅうねん》のゆゑにふかく刹那《せつな》のあひだに往生《おうじょう》をとぐ。いはんや罪《つみ》

流転　「六道にまどふをいふ」（左訓）
出離　「穢土《えど》を出で離るるといふ」（左訓）

とこしなへに　いつまでも変らず。

高貢のこころ　「おごるこころなり」（左訓）

五逆《ごぎゃく》にいたらず、功十念《こうじゅうねん》にすぎたらんをや。罪《つみ》ふかくはいよいよ極楽《ごくらく》をねが
ふべし。「*不簡破戒罪根深《ふけんはかいざいこんじん》」（五会法事讃）といへり。善《ぜん》すくなくはますます弥《み》
陀《だ》を念《ねん》ずべし。「*三念五念仏来迎《さんねんごねんぶつらいこう》」（法事讃・下 五七五）とのべたり。むなしく
身《み》を卑下《ひげ》し、こころを*怯弱《こうにゃく》にして、仏智不思議《ぶっちふしぎ》を疑《うたが》ふことなかれ。
たとへば人《ひと》ありて、高《たか》き岸《きし》の下《しも》にありてのぼることあたはざらんに、ちから
強《つよ》き人《ひと》、岸《きし》のうへにありて綱《つな》をおろして、この綱《つな》にとりつかせて、「われ岸《きし》の
うへにひきのぼせん」といはんに、ひく人《ひと》のちからを疑《うたが》ひ、綱《つな》の弱《よわ》からんこと
をあやぶみて、手《て》をさめてこれをとらずは、*さらに岸《きし》のうへにのぼること得《う》
べからず。ひとへにそのことばにしたがうて、*たなごころをのべてこれをとら
んには、すなはちのぼることを得《う》べし。仏力《ぶつりき》を疑《うたが》ひ、願力《がんりき》をたのまざる人《ひと》は、
13 菩提《ぼだい》の岸《きし》にのぼることかたし。ただ信心《しんじん》の手《て》をのべて誓願《せいがん》の綱《つな》をとるべし。仏《ぶつ》
力無窮《りきむぐう》なり、罪障深重《ざいしょうじんじゅう》の身《み》をおもしとせず。仏智無辺《ぶっちむへん》なり、散乱放逸《さんらんほういつ》のもの
をもすつることなし。信心《しんじん》を要《よう》とす、そのほかをばかへりみざるなり。信心決《しんじんけつ》
定《じょう》しぬれば、三心《さんしん》おのづからそなはる。本願《ほんがん》を信《しん》ずることまことなれば、*虚仮《こけ》
のこころなし。浄土《じょうど》まつこと疑《うたが》なければ、回向《えこう》のおもひあり。このゆゑに三心《さんしん》

不簡破戒罪根深 「破戒と罪根の深きとを簡ばず」（行巻訓）「戒をやぶりたる人、罪深き人みな生るといふ」（左訓）

三念五念… 「三念・五念に至るまで、仏来迎したまふ」（化身土巻訓）わずか三たび五たび念仏するものも来迎にあずかるという意。

怯弱 「よわくおもふ」（左訓）

さらに 決して。少しも。

たなごころをのべて 手をのばして。

虚仮 「むなしくかざるなり」（左訓）

ことなるに似《に》たれども、みな信心《しんじん》にそなはれるなり。

【二】　三《み》つには回向発願心《えこうほつがんしん》といふは、名《な》のなかにその義《ぎ》きこえたり。くはしくこれをのぶべからず。*過現三業《かげんさんごう》の善根《ぜんごん》をめぐらして、極楽《ごくらく》に生《うま》れんと願《がん》ずるなり。

【三】　つぎに本願《ほんがん》の文《もん》にいはく、「*乃至十念《ないしじゅうねん》　若不生者《にゃくふしょうじゃ》　不取正覚《ふしゅしょうがく》」（大経・上）といへり。いまこの十念《じゅうねん》といふにつきて、人疑《ひとうたがい》をなしていはく、「『法華《ほっけ》』の〈一念随喜《いちねんずいき》〉といふは、ふかく*非権非実《ひごんひじつ》の理《り》に達《たっ》するなり。いま十念《じゅうねん》といへるも、なにのゆゑか十返《じっぺん》の名号《みょうごう》とこころえん」と。この疑《うたがい》を釈《しゃく》せば、『観無量寿経《かんむりょうじゅきょう》』（意）の*下品下生《げぼんげしょう》の人《ひと》の相《そう》を説《と》くにいはく、「五逆《ごぎゃく》・十悪《じゅうあく》をつくり、もろもろの不善《ふぜん》を具《ぐ》せるもの、臨終《りんじゅう》のときにいたりて、はじめて善知識《ぜんぢしき》のすすめによりて、わづかに十返《じっぺん》の名号《みょうごう》をとなへて、すなはち浄土《じょうど》に生《うま》る」といへり。これさらにしづかに観《かん》じ、ふかく念《ねん》ずるにあらず、ただ口《くち》に名号《みょうごう》を称《しょう》するなり。「*汝若不能念《にょにゃくふのうねん》」（同）といへり。これふかくおもはざるむねをあらはすなり。「*応称無量寿仏《おうしょうむりょうじゅぶつ》」（同）と説《と》けり。ただ*あさく仏号《ぶつごう》をとなふべしとすすむるなり。「*具足十念《ぐそくじゅうねん》　称南無無量寿仏《しょうなもむりょうじゅぶつ》　称仏名故《しょうぶつみょうこ》　於念々中《おねんねんちゅう》　除《じょ》八十億劫《はちじゅうおくこう》　生死之罪《しょうじしざい》」（同）といへり。十念《じゅうねん》といへるは、ただ称名《しょうみょう》の十返《じっぺん》な

過現三業の善根　「過ぎたるかたにしたる善と、今つとむる善といふなり」（左訓）

乃至十念…　「乃至十念せん。もし生れざれば、正覚を取らじ」（信巻訓）

非権非実　方便（権）と真実（実）を差別する立場を超えた絶対真実の教えで、中道とも実相《じっそう》ともいう。

下品下生　九品《くぼん》のうちの最下。→九品

汝若不能念・応称無量寿仏　「汝若不能念者応称無量寿仏（なんぢもし念ずるあたはずは、まさに無量寿仏を称すべし）」

あさく　『真宗法要』所収本には「ふかく」とある。

具足十念…　「十念を具足して南無無量寿仏と称せしむ。仏名を称するがゆゑに、念々のなかにおいて八十億

14 り。本願《ほんがん》の文《もん》これになずらへてしりぬべし。善導和尚《ぜんどうかしょう》はふかくこのむねをさとりて、本願《ほんがん》の文《もん》をのべたまふに、「*若我成仏《にゃくがじょうぶつ》　十方衆生《じっぽうしゅじょう》　称我名号《しょうがみょうごう》　下至十《げしじっ》声《しょう》　若不生者《にゃくふしょうじゃ》　不取正覚《ふしゅしょうがく》」（礼讃　七一二）といへり。十声《じっしょう》といへるは、口称《くしょう》の義《ぎ》をあらはさんとなり。

【三】　一　つぎにまた人《ひと》のいはく、「臨終《りんじゅう》の念仏《ねんぶつ》は功徳《くどく》はなはだふかし。十念《じゅうねん》に五逆《ごぎゃく》を滅《めつ》するは、臨終《りんじゅう》の念仏《ねんぶつ》のちからなり。尋常《じんじょう》の念仏《ねんぶつ》は、このちからありがたし」といへり。

これを案《あん》ずるに、臨終《りんじゅう》の念仏《ねんぶつ》は功徳《くどく》ことにすぐれたり。ただしそのこころを得《う》べし。もし人《ひと》いのちをはらんとするときは、百苦身《ひゃっくみ》にあつまり、正念《しょうねん》みだれやすし。かのとき仏《ぶつ》を念《ねん》ぜんこと、なにのゆゑかすぐれたる功徳《くどく》あるべきや。これをおもふに、病《やまい》おもく、いのちせまりて、身《み》にあやぶみあるときには、信心《しんじん》おのづからおこりやすきなり。まのあたり世《よ》の人《ひと》のならひをみるに、その身《み》*おだしきときは、医師《くすし》をも*陰陽師《おんようじ》をも信《しん》ずることなけれども、病《やまい》おもくなりぬれば、これを信《しん》じて、「この治方《じほう》をせば病《やまい》いえなん」といへば、まことにいえなんずるやうにおもひて、口《くち》ににがき味《あじ》はひをもなめ、身《み》にいたはしき

劫の生死の罪を除く」ただし、『観経』の原文では「無量寿」は「阿弥陀」となっている。

若我成仏…　「もしわれ成仏せんに、十方の衆生、わが名号を称せん。下十声に至るまで、もし生れずは、正覚を取らじ」（行巻訓）

おだしきとき　健康で安らかな時。

陰陽師　天文、暦、方角、地相などで吉凶禍福を占なう人。陰陽道を修する者。

療治《りょうじ》をもくはふ。「もしこのまつりしたらば、いのちはのびなん」といへば、たからをも惜《お》しまず、ちからを尽《つく》して、これをまつりこれをいのる。これすなはちいのちを惜《お》しむこころふかきによりて、これをのべんといへば、ふかく信《しん》ずるこころあり。臨終《りんじゅう》の念仏《ねんぶつ》、これになずらへてこころえつべし。いのち一《いっ》刹那《せつな》にせまりて存《ぞん》ぜんことあるべからずとおもふには、後生《ごしょう》のくるしみたちまちにあらはれ、あるいは*火車相現《かしゃそうげん》じ、あるいは*鬼卒《きそつ》まなこに*さいぎる。いかにしてか、このくるしみをまぬかれ、おそれをはなれんとおもふに、善知識《ぜんぢしき》のをしへによりて十念《じゅうねん》の往生《おうじょう》をきくに、深重《じんじゅう》の信心《しんじん》たちまちにおこり、これを疑《うたが》ふこころなきなり。これすなはちくるしみをいとふこころふかく、たのしみをねがふこころ切《せつ》なるがゆゑに、極楽《ごくらく》に往生《おうじょう》すべしときくに、信心《しんじん》たちまちに発《ほっ》するなり。いのちのぶべしといふをききて、医師《くすし》・陰陽師《おんようじ》を信《しん》ずるがごとし。もしこのこころならば、最後《さいご》の刹那《せつな》にいたらずとも、信心決定《しんじんけつじょう》しなば、一称一念《いっしょういちねん》の功徳《くどく》、みな臨終《りんじゅう》の念仏《ねんぶつ》にひとしかるべし。

【四】二　またつぎに世《よ》のなかの人《ひと》のいはく、「たとひ弥陀《みだ》の願力《がんりき》をたのみて極楽《ごくらく》に往生《おうじょう》せんとおもへども、*先世《せんぜ》の罪業《ざいごう》しりがたし、いかでかたやすく生《うま》

火車　生前に悪事をなした亡者を地獄に運ぶという火の燃えている車。

鬼卒　「鬼獄卒《おにごくそつ》なり」（左訓）地獄で亡者の罪を責めたてるという鬼。

さいぎる　さえぎる。よぎる。

先世の罪業　→補註5

るべきや。業障《ごっしょう》にしなじなあり。順後業《じゅんごごう》といふは、かならずその業《ごう》をつくりたる生《しょう》ならねども、*後後生《ごごしょう》にも果報《かほう》をひくなり。されば今生《こんじょう》に人界《にんがい》の生《しょう》をうけたりといふとも、悪道《あくどう》の業《ごう》を身《み》にそなへたらんことをしらず、かの*業《ごう》がつよくして悪趣《あくしゅ》の生《しょう》をひかば、浄土《じょうど》に生《うま》るることかたからんか」と。

この義《ぎ》まことにしかるべしといふとも、*疑網《ぎもう》たちがたくして、みづから*妄見《もうけん》をおこすなり。おほよそ業《ごう》ははかりのごとし、おもきものまづ牽《ひ》く。もしわが身《み》にそなへたらん悪趣《あくしゅ》の業《ごう》ちからつよくは、人界《にんがい》の生《しょう》をうけずしてまづ悪道《あくどう》に

16

おつべきなり。すでに人界《にんがい》の生《しょう》をうけたるにてしりぬ、たとひ悪趣《あくしゅ》の業《ごう》を身《み》にそなへたりとも、その業《ごう》は人界《にんがい》の生《しょう》をうけし五戒《ごかい》よりは、ちからよわしということを。もししからば、*五戒《ごかい》をだにもなほさへず。いはんや十念《じゅうねん》の功徳《くどく》をや。五戒《ごかい》は有漏《うろ》の業《ごう》なり、念仏《ねんぶつ》は無漏《むろ》の功徳《くどく》なり。五戒《ごかい》は仏《ぶつ》の願《がん》のたすけなし、念《ねん》仏《ぶつ》は弥陀《みだ》の本願《ほんがん》のみちびくところなり。念仏《ねんぶつ》の功徳《くどく》はなほし十善《じゅうぜん》にもすぐれ、すべて三界《さんがい》の一切《いっさい》の善根《ぜんごん》にもまされり。いはんや五戒《ごかい》の小善《しょうぜん》をや。五戒《ごかい》をだにもさへざる悪業《あくごう》なり、往生《おうじょう》のさはりとなることあるべからず。

【一五】 三 つぎにまた人《ひと》のいはく、「五逆《ごぎゃく》の罪人《ざいにん》、十念《じゅうねん》によりて往生《おうじょう》すといふ

後後生 先世からみて、後の後の生、つまり来世のこと。

業が 底本は「業力」とも読める。業力は果報《かほう》を引き起す力。

疑網 「疑ふこころを網にたとふるなり」(左訓)

妄見 「みだりのおもひなり」(左訓)

五戒をだにもなほさへず 五戒をすらさまたげえない。

は、*宿善《しゆくぜん》によるなり。われら宿善《しゆくぜん》をそなへたらんことかたし。いかでか往生《おうじよう》することを得《え》んや」と。

これまた*痴闇《ちあん》にまどへるゆゑに、いたづらにこの疑《うたがい》をなす。そのゆゑは、宿善《しゆくぜん》のあつきものは、今生《こんじよう》にも善根《ぜんごん》を修《しゆ》し悪業《あくごう》をおそる。宿善《しゆくぜん》すくなきものは、今生《こんじよう》に悪業《あくごう》をこのみ善根《ぜんごん》をつくらず。*宿業《しゆくごう》の善悪《ぜんあく》は、今生《こんじよう》のありさまにてあきらかにしりぬべし。しかるに善心《ぜんしん》なし。はかりしりぬ、宿善《しゆくぜん》すくなしといふことを。われら罪業《ざいごう》おもしといふとも五逆《ごぎやく》をばつくらず、善根《ぜんごん》すくなしといへどもふかく本願《ほんがん》を信《しん》ぜり。*逆者《ぎやくしや》の十念《じゆうねん》すら宿善《しゆくぜん》によるなり。いはんや*尽形《じんぎよう》の称念《しようねん》むしろ宿善《しゆくぜん》によらざらんや。なにのゆゑにか逆者《ぎやくしや》の十念《じゆうねん》をば宿善《しゆくぜん》とおもひ、われらが一生《いつしよう》の称念《しようねん》をば宿善《しゆくぜん》あさしとおもふべきや。*小智《しようち》は菩提《ぼだい》
17
のさまたげといへる、まことにこのたぐひか。

【一六】　四　つぎに念仏《ねんぶつ》を信《しん》ずる人《ひと》のいはく、「往生浄土《おうじようじようど》のみちは、信心《しんじん》をさきとす。信心決定《しんじんけつじよう》しぬるには、あながちに称念《しようねん》を要《よう》とせず。『経《きよう》』（大経・下）にすでに〈*乃至一念《ないしいちねん》〉と説《と》けり。このゆゑに一念《いちねん》にてたれりとす。遍数《へんじゅ》をかさねんとするは、かへりて仏《ぶつ》の願《がん》を信《しん》ぜざるなり。念仏《ねんぶつ》を信《しん》ぜざる人《ひと》とておほき

宿善　「むかしの善といふ」（左訓）

痴闇　愚痴《ぐち》（真理に対する無知）を闇に喩えた語。

宿業の善悪　→補註5

逆者　五逆罪をおかした人。

尽形　「いのちつくるまでといふ」（異本左訓）

小智　「二乗の智慧《ちえ》といふなり」（異本左訓）

乃至一念　第十八願成就文（四一頁六行以下）に出る語。

にあざけりふかくそしる」と。
　まづ専修念仏《せんじゅねんぶつ》といふて、もろもろの大乗《だいじょう》の修行《しゅぎょう》をすてて、つぎに一念《いちねん》の義《ぎ》をたてて、みづから念仏《ねんぶつ》の行《ぎょう》をやめつ。まことにこれ魔界《まかい》たよりを得《え》て、末世《まっせ》の衆生《しゅじょう》をたぶろかすなり。この説《せつ》ともに得失《とくしつ》あり。*往生《おうじょう》の業《ごう》、一念《いちねん》にたれりといふは、その理《り》まことにしかるべしといふとも、遍数《へんじゅ》をかさぬるは不信《ふしん》なりといふ、すこぶるそのことばすぎたりとす。一念《いちねん》をすくなしとおもひて、遍数《へんじゅ》をかさねずは往生《おうじょう》しがたしとおもはば、まことに不信《ふしん》なりといふべし。往生《おうじょう》の業《ごう》は一念《いちねん》にたれりといへども、いたづらにあかし、いたづらにくらすに、いよいよ功《こう》をかさねんこと要《よう》にあらずやとおもうて、これをとなへば、終日《ひめもす》にとなへ、よもすがらとなふとも、いよいよ功徳《くどく》をそへ、ますます業因決定《ごういんけつじょう》すべし。善導和尚《ぜんどうかしょう》は、「ちからの尽《つ》きざるほどはつねに称念《しょうねん》す」といへり。これを不信《ふしん》の人《ひと》とやはせん。ひとへにこれをあざけるも、またしかるべからず。一念《いちねん》といへるは、すでに『経《きょう》』（大経・下）の文《もん》なり。これを信《しん》ぜずは、仏語《ぶつご》を信《しん》
18 ぜざるなり。このゆゑに、一念決定《いちねんけつじょう》しぬと信《しん》じて、しかも一生《いっしょう》おこたりなく申《もう》すべきなり。これ*正義《しょうぎ》とすべし。念仏《ねんぶつ》の要義《ようぎ》おほしといへども、略《りゃく》してのぶ

往生の業　浄土に往き生れるための因となる行為。

正義　正しい教え。

ることかくのごとし。

【一七】　これをみん人《ひと》、さだめてあざけりをなさんか。しかれども、信謗《しんぼう》ともに因《いん》として、みなまさに浄土《じょうど》に生《うま》るべし。今生《こんじょう》ゆめのうちのちぎりをしるべとして、来世《らいせ》さとりのまへの縁《えん》を結《むす》ばんとなり。われおくれば人《ひと》にみちびかれ、われさきだたば人《ひと》をみちびかん。生々《しょうじょう》に善友《ぜんぬ》となりてたがひに仏道《ぶつどう》を修《しゅ》せしめ、世々《せせ》に知識《ちしき》としてともに*迷執《めいしゅう》をたたん。

*本師《ほんし》釈迦尊《しゃかそん》　悲母《ひも》弥陀仏《みだぶつ》
左辺《さへん》観世音《かんぜおん》　右辺《うへん》大勢至《だいせいし》
清浄大海衆《しょうじょうだいかいしゅ》　法界三宝海《ほうかいさんぼうかい》
証明一心念《しょうみょういっしんねん》　哀愍共聴許《あいみんぐちょうこ》

*草本《そうほん》にいはく
*承久三歳仲秋中旬第四日《じょうきゅうさんさいちゅうしゅうちゅうじゅんだいしにち》　安居院《あんごいん》の法印聖覚《ほういんせいかく》の作《さく》。
*寛喜二歳仲夏下旬第五日《かんぎにさいちゅうかげじゅんだいごにち》かの草本真筆《そうほんしんぴつ》をもつて愚禿釈親鸞《ぐとくしゃくのしんらん》これを書写《しょしゃ》す。

迷執　「まどふこころなり」（左訓）

本師釈迦尊…　「本師釈迦尊、悲母弥陀仏、左辺の観世音、右辺の大勢至、清浄なる大海衆、法界の三宝海、一心の念を証明して、哀愍してともに聴許したまへ」

草本にいはく　「草本」とは書写原本のこと。原本にあった奥書をそのまま転写したことを示す。

承久三歳仲秋中旬第四日　一二二一年八月十四日（仲秋は陰暦八月の別称）。

寛喜二歳仲夏下旬第五日　一二三〇年五月二十五日（仲夏は陰暦五月の別称）。親鸞聖人五十八歳。

後《ご》世《せ》物《もの》語《がたりの》聞《きき》書《がき》

本書は、略して『後世物語《ごせものがたり》』ともいい、作者については異説が多く、未詳であるが、隆寛律師《りゅうかんりっし》の作であろうと伝えられている。

初めに念仏往生に関する種々の疑問に対して、京都の東山に住むある聖人が答えるという成立の由来を述べ、続いて以下の九つの問題について問答がなされている。

㈠悪人無知の者も念仏によって往生するということ。㈡聖道門《しょうどうもん》の教えと浄土門の念仏往生の教えとの優劣を論ずるよりも、みずからの能力に応じた念仏往生の道を選ぶことが肝要《かんよう》であること。㈢念仏には必ず三心（至誠心《しじょうしん》・深心《じんしん》・回向発願心《えこうほつがんしん》）を具するということの意味と、三心の意義を心得ても、念仏を申さないようならば所詮がないということ。㈣至誠心とは、他力をたのむ心がひとすじであるということ。㈤深心とは二種深信《にしゅじんしん》のことで、本願を疑わないこと。㈥回向発願心とは、往生決定《おうじょうけつじょう》のおもいに住することをいう。㈦三心の意義のまとめ。㈧阿弥陀仏をたのみて称える念仏に、自ずから三心を具するということ。㈨ただ念仏するほかに三心はないということ。

なお、親鸞聖人《しんらんしょうにん》の御消息《ごしょうそく》には、「よくよく『唯信鈔《ゆいしんしょう》』・『後世物語』なんどを御覧《ごらん》あるべく候《そうろ》ふ」（『親鸞聖人御消息』第十七通）とあり、聖人がしばしば本書を関東の門弟たちに書き写して与え、読むことを勧められたことがうかがわれる。

後《ご》世《せ》物《もの》語《がたりの》聞《きき》書《がき》

【一】ちかごろ浄土宗《じょうどしゅう》の*明師《めいし》をたづねて、*洛陽東山《らくようひんがしやま》の辺《ほとり》にまします禅坊《ぜんぼう》にまゐりてみれば、*一京九重《いっきょうくじゅう》の念仏者《ねんぶつしゃ》、*五畿七道《ごきしちどう》の*後世者《ごせしゃ》たち、おのおの*まめやかに、衣《ころも》はこころとともに染《そ》め、身《み》は世《よ》とともにすてたるよとみゆる*ひとびとのかぎり、十四五人《じゅうしごにん》ばかりならび居《い》て、いかにしてかこのたび往生《おうじょう》ののぞみをとぐべきと、これをわれもわれもとおもひおもひにたづねまうしし*ときしも、まゐりあひて、さいはひに日《ひ》ごろの不審《ふしん》ことごとく*あきらめたり。そのおもむきたちどころにしるして、ゐなかの在家無智《ざいけむち》のひとびとのためにくだすなり。よくよくこころをしづめて御覧《ごらん》ずべし。

【二】あるひと問《と》うていはく、かかるあさましき無智《むち》のものも、念仏《ねんぶつ》すれば極《ごく》楽《らく》に生《しょう》ずとうけたまはりて、そののちひとすぢに念仏《ねんぶつ》すれども、*まことしくさもありぬべしともおもひさだめたることも候《そうら》はぬをば、いかがつかまつるべき。

明師　智慧《ちえ》のすぐれた師。隆寛律師《りゅうかんりっし》を指すか。

洛陽東山　洛陽は京都の別称。東山は京都の鴨川以東に南北に連なる丘陵の総称。

一京九重　京都のこと。街が一条から九条まで分れているので、このようにいう。

五畿七道　日本全国の意。五畿は大和《やまと》・山城《やましろ》・河内《かわち》・和泉《いずみ》・摂津《せっつ》の畿内五カ国、七道は東海道・東山道・北陸道・山陰道・山陽道・南海道・西海道。

後世者　世間のことがらに執着せず、ひたすら後生浄土を願い求めて念仏・読経《どきょう》等をもっぱら修する者。

まめやかに　心から。真剣に。

ひとびとのかぎり　人々ばかり。

ときしも　ちょうどその時。

あきらめたり　明らかに領《りょう》

師《し》答《こた》へていはく、念仏《ねんぶつ》往生《おうじょう》はもとより破戒無智《はかいむち》のもののためなり。もし智《ち》
4 慧《え》もひろく戒《かい》をも*まつたくたもつ身《み》ならば、いづれの教法《きょうぼう》なりとも修行《しゅぎょう》して、生死《しょうじ》をはなれ菩提《ぼだい》を得《う》べきなり。それがわが身《み》に*あたはねばこそ、いま念仏《ねんぶつ》して往生《おうじょう》をばねがへ。

【三】またあるひと問《と》うていはく、*いみじきひとのためには余教《よきょう》を説《と》き、*いやしきひとのためには念仏《ねんぶつ》をすすめたらば、聖道門《しょうどうもん》の諸教《しょきょう》は*めでたく浄土門《じょうどもん》の一教《いっきょう》は劣《おと》れるかと申《もう》せば、

師《し》答《こた》へていはく、たとひかれはふかくこれはあさく、かれはいみじくこれはいやしくとも、わが身《み》の分《ぶん》にしたがひて流転《るてん》の苦《く》をまぬかれて、不退《ふたい》の位《くらい》を得《え》ては、*さてこそあらめ。ふかきあさきを論《ろん》じてなににかはせん。いはんや、かのいみじきひとびとの*めでたき教法《きょうぼう》をさとりて仏《ぶつ》に成《な》るといふも、このあさましき身《み》の念仏《ねんぶつ》して往生《おうじょう》すといふも、*しばらく*いりかどはまちまちなれども、おちつくところはひとつなり。善導《ぜんどう》ののたまはく、「八万四千《はちまんしせん》の門《もん》†〔あり〕。門々不同《もんもんふどう》にしてまた別《べつ》なるにあらず。別々《べつべつ》の門《もん》はかへりておなじ」（法事讃・下　五四八）といへり。しかればすなはち、みなこれおなじく釈迦一仏《しゃかいちぶつ》の説《せつ》な

四

解《げ》できた。

まことしく　ほんとうに。

まつたく　完全に。

あたはねばこそ　できないからこそ。

いみじきひと　能力のすぐれた賢い者。

いやしきひと　能力の劣った愚かな者。

めでたく　すばらしく。

さてこそあらめ　それでこそよいのであろう。

めでたき教法　すばらしい教え。ここでは聖道門《しょうどうもん》の教えを指す。

しばらく　一時的には。

いりかど　入り口。

れば、いづれを勝《まさ》れり、いづれを劣《おと》れりといふべからず。あやまりて『法華《ほっけ》』の諸教《しょきょう》に勝《すぐ》れたりといふは、*五逆《ごぎゃく》の達多《だった》、八歳《はっさい》の竜女《りゅうにょ》が仏《ぶつ》に成《な》ると説《と》くゆゑなり。この念仏《ねんぶつ》もまたしかなり。諸教《しょきょう》にきらはれ、*諸仏《しょぶつ》にすてらるる悪人《あくにん》・女人《にょにん》、すみやかに浄土《じょうど》に往生《おうじょう》して迷《まよ》ひをひるがへし、さとりをひらくは、いはばまことにこれこそ諸教《しょきょう》に勝《すぐ》れたりともいひつべけれ。まさに知《し》るべし、震旦《しんたん》（中国）の曇鸞《どんらん》・道綽《どうしゃく》すら、なほ利智精進《りちしょうじん》にたへざる身《み》なればとて、*顕密《けんみつ》の法《ほう》をなげすてて浄土《じょうど》をねがひ、日本《にっぽん》の恵心《えしん》（源信）・永観《ようかん》も、なほ愚鈍懈怠《ぐどんけだい》の身《み》なればとて、事理《じり》の業因《ごういん》をすてて願力《がんりき》の念仏《ねんぶつ》に帰《き》したまひき。このごろかのひとびとに勝《まさ》りて智慧《ちえ》もふかく、戒行《かいぎょう》も*いみじからんひとは、いづれの法門《ほうもん》に入《い》りても生死《しょうじ》を解脱《げだつ》せよかし。みな縁《えん》にしたがひてこころのひくかたなれば、よしあしとひとのことをば沙汰《さた》すべからず、ただわが身《み》の行《ぎょう》をはからふべきなり。

【四】　またあるひと問《と》うていはく、念仏《ねんぶつ》すとも*三心《さんしん》をしらでは往生《おうじょう》すべからずと候《そうろ》ふなるは、いかがし候《そうろ》ふべき。

師《し》のいはく、まことにしかなり。ただし故法然聖人《こほうねんしょうにん》の仰《おお》せごとありしは、「三心《さんしん》をしれりとも念仏《ねんぶつ》せずはその詮《せん》なし、たとひ三心《さんしん》をしらずとも念仏《ねんぶつ》だに

五逆の達多…『法華経《ほけきょう》』「提婆達多品《だいばだったぼん》」には、釈尊の殺害をはかった提婆達多が未来の世に成仏するとあり、また八歳の竜女が男性に変じて成仏したとある。

諸仏にすてらるる悪人女人　↓補註14

顕密の法　顕教と密教のこと。聖道門《しょうどうもん》の教えを指す。↓顕教《けんぎょう》、密教《みっきょう》

いみじからんひと　すぐれた人。

三心　↓三心《さんしん》[2]

申《もう》さば、*そらに三心《さんしん》は具足《ぐそく》して極楽《ごくらく》には生《しょう》ずべし」と仰《おお》せられしを、まさしくうけたまはりしこと、このごろこころえあはすれば、まことにさ*もとおぼえたるなり。ただしおのおの存《ぞん》ぜられんところのここちをあらはしたまへ。それをききて三心《さんしん》にあ*たりあたらぬよしを分別《ふんべつ》せん。

【五】 あるひといはく、念仏《ねんぶつ》すれどもこころに妄念《もうねん》をおこせば、外相《げそう》はたふとくみえ内心《ないしん》はわろきゆゑに、虚仮《こけ》の念仏《ねんぶつ》となりて真実《しんじつ》の念仏《ねんぶつ》にあらずと申《もう》すこと、まことにとおぼえて、おもひしづめてこころをすまして申《もう》さんとすれども、おほかたわがこころの*つやつやとのへがたく候《そうろ》ふをば、いかがつかまつるべき。

6 師《し》のいはく、そのここちすなはち自力《じりき》にかかへられて他力《たりき》をしらず、すでに至誠心《しじょうしん》のかけたりけるなり。*くだんの、口《くち》に念仏《ねんぶつ》をとなふれどもこころに妄《もう》念《ねん》のとどまらねば、虚仮《こけ》の念仏《ねんぶつ》といひて、こころをすまして申《もう》すべしとすすめけるも、*やがて至誠心《しじょうしん》かけたる虚仮《こけ》の念仏者《ねんぶつしゃ》にてありけりときこえたり。そのこころに妄念《もうねん》をとどめて、口《くち》に名号《みょうごう》をとなへて内外相応《ないげそうおう》するを、虚仮《こけ》はなれたる至誠心《しじょうしん》の念仏《ねんぶつ》なりと申《もう》すらんは、この至誠心《しじょうしん》をしらぬものなり。凡夫《ぼんぶ》

そらに 自然に。

さも その通り。

あたりあたらぬよしを 意にかなうかどうかということを。

つやつや 十分に。

くだんの 本頁五行の「あるひといはく」以下で述べられた内容を指す。

やがて すなわち。とりもなおさず。

の真実《しんじつ》にして行《ぎよう》ずる念仏《ねんぶつ》は、ひとへに自力《じりき》にして弥陀《みだ》の本願《ほんがん》にたがへるこころなり。すでにみづからそのこころをきよむといふならば、聖道門《しようどうもん》のこころなり、浄土門《じようどもん》のこころにあらず、難行道《なんぎようどう》のこころにして易行道《いぎようどう》のこころにあらず。これをこころうべきやうは、いまの凡夫《ぼんぶ》みづから煩悩《ぼんのう》を断《だん》ずることかたければ、妄念《もうねん》またとどめがたし。しかるを弥陀仏《みだぶつ》、これを*かがみて、かねてかかる衆生《しゆじよう》のために、他力本願《たりきほんがん》をたて、名号《みようごう》の不思議《ふしぎ》にて衆生《しゆじよう》の罪《つみ》を除《のぞ》かんと誓《ちか》ひたまへり。さればこそ他力《たりき》ともなづけたれ。このことわりをこころえつれば、わがこころにてものうるさく妄念《もうねん》・妄想《もうぞう》をとどめんともたしなまず、しづめがたきあしきこころ、乱《みだ》れ散《ち》るこころをしづめんともたしなまず、こらしがたき観念《かんねん》・*観法《かんぼう》をこらさんともはげまず、ただ仏《ぶつ》の*名願《みようがん》を念《ねん》ずれば、*本願《ほんがん》かぎりあるゆゑに、*貪瞋痴《とんじんち》の煩悩《ぼんのう》をたたへたる身《み》なれども、かならず往生《おうじよう》すと信《しん》じたればこそ、こころやすけれ。さればこそ易行道《いぎようどう》とはなづけたれ。もし身《み》

7 をいましめ、こころをととのへて修《しゆ》すべきならば、なんぞ行住坐《ぎようじゆうざ》臥《が》を論《ろん》ぜず、*時処諸縁《じしよしよえん》をきらはざれとすすめんや。またもしみづから†身《み》をととのへ、こころをすましおほせてつとめば、かならずしも仏力《ぶつりき》をたのまずとも生死《しようじ》をはなれん。

かがみて　鑑《かんが》みて。よく考えて。

観法　心に仏・浄土等を観じ念ずる瞑想の実践修行法。

名願を念ずれば　名願は本願名号《みようごう》のこと。「名号を口にとなふれば」とする異本がある。

本願かぎりあるゆゑに　本願で当然のこととして決っていることなので。

貪瞋痴　貪欲と瞋恚と愚痴。↓貪欲《とんよく》、瞋恚《しんに》、愚痴《ぐち》

時処諸縁　時間と場所とさまざまな条件。

【六】 またあるひとのいはく、念仏《ねんぶつ》すれば声々《こえごえ》に無量 生死《むりょうしょうじ》の罪消《つみき》えて、ひかりに照《て》らされ、こころも柔軟《にゅうなん》になると説《と》かれたるとかや。しかるに念仏《ねんぶつ》してとしひさしくなりゆけども、三毒煩悩《さんどくぼんのう》もすこしも消《き》えず、こころもいよいよわろくなる、善心日々《ぜんしんひび》にすすむこともなし。*さるときには、仏《ぶつ》†の本願《ほんがん》を疑《うたが》ふにはあらねども、わが身《み》のわろき心根《こころね》にては、たやすく往生《おうじょう》ほどの大事《だいじ》はとげがたくこそ候《そうら》へ。

師《し》のいはく、このことひとごとになげく心根《こころね》なり。まことに迷《まよ》へるこころなり。これなんぞ浄土《じょうど》に生《しょう》ぜんといふみちならんや。すべて罪滅《つみめつ》すといふは、最《さい》後《ご》の一念《いちねん》にこそ身《み》をすててかの土《ど》に往生《おうじょう》するをいふなり。さればこそ浄土宗《じょうどしゅう》とは名《な》づけたれ。もしこの身《み》において罪消《つみき》えば、さとりひらけなん。さとりひらけば、いはゆる聖道門《しょうどうもん》の*真言《しんごん》・*仏心《ぶつしん》・*天台《てんだい》・*華厳《けごん》等の*断惑証理門《だんわくしょうりもん》のこころなるべし。善導《ぜんどう》の御釈《おんしゃく》によりてこれをこころうるに、*信心《しんじん》にふたつの釈《しゃく》あり。ひとつには、「*ふかく自身《じしん》は現《げん》にこれ罪悪生死《ざいあくしょうじ》の凡夫《ぼんぶ》、煩悩具足《ぼんのうぐそく》し、善根薄《ぜんごんはく》少《しょう》にして、つねに三界《さんがい》に流転《るてん》して、曠劫《こうごう》よりこのかた出離《しゅつり》の縁《えん》なしと信知《しんち》すべし」とすすめて、つぎに、「*弥陀《みだ》の誓願《せいがん》の深重《じんじゅう》なるをもつて、かかる衆生《しゅじょう》をみ

さるときには　そういう状態にある時には。

真言　真言宗のこと。↓真《しん》言宗《ごんしゅう》

仏心　禅宗のこと。↓禅《ぜん》宗《しゅう》

天台　天台法華宗のこと。↓法華宗《ほっけしゅう》

華厳　華厳宗のこと。↓華《け》厳宗《ごんしゅう》

断惑証理門　煩悩《ぼんのう》の惑いを断じて真理をさとる教え。

信心　『真宗法要』所収本には「深心《じんしん》」とある。

ふかく自身は…　『礼讃《らいさん》』の「自身はこれ煩悩を具足せる凡夫、善根薄少にして三界に流転して火宅を出でずと信知す」と「散善義」の「決定して深く、自身は現にこれ罪悪生死の凡夫、曠劫よりこのかたつねに没しつねに流転して、出離の縁あることなしと信ず」と

ちびきたまふと信知《しんち》して、「一念《いちねん》も疑《うたが》ふこころなかれ」とすすめたまへり。この
8 こころを得《え》つれば、わがこころのわろきにつけても、弥陀《みだ》の大悲《だいひ》のちかひこそ、あはれにめでたくたのもしけれと仰《あお》ぐべきなり。もとよりわが力《ちから》にてまゐらばこそ、わがこころのわろからんによりて、疑《うたが》ふおもひをおこさめ。ひとへに仏《ぶつ》†の御力《おんちから》にてすくひたまへば、なんの疑《うたがい》かあらんとこころうるを深心《じんしん》といふなり。よくよくこころうべし。

【七】またあるひとのいはく、曠劫《こうごう》よりこのかた乃至《ないし》今日《こんにち》まで、十悪《じゅうあく》・五逆《ごぎゃく》・*四重《しじゅう》・謗法《ほうぼう》等《とう》のもろもろの罪《つみ》をつくるゆゑに、三界《さんがい》に流転《るてん》していまに*生死《しょうじ》の巣《す》守《もり》たり。かかる身《み》のわづかに念仏《ねんぶつ》すれども、愛欲《あいよく》のなみとこしなへにおこりて善心《ぜんしん》をけがし、瞋恚《しんに》の*ほむらしきりにもえて功徳《くどく》を焼《や》く。よきこころにて申《もう》す念仏《ねんぶつ》は万《まん》が一《いち》なり。その余《よ》はみなけがれたる念仏《ねんぶつ》なり。されば切《せつ》にねがふといふとも、この念仏《ねんぶつ》ものになるべしともおぼえず。ひとびともまたさるこころをなほさずはかなふまじと申《もう》すときに、*げにもとおぼえて、迷《まよ》ひ候《そうろ》ふをば、いかがし候《そうろ》ふべき。

師《し》のいはく、これはさきの信心《しんじん》をいまだこころえず。かるがゆゑに、おもひ

を合せた文。

弥陀の誓願… 『礼讃《らいさん》』の「弥陀の本弘誓願は、名号《みょうごう》を称すること下十声・一声等に至るに及ぶまで、さだめて往生を得と信知して、すなはち一念に至るまで疑心あることなし」と、「散善義」の「決定して深く、かの阿弥陀仏の、四十八願は衆生を摂受したまふこと、疑なく慮りなくかの願力に乗じてさだめて往生を得と信ず」とを合せた文。

四重 四重禁のこと。↓四《し》重禁《じゅうきん》

生死の巣守 巣守はあとにとり残される者。生死流転《るてん》の迷いの世界からのがれられない者をいう。

ほむら ほのお。火炎。

げにも なるほど。

わづらひてねがふこころも*ゆるになるといふは、回向発願心《えこうほつがんしん》のかけたるなり。善導《ぜんどう》の御《おん》こころによるに、「釈迦《しゃか》のをしへにしたがひ、弥陀《みだ》の願力《がんりき》をたのみなば、愛欲《あいよく》・瞋恚《しんに》のおこりまじはるといふとも、さらにかへりみることなかれ」（散善義・意）といへり。まことに本願《ほんがん》の白道《びゃくどう》、あに愛欲《あいよく》のなみにけがされんや。他力《たりき》の功徳《くどく》、むしろ瞋恚《しんに》のほむらに焼《や》くべけんや。たとひ欲《よく》もおこりはら
9 もたつとも、しづめがたく*しのびがたくは、ただ仏《ぶつ》たすけたまへとおもへば、かならず弥陀《みだ》の大慈悲《だいじひ》にてたすけたまふこと、本願力《ほんがんりき》なるゆゑに摂取決定《せっしゅけつじょう》なり。摂取決定《せっしゅけつじょう》なるがゆゑに往生決定《おうじょうけつじょう》なりとおもひさだめて、いかなるひと来《きた》りていひさまたぐとも、すこしもかはらざるこころを金剛心《こんごうしん》といふ。しかるゆゑは如来《にょらい》に摂取《せっしゅ》せられたてまつればなり。これを回向発願心《えこうほつがんしん》といふなり。これをよくよくこころうべし。

【八】　またあるひといはく、簡要《かんよう》をとりて三心《さんしん》の本意《ほんい》をうけたまはり候《そうら》はん。

師《し》のいはく、まことにしかるべし。まづ*一心一向《いっしんいっこう》なる、これ至誠心《しじょうしん》の大意《たいい》なり。わが身《み》の分《ぶん》をはからひて、自力《じりき》をすてて他力《たりき》につくこころのただひとすぢなるを真実心《しんじつしん》といふなり。他力《たりき》をたのまぬこころを虚仮《こけ》のこころといふな

ゆるになる　疎かになる。往生を願う心がおとろえることをいう。

しのびがたくは　こらえられないなら。

一心一向　他の仏や余行に心をかけず、もっぱら阿弥陀仏を信じること。

り。つぎに他力《たりき》をたのみたる†こころのふかくなりて、疑《うたがい》なきを*信心《しんじん》の本意《ほんい》とす。いはゆる弥陀《みだ》の本願《ほんがん》は、すべてもとより罪悪《ざいあく》の凡夫《ぼんぶ》のためにして、聖人《しょうにん》・賢人《けんじん》のためにあらずとこころえつれば、わが身《み》のわろきにつけても、さらに疑《うたが》ふおもひのなきを信心《しんじん》といふなり。つぎに本願他力《ほんがんたりき》の真実《しんじつ》なるに入《い》りぬる身《み》なれば、往生決定《おうじょうけつじょう》なりとおもひさだめてねがひゐたるこころを回向発願心《えこうほつがんしん》といふなり。

10

【九】 またあるひと申《もう》さく、念仏《ねんぶつ》すれば、しらざれども三心《さんしん》はそらに具足《ぐそく》せらるると候《そうろ》ふは、そのやうはいかに候《そうろ》ふやらん。

師答《しこた》へていはく、余行《よぎょう》をすてて念仏《ねんぶつ》をするは、阿弥陀仏《あみだぶつ》をたのむこころのひとすぢなるゆゑなり。これ至誠心《しじょうしん》なり。名号《みょうごう》をとなふるは、†往生《おうじょう》をねがふこころのおこるゆゑなり。これ回向発願心《えこうほつがんしん》なり。これらほどのこころえは、いかなるものも念仏《ねんぶつ》して極楽《ごくらく》に往生《おうじょう》せんとおもふほどのひとは具《ぐ》したるゆゑに、無智《むち》のものも念仏《ねんぶつ》だにすれば、三心具足《さんしんぐそく》して往生《おうじょう》するなり。ただ*詮《せん》ずるところは、煩悩具足《ぼんのうぐそく》の凡夫《ぼんぶ》なれば、はじめてこころのあしともよしとも沙汰《さた》すべからず。ひとすぢに弥陀《みだ》をたのみたてまつりて疑《うたが》はず、往生《おうじょう》を決定《けつじょう》とねがうて

信心の本意 『真宗法要』所収本には「深心《じんしん》の大意《たいい》」とある。

詮ずるところは つまるところは。

申《もう》す念仏《ねんぶつ》は、すなはち三心具足《さんしんぐそく》の行者《ぎょうじゃ》とするなり。「しらねどもとなふれば自《じ》然《ねん》に具《ぐ》せらるる」と聖人《しょうにん》（源空）の仰《おお》せごとありしは、このいはれのありけるゆゑなり。

【一〇】　またあるひとのいはく、名号《みょうごう》をとなふるときに、念々《ねんねん》ごとにこの三心《さんしん》の†義《ぎ》を存《ぞん》じて申《もう》すべく候《そうろ》ふやらん。

師《し》のいはく、その義《ぎ》またあるべからず。ひとたびこころえつるのちには、ただ南無阿弥陀仏《なもあみだぶつ》ととなふるばかりなり。三心《さんしん》すなはち称名《しょうみょう》の声《こえ》にあらはれぬるのちには、三心《さんしん》の義《ぎ》をこころの底《そこ》にもとむべからず。

一《いち》念《ねん》多《た》念《ねん》分《ふん》別《べつの》事《こと》

本書は、法然聖人《ほうねんしょうにん》の門弟である隆寛律師《りゅうかんりっし》の著作といわれている。

法然聖人在世の頃より、その門下の間において、往生の行業《ぎょうごう》について、いわゆる一念・多念の異説が生じ、その諍論《じょうろん》は法然聖人滅後にも及んだ。その諍論とは、往生は一念の信心あるいは一声の称名《しょうみょう》によって決定《けつじょう》するから、その後の称名は不必要であると偏執《へんじゅう》する一念義の主張と、往生は臨終のときまで決定しないから、一生涯をかけて称名にはげまねばならないと偏執する多念義の主張との諍論である。

本書はこの諍論に対して、一念に偏執したり多念に偏執したりしてはならないということを、経釈の要文を引証して教え諭すものである。

親鸞聖人《しんらんしょうにん》は、本書をもととして『一念多念文意《いちねんたねんもんい》』（『一念多念証文』）を著され、さらに本書の意義を明らかにされた。

一念多念分別事《いちねんたねんふんべつのこと》

隆寛律師作《りゅうかんりっしさく》

【一】念仏《ねんぶつ》の行《ぎょう》につきて、一念多念《いちねんたねん》のあらそひ、このごろさかりにきこゆ。これはきはめたる大事《だいじ》なり。よくよくつつしむべし。一念《いちねん》をたてて多念《たねん》をきらひ、多念《たねん》をたてて一念《いちねん》をそしる、ともに本願《ほんがん》のむねにそむき、善導《ぜんどう》のをしへをわすれたり。

【二】多念《たねん》はすなはち一念《いちねん》のつもり*なり。そのゆゑは、人《ひと》のいのちは日々《にちにち》に今日《きょう》やかぎりとおもひ、時々《じじ》にただいまやをはりとおもふべし。無常《むじょう》のさかひは、生《うま》れてあだなる*かりのすみか*なれば、風《かぜ》のまへのともしびをみても、草《くさ》のうへの露《つゆ》によそへても*、息《いき》のとどまり、いのちのたえんことは、賢《かしこ》きも愚《おろ》かなるも一人《ひとり》としてのがるべきかた*なし。このゆゑに、ただいまにてもまなこ閉《と》ぢはつるものならば、弥陀《みだ》の本願《ほんがん》にすくはれて極楽浄土《ごくらくじょうど》へ迎《むか》へられたてまつらんとおもひて、南無阿弥陀仏《なもあみだぶつ》ととなふることは、一念無上《いちねんむじょう》の功徳《くどく》をたのみ、一《いち》

つもり　積み重なること。

あだなる　はかない。うつろいやすい。

すみか　「すがた」とする異本がある。

よそへても　なぞらえても。たとえても。

かた　方法。手段。

念広大《ねんこうだい》の利益《りやく》を仰《あお》ぐゆゑなり。

【三】 しかるにいのちのびゆくままには、この一念《いちねん》が二念三念《にねんさんねん》となりゆく。この一念《いちねん》、かやうにかさなりつもれば、一時《いちじ》にもなり二時《にじ》にもなり、一日《いちにち》にも二日《ににち》にも、一月《いちがつ》にも二月《にがつ》†にもなり、一年《いちねん》にも二年《にねん》にもなり、十年二十年《じゅうねんにじゅうねん》にも八
4 十年《じゅうねん》にもなりゆくことにてあれば、いかにして今日《きょう》まで生《い》きたるやらん、ただいまやこの世《よ》のをはりにてもあらんとおもふべきことわりが、一定《いちじょう》したる身《み》のありさまなるによりて、善導《ぜんどう》は、「*恒願一切臨終時《ごうがんいっさいりんじゅじ》　勝縁勝　境悉現前《しょうえんしょうきょうしつげんぜん》」（礼讃　六六七）とねがはしめて、念々《ねんねん》にわすれず、念々《ねんねん》に怠《おこた》らず、まさしく往《おう》生《じょう》せんずるときまで念仏《ねんぶつ》すべきよしを、ねんごろにすすめさせたまひたるなり。

【四】 すでに一念《いちねん》をはなれたる多念《たねん》もなく、多念《たねん》をはなれたる一念《いちねん》もなきものを、ひとへに多念《たねん》にてあるべしと定《さだ》むるものならば、『無量寿経《むりょうじゅきょう》』（下）のなかに、あるいは「*諸有衆生《しょうしゅじょう》　聞其名号《もんごみょうごう》　信心歓喜《しんじんかんぎ》　乃至一念《ないしいちねん》　至心回向《ししんえこう》　願生《がんしょう》彼国《ひこく》　即得往生《そくとくおうじょう》　住不退転《じゅうふたいてん》」と説《と》き、あるいは「*乃至一念《ないしいちねん》　念於彼仏《ねんおひぶつ》　亦得往《やくとくおう》生《じょう》」（同・下）とあかし、あるいは「*其有得聞《ごうとくもん》　彼仏名号《ひぶつみょうごう》　歓喜踊躍《かんぎゆやく》　乃至一《ないしいち》念《ねん》　当知此人《とうちしにん》　為得大利《いとくだいり》　則是具足《そくぜぐそく》　無上功徳《むじょうくどく》」（同・下）と、たしかにをしへ

恒願一切…　六七七頁の脚註参照。

諸有衆生…　「信巻」二一二頁一一行以下参照。

乃至一念…　「乃至一念、かの仏を念じたてまつれば、また往生を得」『大経』の原文には「乃至一念、かの仏を念じたてまつりて、至《し》誠《じょう》心《しん》をもつてその国に生れんと願ぜん。この人、終りに臨んで、夢のごとくにかの仏を見たてまつりて、また往生を得」とある。

其有得聞…　「行巻」一八八頁二行以下参照。

させたまひたり。善導和尚《ぜんどうかしょう》も『経《きょう》』（大経）のこころによりて、「*歓喜至一念皆当《かんぎしいちねんかいとう》得生彼《とくしょうひ》」（礼讃 六七五）とも、*「*十声一声一念等定得往生《じっしょういっしょういちねんとうじょうとくおうじょう》」（同・意 六五四）とも定《さだ》めさせたまひたるを、用《もち》ゐざらんにすぎたる浄土《じょうど》の教《きょう》のあだ*やは候《そうろ》ふべき。

【五】 かくいへばとて、ひとへに一念往生《いちねんおうじょう》をたてて、多念《たねん》はひがごと*といふものならば、本願《ほんがん》の文《もん》の「乃至十念《ないしじゅうねん》」を用《もち》ゐず、『阿弥陀経《あみだきょう》』の「一日乃至七日《いちにちないししちにち》」の称名《しょうみょう》はそぞろごと*になしはてんずるか。これらの経《きょう》によりて善導和尚《ぜんどうかしょう》も、あるいは「*一心専念《いっしんせんねん》 弥陀名号《みだみょうごう》 行住座臥《ぎょうじゅざが》 不問時節久近《ふもんじせつくごん》 念々不捨者《ねんねんふしゃしゃ》 是名正定之業《ぜみょうしょうじょうしごう》 順彼仏願故《じゅんぴぶつがんこ》」（散善義 四六三）と定《さだ》めおき、あるいは「*誓畢此生《せいひつししょう》 無有退転《むうたいてん》 唯以浄土為期《ゆいいじょうどいご》」（同 四七三）とをしへて、*無間長時《むけんじょうじ》に修《しゅ》すべしとすすめたまひたるをば、*しかしながらひがごとになしはてんずるか。浄土《じょうど》門《もん》に入《い》りて、善導《ぜんどう》のねんごろのをしへをやぶりもそむきもせんずるは、異学《いがく》・別解《べつげ》の人《ひと》にはまさりたるあだにて、ながく三塗《さんず》の*巣守《すもり》としてうかぶ世《よ》もあるべからず。こころうきことなり。

【六】 これによりて、あるいは「*上尽一形《じょうじんいちぎょう》 下至十念《げしじゅうねん》 三念五念仏来迎《さんねんごねんぶつらいこう》 直為弥陀弘誓重《じきいみだぐぜいじゅう》 致使凡夫念即生《ちしぼんぶねんそくしょう》」（法事讃・下 五七五）と、あるいは「*今信知《こんしんち》

歓喜至一念… 「歓喜して一念に至るまで、みなまさにかしこに生ずることを得べし」

も 続いて「爾時聞一念皆《にじもんいちねんかい》当得生彼《とうとくしょうひ》とも」とする異本がある。

十声一声… 「十声一声、一念等さだめて往生を得」

あだ 仇。敵。あるいは、いたずらごと。

ひがごと 間違い。誤り。

そぞろごと わけもないこと。つまらないこと。

一心専念… 「信巻」二二一頁一行以下参照。

誓畢此生… 「誓ひてこの生を畢るまで退転あることなし。ただ浄土をもつて期となす」

無間長時 →四修《しゅ》

しかしながら すべて。ことごとく。

巣守 あとにとり残される者。

上尽一形… 「上一形を尽

6

弥陀本弘誓願《みだほんぐぜいがん》 及称名号《ぎゅうしょうみょうごう》 下至十声一声等《げしじっしょういっしょうとう》† 定得往生《じょうとくおうじょう》 乃至一念《ないしいちねん》 無有《むう》疑心《ぎしん》」（礼讃 六五四）と、あるいは「若七日及一日《にゃくしちにちぎゅういちにち》* 下至十声《げしじっしょう》 乃至一声一念等《ないしいっしょういちねんとう》 必得往生《ひっとくおうじょう》」（同 七一二）といへり。かやうにこそは仰《おお》せられて候《そうら》へ。

【七】 これらの文《もん》は、たしかに一念多念《いちねんたねん》なか*あしかるべからず。ただ弥陀《みだ》の願《がん》をたのみはじめてん人《ひと》は、いのちをかぎりとし、往生《おうじょう》を期《ご》として念仏《ねんぶつ》すべしとをしへさせたまひたるなり。ゆめゆめ偏執《へんじゅう》すべからざることなり。こころの底《そこ》をばおもふやうに申《もう》しあらはし候《そうら》はねども、これにてこころえさせたまふべきなり。

【八】 おほよそ一念《いちねん》の執《しゅう》かたく、多念《たねん》のおもひこはき*人々《ひとびと》は、かならずをはりのわるきにて、いづれもいづれも本願《ほんがん》にそむきたるゆゑなりといふことは、おしはからはせたまふべし。さればかへすがへすも、多念《たねん》すなはち一念《いちねん》なり、一念《いちねん》すなはち多念《たねん》なりといふことわりをみだるまじきなり。

南無阿弥陀仏《なもあみだぶつ》

*本《ほん》にいはく

*建長七乙卯四月二十三日《けんちょうしちきのとのうしがつにじゅうさんにち》 愚禿釈善信八十三歳《ぐとくしゃくぜんしんはちじゅうさんさい》これを書写《しょしゃ》す。

し下十念に至り、三念・五念まで仏来迎したまふ。ただに弥陀の弘誓重きがために、凡夫をして念ずればすなはち生ぜしむることを致す」

今信知… 「いま弥陀の本弘誓願は、名号を称すること下十声・一声等に至るに及ぶまで、さだめて往生を得と信知して、すなはち一念に至るまで疑心あることなし」

若七日及一日… 「もしは七日および一日、下十声乃至一声、一念等に至るまで、かならず往生を得」

なか 「ながら」と註記のある異本がある。

こはき 強い。

本にいはく 「本」とは書写原本のこと。原本にあった奥書をそのまま転写したことを示す。

建長七 一二五五年。

自《じ》力《りき》他《た》力《りき》の事《こと》

本書の内容は、自力の念仏と他力の念仏との相違を明らかにし、他力の念仏を勧めるものである。まず、自力の念仏とは、みずからの行いを慎み、悪事をとどめて念仏しようとするものであるが、実際には不可能であり、たとえできたとしても、極楽のほとり（辺地《へんじ》）にしか往生できず、そこで本願に背いた罪をつぐなった後、真実の浄土に往生するのであることを明かされる。

次に、他力の念仏とは、みずからの罪悪の深いことにつけても、ひとえに阿弥陀仏の本願力をあおぎ、願力をたのめば、常に阿弥陀仏の光明《こうみょう》に照らされ、いのち尽きたときには、極楽に必ず往生せしめられることを明かされる。

最後に、迷いの世界を出て悟りの世界に至ることは、まったく阿弥陀仏の本願力によるのであり、念仏しながら自力をたのむということは、はなはだしい心得違いであると誡《いまし》めて全体を結ばれている。

なお親鸞聖人《しんらんしょうにん》が関東の門弟たちに与えられた御消息《ごしょうそく》（『親鸞聖人御消息』第十八通等）から、繰り返し本書を書き写して与え、読むことを勧められたことがうかがわれる。

自《じ》力《りき》他《た》力《りきの》事《こと》

長楽寺《ちょうらくじ》隆寛《りゅうかん》律師《りっし》作《さく》

【一】念仏《ねんぶつ》の行《ぎょう》につきて自力《じりき》・他力《たりき》といふことあり。これは極楽《ごくらく》をねがひて弥《み》陀《だ》の名号《みょうごう》をとなふる人《ひと》のなかに、自力《じりき》のこころにて念仏《ねんぶつ》する人《ひと》あり。

【二】まづ自力《じりき》のこころといふは、身《み》にもわろきことをばせじ、口《くち》にもわろきことをばいはじ、心《こころ》にも*ひがごとをばおもはじと、かやうにつつしみて念仏《ねんぶつ》するものは、この念仏《ねんぶつ》のちからにて、よろづの罪《つみ》を除《のぞ》き失《うしな》ひて、極楽《ごくらく》へかならずまゐるぞとおもひたる人《ひと》をば、自力《じりき》の行《ぎょう》といふなり。かやうにわが身《み》をつつしみととのへて、よからんとおもふは*めでたけれども、まづ世《よ》の人《ひと》をみるに、いかにもいかにもおもふさまにつつしみえんことは、*きはめてありがたきことなり。そのうへに弥陀《みだ》の本願《ほんがん》を*つやつやとしらざるとがのあるなり。されば*いみじくしえて往生《おうじょう》する人《ひと》も、まさしき本願《ほんがん》の極楽《ごくらく》にはまゐらず、わづかにその*ほとりへまゐりて、そのところにて本願《ほんがん》にそむきたる罪《つみ》をつぐのひてのちに、

ひがごと　間違い。誤り。ここでは意業の悪事。

めでたけれども　結構なことではあるけれども。

きはめてありがたきこと　めったにないこと。

つやつや　少しも。全く。

いみじく　大変立派に。

ほとり　端、辺境の意。ここでは極楽浄土の辺地《へんじ》のこと。→辺地

まさしき極楽《ごくらく》には生《しょう》ずるなり。これを自力《じりき》の念仏《ねんぶつ》とは申《もう》すなり。

【三】他力《たりき》の念仏《ねんぶつ》とは、わが身《み》のおろかにわろきにつけても、かかる身《み》にてた
やすくこの娑婆世界《しゃばせかい》をいかがはなるべき。罪《つみ》は日々《ひび》に*そへてかさなり、妄念《もうねん》は
4 つねにおこりてとどまらず。かかるにつけては、ひとへに弥陀《みだ》のちかひをたの
み仰《あお》ぎて念仏《ねんぶつ》おこたらざれば、阿弥陀仏《あみだぶつ》かたじけなく*遍照《へんじょう》の光明《こうみょう》をはなちて、
この身《み》を照《て》らしまもらせたまへば、観音《かんのん》・勢至《せいし》等《とう》の無量《むりょう》の聖衆《しょうじゅ》*ひき具《ぐ》して、
行住坐臥《ぎょうじゅうざが》、もしは昼《ひる》もしは夜《よる》、一切《いっさい》のときところをきらはず、行者《ぎょうじゃ》を護念《ごねん》し
て、目《め》しばらくもすてたまはず、まさしくいのち尽《つ》き息《いき》たえんときには、よろ
づの罪《つみ》をばみなうち消《け》して、めでたきものにつくりなして、極楽《ごくらく》へ率《い》てかへら
せおはしますなり。されば罪《つみ》の消《き》ゆることも南無阿弥陀仏《なもあみだぶつ》の願力《がんりき》なり、めでた
き位《くらい》をうることも南無阿弥陀仏《なもあみだぶつ》の弘誓《ぐぜい》のちからなり、ながくとほく三界《さんがい》を出《い》で
んことも阿弥陀仏《あみだぶつ》の本願《ほんがん》のちからなり、極楽《ごくらく》へまゐりてのりをききさとりをひ
らき、*やがて仏《ぶつ》に成《な》らんずることも阿弥陀仏《あみだぶつ》の御《おん》ちからなりければ、ひとあゆ
みもわがちからにて極楽《ごくらく》へまゐることなしとおもひて、*余行《よぎょう》をまじへずして一《いっ》
向《こう》に念仏《ねんぶつ》するを他力《たりき》の行《ぎょう》とは申《もう》すなり。

そへて　加えて。

遍照　あまねく照らすこと。

ひき具して　伴って。

やがて　ただちに。

余行　念仏以外の行業《ぎょうごう》。

【四】 たとへば腰折《こしお》れ足《あし》なえて、わがちからにてたちあがるべき方《かた》もなし、ましてはるかならんところへゆくことは、*かけてもおもひよらぬことなれども、*たのみたる人《ひと》のいとほしとおもひて、*さりぬべき人《ひと》あまた具《ぐ》して、*力者《りきしゃ》に輿《こし》をかかせて迎《むか》へに来《きた》りて、やはらかにかき乗《の》せてかへらんずる十里《じゅうり》・二十里《にじゅうり》の道《みち》もやすく、野《の》をも山《やま》をもほどなくすぐるやうに、われらが極楽《ごくらく》へまゐらんとおもひたちたるは、罪《つみ》ふかく煩悩《ぼんのう》もあつければ、腰折《こしお》れ足《あし》なえたる人々《ひとびと》にもすぐれたり。ただいまにても死《し》するものならば、*あしたゆふべにつくりたる罪《つみ》のおもければ、頭《こうべ》をさかさまにして、三悪道《さんまくどう》にこそはおちいらんずるものにてあれども、ひとすぢに阿弥陀仏《あみだぶつ》のちかひを仰《あお》ぎて、念仏《ねんぶつ》して疑《うたが》ふこころだにもなければ、かならずかならずただいま*ひきいらんずるとき、阿弥陀仏《あみだぶつ》、目《め》のまへにあらはれて、罪《つみ》といふ罪《つみ》をばすこしものこることなく功徳《くどく》と転《てん》じかへなして、無漏無生《むろむしょう》の報仏報土《ほうぶつほうど》へ率《い》てかへらせおはしますといふことを、釈迦如来《しゃかにょらい》ねんごろにすすめおはしましたることをふかくたのみて、*二心《ふたごころ》なく念仏《ねんぶつ》するをば他《た》力《りき》の行者《ぎょうじゃ》と申《もう》すなり。かかるひとは、十人《じゅうにん》は十人《じゅうにん》ながら百人《ひゃくにん》は百人《ひゃくにん》ながら、往生《おうじょう》することにて候《そうろ》ふなり。かかる人《ひと》を*やがて一向専修《いっこうせんじゅ》の念仏者《ねんぶつしゃ》とは申《もう》すな

かけても　いささかも。かりそめにも。
たのみたる人の　信頼している人が。たよりに思う人が。
さりぬべき人　相当な人。立派な人。
力者　力者法師《ほうし》のこと。僧形をして院の御所や公家に仕えて輿をかついだり、馬の口をとったり、長刀を持って供をした下僕のこと。
あしたゆふべ　つねづね。
ひきいらんずるとき　息が絶えようとする時。
二心なく　一心に。疑いなく。
やがて　すなわち。とりもなおさず。

り。おなじく念仏《ねんぶつ》をしながら、ひとへに自力《じりき》をたのみたるは、*ゆゆしきひがごとにて候《そうろ》ふなり。*あなかしこ、あなかしこ。

*寛元《かんげん》四《し》歳《さい》丙午《ひのえうま》三月《さんがつ》十五日《じゆうごにち》これを書《か》く。

愚禿《ぐとく》釈《しやく》親鸞《しんらん》七十四《しちじゆうし》歳《さい》

ゆゆしきひがごと　大変な間違い、誤り。

あなかしこ　原意は「なんとまあ、おそれ多いことよ」。転じて書簡の末尾におかれる慣用語。

寛元四歳　一二四六年。

安《あん》心《じん》決《けつ》定《じょう》鈔《しょう》

本書の著者は不明であるが、第八代宗主蓮如上人《れんにょしょうにん》の指南によって本願寺派では聖教《しょうぎょう》とみなしている。その内容は本末二巻に分かれ、三文の引用と四事の説明によって成り立っているところから、古来三文四事の聖教といわれている。三文とは、『往生礼讃《おうじょうらいさん》』の第十八願加減の文、『往生論《おうじょうろん》』（『浄土論《じょうどろん》』）の「如来浄華《にょらいじょうけ》衆正覚華化生《しゅしょうがくけけしょう》」の文、『法事讃《ほうじさん》』の「極楽無為涅槃界《ごくらくむいねはんがい》…」の文であり、四事とは、㈠自力他力日輪の事、㈡四種往生の事、㈢『観仏三昧経《かんぶつざんまいきょう》』の閻浮檀金《えんぶだんごん》の事、㈣薪火不離《しんかふり》の喩えである。

本書の中心思想は、機法一体論《きほういったいろん》である。まず本巻では、第十八願加減の文によって衆生《しゅじょう》の往生（機）と仏の正覚《しょうがく》（法）の一体を示し、続いて機法一体の名号《みょうごう》について論じて、念仏衆生の三業《さんごう》と仏の三業とが一体であることを示す。末巻では、『往生論』の文を引き、如来の機法一体の正覚について論じ、『法事讃』の文を引いて、正覚は無為無漏《むいむろ》であり、名号は機法一体の正覚と不二であるところから、念仏三昧もまた無為無漏であると説いている。最後に㈠自力と他力を闇夜と日輪に喩え、㈡正念・狂乱・無記・意念の四種の往生が、阿弥陀仏の摂取によって可能であることを明かし、㈢念仏三昧の利益《りやく》を閻浮檀金に喩え、㈣行者の心と阿弥陀仏の摂取不捨《せっしゅふしゃ》の光明《こうみょう》との不離を薪と火との不離に喩えて、これによって南無阿弥陀仏の義意をあらわされている。

安《あん》心《じん》決《けつ》定《じょう》鈔《しょう》　本《ほん》

【一】　浄土真宗《じょうどしんしゅう》の行者《ぎょうじゃ》は、まづ本願《ほんがん》のおこりを存知《ぞんじ》すべきなり。弘誓《ぐぜい》は四十《しじゅう》八《はち》なれども、第十八《だいじゅうはち》の願《がん》を本意《ほんい》とす。余《よ》の四十七《しじゅうしち》は、この願《がん》を信《しん》ぜしめんがためなり。

【二】　この願《がん》を『礼讃《らいさん》』（七一一）に釈《しゃく》したまふに、「*若我成仏《にゃくがじょうぶつ》　十方衆生《じっぽうしゅじょう》　称《しょう》我名号《がみょうごう》　下至十声《げしじっしょう》　若不生者《にゃくふしょうじゃ》　不取正覚《ふしゅしょうがく》」といへり。この文《もん》のこころは、「十方衆生《じっぽうしゅじょう》、願行《がんぎょう》成就《じょうじゅ》して往生《おうじょう》せば、われも仏《ぶつ》に成《な》らん。衆生往生《しゅじょうおうじょう》せずは、われ正覚《しょうがく》を取《と》らじ」となり。かるがゆゑに、仏《ぶつ》の正覚《しょうがく》は、われらが往生《おうじょう》するとせざるとによるべきなり。しかるに十方衆生《じっぽうしゅじょう》いまだ往生《おうじょう》せざるさきに、正覚《しょうがく》を成《じょう》ずることは、こころえがたきことなり。しかれども、仏《ぶつ》は衆生《しゅじょう》にかはりて*願《がん》と行《ぎょう》とを円満《えんまん》して、われらが往生《おうじょう》をすでに*したためたまふなり。十《じっ》方衆生《ぽうしゅじょう》の願行円満《がんぎょうえんまん》して、往生《おうじょう》成就《じょうじゅ》せしとき、*機法一体《きほういったい》の南無阿弥陀仏《なもあみだぶつ》の正《しょう》

若我成仏…　「もしわれ成仏せんに、十方の衆生、わが名号を称せん。下十声に至るまで、もし生れずは、正覚を取らじ」（行巻訓）

願と行とを円満して　浄土往生のための願と行業《ぎょうごう》とを完全に成就して。

したためたまふ　整えてくださっている。

機法一体　右頁の「解説」参照。

覚《がく》を成《じょう》じたまひしなり。かるがゆゑに仏《ぶつ》の正覚《しょうがく》のほかは凡夫《ぼんぶ》の往生《おうじょう》はなきなり。十方衆生《じっぽうしゅじょう》の往生《おうじょう》の成就《じょうじゅ》せしとき、仏《ぶつ》も正覚《しょうがく》を成《な》るゆゑに、仏《ぶつ》の正覚成《しょうがくな》りしとわれらが往生《おうじょう》の成就《じょうじゅ》せしとは同時《どうじ》なり。仏《ぶつ》の方《かた》よりは往生《おうじょう》を成《じょう》ぜしかども、衆生《しゅじょう》がこのことわりをしること不同《ふどう》なれば、すでに往生《おうじょう》するひともあ
4 り、いま往生《おうじょう》するひともあり、*当《とう》に往生《おうじょう》すべきひともあり。機《き》によりて三世《さんぜ》は不同《ふどう》なれども、弥陀《みだ》のかはりて成就《じょうじゅ》せし*正覚《しょうがく》の一念《いちねん》のほかは、さらに機《き》よりいささかも添《そ》ふることはなきなり。たとへば日出《ひい》づれば刹那《せつな》に十方《じっぽう》の闇《やみ》ことごとく晴《は》れ、月出《つきい》づれば法界《ほうかい》の水同時《みずどうじ》に影《かげ》をうつすがごとし。月《つき》は出《い》でて影《かげ》を水《みず》にやどす、日《ひ》は出《い》でて闇《やみ》の晴《は》れぬことあるべからず。かるがゆゑに、日《ひ》は出《い》でたるか出《い》でざるかをおもふべし、闇《やみ》は晴《は》れざるか晴《は》れたるかを疑《うたが》ふべからず。仏《ぶつ》は正覚成《しょうがくな》りたまへるかいまだ成《な》りたまはざるかを分別《ふんべつ》すべし、凡夫《ぼんぶ》の往生《おうじょう》を得《う》べきか得《う》べからざるかを疑《うたが》ふべからず。「衆生往生《しゅじょうおうじょう》せずは仏《ぶつ》に成《な》らじ」（大経・上意）と誓《ちか》ひたまひし法蔵比丘《ほうぞうびく》の、十劫《じっこう》にすでに成仏《じょうぶつ》したまへり。*仏体《ぶったい》よりはすでに成《じょう》じたまひたりける往生《おうじょう》を、*つたなく今日《こんにち》までしらずしてむなしく流転《るてん》しけるなり。かるがゆゑに『般舟讃《はんじゅさん》』（七一五）には、「おほきにすべ

当に　将来において。

正覚の一念　阿弥陀仏が正覚を成就した最初の時をいう。

仏体よりは　仏の側では。仏の立場からは。

つたなく　愚かにも。

5

からく慚愧《ざんぎ》すべし。釈迦如来《しゃかにょらい》はまことにこれ慈悲《じひ》の父母《ぶも》なり」といへり。「慚《ざん》愧《ぎ》」の二字《にじ》をば、天《てん》にはぢ人《にん》にはづとも釈《しゃく》し、自《じ》にはぢ他《た》にはづとも釈《しゃく》せり。なにごとをおほきにはづべしといふぞといふに、弥陀《みだ》は*兆載永劫《ちょうさいようごう》のあひだ無善《むぜん》の凡夫《ぼんぶ》にかはりて願行《がんぎょう》をはげまし、釈尊《しゃくそん》は*五百塵点劫《ごひゃくじんでんごう》のむかしより*八千遍《はっせんべん》まで世《よ》に出《い》でて、かかる不思議《ふしぎ》の誓願《せいがん》をわれらにしらせんとしたまふを、いままできかざることをはづべし。機《き》より成《じょう》ずる*大小乗《だいしょうじょう》の行《ぎょう》ならば、法《ほう》は妙《たえ》なれども、機《き》がおよばねばちからなしといふこともありぬべし。いまの他力《たりき》の願行《がんぎょう》は、行《ぎょう》は仏体《ぶったい》にはげみて功《こう》を無善《むぜん》のわれらにゆづりて、謗法《ほうぼう》・闡提《せんだい》の機《き》、*法滅《ほうめつ》百歳《ひゃくさい》の機《き》まで成《じょう》ぜずといふことなき功徳《くどく》なり。このことわりを*慇懃《おんごん》に告《つ》げたまふことを信《しん》ぜず、しらざることをおほきにはづべしといふなり。「三千大千世《さんぜんだいせんせ》界《かい》に、芥子《けし》ばかりも釈尊《しゃくそん》の身命《しんみょう》をすてたまはぬところはなし」（法華経・意）。みなこれ他力《たりき》を信《しん》ぜざるわれらに信心《しんじん》をおこさしめんと、かはりて難行苦行《なんぎょうくぎょう》して縁《えん》をむすび、*功《こう》をかさねたまひしなり。この広大《こうだい》の御《おん》こころざしをしらざることを、おほきにはぢはづべしといふなり。このこころをあらはさんとて、「種々《しゅじゅ》の方便《ほうべん》をもつて、われらが無上《むじょう》の信心《しんじん》を発起《ほっき》す」（般舟讃　七一五）と釈《しゃく》せ

兆載永劫のあひだ…　兆・載はきわめて大きい数の単位。阿弥陀仏が因位《いんに》の法蔵《ほうぞう》菩薩の時、本願を成就するために、はかりしれない長い間、無量の行を修めたことをいう。

五百塵点劫　釈尊が成仏してからすでに久遠《くおん》の時を経ていることを示す言葉。『法華経《ほけきょう》』「如来寿量品」の説。

八千遍まで…　釈尊は衆生《しゅじょう》教化のために、この世にすでに八千遍も来生しているという意。『梵網経《ぼんもうきょう》』の説。

大小乗　大乗と小乗のこと。→大乗《だいじょう》、小乗《しょうじょう》

法滅百歳の機　仏法が滅んだ後の百年間、浄土の経典のみがこの世にとどまる時の衆生。

慇懃に　ねんごろに。てい

り。無上《むじょう》の信心《しんじん》といふは、他力《たりき》の三信《さんしん》なり。つぎに「種々《しゅじゅ》の方便《ほうべん》を説《と》く、*教文《きょうもん》ひとつにあらず」（般舟讃）といふは、*諸経随機《しょきょうずいき》の得益《とくやく》なり。凡夫《ぼんぶ》は*左右《さう》なく他《た》力《りき》の信心《しんじん》を獲得《ぎゃくとく》することかたし。しかるに自力《じりき》の成《じょう》じがたきことをきくとき、他力《たりき》の易行《いぎょう》も信《しん》ぜられ、聖道《しょうどう》の難行《なんぎょう》をきくに浄土《じょうど》の修《しゅ》しやすきことも信《しん》ぜらるるなり。おほよそ仏《ぶつ》の方《かた》よりなにのわづらひもなく成就《じょうじゅ》したまへる往生《おうじょう》を、われら煩悩《ぼんのう》にくるはされて、ひさしく流転《るてん》して不思議《ふしぎ》の仏智《ぶっち》を信受《しんじゅ》せず。かるがゆゑに三世《さんぜ》の衆生《しゅじょう》の帰命《きみょう》の念《ねん》も*正覚《しょうがく》の一念《いちねん》にかへり、十方《じっぽう》の有情《うじょう》の称念《しょうねん》の心《しん》も正覚《しょうがく》の一念《いちねん》にかへる。さらに機《き》において一称一念《いっしょういちねん》もとどまることなし。

【三】　名体不二《みょうたいふに》の弘願《ぐがん》の行《ぎょう》なるがゆゑに、名号《みょうごう》すなはち正覚《しょうがく》の全体《ぜんたい》なり。正《しょう》覚《がく》の体《たい》なるがゆゑに、十方衆生《じっぽうしゅじょう》の往生《おうじょう》の体《たい》なり。往生《おうじょう》の体《たい》なるがゆゑに、われらが願行《がんぎょう》ことごとく具足《ぐそく》せずといふことなし。かるがゆゑに「玄義《げんぎ》」（玄義分　三二五）にいはく、「いまこの『観経《かんぎょう》』のなかの十声《じっしょう》の称仏《しょうぶつ》には、すなはち十願《じゅうがん》ありて十行具足《じゅうぎょうぐそく》せり。いかんが具足《ぐそく》せる。〈南無《なも》〉といふはすなはちこれ帰命《きみょう》、またこれ発願回向《ほつがんえこう》の義《ぎ》なり。〈阿弥陀仏《あみだぶつ》〉といふはすなはちこれその行《ぎょう》なり。この義《ぎ》をもつてのゆゑにかならず往生《おうじょう》を得《う》」といへり。*下品下生《げぼんげしょう》

ねいに。

功　「劫」とする異本がある。

教文　『真宗法要』所収本、および『般舟讃《はんじゅさん》』の原文には「教門」とある。教門は教えの意。

諸経随機の得益　教化の対象に適応して説かれた方便のさまざまな経典の利益《りやく》。

左右なく　ためらいなく。

正覚の一念にかへり　衆《しゅ》生《じょう》の信心も称名も、正覚の一念に成就された南無阿弥陀仏のほかにないと領解《りょうげ》することをいう。ただし、この表現は、浄土真宗相承《そうじょう》の他の聖教にはみられない。

下品下生　九品のうちの最下。→九品《くぼん》

の*失念《しつねん》の称念《しようねん》に*願行具足《がんぎようぐそく》することは、さらに機《き》の願行《がんぎよう》にあらずとしるべし。法蔵菩薩《ほうぞうぼさつ》の五劫兆載《ごこうちようさい》の願行《がんぎよう》の、凡夫《ぼんぶ》の願行《がんぎよう》を成《じよう》ずるゆゑなり。阿弥陀仏《あみだぶつ》の凡夫《ぼんぶ》の願行《がんぎよう》を成《じよう》ぜしいはれを領解《りようげ》するを、三心《さんしん》ともいひ、三信《さんしん》とも説《と》き、信心《しんじん》ともいふなり。阿弥陀仏《あみだぶつ》は凡夫《ぼんぶ》の願行《がんぎよう》を名《な》に成《じよう》ぜしゆゑを口業《くごう》にあらはすを、南無阿弥陀仏《なもあみだぶつ》といふ。かるがゆゑに領解《りようげ》も機《き》にはとどまらず、領解《りようげ》すれば仏願《ぶつがん》の体《たい》にかへる。名号《みようごう》も機《き》にはとどまらず、となふれば*やがて弘願《ぐがん》にかへる。かるがゆゑに浄土《じようど》の法門《ほうもん》は、第十八《だいじゆうはち》の願《がん》をよくよくこころうるほかにはなきなり。

【四】「*如無量寿経《によむりようじゆきよう》　四十八願中《しじゆうはちがんちゆう》　唯明専念《ゆいみようせんねん》　弥陀名号得生《みだみようごうとくしよう》」（定善義　四三七）とも釈《しやく》し、「*又此経《うしきよう》　定散文中《じようさんもんちゆう》　唯標専念《ゆいひようせんねん》　弥陀名号得生《みだみようごうとくしよう》」（同）とも釈《しやく》して、*三経《さんぎよう》ともにただこの本願《ほんがん》をあらはすなり。第十八《だいじゆうはち》の願《がん》をこころうるといふは、名号《みようごう》をこころうるなり。名号《みようごう》をこころうるといふは、阿弥陀仏《あみだぶつ》の衆生《しゆじよう》にかはりて願行《がんぎよう》を成就《じようじゆ》して、凡夫《ぼんぶ》の往生《おうじよう》、機《き》にさきだちて成就《じようじゆ》せしきざみ、十方衆生《じつぽうしゆじよう》の往生《おうじよう》を正覚《しようがく》の体《たい》とせしことを領解《りようげ》するなり。かるがゆゑに念仏《ねんぶつ》の行者《ぎようじや》、名号《みようごう》をきかば、「あは、はやわが往生《おうじよう》は成就《じようじゆ》しにけり。十方衆生《じつぽうしゆじよう》、往生《おうじよう》成就《じようじゆ》せずは正覚取《しようがくと》らじと誓《ちか》ひたまひし法蔵菩薩《ほうぞうぼさつ》の正覚《しようがく》の*果名《かみよう》なるがゆゑ

失念　苦しみのために、仏を憶念《おくねん》する力を失うこと。

願行具足　浄土往生の因となる願と行業《ぎようごう》とが具《そな》わりととのうこと。

やがて　ただちに。

如無量寿経…　「無量寿経の四十八願のなかのごときは、ただもつぱら弥陀の名号を念じて生ずることを得と明かす」

又此経…　「またこの経の定散の文のなかに、ただもつぱら弥陀の名号を念じて生ずることを得と標せり」ただし「定善義」の原文には「弥陀」の二字はない。

三経　『大経』『観経』『小経』の浄土三部経。

果名　さとりのみ名。南無阿弥陀仏の名号。

に」とおもふべし。また弥陀仏《みだぶつ》の形像《ぎょうぞう》をがみたてまつらば、「あは、はやわ
が往生《おうじょう》は成就《じょうじゅ》しにけり。十方衆生《じっぽうしゅじょう》、往生《おうじょう》成就《じょうじゅ》せずは正覚《しょうがく》取《と》らじと誓《ちか》ひたま
ひし法蔵《ほうぞう》*薩埵《さった》の成《じょう》正覚《しょうがく》の御《おん》すがたなるゆゑに」とおもふべし。また極楽《ごくらく》と
いふ名《な》をきかば、「あは、わが往生《おうじょう》すべきところを成就《じょうじゅ》したまひにけり。衆《しゅ》
7 生《じょう》往生《おうじょう》せずは正覚《しょうがく》取《と》らじと誓《ちか》ひたまひし法蔵比丘《ほうぞうびく》の成就《じょうじゅ》したまへる極楽《ごくらく》よ」
とおもふべし。機《き》をいへば、仏法《ぶっぽう》と世俗《せぞく》との二種《にしゅ》の善根《ぜんごん》なき*唯知作悪《ゆいちさあく》の機《き》に、
仏体《ぶったい》より恒沙塵数《ごうじゃじんじゅ》の功徳《くどく》を成就《じょうじゅ》するゆゑに、われらがごとくなる愚痴《ぐち》・悪見《あくけん》
の衆生《しゅじょう》のための楽《らく》のきはまりなるゆゑに極楽《ごくらく》といふなり。本願《ほんがん》を信《しん》じ名号《みょうごう》を
となふとも、*よそなる仏《ぶつ》の功徳《くどく》とおもうて*名号《みょうごう》に功《こう》をいれなば、などか往生《おうじょう》
をとげざらんなんどおもはんは、かなしかるべきことなり。*ひしとわれらが往《おう》
生《じょう》成就《じょうじゅ》せしすがたを南無阿弥陀仏《なもあみだぶつ》とはいひけるといふ信心《しんじん》おこりぬれば、*仏《ぶつ》
体《たい》すなはちわれらが往生《おうじょう》の行《ぎょう》なるがゆゑに、一声《いっしょう》のところに往生《おうじょう》を決定《けつじょう》する
なり。阿弥陀仏《あみだぶつ》といふ名号《みょうごう》をきかば、やがてわが往生《おうじょう》とこころえ、わが往生《おうじょう》
はすなはち仏《ぶつ》の正覚《しょうがく》なりとこころうべし。弥陀仏《みだぶつ》は正覚《しょうがく》成《じょう》じたまへるかいま
だ成《じょう》じたまはざるかをば疑《うたが》ふとも、わが往生《おうじょう》の成《じょう》ずるか成《じょう》ぜざるかをば疑《うたが》ふ

薩埵　ここでは菩提薩埵の略。菩薩に同じ。

唯知作悪の機　ただ悪を作ることをのみ知る衆生《しゅじょう》。

よそなる仏の功徳…　衆生の往生とは無関係に阿弥陀仏の功徳があるように思って。

名号に功をいれなば　称名の功徳《くどく》を積んだなら。

ひしと　しっかりと。

仏体すなはち…　南無阿弥陀仏という仏体（名号《みょうごう》）には、衆生を往生させるはたらきがあるということ。

べからず。一衆生《いちしゆじよう》のうへにも往生《おうじよう》せぬことあらば、ゆめゆめ仏《ぶつ》は正覚《しようがく》成《な》りたまふべからず。ここをこころうるを第十八《だいじゆうはち》の願《がん》を*おもひわくとはいふなり。

【五】まことに往生《おうじよう》せんとおもはば、衆生《しゆじよう》こそ願《がん》をもおこし行《ぎよう》をもはげむべきに、願行《がんぎよう》は菩薩《ぼさつ》のところにはげみて、*感果《かんか》はわれらがところに成《じよう》ず。世間《せけん》・出世《しゆつせ》の因果《いんが》のことわりに超異《ちようい》せり。和尚《かしよう》（善導）はこれを「*別異《べつい》の弘願《ぐがん》」（玄義分 三〇〇）とほめたまへり。衆生《しゆじよう》にかはりて願行《がんぎよう》を成《じよう》ずること、*常没《じようもつ》の衆生《しゆじよう》を*さきとして善人《ぜんにん》におよぶまで、一衆生《いちしゆじよう》のうへにもおよばざるところあらば、大悲《だいひ》の願満足《がんまんぞく》すべからず。面々衆生《めんめんしゆじよう》の機《き》ごとに、願行 成就《がんぎようじようじゆ》せしとき、
8 仏《ぶつ》は正覚《しようがく》を成《じよう》じ、凡夫《ぼんぶ》は往生《おうじよう》せしなり。かかる不思議《ふしぎ》の名号《みようごう》、もしきこえざるところあらば正覚取《しようがくと》らじと誓《ちか》ひたまへり。われらすでに阿弥陀《あみだ》といふ名号《みようごう》をきく。しるべし、われらが往生《おうじよう》すでに成《じよう》ぜりといふことを。きくといふは、ただ*おほやうに名号《みようごう》をきくにあらず、本願他力《ほんがんたりき》の不思議《ふしぎ》をききて疑《うたが》はざるをきくとはいふなり。御名《みな》をきくも本願《ほんがん》より成《じよう》じてきく。一向《いつこう》に他力《たりき》なり。たとひ凡夫《ぼんぶ》の往生 成《おうじようじよう》じたまひたりとも、その願成就《がんじようじゆ》したまへる御名《みな》をきかずは、いかでかその願成《がんじよう》ぜりとしるべき。かるがゆゑに名号《みようごう》をききても形像《ぎようぞう》を拝《はい》し

おもひわく 分別し判断する。ここでは本願のいわれを正しく領解《りようげ》すること。

感果 果報《かほう》を感得すること。

別異の弘願 「玄義分」の原文は「別意の弘願」となっている。一般の因果の道理に超えすぐれた他力救済の本願をいう。

常没 つねに迷いの世界に沈んでいること。

さきとして 第一として。

おほやうに 大まかに。

ても、わが往生《おうじょう》を成《じょう》じたまへる御名《みな》ときき、「われらを*わたさずは仏《ぶつ》に成《な》らじ
と誓《ちか》ひたまひし法蔵《ほうぞう》の誓願《せいがん》むなしからずして、正覚成《しょうがくじょう》じたまへる御《おん》すがたよ」
とおもはざらんは、きくともきかざるがごとし、みるともみざるがごとし。
『平等覚経《びょうどうがくきょう》』（四・意）にのたまはく、「浄土《じょうど》の法門《ほうもん》を説《と》くを聞《き》きて歓喜踊躍《かんぎゆやく》
し、*身《み》の毛《け》いよたつ」といふは、*そぞろによろこぶにあらず。わが*出離《しゅつり》の行《ぎょう》を
はげまんとすれば、*道心《どうしん》もなく智慧《ちえ》もなし。*智目《ちもく》・行足《ぎょうそく》かけたる身《み》なれば、
ただ*三悪《さんまく》の火坑《かきょう》にしづむべき身《み》なるを、願《がん》も行《ぎょう》も仏体《ぶったい》より成《じょう》じて、機法一体《きほういったい》の
正覚成《しょうがくじょう》じたまひけることのうれしさよとおもふとき、歓喜《かんぎ》のあまりをどりあ
がるほどにうれしきなり。『*大経《だいきょう》』に「爾時聞一念《にじもんいちねん》」とも、「聞名歓喜讃《もんみょうかんぎさん》」とも
いふは、このこころなり。*よそにさしのけてはなくして、やがてわが往生《おうじょう》すで
に成《じょう》じたる名号《みょうごう》、わが往生《おうじょう》したる御《おん》すがたとみるを、名号《みょうごう》をきくとも形像《ぎょうぞう》を
みるともいふなり。このことわりをこころうるを本願《ほんがん》を信知《しんち》すとはいふなり。

【六】念仏三昧《ねんぶつざんまい》において信心決定《しんじんけつじょう》せんひとは、身《み》も南無阿弥陀仏《なもあみだぶつ》、こころも南《な》
9 無阿弥陀仏《もあみだぶつ》なりとおもふべきなり。ひとの身《み》をば地《じ》・水《すい》・火《か》・風《ふう》の四大《しだい》よりあ
ひて成《じょう》ず。小乗《しょうじょう》には*極微《ごくみ》の所成《しょじょう》といへり。身《み》を極微《ごくみ》にくだきてみるとも報仏《ほうぶつ》

わたさずは　救済しなければ。
身の毛いよたつ　体中の毛が逆立つ。
そぞろに　何となく。漫然と。
出離　迷いの世界を離れ出ること。
道心　菩提心のこと。↓菩《ぼ》提心《だいしん》
智目行足　さとりをひらくために必要な智慧《ちえ》の目と修行の足。
三悪の火坑　地獄・餓鬼《がき》・畜生《ちくしょう》の三悪趣《さんまくしゅ》を火の坑《あな》に喩える。
大経に…　以下の二句は、『礼讃《らいさん》』（註釈版聖典七祖篇六七五、六七六頁）に『大経』要文として引く文。
よそにさしのけてはなくして　よそ事とするのではなく、わが身のことと受けとめてという意。

の功徳《くどく》の染《そ》まぬところはあるべからず。されば機法一体《きほういったい》の身《み》も南無阿弥陀仏《なもあみだぶつ》なり。こころは煩悩《ぼんのう》・*随煩悩等具足《ずいぼんのうとうぐそく》せり。刹那刹那《せつなせつな》に生滅《しょうめつ》す。こころを刹那《せつな》に*ちわりてみるとも、弥陀《みだ》の願行《がんぎょう》の遍《へん》せぬところなければ、機法一体《きほういったい》にしてこころも南無阿弥陀仏《なもあみだぶつ》なり。弥陀大悲《みだだいひ》のむねのうちに、かの常没《じょうもつ》の衆生《しゅじょう》みちみちたるゆゑに、機法一体《きほういったい》にして南無阿弥陀仏《なもあみだぶつ》なり。われらが*迷倒《めいとう》のこころのそこには法界身《ほうかいしん》の仏《ぶつ》の功徳《くどく》みちみちたまへるゆゑに、また機法一体《きほういったい》にして南無阿弥陀仏《なもあみだぶつ》なり。浄土《じょうど》の依正二報《えしょうにほう》もしかなり。依報《えほう》は、宝樹《ほうじゅ》の葉《は》ひとつも極悪《ごくあく》のわれらがためならぬことなければ、機法一体《きほういったい》にして南無阿弥陀仏《なもあみだぶつ》なり。正報《しょうぼう》は、眉間《みけん》の*白毫相《びゃくごうそう》より*千輻輪《せんぷくりん》のあなうらにいたるまで、常没《じょうもつ》の衆生《しゅじょう》の願行円満《がんぎょうえんまん》せる御《おん》かたちなるゆゑに、また機法一体《きほういったい》にして南無阿弥陀仏《なもあみだぶつ》なり。われらが*道《どう》心二法《しんにほう》・三業《さんごう》・四威儀《しいぎ》、すべて報仏《ほうぶつ》の功徳《くどく》のいたらぬところなければ、南無《なも》の機《き》と阿弥陀仏《あみだぶつ》の片時《へんじ》もはなるることなければ、念々《ねんねん》みな南無阿弥陀仏《なもあみだぶつ》なり。されば出《い》づる息《いき》入《い》る息《いき》も、仏《ぶつ》の功徳《くどく》をはなるる時分《じぶん》なければ、みな南無阿弥陀仏《なもあみだぶつ》の体《たい》なり。*縛曰羅冒地《ばざらぼじ》といひしひとは、常水観《じょうすいかん》をなししかば、こころにひかれて身《み》もひとつの池《いけ》となりき。その法《ほう》に*染《そ》みぬれば、*色心正法《しきしんしょうぼう》それになりか*

極微　これ以上分割できない最小の実体。

随煩悩　根本煩悩に附随する第二義的な煩悩。

ちわりて　千々《ちぢ》に割って。

迷倒　真理に暗く、転倒した思いをいだくこと。

白毫相　仏の眉間にある白色の旋毛。右にまわっていて、光明《こうみょう》を放つという。三十二相の一。→三十二相《さんじゅうにそう》

千輻輪のあなうら　千輻輪は足の裏にある輪宝の模様。千の放射状の輻《や》（車輪の輻）があることからいう。三十二相の一。あなうらは足の裏の意。→三十二相《さんじゅうにそう》

道心二法　『真宗法要』所収本には「色心二法」とある。

縛曰羅冒地　（六七一—七四一）金剛智《こんごうち》のこと。南イ

へることなり。

【七】　念仏三昧《ねんぶつざんまい》の領解《りょうげ》ひらけなば、身《み》もこころも南無阿弥陀仏《なもあみだぶつ》〔に〕なりかへりて、その領解《りょうげ》ことばにあらはるるとき、南無阿弥陀仏《なもあみだぶつ》と申《もう》すがうるはしき弘《ぐ》願《がん》の念仏《ねんぶつ》にてあるなり。念仏《ねんぶつ》といふは、かならずしも口《くち》に南無阿弥陀仏《なもあみだぶつ》ととなふるのみにあらず。阿弥陀仏《あみだぶつ》の功徳《くどく》、われらが南無《なも》の機《き》において十劫正覚《じっこうしょうがく》の刹那《せつな》より*成《じょう》じいりたまひけるものを、といふ信心《しんじん》のおこるを念仏《ねんぶつ》といふなり。さてこの領解《りょうげ》を*ことわりあらはせば、南無阿弥陀仏《なもあみだぶつ》といふにてあるなり。この仏《ぶつ》の心《しん》は大慈悲《だいじひ》を本《ほん》とするゆゑに、愚鈍《ぐどん》の衆生《しゅじょう》をわたしたまふをさきとするゆゑに、名体不二《みょうたいふに》の正覚《しょうがく》をとなへましますゆゑに、仏体《ぶったい》も名《な》におもむき、名《な》に体《たい》の功徳《くどく》を具足《ぐそく》するゆゑに、なにと*はかばかしくしらねども、*平信《へいしん》のひともとなふれば往生《おうじょう》するなり。されども*下根《げこん》の凡夫《ぼんぶ》なるゆゑに、そぞろに*ひら信《しん》じもかなふべからず。そのことわりをききひらくとき、信心《しんじん》はおこるなり。念《ねん》仏《ぶつ》を申《もう》すとも往生《おうじょう》せぬをば、「名義《みょうぎ》に相応《そうおう》せざるゆゑ」（論註・下　一〇三）とこそ、曇鸞《どんらん》も釈《しゃく》したまへ。「*名義《みょうぎ》に相応《そうおう》す」といふは、阿弥陀仏《あみだぶつ》の功徳力《くどくりき》にてわれらは往生《おうじょう》すべしとおもうてとなふるなり。領解《りょうげ》の信心《しんじん》をことばにあらは

ンドに生れ、唐《とう》の玄宗《げんそう》時代に訳経家として活躍した。中国密教の祖とされている。

染みぬれば　なじんだなら。

色心正法　身体とこころ。正法は正報《しょうぼう》のことか。

なりかへる　転じる。そのものになりきる。

成じいりたまひけるものを　すっかり成就されたのであるなあ。

ことわりあらはせば　すじ道をたてていいあらわすと。

はかばかしく　はっきりと。

平信のひと　深い道理も知らないまま、教えられた通りにただ信じている普通の信者。

下根　根は根機の意。仏道を修める能力の劣った者。→根機《こんき》

ひら信じ　ひたすら信じること。

すゆゑに、南無阿弥陀仏《なもあみだぶつ》の六字《ろくじ》をよくこころうるを三心《さんしん》といふなり。かるがゆゑに仏《ぶつ》の功徳《くどく》、ひしとわが身《み》に成《じょう》じたりとおもひて、口《くち》に南無阿弥陀仏《なもあみだぶつ》ととなふるが、三心具足《さんしんぐそく》の念仏《ねんぶつ》にてあるなり。自力《じりき》のひとの念仏《ねんぶつ》は、仏《ぶつ》をばさしのけて西方《さいほう》におき、わが身《み》をば*しらじらとある凡夫《ぼんぶ》にて、ときどきこころに仏《ぶつ》の他《た》力《りき》をおもひ名号《みょうごう》をとなふるゆゑに、仏《ぶつ》と衆生《しゅじょう》と*うとうとしくして、いささか道心《どうしん》おこりたるときは、往生《おうじょう》もちかくおぼえ、念仏《ねんぶつ》も*ものうく道心《どうしん》もさめたるときは、往生《おうじょう》もきはめて不定《ふじょう》なり。凡夫《ぼんぶ》のこころとしては、道心《どうしん》をおこすこともまれなれば、つねには往生不定《おうじょうふじょう》の身《み》なり。もしやもしやとまてども、往生《おうじょう》は臨終《りんじゅう》までおもひさだむることなきゆゑに、口《くち》にときどき名号《みょうごう》をとなふれども、*たのみがたき往生《おうじょう》なり。たとへばときどきひとに*見参《けんざん》、*みやづかひするに似《に》たり。そのゆゑは、いかにして仏《ぶつ》の御《おん》こころにかなはんずるとおもひ、仏《ぶつ》に*追従《ついしょう》して往生《おうじょう》の御恩《ごおん》をも*かぶらんずるやうにおもふほどに、*機《き》の安《あん》心《じん》と仏《ぶつ》の大悲《だいひ》とがはなればなれにて、つねに仏《ぶつ》にうとき身《み》なり。この位《くらい》にてはまことにきはめて往生不定《おうじょうふじょう》なり。念仏三昧《ねんぶつざんまい》といふは、報仏弥陀《ほうぶつみだ》の大悲《だいひ》の願行《がんぎょう》は、もとより迷《まよ》ひの衆生《しゅじょう》の心想《しんそう》のうちに入《い》りたまへり、しらずして仏体《ぶったい》より

名義に相応す　名号《みょうごう》のいわれにかなう。

しらじら　はっきりしているさまを表す語。「しれじれ」の転とすれば、きわめて愚かな、いたって無知なという意。

うとうとしくして　いかにも関係がうすいような感じで。いかにも疎遠で。

ものうく　大儀で気が進まず。

たのみがたき　あてにならない。

見参　高貴な人に対面すること。

みやづかひ　宮中や貴人などに仕えること。

追従して　おもねって。へつらって。

かぶらんずるやうに　受けることができるように。

機の安心　衆生《しゅじょう》の信心。

機《き》法一体《ほういったい》の南無阿弥陀仏《なもあみだぶつ》の正覚《しょうがく》に成《じょう》じたまふことなりと信知《しんち》するなり。願行《がんぎょう》みな仏体《ぶったい》より成《じょう》ずることとなるがゆゑに、をがむ手《て》、となふる口《くち》、信《しん》ずるこころ、みな他力《たりき》なりといふなり。

【八】　かるがゆゑに機法一体《きほういったい》の念仏三昧《ねんぶつざんまい》をあらはして、*第八《だいはち》の観《かん》には、「*諸仏如来《しょぶつにょらい》是法界身《ぜほうかいしん》　入一切衆生《にゅういっさいしゅじょう》　心想中《しんそうちゅう》」（観経）と説《と》く。これを釈《しゃく》するに、「〈法界《ほうかい》〉といふは*所化《しょけ》の境《きょう》、すなはち衆生界《しゅじょうかい》なり」（定善義　四三一）といへり。定善《じょうぜん》の衆生《しゅじょう》ともいはず、道心《どうしん》の衆生《しゅじょう》とも説《と》かず、*法界《ほうかい》の衆生《しゅじょう》を所化《しょけ》とす。「〈法界《ほうかい》〉といふは、所化《しょけ》の境《きょう》、衆生界《しゅじょうかい》なり」と釈《しゃく》する、これなり。まさしくは、こころいたるがゆゑに身《み》もいたるといへり。弥陀《みだ》の身心《しんしん》の功徳《くどく》、法界衆生《ほうかいしゅじょう》の身《しん》のうち、こころのそこに入《い》り満《み》つゆゑに、「入一切衆生心想中《にゅういっさいしゅじょうしんそうちゅう》」と説《と》くなり。ここを信《しん》ずるを念仏衆生《ねんぶつしゅじょう》といふなり。また*真身観《しんしんかん》には、「念仏衆生《ねんぶつしゅじょう》の三業《さんごう》と、弥陀如来《みだにょらい》の三業《さんごう》と、あひはなれず」（同・意　四三七）と釈《しゃく》せり。仏《ぶつ》の正覚《しょうがく》
12 は衆生《しゅじょう》の往生《おうじょう》より成《じょう》じ、衆生《しゅじょう》の往生《おうじょう》は仏《ぶつ》の正覚《しょうがく》より成《じょう》ずるゆゑに、衆生《しゅじょう》の三業《さんごう》と仏《ぶつ》の三業《さんごう》とまつたく一体《いったい》なり。仏《ぶつ》の正覚《しょうがく》のほかに衆生《しゅじょう》の往生《おうじょう》もなく、願《がん》も行《ぎょう》もみな仏体《ぶったい》より成《じょう》じたまへりとしりきくを念仏《ねんぶつ》の衆生《しゅじょう》といひ、この信《しん》

第八の観　『観経』に説く定善《じょうぜん》十三観の第八観。像観（像想観）のこと。阿弥陀仏の真身を観想するためのてだてとして、仏像を観ずること。

諸仏如来…　「諸仏如来はこれ法界身なり。一切衆生の心想のうちに入りたまふ」

所化の境　教化をほどこす対象。

法界の衆生　全世界の生きとし生けるもの。

真身観　『観経』に説く定善十三観の第九観。阿弥陀仏の身相と光明《こうみょう》を観ずる法。ここでは「定善義」の三縁釈の文を指す。

心《じん》のことばにあらはるるを南無阿弥陀仏《なもあみだぶつ》といふ。かるがゆゑに念仏《ねんぶつ》の行者《ぎょうじゃ》になりぬれば、いかに仏《ぶつ》をはなれんとおもふとも、微塵《みじん》のへだてもなきことなり。仏《ぶつ》の方《かた》より機法一体《きほういったい》の南無阿弥陀仏《なもあみだぶつ》の正覚《しょうがく》を成《じょう》じたまひたりけるゆゑに、なにと*はかばかしからぬ*下下品《げげぼん》の失念《しつねん》の位《くらい》の称名《しょうみょう》も往生《おうじょう》するは、となふるときはじめて往生《おうじょう》するにはあらず、極悪《ごくあく》の機《き》のためにもとより成《じょう》じたまへる往《おう》生《じょう》をとなへあらはすなり。また*『大経《だいきょう》』の三宝滅尽《さんぼうめつじん》の衆生《しゅじょう》の、三宝《さんぼう》の名字《みょうじ》をだにもはかばかしくきかぬほどの機《き》が、一念《いちねん》となへて往生《おうじょう》するも、となふるときはじめて往生《おうじょう》の成《じょう》ずるにあらず。仏体《ぶったい》より成《じょう》ぜし願行《がんぎょう》の*薫修《くんじゅ》が、一声《いっしょう》称仏《しょうぶつ》のところにあらはれて往生《おうじょう》の一大事《いちだいじ》を成《じょう》ずるなり。

【九】かくこころうれば、われらは今日今時往生《こんにちこんじおうじょう》すとも、わがこころのかしこくて念仏《ねんぶつ》をも申《もう》し、他力《たりき》をも信《しん》ずるこころの功《こう》にあらず。勇猛専精《ゆうみょうせんしょう》にはげみたまひし仏《ぶつ》の功徳《くどく》、十劫正覚《じっこうしょうがく》の刹那《せつな》にわれらにおいて成《じょう》じたまひたりけるが、*あらはれもてゆくなり。*覚体《かくたい》の功徳《くどく》は同時《どうじ》に十方衆生《じっぽうしゅじょう》のうへに成《じょう》ぜしかども、昨日《きのう》あらはすひともあり、今日《こんにち》あらはすひともあり。*已今当《いこんとう》の三世《さんぜ》の往生《おうじょう》は不同《ふどう》なれども、弘願正因《ぐがんしょういん》のあらはれもてゆくゆゑに、仏《ぶつ》の願行《がんぎょう》のほかには、

はかばかしからぬ　はっきりしない。たよりにならない。

下下品　九品のうちの最下。→九品《くぼん》

大経の…　『大経』八二頁二行以下参照。

薫修　薫習《くんじゅう》に同じ。ものに香りが移りしみこむように、仏によって成就された修行の徳が行者の身心に移りつくこと。

あらはれもてゆくなり　だんだんとあらわれていくのである。

覚体の功徳　正覚を成就した仏体に具《そな》わっている功徳。

已今当　過去・現在・未来。

別《べっ》に機《き》に信心《しんじん》ひとつも行《ぎょう》ひとつもくはふることはなきなり。念仏《ねんぶつ》といふはこのことわりを念《ねん》じ、行《ぎょう》といふはこのうれしさを礼拝《らいはい》恭敬《くぎょう》するゆゑに、仏《ぶっ》の正覚《しょうがく》
13 と衆生《しゅじょう》の行《ぎょう》とが一体《いったい》にしてはなれぬなり。したしといふもなほ*おろかなり、ちかしといふもなほとほし。一体《いったい》のうちにおいて*能念《のうねん》・所念《しょねん》を体《たい》のうちに論《ろん》ずるなりとしるべし。

安《あん》心《じん》決《けつ》定《じょう》鈔《しょう》　本《ほん》

おろかなり　疎かなり。(言葉では)表し尽せない。(表現が)不十分である。

能念所念　能念は信じる心。所念は信の対象である法。

安《あん》心《じん》決《けつ》定《じょう》鈔《しょう》 末《まつ》

【一〇】『往生論《おうじょうろん》』（浄土論 三〇）に「*如来浄華衆《にょらいじょうけしゅ》 正覚華化生《しょうがくけけしょう》」といへり。他《た》力《りき》の大信心《だいしんじん》をえたるひとを浄華《じょうけ》の衆《しゅう》とはいふなり。これはおなじく正覚《しょうがく》の華《はな》より生《しょう》ずるなり。正覚華《しょうがくけ》といふは、衆生《しゅじょう》の往生《おうじょう》をかけもの*にして、「もし生《しょう》ぜずは、正覚取《しょうがくと》らじ」と誓《ちか》ひたまひし法蔵菩薩《ほうぞうぼさつ》の十方衆生《じっぽうしゅじょう》の願行《がんぎょう》成就《じょうじゅ》せしとき、*機法一体《きほういったい》の正覚成《しょうがくじょう》じたまへる慈悲《じひ》の御《おん》こころのあらはれたまへる*心蓮《しんれん》華《げ》を、正覚華《しょうがくけ》とはいふなり。これを*第七《だいしち》の観《かん》には「除苦悩法《じょくのうほう》」（観経）と説《と》き、下下品《げげぼん》には「五逆《ごぎゃく》の衆生《しゅじょう》を来迎《らいこう》する蓮華《れんげ》」（同・意）と説《と》くなり。仏心《ぶっしん》を蓮華《れんげ》とたとふることは、凡夫《ぼんぶ》の煩悩《ぼんのう》の泥濁《でいじょく》に染《そ》まざるさとりなるゆゑなり。なにとして仏心《ぶっしん》の蓮華《れんげ》よりは生《しょう》ずるぞといふに、曇鸞《どんらん》この文《もん》を、「同一《どういつ》に念仏《ねんぶつ》して別《べつ》の道《どう》なきがゆゑに」（論註・下 一二〇）と釈《しゃく》したまへり。「とほく通《つう》ずるに、*四海《しかい》みな兄弟《きょうだい》なり」（同・下）。善悪機《ぜんあくき》ことに*、九品位《くぼんくらい》かはれども、ともに他《た》

如来浄華衆… 「如来浄華の衆は、正覚の華より化生す」

かけもの 賭物。

機法一体の正覚 機は衆《しゅ》生《じょう》の往生、法は阿弥陀仏の正覚を指し、阿弥陀仏の正覚成就のままが衆生の往生成就であるように、一体不二に成就された仏徳のことをいう。

心蓮華 如来の慈悲心を蓮華に喩えていう。

第七の観 『観経』に説く定善《じょうぜん》十三観の第七観。華《け》座観《ざかん》のこと。阿弥陀仏が坐す蓮華《れんげ》の台座を観ずること。

四海 須弥山《しゅみせん》をとりまく四方の海。全世界をいう。転じて世界の人々を指す。

ことに 「異《こと》に」であろう。

力《りき》の願行《がんぎょう》をたのみ、おなじく正覚《しょうがく》の体《たい》に帰《き》することはかはらざるゆゑに、「同《どう》一念仏《いつねんぶつ》して別《べつ》の道《どう》なきがゆゑに」といへり。またさきに往生《おうじょう》するひとも他力《たりき》の願行《がんぎょう》に帰《き》して往生《おうじょう》し、のちに往生《おうじょう》するひとも正覚《しょうがく》の一念《いちねん》に帰《き》して往生《おうじょう》す。心蓮華《しんれんげ》のうちにいたるゆゑに、「四海《しかい》みな兄弟《きょうだい》なり」といふなり。

15 【二】「仏身《ぶっしん》を観《み》るものは仏心《ぶっしん》を見《み》たてまつる。仏心《ぶっしん》といふは大慈悲《だいじひ》これなり」（観経）。仏心《ぶっしん》はわれらを愍念《みんねん》したまふこと、骨髄《こつずい》にとほりて染《そ》みつきたまへり。たとへば*火《ひ》の炭《すみ》におこりつきたるがごとし。はなたんとするともはなるべからず。摂取《せっしゅ》の*心光《しんこう》われらを照《て》らして、身《み》より髄《ずい》にとほる。心《しん》は三毒煩悩《さんどくぼんのう》の心《しん》までも仏《ぶつ》の功徳《くどく》の染《そ》みつかぬところはなし。機法《きほう》もとより一体《いったい》なるところを南《な》無阿弥陀仏《もあみだぶつ》といふなり。この信心《しんじん》おこりぬるうへは、口業《くごう》には、たとひときどき念仏《ねんぶつ》すとも常念仏《じょうねんぶつ》の衆生《しゅじょう》にてあるべきなり。*三縁《さんえん》のなかに、「口《くち》につねに、身《み》につねに」（定善義　四三六）と釈《しゃく》する、このこころなり。仏《ぶつ》の三業《さんごう》の功徳《くどく》を信《しん》ずるゆゑに、衆生《しゅじょう》の三業《さんごう》、如来《にょらい》の仏智《ぶっち》と一体《いったい》にして、仏《ぶつ》の*長時修《じょうじしゅ》の功徳《くどく》、衆生《しゅじょう》の身口意《しんくい》にあらはるるところなり。また唐朝《とうちょう》（中国）に*傅大士《ふだいじ》とて、ゆゆしく大乗《だいじょう》をもさとり、*外典《げてん》にも達《たつ》してたふときひとおはしき。そのことば

火の炭におこりつきたる　火が炭からおこって、炭と一体化している様子。

心光　色光《しきこう》に対する語で智光、内光ともいう。大智大悲の仏心をもって念仏の衆生《しゅじょう》をおさめとる摂取《せっしゅ》の光明《こうみょう》のこと。

三縁　→三縁《さんえん》[1]

長時修　四修の一。→四修《しゅ》

傅大士　名は傅翕《ふきゅう》（四九七—五六九）。傅大士とも双林大士とも東陽大士とも呼ばれる。烏傷《うしょう》（現在の浙江《せっこう》省烏傷）の人。在俗の仏教信者で、民衆教化につとめ、弥勒《みろく》の下生《げしょう》と称された。転輪蔵（回転式の書架）を発明したという。

外典　仏教書以外の典籍。

16

にいはく、「朝《あさ》な朝《あさ》な仏《ぶつ》とともに起《お》き、夕《ゆう》な夕《ゆう》な仏《ぶつ》をいだきて臥《ふ》す」（傅大士録・意）といへり。これは*聖道《しょうどう》の通法門《つうほうもん》の*真如《しんにょ》の理仏《りぶつ》をさして仏《ぶつ》といふといへども、*修得《しゅとく》の方《かた》よりおもへばすこしもたがふまじきなり。摂取《せっしゅ》の心光《しんこう》に照護《しょうご》せられたてまつらば、行者《ぎょうじゃ》もまたかくのごとし。朝《あさ》な朝《あさ》な報仏《ほうぶつ》の功徳《くどく》を持《も》ちながら起《お》き、夕《ゆう》な夕《ゆう》な弥陀《みだ》の仏智《ぶっち》とともに臥《ふ》す。*うとからん仏《ぶつ》の功徳《くどく》は、機《き》にとほければいかがはせん。真如法性《しんにょほっしょう》の理《り》は近《ちか》けれども、さとりなき機《き》にはちからおよばず。わがちからもさとりもいらぬ他力《たりき》の願行《がんぎょう》をひさしく身《み》にたもちながら、*よしなき自力《じりき》の執心《しゅうしん》に*ほだされて、むなしく流転《るてん》の故郷《こきょう》にかへらんこと、かへすがへすもかなしかるべきことなり。釈尊《しゃくそん》もいかばかりか*往来娑婆八千遍《おうらいしゃばはっせんべん》の甲斐《かい》なきことをあはれみ、弥陀《みだ》もいかばかりか*難化能化《なんげのうけ》のしるしなきことをかなしみたまふらん。もし一人《いちにん》なりともかかる不思議《ふしぎ》の願行《がんぎょう》を信《しん》ずることあらば、まことに仏恩《ぶっとん》を報《ほう》ずるなるべし。かるがゆゑに『安楽集《あんらくしゅう》』（上・意 二三五）には、「すでに他力《たりき》の乗《じょう》ずべきみちあり。*つたなく自力《じりき》にかかはりて、いたづらに火宅《かたく》にあらんことをおもはざれ」といへり。このことまことなるかな。自力《じりき》の*ひがおもひをあらためて、他力《たりき》を信《しん》ずるところを、「ゆめ

聖道の通法門　聖道門《しょうどうもん》において共通して語られる教え。

真如の理仏　永遠の理法としての法身仏《ほっしんぶつ》。

修得の方　永劫《ようごう》の修行によって真如《しんにょ》の理を体得し、その徳を実現した報身《ほうじん》としての阿弥陀仏の側。

うとからん仏　縁遠い仏、すなわち諸仏のこと。

よしなき　役に立たない。

ほだされて　束縛されて。

往来娑婆八千遍　釈尊は衆《しゅ》生《じょう》教化のために、この世にすでに八千遍も来生しているという意。『梵網経《ぼんもうきょう》』の説。

難化能化　教化し難いものを導いて教化すること。

つたなく　愚かにも。

ひがおもひ　誤った考え。間違った思い。

ゆめ迷《まよ》ひをひるがへして本家《ほんけ》に還《かえ》れ」（礼讃 七〇〇）ともいひ、「*帰去来《いざいなん》、*魔郷《きょう》には停《とど》まるべからず」（定善義 四〇六）とも釈《しゃく》するなり。

【一二】また『法事讃《ほうじさん》』（下 五六四）に、「*極楽無為涅槃界《ごくらくむいねはんがい》 随縁雑善恐難生《ずいえんぞうぜんくなんしょう》 故《こ》使《し》如来選要法《にょらいせんようぼう》 教念弥陀専復専《きょうねんみだせんぶせん》」といへり。

この文《もん》のこころは、「極楽《ごくらく》は無為無漏《むいむろ》のさかひなれば、有為有漏《ういうろ》の雑善《ぞうぜん》にては、おそらくは生《うま》れがたし。無為無漏《むいむろ》の念仏三昧《ねんぶつざんまい》に帰《き》してぞ、無為常住《むいじょうじゅう》の報《ほう》土《ど》には生《しょう》ずべき」といふなり。まづ「*随縁《ずいえん》の雑善《ぞうぜん》」といふは、自力《じりき》の行《ぎょう》をさすなり。真実《しんじつ》に仏法《ぶっぽう》につきて、領解《りょうげ》もあり、信心《しんじん》もおこることはなくして、わがしたしきものの*律僧《りっそう》にてあれば、戒《かい》は世《よ》にたふときことなりといひ、あるいは、今生《こんじょう》のいのりのためにも、*真言《しんごん》をせさすれば*結縁《けちえん》もむなしからず、真言《しんごん》たふとしなどいふ体《てい》に、便宜《びんぎ》にひかれて縁《えん》にしたがひて修《しゅ》する善《ぜん》なるがゆゑに、随縁《ずいえん》の雑善《ぞうぜん》ときらはるるなり。この位《くらい》ならば、たとひ念仏《ねんぶつ》の行《ぎょう》なりとも、自力《じりき》の念仏《ねんぶつ》は随縁《ずいえん》の雑善《ぞうぜん》にひとしかるべきか。

【一三】*うちまかせてひとのおもへる念仏《ねんぶつ》は、こころには浄土《じょうど》の依正《えしょう》をも観念《かんねん》し、口《くち》には名号《みょうごう》をもとなふるときばかり念仏《ねんぶつ》はあり、念《ねん》ぜずとなへざるとき

帰去来　さあ帰ろう。陶淵《とうえん》明《めい》（三六五―四二七）の「帰去来辞《ききょらいのじ》」の中の言葉。故郷に帰る決意を述べたものであるが、ここでは浄土に生れたいという意をあらわす。

魔郷　生死《しょうじ》の迷いの世界。

極楽無為…　「極楽は無為涅槃の界《かい》なり。随縁の雑善おそらくは生じがたし。ゆゑに如来要法を選びて、教へて弥陀を念ぜしめてもつぱらにしてまたもつぱらならしめたまへり」（真仏土巻訓）

随縁の雑善　衆生《しゅじょう》がおのおのの縁にしたがって修める自力のさまざまな善根《ぜんごん》。

律僧　戒律を厳守する僧。

真言　口に真言（密教における呪句）を唱える行業《ぎょうごう》。

結縁　仏道に縁を結ぶこと。

うちまかせて　普通一般の

17

は念仏《ねんぶつ》もなしとおもへり。この位《くらい》の念仏《ねんぶつ》ならば、無為常住《むいじょうじゅう》の念仏《ねんぶつ》とはいひがたし。となふるときは出《い》で来《き》、となへざるときは失《う》せば、まことに無常転変《むじょうてんぺん》の念仏《ねんぶつ》なり。無為《むい》とはなすことなしとかけり。小乗《しょうじょう》には*三無為《さんむい》といへり。そのなかに虚空無為《こくうむい》といふは、虚空《こくう》は失《う》することもなく、はじめて出《い》で来《く》ることもなし。天然《てんねん》なることわりなり。大乗《だいじょう》には真如法性等《しんにょほっしょうとう》の常住不変《じょうじゅうふへん》の理《り》を無為《むい》と談《だん》ずるなり。*序題門《じょだいもん》に、「*法身常住比若虚空《ほっしんじょうじゅうひにゃくこくう》」と釈《しゃく》せらるるも、かのくにの常住《じょうじゅう》の益《やく》をあらはすなり。かるがゆゑに極楽《ごくらく》を*無為住《むいじゅう》のくにといふは、凡夫《ぼんぶ》のなすによりて、失《う》せもし、出《い》で来《き》もすることのなきなり。念仏三昧《ねんぶつざんまい》もまたかくのごとし。衆生《しゅじょう》の念《ねん》ずればとて、はじめて出《い》で来《き》、わするればとて失《う》する法《ほう》にあらず。よくよくこのことわりをこころうべきなり。

【一四】　おほよそ念仏《ねんぶつ》といふは仏《ぶつ》を念《ねん》ずとなり。仏《ぶつ》を念《ねん》ずといふは、仏《ぶつ》の大願業力《だいがんごうりき》をもつて衆生《しゅじょう》の*生死《しょうじ》のきづなをきりて、*不退《ふたい》の報土《ほうど》に生《しょう》ずべきいはれを成就《じょうじゅ》したまへる功徳《くどく》を念仏《ねんぶつ》して、帰命《きみょう》の本願《ほんがん》に乗《じょう》じぬれば、衆生《しゅじょう》の三業《さんごう》、仏体《ぶったい》にもたれて仏果《ぶっか》の正覚《しょうがく》にのぼる。かるがゆゑにいまいふところの念仏三昧《ねんぶつざんまい》といふは、われらが*称礼念《しょうらいねん》すれども自《じ》の行《ぎょう》にはあらず、ただこれ阿弥陀仏《あみだぶつ》の行《ぎょう》

考えに従って。

三無為　三種の無為。生《しょう》滅《めっ》変化を超えた常住《じょうじゅう》絶対なるもの（無為）に三種を立てたもの。虚空《こくう》無為（虚空そのもの）・択滅《ちゃくめつ》無為（無漏《むろ》の智慧《ちえ》によって得る滅度《めつど》）・非択滅無為（智慧によるのではなく、ただ生ずべき縁を欠いているために不生となる）の三。

序題門　「法身…」の文は実際には「玄義分」釈名門（註釈版聖典七祖篇三〇五）にある。

法身常住…　「法身常住なること、たとへば虚空のごとし」

無為住　『真宗法要』所収本には「無為常住」とある。

生死のきづな　生死流転《るてん》の迷いの世界につなぎとめる綱。

を行《ぎよう》ずるなりとこころうべし。

【一五】　本願《ほんがん》といふは*五劫思惟《ごこうしゆい》の本願《ほんがん》、業力《ごうりき》といふは*兆載永劫《ちようさいようごう》の行業《ぎようごう》、乃至十《ないしじつ》劫正覚《こうしようがく》ののちの仏果《ぶつか》の万徳《まんどく》なり。この願行《がんぎよう》の功徳《くどく》は、ひとへに未来悪世《みらいあくせ》の無《む》智《ち》のわれらがために、かはりてはげみ行《おこな》ひたまひて、十方衆生《じつぽうしゆじよう》のうへごとに、

18

生死《しようじ》のきづなきれはてて、不退《ふたい》の報土《ほうど》に願行円満《がんぎようえんまん》せしとき、機法一体《きほういつたい》の正覚《しようがく》を成《じよう》じたまひき。この正覚《しようがく》の体《たい》を念《ねん》ずるを念仏三昧《ねんぶつざんまい》といふゆゑに、さらに機《き》の三業《さんごう》にはとどむべからず。

【一六】　うちまかせては機《き》よりしてこそ生死《しようじ》のきづなをきるべき行《ぎよう》をもはげみ、報土《ほうど》に入《い》るべき願行《がんぎよう》をも営《いとな》むべきに、*修因感果《しゆいんかんか》の道理《どうり》にこえたる*別異《べつい》の弘願《ぐがん》なるゆゑに、仏《ぶつ》の大願業力《だいがんごうりき》をもつて凡夫《ぼんぶ》の往生《おうじよう》はしたため成《じよう》じたまひけることのかたじけなさよと帰命《きみよう》すれば、衆生《しゆじよう》の三業《さんごう》は*能業《のうごう》となりてうへにのせられ、弥陀《みだ》の願力《がんりき》は*所業《しよごう》となりてわれらが報仏報土《ほうぶつほうど》へ生《しよう》ずべき乗物《のりもの》となりたまふなり。かるがゆゑに帰命《きみよう》の心《しん》、本願《ほんがん》に乗《じよう》じぬれば、三業《さんごう》みな仏体《ぶつたい》にもたるといふなり。仏《ぶつ》の願行《がんぎよう》はさらに他《た》のことにあらず。一向《いつこう》にわれらが往生《おうじよう》の願行《がんぎよう》の体《たい》なるがゆゑに、仏果《ぶつか》の正覚《しようがく》のほかに往生《おうじよう》の行《ぎよう》を論《ろん》ぜざるなり。*このいはれ

不退の報土　往生すれば、証果を得ることに定まり、再び下位に退転しない報身《ほうじん》仏《ぶつ》の浄土。

称礼念　口業の称名、身業の礼敬、意業の憶念《おくねん》。

五劫思惟の本願　阿弥陀仏が因位《いんに》の法蔵《ほうぞう》菩薩の時、一切衆生《しゆじよう》を平等に救うために、五劫という長い間思惟をめぐらし立てた誓願《せいがん》。

兆載永劫の行業　兆・載はきわめて大きい数の単位。阿弥陀仏が因位の法蔵菩薩の時、本願を成就するために、はかりしれない長い間、修めた無量の行。

修因感果の道理　自身の修行を因として、それにふさわしい証果を得る、自業自得の道理。

別異の弘願　一般の因果の道理に超えすぐれた他力救

をききながら、仏《ぶつ》の正覚《しょうがく》をば、*おほやけものなるやうにてさておいて、いかがして*道心《どうしん》をもおこし行《ぎょう》をもい*さぎよくして往生《おうじょう》せんずるとおもはんは、かなしかるべき執心《しゅうしん》なり。仏《ぶつ》の正覚《しょうがく》すなはち衆生《しゅじょう》の往生《おうじょう》を成《じょう》ぜる体《たい》なれば、仏《ぶつ》体《たい》すなはち往生《おうじょう》の願《がん》なり、行《ぎょう》なり。この行《ぎょう》は、衆生《しゅじょう》の念《ねん》・不念《ふねん》によるべき行《ぎょう》にあらず。かるがゆゑに仏果《ぶっか》の正覚《しょうがく》のほかに往生《おうじょう》の行《ぎょう》を論《ろん》ぜずといふなり。
この正覚《しょうがく》を心《しん》に領解《りょうげ》するを三心《さんしん》とも信心《しんじん》ともいふ。この機法一体《きほういったい》の正覚《しょうがく》は名《みょう》体不二《たいふに》なるゆゑに、これを口《くち》にとなふるを南無阿弥陀仏《なもあみだぶつ》といふ。かるがゆゑに心《しん》に信《しん》ずるも正覚《しょうがく》の一念《いちねん》にかへり、口《くち》にとなふるも正覚《しょうがく》の一念《いちねん》にかへる。たとひ千声《せんしょう》となふとも、正覚《しょうがく》の一念《いちねん》をば出《い》づべからず。またも*のぐさく懈怠《けだい》な
19
らんときは、となへず念《ねん》ぜずして夜《よ》をあかし日《ひ》をくらすとも、他力《たりき》の信心《しんじん》、本《ほん》願《がん》に乗《の》りゐなば、仏体《ぶったい》すなはち長時《じょうじ》の行《ぎょう》なれば、さらに*弛《たゆ》むことなく間断《けんだん》なき行体《ぎょうたい》なるゆゑに、名号《みょうごう》すなはち無為常住《むいじょうじゅう》なりとこころうるなり。「阿弥陀仏《あみだぶつ》すなはちこれその行《ぎょう》」(玄義分 三二五)といへる、このこころなり。

【一七】　またいまいふところの念仏三昧《ねんぶつざんまい》は、われらが称礼念《しょうらいねん》すれども自《じ》の行《ぎょう》にはあらず、ただこれ阿弥陀仏《あみだぶつ》の行《ぎょう》を行《ぎょう》ずるなりといふは、帰命《きみょう》の心《しん》、本願《ほんがん》に乗《の》

済の本願をいう。
能業　『真宗法要』所収本には「能乗」とある。
所業　『真宗法要』所収本には「所乗」とある。
もたる　保持される。抱かれる。

おほやけもの　公物。自分のものでないもの。
道心　菩提心のこと。↓菩《ぼ》提心《だいしん》
いさぎよくして　精進《しょうじん》して。つとめはげんで清浄《しょうじょう》になして。
ものぐさく　気が進まず。大儀で。
弛む　途中でおこたる。

りて、三業《さんごう》みな仏体《ぶったい》のうへに乗《じょう》じぬれば、身《み》も仏《ぶつ》をはなれたる身《み》にあらず、こころも仏《ぶつ》をはなれたるこころにあらず、口《くち》に念《ねん》ずるも機法一体《きほういったい》の正覚《しょうがく》のかたじけなさを称《しょう》し、礼《らい》するも他力《たりき》の恩徳《おんどく》の身《み》にあまるうれしさを礼《らい》するゆゑに、われらは称《しょう》すれども念《ねん》ずれども機《き》の功《こう》を*つのるにあらず、ただこれ阿弥陀仏《あみだぶつ》の凡夫《ぼんぶ》の行《ぎょう》を成《じょう》ぜしところを行《ぎょう》ずるなりといふなり。

【八】仏体《ぶったい》、無為無漏《むいむろ》なり。*依正《えしょう》、無為無漏《むいむろ》なり。されば名体不二《みょうたいふに》のゆゑに、名号《みょうごう》もまた無為無漏なり。かるがゆゑに念仏三昧《ねんぶつざんまい》になりかへりて、もつぱらにしてまたもつぱらなれといふなり。専《せん》の字《じ》、二重《にじゅう》なり。まづ雑行《ぞうぎょう》をすてて正行《しょうぎょう》をとる、これ一重《いちじゅう》の専《せん》なり。そのうへに助業《じょごう》をさしおきて正定業《しょうじょうごう》になりかへる、また一重《いちじゅう》の専《せん》なり。またはじめの専《せん》は一行《いちぎょう》なり、のちの専《せん》は一心《いっしん》なり。一行一心《いちぎょういっしん》なるを「専復専《せんぶせん》」といふなり。この正定業《しょうじょうごう》の体《たい》は、機《き》の三業《さんごう》の位《くらい》の念仏《ねんぶつ》にあらず、時節《じせつ》の久近《くごん》を問《と》はず、行住坐臥《ぎょうじゅうざが》をえらばず、摂取不捨《せっしゅふしゃ》の仏体《ぶったい》すなはち凡夫往生《ぼんぶおうじょう》の正定業《しょうじょうごう》なるゆゑに、名号《みょうごう》も名体不二《みょうたいふに》のゆゑに正定業《しょうじょうごう》なり。この機法一体《きほういったい》の南無阿弥陀仏《なもあみだぶつ》に*なりかへるを念仏三昧《ねんぶつざんまい》といふ。かるがゆゑに機《き》の念《ねん》・不念《ふねん》によらず、仏《ぶつ》の*無礙智《むげち》より機法一体《きほういったい》に成《じょう》ずるゆゑに、

つのる　たよりとする。

依正　依正二報のこと。→依正二報《えしょうにほう》

なりかへる　転じる。そのものになりきる。

無礙智　すべてのものに障《しょう》礙《げ》されることのない仏の智《ち》慧《え》。

名号《みょうごう》すなはち無為無漏《むいむろ》なり。このこころをあらはして極楽無為《ごくらくむい》といふなり。

【一九】 念仏三昧《ねんぶつざんまい》といふは、機《き》の念《ねん》を本《ほん》とするにあらず、仏《ぶつ》の大悲《だいひ》の衆生《しゅじょう》を摂取《せっしゅ》したまへることを念《ねん》ずるなり。仏《ぶつ》の功徳《くどく》ももとより衆生《しゅじょう》のところに機法一体《きほういったい》に成《じょう》ぜるゆゑに、帰命《きみょう》の心《しん》のおこるといふもはじめて帰《き》するにあらず。機法《きほう》一体《いったい》に成《じょう》ぜし功徳《くどく》が、衆生《しゅじょう》の意業《いごう》に浮《うか》び出《い》づるなり。南無阿弥陀仏《なもあみだぶつ》と称《しょう》するも、称《しょう》して仏体《ぶったい》に近《ちか》づくにあらず、機法一体《きほういったい》の正覚《しょうがく》の功徳《くどく》、衆生《しゅじょう》の口業《くごう》にあらはるるなり。信《しん》ずれば仏体《ぶったい》にかへり、称《しょう》すれば仏体《ぶったい》にかへるなり。

【二〇】 一 自力《じりき》・他力《たりき》、日輪《にちりん》の事《こと》。

自力《じりき》にて往生《おうじょう》せんとおもふは、闇夜《あんや》にわがまなこのちからにてものをみんとおもはんがごとし。さらにかなふべからず。日輪《にちりん》のひかりをまなこにうけとりて*所縁《しょえん》の境《きょう》を照《て》らしみる、これ*しかしながら日輪《にちりん》のちからなり。ただし、日《ひ》の照《て》らす因《いん》ありとも*生盲《しょうもう》のものはみるべからず、またまなこひらきたる縁《えん》ありとも闇夜《あんや》にはみるべからず。日《ひ》とまなこと因縁和合《いんねんわごう》してものをみるがごとし。帰命《きみょう》の念《ねん》に本願《ほんがん》の功徳《くどく》をうけとりて往生《おうじょう》の大事《だいじ》をとぐべきものなり。帰《き》

所縁の境 認識される対象。

しかしながら すべて。ことごとく。

生盲 →補註14

命《みょう》の心《しん》はまなこのごとし、摂取《せっしゅ》のひかりは日《ひ》のごとし。南無《なも》はすなはち帰命《きみょう》、これまなこなり。阿弥陀仏《あみだぶつ》はすなはち他力弘願《たりきぐがん》の法体《ほったい》、これ日輪《にちりん》なり。よつて本願《ほんがん》の功徳《くどく》をうけとることは、宿善《しゅくぜん》の機《き》、南無《なも》と帰命《きみょう》して阿弥陀仏《あみだぶつ》ととなふる六字《ろくじ》のうちに、万行万善《まんぎょうまんぜん》、恒沙《ごうじゃ》の功徳《くどく》、ただ一声《いっしょう》に成就《じょうじゅ》するなり。かるが
21 ゆゑにほかに功徳善根《くどくぜんごん》を求《もと》むべからず。

【三】一　*四種往生《ししゅおうじょう》の事《こと》。

四種《ししゅ》の往生《おうじょう》といふは、一《ひと》つには正念往生《しょうねんおうじょう》、『阿弥陀経《あみだきょう》』に、「*心不顚倒即得《しんぷてんどうそくとく》往生《おうじょう》」と説《と》く、これなり。二《ふた》つには狂乱往生《きょうらんおうじょう》、『観経《かんぎょう》』（意）の下品《げぼん》に説《と》きていはく、「十悪《じゅうあく》・破戒《はかい》・五逆《ごぎゃく》、はじめは臨終狂乱《りんじゅうきょうらん》して手《て》に虚空《こくう》をにぎり、身《み》より白《しろ》き汗《あせ》をながし、地獄《じごく》の猛火現《みょうかげん》ぜしかども、善知識《ぜんぢしき》にあうて、もしは一《いっ》声《しょう》、もしは一念《いちねん》、もしは十声《じっしょう》にて往生《おうじょう》す」。三《み》つには*無記往生《むきおうじょう》、これは『*群《ぐん》疑論《ぎろん》』にみえたり。このひと、いまだ無記《むき》ならざりしとき、摂取《せっしゅ》の光明《こうみょう》に照《て》らされ、帰命《きみょう》の信心《しんじん》おこりたりしかども、生死《しょうじ》の身《み》をうけしより、しかるべき業因《ごういん》にて無記《むき》になりたれども、往生《おうじょう》は他力《たりき》の仏智《ぶっち》にひかれて疑《うたがい》なし。たとへ

四種往生の事　『西方指南抄《さいほうしなんしょう》』下末の冒頭にも「四種往生の事」と題する文書があるが、同書所収のものは四種の項目を掲げるのみである。

心不顚倒…　「心顚倒せずして、すなはち往生することを得」

無記往生　無記は本来は善でも悪でもない行為をいうが、ここでは善悪のけじめもつかないような心の状態のままで往生することをいう。

群疑論に…　「無記往生」は『群疑論』巻七の意によるものであろう。一四〇八頁一三行の「無記の心ながら往生す」の文も同じ。

ば睡眠《すいめん》したれども、月《つき》のひかりは照《て》らすがごとし。無記心《むきしん》のなかにも摂取《せっしゅ》のひかりたえざれば、ひかりのちからにて無記《むき》の心《しん》ながら往生《おうじょう》するなり。因果《いんが》の理《り》をしらざるものは、*なじに仏《ぶつ》の御《おん》ちからにて、すこしきほどの無記《むき》にもなしたまふぞと難《なん》じ、また無記《むき》ならんほどにてはよも往生《おうじょう》せじなんどおもふは、それはくはしく聖教《しょうぎょう》をしらず、因果《いんが》の道理《どうり》にまどひ、仏智《ぶっち》の不思議《ふしぎ》を疑《うたが》ふゆゑなり。四《よ》つには意念往生《いねんおうじょう》、これは『*法鼓経《ほっくきょう》』にみえたり。声《こえ》に出《いだ》してとなへずとも、こころに念《ねん》じて往生《おうじょう》するなり。この四種《ししゅ》の往生《おうじょう》は、黒谷《くろだに》の聖人《しょうにん》（源空）の御《ご》*料簡《りょうけん》なり。世《よ》の常《つね》にはくはしくこのことをしらずして、臨終《りんじゅう》に念仏申《ねんぶつもう》さず、また無記《むき》ならんは往生《おうじょう》せずといひ、名号《みょうごう》をとなへたらば往生《おうじょう》とおもふは、さることもあらんずれども、それはなほ*おほやうなり。五百《ごひゃく》の長者《ちょうじゃ》の子《こ》は、臨終《りんじゅう》に仏名《ぶつみょう》をとなへたりしかども往生《おうじょう》せざりしやうに、臨終《りんじゅう》に声《こえ》に出《いだ》すとも帰命《きみょう》の信心《しんじん》おこらざらんものは人天《にんでん》に生《しょう》ずべしと、『*守護国界経《しゅごこっかいきょう》』にみえたり。されば、ただ、さきの四人《しにん》ながら帰命《きみょう》の心《しん》おこりたらば、みな往生《おうじょう》しけるにてあるべし。天親菩薩《てんじんぼさつ》の『往生論《おうじょうろん》』（浄土論 二九）に、「*帰命尽十方無礙光如来《きみょうじんじっぽうむげこうにょらい》」といへり。ふかき法《ほう》もあさきたとへにてこころえらるべし。た

なじに　どうして。なぜ。

法鼓経に…　『安楽集』（下）所引の『法鼓経』の文（註釈版聖典七祖篇二六三頁五行以下）によるものであろう。一四〇九頁四行の「たとひ…」の文も同じ。

料簡　ここでは教義的解釈のことをいう。

おほやう　大まかなこと。細かさがないこと。

守護国界経に…　『往生要集《おうじょうようしゅう》』（下）所引の『観仏三昧経《かんぶつざんまいきょう》』取意の文（註釈版聖典七祖篇一〇八二頁）および『守護国界経』巻十の文によるものであろう。

帰命尽十方…　「尽十方無礙光如来に帰命したてまつる」

23

とへば日《ひ》は観音《かんのん》なり。その観音《かんのん》のひかりをば、*みどり子《ご》よりまなこに得《え》たれども、*いとけなきときはしらず。すこしこざかしくなりて、自力《じりき》にてわが目《め》のひかりにてこそあれとおもひたらんに、よく日輪《にちりん》のこころをしりたらんひと、「おのが目《め》のひかりならば、夜《よる》こそものをみるべけれ、すみやかにもとの日光《にっこう》に帰《き》すべし」といはんを信《しん》じて、日天《にってん》のひかりに帰《き》しつるものならば、わがまなこのひかり*やがて観音《かんのん》のひかりなるがごとし。帰命《きみょう》の義《ぎ》もまたかくのごとし。しらざるときのいのちも阿弥陀《あみだ》の御《おん》いのちなりけれども、いとけなきときはしらず。すこしこざかしく自力《じりき》になりて、わがいのちとおもひたらんをり、善知識《ぜんぢしき》、もとの阿弥陀《あみだ》のいのちへ帰《き》せよと教《おし》ふるをききて、帰命無量寿覚《きみょうむりょうじゅかく》しつれば、わがいのちすなはち無量寿《むりょうじゅ》なりと信《しん》ずるなり。かくのごとく帰命《きみょう》するを「正念《しょうねん》を得《う》」（礼讃　六五九）とは釈《しゃく》するなり。すでに帰命《きみょう》して正念《しょうねん》を得《え》たらんものは、たとひ*枷《かせ》おもくして、この帰命《きみょう》ののち無記《むき》になるとも往生《おうじょう》すべし。すでに『群疑論《ぐんぎろん》』（意）に、「無記《むき》の心《しん》ながら往生《おうじょう》す」といふは、「摂取《せっしゅ》の光明《こうみょう》に照《て》らされぬれば、その無記《むき》の心《しん》はやみて慶喜心《きょうきしん》にて往生《おうじょう》す」といへり。また『観経《かんぎょう》』の*下三品《げさんぼん》は、いまだ帰命《きみょう》せざりしときは地獄《じごく》の相現《そうげん》じて狂《きょう》

みどり子　生れたばかりの子。赤子。

いとけなき　幼い。

やがて　そのまま。

枷　人の自由を束縛するもの。転じて往生のさまたげとなる罪のこと。

下三品　九品のうちの下品上生、下品中生、下品下生。→九品《くぼん》

乱《らん》せしかども、知識《ちしき》に勧《すす》められて帰命《きみょう》せしかば往生《おうじょう》しき。また平生《へいぜい》に帰命《きみょう》しつるひとは、生《い》きながら摂取《せっしゅ》の益《やく》にあづかるゆゑに、臨終《りんじゅう》にも心顛倒《しんてんどう》せずして往生《おうじょう》す。これを正念往生《しょうねんおうじょう》となづくるなり。また帰命《きみょう》の信心《しんじん》おこりぬるうへは、「たとひ声《こえ》に出《いだ》さずしてをはるともなほ往生《おうじょう》すべし」と†『法鼓経《ほっくきょう》』にみえたり。これを意念往生《いねんおうじょう》といふなり。さればとにもかくにも他力不思議《たりきふしぎ》の信心《しんじん》決定《けつじょう》しぬれば、往生《おうじょう》は疑《うたが》ふべからざるものなり。

【三】一 *『観仏三昧経《かんぶつざんまいきょう》』（意）にのたまはく、「長者《ちょうじゃ》あり。一人《いちにん》のむすめあり。最後《さいご》の*処分《しょぶん》に閻浮檀金《えんぶだんごん》をあたふ。穢物《えもつ》につつみて泥中《でいちゅう》にうづみておく。国王《こくおう》、群臣《ぐんしん》をつかはして奪《うば》ひ取《と》らんとす。この泥《でい》をば踏《ふ》み行《ゆ》けどもしらずしてかへる。そののちこの女人《にょにん》取《と》りいだして商《あきな》ふに、さきよりもなほ富貴《ふき》になる」。これはこれ、たとへなり。「国王《こくおう》」といふはわが身《み》の*心王《しんのう》にたとふ。「宝《たから》」といふは諸善《しょぜん》にたとふ。「群臣《ぐんしん》」といふは*六賊《ろくぞく》にたとふ。かの六賊《ろくぞく》に諸善《しょぜん》を奪《うば》ひ取《と》られて、*たつ方《ほう》もなきをば出離《しゅつり》の縁《えん》なきにたとふ。「泥中《でいちゅう》よりこがねを取《と》りいだして富貴自在《ふきじざい》になる」といふは、念仏三昧《ねんぶつざんまい》によりて信心決定《しんじんけつじょう》しぬれば、

観仏三昧経に… 『往生要集《おうじょうようしゅう》』（下）所引の『観仏三昧経』取意の文（註釈版聖典七祖篇一一五八頁）によっていう。

処分 財産を分け与えること。

心王 心のこと。本来は心所を統括している心識のことをいう。

六賊 眼《げん》・耳《に》・鼻《び》・舌《ぜつ》・身《しん》・意《い》の六根《ろっこん》（六の感覚器官）を賊に喩えたもの。六根は色《しき》・声《しょう》・香《こう》・味《み》・触《そく》・法《ほう》の外賊をいざない、貪《とん》・瞋《しん》・痴《ち》の煩悩《ぼんのう》の内賊をはたらかせる媒介となるところからいう。

たつ方もなき 生活していくことができない。

須臾《しゅゆ》に安楽《あんらく》の往生《おうじょう》を得《う》るにたとふ。「穢物《えもつ》につつみて泥中《でいちゅう》におく」といふは、五濁《ごじょく》の凡夫《ぼんぶ》、*穢悪《えあく》の女人《にょにん》を正機《しょうき》とするにたとふるなり。

24 【三】一　たきぎは火《ひ》をつけつれば、はなるることなし。「たきぎ」は行者《ぎょうじゃ》の心《しん》にたとふ。「火《ひ》」は弥陀《みだ》の摂取不捨《せっしゅふしゃ》の光明《こうみょう》にたとふるなり。心光《しんこう》に照護《しょうご》せられたてまつりぬれば、わが心《しん》をはなれて仏心《ぶっしん》もなく、仏心《ぶっしん》をはなれてわが心《しん》もなきものなり。これを南無阿弥陀仏《なもあみだぶつ》とはなづけたり。

安《あん》心《じん》決《けつ》定《じょう》鈔《しょう》　末《まつ》

穢悪の女人　→補註14

御《ご》裁《さい》断《だんの》御《ご》書《しよ》

本書は、本願寺派最大の安心《あんじん》上の騒動であった三業惑乱《さんごうわくらん》に際して、第十九代宗主本如上人《ほんにょしょうにん》が出された消《しょう》息《そく》である。

内容は、三段に分かれ、第一段においては、経論所説の他力の信心を、親鸞聖人《しんらんしょうにん》は、「ふたごころなく疑《うたがい》なし」と無疑の信楽《しんぎょう》をもって示し、その信心の相を蓮如《れんによ》上人は、『御文章《ごぶんしょう》』のなかで、「後生御《ごしょうおん》たすけ候《そうら》へとたのみたてまつる」と教えられたとして、信楽帰命《きみょう》説が正義であると決択《けっちゃく》されている。

第二段において、三業帰命説を異義とし、信決定《けつじょう》の年月の覚不覚を論ずることの誤りであることを指摘される。

第三段においては、迷心をひるがえして本願真実の他力信心にもとづくよう教化して全体を結ばれる。

前後十年に及んだ三業惑乱の騒動に、教義上の決着をつけられた消息である。

御《ご》裁《さい》断《だんの》御《ご》書《しょ》

【一】　祖師聖人《そししようにん》（親鸞）*御相伝一流《ごそうでんいちりゆう》の肝要《かんよう》は、ただ他力《たりき》の信心《しんじん》をもつて*本《ほん》とすすめたまふ。その信心《しんじん》といふは、『経《きよう》』（大経・下）には「*聞其名号《もんごみようごう》　信心歓《しんじんかん》喜《ぎ》　乃至一念《ないしいちねん》」と説《と》き、『論《ろん》』（浄土論　二九）には「一心帰命《いっしんきみよう》」と*判《はん》ず。ゆゑに聖人《しようにん》は論主《ろんじゆ》（天親）の「一心《いっしん》」を釈《しやく》して、「一心《いっしん》といふは、教主世尊《きようしゆせそん》のみことをふたごころなく疑《うたがい》なしとなり。これすなはち真実《まこと》の信心《しんじん》なり」（銘文・本）とのたまへり。されば祖師《そし》よりこのかた代々相承《だいだいそうじよう》し、別《べつ》して信証院《しんしよういん》（蓮如）の五帖一部《ごじよういちぶ》の消息《しようそく》（御文章）に、*この一途《いちず》をねんごろに教《おし》へたまふ。その信心《しんじん》のすがたといふは、なにのやうもなく、もろもろの雑行雑修自力《ぞうぎようざつしゆじりき》のこころをふりすてて、一心一向《いっしんいっこう》に阿弥陀如来《あみだによらい》、今度《こんど》のわれらが一大事《いちだいじ》の後生《ごしよう》、*おんたすけ候《そうら》へとたのみたてまつる一念《いちねん》の信《しん》まことなれば、弥陀《みだ》はかならず*遍照《へんじよう》の光明《こうみよう》を放《はな》ちてその人《ひと》を*摂取《せつしゆ》したまふべし。これすなはち*当流《とうりゆう》に立《た》つるところ

御相伝一流　親鸞聖人より受け伝えられた教え。浄土真宗を指す。

本　根本。肝要。

聞其名号…　「その名号を聞きて信心歓喜せんこと、乃至一念せん」（信巻訓）

判ず　定める。

この一途をねんごろに　この信心のいわれ一つを懇切丁寧に。底本には「ねもころ」（「ねんごろ」の古形）とある。

おんたすけ候へとたのみ　「おんたすけ候へ」は「たすけたまへ」に同じ。→たすけたまへ、たのむ

遍照　あまねく照らすこと。→摂取不捨《せっしゅふしゃ》

摂取　浄土真宗を指す。

の一念発起《いちねんぼっき》平生業成《へいぜいごうじょう》の義《ぎ》、これなり。この信決定《しんけつじょう》のうへには、昼夜朝暮《ちゅうやちょうぼ》にとなふるところの称名《しょうみょう》は、仏恩報謝《ぶっとんほうしゃ》の念仏《ねんぶつ》とこころうべし。かやうにこころえたる人《ひと》をこそ、まことに当流《とうりゅう》の信心《しんじん》をよくとりたる*正義《しょうぎ》とはいふべきものなれ。

4

【三】　しかるに近頃《ちかごろ》は、当流《とうりゅう》に*沙汰《さた》せざる*三業《さんごう》の規則《きそく》を穿鑿《せんさく》し、またはこの三業《さんごう》につきて*自然《じねん》の名《な》をたて、*年月日時《ねんげつにちじ》の覚《かく》・不覚《ふかく》を論《ろん》じ、あるいは*帰命《きみょう》の一念《いちねん》に妄心《もうじん》を運《はこ》び、または*三業《さんごう》をいめるまま、たのむのことばをきらひ、この余《よ》にもまどへるものこれあるよし、まことにもつてなげかしき次第《しだい》なり。ことに聖人《しょうにん》（親鸞）のみことにも、「身口意《しんくい》のみだれごころをつくろひて、めでたうしなして浄土《じょうど》へ往生《おうじょう》せんとおもふを自力《じりき》と申《もう》すなり」（御消息・六）と誡《いまし》めたまへり。所詮以前《しょせんいぜん》はいかやうの心中《しんちゅう》なりとも、いまより後《のち》は、わがわろき迷心《めいしん》をひるがへして、本願真実《ほんがんしんじつ》の他力信心《たりきしんじん》にもとづかんひとは、真実《しんじつ》に聖人《しょうにん》の御意《ぎょい》にもあひかなふべし。さてそのうへには*王法《おうぼう》・国法《こくほう》を大切《たいせつ》にまもり、世間《せけん》の*仁義《じんぎ》をもつて先《さき》とし、*うつくしく法義相続《ほうぎそうぞく》あるべきものなり。

正義　正しい法義（の人）。

沙汰せざる　とりあげない。論じない。

三業の規則を穿鑿し　身口《しんく》意《い》の三業についてのきまりをとかくいいたてて。三業帰命説の異義を指す。身口意の三業に願生帰命の相をあらわして、救いを祈願《きがん》請求《しょうぐ》しなければならないというもの。

自然の名をたて　自然三業という名目《みょうもく》を立て。自然三業とは、信心獲得《ぎゃくとく》の時、おのずと身口意の三業に帰命の相がととのうという異義。

年月日時の覚不覚を論じ　信心獲得の日時の記憶があるかないかを論じ。その記憶の有無によって信心の有無を論じようとする異義。

帰命の一念に妄心を運び　身運想三業の異義を指す。

右《みぎ》の通《とお》り裁断《さいだん》せしめ候《そうろ》ふ条《じょう》、永《なが》く本意《ほんい》を取《と》り失《うしな》ふべからざるものなり。

*文化《ぶんか》三《さん》丙寅年《ひのえとらのとし》十一月《じゅういちがつ》六日《むゆか》

釈《しゃく》 *本如《ほんにょ》（花押）

口の二業に救いを請求《しょうぐ》する相をあらわさなくても、意業において三業帰命の想いを運べというもの。

三業をいめるまま… 三業帰命をはばかるあまり、無帰命安心《あんじん》に堕すことをいう。

王法 仏法に対する語で、支配者が定めた民衆統治の法。倫理道徳の意味も含む。

仁義 世間の道徳。儒教の倫理徳目を仁と義で代表させたもの。

うつくしく 見事に。立派に。申し分なく。

文化三 一八〇六年。

本如 （一七七八―一八二六） 本願寺第十九代宗主。諱《いみな》は光摂《こうしょう》。諡《おくりな》は信明院。

御《ご》裁《さい》断《だん》申《しん》明《めい》書《しょ》

本書は、前の『御裁断御書《ごさいだんのごしょ》』とほとんど同時（日付は一日前）に出されたものであるが、両者の関係は定かではない。超然《ちょうねん》師の『反正紀略《はんせいきりやく》』には『御裁断書《ごさいだんしょ》』として『申明書《しんめいしょ》』の文を挙げ、『御裁断写《ごさいだんうつし》』として『御書《ごしょ》』の文を挙げている。

内容は『御裁断御書』とほとんど同じであるが、三業《さんごう》派の異解《いげ》が、「たのむ一念」の語に対する誤った理解にもとづくことを明らかにし、信心のすがたとして二種深信《にしゅじんしん》を引いて願力にまかせきる心であることが詳しく説示されている。また誤りと知って誤るものはないので、明師の指南によるべきことを説くなど、懇切丁寧な教示となっている。

御《ご》裁《さい》断《だん》申《しん》明《めい》書《しょ》

【一】　そもそも、*当流安心《とうりゅうあんじん》の*一義《いちぎ》といふは、「*聞其名号《もんごみょうごう》　信心歓喜《しんじんかんぎ》　乃至一念《ないしいちねん》」（大経・下）をもつて他力安心《たりきあんじん》の*依憑《えひょう》とはするなり。このことわりをやすく知《し》らしめんがために、中興上人《ちゅうこうしょうにん》（蓮如）は*さしよせて、「もろもろの雑行雑修自力《ぞうぎょうざつしゅじりき》の心《こころ》をふりすてて、一心《いっしん》に阿弥陀如来《あみだにょらい》、われらが一大事《いちだいじ》の後生《ごしょう》、*御《おん》たすけ候《そうら》へとたのめ」とは教《おし》へたまへり。よりて、「弥陀《みだ》をたのむものは決定往生《けつじょうおうじょう》し、たのまぬものは往生不定《おうじょうふじょう》なり」と、前々住上人《ぜんぜんじゅうしょうにん》（法如）も仰《おお》せられたり。また前住上人《ぜんじゅうしょうにん》（文如）も、「みづからたしかに弥陀《みだ》をたのみたる一念《いちねん》の領解《りょうげ》なきこと」をふかく誡《いまし》めたまへり。この一念《いちねん》といふは、宿善開発《しゅくぜんかいほつ》の機《き》、その名号《みょうごう》を聞持《もんじ》する時《とき》なり。このたのむ一念《いちねん》の信心《しんじん》なくは、今度《こんど》の報土往生《ほうどおうじょう》はかなふべからずと相承《そうじょう》しはべりき。

【二】　しかるに近来《きんらい》*門葉《もんよう》のなかに、このたのむ一念《いちねん》につきて*三業《さんごう》の儀則《ぎそく》を穿鑿《せんさく》

当流　浄土真宗を指す。

一義　根本義。

聞其名号…　「その名号を聞きて信心歓喜せんこと、乃至一念せん」（信巻訓）

依憑　よりどころ。

さしよせて　短くまとめて。簡潔にわかりやすくして。

御たすけ候へとたのめ　「御たすけ候へ」は「たすけたまへ」に同じ。↓たすけたまへ、たのむ

門葉　門弟。門下の人々。

三業の儀則を穿鑿し　身口《しんく》意《い》の三業についてのきまりをとかくいいたてて。三業帰命説の異義を指す。身口意の三業に願生帰命の相をあらわして、救いを祈願《きがん》請求《しょうぐ》しなければならないというもの。

し、あるいは＊記憶《きおく》の有無《うむ》を沙汰《さた》し、ことに凡夫《ぼんぶ》の妄心《もうじん》をおさへて金剛心《こんごうしん》と＊募《つの》り、あるいは＊自然《じねん》の名《な》をかり、＊義解《ぎげ》などいふ珍《めずら》しき名目《みょうもく》を立《た》て、種々妄説《しゅじゅもうせつ》をなして道俗《どうぞく》を惑《まど》はしむること、＊言語道断《ごんごどうだん》あさましき次第《しだい》ならずや。これ予《よ》が教《きょう》示《じ》の遍《あまね》からざるところにして、不徳《ふとく》のしからしむるにやと、朝《あした》に夕《ゆうべ》に寝食《しんしょく》を忘《わす》れてふかく心《こころ》をいたましむるところなり。おのおのいかが心得《こころえ》られ候《そうろ》ふや。

4

【三】上《かみ》に示《しめ》すがごとく、弥陀《みだ》をたのむといふは、他力《たりき》の信心《しんじん》をやすく知《し》らしめたまふ教示《きょうじ》なるがゆゑに、たすけたまへといふは、ただこれ大悲《だいひ》の勅命《ちょくめい》に信順《しんじゅん》する心《こころ》なり。されば善導《ぜんどう》は、「深《ふか》く機《き》を信《しん》じ、深《ふか》く法《ほう》を信《しん》ぜよ」（散善義・意）と教《おし》へたまへり。まづわが身《み》は極悪深重《ごくあくじんじゅう》のあさましきものなれば、地獄《じごく》ならではおもむくべき方《かた》もなき身《み》なりと知《し》るを、ふかく機《き》を信《しん》ずるとはいふなり。またかかるいたづらものをあはれみましまして、願《がん》も行《ぎょう》も仏体《ぶったい》に成就《じょうじゅ》してすくはんと誓《ちか》ひたまへる御《おん》すがた、すなはち阿弥陀如来《あみだにょらい》なりとおもひて、わが往生《おうじょう》を願力《がんりき》にまかせたてまつる心《こころ》の少《すこ》しも疑《うたがい》なきを、法《ほう》を信《しん》ずるとはいふなり。さればいたづらに信《しん》じ、いたづらにたのむにはあらず。雑行雑修自力《ぞうぎょうざっしゅじりき》をすてて、＊二心《ふたごころ》なく信《しん》ずるが、すなはちたのむなるがゆゑに、その心《こころ》を顕《あらわ》し

記憶の有無を沙汰し　信心獲《ぎゃく》得《とく》の日時の記憶があるかないかを論じ。その記憶の有無によって信心の有無を論じようとする異義。

募り　言い立てて。主張して。

自然の名をかり　自然三業という名目《みょうもく》を名のり。自然三業とは、信心獲得の時、おのずと身口意《しんくい》の三業に帰命の相がととのうという異義。

義解などいふ…　義解三業などという奇妙な名目を立てて。義解三業とは、三業帰命は教法の解釈のうえで成立するのであり、安心《あんじん》において強調するものではないとする異義。

言語道断　言葉でいいあらわせないこと。古語としてはきわめてすぐれている意味にも、きわめて悪い意味

て、たすけたまへと弥陀《みだ》をたのめとは教《おし》へたまふなりき。さらに凡夫不成《ぼんぶふじょう》の迷《めい》情《じょう》を思《おも》ひかたむる一念《いちねん》を、往生《おうじょう》の正因《しょういん》と教《おし》へたまへるにはあらずと知《し》るべし。この義《ぎ》は*別紙《べっし》にも述《の》べ候《そうら》へども、なほ惑《まど》ひのとけざらんともがらもあるらめと、重《かさ》ねて筆《ふで》を染《そ》むるものなり。*かまへて末学《まつがく》の書鈔《しょしょう》等《とう》によりて、一流真実《いちりゅうしんじつ》の義《ぎ》をとり惑《まど》ふべからず。

【四】　されば事《こと》に大小《だいしょう》あり、業《ごう》に緩急《かんきゅう》あり。いま示《しめ》すところは当流《とうりゅう》の肝要《かんよう》、われ人生死出離《ひとしょうじしゅつり》の大事《だいじ》なれば、これより急《いそ》ぐべきはなく、またこれよりおもきはあらざるべし。もしなほ*我執《がしゅう》を募《つの》りて、あやまちをあらためずは、永《なが》き世《よ》、開山聖人《かいさんしょうにん》（親鸞）の御門徒《ごもんと》たるべからざるものなり。こひ願《ねが》はくは、心《こころ》得惑《えまど》ひたる人々《ひとびと》、今日《こんにち》より後《のち》はいよいよ妄情《もうじょう》をひるがへして、相承《そうじょう》の正義《しょうぎ》にもとづかるべきことこそ肝要《かんよう》に候《そうら》へ。古語《こご》にも「*知其愚非大愚也《ちごぐひだいぐや》　知其惑非大惑也《ちごわくひだいわくや》」（荘子）といへり。さればみづから惑《まど》ふと知《し》りて惑《まど》ふものあらじ。惑《まど》ふは惑《まど》ひを知《し》らざるがゆゑなり。かかる人《ひと》は明者《めいしゃ》の指南《しなん》にあらずは、たれかその惑《まど》ひをとかんや。このむねよくよく分別《ふんべつ》あるべく候《そうろ》ふ。「*一息不追千載長往《いっそくふついせんざいちょうおう》」
5 （摩訶止観）〔の〕ならひなれば、急《いそ》ぎて信心決得《しんじんけっとく》あるべく候《そうろ》ふ。

にも用いる。

二心なく　一心に。疑いなく。

別紙　『御裁断御書』を指す。

かまへて　決して。

我執を募りて　自己の考えにますます強く執着して。

知其愚非…　「その愚を知るは大愚にあらざるなり、その惑を知るは大惑にあらざるなり」

一息不追千載長往　「一息追《つ》がざれば千載に長く往く」人の命が無常であることについていう。

【五】　さて信心決定《しんじんけつじょう》のうへには、行住座臥《ぎょうじゅうざが》に南無阿弥陀仏《なもあみだぶつ》、南無阿弥陀仏《なもあみだぶつ》と仏恩《ぶっとん》を報謝《ほうしゃ》したてまつり、*王法《おうぼう》・国法《こくほう》に違戻《いらい》なく、*仁義《じんぎ》の道《みち》をあひ嗜《たしな》み、*如法《にょほう》に法義相続《ほうぎそうぞく》ありて、今度《こんど》の往生《おうじょう》を待《ま》ちうるばかりの身《み》となられ候《そうら》はば、予《よ》が本懐《ほんがい》これに*すぐべからず候《そうろ》ふなり。あなかしこ、あなかしこ。

*文化《ぶんか》三《さん》丙寅《ひのえとらの》稔《とし》十一月《じゅういちがつ》五日《いつか》

龍谷《りゅうこく》第十九世《だいじゅうくせい》釈《しゃく》　*本如《ほんにょ》（花押）

王法　仏法に対する語で、支配者が定めた民衆統治の法。倫理道徳の意味も含む。
仁義　世間の道徳。儒教の倫理徳目を仁と義で代表させたもの。
如法に　教法の通りに。
すぐ　まさる。
文化三　一八〇六年。
本如　（一七七八―一八二六）本願寺第十九代宗主。諱《いみな》は光摂《こうしょう》。諡《おくりな》は信明院。

横《よ》川《かわ》法《ほう》語《ご》

別名『念仏法語《ねんぶつほうご》』という。源信和尚《げんしんかしょう》の法語と伝えられるが定かではない。本書には、妄念煩悩《もうねんぼんのう》の凡夫《ぼんぶ》であっても、本願をたのんで念仏すれば、臨終の時に来迎《らいこう》にあずかって浄土に往生できるということが、次の三段に分けて説かれている。

第一段では、三悪道《さんまくどう》を離れて仏法に遇うことのできる人間に生れたことは大きな喜びであると説かれる。これは『往生要集《おうじょうようしゅう》』の厭離穢土欣求浄土《えんりえどごんぐじょうど》の意を述べたものと見られている。

第二段では、信心は浅くても本願が深いから、本願をたのむ人は浄土に往生することができる。また懈怠《けだい》がちの念仏であっても、莫大な功徳《くどく》を具しているから、称えれば、仏の来迎にあずかることができると説かれている。

第三段では、凡夫は臨終まで妄念から離れることはできないが、念仏すれば、必ず来迎にあずかり、浄土に往生して妄念をひるがえすことができると説かれている。

横《よ》川《かわ》法《ほう》語《ご》

まづ三悪道《さんまくどう》をはなれて人間《にんげん》に生《うま》るること、おほきなるよろこびなり。身《み》はいやしくとも畜生《ちくしょう》におとらんや。家《いえ》はまづしくとも餓鬼《がき》にまさるべし。心《こころ》におもふことかなはずとも地獄《じごく》の苦《く》に*くらぶべからず。世《よ》の住《す》み憂《う》きは*いとふたよりなり。このゆゑに人間《にんげん》に生《うま》れたることをよろこぶべし。信心《しんじん》あさけれども本《ほん》願《がん》ふかきゆゑに、*たのめばかならず往生《おうじょう》す。念仏《ねんぶつ》*ものうけれども、となふればさだめて*来迎《らいこう》にあづかる。功徳莫大《くどくばくだい》なるゆゑに、本願《ほんがん》にあふことをよろこぶべし。またいはく、妄念《もうねん》はもとより凡夫《ぼんぶ》の*地体《じたい》なり。妄念《もうねん》のほかに別《べつ》に心《こころ》はなきなり。臨終《りんじゅう》の時《とき》までは一向妄念《いっこうもうねん》の凡夫《ぼんぶ》にてあるべきぞとこころえて念仏《ねんぶつ》すれば、来迎《らいこう》にあづかりて*蓮台《れんだい》に乗《じょう》ずるときこそ、妄念《もうねん》をひるがへしてさとりの心《こころ》とはなれ。妄念《もうねん》のうちより申《もう》しいだしたる念仏《ねんぶつ》は、濁《にご》りに染《し》まぬ*蓮《はちす》のごとくにて、決定往生《けつじょうおうじょう》疑《うたがい》あるべからず。

くらぶべからず　くらべものにならない。
いとふたより　世を厭うよい機縁。
たのめば　→たのむ
ものうけれども　大儀で気が進まないけれども。
来迎にあづかる　臨終の時仏のお迎えをいただくという意。ここでは仏の救いにあずかることをいう。
地体　本来の姿。本性。
蓮台　蓮華の台座（うてな）。
蓮　蓮華のこと。→蓮華《れんげ》

一《いち》枚《まい》起《き》請《しょう》文《もん》

本書は、法然聖人《ほうねんしょうにん》の晩年の念仏の領解《りょうげ》を述べられたもので、内容は二段に分かれる。第一段では、自身の念仏は、一般に行われている仏のおすがたを観ずる念仏や、学問をして念仏の意義を知って称える念仏ではなく、ただ南無阿弥陀仏と申せば往生せしめられると信じて称えているほかにはないといい、三心も四修《ししゅ》もそこにこもっていると専修《せんじゅ》念仏の極意を述べ、このほか、奥深いことがらを知ろうとすれば本願の救いからもれると誡《いまし》められる。次に、第二段では、念仏を信ずるものは、いかに学問をしたものであっても愚鈍《ぐどん》の身にかえって念仏すべきであるといわれている。

奥書には、法然聖人自身の領解はこのほかに別になく、滅後の邪義をふせぐために、所存を記したのであるとその由来が示されている。

一《いち》枚《まい》起《き》請《しょう》文《もん》

源《げん》空《くう》述《じゅつ》

もろこし（中国）・わが朝《ちょう》に、もろもろの智者達《ちしゃたち》の*沙汰《さた》しまうさるる*観念《かんねん》の念《ねん》にもあらず。また、学文《がくもん》をして*念《ねん》の心《こころ》を悟《さと》りて申《もう》す念仏《ねんぶつ》にもあらず。ただ往《おう》生極楽《じょうごくらく》のためには南無阿弥陀仏《なもあみだぶつ》と申《もう》して、疑《うたがい》なく往生《おうじょう》するぞと*思《おも》ひとりて申《もう》すほかには別《べつ》の子細《しさい》候《そうら》はず。ただし三心《さんしん》・四修《ししゅ》と申《もう》すことの候《そうろ》ふは、みな決《けつ》定《じょう》して南無阿弥陀仏《なもあみだぶつ》にて往生《おうじょう》するぞと思《おも》ふうちに籠《こも》り候《そうろ》ふなり。*このほかにおくふかきことを存《ぞん》ぜば、二尊《にそん》のあはれみにはづれ、本願《ほんがん》にもれ候《そうろ》ふべし。念《ねん》仏《ぶつ》を信《しん》ぜん人《ひと》は、たとひ*一代《いちだい》の法《ほう》をよくよく学《がく》すとも、*一文不知《いちもんふち》の愚鈍《ぐどん》の身《み》になして、*尼入道《あまにゅうどう》の無智《むち》のともがらにおなじくして、智者《ちしゃ》のふるまひをせずして、ただ一向《いっこう》に念仏《ねんぶつ》すべし。*為証以両手印

浄土宗《じょうどしゅう》の安心《あんじん》・起行《きぎょう》、この一紙《いっし》に至極《しごく》せり。源空《げんくう》が所存《しょぞん》、このほかにまったく別義《べつぎ》を存《ぞん》

沙汰　論議すること。

観念の念　観念の念仏、すなわち阿弥陀仏の相好功徳《そうごうくどく》を観ずること。口称念仏に対する。

念の心を悟りて　念仏の功徳や意味を詳しく知って。

思ひとりて　思いさだめて。

このほかに…　念仏して往生すると信じること以外に、奥深いことを存知するなら。

一代の法　釈尊が一生の間に説いた教法。

一文不知　文字一つ知らず、無学、無知であること。

尼入道　尼とは女性の出家者を指すが、ここでは在俗生活のまま髪をおろして仏門に入った女性をいう。入道は在俗生活のまま剃髪して仏門に入った男性をいう。

為証以両手印　大事の証文であるから両手の印を押したという意。原本には本文

ぜず。滅後《めつご》の邪義《じゃぎ》をふせがんがために、所存《しょぞん》を記《しる》しをはりぬ。

*建暦二年正月二十三日《けんりゃくにねんしょうがつにじゅうさんにち》

源空《げんくう》（花押）

の上に両手の印が押してある。

建暦二年　一二一二年。法《ほう》然《ねん》聖人八十歳。

憲《けん》法《ぽう》十《じゅう》七《しち》条《じょう》

本書の「憲法《けんぽう》」という語は、現在用いられているような法制上の用語ではなく、本書は聖徳太子の政治理念・政治哲学が表明されたものである。その内容は、例えば「和《やわ》らかなるをもつて貴《とうと》しとなし」（第一条）、「篤《あつ》く三宝《さんぼう》を敬《うやま》ふ。三宝《さんぼう》は仏《ほとけ》・法《のり》・僧《ほうし》なり」（第二条）、「われかならず聖《ひじり》なるにあらず、かれかならず愚《おろ》かなるにあらず。ともにこれ凡夫《ただひと》ならくのみ」（第十条）など、仏教理念を根本としたものである。とくに第十条は、『歎異抄《たんにしょう》』（後序）の「聖人《しょうにん》の仰《おお》せには、善悪《ぜんあく》のふたつ、総《そう》じてもつて存知《ぞんじ》せざるなり」というものへの影響も考えられよう。

親鸞聖人《しんらんしょうにん》は太子を観音菩薩《かんのんぼさつ》の化身《けしん》と崇《あが》められ、『正像末和讃《しょうぞうまつわさん》』のなかに「皇太子聖徳奉讃《こうたいししょうとくほうさん》」十一首、その他『皇太子聖徳奉讃』七十五首、『大日本国粟散王聖徳太子奉讃《だいにっぽんこくぞくさんおうしょうとくたいしほうさん》』百十四首を製作されている。また『尊《そん》号真像銘文《ごうしんぞうめいもん》』には「皇太子聖徳御銘文《こうたいししょうとくごめいもん》」を挙げておられ、門弟たちに太子の真像の讃銘を書き与えられたことが知られ、聖人の太子に対する讃仰の念の深さをうかがうことができる。

憲《けん》法《ぽう》十《じゅう》七《しち》条《じょう》

*夏《なつ》四《う》月《づき》の丙寅《ひのえとら》の朔《ついたち》 戊辰《つちのえたつのひ》に、皇太子《ひつぎのみこ》（聖徳太子）、みづからはじめて*憲《いつく》しき法《のり》十七条《とおちあまりななおち》作《つく》りき。

一にいはく、*和《やわ》らかなるをもつて貴《とうと》しとなし、*忤《さか》ふることなきを*宗《むね》となす。人《ひと》みな*党《たむら》あり。また*達《さと》れるひと少《すく》なし。ここをもつて*あるいは君《きみ》・父《かぞ》に順《したが》はず、また*隣里《さととなり》に違《たが》へり。しかれども上《かみ》和《やわ》らぎ下《しも》睦《むつ》びて、*事《こと》を論《あげつら》ふに諧《かな》ふときは、すなはち事理《こと》おのづからに通《かよ》ふ。なにの事《こと》かならざらん。

二にいはく、篤《あつ》く三宝《さんぼう》を敬《うやま》ふ。三宝《さんぼう》は仏《ほとけ》・法《のり》・僧《ほうし》なり。すなはち*四《よ》つの生《うま》れの終《おわ》りの帰《よりどころ》、万《よろず》の国《くに》の極《きわ》めの宗《むね》なり。いつの世《つき》、いづれの人《ひと》か、この*法《みのり》を貴《とうと》ばざらん。人《ひと》はなはだ悪《あ》しきもの鮮《すく》なし。よく教《おし》ふるときはこれに従《したが》ふ。それ三宝《さんぼう》に*帰《よ》りまつらずは、なにをもつてか*枉《まが》れるを直《ただ》さん。

三にいはく、詔《みことのり》を承《うけたまわ》りてはかならず謹《つつし》め。君《きみ》をばすなはち天《あめ》とす、*臣《やつこらま》

夏四月の丙寅の朔戊辰 『日本書紀』推古《すいこ》天皇十二年（六〇四）の条にみられる。ただし、『上宮聖徳《じょうぐうしょうとく》法王帝説《ほうおうていせつ》』は同十三年七月、『一心戒文《いっしんかいもん》』は同十年十二月と伝える。

憲しき法 「いつくし」は厳然としているの意。なお、古代では法と道徳とは峻別されていなかった。

和らかなる 「和らぐ」とも読む。うちとけて相互になごみあうこと。

忤ふること 背《そむ》き逆らうこと。

宗 大事な事。

党 自分の仲間。

達れるひと ものごとの道理をわきまえた者。

あるいは ある者は。

隣里 隣り近所。

事を論ふに諧ふときは （執《とら》われの心を離れて）話

をばすなはち地《つち》とす。天《あめ》は覆《おお》ひ地《つち》は載《の》せて、*四《よ》つの時《とき》順《したが》ひ行《おこな》はれて、*万《よろず》の気《しるし》、通《かよ》ふことを得《う》。地《つち》、天《あめ》を覆《おお》はんとするときは、すなはち壊《やぶ》ることを*致《いた》さまくのみ。ここをもつて君《きみ》のたまふときは臣《やつこらま》承《うけたまわ》る。上行《かみおこな》ふときは下靡《しもなび》く。故《それ》詔《みことのり》を承《うけたまわ》りてはかならず慎《つつし》め。謹《つつし》まずはおのづからに敗《やぶ》れなん。

四にいはく、*群卿《まちきみたち》・百寮《もものつかさ》、*礼《いや》びをもつて本《もと》とせよ。それ民《おおみたから》を治《おさ》むるの本《もと》、かならず礼《いや》びにあり。上礼《かみいや》びなきときは下斉《しもととの》ほらず、下礼《しもいや》びなきときはもつてかならず罪《つみ》あり。ここをもつて群臣《まちきみたち》礼《いや》びあるときは位《くらい》の次乱《ついでみだ》れず、*百姓礼《おおみたからいや》びあるときは国家《あめのした》おのづからに治《おさ》まる。

五にいはく、*饗《あじわいのむさぼり》を絶《た》ち欲《たからほしみ》を棄《す》てて、あきらかに訴訟《うったえ》を*弁《さだ》めよ。それ百姓《おおみたから》の訟《うった》へ、一日《ひとひ》に千《ち》の事《わざ》あり。一日《ひとひ》すらもなほ爾《しか》なり。いはんや歳《とし》を累《かさ》ねてをや。このごろ訟《うった》へを治《おさ》むるひとども、*利《くぼさ》を得《え》て常《つね》とし、*賄《まかない》を見《み》て*讞《ことわりもう》すを聴《き》く。すなはち財《たから》あるものの訟《うった》へは、石《いし》をもつて水《みず》に投《な》ぐるがごとし。乏《とも》しきものの訴《うった》へは、水《みず》をもつて石《いし》に投《な》ぐるに似《に》たり。ここをもつて貧《まず》しき民《おおみたから》はすなはちせんすべを知《し》らず。臣《やつこらま》の道《みち》、またここに闕《か》けぬ。

六にいはく、悪《あ》しきを懲《こ》らし善《ほま》れを勧《すす》むるは、古《いにしえ》の良《よ》き*典《のり》なり。ここをもつ

し合うことができるなら。

四つの生れ 生きとし生けるもの。四生のこと。→四《し》生《しょう》

法 仏法。

帰りまつらずは 依り申し上げなかったなら。

枉れるを 我執《がしゅう》にとらわれたよこしまな心を。

臣 天皇に仕える人たち。

四つの時 春夏秋冬の四季。

万の気 すべての生物の生気。

致さまくのみ 必ずまねくであろう。

群卿百寮 朝廷に仕える官僚の総称。

礼び 敬い。礼儀。

百姓 民。人民。

饗 食を貪《むさぼ》ること。

弁めよ 判定せよ。解決せよ。

利を得て常とし 私利私欲

て人《ひと》の善《ほま》れを匿《かく》すことなかれ。悪《あ》しきを見《み》てはかならず匡《ただ》せ。それ*諂《へつら》ひ詐《あざむ》くものは、すなはち国家《あめのした》を覆《くつがえ》すの*利《と》き器《うつわもの》たり、人民《おおみたから》を絶《た》つの*鋒《と》き剣《つるぎ》なり。また*佞《かだ》み媚《こ》ぶるものは、上《かみ》に対《むか》ひてはすなはち好《この》みて下《しも》の過《あやま》りを説《と》き、下《しも》に逢《あ》ひてはすなはち上《かみ》の失《あやま》ちを誹謗《そし》る。それこれらのごとき人《ひと》、みな*君《きみ》に忠《いさお》しさなく、民《おおみたから》に仁《めぐ》みなし。これ大《おお》いなる乱《みだ》れの本《もと》なり。

七にいはく、人《ひと》おのおの*任《よさ》しあり。掌《つかさど》ることよく濫《みだ》れざるべし。それ賢哲《さかしひと》官《つかさ》に任《よさ》すときは、*頌《ほ》むる音《こえ》すなはち起《おこ》る。*奸《かだま》しきひと官《つかさ》を有《たも》つときは、禍《わざわ》ひ乱《みだ》れ*すなはち繁《しげ》し。世《よ》に生《うま》れながら知《し》る人少《ひとすく》なし。よく念《おも》ふときに*聖《ひじり》となる。*事《こと》、大《おお》いなり少《いささ》けきことなく、人《ひと》を得《え》てかならず治《おさ》まる。時《とき》、急《と》き緩《おそ》きことなく、賢《さかしひと》に遇《あ》ふ、おのづからに寛《ゆる》るかなり。これによりて国家永久《あめのしたとこめずら》にして、
6 *社稷《くに》危《あや》ふからず。故《かれ》古《いにしえ》の聖《ひじり》の王《きみ》は、官《つかさ》のためにもつて人《ひと》を求《もと》めて、人《ひと》のために官《つかさ》を求《もと》めたまはず。

八にいはく、群卿《まちきみたち》・百寮《もものつかさ》、はやく朝《まい》りておそく退《まか》づ。公《おおやけ》の事《わざ》*盬《いと》なし。終《ひめ》日《もす》に尽《つく》しがたし。ここをもつておそく朝《まい》るときは*急《すみ》やけきに逮《およ》ばず、はやく退《まか》づるときはかならず事尽《わざつ》きず。

を図ることがあたり前になって。

賄　賄賂。

讞すを聴く　訴えを裁決する。

典　常に依るべき規範、手本。

諂ひ詐くもの　心にもないお上手をいって、他人をだまし、うそをつく者。

利き器　鋭利な武器。

鋒き　先の鋭い。

佞み媚ぶるもの　誠意がなく、口先だけでこびへつらう者。

君に　主君に対しては。

任し　任務。

頌むる音　ほめたたえる声。

奸しきひと　邪悪な人。

すなはち　たちまちに。

聖　徳のすぐれた人。最高の人格者。

事大いなり少けきことなく

九にいはく、信《まこと》はこれ義《ことわり》の本《もと》なり。事《わざ》ごとに信《まこと》あるべし。それ善《よ》さ悪《あ》しき、成《な》り敗《な》らぬこと、かならず信《まこと》にあり。群臣《まちきみたち》ともに信《まこと》あらば、なにの事《わざ》かならざらん。群臣《まちきみたち》信《まこと》なくは、万《よろず》の事《わざ》ことごとくに敗《やぶ》れなん。

十にいはく、*忿《こころのいかり》を絶《た》ち瞋《おもえりのいかり》を棄《す》てて、人《ひと》の違《たが》ふを怒《いか》らざれ。人《ひと》みな心《こころ》あり。心《こころ》おのおの執《*と》ることあり。かれ是《よ》んずればすなはちわれは非《あし》んず、われ是《よ》みすればすなはちかれは非《あし》んず。われかならず聖《ひじり》なるにあらず、かれかならず愚《おろ》かなるにあらず。ともにこれ凡夫《*ただひと》ならくのみ。是《よ》く非《あ》しきの理《*ことわり》、たれかよく定《さだ》むべき。あひともに賢《かしこ》く愚《おろ》かなること、*鐶《みみがね》の端《はし》なきがごとし。ここを

7 もつてかれの人《ひと》瞋《いか》るといへども、還《かえ》りてわが失《あやま》ちを恐《おそ》れよ。われ独《ひと》り得《え》たりといへども、衆《もろもろ》に従《したが》ひて同《おな》じく挙《おこな》へ。

十一にいはく、あきらかに功《いさ》み・過《あやま》りを察《み》て、*賞《たまもの》し罰《つみな》ふることかならず当《あ》てよ。日《ひ》ごろ、*賞《たまもの》すれば功《いさ》みに在《お》いてせず、罰《つみな》へば罪《つみ》に在《お》いてせず。事《わざ》を執《と》れる群卿《まちきみたち》、よく賞《たまもの》・罰《つみな》へをあきらかにすべし。

十二にいはく、*国司《くにのみこともち》、*国造《くにのみやつこ》、*百姓《おおみたから》に斂《おさめと》らざれ。国《くに》にふたりの君《きみ》あらず、民《おおみたから》にふたつの主《あるじ》なし。*率土《くにのうち》の*兆民《おおみたから》は、王《きみ》をもつて主《あるじ》とす。所任《よさ》せる

事の大小にかかわらず。

社稷　社は土の神、稷は穀の神。ここでは国土人民を指す。

鹽なし　閑暇がない。「鹽」を「もろき」とする読みもある。

急やけきに逮ばず　急ぎの用事に間に合わない。

忿を絶ち瞋を棄てて　いかり（忿怒《ふんぬ》と瞋恚《しんに》）の心を離れて。

執ること　我執《がしゅう》。執着。

凡夫ならくのみ　凡夫にすぎないのである。

理　道理。条理。

鐶　金属製の輪。耳輪、指輪、腕輪など。

賞し罰ふること…　功績には賞し、過失には罰することを必ず行え。

賞すれば功みに在いてせず　賞は功績に対してなされて

官司《つかさみこともち》は、みなこれ王の臣《きみやつこらま》なり。いかにぞあへて*公《おおやけ》と、百姓《おおみたから》に賦斂《おさめと》らん。

十三にいはく、もろもろの官者《つかさびと》に任《よさ》せるは、同《おな》じく職掌《つかさごと》を知《し》れ。あるいは病《やまい》し、あるいは使《つか》ひありきとて事《わざ》に闕《おこた》ることあり。しかれども知《し》ること得《え》んの日《ひ》には、*和《あまな》ふこと曽《むかし》より識《し》るがごとくにせよ。それあづかり聞《き》くことなしといふをもつて、公《おおやけ》の務《まつりごと》を*な防《ふせ》ぎそ。

十四にいはく、群臣《まちきみたち》・百寮《もものつかさ》、嫉《うらや》み妬《ねた》むことあることなかれ。われすでに人《ひと》
8 を嫉《うらや》むときは、人《ひと》またわれを嫉《うらや》む。嫉《うらや》み妬《ねた》む患《うれ》へ、その極《きわ》まりを知《し》らず。このゆゑに智《さとり》おのれに勝《まさ》るときはすなはち*悦《よろこ》びず、才《かど》おのれに優《まさ》れるときはすなはち嫉《ね》妬《た》む。ここをもつて五百《いおとせ》にて後《のち》*いまし今《いま》賢《さかしひと》に遇《あ》ふとも、*千載《ちとせ》にてももつてひとりの聖《ひじり》を待《ま》つこと難《かた》し。それ賢《さかしきひと》・聖《ひじり》を得《え》ずは、なにをもつてか国《くに》を治《おさ》めん。

十五にいはく、*私《わたくし》を背《そむ》きて公《おおやけ》に向《ゆ》くは、これ臣《やつこらま》の道《みち》なり。すべて人《ひと》私《わたくし》あるときはかならず恨《うら》みあり。憾《うら》みあるときはかならず同《ととの》ほらず。同《ととの》ほらざるときはすなはち私《わたくし》をもつても公《おおやけ》を妨《さまた》ぐ。憾《うら》み起《おこ》るときは、すなはち制《ことわり》に違《たが》ひ法《のり》を害《やぶ》る。故《それ》初《はじ》めの章《くだり》にいはく、上下《かみしも》和《あまな》ひ諧《ととの》ほれといへるは、それまたこの情《こころ》な

いない。

国司　天皇の命令を持って地方におもむき、統治する者。

国造　各国を世襲的に支配しながら朝廷に服従していた地方官。

百姓に斂らざれ　人民から財物や労力などを集め取ってはならない。

率土　地のはてまで全部。天下。

兆民　多くの人民。万民。

公と　政府の仕事として。

和ふ　（仕事の上で）協調する。

な防ぎそ　「防ぐ」はとどめるの意。決してとどめてはならない。

悦びず　よろこばない。

いまし今　ちょうど今。たった今。

千載　千年。

るかな。

十六にいはく、民《たみ》を使《つか》ふに時《とき》をもつてするは、古《いにしえ》の良《よ》き典《のり》なり。故《ゆえ》に冬《ふゆ》の月《つき》に間《いとま》あり、もつて民《たみ》を使《つか》ふべし。春《はる》より秋《あき》に至《いた》るまでにて*農桑《なりわいこかい》の節《とき》なり、民《おおみたから》を使《つか》ふべからず。それ農《なりわい》せずはなにをか食《く》らはん、桑《くわと》らずはなにをか服《き》ん。

十七にいはく、それ事《こと》、独《ひと》り断《さだ》むべからず。かならず衆《もろもろ》とよく論《あげつら》ふべし。少《いささ》
9 けき事《すべ》はこれ軽《かるがる》しく、かならずしも衆《もろもろ》とすべからず。ただ大《おお》いなる事《こと》を論《あげつら》ふに逮《およ》んでは、*もしは失《あやま》りあること疑《うたが》はしきときあり。故《ゆえ》に衆《ゆえ》とあひ弁《わきま》ふるときは*辞《こと》すなはち理《ことわり》を得《う》。

私を背きて　私情を離れて。

農桑　農作業と養蚕。

もしは失りあること…　誤りがあるかどうかわからない場合がある。

辞　言葉。事柄。